新郑年鉴 2018

新郑市人民政府 主办
新郑市地方史志办公室 编

中州古籍出版社
·郑州·

新郑市政区图

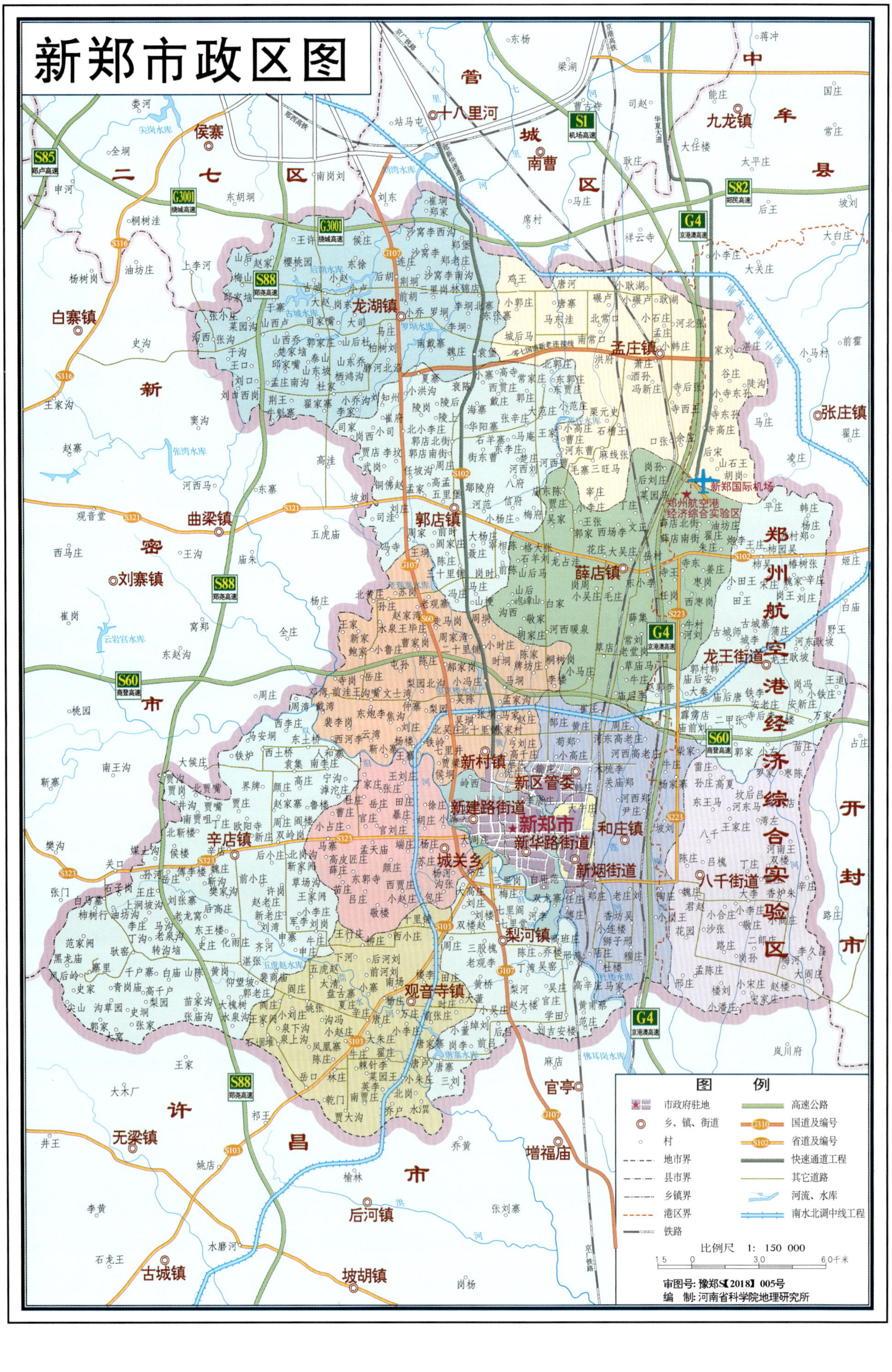
新郑市政区图
新郑市
新区管委
新建路街道
新华路街道
新烟街道
和庄镇
城关乡
新村镇
龙湖镇
孟庄镇
郭店镇
薛店镇
龙王街道
八千街道
辛店镇
观音寺镇
梨河镇
郑州航空港经济综合实验区
新郑国际机场
管城回族区
二七区
中牟县
新密市
许昌市
开封市
十八里河
南曹
九龙镇
侯寨
张庄镇
白寨镇
曲梁镇
刘寨镇
无梁镇
后河镇
古城镇
坡胡镇
官亭
增福庙
图例
市政府驻地
乡、镇、街道
村
地市界
县市界
乡镇界
港区界
铁路
高速公路
国道及编号
省道及编号
快速通道工程
其它道路
河流、水库
南水北调中线工程
比例尺 1: 150 000
审图号：豫郑S【2018】005号
编 制：河南省科学院地理研究所

河南省新郑市城乡总体规划 2009—2030

中心城区用地布局规划图

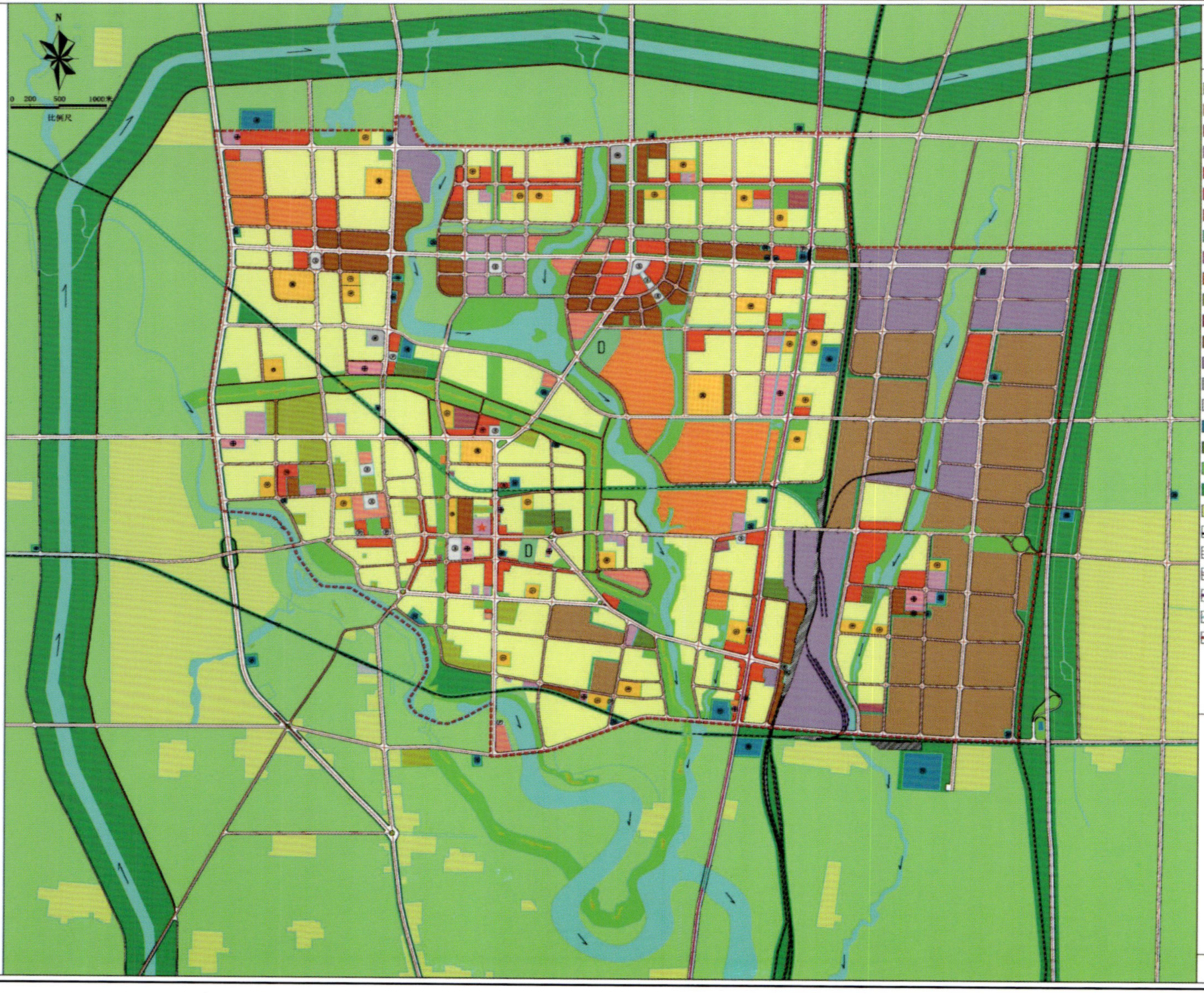

新郑市人民政府

上海同济规划设计研究院

图号 04

荣誉新郑
Honorable Xinzheng

◎国家级

中华第一古都

中国大枣之乡

国家卫生城市

中国优秀旅游城市

中国特色魅力城市200强

中国全面小康十大示范县（市）

全国科学发展最具区域带动力中小城市百强县（市）

全国中小城市综合实力百强县（市）排名第41位

全国十佳和谐可持续发展城市

全国县域经济基本竞争力百强县（市）排名第37位

全国工业百强县（市）排名第21位

全国新型城镇化质量百强县（市）

全国创新创业（双创）百强县（市）

全国最具农业投资价值县（市）

全国品牌农业示范县（市）

全国食品工业十大发展特色县（市）

全国食品工业强县（市）

全国新型农村合作医疗试点县（市）

全国县级城市旅游竞争力20强

全国知识产权试点（市）

全国侨联爱国主义教育基地

全国社会治安综合治理先进单位

全国科技进步先进县（市）

全国体育工作先进县（市）

全国民政工作先进县（市）

全国电气先进县（市）

全国文物保护先进县（市）

全国工商系统商标工作先进集体

全国法治县（市、区）创建活动先进单位（连续4年）

全国经济普查先进单位

全国企业信息化试点县（市）

全国义务教育发展基本均衡县（市）

全国水土保持生态环境建设示范城市

全国农田水利基本建设先进单位

全国中医药工作先进县（市）

全国劳动力转移就业示范县（市）

连续9年荣获全国平安建设先进县（市）

全国“两基”工作先进县（市）

全国价格认证机构规范化建设示范单位

全国农机推广运行机制研究试点县（市）

全国科技富民强县行动试点县

全国和谐中小城市示范单位

拜祖大典被列入国家级非物质文化遗产名录

拜祖大典被评为最具国际影响力祭拜大典

河南省十大文化强县

◎省级

河南省文明城市

河南省园林城市

河南省红旗渠精神杯（连续19年）

河南省对外开放先进县（市）

河南省双拥模范城市“七连冠”

全省移民工作先进单位

河南省信访工作先进县（市）

辛店镇荣膺全国文明镇

龙湖镇成为全省唯一一个全国综合实力百强镇

新郑城市面貌 / 刘栓阳摄

深入学习贯彻十九大精神

Deeply Study and Implement the Spirit of the Nineteenth National Congress

▲ 8月15日，市委中心组理论学习

▲ 市委中心组学习宣传贯彻十九大精神

10月30日，新郑市道路运输管理局干部职工正在学习党的十九大精神

政协委员喜学十九大精神

新华路街道宣传十九大精神文艺演出

1 8月25日，中共新郑市委五届四次全会召开

2—4 与会人员对市委五届四次会议进行讨论

5 — 6 十九大精神进警营、进企业

7 市委五届五次会议上学习讨论十九大精神

全面贯彻新发展理念

Fully implementing the new development concept

• 城乡协调 • | 科技创新 | 共建共享 | 生态文明 | 开明开放

1

5

6

1 彩虹桥　2 孟庄镇双唐社区　3 金融助农　4 特色种植助农致富

5 古城新貌　6 和庄镇第一幼儿园课间活动　7 市民办理就医报销补助

8 赶庙会，龙湖镇泰山村舞狮表演

全面贯彻新发展理念

Fully implementing the new development concept

城乡协调 | 共建共享 | 科技创新 | 生态文明 | 开明开放

1 骑着共享单车迎娶新娘，倡导低碳节俭新风尚

2 新郑体育中心（华信体育场）

3 新郑市环保志愿者骑着共享单车，宣传“绿色出行，低碳生活”的环保理念

④—⑤ 中国梦健康行健步走活动

⑥ 11月3日，新郑市第四届运动会暨全民健身大会开幕

全面贯彻新发展理念

Fully implementing the new development concept

城乡协调 | 共建共享 | 科技创新 | 生态文明 | 开明开放

▲ 幸福笑脸

▲ 高空作业

▲ 春季登山比赛

◀ 10月14日，薛店镇西文正村村民刘玉民在开着自家的汽车准备外出

▼ 具茨山管委会青岗庙村村委开会集体讨论发展产业，帮助村民致富

全面贯彻新发展理念

Fully implementing the new development concept

城乡协调 | 共建共享 | • 开明开放 • | 生态文明 | 科技创新

▲ 5月11日，国务院办公厅“放管服”改革专项督查组对新郑市工作进行督查

▲ 知识的源泉

▲ 新郑市城市展览馆

校园“中外文化交流”活动搭起了当代大学生连接世界的桥梁

西亚斯中国园

新郑市荣获郑州市喜迎十九大广场舞大赛第一名

全面贯彻新发展理念

Fully implementing the new development concept

城乡协调 | 共建共享 | 开明开放 | 科技创新 | 生态文明

① 新材料创新创业综合体内先进材料研究中心

② 2月4日，无人机在拍摄观音寺镇岳口村村级光伏电站

③ “掌上电力”APP交费

④ 供热无污染的复叠式空气源高温热泵样机沟通现场

⑤ 新郑市创新创业综合体大楼

⑥ 中原工学院大学科技园区

⑦ 新郑新港产业集聚区里，技术人员在遂成药业生物医药产业园车间调试水针剂生产设备，该项目总投资13亿元，产品远销古巴、俄罗斯、泰国等国际市场

⑧ 苑陵中学实验室

全面贯彻新发展理念

Fully implementing the new development concept

城乡协调 | 共建共享 | 开明开放 | 科技创新 | 生态文明

郑州南部生态绿城

1

3

4

1 夏日轩辕湖

2 鉴忠堂宝谟楼

3 春到具茨山

4 新区轩辕湖拱桥

2

全面贯彻新发展理念

Fully implementing the new development concept

城乡协调 | 共建共享 | 开明开放 | 科技创新 | 生态文明

① 黎明

② “有爱之城”引得燕归来

③ 除尘雾炮车在洒水　④ 绿色新郑 · 环保骑行

⑤ 雨后，晚霞映红溱水

⑥ 俯瞰轩辕湖湿地公园，水清、鱼游、岸美

⑦ 游客在枣园采摘鲜枣

推动文化繁荣兴盛
Promoting cultural prosperity and prosperity

▲ 3月30日，丁酉年黄帝故里拜祖大典在新郑市举行。来自世界各地的华人代表聚集中原大地，共同拜谒轩辕黄帝

▲ 马来西亚访华拜祖团

▲ 轩辕黄帝

▲ 高唱颂歌

▲ 雨中礼兵

▲ 3月28日，第十一届黄帝文化国际论坛举行

▲ 郦波在第十一届黄帝文化国际论坛上演讲

▲ 媒体关注大典

▲ 舞龙迎贵宾

1

3

4

5

1 贺新春

2 群众合唱军旅歌曲之前，“快闪”一景

3 戏曲文化深受群众喜爱

4 喜迎“六一”

5 孟庄镇枣乡民俗文化展览馆

6 欢乐颂

深化民主法治建设

Deepening democracy and rule of law

1

4

5

6

1 平安建设宣传

2 为平安护航

3 新郑市交通运输局执法人员在炎热的夏天，守护道路交通安全

4 前河刘村里的广播员

5 民主生活会

6 全国综治最高奖“长安杯”表彰会

全面加强党的建设

Strengthening Party building in an all round way

▲ 为扶贫宣誓

▲ 党在我心中，十九大学习

▲ 3月6日，新郑市辛店镇黄岗村村民在阅读河南日报关于全国“两会”乡村振兴的相关报道。正在召开的全国“两会”受到了新郑广大农民朋友的关注，他们通过报纸、广播、网络等渠道及时关注大会动态，尤其是关于农业、农村、农民的相关话题受到广大农民的热议

▲ 戴党徽，亮身份，添动力

▲ 党员志愿者在社会福利中心为老年人洗头

艺苑新韵

New Rhythms of the Art Gallery

王廷昱

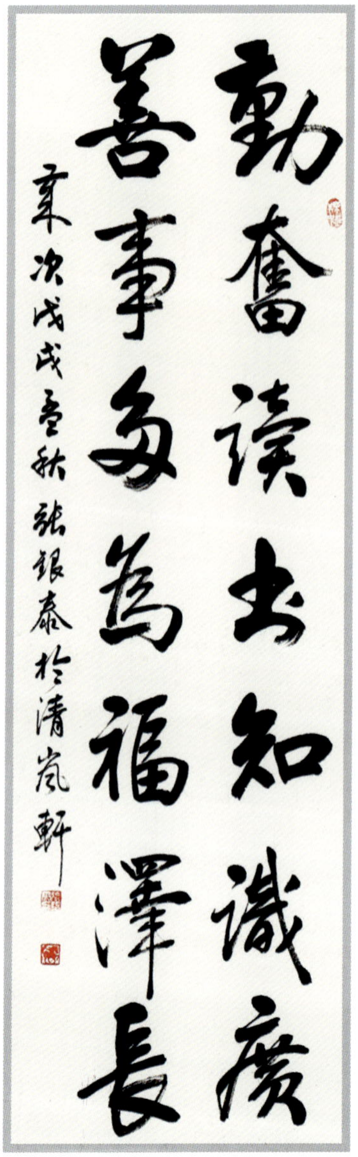

张银泰

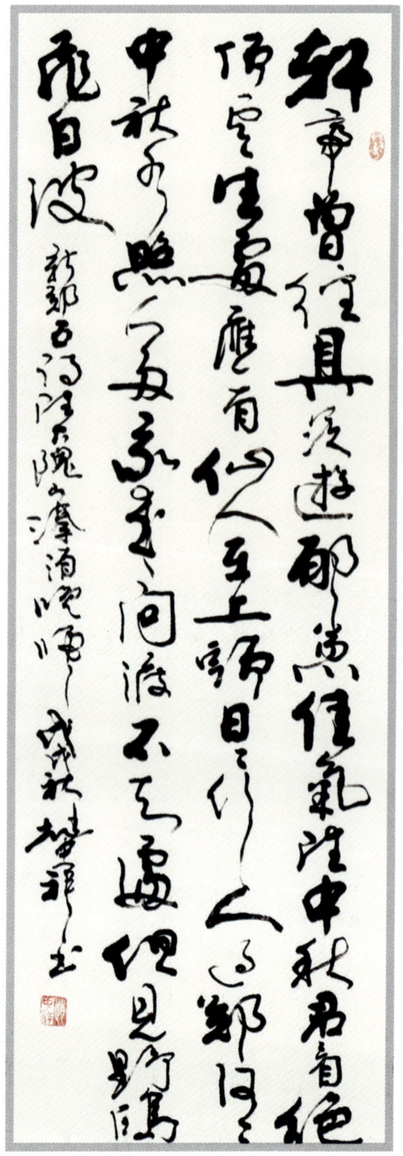

赵中祥

李治坤

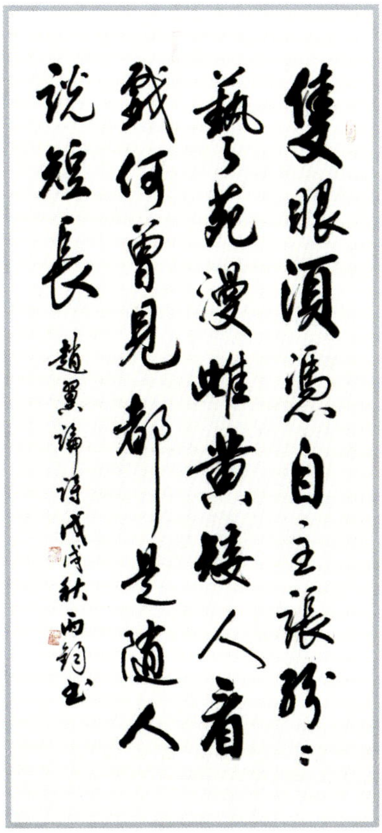
赵丙钧

张　磊

马哲夫

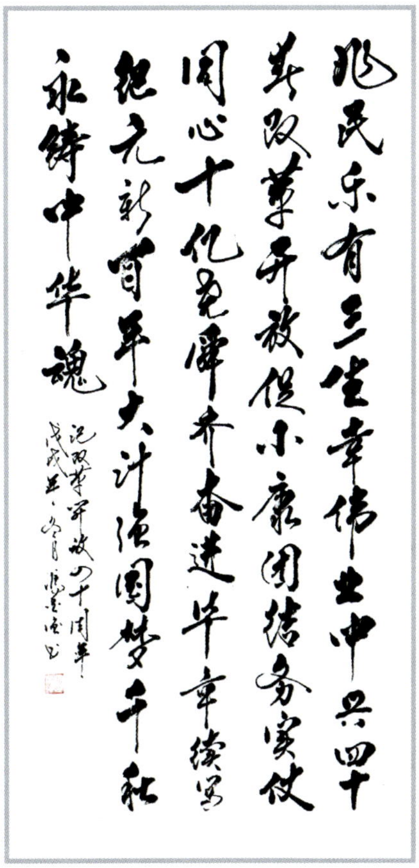
冯金强

杨建峰

李东阳

李新成

王雪菲

韩　洁

杨　明

刘建民

马春嵋

韩新民

张荣发

“长安杯”摄影作品

Photographs of Chang'an Cup

1. 彩云映日彤
2. 勇于担当
3. 坚守
4. 平安利剑——协同作战
5. 风雪中的消防官兵

1

2

3

4

5

“醉美新郑”摄影作品
Photographic Works of "Drunken Beauty Xinzheng"

1 具茨山仙境
2 竞比高
3 传承
4 中华根脉
5 迎春

编辑说明

一、《新郑年鉴》是在中共新郑市委领导下，由新郑市人民政府主办，新郑市地方史志办公室（《新郑年鉴》编辑部）编辑的，以马克思列宁主义、毛泽东思想、邓小平理论、“三个代表”重要思想、科学发展观、习近平新时代中国特色社会主义思想为指导，具有政府年度公报性质的资料性、综合性、实用性的年刊地情书。

二、《新郑年鉴》2004年创刊，每年出版一卷，逐年排列卷次，本卷为第十五卷。

三、《新郑年鉴》（2018）记述的是2017年度新郑市的政治、经济、文化和社会发展进程及重大事件。为保持事物的连续性和完整性，有些事物记述时限适当上溯或下延。

四、《新郑年鉴》（2018）采用条目体形式编纂，主要按类目、分目、条目三级框架编排，条目为记述实体。为反映重大事件及领导的重要活动，“丁酉年黄帝故里拜祖大典”“第十一届黄帝文化国际论坛”以专记和图片说明的形式载入。为增加知识性、直观性，书中插排一定数量的照片和图表。

五、《新郑年鉴》（2018）中涉及领导简介的，原则上从简书写。未标明具体城市名的“县”“市”一律为“新郑县”“新郑市”。组织机构及领导成员收录的标准为2017年12月31日前担任领导职务的科级以上（含副科级）领导干部，当年度离退休领导干部未收录。班子成员按新郑市委组织部核定为准，排序仅为编辑需要和查询方便。

六、录入资料由各单位搜集提供，经各单位领导审阅签字后编辑入鉴。书中主要数据出自统计资料，统计资料未详的，以原单位提供数据载入，与统计数据有出入的，以统计数据为准。

七、本刊在版式设计、编排等方面如有疏漏之处，敬请各界人士批评指正。

新郑年鉴编纂委员会

《新郑年鉴》（2018）编辑部

总　　编　周建超

主　　编　李　磊

执行主编　宁淑娜

副 主 编　乔永杰　王建平

执行副主编　张玉香　高　敏　王福民　张铁峰

编　　辑（按姓氏笔划为序）

马艳辉　王　然　史慧琳　吉　平　刘广平

安丰铭　安韶军　许聪敏　张书琴　赵艳萍

韩伟萍

图片编辑　宁淑娜　张玉香

摄　　影　刘明甫　史良健　刘栓阳　李伟彬　秦　龙

杨　媚　沈　磊　刘宏民　苗春堂　郭新伟

刘雪峰　靳炎生　张　雷

目录

特　载

数字新郑

专　记

大事记

市情总貌

中共新郑市委

新郑市人民代表大会

新郑市人民政府

政协新郑市委员会

纪检　监察

民主党派　工商联

群　团

军　事

法　治

城乡建设和环境保护

商务 政务

园区建设

农　业

工 业

交通 通信

财政　税务

经济管理与监督

科学技术

教　育

文 化

旅　游

卫生　体育

社会生活

乡（镇）街道

人 物

附 录

索 引

CONTENTS

Important Notes

Digital Xinzheng

Special Notes

Chronicle of Events

General Introductions of Xinzheng

CPC Xinzheng Municipal Committee

Xinzheng Municipal People' s Congress

People's Government of Xinzheng

Xinzheng Committee of the CPPCC

Discipline Inspection and Supervision

Democratic Parties & Association of Industry and Commerce

People's Organization

Military

Rule of Law

Urban-Rural Construction and Environment Protection

Commerce & Administration

Zone Construction

Agriculture

Industry

Transportation & Communication

Commercial Trade

Banking

Finance & Tax Affairs

Economic Administration and Supervision

CONTENTS

Science and Technology

Education

Culture

Tourism

Sanitation and Sports

Social Life

Township, Town and Subdistrict

Personage

Appendix

Indexes

特载

IMPORTANT NOTES

·特载 >>>

IMPORTANT NOTES

在市委五届六次全会上关于市委常委会2017年工作的报告

刘建武

（2018年1月6日）

各位委员、同志们：

现在，我受市委常委会委托，向全会做工作报告。

2017年，是实施“十三五”规划的重要一年，是供给侧结构性改革的深化之年，也是全市上下拉高标杆、加压奋进、创新突破的一年。一年来，在省委、郑州市委的坚强领导下，市委常委会全面学习贯彻党的十九大精神，深入贯彻习近平新时代中国特色社会主义思想和党中央治国理政新理念新思想新战略，按照“四个全面”战略布局，牢固树立和践行“创新、协调、绿色、开放、共享”五大发展理念，围绕河南省打好“四张牌”以及郑州市“四重点一稳定一保证”工作总格局，坚持抓好党建是最大政绩、推动发展是第一要务，谋思路、绘蓝图、促落实，团结带领全市人民务实重干、锐意进取，协调推进新型城镇化、产业发展、开放创新、生态建设等四项重点工作，全市经济社会发展和党的建设取得新的进展。

一年来，市委常委会坚决贯彻中央、省委和郑州市委重大决策部署，重点抓了五件大事：

第一，深入学习宣传贯彻党的十九大精神，坚持用习近平新时代中国特色社会主义思想武装头脑，坚决维护以习近平同志为核心的党中央权威和集中统一领导。党的十九大是在全面建成小康社会决胜阶段、中国特色社会主义进入新时代的关键时期召开的一次十分重要的大会。十九大召开之后，我们把学习宣传贯彻十九大精神作为首要政治任务，及时研究出台《中共新郑市委关于认真学习宣传贯彻党的十九大精神的决定》，层层传达学习，广泛宣传动员，加强干部培训和宣讲工作，引导全市上下在“学懂、弄通、做实”上下功夫，在“六个聚焦”上下功夫，在树牢“四个意识”、增强“四个自信”、提高政治站位和政治自觉上下功夫，推进党的十九大精神学习宣传贯彻工作不断深入。在此基础上，召开市委五届五次全会，审议通过了《中共新郑市委关于高举习近平新时代中国特色社会主义思想伟大旗帜开启全面建设国家中心城市次中心新征程的意见》，切实把党的十九大精神学习宣传贯彻过程转化为加强党的领导、凝聚合力的过程，转化为加强队伍建设、推进全面从严治党的过程，转化为指导实践、提升水平、促进工作的过程。

第二，坚决贯彻落实中央、省委和郑州市委各项部署，完善国家中心城市次中心建设实践体系。准确把握郑州建设国家中心城市带来的重大机遇和挑战，坚持把党的十九大精神，中央、省委和郑州市委工作部署与新郑实际相结合，不断深化思路理念，确立了着力打造黄帝文化历史名城、现代临空产业新城、郑州南部生态绿城，加快建设国家中心城市次中心的总目标，进一步明晰了“四重点一稳定一保证”工作总格局，明确了目标导向、问题导向，理清了新郑建设国家中心城市次中心的功能定位、发展路径、基本原则、工作思路、主要任务，突出项目带动、项目化推进，完善了“党委加强领导、政府充分履职、人大政协共同参与的责任明晰、工作有序、运转高效”的工作推进机制，形成了新时期新郑工作的实践体系，推动新郑各项事业沿着正确的发展方向不断前进，呈现出了发展稳中有进、优势不断凸显、地位持续提升、各界普遍看好的良好局面。

第三，“平安新郑”建设取得重大突破。以建设更高水平的“平安新郑”为目标，以服务经济社会发展为根本，不断健全以技防为重点的立体化社会治安防控体系，确保了重点部位视频监控覆盖率100%。全面整合综治、信访、司法等调解力量，认真开展“十个一”工作，综合治理能力不断提升，“平安新郑”建设工作取得历史性重大突破，连续三届被评为全国平安建设先进县市，荣获全国综治最高奖“长安杯”，群众幸福感、安全感和获得感不断提升。

第四，深入开展坚持标本兼治推进以案促改工作。对照王保军、貊海森等违纪违法案件，从市委常委班子成员做起，以身作则、率先垂范，带头剖析案件、带头对照自身、带头整改问题，通过“十自查”活动，自查自纠、立行立改，重新梳理风险点，细化防范措施，以案促教、以案促改、以案促建，教育引导全市党员干部进一步增强廉洁自律意识。全市共开展廉政谈话1980余人次，开展廉情家访1800余次，组织警示参观学习活动98次，召开专题民主生活会102次，签订廉政承诺书1984份，不良风气得到有效遏制，党风政风明显好转。

第五，突出抓好大气污染防治、脱贫攻坚和城市建设提质工作。建立完善联防联治、区域防控机制，探索推行城市管理“路长制”、环卫作业“街长制”，加强大气环境质量监测考核，切实形成了大气污染防治攻坚的高压态势，大气污染防治工作取得明显成效，全市主要指标实现“两降一增”，PM2.5、PM10同比下降，优良天数达到233天，空气环境质量得到有效改善。坚持把脱贫攻坚作为决胜全面小康的底线目标和第一民生工程，认真落实上级脱贫攻坚工作决策部署，紧紧围绕“一手抓脱贫攻坚扫尾，一手抓脱贫成效巩固提升”，务实重干、大胆创新，“转、扶、搬、保、救”五措并举，深入开展“双联双助”活动，以“N+2”帮扶计划为重要抓手，构建了“1+16”政策支撑体系，全市31个贫困村全部摘帽，圆满完成了年度目标任务。抢抓我市列为全省百城建设提质工程试点县市机遇，着力做好“以水润城、以绿荫城、以文化城、以业兴城”四篇文章，统筹推进老城新区、地上地下、基础设施与公共服务等协同发展，共谋划实施项目300个，总投资额1657.6亿元，目前已完成项目99个，在建项目201个，累计完成投资421.6亿元，城市功能不断完善，城市建设提质增效。

一年来，市委常委会统筹协调，主要做了以下工作：

一、突出四项重点，推动经济社会平稳健康发展

市委常委会按照上三级安排部署，牢固树立新发展理念，坚持发展第一要务，大力实施“双融入、双承接”发展战略，扎实做好新型城镇化、产业发展、开放创新、生态建设等重点工作，不断推动各项工作取得新成效。全年预计完成地区生产总值730.9亿元，增长7.2%；地方公共财政预算收入68.4亿元，增长10.7%；固定资产投资589亿元，增长4.1%。全国中小城市综合实力百强县市排名由2016年的43位晋升至41位，全国县域经济基本竞争力百强县市排名由49位晋升至37位，全国工业百强县市排名由43位晋升至21位，县域经济发展质量评价连年稳居全省首位。

坚持城乡统筹，推进新型城镇化建设。围绕国家新型城镇化综合试点建设工作，按照“以建为主、提升品质、扩大成效”的要求，扎实推进城乡一体化发展。一是新区老城同步建设。坚持新区建设与老城更新同安排同部署同实施，既注重新城区开发拓展，又注重老城区改造配套。围绕新城区品质提升，高品质、高标准编制了城市规划，崇文路中学、华信体育馆、城市中轴线南公园等基础设施建成投用，华夏国际商务中心、商会大厦等4个项目正式运营，新城区建设日新月异；围绕老城区有机更新，大力实施城区南部、双洎河两岸、黄帝故里周边棚户区改造和安置房建设，整治老旧小区12个、背街小巷16条、农贸市场3个，新建停车场9个，老城区面貌焕然一新。二是地上地下

同步推进。坚持地上工程建设与地下空间开发统筹实施，科学规划综合管廊、铺设地下管网，不断完善路网体系，建成轩辕路、迎宾路新建改造工程等14个项目，新建扩建3座污水处理厂，集中改造城区6条道路雨污分流管网，城市功能逐步完善，城市承载力不断提升。三是城市农村同步发展。在推进城市基础设施建设的同时，不断加快安置房建设，健全农村基础设施投入长效机制，促进城乡公共资源均衡配置，推动城镇基础设施、公共服务向农村延伸，着力提高新型城镇化建设水平，全年共完成各类村庄拆迁19个、63.5万平方米，启动安置区建设69个、77.6万平方米，回迁群众9000多户、3.6万余人，新型城镇化率达65%。

坚持转型升级，促进现代产业发展。以供给侧结构性改革为主线，以提高供给体系质量为主攻方向，构建特色鲜明、布局合理、结构优化、竞争力强的现代产业体系，三次产业结构优化为2.7/51.8/45.5。一是农业发展稳步推进。着眼“三农”问题，大力实施乡村振兴战略，培育特色优势产业，创建特色农业品牌，强化农业服务体系和农产品及农业投入品监管体系建设，促进一二三产融合发展。全年新培育发展农业龙头企业4家，出口创汇3.2亿元，争取上三级项目资金1.6亿元。二是工业发展再创新高。以振兴实体经济为目标，大力实施优势产品品牌化、优势企业产业化、优势产业基地化“三优三化”战略，推动产业经济发展实现新的飞跃。全年新开工泰德能源等21个项目，续建润弘制药等16个项目，竣工投产达利有机豆奶等11个项目，申报新入规上工业企业40家，预计完成规模以上工业增加值290亿元，增长8%。新港产业集聚区成功晋升河南省二星级产业集聚区，被评为郑州市“两强”产业集聚区。三是服务业发展势头迅猛。大力发展高端商贸物流、电子商务服务等新兴业态，着力打造创客空间、创业平台、网商创业园等载体，积极承接市场外迁，完善配套服务功能，加快市场运营进度，引导产业融入电子商务发展模式，带动现代服务业整体提升。华南城、华商汇等企业入驻商户2万余家，营业面积突破230万平方米。全年预计完成现代服务业增加值332.6亿元，增长8.4%。

坚持开放创新，持续增强发展活力。坚持走向国际、走向沿海、融入郑港，准确把握全球经济一体化的发展趋势，全面参与“一带一路”等全国乃至全球经济战略合作，对标国家战略，加大招商引资力度，建立优质的政企关系。一是强化招商选资。通过产业招商、园区招商、以商招商，新签约华夏幸福产业新城、乾德电子、传化物流、民生电商等21个项目，签约金额526亿元，招商引资到位资金215亿元，引进域外资金121亿元，实际利用外资2亿美元，超额完成了郑州市下达的目标任务。二是推动“双创”工作。出台了加快创新创业综合体建设等一系列优惠政策，设立每年5000万元创新创业专项基金，从创新创业载体建设、科技创新平台建设及财政金融支持等方面，对创新创业、科技创新工作进行有力支持。全年共建设创新创业综合体、众创空间、科技企业孵化器17家，建成面积40万平方米，签约入驻创新创业企业团队483家，已孵化项目297个。三是破解发展瓶颈。积极拓宽市场化融资渠道，与省投资集团合作成立新郑城发公司，将交通、市政、生态水系、教育、新型城镇化等五大类政府投资项目打包，多渠道引入社会资本开展PPP项目合作，为城市建设提质提供强大资金支持，累计完成融资110亿元。持之以恒强化土地卫片执法工作，圆满完成各类销号任务，整改销号图斑459宗，面积313.33公顷。灵活实施土地增减挂钩，加强闲置土地盘活和存量土地供应，盘活存量建设用地66.67公顷，批回建设用地255.13公顷，购买补充耕地指标560公顷，为我市经济社会发展腾出了更大空间。

坚持保护生态，打造宜居宜业环境。树牢“绿水青山就是金山银山”的理念，坚持“大生态、大环保、大格局、大统筹”的工作部署，严格落实“党政同责、一岗双责、失职追责”，持续完善森林、湿地、流域、农田、城市五大生态体系。一是夯实生态基础。成立了生态环境建设工作领导小组，统筹推进全市生态文明建设工作；制定了《新郑市生态建设工作实施方案》等13个相关政策文件，健全了生态建设政策体系，建立了“行为有规范、办事有章程、处理有依据”的长效机制，营造了“人人关注、人人支持、人人参与”的浓厚氛围，形成了“全民参与、共建共享”的城市生态建设新格局。二是推进生态建设。大力实施碧水工程，全面落实“河长制”，持续推进水污染防治、水环境治理工作，开工建设双洎河综合治理、双龙坝示范段，强力推进农村污水集中处理PPP项目，市域水系水质得到明显改善；新建、续建、提升中兴路东延、大学路南延、中华北路北延等生态廊道12条66千米 540公顷，基本实现所有干道廊道全覆盖，完成林业建设1400余公顷，全市森林覆盖率达到30.4%。三是解决突出问题。加大执法监管力度，从严查处环境违法行为，督促工业企业改进治污设施，提高治污效能，排查发现的775家“散乱污”企业已全部整改到位，开展夜查行动300余次，查处渣土车交通违法行为900余起，整改完成各级交办和自查问题 1700余件，有力促进了经济、社会和环境的协调发展。

二、坚持统筹兼顾，推动各项工作落实

市委常委会统筹经济建设和社会发展的关系，充分利

用有利条件，发挥自身优势，加大对社会事业的投入，积极应对发展面临的诸多挑战，开创了各项社会事业发展的新局面。

坚持加大投入，着力保障改善民生。扎实做好“民生十件实事”，全年用于民生领域的财政支出达72亿元，增长15.9%。建立统一的城乡居民基本医疗保险制度，推进新农合和城镇居民医保整合为城乡居民基本医疗保险，参保居民达到60.7万人，参保率达到99%以上；继续完善12年免费教育，新修、改扩建中小学、幼儿园18所，就学难、大班额问题得到进一步缓解；市公立人民医院投入试运营，启动市公立中医院建设，全面开展全国健康促进县创建工作，不断提升公共卫生服务水平和质量，城乡居民健康档案建档率达96%，成功创建国家慢性病综合防控示范区。

坚持打造品牌，促进文化新郑建设。成功举办丁酉年黄帝故里拜祖大典、第十一届黄帝文化国际论坛等活动，黄帝文化品牌影响力不断扩大。大力实施“百千万”文化惠民工程，深入开展第四届群众文化艺术节，积极举办广场舞、剪纸、书画等各类文化活动。全年共组织开展“百场演出送农民”“共走创业路、同唱和谐曲”演出活动300余场，开展戏曲进校园戏曲讲座43期，完成郑州市“舞台艺术进乡村、进社区”文化巡演130余场、免费放映公益电影3500余场，中国影像方志河南卷新郑篇正式开拍。加快旅游精品工程建设，成功举办“中华枣乡风情游”、第十二个“文化遗产日”等活动，郑韩故城遗址公园被国家文物局公布为国家考古遗址公园。

坚持规范提升，深化体制机制改革。按照上级全面深化改革要求部署，以改革创新促发展、保稳定、惠民生，积极开展省级经济发达镇行政体制改革试点工作，龙湖镇、薛店镇获批为试点镇。开展农村集体产权制度改革，重点加快农村集体土地确权登记颁证工作，全市14个乡镇、231个行政村、9万余农户土地确权工作基本结束，土地确权登记面积32400公顷。实施督查考核体制改革，成立新郑市督查考核工作委员会，牢固树立“大督查、大考核、大服务、大问责”工作理念，统筹推进全市督查考核工作，尤其在推进重点项目建设、民生实事办理、大气污染防治、脱贫攻坚等工作中，真督实查、动真碰硬、敢于问责，有力推动了全市各项工作的顺利开展。持续深化“放管服”改革，规范政务服务体系建设，动态调整“五单一网”运行清单，行政部门的执政能力和服务水平进一步提升。按照“精简、统一、便民、高效”的总要求，积极推进不动产改革，已颁发不动产权证书2.7万余本，不动产登记证明5.6万余份。

坚持社会和谐，扎实做好信访稳定工作。始终把群众信访作为听民声、察民情、解民忧的重要渠道之一，着力加强“阳光信访”“责任信访”“法治信访”建设，在坚持市级领导每天接访的基础上，动真劲、出实招，采取重点约访、专题接访、带案下访、基层走访等方式，将矛盾化解在基层一线，圆满实现了十九大期间赴京“零”上访目标。全年共接待受理群众信访事项3000余批1.3万余人次，有效解决了一大批群众反映强烈的热点、难点问题，维护了群众的合法权益。

三、强化民主法治，维护社会和谐稳定

市委常委会坚持党的领导、人民当家做主和依法治市的有机统一，创新工作机制，狠抓措施落实，巩固发展民主团结、生动活泼、安定和谐的政治局面，凝聚各方智慧和力量。

支持市人大及其常委会依法履行职能。市委常委会本着总揽全局、协调各方的原则，积极支持市人大及其常委会运用监督职能，推进市委中心工作。市人大及其常委会认真行使监督、决定、任免等法定职权，对城市精细化管理、开放创新等进行专题询问，对招商引资、项目建设、城市绿化等重点工作进行评议，听取和审议工业经济发展、大气污染防治、生态水系建设等工作报告26次；依法行使重大事项决策权和人事任免权，强化代表议案意见督办工作，全面加强乡镇人大工作和建设，市人大及其常委会的各项职能得到有效发挥。

坚持和完善中国共产党领导的多党合作和政治协商制度。市政协及其常委会主动服务全市工作大局，认真履行政治协商、民主监督和参政议政职能，深入重点项目进行督导，围绕智慧社区建设、城市精细化管理、生态水系建设等开展专项监督、调研视察，围绕精准扶贫、双创工作等专题议政、建言献策。全年共组织委员撰写提案190件，立案159件，已全部办理完毕，进一步提升了履职实效，有力促进了各项工作的开展。

巩固发展最广泛的爱国统一战线。市委常委会定期就重大决策向民主党派、工商联和无党派人士通报情况、听取意见。落实“亲”“清”要求，积极构建新型政商关系，促进非公有制经济健康发展。扎实做好民族、宗教、对台等工作，切实维护民族团结、宗教和谐。持续深化群团改革，增强群团组织的政治性、先进性、群众性，群团组织的桥梁纽带作用得到充分发挥。坚持党管武装原则，深入开展以爱国主义为核心的全民国防教育活动，军民融合式发展成效突出。

大力推进依法治市进程。法治政府建设持续推进，领导干部运用法治思维和法治方式深化改革、推动发展、化

解矛盾、维护稳定的能力显著提升，全市法治化管理水平明显提高。健全法治宣传教育推进机制，完善“谁执法、谁普法、谁主管、谁负责”的工作责任制，完善依法治理考核评估体系。深入开展“七五”普法工作，着力抓好法治城市、法治乡镇、民主法治村、诚信守法企业等创建活动，全社会法治观念明显增强。

四、突出从严治党，着力提升党建水平

市委常委会认真贯彻落实上三级关于全面从严治党的安排部署，进一步坚定理想信念，树牢群众观点，转变工作作风，全面提升党建科学化水平。

加强政治建设。坚持把政治建设作为党的根本性建设，坚持旗帜鲜明讲政治。从市委常委会做起，带动全市各级党组织和广大党员干部牢固树立“四个意识”，坚决在政治立场、政治方向、政治原则、政治道路上同以习近平同志为核心的党中央保持高度一致。严格遵守和维护党章，严肃新形势下党内政治生活，着力增强党内政治生活的政治性、时代性、原则性、战斗性。严格落实民主集中制原则，突出全党服从中央，坚决贯彻落实中央决策部署，不断提高科学决策、民主决策、依法决策水平。严肃党的政治纪律和政治规矩，在党员干部中大力弘扬忠诚老实、公道正派、实事求是、清正廉洁等价值观，坚决防止和反对个人主义、分散主义、自由主义、本位主义、好人主义，坚决防止和反对宗派主义、圈子文化、码头文化，坚决反对搞两面派、做两面人，维护了风清气正的良好政治生态。

加强思想建设。坚持把思想建党摆在突出位置，以“两学一做”学习教育常态化制度化建设为抓手，强化理论武装，夯实思想基础。自上而下健全中心组学习制度，把习近平新时代中国特色社会主义思想和中央各项决策精神作为学习重点，完善学习计划、创新学习形式、强化学习效果，深入系统学、突出重点学、联系实际学。市委中心组围绕中央、省委和郑州市委指示精神和影响全市经济社会发展的重大问题共集中学习13次。深入开展“万名党员进党校，锤炼党性铸忠诚”行动和“建设国家中心城市次中心，我们怎么办”大讨论等活动，为我市国家中心城市次中心建设提供了强有力的理论支持。严格落实党管意识形态工作责任制，牢牢掌握意识形态工作的领导权，切实加强阵地建设和管理，积极开展正面宣传，科学引导舆论热点，不断净化网络空间。坚持培育和践行社会主义核心价值观，加强思想道德建设，增强了全社会在理想信念、价值理念、道德观念上的认同感、自觉性。

切实履行党委主体责任。市委常委会认真履行主体责任，按照党要管党、从严治党的要求，共召开23次市委常委会研究部署全面从严治党各项工作，组织成立了全面从严治党工作领导小组，研究增设了党委主体责任监督科，负责指导和督促全市各级党组织落实全面从严治党主体责任工作。制定了主体责任“两个清单”，建立了“三个六”标准，健全了“四套制度”，将全市108个市委直属党组织纳入了主体责任监督纪实管理平台和“三色灯”动态监管反馈平台，积极推进乡镇（街道、管委会）和市直部门负责人向市委常委会进行述责述廉，切实将主体责任压实压牢。强化督查监管，持续开展专项检查、跟踪督办，不定期开展“回头看”行动，实现了落实全面从严治党主体责任监督从“一时严”向“常态严”的转变。

轩辕湖湿地公园

加强基层党组织建设。先后出台了《“三有三带”农村党组织书记队伍建设两年行动计划》等相关文件，进一步完善基层党建制度体系。积极推进农村后备村干部队伍建设“千人计划”，通过民主推荐、组织遴选、公示、建档备案等程序，经严格考核、认真筛选，共择优确定农村后备村干部1386人。启动新一批驻村第一书记选派工作，帮助贫困群众解决生产生活问题586件，落实宣传政策信息3000余条，通过提升服务水平凝聚民心、汇聚民力。按照“一村一策”原则，转化提升软弱涣散村23个，

按照“五个清”要求，建立非公企业和社会组织党组织33个，派驻党建指导员180人，培训1300余人次。全面落实每村每年3万元党建经费、2万元服务群众经费、2.4万元村级办公经费；新投入资金6400余万元新建、改扩建村级党群服务中心87个，进一步完善基层阵地建设。打造党建电子沙盘，围绕“互联网+党建”模式，将全市1279个党组织、3.3万余名党员全部纳入系统，推动我市党建工作进入数据化、信息化、互联化、智能化新时代。

加强干部队伍建设。市委常委会高度重视干部培训工作，按照干部教育培训计划，组织了市、乡两级培训360余期，培训干部5万余人次，有力提升了干部队伍整体素质。积极做好干部抽调和挂职锻炼工作，先后为拜祖大典、脱贫攻坚、大气污染防治、散乱污集中整治等中心工作抽调干部16批1176人次，有力保障了重点工作的开展。严格干部监督管理，认真落实领导干部个人有关事项报告制度，完成52名县处级干部、1314名科级干部填报任务，应报尽报率100%。坚持完善干部谈心谈话制度，坚决落实“凡提五必”，有效防止了“带病提拔”和“带病上岗”。积极对接“智汇郑州”人才工程，大力实施“五彩”人才计划，建立我市人才引进制度体系，加大人才引进力度，我市共有14人入选“智汇郑州·1125聚才计划”。

加强党风廉政建设。市委常委会切实履行“一岗双责”，严格遵守中央八项规定、《廉洁自律准则》《党内监督条例》等规章制度，狠抓制度落实，时刻绷紧反腐倡廉、管好用好手中权力、带头遵纪守法这根弦，不触“红线”、不越“雷池”。严格执行领导干部个人有关事项报告、述责述廉、廉政谈话和离任审计等制度，推动监督执纪“四种形态”成为工作常态，在全市形成了“不想腐、不敢腐、不能腐”的政治氛围。深入开展“小金库”排查治理工作，共发现问题58个，党政纪处理4人，诫勉谈话4人。有效发挥巡察利剑作用，对24个单位巡察累计发现问题235个，提出整改建议67条，给予党政纪处分4人，巡察的震慑、遏制、治本作用得到有效发挥。大力开展反腐倡廉工作，形成反腐高压态势，全年共党政纪处理130人。深化纪检监察体制改革，实行集中统一管理，配齐配强人员，实现对党和国家机关纪检监察派驻机构全覆盖，党风廉政建设和反腐败基础工作得到切实加强。市公共资源交易中心共办理各类业务590宗，成交金额166亿元，为财政增收节支64亿元。

一年来，市委常委会始终保持“打铁必须自身硬”的高度自觉，以更高的标准严格要求，为全市做出表率、树好标杆。一是带头加强学习。健全完善市委理论学习中心组学习制度，抓好习近平新时代中国特色社会主义思想的理论武装，不断树牢“四个意识”、坚定“四个自信”，努力提高理论素养、政治觉悟和履职能力。二是带头严肃党内政治生活。坚持过好双重组织生活和“三会一课”制度，坚持民主集中制原则，既充分发扬民主，又善于集中统一，严格按程序办事、按规矩办事，各位常委相互配合、相互支持，形成了分工协作、团结干事的良好氛围。三是带头改进作风。始终坚持以人民为中心，坚持群众路线，带头深入基层、深入一线调查研究，深入困难多任务重的地方协调解决问题、推动工作，从严执行中央八项规定精神，自觉抵制“四风”，倡树新风正气。四是带头廉洁自律。严格落实党风廉政建设责任制，严格遵守廉洁自律各项规定，注重家风家教，从严教育约束亲属和身边工作人员，坚决反对特权思想和特权现象，自觉接受各方面的监督，以勤政廉政的实际行动树立了市委常委班子的良好形象。

一年来所取得的成绩，是省委省政府、郑州市委市政府坚强领导的结果，是市委、市人大、市政府、市政协四大班子齐心协力、克难攻坚的结果，更是全市各级党组织、广大党员和干部群众艰苦创业、共同努力的结果。在看到成绩的同时，我们也清醒地看到，工作中还有不少需要改进的地方，主要表现在：一是科学决策、民主决策水平和现代领导能力有待提高，在统筹改革发展稳定、经济建设与社会建设、当前发展与长远发展上还有待进一步提升。二是服务基层、服务群众方面还有差距，就业、社保、教育、医疗卫生、交通拥堵等一些热点难点问题还没有很好解决。三是党的建设还存在一些薄弱环节，有的基层党组织软弱涣散，个别干部存在工作不深入、作风不扎实现象。四是一些工作推进机制和改进机关作风、提高办事效率的举措没有得到很好落实，作风建设存在抓而不紧的问题，需要持续抓、长效抓、具体抓。对这些问题，市委常委会高度重视，将采取有力措施认真加以解决。

2018年是贯彻落实党的十九大精神的开局之年，是改革开放40周年，是决胜全面建成小康社会、实施“十三五”规划承上启下的关键一年，是开启新郑全面建设国家中心城市次中心新征程的重要一年，做好今年工作意义重大。我们要更加紧密团结在以习近平同志为核心的党中央周围，深入贯彻落实党的十九大精神，高举习近平新时代中国特色社会主义思想伟大旗帜，坚持发展第一要务，坚持以人民为中心，牢固树立新发展理念，突出稳中求进总基调、奋发有为总要求，努力走好新郑建设国家中心城市次中心路子，不断满足人民群众日益增长的美好生活需要，为推动新郑更好更快发展作出新的更大贡献。

政府工作报告

——2018年1月12日在市五届人大二次会议上

新郑市人民政府市长　马志峰

各位代表：

现在，我代表市人民政府，向大会做工作报告，请予审议，并请各位政协委员和特邀、列席人员提出意见。

一、2017年政府工作回顾

2017年，市政府在上级党委、政府和市委的正确领导下，在市人大和市政协的监督支持下，团结带领全市人民，深入贯彻党的十九大及习近平新时代中国特色社会主义思想，牢牢把握机遇、积极应对挑战，务实拼搏进取、全力攻坚克难，较好完成了市五届人大一次会议确定的目标任务。

（一）调结构促转型，国民经济稳步增长

综合实力显著增强。预计全年完成地区生产总值730.9亿元，增长7.2%，增速排名郑州县（市）第二。地方一般公共预算收入68.4亿元，增长10.7%，其中，税收46.1亿元，增长13.6%，总量蝉联全省县（市）第一。固定资产投资589亿元，增长4.1%，总量、增速分别排名郑州县（市）第一、第二。社会消费品零售总额265.3亿元，增长16.3%，增速排名郑州县（市）第一。城镇和农村居民人均可支配收入分别达30801元和20020元，增长8.5%、9%，均高于同期经济增速。三次产业比由3.1∶51.5∶45.4优化为2.7∶51.8∶45.5。全国中小城市综合实力百强县（市）和县域经济基本竞争力百强县（市）排名分别升至第41位、37位，县域经济发展质量评价连年位居全省首位。龙湖镇连续三年跻身全国综合实力百强镇。

工业经济平稳运行。预计完成主要工业增加值290亿元，增长8%，增速排名郑州县（市）第一；中国工业百强县（市）排名升至第21位，跃居全省第一。深入实施“5115”工程，开工产业项目109个、建成投产11个，完成投资438亿元。狠抓企业培优扶强，新增规模以上工业企业40家，6家企业入选省“专精特新”优质中小企业库，4家企业挂牌上市。深入实施质量强市战略，新郑农商行荣获郑州市市长质量奖，新注册商标941件，商标拥有量居全省县（市）首位，好想你成为全省唯一荣获中国商标金奖企业。高新技术产业规模壮大，新增高新技术企业4家，完成高新技术产业增加值75.4亿元，占主要工业增加值26%，较上年提高2.7个百分点。食品加工、生物医药产业主导作用更加突出，预计完成销售收入392亿元，增长20%。

农业效益持续提升。大力推行绿色高效农业，新增节水灌溉面积1733.33公顷、设施农业266.67公顷，测土配方施肥技术覆盖率达85%。农业产业化水平不断提升，新培育农业龙头企业4家、家庭农场10家、农民专业合作社26家，经营规模6.66公顷以上的新型农业经营主体达490家。积极拓展农业新功能，大力发展乡村休闲农业，创建全国星级休闲农业园区7个，创收6.1亿元。加快农业品牌化建设，新认证“三品一标”农产品20个，君源有机农场被批准为国家级农业标准化示范区。

第三产业势头强劲。现代商贸物流业不断壮大，华南城、华商汇营业面积突破230万平方米，2万商户入驻经营；传化物流小镇项目全面启动，入选首批省级现代服务业专业园区。大力发展电子商务，新认证省级电商示范企业3家，被评为省级电子商务进农村示范县（市），华南城被认定为省级电子商务产业基地、入选省级跨境电商产业园区。文旅产业繁荣发展，成功举办丁酉年黄帝故里拜祖大典、黄帝文化国际论坛和枣乡风情游活动，郑韩故城全省唯一跻身国家考古遗址公园行列，宋城集团中部地区首个演艺项目宋城·黄帝千古情成功签约；全年接待游客451万人次，实现旅游收入12.2亿元，增长4.6%。严格落实房地产调控政策，房地产市场持续稳健，房屋交易面积437万平方米，位居全省县（市）首位，交易额315亿元。第三产

业预计完成增加值332.6亿元，增长8.4%。

*产业集聚区专业园区加速建设。*新港产业集聚区顺利通过省级经济技术开发区评审，完成增加值92亿元，新开工郑州粮油食品智慧化园区等项目8个、建成4个；持续提升承载能力，新港污水处理厂及河西、吴庄变电站建成投用，永康路、红专路建成通车，新村大道东延等6条道路加紧建设，铺设各类管网15千米。辛店镇中原装配式建筑产业园基础功能日益完善，孟庄镇农民创业园被评为省级农民工返乡创业示范（孵化）基地。

（二）强基础提品质，新型城镇化快速推进

*城市品质不断提升。*坚持以百城建设提质工程为抓手，扎实推进城市扩容提质，开建城市提质项目300个、建成99个，完成投资422亿元，《新郑市城乡总体规划（2016—2030）》修编通过省级评审。高起点建设重点片区，华夏幸福产业新城企业总部、中央公园及4条道路开工建设，铺设各类管网14千米；新区东片区完成总体规划编制及城市地标五星级酒店、城市公园规划设计；龙湖西部片区功能布局规划到位，启动王口等5个村庄拆迁，双湖大道西延、新老G107连接线西延工程快速实施，三大片区建成后将拓展城市空间150平方千米。中心城区功能更加完善，实施迎宾街等8条道路升级改造，人民路等6条道路实现雨污分流；加快黄帝故里景区扩建，完成拆迁35万平方米，接旨胡同历史文化商业街主体完工。新郑新区更具魅力，城市中轴线南公园、华信体育馆建成开放，华祥喜度大厦等4个总部大楼建成招商，招引企业总部和综合商业30家。龙湖新城更加宜居，泰山森林公园建成开园，十七里河湿地公园基本完工，南水北调取水工程、鸿鹄路南延等一批基础设施加紧建设。

*城乡融合步伐加快。*持续完善城乡路网体系，加快对接郑州主城区和航空港区，快速推进G107、郑新快速通道龙湖段综合整治，完成S323、S103提升工程，中华北路接通郑州，商登高速新村站建成投用，学院路东延、S102改建等8条融郑融港道路加速推进。加快公共基础设施向乡村延伸，新建改造城乡电网174千米，农村生活污水治理全面铺开，生活垃圾焚烧发电厂试运营，第二生活垃圾处理场、曹庄垃圾填埋场封场项目稳步实施。积极探索城乡环卫一体化，改造垃圾中转站10座，建成公厕27座，建成存贮式环保深埋桶375处。辛店镇人和寨、观音寺镇溟水寨美丽乡村初具规模，辛店镇入选省级生态乡镇。

*城市管理精细规范。*深化城市执法体制改革，城市管理局、城市综合执法局挂牌成立，规定领域行政处罚权实现集中行使。加快智慧城管建设，数字化城市管理监督指挥平台建成投用，高效办理城市管理问题3.3万件。探索推行城市管理“路长制”、环卫作业“街长制”，常态化开展城市清洗清扫行动，城区环卫保洁覆盖率达100%。大力实施“畅通新郑”工程，建成平面停车场9座，新增停车泊位1088个，子产路北延至学院路建成通车，新汽车站建成投运，交通标志标线覆盖率达90%以上。

（三）抓改革促开放创新，发展活力竞相进发

*重点领域改革扎实推进。*深化“五单一网”行政审批制度改革，调整权责清单998项，规范行政审批中介服务事项44项，梳理繁文缛节和不必要证明108项。持续深化商事制度改革，全面推行“三十五证合一”和企业登记全程电子化，营商环境更加宽松。狠抓土地利用管理突出问题集中整治，盘活处置空闲土地67.8公顷、不实耕地184.93公顷，处置违法用地227.86公顷。积极探索市场化融资新渠道，为各项事业发展提供了有力资金支持。稳妥推进国有企业改革，“三供一业”分离移交有序开展，处置僵尸企业3家。规范公共资源交易管理，全年受理业务590宗，成交金额166亿元，为财政增收节支64亿元，公共资源交易中心荣获全国十佳最具公信力机构。城乡居民及机关事业单位医疗养老保险制度改革、党政机关公车改革、农村承包地确权登记颁证基本完成。

*创新创业成果突出。*加快创新创业载体建设，建成“1+3”创新创业综合体、众创空间、科技企业孵化器17家，入驻各类企业团队483家、孵化项目297个，其中，电商综合体建成10万平方米，签约中机六院等企业83家；航美科技园建成2.1万平方米，签约甲骨文科技等企业26家。强化科技引领支撑作用，成功举办首届创新创业大赛，新转化科技成果12项、申请专利1932件，培育郑州市级以上工程技术研发中心2家、专利申请超50件企业4家。

*开放招商成绩斐然。*大力实施产业招商、园区招商、以商招商，新签约乾德电子、仟吉食品等项目21个，签约金额526亿元，到位资金215亿元。不断扩大外经外贸，引进域外资金122亿元，实际利用外资2亿美元，外贸进出口6200万美元，建成河南进境粮食指定口岸郑粮雏鹰查验场。

（四）抓防治促生态修复，环境质量显著改善

*空气质量稳定好转。*狠抓扬尘污染治理，所有工地按照“七个100%”标准整治达标，全市渣土车实现动态实时监控，快速路、主次干道机械化清扫率达96%以上。依法严厉打击环境违法行为，整治取缔“散乱污”企业775家。加强燃煤散烧管控，取缔散煤销售点62个，建成洁净型煤生产仓储中心2家、型煤配送网点10个，完成电代煤、气代煤8869户、厨炊电气化2979户，拆改燃煤锅炉146台。全面提高秸秆禁烧技防水平，181个蓝天卫士高清摄像头投入使

用，基本实现火情监控全覆盖。全年空气质量优良天数达233天，同比增加20天，超目标值14天；PM2.5、PM10年均浓度分别下降12.86%、8.33%。

造林绿化扩面提质。瞄准建设南部生态绿城目标，大力实施生态廊道、特色经济林等六大林业生态建设工程，全年完成生态造林1400公顷，新建提升新辛快速通道、西南绕城高速等生态廊道12条540公顷，绿化乡村道路340公顷，全市森林覆盖率、乡村道路绿化率分别达30.4%、35%。加大城区绿化力度，建成街头游园6个，新增城市绿地30万平方米，城市建成区绿地率达36%。孟庄镇被评为省绿化模范乡镇。

水生态治理成效明显。高标准打造全域生态水系，启动市域河流综合整治；双洎河南关桥至西关桥1.2千米示范段综合治理高效推进，完成投资1.3亿元，清理污泥50万立方米，拆迁5万平方米、绿化8万平方米；完成黄水河郑风苑彩虹桥至任庄坝生态治污、郑风苑景区二期景观提升。全面推行“河长制”，大力整治城市黑臭水体，封堵排污口49处；科学调整畜禽养殖禁养区、限养区范围，投入5200多万元拆迁关停养殖场279家，双洎河国控黄甫寨出境断面COD、氨氮、总磷3项指标实现几十年来同时下降并达标。加快推进污水处理设施建设，城关污水处理厂等3座污水处理厂建成投用，全市污水处理厂达到9座，日处理污水能力达30万吨。

（五）惠民生促社会和谐，人民群众幸福指数持续提升

保障体系日益健全。全年投入民生资金72.9亿元，增长15.9%，民生实事基本完成。加大就业创业帮扶力度，举办首届职业技能大赛，开展职业技能培训1.2万人次，新增城镇就业再就业6870人、政府公益性岗位1215个，转移农村劳动力1.3万人，发放创业担保贷款7045万元。关心关注特殊群体生活，城乡居民最低保障标准分别提高至每人每月600元、380元，城乡特困人员供养标准分别提高至每人每月900元、570元，60周岁以上城乡居民基础养老金提高至每人每月160元，全年发放各类保障救助金4500万元，解决372户低收入家庭住房困难问题。坚持真扶贫、扶真贫，落实“转、扶、搬、保、救”五大举措，谋划产业扶贫项目38个，总投资5.5亿元；发放低保救助金3060万元、小额扶贫贷款3500万元，帮助1000名贫困群众稳定就业；具茨山郭老庄、山陈和驮窑3个行政村269户群众易地搬迁入住新居。妥善安置拆迁群众，建成安置房6120套77.6万平方米，网签安置房6177套，3.6万名群众喜迁新居。全市新型城镇化率达65%。

社会事业全面发展。持续加大教育投入，新建、改扩建中小学、幼儿园18所，高考一本上线率达31.2%，较上年大幅提高6.4个百分点，较过去五年平均水平提高8.1个百分点，高考成绩连续26年位居郑州县（市）首位，荣获全国青少年普法教育先进单位。大力倡导全民健身，成功举办第四届运动会，被评为全国群众体育先进县（市）。医疗卫生服务能力不断提升，市公立人民医院试运营，市公立中医院启动建设，被列入省级健康城市试点、国家慢病综合防控示范区，作为全省唯一参评县（市）全面启动全国健康促进县创建工作；和庄镇卫生院被评为全国百佳乡镇卫生院，薛店镇、梨河镇获批郑州市级健康村镇试点。加强基层文化阵地建设，建成3个乡镇（街道、管委会）综合文化站、120个村（社区）综合文化服务中心、14个村史馆和6个街区图书馆，组织各类文化演出440场。不断丰富地方志修编成果，中国影像方志新郑篇正式开拍。妇女儿童、青少年权益保护、老龄和残疾人事业健康发展，统计、粮食、供销、工商质监、食品药品监管、文物保护利用、市场建设、物价、移民、民兵预备役、人防、民族宗教、气象、黄帝文化研究等工作取得新成绩，国地税、邮政、铁路、烟草、盐业等部门和各高等院校，都为全市经济社会发展作出了积极贡献。

社会大局和谐稳定。规范提升网格化管理，排查各类矛盾问题8.15万起、调处8万起，调处率98.1%。积极畅通社情民意渠道，办理市长热线、民生110、网民留言1.5万件，被评为全国人民网网民留言办理工作先进单位。深化信访制度改革，着力解决群众合理诉求，越级上访量同比下降25.7%。加强政府债务管理，建立政府性债务风险应急处置预案，政府债务保持合理范围。深入开展安全隐患排查和专项整治，安全生产形势持续稳定，连续两年被评为省安全生产月活动先进单位。加强社会治安综合治理，打防管控手段不断提升，立体防控网络更加完善，连续三届被评为全国平安建设先进县（市），成功夺取全国社会治安综合治理最高奖“长安杯”。

依法行政规范高效。始终坚持在市委领导下开展工作，认真落实市人大及其常委会决议决定，自觉接受市人大法律监督和市政协民主监督，办理人大代表建议133件、政协委员提案159件。强化行政监察和审计监督，全年政纪处分25人，涉及科级干部12人；审计项目179个，管理不规范资金12.3亿元，为财政增收节支5亿元。狠抓督促检查和考核问责，督查约谈13个单位、20名责任人。持续推进政府信息与政务公开，政府网站连续7年荣获中国政务网领先奖。积极推行政府法律顾问制度，扎实开展“七五”普法，全社会学法用法守法氛围日益浓厚。

这些成绩的取得，得益于上级党委、政府和市委的正确领导，离不开全市各级各部门、各人民团体、驻新郑各单位、新郑驻军和广大客商的鼎力支持，凝聚着各位人大代表、政协委员、离退休老同志及广大干部群众的智慧和力量，饱含着全市人民艰苦创业、奋力拼搏的辛勤和汗水。在此，我代表市政府，向全市人民致以崇高的敬意！向所有支持、参与新郑建设，为新郑经济社会发展作出积极贡献的同志们、朋友们，表示衷心的感谢！

在肯定成绩的同时，我们也清醒地认识到经济社会发展中存在的困难和问题：新兴产业和现代服务业占比较低，工业经济支撑作用有限，结构性矛盾依然突出；城市建设管理标准不高，教育、医疗等方面仍不能完全满足人民群众需求，环境污染、交通拥堵、基础设施不完善等问题尚未得到根本解决；创新基础薄弱，创新人才较为缺乏；一些领域，少数干部工作效率不高、服务意识还不强。对于这些问题，市政府将高度重视，直面挑战，采取更有力措施认真加以解决，绝不辜负全市人民的期望和重托！

二、2018年政府工作的总体要求、目标任务和工作重点

2018年是全面贯彻落实十九大精神的开局之年，是改革开放40周年，也是决胜全面建成小康社会、实施“十三五”规划承上启下的关键一年。今年政府工作的总体要求是：高举习近平新时代中国特色社会主义思想伟大旗帜，全面贯彻党的十九大和中央经济工作会议精神，深入落实省委、郑州市委经济工作会议部署，统筹推进“五位一体”总体布局、协调推进“四个全面”战略布局，牢固树立新发展理念，坚持发展第一要务，坚持以人民为中心，坚持高质量发展的根本方向，把握稳中求进总基调、突出奋发有为总要求，以供给侧结构性改革为主线，以国家中心城市次中心建设为统揽，以黄帝文化历史名城、现代临空产业新城、郑州南部生态绿城建设为载体，坚持“四重点一稳定一保证”工作总格局，坚持目标导向、问题导向和“创优势、增实力、补短板、能抓住”的工作方针，统筹推进稳增长、促改革、调结构、惠民生、防风险各项工作，着力打好决胜全面建成小康社会三大攻坚战，全面加快新郑国家中心城市次中心建设步伐，不断满足人民日益增长的美好生活需要，努力在决胜全面建成小康社会、全面建设社会主义现代化进程中走在前列。

2018年全市经济社会发展的主要预期目标是：地区生产总值增长8.5%左右，地方一般公共预算收入增长9%左右，主要工业增加值增长8%左右，固定资产投资增长9%以上，社会消费品零售总额增长12%左右，城乡居民收入增长与经济增长基本同步，节能减排和环保等约束性指标完成上级下达目标。

围绕年度目标，我们将着力抓好以下几个方面的工作：

（一）坚持城乡统筹，在提升功能内涵中建设一流城市

按照“以建为主、提升品质、扩大成效”的要求，深入推进城市提质，不断优化城市功能布局，完善新型城镇体系，加速城乡融合发展，努力打造一流中小城市。

*以更高品质推进城市建设。*统筹宜居与宜业、地上与地下、硬件与软件、新区与老区“四个关系”，做好以水润城、以绿荫城、以文化城、以业兴城“四篇文章”，加快完善城乡规划、基础设施、公共服务设施，全面提高城市综合承载力。健全城乡规划体系。坚持规划引领，修编完善土地利用总体规划，完成《新郑市城乡总体规划（2016—2030）》和城市基础设施、地下空间开发等33项专项规划审查报批，深化华夏幸福产业新城、新区东部、龙湖西部等重点片区城市设计，加大规划刚性管控力度，着力构建多规合一、功能互补的城市发展空间格局。快速推进新区建设。建成万福路、暖泉河大桥等18项道路桥梁亮化工程，加快推进姬水路等11条道路及配套管网建设，开建中华路小学、鸿福路中小学和城市中轴线北公园等3项生态景观工程；完成郑新快速通道新区段东侧区域拆迁整治，启动新村大道北侧片区规划及基础设施建设，进一步拉大城市框架。稳步推进老城有机更新。坚持海绵城市建设理念，完成中华路、溱水路、解放路、烟厂大街、新华路西段等5条道路雨污分流及升级改造工程，打造人民路、迎宾街、中华路等精品街道。积极改善城区交通环境，打通褚庄路南延至人民路、陶文路西延至文化路、金城路西延至新建路等3条断头路，完成迎宾街南延至南环路征迁、郑韩路东延至文化路铁路立交桥规划设计审批；建成1座立体停车场；科学设置交通标志，加强重要时段、重点路段交通管控疏导。加快旧城改造，完成白庙范村、双龙寨村、第七期旧城棚户区拆迁，竣工运营接旨胡同历史文化商业街、嫘祖城商业综合体，改造提升背街小巷10条、老旧小区10个。在具备条件的社区启动建设邻里服务中心，打造10分钟便民生活服务圈。高标准打造重点片区。紧盯中原产业中枢·国际效率城市建设定位，完成华夏幸福产业新城总体规划、产业发展规划及相关专项规划，建成产业新城总部大楼、中央公园一期、中华路北段景观绿化带和汇丰路等4条道路，开建乾德电子等5个产业项目、市民中心等3个公共服务项目、滨河东路等6个基础设施项目和暖泉路景观提升等5个生态项目，着力打造“产业高度集

聚、城市功能完善、生态环境优美”的一流产业新城。按照不低于航空港区核心区标准，完成新区东部片区规划设计和核心区土地整理，开建高端商业综合体、五星级酒店、城市公园等项目，致力打造城市建设新标杆。加快完善教育园区功能。按照不低于郑州市主城区标准，稳步推进龙湖中东部提质、西部片区开发，完善龙湖西部片区规划设计；大力实施地铁二号线站点及周边环境提质，竣工通车华南城大道等7条道路，建成祥和路等6条道路雨污管网、220千伏变电站，快速推进双湖大道等3条道路西延工程；开建华南城客运枢纽工程，新建改建龙湖镇三初中等7所中小学，稳步推进龙湖西部村庄拆迁，积极拓展城市发展空间。

以更准定位培育特色镇村。坚持城乡一体、产城互动、镇村联动，统筹推进4个中心镇和一般建制镇建设，加快全域城镇化进程。借助郑州都市区、航空港实验区辐射带动作用，加快北部乡镇协同发展，以建设华夏幸福产业新城、中原创客小镇、传化物流小镇、红枣小镇为抓手，高标准推进薛店、孟庄、郭店镇域开发，努力打造产业转型升级先行区。发挥中心城区带动作用，促进新村、城关老工业园区“退二进三”，加速和庄产城融合步伐，推动近郊乡镇融城发展。以中原装配式建筑产业园为带动，加速功能提升，加快项目建设，促进辛店由传统工业乡镇向现代工业强镇转变。依托梨河、观音寺丰富的现代农业资源和具茨山独特的旅游资源，大力发展现代都市农业、休闲观光农业，持续加大生态旅游建设力度，努力打造一二三产融合发展示范区。积极探索“美丽乡村+文化旅游”发展模式，提升辛店人和寨、观音寺溟水寨美丽乡村建设水平，着力打造特色乡村旅游品牌。

以更大力度建设交通路网。深入实施“畅通新郑”工程，统筹推进轨道交通、高速公路、市域快速路等路网建设，着力打造与郑州综合交通枢纽功能互补、高效衔接的城市立体交通体系。加快融郑路网建设，建成求实路南延至S102，加快推进G107、郑新快速通道龙湖段综合整治，启动中华北路辅道建设，配合做好郑州轨道交通16号线新郑支线工程前期工作，加速融入郑州主城区。加快融港通道建设，建成S321上跨G107立交改建工程，商登高速中华路出入口、跨万郑路立交桥建设工程，竣工新村大道东延至新港大道、新老G107连接线附属工程，加快推进学院路东延等涉铁道路建设，启动与郑港四路、郑港六路对接道路建设，进一步畅通与航空港区紧密衔接的东西路网。加快市域路网建设，完成S323新郑境苇河桥至大高庄段改建工程，建成西环路铁路桥、沂水河桥，启动建设铁西路、郑韩路西延至大学路、茨山路南移、S103改扩建工程，带动西南部传统农业乡镇快速发展。

以更实举措推进城市管理。坚持政府主导、全民参与，以治乱、治脏、治污、治差为突破口，统筹推进市容环境卫生、“六小”行业、集贸市场、城乡接合部和城中村等领域治理，确保顺利通过国家卫生城市复审。完成曹庄垃圾填埋场封场，投用餐厨垃圾处理厂，修建公厕33座、新概念公共卫生间3座，不断完善城乡环卫设施。探索推行环卫作业社会化运作新模式，加速城乡环卫一体化，全面提升城乡环卫工作水平。拓展数字化城管平台功能，严格落实“路长制”、“街长制”，大力整治城区占道经营、私搭乱建等城市顽疾。集中整治城市积水易涝点，全面消除城市黑臭水体。

（二）坚持产业强市，在加快转型升级中增强产业竞争力

以推动产业转型升级为主线，做强实体经济，推动产业向高端化、智能化、绿色化迈进，努力建设现代临空产业新城。

着力培育先进制造业集群。深入实施“百千亿级”产业集群培育工程，科学制定产业发展规划，加快培育千亿级现代食品制造、百亿级生物医药产业集群。大力发展健康食品、功能食品产业，建成佳龙食品、雪花啤酒二期等项目，开建达利食品二期、好想你FD食品等项目，持续扩大食品产业市场份额，着力打造中部地区具重要影响力的食品产业制造基地。建成遂成药业药剂生产项目，加快建设润弘制药项目，积极招引知名药企落地发展，力争在现代生物医药、健康生命产业取得新突破。积极培育电子信息、高端装备制造等新兴产业，开建莱茵奔驰专用车等项目，推动航美科技、龙翔电气等骨干企业壮大规模，迅速集聚新兴产业发展优势。引导传统制造业转型升级，着力增强企业核心竞争力。建立大中小微企业梯次培育机制，加大对“30强”“30优”企业帮扶力度，力争全年新增规模以上工业企业30家，年销售收入超10亿元企业达30家。大力实施质量强市和名牌带动战略，做好“市长质量奖”评选，鼓励企业用工匠精神打造“百年老店”，力争新创中国驰名商标1件。着力提升现代服务业层次。围绕打造一流现代商贸物流中心，开建传化物流小镇核心区，支持郑州华南城跨境电商产业园快速发展，力争年内现代商贸物流业销售收入突破400亿元。充分发挥航空港综合交通枢纽优势，鼓励好想你、雏鹰农牧等骨干企业积极发展冷链物流，推动多式联运、冷链物流、快递运送融合发展。坚持“房子是用来住的、不是用来炒的”定位，加强房地产市场调控，促进房地产业平稳健康发展。以新郑新区、新郑教育园区为主体，促进总部经济、文化创意等高端服务业

态集聚，规划建设4座五星级酒店和高端商业综合体，持续提升城市服务业水平。

着力加快农业现代化步伐。大力实施乡村振兴战略，积极构建现代农业产业体系、生产体系、经营体系。加强农田水利基本建设，新打配机井80眼，新增恢复节水灌溉面积333.33公顷，新建改造城乡电网325千米，持续提高农业综合生产能力。建成郑州市第三批都市生态农业示范园、3个以上休闲农业园区，积极打造都市农业主题公园和田园综合体，推动农业“接二连三”融合发展。壮大新型农业经营主体，新培育农业龙头企业2家、家庭农场10家、农民专业合作社20家，实现小农户和现代农业发展有机衔接。重点支持优质小麦、花生、红枣等农产品生产，着力增加绿色优质农产品供给。坚持“一乡一业”“一村一品”，研究制定优惠政策，支持集体经济发展壮大。抢抓入选省级电子商务进农村示范县机遇，依托镇村特色资源，积极培育农村电商，拓宽农民增收渠道。建成运行211个益农信息社站点，完成农业信息入户工程。在新村镇、城关乡试点推行农业社会化服务。加强农畜产品品牌建设，新认证无公害农产品10个、绿色有机食品5个、农产品地理标志1个。完善农产品质量检测和可追溯体系，防范动植物疫病灾害，保障农产品安全。

着力推动产业集聚区专业园区提档升级。按照高点定位、主业突出、差异化发展思路，强化规划引领和配套服务，全面提升产业集聚区、专业园区建设管理水平。对标国家经济技术开发区，完成新港产业集聚区总体发展规划环评报批，中兴路至南水北调干渠间区域、集聚区北组团控制性详细规划和热冷电联产项目规划编制，建成园林大道等6条道路，新建改造莲河西路等3条道路，实施人民东路神州路至航空港区段提升工程，持续增强集聚区产业承载力。抢抓省政府支持装配式建筑产业发展机遇，加快完善辛店中原装配式建筑产业园道路、水电气及污水处理等基础设施，加大项目招商建设力度，着力打造全省一流装配式建筑产业基地。加快华南城特色商业区会展中心、五星级酒店等高端配套服务设施建设，加快实现由园区向城区转变。

（三）坚持创新引领，在深化改革开放中激发新动能

聚焦重点领域和关键环节，坚持问题导向，以改革创新增动力，以开放合作添活力，努力破解瓶颈制约，为经济社会健康快速发展提供强力引擎。

深化重点领域改革。按照“审批更简、监管更强、服务更优”原则，纵深推进“放、管、服”改革，切实降低制度性交易成本。严格落实“三十五证合一”“一照一码”商事制度，全面推行“一门式、一网式”智慧政务服务模式，着力营造最佳政务环境。深入推进城市管理体制改革，集中行使城市管理行政处罚权，构建权责一致、集约高效的“大城管”格局。稳步推进农村集体产权制度改革，完成25个试点村（居委会）改革任务。强化发展要素保障。严格土地管理，加大土地违法打击处理力度，严守耕地保护红线，积极推进“三块地”开发利用改革；加大土地指标申请报批力度，加快批而未供、供而未用土地盘活，鼓励农村土地流转，力争全年批回土地600公顷，盘活闲置低效土地66.67公顷。创新投融资机制，加快政府投融资平台市场化转型；灵活采取发行政府债券、政府和社会资本合作等模式进行融资，全力保障项目建设资金需求。完善政府预算和投资基金体系，规范政府债务管理，防范财政风险。

全面扩大对外开放。主动对接航空港实验区空中丝绸之路、中欧班列（郑州）等载体平台，加快郑州粮油食品智慧化园区建设，拓宽河南进境粮食指定口岸郑粮雏鹰查验场功能，打造内陆地区开放新高地。抢抓“一带一路”建设和河南自贸区、郑洛新国家自主创新示范区、郑州国家中心城市建设重大机遇，认真筹办戊戌年黄帝故里拜祖大典经贸洽谈活动。紧盯主导产业和战略新兴产业，深入开展产业招商、以商招商，着力谋划引进一批“四力”型产业项目，力争全年招引项目30个、到位资金236亿元、实际利用外资2亿美元。鼓励本土优势企业加快“走出去”步伐，构建高水平双向开放格局。积极拓展对外贸易，力争全年外贸进出口6400万美元。

大力推进创新创业。加快电子商务等“1+3”创新创业综合体、众创空间和科技企业孵化器建设，提升创新创业载体内涵，全年新入驻各类创业团队100家、孵化项目50个以上。深化政产学研协同创新，加快创新政策、资源向主导产业和重点企业集聚，努力新增院士工作站1家、科技创新龙头企业2家、郑州市级以上研发中心2家。坚持引资与引技、引智相结合，积极落实“智汇郑州”人才政策，大力实施“五彩”人才计划，力争新引进领军人才和高层次紧缺人才4名、领军型创新创业团队2个，实现招引一名领军人才，带来一个创业团队，落地一批产业项目。加强科技成果转化和知识产权保护，新转化科技成果15项、申请专利2000件。

（四）坚持绿色发展，在强化标本兼治中优化生态环境

牢固树立“绿水青山就是金山银山”意识，围绕“大生态、大环保、大格局、大统筹”总体要求，协调推进森林、湿地、流域、农田、城市生态系统建设，全力打造天蓝地绿水净的郑州南部生态绿城。

大力实施蓝天工程。坚持全民共治、源头防治，强力推进企业、工地、散煤、渣土车、餐饮油烟等综合治理，坚决防止“散乱污”企业反弹，确保空气优良天数和PM2.5、PM10年均浓度下降幅度达到省定目标。加大环保督查问责力度，严厉打击环境污染违法行为。提高科学精准治污能力，建立空气质量综合调度指挥平台，布设微型空气质量监测站和高空监控设备。加强重污染天气预报预警，落实应急管控措施，有效应对重污染天气。

大力实施碧水工程。认真落实最严格水资源管理制度，切实加强水资源管理保护利用。全面推行“河长制”，坚持“一河一策”，系统推进“水资源保护、河湖水域岸线管理保护、水污染防治、水环境治理、水生态修复、执法监管”六项工作。坚持“河湖贯通、循环水系”理念，实施生态水系治理工程，加快潮河、暖泉河、十七里河等河流综合治理，不断扩大生态水域面积；建成十七里河湿地公园、公主湖湖滨公园，打造贯穿全域的滨河景观带。加强湿地保护和修复，加快潮河、莲河、双洎河云湾段等河流湿地建设，持续增加生态湿地面积，提高河流水系生态自净能力。全力推进水污染治理，开建龙湖西部污水处理厂，迁建第二污水处理厂，实现市域污水全收集、全处理；加快推进排污口封堵、纳污管网铺设、河道养殖清理、临河垃圾清运，确保国控断面水质稳定达标。

大力实施绿地工程。深入开展生态造林绿化，新建提升地铁二号线新郑段等生态廊道4条，快速推进商登高速、万邓路西延生态廊道建设，全年新增生态造林500公顷，打造覆盖全市的“绿道”“绿网”。科学布局城镇内部及周边绿地，开建大吴楼、后端湾生态文化公园，完成郑风苑景区三期景观提升、黄帝故里拆迁区域绿化，加快建设国家古枣林公园、具茨山森林公园、长青路绿化带，着力构建城乡绿地生态系统。

大力实施土壤污染防治。全面落实“土十条”，完成全市农用地土壤污染详查，全面掌握土壤环境质量状况。加强土壤污染源管控，统筹推进重点行业企业监管、农业面源污染防治、工业固体废物处置等工作，有效防控土壤环境污染风险。加强污染地块治理与修复，落实污染地块环境风险管控措施，切实改善区域土壤环境质量。

健全生态文明制度体系。开展生态文明建设示范市创建工作，以最严格的生态环境保护制度和措施，倒逼产业结构调整、发展方式转变。全面促进资源节约高效利用，持续推进工业、交通、建筑、公共机构等重点领域节能减排，大力发展循环经济和高效低耗绿色环保的生态产业。

各位代表，环境保护关系人民的福祉、关乎新郑的未来，我们深知，环境污染治理和生态保护修复历史欠账多、基础仍薄弱，但是我们有信心、有能力打赢污染防治攻坚战，全力构建森林、湿地、流域、农田、城市五大生态系统，为子孙后代留下绿水青山美好家园！

（五）坚定文化自信，在传承黄帝文化中建设文明城市

坚持以黄帝文化为统领，认真践行社会主义核心价值观，深入挖掘历史文化内涵，统筹推动我市文化产业和文化事业协调发展，着力打造黄帝文化历史名城和中原文化高地。

繁荣文化旅游产业。大力传承弘扬黄帝文化，高标准推进黄帝故里园区规划建设，精心策划举办戊戌年黄帝故里拜祖大典、第十二届黄帝文化国际论坛和枣乡风情游活动，持续提升黄帝文化影响力。全面开建宋城·黄帝千古情，加快推进金鹭鸵鸟园旅游综合体建设，加紧对接文旅产业项目，不断壮大旅游产业规模。深入挖掘文化旅游资源，加强具茨山岩画、名人故居（墓地）修缮保护，持续推进郑韩故城国家考古遗址公园建设，启动市级博物馆新馆和郑韩故城国家考古遗址公园博物馆建设前期工作。加快修复考院、文庙、县衙、凤台寺等古城遗址，提升古城文化风韵。深入实施全域旅游发展战略，统筹推进南水北调干渠沿线生态旅游观光带、西南部具茨山休闲度假区、西北部生态休闲养生区和东北部红枣产业生态旅游体验区“一带三区”建设。

大力发展文化事业。深入实施文化惠民工程，举办第五届群众文化节，扎实开展“双百场演出”“百姓大舞台”等特色文化活动，鼓励原创文艺精品创作，不断满足人民群众精神文化需求。持续开展全民阅读活动，营造全民学习浓厚氛围。认真做好乡镇（街道）志、村志编纂工作，不断加强地域传统文化保护传承。继续实施无线数字机顶盒进村入户，免费为1.6万贫困户安装机顶盒，逐步实现全市无线数字电视全覆盖、全免费。

加强精神文明建设。以提升公共文明素养为目标，以争创省级文明城市为抓手，深入开展文明提升行动，促进文明创建常态化、长效化，不断提升城市文明程度。深入实施中华优秀传统文化传承发展工程，加强中国特色社会主义和中国梦宣传教育，引导人民群众树立正确的历史观、民族观、国家观、文化观。大力实施公民道德建设工程，坚持举办道德讲堂、市民文化大讲堂、典型人物评选等活动，倡导文明新风，弘扬社会正气，引领全社会形成崇德向善的良好风尚。深入实施健康促进行动，倡导健康文明生活方式，建成郑州市级健康村10个，加快建设薛店镇、梨河镇郑州市级健康镇试点，争创全国健康促进县（市）、国家健康城市。

（六）坚持人民至上，在推进共建共享中增进民生福祉

始终把人民利益摆在优先地位，着力安排民生工程，不断满足人民群众日益增长的美好生活需要，使人民群众获得感、幸福感、安全感更加充实、更有保障。

拓宽增收渠道，加快富民步伐。千方百计促进就业创业，全面落实扶持政策，统筹推进重点群体就业创业，为各类创业人员提供创业资金扶持，实现更高质量和更充分就业。强力推进精准扶贫精准脱贫，坚持“一手抓脱贫攻坚扫尾，一手抓脱贫成效巩固提升”，以“N+2”脱贫计划为主线，突出专项扶贫、行业扶贫、社会扶贫，注重扶贫同扶志、扶智相结合，完成具茨山10个行政村群众易地搬迁，确保2018年底实现除政策托底外的存量贫困人口全部脱贫。

补齐民生短板，提升保障水平。坚持教育优先发展战略，统筹发展学前教育、高中教育和特殊教育，引进培育更多名师和名校，力争教育工作水平进一步提升。持续加大教育投入，积极改善教学条件，逐步缓解“大班额”问题。促进高等教育发展，支持西亚斯国际学院申报独立办学。加快拆迁群众回迁安置，新建龙湖西张寨等13个社区，加快推进薛店解放路社区等17个续建社区，建设安置房13936套167.6万平方米，网签安置房11584套，力争2016年前拆迁群众全部实现回迁。探索建立多主体供给、多渠道保障、租购并举的住房制度，切实解决低收入困难家庭住房问题。扩大社会保险覆盖面，深入实施全民参保登记计划，稳步提高社会保障水平。完善城乡社会救助体系，提高城乡低保补助标准，落实特困人员供养制度，筑牢困难群体民生底线。健全社会福利、慈善事业等制度，加快养老产业发展，切实保障妇女、未成年人和残疾人合法权益。深化医药卫生体制改革，扎实推进分级诊疗、家庭医生签约服务，着力解决看病难、看病贵问题。继续做好供销、民族宗教、外事侨务、对台事务、气象、粮食、档案等工作，推动社会事业全面发展。加强国防动员、民兵预备役、“双拥”共建和优抚安置工作，推进军民融合深度发展。

创新社会治理，构建和谐社会。巩固平安建设成果，完善社会治安防控体系，严厉打击各类违法犯罪活动，全方位提高执法满意度和群众安全感。深化基层社会治理创新，规范完善网格化管理，夯实社会治理基层基础。加强源头治理和信访干部队伍建设，妥善解决人民群众合理合法利益诉求。深入推进“七五”普法，广泛开展法治宣传教育，做好法律援助、安置帮教和社区矫正工作，不断提升全民法治意识和全社会法治化管理水平。加快社会诚信体系建设，健全守信激励和失信惩戒机制。加强食品药品安全监管，建成食品药品检验检测中心，保障群众饮食用药安全。严格落实安全生产责任制，深化重点行业、重点领域专项整治，推动安全生产形势持续好转。夯实消防安全责任，建成投用1个小型消防站和140个市政消火栓，全面提升消防安全管理水平。健全应急管理机制，切实提高突发公共事件预警和处置能力。

各位代表，满足新郑人民群众日益增长的美好生活需要，是我们做好各项工作的不竭动力和奋斗目标。今年政府将继续加大投入，努力办好为民实事。（1）大力实施教育提升工程，新建、改扩建30所中小学、幼儿园，新增学位3万个；完成新郑二中迁建招生，扩建实验高级中学；投资3200万，为全市公办中小学校配备50个录播教室，为高中配备400台班班通；落实公办寄宿制普通高中教师超课时补助，按照每班每月7680元标准发放9个月补助；公办高中班主任生活补助由每人每月500元提高至800元；公办中小学代课教师工资由每人每月1800元提高至2200元。（2）帮扶群众就业再就业，开展职业技能培训5000人次，新增城镇就业再就业6500人，转移农村劳动力1万人。（3）提升公共医疗服务水平，加快推进市公立中医院建设；为14个乡镇卫生院和社区卫生服务中心建设自助体检中心、配备中医康复医疗设备；为4家社区卫生服务中心各配备一辆体检车和一套体检设备；配置一台疫情处置专用体检车。（4）强化群众住房保障，新开工棚改住房2000套，新提供公共租赁住房不少于800套。（5）改善老旧小区居住条件，为城区8个小区改造自来水管网。（6）关心老年人生活，建成2所社区托老站，为每所运营的托老站每年解决2万元运营经费，为入住养老机构的老年人购买意外保险。（7）改善公共交通条件，全面推行城乡公交一卡通，为全市客运公交车辆安装刷卡机，持卡群众和学生享受优惠票价。（8）加快水生态环境建设，实施河湖水系贯通工程；完成双洎河综合治理示范段园林景观打造及胡垌至贾梁段河道生态治理，开建暖泉河、潮河生态景观公园，启动十七里河湿地公园尾水生态净化工程。（9）投入运营城乡环卫一体化，新建改造垃圾中转站17座，新增环卫机械化车辆118台、垃圾收集车2687辆、标准垃圾桶15581个、存贮式环保深埋桶163处，建成54个行政村农村污水处理站（厂）。（10）拓宽群众文化服务平台，建成开放城市展览馆，开建图书档案方志馆、科技馆、文化活动中心。

三、全面加强政府自身建设

各位代表，党的十九大为经济社会发展指明了方向，也对政府工作提出了新的更高的要求。我们将以十九大精

神为指引，全面加强自身建设，始终做到依法行政、高效务政、为民施政、廉洁从政，努力打造让广大人民群众满意的服务型政府。

重法治严监督，严格依法行政。加强对权力运行的监督制约，坚决做到有权必有责、用权必担责、滥权必追责。完善政府法律顾问制度，严格遵守重大事项公众参与、专家论证、风险评估、合法性审查和集体讨论决定等法定程序，切实做到依法民主科学决策。拓宽政务微博、微信、网站等新兴媒体受众面，扎实开展行风评议、政民互动等活动，让权力在阳光下运行。自觉接受人大法律监督、政协民主监督和社会舆论监督，广泛听取社会各界意见建议，及时高效办理人大代表建议和政协委员提案。

强责任敢担当，确保高效务政。始终坚持高标站位、勇争一流，压实各级责任，不折不扣落实上级部署、市委决策事项、人大及其常委会决议决定。坚持正确的政绩观，不尚空谈、不慕虚名，脚踏实地干好工作、服务好群众。主动担负新郑发展的历史重任，敢于破解改革发展中的矛盾问题。时刻保持危机感、责任感，在产业发展、城市建设、生态环境等方面着眼未来、着眼长远，努力创造无愧于新时代要求的一流业绩。加强督查考核跟踪问效，积极创造良好干事创业环境，让有能力、能担当的干部有服务群众、实现人生价值的广阔平台。

察民情解民忧，恪守为民施政。把人民当亲人，时刻关注群众安危冷暖。想群众之所想，急群众之所急，集中精力解决一批民生热点难点问题，办成一批惠民利民实事，让人民群众有更多获得感，生活更加幸福美满。继续发扬夙夜在公、勤政为民的奉献精神，把全部心思和精力都用在干事创业上，切实以实际行动树立党员干部良好形象、赢得群众信任。认真践行“一线工作法”，主动深入基层倾听群众呼声、回应群众关切。严格落实领导包案、公开接访等制度，畅通市长热线、市长信箱、民生110等社情民意沟通的桥梁纽带，及时为群众排忧解难。切实规范市政务服务中心，乡镇、村（社区）便民服务中心运行，不断健全完善为民服务体系功能。

扬正气重品行，坚持廉洁从政。打铁还需自身硬。模范遵守党章党规党纪，认真践行“三严三实”，严格执行中央八项规定、廉洁自律准则，着力打造廉洁政府。认真落实党风廉政建设责任制，强化廉政监察、审计监督，加强对工程建设、公共资源交易、国有资产管理等重点领域监管，从源头筑牢拒腐防变思想防线。完善惩治和预防腐败体系，持续开展作风纪律整顿，严肃查处侵害群众利益的违纪违法案件，切实把“制度的笼子”扎紧扎牢。严控“三公”经费支出，将更多资金向民生领域倾斜，以更大力度保障和改善民生。

各位代表，新时代赋予新使命，新征程呼唤新作为。让我们在市委的正确领导下，在市人大、市政协的监督支持下，高举习近平新时代中国特色社会主义思想伟大旗帜，全面贯彻落实党的十九大精神，以更加饱满的激情、更加昂扬的斗志、更加务实的举措，不忘初心，砥砺前行，奋力谱写无愧于新时代的华彩篇章，为加快建设国家中心城市次中心，早日建成黄帝文化历史名城、现代临空产业新城、郑州南部生态绿城而努力奋斗。

新郑新区

关于2017年国民经济和社会发展计划执行情况与2018年国民经济和社会发展计划的报告

各位代表：

受市人民政府委托，现将我市2017年国民经济和社会发展计划执行情况与2018年国民经济和社会发展计划（草案）提请市五届人大二次会议审议。

一、2017年国民经济和社会发展计划执行情况

2017年，全市上下在市委、市政府的领导和市人大、市政协的监督、支持下，围绕市五届人大一次会议确定的目标任务，始终坚持“创新、协调、绿色、开放、共享”发展理念，深入实施“双融入、双承接”发展战略，持续深化“四重点一稳定一保证”工作总格局，以新型城镇化为引领，以现代产业体系为支撑，实施项目带动、狠抓项目建设，统筹做好稳增长、促改革、调结构、防风险、惠民生各项工作，实现了经济平稳健康发展和社会和谐稳定。

（一）综合实力显著增强

预计全年完成地区生产总值730.9亿元，同比增长7.2%，其中第三产业完成332.6亿元，同比增长8.4%。一般公共预算收入完成68.39亿元，同比增长10.7%，其中：税收收入完成46.1亿元，同比增长13.6%。规模以上工业增加值完成290亿元，同比增长8%。固定资产投资完成589亿元，同比增长4.1%。社会消费品零售总额完成265.3亿元，同比增长16.3%。城镇居民人均可支配收入完成30801元，同比增长8.5%；农村居民人均可支配收入完成20020元，同比增长9%。县域经济发展质量评价连续4年位居全省首位，全国中小城市综合实力百强县（市）和县域经济基本竞争力百强县（市）排名分别升至第41位、37位。

（二）产业结构不断优化

积极推动产业结构调整和转型升级，三次产业比由2016年的3.1：51.5：45.4调整为2.7：51.8：45.5，第三产业已经成为拉动我市经济发展的主要动力。工业经济转型升级。主要工业增加值预计完成290亿元，同比增长8%，食品加工、生物医药主导产业预计完成增加值82.3亿元，占全市主要工业增加值比重达28.4%，新增上市挂牌企业4家，新入规上工业企业40家，全市规上工业企业达334家。第三产业势头强劲。第三产业增加值预计完成332.6亿元，同比增长8.4%。华南城入驻商户1.7万家、营业面积突破180万平方米，华商汇入驻商户3200多家、营业面积突破50万平方米。新郑市传化物流小镇入选省级现代服务业专业园区。成功举办丁酉年黄帝故里拜祖大典和黄帝文化国际论坛，宋城·黄帝千古情项目成功签约。全市房屋交易面积437万平方米，位居全省县（市）首位，交易额达315亿元。现代农业稳定发展。粮食总产量达到25.25万吨，新流转土地433.33公顷，农民合作社达395家，规模6.67公顷以上的农业经营主体达490多家，培育国家级农业龙头企业3家，省级农业龙头企业11家，郑州市级农业龙头企业39家。

（三）项目建设快速推进

省重点项目共17个，总投资807.3亿元，当年计划投资134亿元，全年完成投资100.8亿元，占年度计划的75.2%。华南城、华商汇、遂成药业、裕港国际医疗产业园等项目进展顺利，光大垃圾焚烧发电厂等项目竣工并投入试运营。省重点项目完成情况在郑州市五县（市）一区综合排序第1名。郑州市重点项目共19个，总投资397亿元，当年计划投资133亿元，全年完成投资123.5亿元，占年度计划的93%。泰德能源、宏美彩印等项目进展顺利，恒喜龙食品、华南城污水处理厂二期等3个项目竣工。郑州市重点项目完成情况在郑州市五县（市）一区综合排序第2名。市本

级重点项目共231个，总投资1693亿元，当年计划投资502亿元，全年完成投资438亿元，占年度计划投资的87.3%。天汇国际商贸城、新港智慧谷产业园、华南城大道等项目进展顺利。

（四）城市品质显著提升

中心城区功能不断完善。升级改造文化路、迎宾街等8条道路，人民路、新建路等6条道路实现雨污分流，建成停车场8座，完成汽车站迁建，生活垃圾焚烧发电厂投入试运营，热源厂煤改气项目如期完工，确保冬季正常供暖。新区建设魅力凸显。万福路北延、创业路西延、学院西路等6条道路和中兴路黄水河桥、创业路暖泉河景观大桥2座桥梁竣工通车，城市中轴线南公园、华信体育馆开放使用，商会大厦、华夏国际商务中心、建银大厦等商业综合体全面建成，新区东部片区与正弘集团合作开发，已完成区域总体规划，启动五星级酒店、会展中心、城市公园等7个项目建设。龙湖新城换挡提速。华南城污水处理厂二期工程建成投运，龙湖湿地公园基本完工，双湖大道西延、第二水厂、电力双回路改造等项目加速建设，宋城·黄帝千古情、同赢服装产业园等项目落地龙湖。华夏幸福产业新城扎实推进。招引乾德电子、民生电商、新郑市智能终端产业港等项目5个，汇丰路、新民路等道路建设有序推进。

（五）开放创新实力凸显

对外开放不断扩大。新签约红星美凯龙、仟吉食品等项目21个，签约金额526亿元，到位资金215亿元。不断扩大外经外贸，引进市外境内资金122亿元，实际利用外资2亿美元，外贸进出口6200万美元，建成河南进境粮食指定口岸郑粮雏鹰查验场。创新创业步伐加快。建成双创综合体、众创空间、科技企业孵化器17家，签约入驻创业团队483家，孵化项目297个，新转化科技成果12项、专利申请1932件，新增高新技术企业4家，全年高新技术产业增加值完成75.4亿元，增速14%。积极创新融资方式，拓宽融资渠道，搭建银政企合作平台，累计完成融资109.9亿元。重点领域改革扎实推进。深化“五单一网”行政审批制度改革，调整权责清单998项，规范行政审批中介服务事项44项。扎实开展农村集体产权制度改革，农村承包地确权登记32400公顷。全面推行“三十五证合一”和企业登记全程电子化，营商环境更加宽松便利。党政机关公车改革基本完成，国企“三供一业”分离移交有序开展。

（六）生态环境明显改善

深入开展蓝天工程。全力推动大气污染防治常态化，空气质量优良天数达233天，完成全市97台10蒸吨以下燃煤锅炉拆改、11台10蒸吨以上燃煤锅炉提标治理任务，完成电代煤、气代煤“双替代”任务8869户。大力实施碧水工程。双洎河综合治理工程完成双龙坝项目建设，疏挖河道11.09千米，截流封堵排污口49处，河道示范段工程正在快速推进；新港产业集聚区污水处理厂、城关污水处理厂和华南城污水处理厂二期工程建成投运，全市新增污水处理能力13万吨/日；城乡环卫一体化和农村生活污水治理项目正在快速推进。强力推进生态绿化。完成中兴路东延、新辛快速通道（S323）、S102和新老107连接线、中华北路北延等12条66千米540公顷生态廊道建设，全年完成生态造林1400公顷，新增城市绿地30万平方米；辛店镇入选省级生态乡镇。

（七）民生水平显著提升

优先发展教育事业。新建、改扩建中小学、幼儿园18所，高考成绩连续26年位居郑州县市首位，成功举办新郑市第四届运动会。做好就业创业工作。完成再就业培训1690人，组织农村劳动力职业技能培训10381人，创业培训983人，完成农村劳动力转移就业13087人，城镇新增就业6870人。医疗保障体系不断完善。基本医疗保险参保人数达到65.9万人，市公立人民医院已建成试运营。持续扩大保险覆盖面。积极推进城乡居民基本医疗保险制度整合，全面推进机关事业单位养老保险制度改革，稳步提高社会保障待遇水平。大力发展文化事业。完成3个乡镇（街道、管委会）综合文化服务中心、100个村、20个社区综合文化服务中心和14个村史馆建设。全面推进精准扶贫。全市31个贫困村全部摘帽，2693户9904名群众实现脱贫。顺利通过国家慢病防控示范区创建验收，被列入省级健康城市试点，成功夺取全国社会治安综合治理最高奖“长安杯”。同时，安全生产、食品药品安全、信访稳定、消防安全、妇女儿童、爱国卫生、地方志、统计、工商质监等工作都取得了新的成绩。

在充分肯定成绩的同时，我们也清醒地认识到，当前和今后一个时期，我市经济社会发展仍面临严峻挑战。一是经济下行压力依然较大，受房地产销售下滑、市场投资回报低迷等因素影响，全市第三产业增加值、固定资产投资等指标增速下降幅度较大。二是发展质量效益有待提高，传统产业转型缓慢，商贸物流业层次较低，电子信息和高端装备制造等新兴产业短期内难以形成重要支撑。三是土地、资金等要素仍是制约我市实体经济发展和项目建设的主要瓶颈。四是教育、医疗等基本公共服务发展不均衡，城市建设管理水平还有待提高。生态环保压力依然较大，土壤、水污染形势较为严峻。对于这些困难和问题，全市上下必须解放思想，团结一致，充分利用一切有利条件，努力开创新郑发展新局面。

二、2018年国民经济和社会发展的总体思路和主要预期目标

2018年是全面贯彻落实十九大精神的开局之年，是决胜全面建成小康社会的关键之年，也是实施“十三五”规划承上启下的重要一年。全市经济社会发展的总体要求是：高举习近平新时代中国特色社会主义思想伟大旗帜，全面贯彻党的十九大和中央经济工作会议精神，深入落实省委、郑州市委经济工作会议部署，统筹推进“五位一体”总体布局、协调推进“四个全面”战略布局，牢固树立新发展理念，坚持发展第一要务，坚持以人民为中心，坚持高质量发展的根本方向，把握稳中求进总基调、突出奋发有为总要求，以供给侧结构性改革为主线，以国家中心城市次中心建设为统揽，以黄帝文化历史名城、现代临空产业新城、郑州南部生态绿城建设为载体，坚持“四重点一稳定一保证”工作总格局，坚持目标导向、问题导向和“创优势、增实力、补短板、能抓住”的工作方针，统筹推进稳增长、促改革、调结构、惠民生、防风险各项工作，着力打好决胜全面建成小康社会三大攻坚战，全面加快新郑国家中心城市次中心建设步伐，不断满足人民日益增长的美好生活需要，努力在决胜全面建成小康社会、全面建设社会主义现代化进程中走在前列。

综合分析今年我市经济社会发展的环境和条件，经过认真测算，2018年经济社会发展主要预期目标：地区生产总值增长8.5%左右，地方一般公共预算收入增长9%左右，主要工业增加值增长8%左右，固定资产投资增长9%左右，社会消费品零售总额增长12%左右，城乡居民收入增长与经济增长基本同步，节能减排和环保等约束性指标完成上级下达目标。

三、2018年经济社会发展的主要任务

（一）聚焦积蓄发展后劲，着力加快重点项目建设

一要加快推进重点项目建设。紧紧围绕省市下达的重点项目建设目标任务和新郑市本级重点项目建设任务，全力推进重点项目建设。省重点项目共申报17个，总投资833.2亿元，年度计划投资238.2亿元，其中新开工项目8个，续建项目7个，竣工项目2个；郑州市重点项目共16个，总投资115亿元，年度计划投资41.8亿元，其中新开工项目4个，续建项目6个，竣工项目6个；市本级重点项目共273个，年度计划投资703.7亿元，其中新开工项目154个（一季度拟开工项目72个），续建项目104个，前期项目15个。

二要优化项目建设环境。坚持领导分包重点项目，认真落实重大项目建设暨重点企业服务例会，着力解决项目推进难题。规范行政执法行为，依法严厉打击破坏发展环境的行为，为项目建设快速推进营造良好环境。

三要完善项目考评机制。将项目建设纳入全市经济社会发展目标管理与绩效考核范畴，通过月通报、季观摩、年考核机制，在全市上下形成务实重干的良好氛围。

（二）聚焦提升品质品位，着力推进城乡融合发展

一要高质量推进城市建设。强力推进新区建设，加快郑新快速通道新区段东侧区域拆迁和姬水路等道路及配套管网建设，开建城市中轴线景观北公园。推进老城区基础设施有序更新，启动陶文路西延至文化路、金城路西延至新建路等断头路打通工程，建成1座立体停车场，继续推进黄帝故里景区扩建。持续完善教育园区功能，启动地铁2号线沿线站点及周边环境提质项目建设，建成华南城大道等道路、祥和路等道路雨污水管网工程和郑州力牧220千伏变电站，改造10千伏双回路电力线路30千米，启动华南城客运枢纽、龙湖行政服务中心建设，不断提升城市承载力。

二要高标准打造重点片区。华夏幸福产业新城要建成总部大楼、中央公园一期和汇丰路等4条道路，启动乾德电子等5个产业项目、市民中心等3个公共服务项目、滨河东路等6个基础设施项目和潮河景观公园等项目，努力建设全国一流标杆产业新城。新区东部片区要全面开建正弘华梦新都项目，推进商业综合体、城市中央公园、绿地广场等项目建设。龙湖西部片区要快速推进双湖大道、新老G107连接线西延等工程，宋城·黄帝千古情、同赢服装总部港产业基地全面开建，着力打造郑州南部文旅产业高地。

三要全力抓好交通路网建设。融郑交通方面，建成求实路南延至S102，加快推进G107、郑新快速通道龙湖段综合整治，启动中华北路辅道建设，配合做好郑州轨道交通16号线及支线项目前期工作，加速融入郑州主城区。融港交通方面，重点抓好商登高速与中华路高速出入口、学院路东延、北环路东延等项目，进一步畅通与航空港区东西路网衔接；市域交通方面，重点抓好新禹快速通道改建、茨山路南移、郑韩路西延至大学等项目，不断完善我市交通路网体系。

四要精心打造特色镇。要以建设中原创客特色小镇、传化物流小镇为契机，高标准推进薛店、孟庄、郭店镇域开发；发挥中心城区带动作用，促进城关老工业园区、新村双猫广场周边区域“退二进三”；加快和庄产城融合步伐，推动辛店工业强镇实现转型升级；依托梨河、观音寺丰富的现代农业资源和具茨山独特的旅游资源，大力发展现代都市农业、休闲观光农业。

五要大力实施乡村振兴战略。加快农业产业转型升级步伐，大力发展绿色食品加工业、休闲农业、乡村旅游业；稳步推进农村集体产权制度改革，完成25个行政村（居委会）的改革试点工作；加大农村垃圾、污水和大气环境治理力度，重点抓好城乡环卫一体化和农村生活垃圾污水处理项目；遵循乡村发展规律，保留乡村特色风貌，有序推进辛店人和寨、观音寺溴水寨美丽乡村建设。

六要切实抓好群众安置。加大具茨山管委会10个村的群众搬迁安置工作力度，加快推进薛店镇解放北路、具茨山社区等17个社区建设，建设安置房13936套、167.6万平方米，网签安置房11584套，新开工安置房1万套、98万平方米。

（三）聚焦发展质量效益，着力构建现代产业体系

一要大力发展先进制造业。围绕现代食品制造、生物医药、电子信息和高端装备制造三大工业主导产业，2018年，力争实现全市规模以上工业增加值增速达到8%左右，新增规模以上工业企业30家以上。现代食品制造方面要推进传统食品向健康食品、功能休闲食品等领域转型，加快推进冠超食品、威纳啤酒、佳龙食品、有客食品等项目，争取早日建成投产。生物医药方面要重点发展新型化学药品、现代中药、先进医疗器械等产业，加快推进遂成药业、润弘制药、裕港国际医疗产业园等项目。电子信息和高端装备制造方面要加快推进航美国际智慧城双创园区、永田智谷创新创业综合体等项目，开工建设乾德电子信息科技园、美盈森数码印刷包装等项目。

二要大力发展现代服务业。以商贸物流业、科技服务业为主导，带动文化旅游、商务服务等产业快速发展。加快推进华南城二期、华商汇等项目建设，启动传化物流小镇核心区建设，支持郑州华南城跨境电商产业园快速发展。以黄帝文化为引领，推动文化优转化为产业优势，加快推进黄帝故里景区扩建，建成运营接旨胡同历史文化商业街、嫘祖城商业综合体，开工建设宋城·黄帝千古情项目，大力发展全域旅游。坚持“房子是用来住的、不是用来炒的”定位，积极探索多主体供给、多渠道保障、租购并举的住房制度。2018年，服务业增加值突破350亿元，服务业固定资产投资占全市投资的比重保持在75%以上。

三要大力发展都市型现代农业。以实施乡村振兴战略为契机，加快农业产业转型升级步伐，不断调整优化农业结构，大力发展休闲农业、乡村旅游等，加快推进童乡玫瑰综合农业园、沣都现代都市农业生态园等一批农业项目。继续推进可追溯标准化“菜篮子”生产基地建设，加快生态循环农业发展，积极发展苗木、林果、蔬菜等特色产业，促进农业可持续发展。

四要提升产业发展载体功能。新港产业集聚区要加快产业转型升级，注重协调运作，加大招商引资，加快项目建设，夯实基础设施，力争在省、郑州市产业集聚区综合排名中位次进一步前移。新郑市特色商业区要借鉴先进地区经验模式，主动承接郑州主城区市场疏解外迁，强化市场经营管理，保持全省服务业特色商业区“十快”。新郑市传化物流小镇要抢抓河南省全力打造国际内陆物流通道枢纽的战略契机，建设集货运仓储、多式联运、电子商务、金融服务等于一体的新型货运枢纽和服务贸易平台，着力打造国家级示范物流园区。辛店煤炭循环经济产业园要以中原装配式建筑产业园为载体，加速功能提升，倒逼建材、水泥等传统产业升级，推动辛店老牌工业强镇实现快速转型。

五要大力支持实体经济发展。建立降成本长效机制，全面规范涉企收费，落实好税收优惠、固定资产加速折旧等政策，着力降低企业融资、制度性交易、人工、要素、物流等成本；鼓励支持企业加大研发力度，确保全市R&D经费投入大幅提升；大力实施“品牌+”“质量+”工程，全面实施标准化战略，着力提升企业产品质量和品牌价值。

（四）聚焦激发发展活力，着力实施开放创新双驱动

一要全面扩大对外开放。以先进制造业为重点，围绕现代食品加工、生物医药和高端装备制造、电子信息等主导产业，深入开展产业招商、园区招商、以商招商，着力谋划引进一批“四力”型产业项目。认真筹办戊戌年黄帝故里拜祖大典经贸洽谈活动，拓宽河南雏鹰粮食进出口岸功能，积极谋划跨境电商产业园、中法产业园。力争全年新签约招商引资项目30个，到位资金236亿元，引进域外境内资金130亿元，实际利用外资2亿美元，引进“四力”型项目4个以上。

二要深入实施创新驱动战略。加快推进华南城电子商务、中原工学院新材料等创新创业综合体建设，建成创新创业综合体4家，创新创业载体面积达到40万平方米，培育15个众创空间。大力支持组建各类工程技术研究中心（重点实验室）、院士工作站等科研平台，努力提升自主创新能力，建成院士工作站6家，省级研发中心14家，郑州市级研发中心35家。围绕优势主导产业和战略性新兴产业，加快高新技术企业培育工作，实现高新技术产业增加值80亿元，高新技术企业达到16家，科技进步贡献率达到64%以上。

三要深化重点领域改革。持续深化供给侧结构性改革，淘汰不符合国家产业政策的落后产能，禁止新建过剩产能项目；健全地方政府债务管理制度，有序降低实体经济杠杆水平；深入推进“放管服”改革，全面实施“三十五证合一”。深化投融资体制改革，创新融资机制，大力发展直接融资，依托多层次资本市场体系，拓宽融资渠道。加快推进信用体系建设，出台完善全市各行业、各领域信用体系建设政策。

四要着力落实人才政策。以实施“五彩”人才计划为抓手，全面加强各类人才队伍建设，依托创新创业综合服务平台，为高层次人才创业创新提供全方位、专业化服务，以优良的环境将各类人才留在新郑。力争引进4名高层次创新创业领军型、紧缺型人才，引进2支领军型创新创业团队。

（五）聚焦实施绿色发展，着力打造美丽新郑

一要持续开展大气污染防治。开展重点行业深度治理，督促改用清洁能源，完善污染防治设施，确保达标排放。抓好工地扬尘、渣土车管控、城市清洁行动等工作，实施全方位立体防控，动员全民参与大气污染防治。严格落实重污染天气应急管控措施，加强大气环境质量监测考核，确保PM2.5、PM10浓度稳定下降，全年空气优良天数完成目标任务。

二要扎实推进水环境污染治理。推行河长制长效管护模式，切实解决河库管护难题。加快推进农村生活污水治理项目，完成54个村庄的污水处理站及配套管网建设。开建龙湖西部污水处理厂，迁扩建第二污水处理厂，实现市域污水全收集、全处理。加快推进城区雨污分流、截污干管等工程，彻底切断污染源。

三要着力推进生态水系建设。建成十七里河湿地公园及尾水净化工程，加快推进双洎河综合治理工程，开工建设潮河、暖泉河等河道综合治理工程及莲河王庄、潮河毛寨等尾水人工湿地项目，实施河湖贯通工程，实现市域生态水系互联互通。

四要积极开展土壤污染防治。加强土壤污染源管控，统筹推进重点行业企业监管、农业面源污染防治、工业固体废物处置等工作，有效防控土壤环境污染风险。

五要大力开展林业生态建设。完成地铁2号线沿线廊道绿化，启动商登高速、万郑路西延等道路生态廊道绿化，力争全年造林500公顷。加快城市道路绿化、城市游园、街头绿地建设，建成大吴楼、马庄遗址等生态文化公园，着力构建生态良好、景观优美的城市绿地系统。

（六）聚焦实现共建共享，着力打造幸福新郑

一要促进教育均衡发展。投资24.6亿元新建新郑市外国语中学、华南城第一小学等17所中小学、幼儿园和改扩建实验高级中学、中华路小学等13所中小学、幼儿园，努力解决入学难、大班额等问题，重视特殊群体教育，不断推进教育均衡发展。

二要加大就业创业力度。持续开展订单式培训和技能提升培训，全力做好全民技能就业培训工作。强化创业担

日新月异的华南城

保贷款的管理，不断扩大就业创业政策的覆盖面和贷款规模。规范公益性岗位开发和管理，认真落实岗位补贴和社会保险补贴。

三要加快推进卫生医疗服务工作。开工建设市公立中医院项目，市公立人民医院要全面投入运营，规范乡镇卫生院和社区卫生服务中心中医综合示范区建设，不断完善我市公共卫生医疗服务设施。

四要扩大社会保险覆盖面。全面推进机关事业单位养老保险制度改革，稳步提高社会保障待遇水平。完善城乡社会救助体系，提高城乡低保补助标准，落实特困人员供养制度，筑牢困难群众民生底线。

五要持续抓好脱贫攻坚。要将脱贫攻坚工作重心向产业扶贫、稳定脱贫方向转变，以“双联双创”活动为载体，充分发挥骨干优势企业、农民专业合作社等新型市场主体带动作用，灵活采取股份合作、收益分成等多种形式，健全完善精准扶持机制，实现贫困群众可持续性增收。

六要不断强化公共文化服务体系。加快推进“一馆一中心”（图书档案方志馆、新郑市群众文化活动中心）建设工程，深入实施“百千万”文化惠民工程、千场红色电影（十九大宣教片）进基层、群众文化艺术节等活动，全面提高文化惠民服务水平。

七要不断提升市民文明素质。以弘扬城市文化品牌、塑造城市文明形象为目标，以国家卫生城市复审、省级文明城市创建为契机，弘扬社会主义核心价值观，深入开展保护环境全民行动，形成绿色健康、文明节约的生活方式。

八要全力维护社会大局稳定。要切实抓好信访稳定、社会治安、安全生产、食品药品安全、消防安全等工作，积极营造安定有序的发展环境。完善社会矛盾滚动排查、及时预警和调处化解综合机制，努力做到发现在早、防范在先、处置在小。持续巩固全国平安建设“长安杯”建设成效，深入开展平安社区、平安企业等“细胞工程”创建。进一步健全完善多元化纠纷解决体系，及时预防化解各类群体性事件，确保社会大局和谐稳定。

各位代表，新的一年任务艰巨，责任重大。让我们在市委、市政府的正确领导和市人大、市政协的监督支持下，进一步解放思想，开拓创新，锐意进取，为建设国家中心城市次中心、实现经济社会发展目标任务、促进经济持续健康发展而努力奋斗！

数字新郑

DIGITAL XINZHENG

·数字新郑 >>>

DIGITAL XINZHENG

全国中小城市综合实力百强县（市）排名由43升至 **41** 位

全国县域经济基本竞争力百强县（市）排名由49上升至 **37** 位

中国工业百强县（市）排名由43位晋升至 **21** 位

全年地区生产总值完成 **737.5** 亿元

第一产业增加值 **20.3** 亿元

第二产业增加值 **377.3** 亿元

第三产业增加值 **339.9** 亿元

全市财政总收入 **77.65** 亿元

全市财政支出 **119.8** 亿元

政府性基金收入 **51.7** 亿元

公共财政预算支出 **91.2** 亿元

政府性基金支出 **63.7** 亿元

实现地方财政收入 **111.39** 亿元

全市完成全社会固定资产投资 **591.6** 亿元

城镇以上全社会固定资产投资 **589** 亿元

农村住户固定资产投资 **15.2** 亿元

第一产业固定资产投资 **14.4** 亿元

第二产业固定资产投资 **77.6** 亿元

地方公共财政预算收入 68.4 亿元其中税收收入46.1亿元

第三产业固定资产投资 499.6 亿元

第三产业完成增加值 332.6 亿元

全市总人口中女性人口 326138 人

房地产开发投资完成 242.1 亿元

全市金融机构存款余额 655.7 亿元

全市房屋施工面积 1386.4 万平方米

金融机构贷款余额 512.9 亿元

房屋竣工面积 99.9 万平方米

农村居民人均可支配收入19873元

财政收入超亿元乡镇达到 8 个

农民人均生活消费支出 19019 元

商品房销售面积 395.1 万平方米

城镇居民人均可支配收入 30886 元

批发和零售业增加值 46.5 亿元

城镇居民人均消费支出 30164 元

住宿和餐饮业增加值 21 亿元

全市工业增加值 349.9 亿元

实现社会消费品零售总额 265.5 亿元

全市规模以上工业企业增加值 260.35 亿元

完成销售（营业）总额 250 亿元

食品加工业完成增加值 55.9 亿元

批发业销售额 433.3 亿元

生物医药业完成增加值 14.1 亿元

零售业销售额 269.3 亿元

金属矿物制品业完成增加值 55.5 亿元

住宿业销售额 2.8 亿元

完成服务业增加值 332.6 亿元

餐饮业销售额 44.6 亿元

钢铁及金属制品业完成增加值 21.2 亿元

年末全市总户数 **170746** 户

年末全市总人口 **642004** 人

煤炭开采和洗选业完成增加值 **5.6** 亿元

新开工产业项目 **109** 个

建成产业项目 **11** 个

完成产业项目投资 **438** 亿元

新增规模以上工业企业 **40** 家（总数达到369家）

6 家企业入选省“专精特新”优质中小企业库

4 家企业挂牌上市

新注册商标 **941**

年销售收入超10亿元企业达 **24** 家

年收入超5亿元企业达 **69** 家

实现主要工业增加值 **290** 亿元

全年招商引资项目 **35** 个

招商引资签约金额 **526** 亿元

设备制造业完成增加值 **22.6** 亿元

纺织服装业完成增加值 **6** 亿元

实际利用外资 **19930** 万美元

进出口总值 **5999** 万美元

专利申请量 **2516** 件

实现技术市场交易额 **8.5** 亿元

转化科技成果 **12** 项

新增高新技术企业 **4** 家

设立 **5000** 万元创新创业专项资金

高新科技实现增加值 **75.4** 亿元

建成“1+3”创新创业综合体、众创空间、科技企业孵化等 **17** 家

入驻各类企业团队 **483** 家

孵化项目 **297** 个

新增郑州市级以上工程技术中心研发中心 **3** 家

新培育农业龙头企业 **4** 家

招商引资到位资金 **215** 亿元

引进域外境内资金 **122** 亿元

其中引进省内外资金 **113** 亿元

发放创业担保贷款 **7045** 万元

发放小额扶贫贷款 **3500** 万元

农村劳动力转业就业 **13163** 人

全市新增城镇就业再就业岗位 **6870** 个

下岗失业人员再就业 **2994** 人

就业困难人员再就业 **482** 户

公益性岗位就业 **1215** 人

职业技能培训 **10381** 人

高技能人才培养 **1829** 人

人口自然增长率为 **6.55**

失业人员再就业培训 **1690** 人

创业培训 **978** 人

新培育家庭农场 **10** 家

新增公共服务平台 **2** 家

建成 **29** 个村级幸福站和社区托老站

大病救助最高补贴标准由10万元提高至 **30** 万元

办理合作医疗补助 **66.6** 万人次，补助金额3.1亿元

免费婚检率达到 **19%**

全年共销售基药 **6857.6** 万元，直接让利患者1976.1万元

全市 **31** 个贫困村全部摘帽

全年发放各类保障救助金 **4500** 万元

发放城乡低保家庭生活保障金 **3059.65** 万元

为1207名特困人员发放五保资金 **936.39** 万元

解决 **372** 户低收入家庭住房困难问题

谋划产业扶贫项目 **38** 个

产业扶贫项目总投资 **5.5** 亿元

帮助 **1000** 名贫困居民稳定就业

返乡创业辅导 **512** 人

人口出生率为 **12.57 %**

死亡率为 **6.02 %**

共有47.56万人参加新型农村合作医疗，“参合率”达 **99%**

全市五保人员 **1350** 人

城镇特困人员每人每月供养标准提高至 **900** 元

农村特困人员养每人每月标准提高至 **570** 元

森林覆盖率 **30.4** %

全年拨付“三农”资金 **6.3** 亿元

新增节水灌溉面积 **1733.3** 公顷

新增设施农业 **266.67** 公顷

测土配方施肥技术覆盖率达 **85%**

都市型现代农业示范区建设，入驻企业 **26** 家

新增农民专业合作社 **26** 家

经营规模6.67公顷以上的新型农业经营主体达 **490** 家

城乡低保户 **5767** 户

城乡低保人 **10313** 人

城市家庭低保标准人均 **600** 元

农村家庭低标准人均 **380** 元

秋粮总产量 **11.9** 万吨

全年油料总产量 **23320** 吨

全年蔬菜总产量 **211546** 吨

全年花生总产量 **20880** 吨

全年瓜果产量 **10172** 吨

机械总动力 **59.77** 万千瓦

农用拖拉机达到 **10377** 台

联合收机 **1863** 万台

机耕面积 **30.09** 千公顷

机播面积 **47.55** 千公顷

机收面积 **55.47** 千公顷

创建全国星级休闲农业园区 **7** 个，创收6.1亿

农村用电量 **42312** 万千瓦时

新认证“三品一标”农产品 **20** 个

化肥使用量（折纯）**32154** 吨

新认证无公害农产品生产基地 **153.3** 公顷

境内铁路营业里程 **62** 千米

全年粮食总产量 **25.3** 万吨

新建改造城乡电网 **174** 千米

夏粮总产量 **13.4** 万吨

全年完成邮电业务总量 **421033** 万元

邮政业务量完成 **25118** 万元

城区环卫保洁覆盖率达 **100%**

电信业务量完成 **395915** 万元

新建安置房6120套 **77.6** 万平方米

全市建筑业实现增加值 **27.6** 亿元

回迁群众9000多户 **3.6** 万余人

全市具有资质等级的建筑企业利润总额 **1.69** 亿元

城区空气质量达到或优于国家二级标准的天数 **233** 天

全市具有资质等级的建筑企业税金总额 **1.76** 亿元

城市集中饮水源地水质达标率 **100%**

全市规模以上工业企业主营业务收入 **1163** 亿元

总人口中城镇人口 **373132** 人

全市规模以上工业企业实现利润 **141** 亿元

全市城镇化率达到 **58.12%**

全市规模以上工业实现利税 **290** 亿元

华南城华商汇入驻商户 **2** 万多家

启动安置区建设 **69** 个，77.6万平方米

华南城华商汇营业面积突破 **230** 万平方米

共完成各类村庄拆迁 **19** 个，63.5万平方米

新认证省级电商示范企业 **3** 家

龙湖西部片区启动口等 5 个村庄拆迁

实施迎宾路等 8 条道路升级改造

人民路等 6 条道路实现雨污分流

黄帝故里景区扩建完成拆迁 35 万平方米

建成平面停车场 9 座

新增停车泊位 1088 个

办理人大代表建议 133 件

办理政协委员提案 159 件

审计项目 179 个

管理不规范资金 12.3 亿元

为财政增收节支 5 亿元

继续完善 12 年免费教育

办理市长热线、民生110、网民留言 1.5 万件

全市职业中专 5 所

全市普通高中 6 所

商品房交易面积 395.1 万平方米

房屋交易额 315 亿元

煤炭开采 91.3 万吨

全年共接待游客 453.87 万人次

全年旅游业实现直接经营收入 12.25 亿

旅游业总收入 11.88 亿元

职业中专在校生 28640 人

幼儿教育 37998 人

特殊教育 129 人

全市共有 3539 名考生参加高考

高考专科以上上线人数3342人，上线率 98.55%

高考本科一批录取控制线1057人，上线率 31.17%

高考本科录取控制线2722人，上线率 80.27%

高考连续 26 年位居郑州县市第一

新建、改扩建中小学、幼儿园 18 所

全市普通初中 **26** 所

全市小学 **104** 所

全市幼儿园教育 **150** 所

全市特殊教育 **1** 所

全市小学生人数 **86959** 人

全市普通初中学生人数 **27719** 人

全市普通高中在校生 **16214** 人

免费放映公益电影 **3500** 余场

开展戏曲进校园戏曲讲座 **43** 期

6800 名贫困人口稳定脱贫

全市共有医疗床位 **4982** 张

全市共有卫生技术人员 **5193** 人

执业医师执业助理医师 **2089** 人

注册护士 **2235** 人

向全市居民免费发放健康卡 **16.7** 万张

全市共有卫生机构 **658** 个（含村卫生室）

改、扩建村级党群服务中心 **87** 个

建成 **3** 个乡镇（街道、管委会）综合文化站

建成 **120** 个村（社区）综合文化服务中心

建成 **14** 个村史馆

建成 **6** 个街区图书馆

举办各类文艺演出 **440** 场

城乡居民养老保险参保人数达到 **32.38** 万人

征缴城乡居民社会养老保险费 **2594** 万元

全年培育发展农业龙头企业 **4** 家

农业出口创汇 **3.2** 亿元

全年争取上级资金 **1.6** 亿元

全年投入民生资金 **72.9** 亿元

60周岁及以上参保居民达到 **8.9** 万人，参保率100%

60周岁以上城乡居民基础养老金提高至每人每月 **160** 元

城乡居民健康档案建档率达 **96%**

80岁以上老人高龄补贴 **853** 万元

免收 **4.9** 万户居民家庭视听维护费

失业保险参保人数 **5.04** 人

全市机关事业养老保险参保单位 **411** 家

征缴失业保险费 **3482.66** 万元

全市机关事业单位养老保险职工 **3.35** 万人

工伤保险参保人员 **6.67** 万人

征缴机关事业单位养老保险费 **31092.68** 万元

征缴工伤保险费 **5653.44** 万元

全市企业养老保险参保企业总数达到 **846** 家

城镇职工基本医疗保险参保职工 **5.43** 人

全市企业养老保险参保职工 **6.95** 万人

征缴城镇职工基本医疗保险金 **29430.07** 万元

征缴企业职工基本养老保险费 **47776.73** 万元

城镇居民医疗保险参保人员 **16.2** 万人（不含新农合）

征缴城镇居民基本医疗保险金 **15298.6** 万元

处置不实耕地 **184.9** 公顷

参加生育保险职工 **5** 万人

处置违法用地 **227.87** 公顷

征缴生育保险金 **2459.72** 万元

处置僵尸企业 **3** 家

全年造林绿化面积 **1053.3** 公顷

整治老旧小区 **12** 个

绿化乡村道路 **340** 公顷

整治农贸市场 **3** 个

全市森林覆盖率 **30.4%**

新改造背街小巷 **16** 条

乡村道路绿化率 **35** %

开建城市提质项目 **300** 个

建成街头游园 ***6*** 个

生态廊道建设面积 ***122.3*** 公顷（新建廊道6条，25.69公里）

退耕还林自查验收 ***1604.4*** 公顷

新增城市绿地 ***30*** 万平方米

城市建成区绿地率 ***36%***

新增造林 ***1400*** 公顷

获批建设用地 ***255.1*** 公顷

购买补充耕地指标 ***560*** 公顷

共盘活闲置用地 ***67.8*** 公顷

规范行政审批中介服务事项 ***44*** 项

梳理繁文缛节和不必要证明 ***108*** 项

颁发不动产证书 ***2.7*** 万余本

颁发不动产登记证明 ***5.6*** 万余本

成立 ***14*** 个乡镇食品药品监管机构

实现国有土地网上拍挂，受理业务 ***672*** 宗，成交金额151亿元，为财政节支62亿元

总投资额 ***1657.6*** 亿元

建成城市提质项目 ***99*** 个

在建项目 ***201*** 个

完成城市提质项目投资 ***422*** 亿元

改造垃圾中转站 ***10*** 座

建成公厕 ***27*** 座

建成存储式环保深埋桶 ***375*** 处

全市 ***219*** 个建筑工地全部达标施工

调整权限清单 ***998*** 项

181 个蓝天卫生高清摄像头投入使用

PM2.5年均浓度下降 ***12.86%***

PM10年均浓度下降 ***8.33%***

城区可吸入颗粒物PM10一年平均浓度为 ***121*** 微克每立方米

细颗粒物PM2.5平均浓度为 ***61*** 微克每立方米

治理双洎河南关桥至西关桥 ***1.2*** 千米

整治取缔“散乱污”企业 **775** 家

取缔散煤销售点 **62** 个

建成洁净型煤生产仓储中心 **2** 家

型煤配送网点 **10** 个

完成电代煤、气代煤 **8869** 户

厨饮电气化 **2979** 户

拆改燃煤锅炉 **146** 台

整治城市黑臭水体、封堵排污口 **49** 处

科学调整畜禽养殖禁区、限养区范围，拆迁关停养殖场 **279** 家

城关污水处理厂等 **3** 座污水处理厂建成投用

全市污水处理厂达到 **9** 座

处理污水能力达 **30** 万吨

全年主要污染物消减量为：化学需氧量 **775** 吨；氨氮 **74** 吨；SO_2消减量 **274** 吨；氮氧化 **108** 吨

专记

SPECIAL NOTES

专记

SPECIAL NOTES

·专记>>>

SPECIAL NOTES

丁酉年黄帝故里拜祖大典

【大典综述】在省委、省政府的关心指导下，在河南省丁酉年黄帝故里拜祖大典协调领导小组和组委会的直接领导下，新郑市委市政府深入贯彻落实十九大精神和《中原经济区发展规划》以及省委、郑州市委关于拜祖大典会议精神，紧紧围绕“同根同祖同源，和平和睦和谐”的主题，按照“隆重、节俭、有序”的原则和“稳中有升”的总要求，精心策划、严密组织，成功举办了丁酉年黄帝故里拜祖大典，得到了各级领导的高度认可和社会各界的广泛赞誉。拜祖大典继续彰显盛世国典的吸引力、号召力、凝聚力，成为名副其实的全球华人瞩目的拜祖盛典，中华民族团聚中原的兴邦盛典，展示盛世中国辉煌气象的和谐盛典。

【大典概况】丁酉年黄帝故里拜祖大典由河南省人民政府、政协河南省委员会、国务院台湾事务办公室、中华全国归国华侨联合会、中华全国台湾同胞联谊会、中华炎黄文化研究会主办，由郑州市人民政府、政协郑州市委员会、新郑市人民政府承办。大典主题为“同根同祖同源、和平和睦和谐”。大典沿承九项仪程规制，即盛世礼炮、敬献花篮、净手上香、行施拜礼、恭读拜文、高唱颂歌、乐舞敬拜、祈福中华、天地人和。十届全国人大常委会副委员长、中华炎黄文化研究会会长许嘉璐担任主拜人，全国台联党组书记苏辉担任主司仪。

黄帝故里

参加大典的领导和嘉宾有：全国政协副主席、民建中央第一副主席马培华，十届全国人大常委会副委员长、中华炎黄文化研究会会长许嘉璐等国家领导人；中国国民党副主席陈镇湘，两岸和平发展论坛召集人、劳动党主席吴荣元等；民革中央专职副主席郑建邦、民盟中央副主席龙庄伟、民建中央副主席兼秘书长吴晓青、民进中央副主席刘新成、农工党中央专职副主席兼秘书长曲凤宏、致公党中央副主席程津培、全国工商联副主席王志雄等民主党派中央和全国工商联领导；全国台联党组书记苏辉，中央台办、国台办副主任龙明彪，中国侨联副主席、致公党中央副主席李卓彬，中华炎黄文化研究会特别顾问赵德润、常务副会长兼秘书长张希清等主办单位领导；全国政协常委、全国政协文史和学习委员会副主任、中国民航局原局长李家祥，中国气象局党组副书记、副局长许小峰等国家机关和有关单位领导，外交部公共外交咨询委员会委员、国务院外办前副主任、前驻英国大使马振岗，外交部公共外交咨询委员会委员、前驻法国大使赵进军等外交官代表；中共河南省委书记、省人大常委会主任谢伏瞻，河南省人民政府省长陈润儿，河南省政协主席叶冬松；中共河南省委常委、郑州市委书记马懿，郑州市人民政府市长程志明，郑州市人大常委会主任白红战，郑州市政协主席王璋；中共新郑市委书记刘建武，新郑市人民政府市长马志峰等河南省、郑州市、新郑市四大班子领导；中国社会科学院学部委员、考古研究所学术委员会主任刘庆柱，中国工程院院士、郑州大学教授王复明等学术界代表人士；奥运冠军李雪英、孙甜甜、贾占波、陈中、王军霞，全国优秀党务工作者薛荣，全国道德模范、“五一劳动奖章”获得者李江福，国内各大媒体负责人及其他社会各界代表；港澳台代表人士和来自美国、英国、法国、俄罗斯、意大利、加拿大、澳大利亚、新加坡、马来西亚等40多个国家和地区的华人华侨、商会、基金会、宗亲会、同乡会、客家人联合会代表，“一带一路”沿线国家华人社团负责人等海外优秀华人代表等约8000人。

前来采访报道大典的新闻媒体有：《人民日报》新华社、《光明日报》《经济日报》《中国日报》中央人民广播电台、中国国际广播电台、中央电视台、人民网、新华网、中国网、央广网、凤凰网、新浪网、腾讯网，凤凰卫视、《香港大公报》《文汇报》、香港卫视、台湾中天电视台等境内外各级各类媒体，以及河南省内媒体，共计100余家。

【大典亮点】丁酉年大典成功举办，具体来讲体现以下几个特点。一是现场秩序好，总体把控有力。二是周边环境优，改造力度最大。三是嘉宾规格高，体现时代要求。2017年邀请的嘉宾，层次更高、代表性更强、更加契合时代精神。在延续往年高规格嘉宾的基础上，今年又新增“一带一路”沿线国家侨领侨商等海外优秀华侨华商代表，以及国内“双创”知名人士、科学家、老革命老干部、优秀共产党员、奥运冠军、道德模范、文明市民、先进工人、农民代表等。同时，八大民主党派以及工商联领导，新华社、中央电视台、凤凰卫视、国际频道、人民日报、中国时报、光明日报、经济时报、求是杂志等九大新闻媒体的领导受邀参与大典。尤其是国家文化部首次派驻观察员参与拜祖大典，为上升为国拜奠定了坚实基础。五是直播影响大。六是科技手段新，增加拜祖渠道。七是海外拜祖。

【大典成果】增强了民族凝聚力，促进了祖国统一和中华民族的伟大复兴。寻根溯源，认祖归宗是中华民族的传统美德，也是民族亲和力、民族凝聚力的重要源泉。“同根同祖同源、和平和睦和谐”这一主题，体现了黄帝故里作为中华民族精神家园、炎黄子孙的祖根圣地的地域特征，使拜祖大典在反独促统、推进祖国和平统一中发挥了重要作用。保持和发展这一强劲势头，赋予拜祖大典更强的生命力和感召力，既是拜祖大典深入人心、影响日隆的核心力量所在，也是继续办好拜祖大典的方向所在。中国国民党前副主席詹春柏先生、胡志强先生参加拜祖大典并净手上香充分说明大典在促进两岸和平统一方面发挥的不可替代作用。詹春柏题词“万流归宗”。胡志强题词“广被全球”。

经贸活动硕果累累。通过文化搭台、经贸唱戏，新郑不仅致力于打造全球华人的精神家园，也更加注重构筑海内外客商的投资洼地，十几亿，几十亿，甚至上百亿的项目都纷纷入驻新郑。今年黄帝故里拜祖大典经贸洽谈活动期间，全市共签订投资项目34个，10亿元以上项目14个（房地产项目除外），合同总金额达751.5亿元。其中，参加签字仪式的项目有IBM中华区联合郑州航美科技园有限公司投资建设的IBM智慧产业芯城项目、瑞典瑞房国际有限公司投资建设的北欧生态环保产业园项目、郑州星灏电子科技有限公司投资建设的郑州星灏电子产业园项目等12个，合同总金额达301.26亿元。这些项目的成功签约，充分展示了新郑市通过节会招商取得的丰硕成果。

展示了新郑市“新三化”协调发展的新成果。新郑市按照郑州市委市政府的部署，努力构建“自然之美、社会公正、城乡和谐”的新“三化”协调科学发展示范区，已经初见成效。按照“绿、亮、净、美、齐”的要求，将国家卫生城市复审和拜祖大典环境综合整治结合起来，对全市城乡重点区域的环境卫生进行高标准整治，营造了良好的环境。干净整洁的市容环境，春意盎然、鲜花开放、清新怡人的生态廊道，规范有序、干净靓丽、充满勃勃生机的美丽新郑给四海宾朋留下深刻印象，展示了新郑借助大典机遇加快发展的城市形象。

第十一届黄帝文化国际论坛

【综述】第十一届黄帝文化国际论坛由中华炎黄文化研究会、中国先秦史学会、中华黄帝故里建设促进会、郑州市人民政府、政协郑州市委员会主办。新郑市人民政府、河南省黄帝故里文化研究会承办。著名策划人、诗词作家朱海担任总策划，央视主持人张泽群担任主持。

论坛主题为“一带一路”与文

明互鉴。这一主题，旨在传承和弘扬以黄帝文化为源头的中华优秀传统文化，持续巩固和提高黄帝故里作为世界华人寻根拜祖圣地、中华民族共有精神家园的地位和影响力，进一步增强海内外炎黄子孙的凝聚力和向心力，服务于国家“一带一路”战略和河南“华夏历史文明传承创新区”建设战略，为全面建成小康社会，实现中华民族伟大复兴中国梦，提供智力支撑。

2017年3月28日下午2点30分，论坛开幕式隆重举行，新郑市市长马志峰主持开幕式。郑州市市长程志明致欢迎词。中华炎黄文化研究会常务副会长任大援、中国先秦史学会会长宋镇豪相继致辞。中共河南省委原书记徐光春致开幕辞，他们在致辞中对本届论坛的开幕表示祝贺，对各位嘉宾的到来表示欢迎，并竭诚希望与会的专家学者，紧密围绕本次论坛的主题，深入挖掘中国优秀传统文化，为中国文化国际影响力的提升，为“一带一路”战略的顺利推进，为中华文明与世界文明的交流互鉴与共同繁荣贡献自己的学识和智慧。随后，论坛即进入嘉宾演讲阶段。

论坛演讲分为三阶段，共7名嘉宾先后登台，围绕黄帝文化为主发表了精彩演讲。其中，中国移动通信联合会常务副会长、中国西部研究发展促进会副会长、中国人民大学重阳金融研究院高级研究员、北京邮电大学客座教授倪健中率先登场，发表了题为《再造汉文化圈：网络时代汉文化的全球机遇与历史研究》的专题演讲。南京师范大学文学院教授、《百家讲坛》主讲、《中国诗词大会》点评嘉宾郦波登台发表了题为《华夏文明的温度和深度》的演讲，引发现场观众关注热潮。《北欧时报》社长何儒先生登台发表了题目为《“一带一路” 文明互鉴连北欧》的演讲。中国传媒大学传媒艺术与文化研究中心执行主任、博士生导师、研究员杨乘虎演讲题目为《国家形象宣传片的设计思维与艺术表达》。著名军事理论家、军旅作家、空军少将、国防大学教授乔良演讲题目为《“一带一路”与新文明》。台湾大学哲学系教授傅佩荣先生演讲题目为《中西文化理念的交流》。中共河南省委原书记、中央马克思主义理论研究和建设工程咨询委员会主任徐光春发表了名为《中华传统文化时代化与“一带一路”战略》的主题演讲。

3月29日下午17：30，论坛闭幕式开始。闭幕式上首先举行了第三届轩辕奖颁奖仪式。为推动黄帝文化的传承和弘扬，黄帝文化国际论坛组委会决定从2015年开始，设立“轩辕奖”，用以表彰对黄帝文化国际论坛做出贡献的领导和专家。经黄帝文化国际论坛组委会研究，决定第三届“轩辕奖”的获得者分别是：中华炎黄文化研究会副会长鲁谆，河南省黄帝故里文化研究会副会长、炎黄文化研究专家赵国鼎。

中共河南省委原书记、中央马克思主义理论研究和建设工程咨询委员会主任徐光春为鲁谆先生的代表、中华炎黄文化研究会副会长杜汝波先生颁奖。随后，国务院参事室新闻顾问、中央文史研究馆馆员赵德润先生为赵国鼎先生颁奖。

最后，国务院参事室新闻顾问、中央文史研究馆馆员赵德润先生致论坛闭幕词。

【《黄帝内经》养生苑项目启动仪式】 3月28日上午，新郑市黄帝内经养生苑项目启动仪式在郭店镇隆重举行。河南省委原书记、中华黄帝故里建设促进会名誉会长徐光春，国务院参事室新闻顾问、中华炎黄文化研究会特别顾问赵德润，中华炎黄文化研究会常务副会长任大援，中华黄帝故里建设促进会会长岳文海等参加仪式，共同启动黄帝内经养生苑项目。

【中华黄帝故里建设促进会一届三次会议】 3月28日，河南新郑黄帝故里文化研究会秘书处积极协助中华黄帝故里建设促进会召开中华黄帝故里建设促进会一届三次全体会议，总结2016年工作，研究部署2017年任务。中华黄帝故里建设促进会会长岳文海主持会议，中华黄帝故里建设促进会常务副会长兼秘书长高林华作工作报告。会上，还举行了《谈古论今话炎黄》首发仪式，徐光春为中华黄帝故里建设促进会、河南省黄帝故里文化研究会、新郑市政府赠书。中华炎黄圣地联谊会的“炎黄文化一带一路”纪录片《寻根》也举行了开机仪式。

（撰稿：陈君梅　审阅：岳建华）

第十一届黄帝文化国际论坛

大事记

CHRONICLE OF EVENTS

大事记
CHRONICLE OF EVENTS

·大事记>>>

CHRONICLE OF EVENTS

1 月

1日 上午10点10分，在市行政审批服务大厅，第一张社会保险费单子从地税窗口开出。从2017年1月1日起，新郑市依法参加社会保险的单位和个人应当缴纳的基本养老保险费、基本医疗保险费、工伤保险费、失业保险费、生育保险费等社会保险费改由地方税务机关统一征收。

5日 新郑市举办首次非物质文化遗产项目代表性传承人培训班。此次培训为期两天，来自全市非遗名录项目保护单位负责人、非遗项目代表性传承人共80余名学员参加培训。目前本市已有国家级名录项目1个、河南省级名录项目7个、郑州市级代表性项目20个，被郑州市命名非遗代表性传承人20名。

11日 郑州市脱贫攻坚核查组对新郑市脱贫攻坚成效工作进行核查。截至目前，本市剩余的1743名贫困户人口均已达到脱贫标准，基本实现“两不愁三保障”目标，贫困村贫困发生率全部降到2%以下。

13日 新郑市召开龙湖重大文化旅游项目专家评审会。本市拟在龙湖镇西部引进康桥龙西生态文化体育小镇、北京国瑞机器人未来视界旅游文化产业园等四个文化旅游项目。中国城市规划协会副会长柯焕章、河南省旅游专家委员会主任郑泰森、河南省社科院历史文化和考古研究所所长张新斌等7位国内相关领域知名专家对项目进行了专项评审。

13日 全市基层纪委2016年度工作考评会议暨廉政党课召开。会议传达了中央纪委七次全会精神，并决定在全市纪检监察系统开展深入学习贯彻中央纪委七次全会精神暨开展“看专题、谈主题、找问题”活动。

17日 “公共资源交易代理机构业务知识考试”在公共资源交易中心第一开标室举行，43家在新郑市备案的招标代理机构，86名从业人员参加了此次考试，这是本市全面提高招标代理机构从业人员业务素质的又一新举措。

17日 中共新郑市第五届委员会召开第三次全体会议。会议审议通过了《市委关于实施全面从严治党八项工程的意见》，表决通过了《中国共产党新郑市第五届委员会第三次全体会议决议》。

18日 新郑市召开郑韩故城北城门遗址考古发掘座谈会。河南省文物局副巡视员孙英民、郑州大学副校长韩国河、河南省文物局副局长贾连敏、郑州市文物局局长任伟等30余位专家学者参加此次会议。通过实地考察和召开座谈会，专家们对前期发掘工作及此次北城门发现均做出了极高的评价，并提出发掘工作要与历史文献相结合，要在充分保护城门遗迹的前提下确定道路通行方案等要求。

2 月

6日 郑国车马坑3号坑考古发掘启动仪式举行。此次发掘的3号车马坑位于郑公大墓西侧，属郑公大墓的陪葬坑，南北长12米，东西宽11米，发掘过程预计历时6个月，全部向公众开放，尚属河南省首次。

是日 第二届白居易文化节在城关乡东郭寺村白居易故里拉开帷幕。据了解，省白居易研究会把白居易的诞辰日（正月二十）定为白居易故里文化节。此次文化节主题是为民，为期11天，期间举办名家书画展、古玩展示、舞龙舞狮、戏曲演艺、花灯展放、健康义诊等活动。

8日 市直小学项目举行开工奠基仪式。市直小学项目规划面积2.13公顷，建筑面积15000平方米，学校标配36个标准教室，教室配置隔音玻璃、暖气和新风系统，环境优美，设备齐全，是市政府批准创办的一所高起点、高规格的优质公立小学。

是日 新郑市召开生态建设动员大会。会上印发了《2017年新郑市生态建设实施方案》《2017年新郑市生态保遗工程实施方案》《新郑市关于建立河道管理"河长制"的实施意见》等一系列实施方案，明确重点构建五大生态系统，建设17处遗址生态文化园，打造宜居宜业宜游的美丽新郑。

9日 新郑市首次向双洎河进行生态补水。此次生态补水总量200万立方米，补水过程持续30天左右。经过生态补水，双洎河的水质将大大改观，提高了当地居民的生活质量。

10日 新郑市召开2017年重点项目建设动员会，并举行第一批32个重点项目集中开工启动仪式。2017年本市以"5115"工程为载体（经济运行、基础设施及生态建设、农业扶贫、工业创新、宣传文教卫生等5大领域，新开工项目139个，续建项目96个，2017年计划投资515.7亿元），共安排市本级重点项目235个，总投资1739.7亿元。

15日 郑州市社会保险局新郑分局揭牌仪式在市行政审批服务中心办公楼前举行。

16日 考古人员在河南省新郑市郑韩故城东城北城门遗址考古发掘中，首次发现城门和瓮城。这是郑韩故城考古工作开展50多年来，经过科学发掘找到的第一个城门。此次郑韩故城发现的瓮城建筑，布局清晰，保存完好，这在春秋战国时期的都城遗址中实属罕见，填补了我国古代都城建筑史上的一个空白。

23日 新郑首个关爱社区困境未成年人项目在新华路街道爱心服务工作站启动。该项目依托社会工作专业方法，为辖区内留守流动未成年人和孤残贫困未成年人提供为期一年的救助保护、心理疏导、教育培训、就业帮扶等，致力为未成年人构建一个安全、和谐的成长环境。

24日 新郑市召开市公立人民医院管理理事会和监事会成立大会暨首届理事会第一次会议。在随后召开的首届理事会第一次会议上，表决通过了《新郑市公立人民医院管理理事会和监事会章程》和《新郑市公立人民医院班子组成人选》。

是日 由市旅游和文物局主办、摄影家协会协办的"正商杯·醉美新郑"摄影大赛冬季第二次采风圆满举行，这标志着全年采风活动完美收官。据了解，大赛共分春、夏、秋、冬四个阶段，自2016年3月份启动以来，得到广大摄影爱好者的热烈响应。

3月

2日 新郑市召开市委巡察工作动员部署会，启动第三轮巡察。本轮巡察着力发现基层四项基础制度不落实、党务政务不公开、独断专行、我行我素、处事不公、不作为乱作为、贪污贿赂、权钱交易、腐化堕落等问题。

12日—14日 政协新郑市第五届委员会第一次会议在炎黄文化艺术中心隆重召开。

13日—15日 新郑市第五届人民代表大会第一次会议在炎黄文化艺术中心隆重召开。

13日 从新郑市五届人大一次会议上传来消息：2017年，新郑市十大实事确定，基层公办教师、公办幼儿园至高中的班主任待遇普涨，高中阶段学生书本作业费亦被免除。具体内容如下：为在村委会或乡镇政府所在地公办学校工作的教师每人每月分别发放700元、500元生活补助；公办幼儿园、小学、初中班主任生活补助标准每人每月提高至300元，高中班主任每人每月提高至500元；高中阶段学生年生均公用经费标准提高至2500元，免除高中生书本作业费。

18日 新郑市举行2017年第二批重点项目集中开工启动仪式。据悉，此次第二批新开项目共有27个，总投资29.1亿元，年度计划投资14.2亿元。其中产业发展项目1个，基础设施项目15个，生态建设项目9个，社会事业项目2个。

20日 在家人及红十字会工作人员的陪同下，来自新郑的爱心市民樊瑞锋在河南省肿瘤医院捐献造血干细胞，为一位年仅4岁的白血病男孩送去了生的希望。据悉，樊瑞锋是全国第6354位捐献者、河南省第605位捐献者、郑州市第232位捐献者。

26日 "拜祖·寻根"中国画展在新郑市博物馆东一楼大厅举办。此次展览共展出王寿石、张红燕、王业东等3位画家近50幅中国画作品，涵盖山水、花鸟、人物等多个类别。

28日—29日 第十一届黄帝文化国际论坛在郑州大学西亚斯国际学院隆重举办。论坛主办单位为中华炎黄文化研究会、中国先秦史学会、中华黄帝故里建设促进会、郑州市人民政府、政协郑州市委员会；承办单位为新郑市人民政府、河南省黄帝故里文化研究会。央视著名节目主持人张泽群主持本届论坛。本届论坛主题是"一带一路"与文明互鉴。论坛闭幕式上，对炎黄文化研究和开发做出重大贡献者颁发了轩辕奖，他们是炎黄文化研究专家鲁谆先生、新郑市炎黄文化研究会执行会长赵国鼎先生。

30日（农历三月初三） 丁酉年黄帝故里拜祖大典在黄帝故里景区隆重举行。来自海内外的各界嘉宾近8000人聚首故里，共拜人文始祖，祈愿民族团结和谐、祖国繁荣富强。大典继续沿用"同根同祖同源，和平和睦和谐”的主题，九项议程分别是盛世礼炮、敬献花篮、净手上香、行施拜礼、恭读拜文、高唱颂歌、乐舞敬拜、祈福中华、天地人和。

30日 丁酉年黄帝故里拜祖大典结束后，新郑市举行招商引资项目签约仪式，集中签约项目8个，合同总金额达385亿元。

是月 由新郑市旅游和文物局组织的春、夏、秋、冬四季摄影大赛——“醉美之冬”摄影大赛终评会，在郑国车马坑景区举行。评审会邀请了河南省摄影家协会副主席杨峰、河南省摄影家协会副主席兼秘书长赵洪等五位知名专家，对冬季大赛入围的303幅（组）作品进行了评审。此次共评选出金质作品1幅（组）、银质作品2幅（组）、铜质作品3幅（组）、优秀作品20幅（组）。

4 月

14日 河南省社会科学院推出的《河南经济蓝皮书（2017）》在第六届中原智库论坛上发布，蓝皮书调查评价报告——《2016年河南省县域经济发展质量评价》显示，全省106个县（市），在经济发展质量总体评价中，位居前10位的分别是新郑市、新密市、荥阳市、巩义市、中牟县、登封市、偃师市、林州市、禹州市、长葛市。在民生幸福评价中，新郑市、义马市、林州市排前三。

16日 国家农业部党组书记、部长韩长赋，农业部副部长屈冬玉到雏鹰农牧集团、好想你枣业股份有限公司等地，调研农产品加工业发展和农业品牌创建情况。

19日 新郑市召开平安建设总结表彰暨争创“长安杯”动员大会。本市已连续两届蝉联全国平安建设先进县市，是河南省目前唯一有资格争创“长安杯”的县市。

20日—22日 2017年第二届全国公共资源交易改革峰会暨中国公共资源交易跨区域合作联盟扩大会议在焦作召开，新郑市资源交易中心作为首批中国公共资源交易跨区域联盟异地评标试点单位参加了战略签约仪式，并获2017年度“全国公共资源交易改革标准化建设示范单位”荣誉称号。

25日 新郑市举办“万名党员进党校，锤炼党性铸忠诚”行动动员大会暨第1期培训班。开班仪式上，市委书记刘建武以《不忘初心、继续前进，〈共产党宣言〉与共产党人的历史使命》为题讲党课。“万名党员进党校 锤炼党性铸忠诚”行动计划从4月底至8月底，分层分类、分期分批对全市机关、企业、学校、村（社区）等类别10000名党员进行集中轮训。

27日 新郑市召开庆祝“五一”国际劳动节暨劳动模范（先进工作者）命名表彰大会。

27日 葡中经济文化促进协会会长陈玉新先后到雏鹰农牧集团、好想你枣业股份有限公司等地，参观考察本市农业龙头企业。

28日晚 第一届“龙湖榜样”大型表彰活动颁奖典礼在河南省电视台举办。典礼上，隆重表彰了“面对歹徒的枪口 奋勇与邪恶搏斗”的出租车司机魏全虎、“面对疾病 与时间争分夺秒 割肝救子”的伟大母亲高红梅等30位“见义勇为”“自强自立”“诚实守信”“健康向上”“孝老敬亲”“创业创新”“爱岗敬业”“慈善公益”的龙湖榜样。

是月 《新郑市卫生志》（1986—2014）初稿评审会在市卫计委会议室召开，市卫计委、市志办相关负责人等参加评审会。通过评审，志稿内容较充实、篇目较全面，但仍需进一步提炼、修改和加工。

是月 从中国出版协会年鉴工作委员会下发的《关于公布2015—2016年度年鉴编校质量检查评比结果的通知》（中版协鉴字〔2017〕第006号）获悉，新郑市地方史志办公室编纂的《新郑年鉴》（2015）获全国二等奖。

5 月

3日 全市纪检监察系统“讲忠诚守纪律做标杆”暨“一准则一条例一规则”集中学习教育活动知识竞赛决赛举行。经过比赛，共决出一等奖1个、二等奖2个、三等奖3个、最佳选手奖1名、最佳人气选手奖1名。

5日 新郑市2017年首期创业培训班开班，为期10天，30名具有创业意愿的城乡劳动者参加培训。今年本市将举行30余期的创业培训班，将有900余名有创业意愿的城乡劳动者参加培训。

8日 全国政协常委、经济委员会副主任陈锡文一行，先后到好想你枣业股份有限公司、君源有机农场、龙湖镇泰山村等地，围绕“大力发展农村新产业、新业态，增强农业新动能”主题进行专题调研。

9日 新郑市首届创新创业大赛启动仪式在郑州大学西亚斯国际学院举行。大赛启动以来，共收到参赛作品162个，其中128个晋级复赛，冠军奖金6万元。参赛项目涉及高端装备制造、生物医药、节能环保、“互联网+”等众多领域。

10日 新郑市举行“万名党员进党校锤炼党性铸忠诚”行动第二期培训班开班仪式。各乡镇（街道、管委会）、市直单位负责人及参加第二期培训的学员共1000余人参加了开班仪式。市长马志峰作动员讲话并讲党课。

16日 新郑市举行“万名党员进党校锤炼党性铸忠诚”行动第三期培训班开班仪式。各乡镇（街道、管委会）党（工）委副书记和市直单位党组（党委）副书记、及第三期参训党员干部1100余人参加开班仪式。市委副书记王效光作动员讲话并讲党课。

18日 郑州市级文物保护单位——考院遗址正式揭牌，新郑市增加新的历史文化名片。考院位于新建路街道办事处南大街考院街，为清代举行县级科举考试的场所。

18日 新郑市第三批重点项目集中开工仪式在孟庄镇腾达畅正物流产业园项目现场举行。第三批次21个新开工项目，总投资59.1亿元，年度计划投资30.6亿元，其中，产业发展项目4个：孟庄镇2个，薛店镇2个。

19日 “创新驱动未来创业成就梦想”颁奖晚会在炎黄广场激情上演。晚会由新郑市委宣传部、新郑市文广新局主办，新郑市科技局承办，并对新郑市2个省级研发中心、4个省级技术企业、3个专利大户进行表彰。

23日 新郑市在炎黄文化艺术中心举行“万名党员进党校锤炼党性铸忠诚”行动第四期培训班开班仪式暨党课教育培训。新郑市委常委、纪委书记徐卫东以“坚定理想信念，拒腐蚀永不沾，做清廉干净的党员干部”为题，为参加培训的1100余名党员干部上了一堂廉政党课。

26日 新郑市组织1500名党员干部在炎黄文化艺术中心集中观看廉洁警示教育电影《第一大案》。电影《第一大案》通过对新中国第一贪腐大案——刘青山、张子善案的再现，使人们深切感受到中国共产党拒腐防变的坚决态度和坚定信心。

27日 《中国爱情诗刊》首届“中爱杯”全球华语爱情诗大奖赛颁奖盛典在新郑市举行。据了解，此次诗歌征集活动自2016年4月1日—2017年4月1日，为期一年。评委会从300位来自黑龙江、重庆、河南、宁夏等地的诗人及台湾、柬埔寨、澳大利亚等国家和地区的海外华人获奖提名中，选出70名获奖者颁发奖项。

31日 新郑市举办“一准则一条例一规则”集中学习教育活动专题辅导讲座，特邀中国人民大学法学院李奋飞教授作《腐败治理与国家监察体制改革》专题辅导。各乡镇（街道、管委会）、市直及驻新郑各单位副科级以上领导干部等700余人参加讲座。

是月 为期5天的第十三届中国（深圳）国际文化产业博览交易会在深圳会展中心盛大开幕，来自美国、英国等国家的约2万名海外展商前来参加。文博会上，新郑市的参展产品莲鹤方壶和黄帝宝鼎，吸引了大量中外嘉宾驻足观看、合影留念。

是月 新郑农商银行作为郑州市唯一一家金融机构代表，荣获第六届郑州市市长质量奖。据了解，郑州市市长质量奖是郑州市人民政府设立的最高质量奖项。

31日 五一小长假期间新郑市共接待游客28万余人次。寻根拜祖、登山游玩、参观博物馆、体验农家乐……“五一”小长假，新郑市迎来新的旅游热潮。据统计，本市各景区“五一”假期期间共接待游客28万余人次，其中，黄帝故里景区接待游客2万余人次，具茨山国家森林公园接待游客25万余人次。

6月

5日 国家发改委价格司副司长彭绍宗带队，先后到辛店镇建东养猪场、赵和轩蛋鸡场等地，对新郑市生猪、蛋鸡等主要农产品价格变动、走势情况进行专题调研。

6日 郑州市燃煤治理工作现场观摩推进会在新郑市召开。会前，观摩团到龙湖镇郑州鸿顺清洁能源有限公司实地观摩洁净颗粒型煤的生产过程。会上，新郑市作为典型代表，介绍了燃煤治理工作的经验做法。

6日、13日、20日 新郑市“万名党员进党校锤炼党性铸忠诚”行动第五、六、七期开班仪式暨党课教育在炎黄文化艺术中心举行。期间，新郑市委常委、人武部政委苗瑞光出席第五期开班仪式，并以“牢记使命锤炼党性以人民的名义做新时期合格党员”为题讲授党课。新郑市委常委、政法委书记赵建武出席第七期开班仪式，并以“争做新时期合格共产党员助推平安新郑建设”为题讲授党课。

8日 新郑市召开2017年人大建议政协提案交办会。会议对2016年人大代表建议政协委员提案办理工作进行总结，并对下一步工作进行安排部署，进一步明确任务，细化责任，确保全面完成今年建议提案办理工作任务。会议还对2016年度人大代表建议政协委员提案办理工作13个先进单位和30个先进个人进行了表彰。

8日 文化部党组成员、国家文物局局长刘玉珠一行，先后到新郑市黄帝故里景区、郑国车马坑景区及郑韩故城遗址公园等地，考察文化遗产保护工作。

9日 五届新郑市委第四轮巡察工作动员部署会召开。会议宣布本轮巡察组各组长、各副组长任职名单及工作分工。本轮巡察采取“一托一”的方式，对薛店镇党委、郑州新郑教育园区管委会党工委、新郑市工商质监局党组开展集中巡察；采取“一托二”方式，对新郑市残联党组、新郑市南水北调办党组开展集中巡察。巡查组从6月中旬进驻，时间为一个月。

9日—10月9日 新郑市开展“我为党旗增光彩脱贫帮扶送关爱”活动，参与人员为全市机关事业单位全体党员。活动中，全市各单位党（工）委（党组）组织全体党员干部深入到各乡镇（街道、管委会）、村（组），充分发挥党员的模范带头作用，佩戴党徽、亮明身份，进村入户、深入群众，争做优秀共产党员。

10日 新郑市“郑韩故城文物保护志愿者队伍”成立仪式在郑韩故城国家考古遗址公园北广场举行。成立仪式上，志愿者们高举右拳，庄严宣誓。据了解，这批志愿者是由新郑市旅游和文物局今年首期向全市各大院校招募，他们专业不同，对文物保护有一定兴趣，而且热心社会公益。

10日 新郑市旅游和文物局编著的《游哉新郑》一书由中州古籍出版社出版发行，新郑也终于有了一本属于自己的导游书。全书由新郑市各旅游景区、文物古迹、城市休闲广场、历史名人、生态园等内容组成，主要立足于“游”，突出于“讲”，通过通俗易懂、生动活泼的语言，全面展示了新郑市旅游文物的方方面面。

13日 新郑市政协开展“爱心众筹·精准扶贫”募捐活动。活动现场，市工商联负责人宣读“爱心众筹·精准扶贫”倡议书，随后，新郑市农林科技界、工商联界政协委员进行了爱心捐款。活动现场筹得善款30万元，所有善款将全部用于辛店镇贫困户的大病救助、助学等，改善他们的生活条件。

15日 教育部思政司副司长王光彦率领中组部、教育部检查组深入新郑市实验中学，检查指导中小学校党建工作。

15日—16日 新华社河南分社社长孙志平一行，先后到新区创业大桥、光明乳业、中德产业园、河南机电学院、华南城招商中心、龙湖镇崔岗社区等地，就新型城镇化、产业转型升级等工作进行深入调研。

20日 郑州市政府督查室副主任赵宏聚一行，先后到新建路街道办事处环境监测基站、新华路街道办事处环境监测基站等地，对大气污染防治重点工作进行专项督查。截至目前，全市共排查上报“小散乱污”企业775家，已整治到位737家。燃气锅炉拆改任务共108台，已拆除60台、改天然气33台、改其他清洁能源5台、提标治理10台。

20日 央视新闻网一行来到郑国车马坑景区，对3号坑公共考古发掘现场进行现场直播。此次科学考古发掘的三号车马坑于今年2月初开始发掘，经过四个多月的发掘，考古人员已清理出了3辆车，发现有车轮、车辕、车舆等，其中，一辆为大型安车，随之出土的还有车上的青铜部件等装饰品。此次央视网记者与河南省文物考古研究所专家马俊才老师以《2400多年前马车到底长什么样》为主题，与广大网民进行了现场直播互动。

22日 国家慢性病综合防控示范区技术评估组成员、中华预防医学会副会长孔灵芝带领评估组到新郑市，就慢性病综合防控示范区进行评估验收。

27日 新郑市五届人大常委会召开第二次主任会议。会议听取审议新郑市地税、国税工作情况的报告，市土地矿产卫片执法情况的报告，新郑市人大常委会关于上半年税收征管工作情况的调查报告等。

28日00:00—7月4日24:00 新郑市首次对城区机动车实施交通限行管理。此次限行路段为人民路黄帝像至子产路段。限行措施实行货车、农用车（含拖拉机）、黄标车禁止通行；机动车单双号限制通行。限行车辆不包含警车、消防车、救护车、公交车、行政执法车、清洁车、洒水车等。

29日 新郑市政府召开第四次廉政工作暨优化经济发展环境会议。会议传达郑州市政府第四次廉政工作暨优化经济发展环境会议精神。同时，根据市委市政府安排，决定在全市开展加强作风建设优化经济发展环境专项监督工作。

29日 巾帼助脱贫家政服务培训班在梨河镇正式开班，来自梨河镇的86名学员参加培训。巾帼助脱贫系列培训活动是省、郑州市、新郑市三级妇联落实扶贫攻坚任务，针对登记在册贫困户家庭中的女性开展的免费职业技能培训，培训合格颁发资格证书。此次参加培训的86名贫困女性学员在梨河镇进行为期5天的家政培训，考试前夕还在河南省妇女干部学校进行为期三天的“高级月嫂”培训。

农历六月初六是轩辕黄帝和嫘祖的结婚纪念日，为缅怀嫘祖功德，6月29日，新郑市在具茨山山顶嫘祖宫前举行丁酉年恭拜嫘祖仪式。本市自2001年开始于每年农历六月初六举办嫘祖文化节，至今已连续举办了十七次。嫘祖文化节的举办，让更多的海内外华人华侨了解嫘祖、走进嫘祖、敬仰嫘祖，并参与到祭拜中华民族的共同母亲——嫘祖中来。

是月 全市各单位开展形式多样的“迎七一”庆祝活动。在“七一”建党节到来之际，各单位积极开展形式多样的庆祝活动，迎接党的生日。新烟办举行以“迎七一颂党恩”为主题的广场舞比赛。城关乡举行庆祝中国共产党成立96周年“七一”文艺会演暨表彰大会，表彰140位优秀共产党党员、66位好公婆、66位好媳妇、20户平安家庭和10位优秀环卫工人。市人社局举行“真情颂党恩庆祝建党96周年”主题朗诵比赛。由市委宣传部、文广新局主办，新区管委会承办的“喜迎七一跟党走 魅力新区铸辉煌”专场文艺晚会在炎黄广场激情上演。市妇联举办“巾帼心向党 凝聚党旗下”红色经典诵读比赛活动。市教体局召开庆祝建党96周年暨总结表彰会，为先进基层党组织、优秀党务工作者和优秀共产党员代表颁奖。和庄镇召开2017年庆“七一”暨总结表彰大会，表彰3个先进党支部、12个综合先进工作单位、81位优秀共产党员等。

是月 具茨山管委会举办“助脱贫送岗位”专场招聘活动，邀请好想你枣业、遂成药业、润弘药业、达利园食品等本市多家知名大型企业及昊源居大酒店、柴家小院饭店、卧龙山庄大酒店、苗家沟水厂等附近的企业共同参与，为辖区内群众提供各种类别的岗位。

是月 郑国车马坑景区再添《郑

公礼车行》雕塑和《郑彝生辉》浮雕等新的艺术景观，丰富和提升了景区的文化内涵、文化品位。

7月

4日 新郑一中分校更名挂牌仪式在本校举行，自此，新郑一中分校正式更名为新郑市高级中学。

5日 郑氏宗亲代表团一行来新郑市参观考察。考察期间，考察团一行还拜谒了位于新郑市西杜家村的郑氏始祖郑武公陵墓。

7日 新郑市法院生态环境保护法庭正式挂牌，这意味着今后对环境执法将更有针对性，也更专业。

13日 5000辆摩拜共享单车在新郑市正式投放，分布在学校、商场、市区主干道、公园等128个站点。在郑州郊县中，新郑市是首家入驻共享单车的。

15日 新郑汽车站已正式搬迁至新区汽车站运营。

20日 第十一届中国国际有机食品博览会获奖单位授牌仪式在新村镇河南佳源农业股份有限公司举办。新郑市的佳源农业和武陟县的泰鑫农业荣获博览会产品金奖。

21日 来自多国的350名华裔青少年21日汇集河南省新郑市拜谒轩辕黄帝，探寻根源。当日活动系2017年海外华裔青少年“中国寻根之旅”夏令营—河南营和武术营的盛大开营仪式。350名营员分别来自美国、加拿大、爱尔兰、荷兰、意大利、西班牙、俄罗斯、蒙古国8个国家的19所中文学校和协会，其中大部分同学都是第一次来到河南。

25日 新郑市举行“万名党员进党校锤炼党性铸忠诚”行动第八期培训开班仪式暨党课教育。市委常委、组织部部长黄卫东作开班动员并以“践行入党誓词强化对标看齐”为主题，为参训党员讲授专题党课。

26日 北京市地方史志办公室副主任张恒彬率调研组一行11人，到新郑市考察调研二轮志书编修、乡镇（街道）村志编纂、年鉴工程、地情文化研究等史志工作。

28日 “文明新风耀新华”主题颁奖晚会在炎黄广场举行，新郑市委宣传部、新郑市文明办、新郑市文广新局主办，新华路街道办事处承办，晚会为本次评选出的12名“新华楷模”进行了颁奖。仁爱协会、李银妞家庭、刘文学、靳俊才、孙丽红等10个组织、家庭和个人被评为“新华楷模”，今年新郑市高考文、理科状元高尚真、崔雨获得“新华楷模”荣誉奖。

31日 由中国文化院、北京师范大学人文宗教高等研究院等单位共同主办的香港中学生文化体验营“探寻汉字之美”开营仪式在新郑市国际庄园举行。香港中学生文化体验营“探寻汉字之美”为文化体验营的第七期。

是月 由新华社瞭望周刊社和赛迪顾问主办的“2017中国百强县创新发展论坛”举行。论坛上，《2017年中国县域经济百强白皮书》首次对外公开，并发布了“赛迪百强榜——县域经济100强（2017）”。其中，新郑市入选2017全国县域经济100强，排名第60位。

8月

17日—18日 来自南非、南苏丹、津巴布韦、莫桑比克4个国家的15名学员到新郑市辛店镇众诚农业种植合作社、好想你枣业股份有限公司、龙湖镇西泰山村考察玉米种植及美丽乡村建设工作。

18日 由新郑市委宣传部和市文广新局共同主办的“戏曲进校园”学生戏曲大赛和2017“百千万”文化惠民工程戏曲大赛在炎黄广场隆重举行。大赛分为少儿组和成人组，每组有8名选手参加。最终，来自和庄镇的曹冰洁、梨河镇的杜智泊荣获学生组一等奖，和庄镇的彭雪琴、新华办的樊淑华荣获成人组一等奖。

23日 新郑市召开第四届运动会暨首届全民健身大会动员会。本市将于9月29日至10月15日举办第四届运动会暨首届全民健身大会。此次运动会设有篮球、门球、羽毛球、乒乓球、田径、体操、棋类、拔河、自行车、五人制足球十个比赛项目。

25日 新郑市委五届四次全体（扩大）会议举行。全会初步确定了新郑市建设郑州国家中心城市次中心的指导思想，即高举中国特色社会主义伟大旗帜，深入学习贯彻习近平总书记系列重要讲话精神和治国理政新理念新思想新战略，按照“五位一体”总体布局和“四个全面”战略布局，牢固树立新发展理念，积极把握引领经济新常态，深入推进供给侧结构性改革，坚持“四重点一稳定一保证”工作总格局，以现代田园临空经济强市建设为统揽，持续实施“双融入、双承接”发展战略，协调推进新型城镇化、产业发展、开放创新、生态建设等四项重点工作，着力打造黄帝文化历史名城、现代临空产业新城、郑州南部生态绿城，努力在郑州国家中心城市建设中挑大梁、走前头，做出新的更大贡献！

28日 新郑市村级党组织书记、驻村第一书记专题培训班开班仪式在郑州工业技师学院举行。此次培训从8月28日到30日，为期三天。培训分两个阶段，第一阶段为室内培训，第二阶段分三组分别到兰考县、濮阳市西辛庄村、信阳市进行实地考察。

9月

3日 2017年中华枣乡风情游暨好

想你红枣文化节正式拉开帷幕。此次活动以“健康、创新、休闲、共享”为主题，打造集生态旅游、健康养生、文化建设、趣味体验于一体的中国红枣乡村游。

8日 新郑市举行教师节庆祝大会。会议隆重表彰教育教学工作先进单位、杰出贡献校长、名校（园）长、名班主任、优秀班主任、名师、教学标兵、优秀教师、优秀教育工作者等。

11日 位于城关乡107国道改道南端与蓝晶路之间的新郑二中新校区正式开建。新郑二中新校区项目共投资1.476亿元，占地面积10公顷，建筑面积7.6万平方米，从9月6日开工以来，进展顺利。

13日 新郑市首份“三十五证合一”营业执照颁发，副市长李猛将一张“三十五证合一”营业执照送到广东碧桂园物业服务股份有限公司新郑分公司负责人手中。

15日 新郑市召开坚持标本兼治推进以案促改工作动员暨廉洁“双节”谈话会。

19日 在四年一届的全国社会治安综合治理表彰大会上，中央综治委对新郑市在内的112个单位进行表彰，新郑市再次荣获“全国平安建设先进县”荣誉，被授予“长安杯”称号。这是本市12年蝉联3届“全国平安建设先进县（市、区、旗）”，夺得全国综治最高奖“长安杯”，标志着新郑市跨入全国最平安城市行列。

28日 新郑市召开以案促改警示教育大会。郑州市纪委相关领导及新郑市四大班子成员、副县级以上领导干部，各乡镇（街道、管委会）、市直各单位领导班子成员，各村（社区）支部书记等共计1200余人参加会议。

28日 新郑市召开城乡总体规划（2016—2030）评审会。上海同济城市规划设计研究院作为本市委托的编制机构，汇报2016—2030年编制的城乡总体规划方案。

28日 新郑市在黄帝故里百家姓广场举行2017年“百千万”文化惠民工程暨“红心向党·舞动中原”艺术广场舞大赛。来自新郑市各乡镇（街道、管委会）的15支队伍540名群众参加此次大赛。经过三个小时的激烈角逐，新华路街道办事处荣获一等奖第一名，新烟街道办事处、孟庄镇、和庄镇等6支代表队荣获一等奖，中心城区新区、城关乡、梨河镇等8支代表队荣获二等奖。

29日 新郑市社会各界在市烈士陵园举行公祭活动。乡镇（街道、管委会）及市直机关干部职工、官兵代表、群众代表、师生代表等350余人参加了此次活动。9月30日是全国第四个“烈士纪念日”。

是月 新郑市旅游和文物局正式启用全新的讲解服务方式——微信智能语音导览，借助新媒体平台为市民带来更加优质的参观游玩体验，游客可用微信聆听新郑市10多处旅游文物景点的语音讲解服务。

是月 2017年第一届“最美具茨山人”评选活动圆满收官，共选出10名“最美具茨山人”。他们分别是：最美脱贫致富人许海亮、寇华平，最美好媳妇慎新红，最美好公婆刘玉兰，最美好家庭侯永旺，最美移风易俗人张举正，最美长寿人周水莲，最美森林防火人郭金镯，最美志愿者张士杰，最美平安建设人苗西辰。

10月

8日 从新郑市旅游部门了解到，国庆、中秋“双节”期间，新郑市各景区迎来旅游新高潮，全市共接待游客384070人次，同比增长20.6%；实现旅游收入3025336元，同比增长26.8%。期间，假日旅游工作秩序井然，无旅游安全事故发生，旅游咨询、投诉电话24小时畅通，未发生旅游质量投诉。

10日 郑国车马坑发现大量古代战马，国庆期间已出土50余匹，成为该市“十一”旅游的热点。负责车马坑发掘的考古人员表示，这些战马在车辆的下面，应当为杀死后放入墓葬，此前车马坑也发现过类似陪葬战马的方式，此次发现数十匹规模尚属首次。

12日 由新郑市委组织部、新郑市委党史研究室共同举办，为期两天的庆祝建党96周年暨迎十九大新郑经济社会发展成就展在中信广场举行。

15日 新郑市白龙沟观光旅游项目开工仪式在具茨山管委会青岗庙村举行。青岗庙村白龙沟观光旅游项目位于具茨山国家级森林公园主景区内，占地3.2万平方米，主要由精品民宿、特色小吃、文化旅游三部分组成，计划于2018年五一期间正式营业。该项目作为青岗庙村集体经济项目，创新了村集体经济股份制新模式，按照集体牵头——村民入股——企业带动的总体发展模式，实现村集体、村民、企业三赢的大好局面，也标志着青岗庙村在集体经济发展的道路上迈出了新的步伐。

18日 新郑市城市管理局（新郑市城市综合执法局）正式挂牌。新成立的新郑市城市管理局（新郑市城市综合执法局）在承担市政公用设施运行管理、市容环境卫生管理、城市园林绿化管理等职责的同时，还将担负住房城乡建设领域法律法规规章规定的全部行政处罚权以及环境保护管理、工商管理、水务管理、食品药品监管等方面的部分行政处罚权等。

28日 新郑市在黄帝故里景区举行丁酉年重阳节黄帝故里拜祖仪式。市领导曹东峰、王俊杰、李志强以及原四大班子老领导、离退休老教师、五老模范、敬老爱亲模范、老龄工作先进单位代表等参加此次拜祖活动。

是月 新郑市第一部乡镇志《八千

乡志》评审会在华清园一楼会议室召开，与会人员对志稿质量给予肯定，认为在近两年时间内收集大量史料，形成评审稿，成效显著。同时，围绕志稿存在的问题和不足，就如何进一步提高志稿质量，给予详细的意见和建议。

30日起 新郑市工商注册登记迎来重大改革——全流程网上注册登记系统正式运行，市民在家就可以办理工商注册登记业务。

是月 新郑市举行公立中医院开工奠基仪式。该医院位于和庄镇示范卫生院西邻、和庄镇沿河路与宏达路交叉口，占地面积5.73公顷，总建筑面积6.9万平方米。预计2019年底建成投入使用。

是月 在全国中小城市综合实力百强县市"琅琊榜"中，新郑市荣膺中小城市综合实力百强县市第41位，比2016年前移了2位，位居河南省县市首位；同时，还荣膺2017全国新型城镇化质量百强县市，排名第66位，龙湖镇居千强镇第82位。

11月

1日 新郑市召开全市基层党建工作观摩讲评会。此次观摩讲评分为三个阶段，分别是实地观摩、电子沙盘网上点兵和讲评会。据悉，此次观摩采用"互联网+党建"模式，是本市党建电子沙盘建立以来的第二次实战检验。

1日 新郑市召开驻村第一书记轮换工作动员会。会议要求，新郑市从2017年11月启动新一批第一书记选派工作，市级层面重点选派100名第一书记到贫困村、软弱涣散巩固提升村、集体经济薄弱村、"三有一化"薄弱社区任职；乡镇层面参照市里模式，对剩余的183个村（社区）全部派驻工作队，实现驻村工作队全覆盖。

7日 新郑市召开五届市委第六轮巡察工作动员部署会。按照市委统一部署，11月中旬开始，市委巡察组采取"一托一"的方式对辛店镇党委、具茨山景区管委会党委开展集中巡察，采取"一托二"方式对新郑市信访局党组、新郑市审计局党组、新郑市地方史志办公室党组、新郑市市场发展服务中心党组开展集中巡察，为期一个半月左右。

9日 宋城·黄帝千古情项目正式签约新郑龙湖。宋城·黄帝千古情项目由新郑市政府与宋城演艺、河南竹桂园旅游集团联手打造，是宋城演艺在中原地区的首个项目。该项目位于新郑市龙湖镇西部区域，大学南路与泰山路交会处，占地面积约17.33公顷，计划2020年3月实现公演。

12日 新郑市旅游和文物局编著的《黄帝故里新郑青铜器》一书由光明日报出版社出版发行。青铜器是中华文化宝库中的艺术瑰宝，也是世界物质文明史上的一颗璀璨明珠。该书充分展示了新郑绵长的历史、深厚的底蕴，并具有工具书籍的全面性、权威性，具有特别重要的学术研究和收藏欣赏价值。

17日 中央精神文明建设指导委员会发布了《关于表彰第五届全国文明城市、文明村镇、文明单位和第一届全国文明校园的决定》。河南74个村镇正式入选全国文明村镇，新郑市辛店镇北靳楼村上榜。北靳楼村共有13个村民组、923户、3628口人。2012年该村被评为省级文明村。

24日 新郑市召开荣获全国社会治安综合治理"长安杯"总结表彰大会。本市先后获得2005—2008年度、2009—2012年度、2013—2016年度"全国平安建设先进县市"荣誉，并于2017年9月19日被中央综治委授予"长安杯"，是郑州市第一个也是唯一一个获得该称号的县（市）。

28日 新郑市召开新任驻村（社区）第一书记派驻工作动员会。会议明确市派第一书记名单、任职村和主要任务。此次派驻工作全部结束后，还组织驻村第一书记进行为期三天的岗前培训。

30日 中共新郑市第五届委员会召开第五次全体（扩大）会议。会议的主要任务是全面学习领会党的十九大精神和习近平总书记系列重要讲话精神，深入贯彻落实省委十届四次全体（扩大）会议精神、郑州市委十一届五次全体（扩大）会议精神，动员全市上下更加紧密地团结在以习近平同志为核心的党中央周围，自觉把思想和行动统一到党的十九大精神上来，把力量凝聚到实现党的十九大确定的目标任务上来，为决胜全面建成小康社会、开创新郑市国家中心城市次中心建设新局面而不懈奋斗。

是月 新郑市委宣传部组织编写的"文明生态·留住乡愁"《黄帝故里新郑故事系列丛书》中的4本《溱洧遗珍》《南街》《郑风疏影》《凤兮归来》由光明日报出版社付梓出版。该系列丛书以传统文化、乡土乡情为视角，通过民间文学、人物传记、散文、纪实等表述形式，向广大读者集中呈现了黄帝故里新郑的民俗风情、传说故事、方言歌谣、民间艺术、传统技艺及当代典型人物事迹等。

是月 新郑市新密禹抗日民主政府旧址开始维修，预计2017年年底完工。新密禹抗日民主政府旧址位于市区西南30千米的具茨山主峰始祖山（风后岭）东崖下驮窑史家村村西，于2016年1月22日由河南省政府公布为第七批省级文物保护单位。此次维修加固工程按照修旧如旧的原则，使其尽快恢复原貌。

是月 《新郑卫生志》（1986—2014）历时近三年的编纂，出版发行。

是月 首届中国县域经济高峰论坛在北京举行，本次论坛发布了

《中国县域经济发展报告（2017）》和《2017年全国综合竞争力百强县（市）》。河南共有新郑、荥阳、新密、巩义、登封、中牟6地上榜。新郑综合经济竞争力排名位居全国县域第36名。据了解，《中国县域经济发展报告（2017）》由中国社会科学院竞争力实验室、中国人民大学国家发展与战略研究院和华夏时报社共同主办。

12月

2日 国家文物局"国家考古遗址公园现场工作会"在浙江慈溪召开。新郑市郑韩故城考古遗址公园喜获第三批国家考古遗址公园称号。第三批国家考古遗址公园共有12个，本省只有郑韩故城考古遗址公园荣幸入选。

2日 新郑市举行党规党纪知识测试，全市科级干部、各单位中层正职及二级机构负责人等1800余人参加测试。考试采取闭卷形式，测试内容包括习近平总书记关于反腐倡廉系列重要讲话、《中国共产党党内监督条例》《中国共产党纪律处分条例》《中国共产党问责条例》等。

4日 学习贯彻党的十九大精神郑州市委宣讲团新郑首场报告会在炎黄文化艺术中心举行。郑州工程技术学院德育教学部副教授张豪作宣讲报告。

5日 新郑市召开迎接国家卫生城市复审暨省级文明城市创建"双迎攻坚"动员大会。会上，与会人员首先共同观看了城市管理现状专题片。随后，分别宣读了《成立新郑市迎接国家卫生城市复审暨省级文明城市创建"双迎攻坚"工作领导小组的通知》《新郑市迎接国家卫生城市复审暨省级文明城市创建"双迎攻坚"总体方案》和《新郑市迎接国家卫生城市复审暨省级文明城市创建"双迎攻坚"考核办法》。市爱卫办、城市管理局、市场发展中心、新华路街道办、薛店镇政府、龙湖镇政府等6个部门主要负责人分别作了表态发言。

7日 新郑市年鉴暨乡镇（街道）志编纂业务培训班开班。此次培训，共有来自市直各单位、各乡镇（街道、管委会）的新郑年鉴供稿人员，各乡镇志、街道志的主要编纂人员，以及部分村志编修人员共150余人参加。培训为期一天，专家们围绕"从编辑的角度看年鉴稿件中存在的问题""年鉴条目的撰写""浅谈街道志编修方法和经验"对与会人员进行培训。

14日 《中国工业百强县（市）、百强区发展报告》对外发布，这是中国工业百强县（市）第三次正式发布，也是中国工业百强区首次发布。报告显示，河南有新郑市、巩义市、新密市、荥阳市、登封市、长葛市、禹州市、濮阳县、沁阳市、灵宝市等10个县（市）进入百强名单，其中，新郑、巩义、新密、荥阳、登封、禹州六市排在前六十名，分列第21位、第34位、第40位、第42位、第51位、第54位。

20日 由市旅游和文物局联合河南日报社举办的"醉美新郑"征文大赛颁奖典礼暨摄影大赛画册发行仪式在河南日报社举行。刘淑玲的作品《新郑八景》夺得本次大赛一等奖，尹书喜的《新郑赋》、刘宏民的《具茨山赋》荣获二等奖，乔静的《倘若你回到了新郑》、温勇智的《新郑文明的底色》、王国伟的《具茨山怀古》荣获三等奖。"醉美新郑"摄影大赛的纪念画册也已在当天正式发行。

22日 十九大代表薛荣宣讲党的十九大精神报告会在新郑市炎黄文化艺术中心举行。新郑市委常委、宣传部部长张慧娴参加了此次报告会。

22日 2017郑韩故城考古新发现座谈会举行。中国社会科学院学部委员刘庆柱，中国考古学会理事长、中国社会科学院学部委员王巍等来自全国各地的20余名专家学者及新郑市副市长李猛等参加座谈会。座谈会上，专家们畅所欲言，各抒己见，充分肯定了郑韩故城北城门遗址工地和三号车马坑等2017年郑韩故城考古新发现的重要性，并就如何进一步开展考古调查和遗址保护等工作提出意见和建议。

是月 中央电视台大型纪录片《中国影像方志》栏目摄制组走进黄帝故里——新郑，正式开机拍摄《河南卷——新郑篇》。《中国影像方志》以镜头作笔，声音入画，小标题如"地名记""发现记""手工记""美食记""音律记""建筑记""丰收记""创新记""文化记"等，真实记录中国县（市）级以下行政建制单位的区域文化风貌，给"乡愁"以广泛的文化内涵。截至12月底，《中国影像方志——新郑篇》已完成拍摄。

是月 新郑市第一届职业技能竞赛决赛举行。此次职业技能竞赛，共有427名选手参加，其中，导游（讲解）大赛92人，焊工大赛81人，汽车维修工大赛93人，家政服务员大赛74人，园林绿化大赛87人。经过前期的预赛，共有120名选手进入了决赛。经过激烈的比赛，各个项目评选出一等奖一名，二等奖两名，三等奖三名。

是月 棚内种菜棚顶发电——"全能"蔬菜大棚现身新郑市。在辛店镇后小庄村，有一个集光伏发电、农业种植于一体的蔬菜大棚光伏发电项目。据负责人介绍，该项目总占地13.33公顷，投资8000多万元。项目分三期建设，一期已于2017年6月底建成并网，并全部种上了油牡丹；二期、三期于2017年底建成。整个项目建成后，不仅可实现年均发电量约1000万度，还可以为当地贫困群众提供就业岗位。

市情总貌

GENERAL INTRODUCTIONS OF XINZHENG

·市情总貌 >>>

GENERAL INTRODUCTIONS OF XINZHENG

位置面积

【区位】 新郑市位于河南省中部，地处北纬34° 16′ 至34° 39′ 、东经113° 30′ 至113° 54′ 之间。北靠省会郑州市区，东邻中牟县、尉氏县，南连长葛市、禹州市，西与新密市接壤。

【面积】 新郑市北距郑州市区38千米，东北距中牟县城45.6千米、开封市区120千米，东至尉氏县城42.6千米，南至长葛市区20.4千米、许昌市区40千米，西南至禹州市区36.5千米、平顶山市区84千米，西至新密市区34.5千米。南北长42千米，东西宽36千米，总面积873平方千米。

自然环境

【地质地貌】 新郑市在全国自然地理分布中处于二阶台地前沿，秦岭纬向构造东端，在河南省地质构造单元划分中，跨两个地质构造基本单元。西部属于嵩箕台隆，基岩裸露，构成西部山地、丘陵的地质基础；东部属于华北凹陷的通许凸起，第四系松散堆积物覆盖于基岩之上，构成东部平原的地质基础。与地质构造基础相对应，新郑市在河南的地貌格局中，处于豫西山地向豫东平原的过渡地带。地势西高东低，中部高，南北低。地貌类型有山地、丘陵、岗地和平原等。山地和丘陵集中分布在西南部和西部，系嵩山山脉的东部边缘，主要由陉山、具茨山、泰山、梅山、岣嶂山等山地丘陵组成。其中，除具茨山主峰风后顶海拔793米，相对高度540米，属于低山类型外，其他各山山顶海拔均在400米以下，相对高度不到200米，属于丘陵类型。岗地主要分布在山丘外围和中部地带，系早期山前洪积倾斜平原，经后期流水切割作用形成岗丘状地貌形态，较大的岗东部有马陵岗、万僧岗、寿阳岗，南部有黄岗，西部有双岭岗、武岗，北部有走马岗、裴李岗等，大部分为新生代第四纪黄土覆盖，局部地区水土流

新区轩辕湖拱桥

失严重。平原多集中于京广铁路以东的黄河古阶地上，其中包括八千乡、龙王乡的大部分地区及和庄镇、薛店镇、孟庄镇的部分地区。京广铁路以西的双洎河、黄水河和潩水河两岸有带状冲积平原，面积很小。

【河流】 新郑市地处淮河流域。境内河流分别属于颍河和贾鲁河水系。境内有双洎河（古洧水）、黄水河（古溱水）、潩水河、梅河、莲河、暖泉河、高路河等14条河流，河道总长度223.82千米，除潩水河属颍河水系外，其余河流均属贾鲁河支流。属颍河水系的主要河流有潩水河、双洎河（古洧水）、黄水河（古溱水）、梅河、暖泉河和莲河。潩水河，发源于新郑市辛店镇的具茨山主峰风后岭白龙潭，流经观音寺镇入长葛市境。境内河段长24千米，流域面积102.5平方千米。双洎河，清朝以前称洧水，发源于登封市阳城山，流经新密市境，在新郑境内河段35.5千米，流域面积239平方千米，为新郑境内最大河流。20世纪70年代尚可饮用，80年代后由于上游发展地方工业，大量提取地下水和工业污染等，已成季节河，现正在治理中。黄水河，本名溱水。黄水之名也是至清代启用，为境内第二大河流，发源于新密市曲梁乡牛庵村南，全长29.4千米，流域面积110.84平方千米。此河前期由于流域工业污染，至21世纪初已无法养生，但经新郑市十年来的不懈努力，水质现已全面恢复，依水形成郑风苑及轩辕湖湿地不同风格的水生态环境，已成为新郑市生态水系建设的亮点。梅河，发源于薛店镇大吴庄村西北约200米处，全长26.5千米，流域面积106.4平方千米。属贾鲁河系的河流有十七里河、十八里河和潮河等，皆季节河。

2017年，实施了双洎河清於综合治理工程、南水北调防洪沟、双洎河双龙拦蓄坝、胡垌至贾梁等河道生态综合工程，使全市水生态环境更加靓化、美化。

新郑新区

【气候】 新郑市处于华北平原、豫西山地向豫东平原过渡地带，属暖温带大陆性季风气候。气温适中，四季分明。2017年，新郑市气候特点是：年内相继出现了大风6日、大雾23日、高温4日等灾害性天气。年平均气温15.8度，比常年值偏高1.2度，属正常，年最高气温38.8度，出现在7月24日，年最低气温-6.0度，出现在1月20日。年总降水量为644.6毫米，比常年值偏少39毫米，属偏少。年内一日最大降水量为44.5毫米，出现在7月30日；最长连续降水日数6天，过程降水量为88.8毫米，出现在9月30日—10月5日；最长连续无降水日数为24天，日期出现在2017年2月23日至3月18日和11月20日至12月13日。年日照总时数为1962.4小时，比常年偏少27.7小时，属偏少。总的来说，全年气温偏高，降水、日照均偏少。

【土地资源】 2017年，经年度土地利用现状调查，新郑市土地总面积884.59平方千米，耕地48713.51公顷，园地1553.22公顷，林地5740.44公顷，草地443.02公顷，城镇村及工矿用地22420.61公顷，交通运输用地5493.69公顷，水域及水利设施用地2184.53公顷，其他土地1910.96公顷。其中：耕地中：水田187.80公顷，水浇地43584.82公顷，旱地4940.89公顷；园地中：果园1552.93公顷，其他园地0.29公顷；林地中：有林地4133.65公顷，灌木林地1356.19公顷，其他林地250.60公顷；草地中其他草地443.02公顷；城镇村及工矿用地中：城市1965.51公顷，建制镇7861.13公顷，村庄11803.05公顷，采矿用地302.66公顷，风景名胜及特殊用地488.26公顷；交通运输用地中：铁路用地299.23公顷，公路用地2875.73公顷，农村道路1343.34公顷，机场用地973.43公顷，管道运输用地1.96公顷；水域及水利设施用地中：河流水面1483.58公顷，水库水面360.90公顷，坑塘水面100.18公顷，沟渠197.74公顷，水工建筑用地42.13公顷；其他土地中：设施农用地893.39公顷，田坎934.81公顷，沙地18.41公顷，裸地64.35公顷。（注：以上数据含港区）

【矿产资源】 新郑市矿产资源较为丰富，目前发现各类矿种有9种，矿产地23处。区内固定矿产以沉积矿产为主，包括煤、黏土矿、石灰岩、红硅石、硅石等及部分沉积、变质矿产，铁矿、磷矿、白云岩矿、建筑石料等，还贮存着丰富的地热、矿泉水资源。新郑市资源格局以煤为主，煤区占全市总面积约41%，已探明储量134610.3万吨，占郑州市煤炭总量的20.5%。

新郑市现有煤矿2家，分别为：国投河南新能开发有限公司王行庄煤矿，年设计生产能力为120万吨/年；河南省新郑煤电有限责任公司赵家寨煤矿，年设计生产能力为300万吨/年。

【水资源】 新郑市多年平均地表水水资源0.5924亿立方米，地下水资源1.3832亿立方米，除去0.5023亿立方米重复水量，多年平均水资源总量为1.4733亿立方米，比1980年测算的1.96亿立方米减少29%；人均占有水资源量236立方米，比1980年的412立方米减少42.7%，是全国人均占有水资源量的1/10，是河南省人均占有水资源量的1/2；亩均水资源量240立方米，比1980年的亩均水资源量259立方米减少0.73%。现有在册水库20座，其中2座中型水库，18座小型水库，总库容7729.52万立方米，控制流域面积为610.96平方千米，塘坝118处，控制流域面积120平方千米，拦河闸6处，控制流域面积70平方千米。地表水资源量因双洎河（古洧水）、黄水河（古溱水）、莲河水质污染严重，降雨量偏少，水库水位下降等原因，基本无法直接利用；工业生产、农业灌溉和人畜生活用水基本依赖地下水资源。地下水资源可利用量为0.554亿立方米，开采模数为6.4万立方米/平方千米。因经济快速发展，水需用量急剧增加，造成地下水水位大幅度下降。近两年，新郑市利用南水北调对望京楼水库以及观音寺溹水寨村进行生态补水，使河道景观更加靓丽，地下水位也大幅提升。

【生物资源】 新郑市位于北温带向亚热带、豫西山地向豫东平原过渡地带，气候多样，地貌多变，因而生物资源丰富，且具多样性。

植物：芳香植物主要有花椒、小茴香、芫荽、香椿、藿香、薄荷等；药用植物主要有半夏、远志、柴胡、桔梗、芦根、白茅根、白头翁、马蹄香、地丁、香附、何首乌、葛根、木头回、田三七、车前、忍冬、苇根、地骨皮、酸枣、荆子、野菊花、艾、白蒿、亮帽英、贩酱草、曲曲菜、荠荠芽、小虫卧单、伸筋草、马齿苋、老饭蛋、鱼腥草、复古草、浮萍草、野扁豆、瓦松、山葱、卧沿草、星星草、节节草、猪毛菜、猴头草、拐子草、马鞭草、天地豆、翻白草、活各草、芫花根草、黑白丑、丹参、沙参、防风、木瓜、瓜蒌、红花、地黄、牛膝、芍药、白芷、金银花、苍耳子、元参、枸杞、蒲公英、牵牛子等；其他野草植物主要有灰灰草、龙须草、茅草、莠子草、稗子草、苜蓿、茭草、蒺藜、行义草、涩格涝秧、吉祥草、书带草、抓地秧、面条菜、菟丝子、驴尾巴蒿、毛妞菜、老驴蒿、麦滥棵、狗秧、灯笼棵、浮萍、蓼草、水红花、杂草、山白草、黄白草、黑轮叶藻等。

动物：环节动物类主要有蚯蚓、蛭等；软体动物类主要有蜗牛、田螺、河蚌等；节肢动物类主要有瓢虫、赤眼蜂、食蚜蝇、胡蜂、蜜蜂、小蚕蜂、草蛉、蚜小蜂、螳螂、食虫虻、食虫蝽象、泥蜂、步行虫、蝇子虎、萤火虫等；药物类动物主要有蝎子、蜈蚣、土元等。脊椎动物类：两栖类有青蛙、蟾蜍等；爬行类有鳖、壁虎、蛇、蜥蜴等。鸟类有野鸡、雀鹰、苍鹰、白肩雕、大鸨、小鸨、小鸦鹃、猫头鹰、灰林鸮、长耳鸮、啄木鸟、云雀、燕子鸥、鹦鹉、鹈鹕、花喜鹊、灰喜鹊、麻雀、老鹰、鹞鹰、斑鸠、大雁、夏鸟、山雀、黄莺、鹁鸪鸟、百舌、鸬鹚、乌鸦、水鸭等；哺乳类有狼、狐、狸猫、野兔、獾、蝙蝠、刺猬、老鼠、松鼠、黄鼠狼等，其中狼、狐、狸猫、獾已很少见。

旅游资源

【古文化资源】 *裴李岗文化* 裴李岗文化因首掘于新郑市的裴李岗村而得名。裴李岗先民已进入母系氏族社会，从事以原始农业、手工业、家畜饲养为主，以渔猎业为辅的社会生产活动。与全国同时期他地相比，裴李岗人较早进入农业社会。新郑裴李岗文化遗址有裴李岗遗址、沙窝李遗址、唐户遗址、西土桥遗址、岭西遗址等。其典型生产工具是石斧、石铲、石镰、石磨盘，代表性陶器是红陶罐、三足钵等。裴李岗文化填补了我国新石器早期的一段历史空白，具有很高的科学、历史和文化价值。中国古代文明是从这里起步的。

黄帝故里故都 据史书记载，5000年前的仰韶文化时期，先民们已进入文明时代。新郑有许多仰韶文化遗址，最典型的是唐户遗址，包含有裴李岗、仰韶、龙山、殷商、西周和东周6个时期的文化遗址，连续年代达6000多年，考古学界称之为中华古代历史发展博物馆，有考古学家称之为“有熊之墟”。其他遗址有大朱庄、南李庄、王垌、洪府、高坡岩、岳庄、古城、人和寨等。这一时期，中华人文始祖轩辕黄帝诞生于新郑的轩辕丘（在今新郑市区内），在此建都约100年；神农氏炎帝诞生于华阳（在今新郑市北华阳故城）。史书记载，新郑有20多处炎帝和黄帝的活动遗址与纪念性古迹，如炎帝诞生地华阳城、黄帝诞生地轩辕丘，其他有轩辕故里、姬水、少典祠、少典坟、轩辕庙、具茨山、黄帝拜华盖童子处、黄帝故都、黄帝饮马泉、风后顶、黄帝御花园、黄帝避暑宫、大鸿山、西太山、崆峒山、轩辕宫、黄帝问道处、黄帝访大隗处、黄帝屯兵洞、黄帝驯兽台等。

祝融氏之国 史书记载，4700年

新郑博物馆《郑韩文物展》改造完成 重新对外开放

前，帝喾高辛氏先后封祝融氏重黎、吴回、陆终氏在有熊（新郑）为火正，建都约70年。故史书称新郑为“祝融氏之墟”。祝融氏时代，正处在我国龙山文化的中早期。新郑发掘龙山文化遗址8处，即人和寨、金钟寨、大司、于寨、唐户、高千庄、店张、崔府等。

郐国故都 史书记载，西周时，新郑为郐国，其都城在今新郑东北18千米苑陵故城（一说在新密市东北25千米古城寨，但仅有文献记载而无考古发现），建都时间280多年。

郑韩故都 春秋战国时期，郑国和韩国在新郑建都539年。至今郑韩故城岿然屹立，古迹比比皆是。主要遗址或古迹有宫殿遗址、宗庙遗址、地下冷藏遗址、铸铜遗址、铸铁遗址、大型祭祀遗址、郑国贵族墓葬区、车马坑、郑公大墓、郑武公墓、子产墓、郑庄公望母台、授印台、梳妆台、积粟台等；还有分布在城外的20多座王室陵墓、大型制陶遗址等。

历史名人 新郑历史上建全国性国都和诸侯国都总计980多年。除炎黄二帝始祖外，有春秋初霸郑庄公、政治家子产、名辩家邓析、法家集大成者韩非、谋略家张良、世界文化名人白居易、建筑学集大成者李诫、理学家许衡、政治家高拱等十大名人彪炳史册。

名人墓葬 郑武公墓（杜庄）、郑公大墓（南街）、宰相子产墓（陉山）；唐宰相裴度墓（龙湖镇东张寨村）；后周皇帝郭威墓（郭店镇高家村北）、后周皇帝柴荣墓、柴宗训墓（郭店镇陵上村）；宋代布衣诗人杨朴墓（郭店镇袁堡村东）、宋宰相吕夷简墓（郭店镇李坟村东）、宰相陈尧佐墓（郭店镇宰相陈村）、名将王德用墓（龙湖镇荆王村东）、尚书吴育墓（辛店镇赵老庄村）、宋宰相吕公著墓（郭店镇西武岗村）、一代文宗欧阳修墓（辛店镇欧阳寺北）、宋宰相郑居中墓（城关乡东郭寺南）、宋建筑学集大成者李诫墓（龙湖镇于寨村北）；明宰相高拱墓（市区阁老坟村东）。

至2017年，新郑有国家级文物保护单位12处：郑韩故城、裴李岗遗址、后周皇陵、唐户遗址、欧阳修墓、黄帝故里（轩辕庙）、李诫墓、华阳故城、苑陵故城、凤台寺塔、人和寨遗址、望京楼遗址，其中裴李岗遗址、郑韩故城2001年被评为“中国20世纪百项考古大发现之一”和“20世纪河南十项重大考古发现之一”；省级文物保护单位有14处：卧佛寺塔、高拱墓、金钟寨遗址、王垌遗址、古城遗址、于寨遗址、赵庄遗址、新密禹抗日民主政府旧址、子产墓、古城村古城、大司遗址、铁岭墓地、陈氏三宰相墓、具茨山岩画；郑州市级文物保护单位27处；新郑市级67处。馆藏文物6万多件，其中珍贵文物4800多件。古文化遗址（迹）遍布全市，古墓祠比比皆是，古塔岿然矗立，郑韩故城雄伟壮观。具茨山黄帝文化景区，被中国侨联公布为“全国爱国主义教育基地”，每年吸引大批海内外炎黄子孙前来寻根、朝圣、拜祖。

姓氏寻根 新郑是中华民族姓氏

郑韩故城

起源地之一。上自8000年前少典族时代，下迄春秋战国，起源于新郑或与新郑密切相关，或新郑人在外地得姓者，据不完全考证达280多个姓氏。神农氏炎帝为有熊（新郑）国君少典之子，后徙陕西姜水流域而得姓姜，彭祖为祝融氏陆终之子，因封于安徽彭城而得姓彭等。主要姓氏有：少、典、熊、能、姬、姜、轩辕、轩、左、张、高、杜、方、史、龙、雷、常、龚、巫、周、牧、荀、车、昌、俞、伍、于、咸、冷、桓、稽、任、孔、祝、苑、彭、郑、韩、何、冯、侯、段、游、尉、国、印、都、蔚、丰、兰、皮、然、司、詹、梓、师等。

【自然风光资源】 主要分布在新郑市西南具茨山一带，2003年被河南省人民政府公布为省级森林公园，2005年被国家林业局公布为国家级森林公园。此山主峰风后顶海拔793米，山顶之上，林密草茂，四周皆悬崖峭壁，向西望去层峦叠嶂，烟波浩渺，向东眺望，阡陌纵横，村落如萍。

【生态资源】 其中包括被林业部命名为“红枣之乡”的孟庄镇和薛店镇的1.2万公顷枣园，秋季每年举行枣乡风情游。

历史沿革

【古时期建制变革】 8000年前裴李岗文化时期，新郑地区率先进入以原始农业为主的氏族社会，是中国古代文明最早的发源地。5000年前仰韶文化中晚期，新郑为有熊国，是黄帝族时代，是中国古代文明形成的核心地带。4700年前，龙山文化中期，新郑为祝融氏之国。夏商时期，新郑为夏都、商都京畿。西周，新郑为郐国；春秋为郑国，战国时代为韩国，郑韩故都为中原地区最主要的政治、军事、经济和文化中心，是中原地区最大的工商业都会。韩国时，设郑县，治所在韩都。秦统一六国，设新郑、苑陵二县，属颍川郡。汉承秦制，属河南郡。晋设荥阳郡，新郑入苑陵县。东魏，设广武郡，苑陵属广武郡。隋复新郑，后废苑陵，入新郑县，仍属荥阳郡。唐分新郑、清池二县，后清池县复归新郑。五代后设新郑县。

【新中国成立后】 中华人民共和国成立后，新郑县属郑州专区。1955年改属开封专区，1958年属郑州市，1961年属开封地区行政公署，1983年属郑州市。1994年5月16日，经国务院批准撤销新郑县，设立新郑市，属河南省，由郑州市代管。

行政区划

2017年，新郑有9镇1乡3街道。和庄镇辖19个行政村，48个自然村；薛店镇辖20个行政村，46个自然村；辛店镇辖49个行政村，267个自然村；龙湖镇辖28个行政村，117个自然村；孟庄镇辖23个行政村，36个自然村；新村镇辖24个行政村，108个自然村；观音寺镇辖21个行政村，80个自然村；梨河镇辖23个行政村，66个自然村；郭店镇辖29个行政村，88个自然村；城关乡辖14个行政村，65个自然村。新华路街道辖10个居民区；新建路街道辖6个居民区；新烟街道辖8个居民区。

2008年，风后岭行政村的苏家岭、赵家闽、黑龙庙西坡、黑龙庙、北赵家、张家闽、寨里、许家岭、朱家闽、南王家闽、寇家闽、史家闽、尖山、卧雁滩14个自然村迁往北靳楼行政村。

其中龙王乡的庙后安：庙后安、庙后唐；郭村韩：郭村王、小唐庄、小秦、郭村韩；古城师：城李、古城；蒲庄：蒲庄、古城寨；刘庄：刘庄；辛庄：辛庄、魏家、罗家、椿树张；岗王：岗王；宋庄：酒李、宋庄；田王：田王、小田王；炮李：炮李；柿园吴：柿园吴；柿吴：柿吴；王庄：王庄；平庄：平庄；苏村郑：苏村郑、韩庄、杨庄。

2008年，孟庄镇的寺东孙：寺东高、寺东孙、小寺东孙；谷庄：谷庄；陡沟：陡沟；山石王：山石王；胡岗：胡岗；后宋：后宋。薛店镇的牛村：牛村、任岗、小赵郭李、河刘；枣岗：南枣岗、北枣岗、西枣岗、斜庄；姜庄：姜庄、小姜庄；寺王：寺王、王沟、寺东；翟庄：翟庄；坡地刘：坡地刘、冯后马、花园；薛店南街：薛店南街；薛店北街：薛店北街、油坊庄；店张：店张、店韩、朱庄；岳村行政村东桥自然村归郑州新郑综合保税区（郑州航空港区）代管。

2009年，龙王乡的宋庄：酒李、宋庄；岗王：岗王；刘庄：刘庄；炮李：炮李；平庄：平庄；辛庄：辛庄、魏家、罗家、椿树张；苏村郑：苏村郑、韩庄、杨庄；柿园吴：柿园吴；柿吴：柿吴；王庄：王庄；田王：田王、小田王；庙后安：庙后安、庙后唐；郭村韩：郭村王、小唐庄、小秦、郭村韩；古城师：城李、古城；蒲庄：蒲庄、古城寨。孟庄镇的冢刘：冢刘归郑州新郑综合保税区（郑州航空港区）代管。

2013年，龙王乡的耿坡：耿坡、河东耿坡；龙王：龙王村；岗冯：岗冯；王道：王道、小铁庄；铁李：前铁李、后铁李、安老庄；霹雳店：霹雳店、大秦；庙前刘：郑楼、庙前刘；二甲张：郭家、二甲张；安新庄：安新庄；陈楼：陈楼；万家：万家、坡赵；小左：小左、寺后李、寺前陈；赵郭李：赵郭李、小赵郭李。八千乡的高夏：高夏、孙庄、雷庄；坟后吕：坟后吕、坟后左；枣陈：枣陈、张庄、罗家；苗庄：苗庄；刘店：刘店；东王马：东王马、河东马；王家庄：王家庄；湾左：湾左；河南王：河南王；八千：八千；吕槐：吕槐、范庄、陈庄、柴家庄、马富贵；丁庄：丁庄；双楼：双楼、董庄。和庄镇的坡刘：坡刘归郑州航空港经济综合实验区（郑州新郑综合保税区）管理委员会代管。

2014年，八千乡的君赵：君赵、魏庄；花园：花园；邢庄：邢庄、孟陈庄；路庄：路庄、岗孙；楼刘：楼刘、小潘庄；小合庄：小合庄、蛮陈；宋家庄：宋家庄；二郎店：二郎店；梅河：梅河、徐庄；大阎庄：大阎庄、赵楼；李久昌：李久昌；香炉朱：香炉朱、辛庄、小阎庄；小李庄：小李庄、大李、小苏庄、敬庄；沙张：沙张。和庄镇的陶庄：陶庄；杨家寨：杨家寨、中孙、牛庄、柴家；尹庄行政村大路韩自然村及钟观社区归郑州航空港经济综合实验区（郑州新郑综合保税区）管理委员会代管。

附：2017年新郑市各乡（镇）、街道及所辖行政村（自然村）、居委会名录

城关乡

胡庄：胡庄、小寨、暴庄、徐庄；王刘庄：王刘庄、王寨、王老庄、田庄；张庄：张庄、小杜庄、杜庄、丁家庄、头甲王、东小李庄；官刘庄：官刘庄、官庄、岳庄；小占庄：前小占庄、后小占庄、曹庄、柳家、马砦；高皮匠庄：高皮匠庄、王好庄；薛庄：苗庄、王安庄、薛庄；东郭寺：东郭寺、后门张、李楼、颜庄、孟天庙；敬楼：小张楼、吴王、吕庄、西敬楼、东敬楼；西贾庄：西贾庄、史庄、大毛庄、闵沟、刘庄、王庄、小赵庄、董吕庄；端庄：范庄、端庄、兰庄、苏庄、杨庄；大周庄：秦楼、大周庄、小周庄、靳垌；沟张：沟张、马楼、包庄、小李庄；乔庄：杨河、三里堂、乔庄、烈礓坡、侯家台、李垌、小冯庄。

辛店镇

辛店：辛店；前小庄：前小庄、新老沟、老沟、北岗；后小庄：后小庄、南许庄、南岗沟、北岗沟；许岗：许岗、靳家、北李家；军李：军李、小李庄、上申河、申庄；刘岗：刘岗、王道国、牛庄、老王庄；草场沟：南李家闳、王家闳、高家闳、南苗家闳、南许家闳、樊家闳；鲁楼：鲁楼、高庄、颜庄、北赵沟、南赵沟、谷庄、阎楼、阎庄；袁集：袁集；南李庄：南李庄、宁沟、滹沱沟、滹沱庄、北许庄、梁沟；人和村：人和寨、人和寨东沟；赵老庄村：赵老庄、新老庄；东土桥：东土桥；西李庄：西李庄、北李庄、胡垌；周湾：周湾；赵家寨：赵家寨、徐庄、周庄、香坊、北苗家、双岭岗、谷家；欧阳寺：欧阳寺（寺东沟、寺西庄、寺南庄、寺东庄）、贾庄、兴龙沟、新庄、龙池沟西、龙池沟东、丁庄；界牌：界牌、冢岗；铁炉：铁炉；西土桥：西土桥、铁匠庄、东大李园、西大李园、马安垌；贾嘴：贾嘴、北贾嘴、南贾嘴、彭家寨、槐树口；贾岗：贾岗、贾沟、井沟、上马蹄河、下马蹄河；北靳楼：北靳楼、北靳楼南庄、北靳楼西庄、东山水寨沟、西山水寨沟、北山水寨沟、南白土洞、北白土洞、杏园沟、娘娘庙新庄、侯楼；岳庄：岳庄、孙河、靳庄、蛤蟆洼、李庄、煤土沟（靳家闳、崔家闳、刘家闳）；刘湾：刘湾、大汉窑、下范河、上范河、前驴头郭、后驴头郭；齐河：张庄、齐河、小刘湾；化雨庄：化雨庄、新范河、小靳庄、东王楼、西王楼；后高庄：后高庄、前高庄、许窑、许窑东北地、樊家沟、许窑新村、老虎洞、南靳楼；靳沟：靳沟北寨、高时庄、傅李楼、刘张寨、赵陈庄、靳沟南寨、魏庄、靳家窝、张家；黄岗：黄岗、北王口、南王口、北崔家沟、东棒槌窑；史庄：史庄、史庄南沟；湛张：老郭寨沟、新郭寨沟、湛张；王庄：王庄、袁家岗、东杨树岗、西杨树岗、下涧坡河、郭家；裴商庙：裴商庙、下申河；仰望坡：小庄王、仰望坡；马沟：马沟、下丁沟、张沟、寇家闳、老泉沟、下老龙窝、下老泉沟、白家沟、老龙窝。

观音寺镇

英李：英李、小郑庄、小朱庄、翟庄、乔户；南贾庄：白庙贾、南贾庄、苏张、陉山东门、唐家；岳口：酸枣林、岳口、南小李庄、凤凰寨；十里铺：十里铺、西小庄；南场：南庄、鲁姑店、杨庄、卫生寨；林庄：陈庄、林庄、尚庄、北门、乾门、贾大沟；夏庄：夏庄、盘古寨；大董：前张庄、后张庄、大董、时庄；溟水：溟水寨、北岗、北寨；石固堆：柳树坑、岳家、王家、郭家、张家、泉上沟、泉下沟；王行庄：柳庄、花牛李、王行庄、乔庄、小郭庄、林场；唐庄：唐庄、小李庄、万庄、寺后张、史堂、大朱庄、辛庄、锻磨张；唐户：唐户、唐家寨；阎庄：小刘庄、头甲王、阎庄；前河刘：前河刘、后河刘、小寨、下河；楼李：观音寺、楼李、黄岗；太清：五虎赵、太清；菜园王：小赵庄、牛庄、菜园王、棘针李；沟冯：桐树张、沟冯；田庄：郭河、焦河、田庄；姚张：姚张。

梨河镇

梨河：梨河、胡张；三里岗：郜庄、蔡庄、冯庄、前端湾、郜湾、三里岗；黄桥：黄桥；七里堂：毕小庄、大朱庄、七里堂；陈庄：乔楼、陈庄、东小朱庄、西小朱庄；绰刘：小董、绰刘、小吴庄、滹沱、后吕；官庄：官庄、赵大楼；高班庄：高班庄、李湾；河李：河李；高辛庄：高辛庄、邢湾、张家 、小闵庄、牛寨、后牛堂；周庄：周庄；七里阎：七里阎、郜楼、梅庄；吴庄：吴庄、吴窑、丁湾；刘楼：宋庄、刘楼、刘庄、小毛庄、柴楼；刘吉安楼：刘吉安楼、穆庄；双楼：双楼赵、三股槐；黄甫蔡：黄甫蔡、柴家楼、范庄、黄湾、牛堂；岗李：岗李、祝岗、葛寨；大高庄：大高庄；前吕：

前吕；老观李：老观李、贾庄；学田：学田、南郜庄、霍照店；三刘：三刘、唐寨、赵庄。

和庄镇

任庄：任庄；傅庄：傅庄；郑庄：郑庄、小沈庄；能庄：能庄、侯庄、小李庄、泥河张、小高庄；苟郑：苟郑、碾岗赵、郜庄、蔡庄、肖庄、黄庄；崔庄：崔庄、小黄庄；河西高老庄：河西高老庄、周庄；河东高老庄：河东高老庄；尹庄：大孙、尹庄；河赵：河赵、河沿马庄、小陈庄；歹庄：辛集、歹庄、大连楼；老庄刘：老庄刘；小岗王：南吴、小岗王；香坊吴：香坊吴；穆庄：寺前刘、狮子邢、小穆庄、穆庄；杜楼：杨湾、杜楼、马家；陆庄：陆庄、小范庄；小连楼：小吴庄、小连楼；韩庄：木梳李、关庙郑、韩庄、河西郑。

薛店镇

贾庄：贾庄、吴家；常刘：常刘、老堂岗；花庄：花庄；岗周：岗周、前李；小吴庄：小吴庄、毛庄、侯庄；龙占洼：龙占洼；小马庄：郭庄、小马庄；岳村：岳村、西桥、东小李庄；嶂山：嶂山、山后、沟西、沟东、白家、河西暖泉、胡家庄、敬家；草庙马：草庙马、牛庄、庙后李；山后马：山后马、石羊刘；王张：小李庄、郭家、魏庄、王张；文正：文正、丁庄、西文正；西场李：西场李；草店：草店；薛集：薛集；格大张：格大张；庙东陈：庙东陈；大吴庄：大吴庄、肖庄；菜园马：菜园马、岗孙、后刘庄。

孟庄镇

孟庄：孟庄；小石庄：小石庄、河南张、河北张、娘娘庙；耿湖：耿湖、小耿湖；碾卢：碾卢、小碾卢；南常口：南常口；北常口：北常口；唐寨：唐寨、马东洼；唐河：唐河；鸡王：鸡王；城后马：城后马、小郭庄；洪府：洪府；酒孙：酒孙；栗园史：栗园史；石槽王：石槽王；麻线张：麻线张；三旺马：三旺马、宰庄；曹庄：毛寨、河东曹、曹庄、小高庄、小庄；冯辛庄：冯辛庄；萧庄：萧庄；寺后张：寺后张；寺西王：寺西王；口张：口张、余庄；小韩庄：小韩庄。

龙湖镇

小乔：小乔、前胡、三里岗、罗垌、孙庄、宝相寺；东徐：东徐、小赵；古城：古城、樱桃园、大赵、小芦、王家、刘家；郑老庄：郑老庄；泰山：山东坡、岗东头、岗西头、康垛、马武寨、长沟垴、山西坡、邱家嘴；梅山：梅山、王家垴、邱家垴、山后、高垌、彭庄；荆垌：荆垌、沙窝李南沟、连庄、后胡；王口：王口、双湖村、李巴什、于沟；林锦店：林锦店、高坡崖；李垌：李垌、李垌北寨；柏树刘：小司、马庄、柏树刘、张庄、塘坊、磨河南沿、磨河北沿、夏寨、太平沟、西戴寨；山后杜：山后杜、山东乔、大司；郭家庄：郭家庄、司家嘴、岗东；魏庄：魏庄、袁堡、陈垌、南戴寨、北戴寨；山西乔：山西乔、山西卢、沈庄；郑堡：郑堡、竹杆园；沙窝李：沙窝李、沙窝李东庄、沙窝李西沟；菜园沟：菜园沟；小乔沟：小乔沟、杨树底、寨上、吕家、小乔沟北沟、李家、李木嘴、翟家寨、杜家、西鸿沟、乔河庄、肖家沟、小乔沟段家、桐树嘴；西张寨：西张寨、西徐；于寨：于寨、石垴；东张寨：东张寨；王许：王许、梨园、邱家、赵家；张沟：张沟、沟西、张小庄、转沟垴；崔垌：崔垌、郑家、段家；侯庄：侯庄东沟、侯庄；刘口：楚家垴、王垌、王口东沟、孟庄、孟庄南沟、刘口、刘沟、刘口西岗、鹁鸽垌沟；荆王：荆王、牛魁寨、乔家垴、老虎寨、荆王、北沟。

郭店镇

郭店南街：郭店南街；郭店北街：郭店北街；华阳寨：华阳寨、蒋家 、李家 ；陵后：陵后、陵上；陵岗：陵岗；小洪沟：小洪沟、洪沟寨、洪沟嘴、夏寨、连环寨沟；东李庄：东李庄、王家、河西曹；小司：小司、司家、李沟、岗西、半坡乔、骆驼湾、崔府、刘知州；武岗：李坟、武岗、贾店；铜佛赵：岗王庄、铜佛赵；高孟：周庄、高家、孟家、卢家、任坡沟；冯寺：冯寺、周家；司洼：司洼、刘庄；前时：徐庄、阎家庄、前时、陈庄、聂庄、歧府；五里堡：双庙郭、后时、五里堡；岗时：岗时、小岗时、马庄、牛庄、宰相陈、前陈；三十里铺：三十里铺、冯庄、石家嘴；小杨庄：小杨庄、信府、梅府；河范：河范、大杨庄；鄢陵府：鄢陵府、河里王；八府：八府、楚庄、河西刘；北小李庄：北小李庄、小朱庄；张辛庄：张辛庄、朱庄、张祥；石羊寨：石羊寨、马庵、街东曹；大范庄：大范庄、大路河；郭庄：郭庄、戴庄；高寺：高寺、西贾庄；常家庄：东郭寨、北郭寨、常家庄、贾庄、小范庄；海寨：海寨、袁陈、小寨。

新村镇

新村：新村、北十里铺、核桃园、小庄、岭东；七里井：贾梁、泥河寨、侯垌、七里井；张垌：张垌、吴垌；北吴庄：北吴庄、铁岭、冯庄；梨园：梨园、吴陈、梨园北沟；二十里铺：二十里铺、王庄、周家湾、危家、小时庄、周垌、牛舌头嘴；马垌：马垌、孟家沟、杜庄、小冯庄；时垌：时垌、山南时；赵庄：赵庄、龙王庙坡、于庄；牌坊庄：牌坊庄、薛庄、李楼、河东暖泉；高千庄：香坊沟、高千庄、优庄、城后刘庄、蔡庄、吴李庄、马庄、弓刘庄、张家庄；孙庄：孙庄、北黄庄、苏岗、徐岗；王垌：王垌、金钟寨；王毕庄：西王毕庄、东王毕庄、朱家沟、走马岗、陈家、老观寨、赵家湾、曹家岗、科张；郝家岗：郝家岗、岗李、陈庄、冯家岗、王善垌、李家寨；焦沟：焦沟、刘庄、仲寨、杨楼、戴寨、东云湾；戴湾：戴湾、杨湾、邓湾、寺岗；鲍家：鲍家、张家、小黄庄、邓家、小鲁庄、李杜庄；云湾：西云湾、郭寨、靳家河、靳小寨；裴李岗：裴李岗、西河李、东小河口、西小河口；文士湾：文士湾、冯家岭、东炮李、沟嘴；前洼王：前洼王、后洼王、西炮李、小樊庄、岳庄；屯孙：屯孙西、屯孙东、孟家台；水泉：水泉、老黄庄、岗坡、新庄、王家。

新建路街道

北关街居民委员会、北街居民委员会、西街居民委员会、东街居民委员会、东关街居民委员会、南街居民委员会。

新华路街道

小高庄居民委员会、毛园居民委员会、张玉庄居民委员会、仓城居民委员会、张龙庄居民委员会、裴大户寨居民委员会、李唐庄居民委员会、阁老坟居民委员会、白庙范居民委员会、双龙寨居民委员会。

新烟街道

车站居民委员会、和庄居民委员会、道西居民委员会、烟厂东区居民委员会、金芒果花苑居民委员会、解放路居民委员会、渔夫子路居民委员会、道北居民委员会。

具茨山森林公园管委会

2010年10月27日，为整合景区内相关资源，加快具茨山国家级森林公园建设，打造知名生态旅游经济示范区，加快景区旅游经济的开发。做好具茨山国家森林公园生态保护和旅游开发工作，将原属新郑市辛店镇的14个行政村147个自然村正式移交给具茨山管委会。

史垌：史垌、冯家冋、高家冋、苏家冋、黑里沟、西史垌、古嘴战沟、杨家岭、张家、郭家、雷家岭、赵家岭、王垌、岳家坪、大窝、王家庄、苏家冋。

柿树行：苏垌、柿树行、大槐树冋、上寇家冋、下寇家冋、河东冋、下郭家冋、太白岭西冋、上屈家冋、刘家冋、花榆树嘴、王家冋、北王家冋、河西冋。

油坊沟：岳垌沟、老张沟、油坊沟、石子岗、岳家冋、李家冋、乔家冋、吴家冋、水泉坡。

青岗庙：张家冋、青岗庙、石冋、刘家庄、沟草园、西沟草园、阎家沟。

转沟垴：转沟垴、下转沟垴、寇家沟、上老泉沟。

山陈：王嘴、山陈、西棒槌窑。

驮窑：驮窑、朱岗、下屈家冋、染坊冋、杨家冋、赵家冋、苏家冋、史家冋。

白庙：郭家冋、张家沟、西王嘴、白庙、炮坊冋、关爷庙后、龙家坪、李宾冋、张家窝、崔东冋、李保冋、王林冋、李家沟、李家冋。

李庄：上涧坡河、李庄、丁沟、回龙沟、靳家、山神庙、北双嘴、太白岭。

千户寨：高家、寨后沟、土门后、土门、千户寨、苏家冋、高千户。

郭老庄：许家冋、水泉沟、郭老庄。

风后岭：苏家岭、赵家冋、黑龙庙西坡、黑龙庙、北赵家、张家冋、寨里、许家岭、朱家冋、南王家冋、寇家冋、史家、尖山、卧雁滩（该村委会下辖的自然村2007年搬迁到辛店镇北靳楼村，2011年村委会换庙选举时将该村列为北靳楼村委会第14村民组）。

大槐树：南崔家沟、周家沟、下大槐树、上大槐树、张家、陈家沟。

苗家沟：高家冋、许家坪、陈家窝、申家冋、张庙沟、苗家沟、胡家沟、天心院、苗家冋、郭家沟、关家冋。

人　口

2017年年末全市总户数170746户，总人口642004人，其中女性326138人。全年人口出生率为12.57‰，死亡率为6.02‰，人口自然增长率为6.55‰（统计口径）。总人口中，城镇人口373132人。全市城镇化率为58.12%（统计口径）。

民族宗教

【民族】 新郑市共有30个少数民族，总人口4800余人，其中常住人口3800余人，流动人口1000余人。少数民族人口在五百人以上的行政村有3个，即郭店镇华阳寨村、龙湖镇山西乔村、新建路办事处东关街居委会，其中郭店镇华阳寨为两千人以上少数民族聚居村。

【宗教】 新郑市有佛教、道教、伊斯兰教、天主教和基督教等五种宗教，共有信教群众43270余人（其中佛教约15200人，道教约5106人，伊斯兰教约533人，基督教22356余人，天主教约75人）；宗教活动场所38处（基督教24处，佛教7处，道教1处，天主教1处，伊斯兰教5处）；宗教团体4个，即基督教“两会”（基督教三自爱国运动会，基督教协会）、伊斯兰教协会和佛教协会。

组织机构及领导成员

中共新郑市委

书　记　刘建武
副书记　马志峰

王效光（8月调离）
曹东锋（10月任）
常　委　徐卫东
苗瑞光
王保军（6月免职）
黄卫东
秦彩霞（2月免职）
赵建武
王智明
秦洪源
张慧娴
李慧芳

市委工作机构

市委办

主　任　秦洪源
副主任　司中强

保密局

局　长　秦书军

机要局、密码管理局

局　长　刘文辉
副局长　张永祥
郭伟华
总工程师
刘鸿博

组织部

部　长　黄卫东
常务副部长
胡凯军
副部长　蒲文堆
苗　锐

市直工委

书　记　（空　缺）

机构编制委员会办公室

主　任　荆新发
副主任　蔡卫东
陶宏伟

事业单位登记管理局

局　长　肖喜亮（5月退现）
副局长　吴新霞

机构编制信息中心

主　任　王玉倩

党史研究室

主　任　李炎武

宣传部

部　长　张慧娴
常务副部长
梁国定
副部长　王　艳

文明办

主　任　孙现民

新闻中心

主　任　李　明

统战部

部　长　李慧芳
常务副部长
邢艳红
副部长　师俊杰

台胞台属联谊会

会　长　王艳红（3月任政协副主席）

归国华侨联合会

会　长　乔　芳

宗教局

局　长　沙俊君（8月任新郑市盐业管理局 局长）

政法委

书　记　赵建武
常务副书记
刘辉霞
副书记　刘立新
张新志

政治处

主　任　李　霞

综治办

主　任　（空缺）

610办

主　任　宋　铭
副主任　王惠敏

维稳办

主　任　刘　鹏（5月退现）
副主任　秦成杰

部门管理机构

老干部局

局　长　王　燕
副局长　陈军辉
岳建萍

关工委办公室

主　任　赵军友

直属事业单位

党　校

党委书记
王向阳
副校长　刘红霞

档案局

局　长　韩东伟
副局长　王志英
张华峰（5月退现）

接待办

副主任　李巧玲
章海波
范振涛

市委市政府督查考核办

主　任　田平安
副主任　刘宗伟
周　睿

市机关效能督查投诉中心

主　任　刘国超

群众工作部

部　长　徐平福（10月享受副县级职级待遇）

副部长　师翠萍

　　　　靳建彬（5月退现）

　　　　时明智

信访局

书记、党组成员

　　　　郑国安（主持工作）

党组成员、副局长

　　　　周根杰

　　　　孙旭杰（5月退现）

党组成员、纪检组长

　　　　靳洪涛

人民来访接待中心

主　任　景金华

副主任　李光辉

　　　　刘宏志

　　　　吕战锋

新郑市纪律检查委员会

书　记　徐卫东

副书记　杨献珍

　　　　李宗元

常　委　陈志安

　　　　邓　嵩

　　　　张太中

　　　　高维娜

监察局

局　长　杨献珍

副局长　高维娜

　　　　肖成书（11月免职）

市委巡察办

主　任　柳广义

副主任　王俊峰

　　　　李　勇

优化经济发展环境局

局长、党组副书记

　　　　郭林鹏

党组书记

　　　　刘保森（5月退现）

副局长　张建华

　　　　陈　宝

纪检组长

　　　　冯志刚

公共资源交易中心

主任、党组书记

　　　　贺立军

副主任　郑建和

　　　　孙天峰

纪检组长

　　　　侯斌睿

新郑市人民代表大会常务委员会

主任、党组书记

　　　　王俊杰

党组副书记

　　　　王军生

副主任　孙　阔

党组成员、副主任

　　　　彭德成

　　　　郭明熙

　　　　王金灿

　　　　左建新

　　　　杨　流

　　　　王海亮

人大机关

办公室

主　任　齐光辉

副主任　郑媛媛

　　　　孟永军

法工委

主　任　周宏伟

副主任　白晓丽

·财经委·

主　任　王国良

副主任　孙　兴

农工委

主　任　谷宏发

副主任　曹永强

教科文卫

主　任　歹银花

副主任　刘志强

代表工委

主　任　朱秋国

副主任　李　丽

人事任免科

科　长　刘占有

副科长　赵志萍

老干部科

科　长　孔会成

信访室

主　任　董建红

副主任　侯少利（2月任科技局副局长）

新郑市人民政府

市长、市委副书记

　　　　马志峰

常务副市长、市委常委

　　　　王智明

副市长　周建超

　　　　李　猛

　　　　朱海新

　　　　赵敏祥

党组成员、市委常委

　　　　苗瑞光

正县级干部

　　　　姜存国

副县级干部

　　　　陈春环

新区管委会党工委委员、副主任

　　　　王秀业

　　　　林俊伟

市政府工作部门

政府办公室

主任、党组书记
李俊鹏
副主任　赵　磊
赵东辉
左留根

法制办公室

主　任　李俊鹏

人民防空办公室

主　任　邢建立（岗位待安排）

金融办

主　任　杜栓喜（5月享受正科级职级待遇）
副主任　孟向辉

社会管理办公室

副主任　朱海东
朱迎春

电子政务办公室

主　任　秦建军

应急办公室

主　任　（空缺）

史志办

副主任　李　磊（主持工作）
宁淑娜
乔永杰
纪检组长
王建平

黄帝文化研究会秘书处

秘书长　张天伟
副秘书长
胡瑞芳
纪检组长
陈建宏

机关事务管理局

副局长　王　霞（享受副科级职级待遇）
唐宏伟（享受副科级职级待遇）
李伟锋
王秀平
纪检组长
铁纪刚

住房和城乡规划建设局

局长、党组书记
尚　忠
党组副书记
张　勇
冯军强（主任科员）
姜彦龙（享受正科级职级待遇）
党组成员、副局长
肖　军
吕献宝
胡中奇

规划发展服务中心

主　任　张　勇
副主任　刘新霞
李延峰
冯文先

城市管理行政执法局

局　长　朱郁琦
副局长　王发民
王根选

环境保护局

局长、党组书记
陶永伟
纪检组长
冯胜利
副局长　王国杰
靳冬芹

旅游和文物局

局长、党组书记
赵舒琪
党组成员、副局长
李军义
靳宝琴
高巧玲
党组成员、纪检组长
樊战东

科技局

党组副书记
赵锋申
党组成员、副局长
侯少利
党组成员、纪检组长
周维红

工业信息化委员会

主任、党组书记
黄军奇
副主任　王书亮
王文周
陈彦军
王遂堂（享受正科级职级待遇）
纪检组长
马向东

安全生产监督管理局

局长、党组书记
马冠亚
党组成员、副局长
刘建峰（享受正科级职级待遇）
韩　媛
高京涛
党组成员、纪检组长
王敏华

交通运输局

局长、党组书记
戴茂松
副局长　杨伟增
党组成员
张彩霞

公路管理局

局长、党总支书记
时全生（2月退现）
副局长　杨广超
范林涛
李晓勇

农业农村工作委员会

主任、党组书记
马伟强
党组副书记
贾海民
郭连伟（享受正科级职级待遇）
副主任　马淑亭（享受正科级职级待遇）
连海升
纪检组长
郭松花（享受副科级职级待遇）

林业局

局长、党组书记
郑彩霞
副局长　白留伟
刘淑香
靳伟杰
纪检组长
郭菊芳

森林公安局

局　长　陈小伟
副局长　张　健

水务局

副局长　肖廉洁
李国照
王银超
纪检组长
冯超霞

南水北调工程建设管理领导小组办公室

党组书记、主任
马纯杰
党组成员、副主任
赵巧芳
高红军（享受副科级职级待遇）

南水北调移民局

局长、党组书记
张宪军
副局长　穆明池（5月退瑞享受副科级职级待遇）
睢跃鹏
纪检组长
赵治国

财政局

党组成员、纪检组长
谢　伟
党组成员、副局长
孙国军
张志伟

审计局

党组成员、副局长
张华伟
副局长　王灵超
党组成员、纪检组长
高花菊

供销社

主任、党组书记
李新保（5月退现）
党组副书记
张江波
党组成员、副主任
杨宪林
党组成员、纪检组长
田建坡（2月享受副科级职级待遇）

文化广电新闻出版局

局长、党组书记
刘学敏
党组副书记
左留保
副局长　冯智根（5月退现）
邱冬梅
王洪勋
党组成员、纪检组长
郜福亭（5月退现）

教育体育局

局长、党组书记
刘奎志
党组副书记
张宏亮
副局长　冯　煜
王俊丽
党组成员、纪检组长
郭海峰

卫生和计划生育委员会

主任、党组书记
李长法
党组成员、副主任
毛保卫
宋雪梅
贾海涛
范春玲
纪检组长
刘　锋

爱国卫生运动委员会办公室

主任、党组书记
赵建军
党组副书记
刘爱梅
党组成员、副主任
吴限涛
党组成员、纪检组长
党桂琴（7月享受副科级职级待遇）

发展和改革委员会

党组副书记
鲁生伟
党组成员、副主任
张聚池（5月退现享受正科级职级待遇）
史润升
刘胜彬

党组成员、纪检组长
高军相
副主任　李天兴

建设投资管理中心

主　任　周建军（2月享受正科级职级待遇）
副主任　周秀娟
陈俊霞

商务局

局长、党组书记
王　燕
党组副书记
徐冀乐
副局长　边　莉
党组成员、副局长
张金伟
党组成员、纪检组长
柴海彬

行政服务中心

主任、党组书记
刘根松（5月退现）
党组副书记、副主任
赵俊峰
党组成员、副主任
李水英
纪检组长
李　新（5月退现）

统计局

局长、党组书记
刘德智
党组成员、副局长
丁胜超
冯慧敏
时文魁
党组成员、纪检组长
宰留凤

人力资源和社会保障局

局长、党组书记
夏红燕
党组副书记
郑　绮
副局长　张书旺（5月退现享受正科级职级待遇）
王　伟（5月退现享受正科级职级待遇）
党组成员、纪检组长
司治民

公安局

局长、党委书记、督察长
朱海新
党委副书记、政委
李清海
党组副书记、常务副局长
陈红彬（享受副处级职级待遇）
党委副书记、纪检书记
范桂林
党委委员、副局长
高伟民
张红亮
郭铁民
张宏政
孙耀甫
丁国庆
党委委员、副政委
李　立

新郑市人民检察院

检察长、党组书记
李广建
党组成员、副检察长
杜保周
党组成员、政治处主任
杨广印
党组成员
赵国华
史宏民

新郑市人民法院

院长、党组书记
魏　磊
党组副书记、常务副院长
郭建军
党组成员、副院长
孙书灵（正科级审判员）
刘伟民（正科级审判员）
杨慧霞（正科级审判员）
薛新伟
党组成员、纪检组长
李西平（5月享受正科级职级待遇）
党组成员、办公室主任
宋国委（5月享受正科级职级待遇）
党组成员、政治处主任
师俊杰
党组成员、执行局局长
史晗阳

司法局

局长、党组书记
陈政玮
党组副书记
刘超勇
党组成员、副局长
靳遂根
党组成员、纪检组长
张树德

民政局

局长、党组书记
李炎宏
党组成员、副局长
乔国奇
袁文增
党组成员、纪检组长
高新晓

食品药品监督管理局

党组成员、副局长
司彦杰
路巧红
李连忠
党组成员、纪检组长
王向阳

工商管理和质量技术监督局

党组书记、局长
宋雪峰

党组副书记

赵志远

党组成员、副局长

张怀斌

李建勇

白战伟

马治军

党组成员、纪检组长

张丽娟

农业科学研究所

党组副书记、常务副所长

肖仁义

副所长 王 羽（5月享受副科级职级待遇）

纪检组长

马银娥（5月享受副科级职级待遇）

枣树科学研究院

党组成员、副院长

白宏新

平 峰

纪检组长

郑利伟

轻工业总公司

总经理、党委书记

鲁鹏程

党委委员、纪检书记

司新红

物资总公司

副总经理

王水宾

商业贸易总公司

党委副书记、常务副总经理

李 鸣

城市经营管理中心

党组副书记、常务副主任

柴春轩

党组成员、副主任

王根创（5月享受副科级职级待遇）

吴 晨

党组成员、纪检组长

符婷婷

市场发展服务中心

主任、党组书记

赵志远

党组副书记、常务副主任

刘延伟

党组成员、副主任

赵炜国（5月享受正科级职级待遇）

王平安（5月享受副科级职级待遇）

王宏超

毛运喜

党组成员、纪检组长

赵学杰

政协新郑市常务委员会

主席、党组书记

李志强

党组副书记

李中俊

副主席 王海民

李建国

张全民

王艳红

政协机关

党组成员、秘书长

秦汉伟

办公室

主 任 陈新红

老干部科

科 长 高 烨

教科文卫体委

主 任 常武杰

提案委

主 任 白宵憓

副主任 宋志英

社法委

主 任 赵明旭

经济委

主 任 史新军

副主任 陈宏伟

农业委

主 任 刘新轩

副主任 贾建超

文史资料委

副主任 李华杰

港澳台侨委

主 任 秦成伟

群众团体

总工会

主席、党组书记

刘彤标

党组副书记

李淑兰

党组成员、副主席

靳新民

刘俊亭

党组成员、纪检组长

赵俊涛

共青团新郑市委员会

副书记 杜 鹃

妇女联合会

党组书记、主席

郑慧阁

副主席 彭玲霞

科学技术协会

党组书记、主席

张彦增

党组成员、副主席
刘凤凯

文学艺术界联合会

党组书记、主席
孙宏志
副主席 李朝霞

残疾人联合会

理事长、党组书记
安义刚
纪检组长
马慧智

人民武装

新郑市人武部

部 长 胡其宝
政 委 秦振兴

河南陆军预备役高炮师一团

团 长 董广辉
政治委员
潘杰昌

民兵训练基地

主 任 王润青（2月调离）

武警新郑市中队

中队长 张 凯
政治指导员
闫 帅

武警新郑市消防大队

党总支书记、政治教导员
谷剑辉
大队长 刘 冬

民主党派、工商联

中国民主同盟新郑市支部委员会

名誉主委
苏铁林
主 委 冯 煜
副主委 陈 明
陈弘毅
袁 燕
委 员 赵青建
毛智毅
樊伯巍
赵丽红
张留民

工商界联合会

主席、党组书记
刘彩云
纪检组长
李 静
秘书长 沈宝珍

垂直管理单位

国税局

局长、党组书记
宋增彪
副局长 范曙光
申宏杰
李广奎
左媛媛
纪检组长
刘 伟

地税局

局长、党组书记
杨学忠
副局长 乔惠霞
史俊梅
吴书杰
纪检组长
王振伟

社会保险局

局 长 赵 明
副局长 刘新敏
郭海彬
杨改芳

国土资源局

局 长 赵淑梅
副局长 蔡 刚
纪检组长
毛智勇
党组成员
孙文超
刘春晖
寇 颖

盐业管理局（盐业公司）

局长（经理）
沙俊君
书记、副局长
李林祥
工会主席
郭新安

供电公司

总经理、党委副书记
李德栓
副总经理、党委书记、纪委书记、工会主席
王建平
副总经理
崔毅敏
刘晓峰

中国人民银行新郑市支行

行 长 郭 琳
副行长 闫中坤
杜 永
纪检组长
马伟平

中国工商银行新郑支行

行 长 崔卫军
副行长 李子成
仓 珂

中国农业银行新郑市支行

行 长 王小平
副行长 张智武
雷胜凯
孙 磊

中国银行新郑市支行

行 长 桑 峰

副行长　赵志平
张　珂
王卫清

中国建设银行新郑市支行

行　长　李红超
副行长　陈　扬
张　妃
白丽莉
风险经理
歹新德

中国农业发展银行新郑市支行

行　长　王宏伟
副行长　陈　丽
张　鸣

邮政储蓄银行新郑市支行

行　长　张水云
副行长　吴丙军（挂职）

新郑农村商业银行

董事长、党委书记
马文明
行　长　贺东廷
监事长　李纯信
副行长　贾二军
袁战团
李宁宁
黄献礼

郑州银行

行　长　王　峰
副行长　赵林平
朱艳艳
二级支行行长
樊　宁

中国人寿保险公司新郑支公司

经　理　赵　鑫
副经理　张　莉
经理助理
张　涛

火车站

站　长　张　宇
党总支书记
宋　毅
副站长　宋光明
张亚斌
安全员　张　浩

邮政局

局　长　杨俊丽
副局长　赵　静

联合通信公司

总经理、党组书记
常永平
副总经理
杨　湛
李　莹

移动通信新郑营业部（移动公司）

经　理　周俊领
副经理　李成丽
江　南

气象局

局长、党组书记
闫伟杰
副局长　吕淑敏
副局长、纪检组长
赵艳梅

烟草专卖局

局长、党组书记
齐同华
副局长、党组成员
王宏亮
副经理、党组成员
戴　冉
工会主席、党组成员
吕冰果

新华书店

经　理　张书文
副经理　李　磊
郭建涛

乡（镇）街道办事处

新建路办

党工委常务副书记
赵敏祥
主任、党工委副书记
李　勇
党工委副书记、人大主任
李宏伟
纪工委书记
薛建立
副主任　李三红
苏永民
潘刘邦
武装部部长
侯自玉
党工委委员
郑记州
樊永贵

新华路办

党工委书记
仪　刚
主任、党工委副书记
冯举涛
党工委副书记
陈淑梅（5月退现）
许结实（5月退现）
人大工委主任
张冠伟
纪工委书记
肖春龙（享受副科级职级待遇）
副主任　岳金凤
贾伟宏
刘炎锋
党工委委员、武装部部长
赵跃强
党工委委员
王　青
姚小让
孙航威

新烟街办

党工委书记

敬伟民
党工委副书记、主任
马慧萍
党工委副书记
安勇强
纪工委书记
杨建超
人大工委主任
靳英杰
副主任　赵智军（5月退现）
李锦红
王　静
党工委委员、武装部部长
王德意
党工委委员
尹伟炜
高留伟
刘伟峰

城关乡

党委书记
马东亮
党委副书记、乡长
王　鹏
党委副书记
李晓东
党委委员、人大主席
岳建华
党委委员、纪委书记
高丽静
党委委员、副乡长
王建永
副乡长　韩　莹
张建超
党委委员
靳　涛（11月双开）
党委委员、武装部部长
丁　聪

辛店镇

党委书记
李军辉
党委副书记、镇长
左莉敏
党委副书记
范宏彬
张　磊
党委委员、人大主席
乔小伟
党委委员、纪检书记
冯彦兴
党委委员、副镇长
肖俊峰
副镇长　常国锋
高东亮
党委委员
郑　爽
党委委员、武装部部长
王润青

观音寺镇

党委书记
冯军辉
镇长、党委副书记
赵金聚
党委副书记
梁丽英
党委委员、人大主席
闫一凡
纪检书记
郑二和
党委委员、副镇长
马　奎
副镇长　王朝辉
郭军义
党委委员
魏艳林
毛宏耀
党委委员、武装部部长
刘艳娜

梨河镇

党委书记
陈同周
党委副书记、镇长
高智军
党委副书记
陈胜利
党委委员、人大主席
沈爱敏
党委委员、纪委书记
李俊峰
党委委员、副镇长
张申峰
副镇长　高毅翠
刘志敏
党委委员、武装部部长
王春发

和庄镇

党委常务副书记
唐永刚
镇长、党委副书记
马聪锋
党委委员、人大主席
李俊霞
党委委员、纪委书记
安孟典
党委委员、副镇长
乔永明
科技副镇长
李　萍
副镇长　张鹏伟
李淑红
党委委员、武装部部长
刘聚山
党委委员
王利衡

城东新区管理委员会

党总支书记、主任
李铁成
副主任　路旭兴
刘素娟
王向军

薛店镇

党委书记
安广涛
党委副书记、镇长
孙现峰
党委副书记
王志超
张海青
党委委员、人大主席

时利军
党委委员、纪检书记
李　立
党委委员、副镇长
朱河山
副镇长　左晓霞
朱光远
党委委员
吴建人
党委委员、武装部长
王国茂

孟庄镇

党委书记
赵东伟
党委副书记、镇长
刘志刚
党委副书记
张建国
党委委员、人大主席
张春旺
党委委员、纪检书记
朱利民
党委委员、副镇长
王　磊
副镇长　田　原
岳颖磊
刘建欣
党委委员
赵进锋
党委委员、人武部部长
唐军滢
党委委员
赵书欣

龙湖镇

党委常务副书记
马绍敏
党委副书记、镇长
白育峰
党委副书记
李午生
党委委员、人大主席
赵松彦
党委委员、纪检书记
吕旭卿
党委委员、副镇长
周广亮
副镇长　冯俊岭
危红亮
党委委员
王俊艳

郭店镇

党委书记
高红伟
党委副书记、镇长
马举增
党委副书记
王瑞杰
党委委员、人大主席
任国建
党委委员、纪检书记
陈勇刚
党委委员、副镇长
李文红
副镇长　刘永刚
常中鑫
夏春丽
党委委员
郭领伟
毛伟杰
党委委员、武装部部长
王焕利

新村镇

党委常务副书记
周伟杰
党委副书记、镇　长
岳明旺
党委副书记
张松涛
人大主席
毛新奇
纪检书记
肖睿敏
党委委员、副镇长
陈志刚
副镇长　赵　豪
左振宇
党委委员
赵文甫
党委委员、武装部部长
毛丽芳

城北医药化工园管理委员会

党总支书记、主任
李贵民
副主任　陈军峰
刘向民

黄帝故里景区管理委员会

主任、党工委副书记
张富永
党工委书记
董建山
副主任　郭伟斌
李俊鹏
胡凯军
秦汉伟

宣传接待科

科　长　路军军

办公室

主　任　赵锡铭

经营管理科

科　长　刘　涛

市具茨山国家级森林公园管理委员会

党委书记
薛智强
党委副书记、主任
郭伟酬
党委副书记、副主任
丁　毅
党委委员、纪检书记
寇首道
党委委员、副主任
孙惠勇
王广伟

郑州新郑教育园区管委会

党工委委员、副主任
张顺安
党工委委员、副主任
孙亚东
党工委委员、纪工委书记
靳大勇
党工委委员、副主任
杨春峰
马书强
党工委委员
赵东伟
高红伟
马绍敏
纪工委副书记
韩　洁

产业发展办公室

副主任　李　华
王东东

市政环保局

局　长　张凌云
副局长　刘彦召
赵　阳

规划建设局

局　长　冯成志
副局长　闫　涛

招商引资局

副局长　常洪涛
陶显峰

发展服务中心

副主任　孟晓微（主持工作）
沈振东
楚瑞华

新型城镇化建设指挥部

综合协调办公室

副主任　赵建中（副科级）

城中村改造办公室

常务副主任
李延峰
副主任　杨朝军（副科级）
郭　峰（副科级）

合村并城建设办公室

常务副主任
李春峰

新型农村社区建设办公室

副主任　张县伟（副科级）
杨伟杰（副科级）

新郑新区管委会

党工委委员、副主任
林俊伟
王秀业
党工委委员
仪　刚
周伟杰
岳明旺

产业发展办公室

主　任　杜伟忠

规划建设局

局　长　张建鸿

招商引资局

局　长　蔡现青

市政环保局

局　长　唐松军

发展服务中心

副主任　徐晓静
司天明

新港产业集聚区管委会

主任、党工委副书记
李俊鹏
党工委委员、副主任
乔建伟
周书明
连合群

规划建设局

局　长　贺忠献
副局长　赵永涛

产业办公室

副主任　朱黎娟

招商引资局

副局长　高　巍

市政环保局

副局长　马新杰

企业服务中心

主　任　张　瑜
副主任　李智瑾

煤炭循环经济产业园区管委会

党工委副书记、常务副主任
李军辉
党工委委员、副主任
马东亮
冯军辉
党工委委员
王　鹏
赵金聚
左莉敏

中原食品工业园区管委会

党工委副书记、常务副主任
安广涛
党工委委员、副主任
孙现峰
党工委委员
王志超

中共新郑市委

CPC XINZHENG MUNICIPAL COMMITTEE

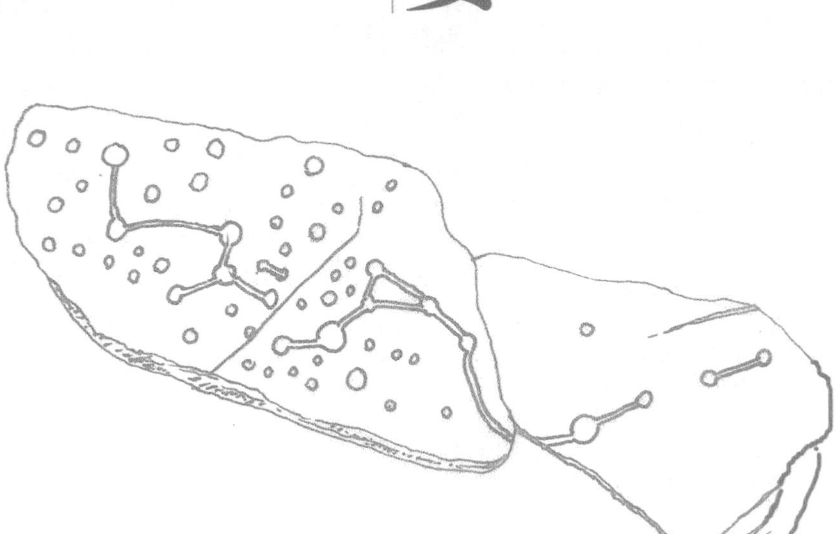

·中共新郑市委 >>>

CPC XINZHENG MUNICIPAL COMMITTEE

综　述

【概况】2017年，中共新郑市委全面学习贯彻党的十九大精神，深入贯彻习近平新时代中国特色社会主义思想和党中央治国理政新理念新思想新战略，按照“四个全面”战略布局，围绕河南省打好“四张牌”以及郑州市“四重点一稳定一保证”工作总格局，坚持抓好党建是最大政绩、推动发展是第一要务，谋思路、绘蓝图、促落实，团结带领全市人民务实重干、锐意进取，协调推进新型城镇化、产业发展、开放创新、生态建设等四项重点工作，全市经济社会发展和党的建设取得新的进展。2017年，全年完成地区生产总值737.5亿元，增长7.9%；地方公共财政预算收入68.39亿元，增长10.7%。全国中小城市综合实力百强县市排名晋升至第41位，全国县域经济基本竞争力百强县市排名晋升至第37位，县域经济发展质量评价连年稳居全省首位。

【落实上级决策部署】学习贯彻落实好十九大精神。党的十九大是在全面建成小康社会决胜阶段、中国特色社会主义进入新时代的关键时期召开的一次十分重要的大会。十九大召开之后，新郑市委把学习宣传贯彻十九大精神作为首要政治任务，及时研究出台《中共新郑市委关于认真学习宣传贯彻党的十九大精神的决定》，层层传达学习，广泛宣传动员，加强干部培训和宣讲工作。在此基础上，召开新郑市委五届五次全会，切实把党的十九大精神学习宣传贯彻过程转化为加强党的领导、凝聚合力的过程。

全力助推郑州国家中心城市建设。准确把握郑州建设国家中心城市带来的重大机遇和挑战，坚持把党的十九大精神，中央、省委和郑州市委工作部署与新郑实际相结合，确立了着力打造黄帝文化历史名城、现代临空产业新城、郑州南部生态绿城，加快建设国家中心城市次中心的总目标，进一步明晰了“四重点一稳定一保证”工作总格局，形成了新时期新郑工作的实践体系，推动新郑各项事业沿着正确的发展方向不断前进。

推动落实好上三级重大任务部署。围绕中央、省委、郑州市委中心工作，突出重点，抓住关键。扎实做好大气污染防治工作。建立完善联防联治、区域防控机制，加强大气环境质量监测考核，切实形成了大气污染防治攻坚的高压态势，大气污染防治工作取得明显成效，全市主要指标实现“两降一增”，PM2.5、PM10同比下降，优良天数达到233天。坚持推进脱贫攻坚工作。坚持以“N+2”帮扶计划为重要抓手，精准扶贫、精准脱贫，全年共计投入扶贫资金8680余万元。实施扶贫开发项目29个，专项资金投入5651万元，实现脱贫33人，完成年度目标任务100%。稳步推进城市建设提质工程。统筹推进老城新区、地上地下、基础设施与公共服务等协同发展，共谋划实施项目300个，总投资额1657.6亿元，目前已完成项目99个，在建项目201个，累计完成投资421.6亿元，城市功能不断完善，城市建设提质增效。

【强化理论学习】扎实开展中心组理论学习。把思想建党摆在突出位置，以“两学一做”学习教育常态化制度化建设为抓手，强化理论武装，夯实思想基础。2017年共集中学习13次10天，重点学习了党的十九大精神、“党委（党组）讨论决定干部任免事项守则”、习近平总书记7.26重要讲话精神、《习近平谈治国理政》第二卷等内容，突出学习了全面从严治党、改善和保障民生、精准脱贫、大气污染防治等内容。通过市委理论中心组集中系统学习、个人自学和集中研讨，理论中心组成员的综合素质、政治理论水平和思想道德素养得到了全面提高，有力地推动了全市各项工作的开展。

创新学习载体。依托“黄帝故里·发展论坛”举办“万名党员进党校，锤炼党性铸忠诚”培训班14期，通过集中辅导授课、分组交流讨论、撰写个人心得体会等方式，活化学习教育形式，为市委、市政府各项中心工作的顺利开展做好了思想准备，取得了良好的培训效果。

引领意识形态。严格落实上级关于意识形态工作责任制要求，把意识形态工作情况作为党的建设和政权建设的重要内容，纳入重要议事日程，纳入领导班子、领导干部目标管理。坚持将引领意识形态工作与经济建设、政治建设、文化建设、社会建设、生态文明建设和党的建设工作紧密结合。坚持定期分析研判意识形态领域形势，对重大舆情、重点情况、重要社情民意中的倾向性、苗头性问题，有针对性地提出指导意见，及时做出安排。同时，积极做好保密工作，确保国家秘密安全。

加强精神文明建设。以培育和践行社会主义核心价值观为主线，出台文明城市创建三年行动计划，成立市委省级文明城市创建领导小组及办公室，大力推进省级文明城市创建工作纵深开展。以实施乡村振兴战略为统筹，以“榜样力量”“楷模示范”“最美人物”等评选表彰活动为抓手，大力培育和倡树农村文明新风，成功创建国家级文明镇1个、文明村1个，省级文明镇3个、文明村2个。

【新型城镇化建设】 围绕国家新型城镇化综合试点建设工作，按照“以建为主、提升品质、扩大成效”的要求，扎实推进城乡一体化发展。新区老城同步建设。坚持新区建设与老城更新同安排同部署同实施，既注重新城区开发拓展，又注重老城区改造配套。围绕新城区品质提升，高品质、高标准编制了城市规划，崇文路中学、华信体育馆等基础设施建成投用；围绕老城区有机更新，大力实施城区南部、双洎河两岸、黄帝故里周边棚户区改造和安置房建设，整治老旧小区12个、背街小巷16条、农贸市场3个，新建停车场9个。城市农村同步发展。在推进城市基础设施建设的同时，不断加快安置房建设，健全农村基础设施投入长效机制，促进城乡公共资源均衡配置，推动城镇基础设施、公共服务向农村延伸，着力提高新型城镇化建设水平，全年共完成各类村庄拆迁19个、63.5万平方米，启动安置区建设69个、77.6万平方米，回迁群众9000多户、3.6万余人，新型城镇化率达65%。地上地下同步推进。坚持地上工程建设与地下空间开发统筹实施，科学规划综合管廊、铺设地下管网，不断完善路网体系，建成轩辕路、迎宾路新建改造工程等14个项目，新建扩建3座污水处理厂，集中改造城区6条道路雨污分流管网，城市功能逐步完善，城市承载力不断提升。

【现代产业发展】 以供给侧结构性改革为主线，以提高供给体系质量为主攻方向，构建特色鲜明、布局合理、结构优化、竞争力强的现代产业体系，三次产业结构优化为2.7：51.8：45.5。农业发展稳步推进。着眼“三农”问题，大力实施乡村振兴战略。全年新培育发展农业龙头企业4家，出口创汇3.2亿元，争取上三级项目资金1.6亿元。工业发展再创新高。以振兴实体经济为目标，大力实施优势产品品牌化、优势企业产业化、优势产业基地化“三优三化”战略。全年新开工泰德能源等21个项目，续建润弘制药等16个项目，竣工投产达利有机豆奶等11个项目，申报新入规上工业企业40家，完成规模以上工业增加值260.35亿元，增长7.7%。服务业发展势头迅猛。大力发展高端商贸物流、电子商务服务等新兴业态，带动现代服务业整体提升。华南城、华商汇等企业入驻商户2万余家，营业面积突破230万平方米。全年完成现代服务业增加值332.6亿元，增长8.4%。

2017.8.2市委书记刘建武调研农村产业化发展情况

【开放创新】坚持走向国际、走向沿海、融入郑港，准确把握全球经济一体化的发展趋势，全面参与“一带一路”等全国乃至全球经济战略合作，对标国家战略，加大招商引资力度，建立优质的政企关系。强化招商选资。通过产业招商、园区招商、以商招商，新签约华夏幸福产业新城、乾德电子、传化物流、民生电商等21个项目，签约金额526亿元，招商引资到位资金215亿元，引进域外资金121亿元，实际利用外资2亿美元。推动“双创”工作。出台了加快创新创业综合体建设等一系列优惠政策，设立每年5000万元创新创业专项基金，从创新创业载体建设、科技创新平台建设及财政金融支持等方面，对创新创业、科技创新工作进行有力支持。全年共建设创新创业综合体、众创空间、科技企业孵化器17家，签约入驻创新创业企业团队483家，已孵化项目297个。破解发展瓶颈。积极拓宽市场化融资渠道，与省投资集团合作成立新郑城发公司，将交通、市政、生态水系、教育、新型城镇化等五大类政府投资项目打包，多渠道引入社会资本开展PPP项目合作，为城市建设提质提供强大资金支持，累计完成融资110亿元。

【生态保护】坚持“大生态、大环保、大格局、大统筹”的工作部署，持续完善森林、湿地、流域、农田、城市五大生态体系。夯实生态基础。成立了生态环境建设工作领导小组，统筹推进全市生态文明建设工作，建立了“行为有规范、办事有章程、处理有依据”的长效机制，形成了“全民参与、共建共享”的城市生态建设新格局。推进生态建设。大力实施碧水工程，全面落实“河长制”，持续推进水污染防治、水环境治理工作，开工建设双洎河综合治理、双龙坝示范段，强力推进农村污水集中处理PPP项目，市域水系水质得到明显改善；完成林业建设1400余公顷，全市森林覆盖率达到30.4%。解决突出问题。加大执法监管力度，从严查处环境违法行为，督促工业企业改进治污设施，提高治污效能，排查发现的775家“散乱污”企业已全部整改到位，整改完成各级交办和自查问题1700余件，有力促进了经济、社会和环境的协调发展。

【民生改善】做好“民生十件实事”，全年用于民生领域的财政支出达72亿元，增长15.9%。完善城乡医疗保险制度。建立统一的城乡居民基本医疗保险制度，推进新农合和城镇居民医保整合为城乡居民基本医疗保险，参保居民达到60.7万人，参保率达到99%以上。加大教育领域的资金投入。继续完善12年免费教育，新修、改扩建中小学、幼儿园18所，就学难、大班额问题得到进一步缓解。提升全市综合医疗服务能力和水平。市公立人民医院投入试运营，启动市公立中医院建设，全面开展全国健康促进县创建工作，不断提升公共卫生服务水平和质量，城乡居民健康档案建档率达96%，成功创建国家慢性病综合防控示范区。持续做好信访稳定工作。始终把群众信访作为听民声、察民情、解民忧的重要渠道之一，从群众身边事着手，以化解群众矛盾为抓手，着力加强“阳光信访”“责任信访”“法治信访”建设，圆满实现了十九大期间赴京“零”上访目标。全年共接待受理群众信访事项3000余批1.3万余人次。“平安新郑”建设取得重大突破。以不断提升群众幸福感、安全感和获得感为目标，全面整合综治、信访、司法等调解力量，认真开展“十个一”工作，“平安新郑”建设工作取得历史性重大突破，连续三届被评为全国平安建设先进县市，荣获全国综治最高奖“长安杯”。

【从严治党】切实履行党委主体责任。按照党要管党、从严治党的要求，共召开23次市委常委会研究部署全面从严治党各项工作，组织成立了全面从严治党工作领导小组。制定了主体责任“两个清单”，建立了“三个六”标准，健全了“四套制度”，将全市108个市委直属党组织纳入了主体责任监督纪实管理平台和“三色灯”动态监管反馈平台，积极推进乡镇（街道、管委会）和市直部门负责人向市委常委会进行述责述廉，切实将主体责任压实压牢。强化督查监管，持续开展专项检查、跟踪督办，不定期开展“回头看”行动，实现了落实全面从严治党主体责任监督从“一时严”向“常态严”的转变。

加强基层党组织建设。以开展“基层党建规范年”活动为契机，构建市委常委会抓党建工作运行机制，压实抓基层党建责任，建立健全三级党建述职考核评议承诺制度，有力推动了全面从严治党向基层延伸。先后出台了《新郑基层党建工作记实规范“十个一”》等相关文件，进一步完善基层党建制度体系。积极推进农村后备村干部队伍建设“千人计划”，经严格考核、认真筛选，共择优确定农村后备村干部1386人。按照“一村一策”原则，转化提升软弱涣散村23个，按照“五个清”要求，建立非公企业和社会组织党组织33个，派驻党建指导员180人，培训1300余人次。扎实开展“逐村观摩、整乡推进、全市提升”活动，打造党建电子沙盘，围绕“互联网+党建”模式，将全市1265个党组织、3.4万余名党员全部纳入系统。深入开展组织联村促党建、企业联村促脱贫“双联双助”活动，从优选择56个市直机关党支部、137家发展势头好、综合实力强的社会爱心企业与35个贫困村和23个软弱涣散村签订帮扶协议书，开展联建帮扶工作，计划投资5.23亿元，已完成投资1.9亿元，全市建立集体经济村级组织达到56%。积极落实党建经费和村干部待遇相关政策，进一步激发了村干部干事创业的热情，有力保障了基层党组织工作顺利开展。

加强干部队伍建设。按照干部教育培训计划，组织了市、乡两级培训360余期，培训干部5万余人次。积极做好干部抽调和挂职锻炼工作，先后为拜祖大典、脱贫攻坚、大气污染防治、散乱污集中整治等中心工作抽调干部16批1176人次，有力保障了重点工作的开展。严格干部监督管理，认真落实领导干部个人有关事项报告制度，完成52名县处级干部、1314名科级干部填报任务，应报尽报率100%。积极对接“智汇郑州”人才工程，大力实施“五彩”人才计划，建立新郑市人才引进制度体系，加大人才引进力度，全市共有14人入选“智汇郑州·1125聚才计划”。

严格落实民主集中制。坚持“集体领导、民主集中、个别酝酿、集体决定”的原则，坚持问政于民、问需于民、问计于民，认真研究大气污染防治、水污染治理、精准扶贫等事关民生福祉的问题，广泛征求各方意见、反复研究论证，实现了决策科学民主，有力地推动了新郑市经济社会持续健康发展。

加强党风廉政建设。切实履行“一岗双责”，严格遵守中央八项规定、《廉洁自律准则》《党内监督条例》等规章制度，严格执行领导干部个人有关事项报告、述责述廉、廉政谈话和离任审计等制度，推动监督执纪“四种形态”成为工作常态。深入开展“小金库”排查治理工作，共发现问题58个，党政纪处理4人，诫勉谈话4人。加强对“三超两乱”问题的整改，截至目前，公务员、参公单位涉及“三超两乱”问题的干部已经全部消化到位，共涉及33个单位，127名科级干部。充分发挥巡视“利剑”作用，对24个单位巡察累计发现问题235个，提出整改建议67条，给予党政纪处分4人。大力开展反腐倡廉工作，在郑州市委的坚强领导下，通过开展以案促改工作，对照王保军、貊海森等违纪违法案件，以案促教、以案促改、以案促建，教育引导全市党员干部进一步增强廉洁自律意识，全年共党政纪处理130人。深化纪检监察体制改革，实行集中统一管理，配齐配强人员，实现对党和国家机关纪检监察派驻机构全覆盖，党风廉政建设和反腐败基础工作得到切实加强。

（撰稿：刘宗霞　审阅：司中强）

重要会议

【中共新郑市第五届委员会第三次全体会议】 1月17日　中共新郑市第五届委员会召开第三次全体会议。市委常委刘建武、马志峰、徐卫东、苗瑞光、黄卫东、赵建武、王智明、秦洪源出席会议。会议主要任务是深入贯彻落实十八届六中全会、省委十届二次全会和郑州市委十一届二次全会精神，听取市委常委会工作报告，审议《市委关于实施全面从严治党八项工程的意见（讨论稿）》《市委五届三次全体会议决议（草案）》，对全面从严治党、加强党的建设进行安排部署，为建设现代田园临空经济强市提供坚强的政治组织保证。市委书记刘建武主持会议，并代表市委常委会作工作报告。报告指出，2016年来，市委常委会统筹协调，主要做了六个方面工作：一是增强“四个意识”，坚定不移地同以习近平同志为核心的党中央保持高度一致；二是狠抓关键环节，推动经济社会平稳健康发展。一年来，市委常委会将稳增长、保态势作为经济工作的首要任务，突出重点、综合施策，不断推动各项工作取得新成效，保持了经济社会健康快速发展的良好态势。全年预计完成地区生产总值629亿元，增长9%；地方公共财政预算收入65.3亿元，增长17.7%，其中，税收收入44.1亿元，增长19.6%；固定资产投资570.8亿元，增长20.6%。全国中小城市综合实力百强县市排名晋升至43位，全国县域经济基本竞争力百强县市排名跃升至49位，全国财政收入百强县市排名晋升至43位。三是深化改革、开放创新，不断增强发展动力和活力。一年来，市委常委会坚定不移全面深化改革，深入实施开放创新双驱动战略，着力培育体制机制新优势，拓展开放发展新空间。四是坚持统筹协调发展，推动各项工作落实。一年来，市委常委会统筹经济建设和社会发展的关系，充分利用有利条件，发挥自身优势，加大对生态保护、民生改善等社会事业的投入，积极应对发展面临的诸多挑战，开创了各项社会事业发展的新局面。五是强化基层民主法治，维护社会和谐稳定。市委常委会坚持党的领导、人民当家做主和依法治理的有机统一，积极支持市人大及其常委会依法履行职能、坚持和完善中国共产党领导的多党合作和政治协商制度，切实加强与各民主党派、工商联和无党派人士的团结合作，巩固发展最广泛的爱国统一战线，不断加强和创新社会治理，开创了民主团结、生动活泼、安定和谐的政治局面。六是突出全面从严治党，着力提升党建水平。市委常委会认真贯彻落实上三级关于全面从严治党的安排部署，不断坚定理想信念、加强基层党组织建设、加强干部队伍建设、加强换届监督检查、加强党风廉政建设，树牢群众观点，转变工作作风，全面提升了党建科学化水平。

【市委经济工作会议】 1月17—18日，市委召开经济工作会议，市领导刘建武、马志峰、王效光、王俊杰、马国亮、徐卫东、苗瑞光、赵建武、王智明、秦洪源、李志强出席。市委

市委中心组理论学习

副书记、市长马志峰作《抢抓机遇勇作为 砥砺奋进谋跨越 为加快建设现代田园临空经济强市而努力奋斗》讲话，讲话指出：一要突出品质提升，着力扩大城镇化建设成效。二要突出产业培育，着力增强现代产业竞争力。三要突出开放创新，着力增添经济发展新动能。四要突出绿色发展，着力打造宜居生态环境。五要突出效能提升，着力深化各项改革。六要突出要素保障，着力提升服务发展能力。七要突出民生改善，着力提升群众生活质量。市委书记刘建武作《立足新起点 抢抓新机遇 为建设现代田园临空经济强市而努力奋斗》讲话，强调：一要实事求是、科学研判，准确把握现代田园临空经济强市建设新使命。二要提振精神、锐意进取，推动现代田园临空经济强市建设新发展。要突出优势产业培育，加快构建现代产业体系。突出城乡统筹发展，加快推进新型城镇化建设。突出创新体系构建，加快推动开放创新驱动发展。突出生态环境建设，加快推进城市发展新优势。三要真抓实干、强力攻坚，为现代临空经济强市建设提供坚强保障。加强组织领导，凝聚各方合力。提升综合本领，服务发展大局。锤炼优良作风，强力攻坚克难。强化督查考核，狠抓工作落实。

【四大班子老领导工作通报会】 1月19日，新郑市召开四大班子老领导工作通报会。市领导刘建武、马志峰、王效光、黄卫东出席会议。市委副书记、市长马志峰向各位老领导通报2016年全市经济社会发展情况和2017年工作打算。市委书记刘建武强调，成绩的取得凝聚着老领导、老干部的心血和汗水，新郑未来的发展，离不开各位老领导的关心和支持。市委、市政府将更加重视老干部工作，让广大老干部更好地共享改革发展成果。同时，也希望老干部们一如既往地关心支持我市的工作，继续发挥自身优势，多提宝贵意见和建议，推动我市各项工作做得更扎实、更有效，以实际行动加快现代田园临空经济强市建设。

【生态建设动员大会】 2月8日，新郑市召开生态建设动员大会。市领导刘建武、马志峰、王效光、王俊杰、马国亮、徐卫东、苗瑞光、赵建武、秦洪源、关民安、乔琳、张富永等参加，会议由市委书记刘建武主持。会议传达郑州市生态建设动员大会会议精神，对全市生态建设工作进行安排部署。2016年新郑市将以生态廊道、森林公园和遗址文化公园建设为重点，统筹推进6大类15个森林生态系统项目建设，全年新增造林面积1333.33公顷；将继续以水源补给调配、水污染治理、水景观建设为重点，实施16个湿地、流域生态系统项目，强力推进水生态文明建设；全力做好加快农业结构调整、畜禽生态养殖综合治理、农村人居环境综合治理、土壤面源污染综合治理、以零容忍态度全面禁烧等重点工作。

【2017年重点项目建设动员会】 2月10日，新郑市召开2017年重点项目建设动员会，并举行第一批32个重点项目集中开工启动仪式。市领导刘建武、马志峰、王效光、马国亮、王智明、秦洪源等出席。市委书记刘建武宣布2017年第一批重大项目开工并强调：一是要把握形势、抢抓机遇，充分认识项目建设的重要意义。二是要创新举措、率先突破，努力开创项目建设工作新局面。三是要加强领导、强化保障，确保项目建设真正取得实效。

【2017年环境污染防治攻坚战动员部署会】 2月17日，新郑市召开2017年环境污染防治攻坚战动员部署大会。市领导刘建武、马志峰、王俊杰、马国亮、苗瑞光、关民安、乔琳、张富永、李猛出席会议。会议传达贯彻郑州市有关会议精神，总结2016年全市环境污染防治工作，分析存在问题和当前形势，安排部署2017年大气污染、水污染等环境污染防治攻坚战具体目标任务。到2017年底，大气污染防治攻坚战目标：PM10年均浓度不高于116微克/立方米，PM2.5年均浓度不高于61微克/立方米，城区优良天气达到219天以上。水污染防治攻坚战目标：市出境断面达到目标要求，城市建成区范围内基本消除黑臭水体，全市集中式饮用水水源地水质

达标率达到98%以上，地下水质量考核点位水质级别保持稳定。各责任目标考核单位向市委书记刘建武递交目标责任书；龙湖镇、住建规划局、河南省新郑煤电有限公司负责人作表态发言。

【2016年度总结表彰暨丁酉年黄帝故里拜祖大典加压促阵会】 3月10日，新郑市召开2016年度总结表彰暨丁酉年黄帝故里拜祖大典加压促阵会。市四大班子领导刘建武、马志峰、王效光、王俊杰、马国亮、徐卫东、苗瑞光、黄卫东、秦洪源、李志强等出席会议。会议对2016年度绩效考核、黄帝故里拜祖大典工作作出突出贡献的先进集体、先进个人和优秀企业家进行表彰。市委副书记、市长马志峰对2016年工作进行总结，对近期重点工作做出具体安排部署。

【新郑市第五届人民代表大会第一次会议】 3月13—15日，新郑市第五届人民代表大会第一次会议在炎黄文化艺术中心召开。市领导刘建武、王俊杰、马志峰、王效光、马国亮、李志强、王军生、孙阔、彭德成、郭明熙、王金灿、左建新、杨流、王海亮等出席会议。会议应出席代表227人，实到代表219人，符合法定人数。市委副书记、市长马志峰作《政府工作报告》。报告共分四个部分：一是本届政府工作回顾；二是新一届政府的指导思想、奋斗目标和工作重点；三是2017年政府工作的主要任务；四是全面加强政府自身建设。市人大常委会主任王俊杰向大会作市人大常委会工作报告。大会以无记名投票方式，选举产生新郑市五届人大常委会主任、副主任、委员，市人民政府市长、副市长；市人民法院院长、市人民检察院检察长；选举产生航空港实验区出席郑州市第十四届人民代表大会代表。会议最终表决通过了政府、计划，财政、人大、“法检”两院六个工作报告决议及“十三五”规划纲要决议，宣读了大会选举公告和出席郑州市第十四届人民代表大会代表选举结果报告。最后，市委书记刘建武强调：人大常委会和人大代表要始终把维护和发展全市人民的根本利益作为一切工作的出发点和落脚点，在尊民意、集民智上做文章；在解民忧、推民富上下功夫；在保民安、促民和上求突破；让改革发展成果更多更公平地惠及广大人民群众。市委及各级党组织一如既往地重视人大工作，支持和保证人大及其常委会依法行使职权、开展工作。全市各级各部门要高度重视人大代表的意见建议，进一步规范和简化代表建议办理工作流程，做到件件有反馈、事事有回音。市人大及其常委会要进一步增强工作的责任感和使命感，依法履职、发挥作用，不断提高服务发展、履行职能、促进和谐的能力和水平。

【创建省级文明城市动员大会】 3月22日，新郑市召开创建省级文明城市动员大会。市领导刘建武、马志峰、王效光、李志强、苗瑞光、秦洪源、乔琳等出席会议。市委副书记王效光主持会议。市委副书记、市长马志峰对创建省级文明城市进行全面安排部署。龙湖镇、新华办、城管执法局分别作表态发言。根据计划要求，新郑市将启动三年创建行动计划，即：2017年打基础，2018年上台阶，2019年实现成功创建。确保2019年进入河南省文明城市行列。会议还对27个创建省级文明城市提名城市工作先进单位和24户“文明家庭”、68户“十星级文明户”进行了表彰。

【第十一届黄帝文化国际论坛】 3月28—29日，第十一届黄帝文化国际论坛在新郑西亚斯国际学院举行。本届论坛由中华炎黄文化研究会、中国先秦史学会、中华黄帝故里建设促进会、郑州市人民政府、政协郑州市委员会主办；新郑市人民政府、河南省黄帝故里文化研究会承办，央视著名策划人、诗词作家朱海担任总策划，央视著名主持人张泽群担纲主持。论坛主题为“一带一路”与文明互鉴。

【丁酉年黄帝故里拜祖大典在新郑市隆重举行】 3月30日，丁酉年黄帝故里拜祖大典在新郑市黄帝故里景区隆重举行。全国政协副主席、民建中央第一副主席马培华，十届全国人大常委会副委员长、中华炎黄文化研究会会长许嘉璐；中国国民党副主席陈镇湘，两岸和平发展论坛召集人、劳动党主席吴荣元；民革、民盟、民建、民进、农工党、致公党等民主党派和全国工商联及省、郑州市领导谢伏瞻、陈润儿、叶冬松、马懿、程志明、白红战、王璋和新郑市领导刘建武、马志峰与海内外嘉宾一起参加拜祖大典仪式。大典由中华全国台湾同胞联谊会党组书记、副会长苏辉主持。政协河南省委员会主席叶冬松致欢迎词。十届全国人大常委会副委员长、中华炎黄文化研究会会长许嘉璐恭读拜祖文。

【新郑市总工会二届四次全委（扩大）会议】 4月18日，市总工会召开二届四次全委（扩大）会议。市委副书记王效光出席会议并讲话。会议强调，2017年，市总工会将持续加强职工队伍思想政治引领，以推进工会全面改革为引领，汇聚职工力量，积极投身社会经济发展，着力维护职工合法权益，构建职工普惠服务新格局，加强工会基层组织建设，推动工会自身改革创新，努力开创工会工作新局面，当好全市工会的排头兵。市委副书记王效光强调，要强化思想教育，把握政治方向；要围绕中心工作，积极建功立业；要维护职工利益，构建和谐关系；要加强自身建设，激发工会活力。要在市委和上级工会组织的正确领导下，坚持贴近中心促发展，贴近职工办实事，贴近基层强服务，乘势而为、迎难而上，锐意进取、开拓创新。

【脱贫攻坚推进大会】 5月3日，新郑市召开脱贫攻坚推进大会。市领导刘建武、马志峰、王效光、李志强、徐卫东、赵建武等参加会议。市委副书记王效光主持会议。会议传达贯彻省、郑州市脱贫攻坚工作推进会议精神，回顾总结新郑市扶贫工作，安排部署下一步全市扶贫工作。会议宣读《关于成立新郑市脱贫攻坚督查巡查组的通知》和《关于进一步增强定点扶贫帮扶工作队力量的通知》。刘建武就下一步工作提出要求：各单位各部门要切实做到讲政治、顾大局、讲党性、造民生；各乡镇、街道（管委会）要对辖区内人口逐户、逐人进行排查摸底；措施要再精准，各级扶贫干部，尤其是驻村干部、帮扶责任人要以真正解决贫困群众实际生产生活问题为出发点，研究制定具体的帮扶措施；作风要再转变，对督查巡查出的问题限期整改，整改不力要进行问责，坚决打赢脱贫攻坚战。

【大气污染防治攻坚战推进会议】 5月9日，新郑市召开大气污染防治攻坚战推进会。市领导刘建武、马志峰、王效光、李志强、苗瑞光、郭明熙、关民安、张富永参加会议。市委书记刘建武强调：各级各部门要清醒认识，大气污染防治工作是必须完成的任务，没有讨价还价的余地。责任要明确，措施再强化，要梳理突出问题，制定专项方案，下大力气对扬尘治理开展专项整治。要持续加大督查、暗访、通报力度，确保如期完成各项目标任务，全力打好大气污染防治攻坚战。

【环境污染防治攻坚工作推进会】 5月28日，新郑市召开环境污染防治攻坚工作推进会。省攻坚办第二督导组负责人、省环保厅人事处处长马书勇出席会议。市领导刘建武、马志峰、王效光、苗瑞光、黄卫东、赵建武、王智明、秦洪源等参加会议。会上，市环保、住建、交运、公安、城管执法、龙湖镇、新华路街道办等单位负责人作了表态发言。会议通报了本市大气污染防治典型问题责任追究情况、对扬尘污染其违法企业处罚情况和今年以来环境污染防治工作形势，并安排部署下一阶段重点工作。市委书记刘建武、市长马志峰针对新郑市环境污染防治攻坚工作分别提出要求：要认识再提升、责任再强化、措施再加强、督导再严格，以更大的力度、更硬的措施、更严的问责，坚定不移打好打赢环境污染防治攻坚战，推进全市空气质量和生态环境持续得到改善。

12月4日晚，新郑市委书记刘建武看望郑新路执勤卡点工作人员，带领相关部门负责人夜查大气污染防治工作

【脱贫攻坚加压推进会】 6月8日，新郑市召开脱贫攻坚加压推进会。市领导刘建武、马志峰、李志强、徐卫东、苗瑞光、秦洪源等出席。会议通报省督查巡查组对新郑市脱贫攻坚工作督查巡查的反馈意见，宣读对相关单位和个人责任追究的通报，安排部署全市脱贫攻坚各项工作，相关乡镇（街道、管委会）、市直单位负责人在会上作表态发言。市委书记刘建武，市委副书记、市长马志峰分别对脱贫攻坚工作提出要求：脱贫攻坚工作时间紧迫、任务艰巨，各级各部门要正视问题、自我加压，继续规范完善档卡填写工作，建立好扶贫干部与群众的关系，把扶贫政策落实到每家每户，做到不做虚功、不走过场、不图形式。县级以上干部要去一线督导督查，乡镇（街道、管委会）、市直单位一把手要尽责尽力，各扶贫工作组要履行好各自责任，全力打赢脱贫攻坚战。

【脱贫攻坚工作推进会】 6月24日，新郑市召开脱贫攻坚工作推进会。市领导刘建武、马志峰、王效光、王俊杰、徐卫东、赵建武、王智明、秦洪源、林俊伟等出席。会议通报省检查组检查荥阳市反馈问题的情况；宣读扶贫工作中表现突出先进个人的表彰决定和个别脱贫工作开展不利的单位和个人的处罚决定。观音寺镇、市场发展服务中心针对前一阶段在扶贫工作中出现的问题做检查发言。

【全市脱贫攻坚推进会】 7月10日，

新郑市召开全市脱贫攻坚推进会。市领导刘建武、马志峰、王效光、王俊杰、李志强、苗瑞光、黄卫东、王智明、秦洪源、林俊伟等出席。会议传达学习全省脱贫攻坚第四次推进会议精神，通报省脱贫攻坚核查评估组和第三方评估组对新郑市检查情况。并对下步工作进行再加压、再部署。

【新郑市启动党建与脱贫工作“双联双助”活动】 7月27日，新郑市召开7月份党建示范点观摩讲评暨“双联双助”活动动员会。市领导刘建武、王效光、黄卫东等参加。市委副书记王效光主持会议。市委书记刘建武就进一步做好“双联双助”工作强调：一要提高认识、统一思想，激发活动开展自觉性。发动优秀机关支部和社会企业，以结对子帮扶的形式，大力发展农村集体经济，积极实施产业扶贫，着力在全市凝聚起加快推进全面建成小康社会的强大合力。二要立足实际、突出重点，增强活动开展针对性。全市上下要严格制度建强组织，搭建平台强村富民，长短结合标本兼治，以产业支撑带动贫困户稳定增收，真正帮助群众拔掉“穷根”。三要加强领导，夯实责任，确保活动开展实效性。各级各部门要进一步强化担当、压实责任，建立清单明晰责任，述职考评传导压力，考核追责树立导向，切实把“双联双助”活动开展好。

【2017年上半年四大班子老领导工作通报会】 8月3日，新郑市召开2017年上半年四大班子老领导工作通报会，通报上半年全市经济社会发展情况。市领导马志峰、王效光、黄卫东、王智明与原四大班子老领导畅谈新郑各项事业发展，共商发展大计。市委副书记王效光主持会议。市委常委、常务副市长王智明通报了上半年全市经济社会发展情况。市委副书记、市长马志峰分别代表市委、市政府就进一步强化老干部工作、为老干部发挥正能量搭建平台等进行表态发言。老领导们充分肯定市委市政府的工作。同时也对目前经济发展中所遇到的困难发表自己的看法，并一致表示，要大力支持市委市政府的工作，为新郑的建设出谋划策，发挥余热。

【市委中心组举行理论学习会议】 8月15日，市委中心组举行集中学习会议，传达学习习近平总书记在省部级主要领导干部“学习习近平总书记重要讲话精神，迎接党的十九大”专题研讨班上的重要讲话精神。传达学习郑州市委十一届四次全会精神、《省委组织部关于对部分省辖市换届人选个人有关事项报告重点查核情况的通报》和全省百城建设提质工程工作推进会精神。市委书记刘建武主持会议并讲话。马志峰、王效光、王俊杰、李志强等市委中心组成员参加会议。刘建武指出，全市上下要切实把思想和行动统一到习近平总书记“7·26”重要讲话精神上来，把贯彻习近平总书记重要讲话精神与不折不扣落实中央、省委和郑州市委各项决策部署结合起来，认真学习党的十八届六中全会精神、省委十届三次全会精神以及郑州市委十一届四次全会精神，积极将学习成果转化为强大精神动力和实际工作成效，要在产业谋划、培育上下真功夫、下大力气，加大对战略性新兴产业的扶持力度，不断优化产业结构；要围绕百城建设提质工程，加大基础设施投入，进一步加强与郑州市区和航空港实验区在路网、水网、电网、管网等基础设施上的互联互通，不断提升城市的城市形象和承载力；要充分发挥人才在推动创新发展中的主导作用，通过发展实力强、潜力大、前景好的产业，筑巢引凤、招引人才；要在解放思想、创新思路的基础上，进一步加大体制机制创新力度，持续为经济社会发展注入新的活力，以优异的成绩迎接党的十九大胜利召开。

【市委五届四次全体（扩大）会议】 8月25日，市委五届四次全体（扩大）会议举行。市委领导刘建武、马志峰、王效光、徐卫东、苗瑞光、赵建武、王智明、秦洪源出席会议。全会由市委常委会主持。市委书记刘建武围绕贯彻落实郑州市委十一届四次全体（扩大）会议精神，加快推进现代田园临空经济强市建设作动员讲话；市委副书记、市长马志峰对全市上半年工作进行总结回顾，对下半年

迎十九大新郑经济社会发展成就展

工作任务进行安排部署。会议要求，今后一段时期，全市上下要站在郑州建设国家中心城市的高度，围绕建设国家中心城市次中心，齐心协力、奋力拼搏，克难攻坚、强力推进，扎实做好六个方面工作：一是注重优化结构，把产业发展抓得更快，要围绕郑州产业发展的重点、重心，努力推动我市产业结构调整和优化升级；二是注重提升品质，把新型城镇化抓得更好。围绕“以水润城、以绿荫城、以文化城、以业兴城”，深入研究分析我市自身优势、特点，切实加强城市建设，完善城市功能，不断提升新型城镇化的质量和水平、内涵与品位；三是注重增强后劲，把开放创新抓得更活，使其贯穿我市经济发展的各项工作、各个领域；四是注重绿色发展，把生态环保抓的更严，实现生态环境持续好转；五是注重和谐幸福，把平安建设抓得更稳，创造更加安定和谐的社会环境；六是注重普惠共享，把民生事业抓得更实，让群众在共享发展中有更多的获得感、幸福感。

【秋冬季大气污染综合治理攻坚行动动员会】 9月4日，新郑市召开2017—2018年秋冬季大气污染综合治理攻坚行动动员会。市领导刘建武、马志峰、王俊杰、徐卫东、苗瑞光、黄卫东、赵建武、王智明、秦洪源等出席会议。会议宣读《新郑市2017—2018年秋冬季大气污染综合治理攻坚行动工作方案（征求意见稿）》。环保局、公安局、龙湖镇等单位负责人围绕做好大气污染防治工作作表态发言。市长马志峰就如何做好秋冬季大气污染综合治理工作强调，各级各部门一定要牢固树立生态红线意识、环境安全观念，全力以赴打好秋冬季大气污染防治攻坚战，努力建设天蓝、地绿、水清的美丽新郑。市委书记刘建武对做好秋冬季大气污染综合治理攻坚行动进行再部署、再加压，他表示，新郑市各级各部门认识要再提升，要把大气污染综合治理工作作为一个重要的政治任务来抓，坚决打赢这场攻坚战；责任要再压实，把责任层层分解、压实，任务细化量化，具体到人，形成一级抓一级、逐级抓落实的工作格局；问责要再严厉，要建立健全符合新郑市实际的问责机制，持续加大督查、暗访、通报力度，对问题集中、整改缓慢、大气污染综合防治不作为、慢作为，甚至失职失责等问题相关责任人实施问责。

狙击道路扬尘

【坚持标本兼治推进以案促改工作动员暨廉洁双节谈话会】 9月15日，新郑市召开坚持标本兼治推进以案促改工作动员暨廉洁“双节”谈话会。市领导刘建武、马志峰、李志强、徐卫东、黄卫东、王智明、秦洪源、张慧娴等参加会议。会议由市委常委、纪委书记徐卫东主持。与会人员观看警示教育片《张子建的“错味”人生》。市委副书记、市长马志峰宣读《关于坚持标本兼治推进以案促改工作的实施方案》。《方案》要求，各级党组织要根据《典型案例》中的违纪违法现象，深入开展对照典型案例“十自查”，自查党性观念强不强、政治理论学习深不深、组织纪律守没守、“四风”问题改没改、廉洁自律标准高不高、财经纪律违没违、以权谋私有没有、群众纪律犯没犯、工作纪律严不严、生活作风正不正。各级党组织要通过召开一次专题动员会、开展一次廉政谈话活动、召开一次专题民主生活会、组织一次警示教育集中参观学习活动、开展一次领导干部廉情家访活动、手写一篇心得体会、开展一次十八大以来专项资金集中抽查检查活动、开展一次讲廉政党课活动、签订一份廉政承诺书、开展一次廉政风险防控示范单位创建活动，确保活动取得扎实成效。刘建武强调，中秋、国庆双节是落实“两个责任”、抓党风廉政建设、正风肃纪的关键节点。各级领导干部要强化担当，全面落实主体责任；要率先垂范，做廉洁自律好干部；要从严监督，保持纠风反腐高压态势，保证新郑“绿水青山”的政治生态。

【共享经济产业发展座谈会】 9月26日，新郑市召开共享经济产业发展座谈会。市委书记刘建武，市委副书记、市长马志峰，副市长李猛出席会议。会上，电商综合体负责人通报综合体建设运营情况，UU跑腿、爱便利、一步用车等30多家共享经济企业负责人分别介绍企业的发展情况，并围绕针对性政策宣传、资金扶持等方面向新郑市提出建议。市科技局、人社局、商务局等单位负责人对新郑市相关优惠政策进行解读。市委书记刘建武、市委副书记、市长马志峰对共享经济企业发展提出要求，新郑市电商综合体配套完善、资源丰富，是共享经济企业发展的良好载体，全市上下要合理谋划、创新举措，为共享经济发展提供良好的人才和政策支持；要鼓足干劲，坚定信心，积极推动共享经济产业科学布局和良性发展，为加快新郑建设国家中心城市次中心提供更大的助力。

【组织收听收看全省深度贫困脱贫攻坚工作电视电话会】 10月13日，新郑市组织收听收看全省深度贫困脱贫攻坚工作电视电话会。市领导刘建武、马志峰、林俊伟及相关单位负责人收听收看会议实况。会议传达9月28日在北京召开的深度贫困地区脱贫攻坚电视电话会议精神。会议要求，要进一步增强责任感和紧迫感，坚持精准方略，注重标本兼治，强化支撑保障体系，加大政策倾斜力度，确保贫困地区如期实现脱贫目标。随后，新郑市召开专题会议，就近期脱贫攻坚及省内交叉互查工作进行安排部署。各乡镇和市直各单位要高度重视，主动作为，做好贫困地区群众就业岗位培训、推荐等工作，落实好各项惠民政策，实现精准扶贫；要积极利用好“脱贫日”，不走过场、杜绝花架子，通过走访、座谈等形式，切实解决群众难题，确保如期完成脱贫攻坚任务。

【2017年慈善捐款活动启动仪式】 10月13日，新郑市举行2017年慈善捐款活动启动仪式。市四大班子领导刘建武、马志峰、李志强及全市党政干部代表、市直机关干部等参加捐款，现场共捐款76350元。同时，各乡镇、单位、企业也开展多种形式的慈善捐款活动，以引导广大群众为慈善事业献上一份爱心。所募集的资金主要用于开展“扶贫慈善行”——精准扶贫慈善帮扶项目、“慈善SOS”——紧急救助项目、“爱心成就梦想”——助学项目等慈善类项目。

【召开市委常委会扩大会议学习贯彻十九大会议精神】 10月29日，新郑市召开市委常委会扩大会议。市领导刘建武、马志峰、曹东锋、王俊杰、李志强、徐卫东、苗瑞光、王智明、张慧娴等参加会议。市委副书记、市长马志峰主持会议。市委书记刘建武传达学习、宣传贯彻党的十九大、十九届一中全会、省委和郑州市委常委会（扩大）会议精神，动员全市上下用十九大精神统一认识、凝聚力量、坚定信心、指导工作，努力开创新郑市国家中心城市次中心建设新局面。

【基层党建工作观摩讲评会】 11月1日，新郑市召开基层党建工作观摩讲评会，市领导刘建武、曹东锋、黄卫东、张慧娴等参加观摩讲评会。此次观摩讲评分为实地观摩、电子沙盘网上点兵和讲评会三个阶段。与会人员观看了新华路街道五宅庄社区、新烟街道渔大了路社区2个城市社区党建情况。在党建电子沙盘观摩中，每个乡镇（街道、管委会）随机抽取1个村（社区）进行网上点兵，并在全市范围内选取农村、企业、高校等领域20名“两代表一委员”作为特邀评分员，全程参与观摩并现场打分。新华路街道、孟庄镇、具茨山管委会作典型发言，市委常委、组织部部长黄卫东通报全市党建工作开展情况并对观摩情况进行点评。市委书记刘建武强调:各乡镇、街道、管委会要紧扣十九大会议精神，把基层党建建设成为宣传党的主张、贯彻党的决定、领导基层治理、团结动员群众、推动改革发展的坚强堡垒；要肯定成绩、正视问题，切实增强做好基层党建工作的信心决心，在完善硬件设施的基础上，要不断提高抓基层党建的认识、水平和能力，要在抓党建、促发展上实现统筹兼顾；要创新方法、扛实责任，切实抓住做好基层党建工作的重点难点，大力实施农村干部队伍“千人计划”，着力谋划发展农村集体经济发展；要强化责任、勇于担当，切实夯实做好基层党建工作的基层基础。

2017年7月20日，市委书记刘建武到辛店镇北靳楼村调研产业发展情况，参观正赢石化

【新郑市第四届运动会暨全民健身大会】 11月3日，新郑市举行第四届运动会暨全民健身大会，新郑市创建全国健康促进县启动仪式同期举行。省、郑州市有关部门领导和新郑市领导刘建武、马志峰、曹东锋、王俊杰、李志强、苗瑞光、黄卫东、王智明、秦洪源等出席开幕式。开幕式由市委副书记曹东锋主持。市委副书记、市长马志峰致开幕词。市委常委、常务副市长王智明宣读创建全国健康促进县倡议书。郑州市体育局党组书记、局长王微向新郑市发放全民健身扶持奖励资金。运动员代表陈丽娟、裁判员代表敬建利分别代表参加新郑市第四届运动会的运动员、裁判员宣誓。市委书记刘建武宣布新郑市第四届运动会暨全民健身大会开幕。郑州市体育局党组书记、局长王微，市委副书记、马志峰等共同启动全国健康促进县创建活动。本届运动会比赛项目包括羽毛球、田径、篮球、乒乓球等10余个项目，近3600名来自各行各业的运动员参加比赛。

【市委理论学习中心组集中学习十九大精神】 11月6日，市委理论学习中心组进行集中学习，大家围绕学习领会党的十九大精神进行交流研讨。市领导刘建武、马志峰、曹东锋、王俊杰、李志强、徐卫东、苗瑞光、黄卫东、赵建武、王智明、秦洪源、张慧娴等参加学习。市委书记刘建武强调:全市要深刻认识把握舆论导向的重要作用，认真学习宣传贯彻好十九大精神。各单位要按照上级统一部署，把学习宣传贯彻十九大精神作为一项重要政治任务，与贯彻市委五届四次全会精神结合起来，采取专题研讨、辅导讲座等多种形式，在武装头脑、学以致用、学用相长上见实效。宣传部门和市委党校要把握正确导向，加大宣传和理论研究力度，真正使学习宣传贯彻十九大精神深入人心，转化为广大党员干部和人民群众的自觉行动，凝聚起全市赶超先进、跨越发展的强大合力。会上，市委常委、市委办公室主任秦洪源领学了《中国共产党工作机关条例（试行）》。

【宋城·黄帝千古情项目正式签约新郑】 11月9日，宋城·黄帝千古情项目正式签约新郑龙湖并召开座谈会。省政协副主席靳克文，省委宣传部常务副部长王耀，宋城演艺董事长、千古情系列演出总导演黄巧灵，郑州市人大常委会主任白红战，郑州市政协主席王璋，郑州市委常委、宣传部长张俊峰，郑州市副市长刘东，新郑市领导刘建武、马志峰、王俊杰、李志强、黄卫东、张慧娴等出席签约仪式。新郑市委书记刘建武表示:在十九大提出“坚持文化自信，推动社会主义文化繁荣兴盛”的大背景下，作为中华文明发源的肇始之基、华夏民族文化自信的底蕴根脉—黄帝文化，必将迎来大发展、大繁荣、大气象。宋城·黄帝千古情项目与新郑提出建设黄帝文化历史名城的想法不谋而合，将为进一步发扬光大黄帝文化打造新亮点、搭建新载体。

【荣获全国社会治安综合治理“长安杯”总结表彰大会】 11月24日，新郑市召开荣获全国社会治安综合治理“长安杯”总结表彰大会。省综治办副主任、省委维稳办副主任马修道，郑州市委常委、政法委书记黄保卫，郑州市委政法委副书记、综治办主任李华云，新郑市领导刘建武、马志峰、曹东锋、李志强、徐卫东、苗瑞光、黄卫东、赵建武、秦洪源等出席会议。市委副书记、市长马志峰主持会议。市委常委、政法委书记赵建武作了《新郑市平安建设工作暨党的十九大安全信访稳定工作报告》；市委副书记曹东锋宣读新郑市委、市政府关于表彰争创全国社会治安综合治理“长安杯”工作、党的十九大安全信访稳定工作先进集体和先进个人，2016年度“最美政法人”以及“平安新郑”征文、摄影大赛获奖作品的决定，并举行颁奖仪式。

【新任驻村（社区）第一书记派驻工作动员会】 11月28日，新郑市召开新任驻村（社区）第一书记派驻工作动员会。市领导刘建武、曹东锋、黄卫东、林俊伟等参加会议。市委书记刘建武要求，第一书记到村任职后，要尽快转换角色、扑下身子、务实重干、尽职尽责做好各方面工作，确保第一书记驻村工作取得扎实成效。

【中共新郑市第五届委员会第五次全体（扩大）会议】 11月30日，中共新郑市第五届委员会召开第五次全体（扩大）会议。市领导刘建武、马志峰、曹东锋、徐卫东、苗瑞光、黄卫东、王智明、秦洪源、张慧娴、李慧芳出席会议。市委书记刘建武作重要讲话。会议指出，全面学习领会党的十九大精神和习近平总书记系列重要讲话精神，深入贯彻落实省委十届四次全体（扩大）会议精神、郑州市委十一届五次全体（扩大）会议精神，动员全市上下更加紧密地团结在以习近平同志为核心的党中央周围，自觉把思想和行动统一到党的十九大精神上来，把力量凝聚到实现党的十九大确定的目标任务上来，为决胜全面建成小康社会、开创我市国家中心城市次中心建设新局面而不懈奋斗。全会提出，新郑工作的总体要求是：高举习近平新时代中国特色社会主义思想伟大旗帜，全面贯彻落实党的十九大精神，持续落实中央、省委和郑州市委相关要求，紧扣社会主要矛盾变化，统筹推进“五位一体”总体布局，协调推进“四个全面”战略布局，紧紧围绕“四重点一稳定一保证”工作总格局，始终坚持以人民为中心和发展第一要务的思想，牢固树立新发展理念，牢牢把握稳中求进总基调和奋发有为总要求，深入推进黄帝文化历史名城、现代临空产业新城、郑州南部生态绿城建设，着力培育现代化经济体系，着力提高发展质量和效益，着力补好发展不平衡不充分的短板，着力保障和改善民生，着力加强党的领导推进全面从严治党，不断满足人民日益增长的美好生活需要，加快建设国家中心城市次中心，努力在决胜全面建成小康社会、全面建设社会主义现代化中走在全省前列。

【人才新政落实工作推进会】 12月1日，新郑市召开人才新政落实工作推进会。市领导刘建武、黄卫东、王智明、李猛等参加会议。会议传达郑州市人才新政落实工作会议精神，并安排部署新郑市人才新政落实推进相关工作。市委书记刘建武强调:各职能部门要围绕郑州市人才政策，做好政策解读、宣传、培训工作，简化程序和流程，方便人才、服务人才、留住人才，充分调动社会积极性，确保各项工作有序推进。

【迎接国家卫生城市复审暨省级文明城市创建“双迎攻坚”动员大会】 12月5日，新郑市召开迎接国家卫生城市复审暨省级文明城市创建“双迎攻坚”动员大会。市领导刘建武、马志峰、曹东锋、王俊杰、李志强、徐卫东、苗瑞光、黄卫东、赵建武、秦洪源、张慧娴、张富永等参加会议。市委副书记曹东锋，市委常委、宣传部部长张慧娴、副市长张富永分别宣读《成立新郑市迎接国家卫生城市复审暨省级文明城市创建“双迎攻坚”工作领导小组的通知》《新郑市迎接国家卫生城市复审暨省级文明城市创建“双迎攻坚”总体方案》和《新郑市迎接国家卫生城市复审暨省级文明城市创建“双迎攻坚”考核办法》。市爱卫办、城市管理局、市场发展中心、新华路街道办事处、薛店镇、龙湖镇等6个部门主要负责人分别作表态发言。市委书记刘建武要求:要拔高站位、提升认识，抓住短板，强化措施、形成合力，按照“分级管理、属地为主、党政同责”的原则，做到有奖必有罚，奖勤罚懒，确保“双迎攻坚”工作落到实处。

【新郑市残疾人联合会第四次代表大会】 12月7日，新郑市举行残疾人联合会第四次代表大会。市委副书记曹东锋，市委常委、组织部部长黄卫东出席会议。会议总结新郑市残疾人联合会第三次代表大会以来新郑市残疾人事业发展的总体情况，分析残疾人事业面临的新形势和新问题，规划今后五年残疾人事业的发展目标和工作任务。大会还选举产生新一届市残疾人联合会领导机构，并决定聘请市委副书记曹东锋为市残疾人联合会名誉主席，市领导黄卫东、彭德成、张全民为名誉副主席。曹东锋强调:要坚持以人为本，民生为先，抓好残疾人脱贫解困、基本生活保障、康复、教育、就业创业等工作。不断提高残疾人的生活水平、社会地位和参与社会的能力。

【乡村振兴战略暨农村集体产权制度改革工作动员会】 12月15日，新郑市召开实施乡村振兴战略暨农村集体产权制度改革工作动员会。市领导刘建武、马志峰、曹东锋、王俊杰、李志强、苗瑞光、黄卫东、赵建武、王智明、秦洪源、张慧娴、李猛等参加会议。市委副书记、市长马志峰主持会议。市委书记刘建武指出:全市各级各部门要站在战略和全局高度，按照实施乡村振兴战略总要求，着力选优一名好支书、配强一个好村委、发展一些好产业、培育一批好典型、建立一套好机制，扎实做好实施乡村振兴战略的各项工作，确保市委市政府各项决策部署落到实处。

（撰稿：刘宗霞　审阅：司中强）

市委办公室工作

【概况】 2017年，市委办公室围绕新郑建设国家中心城市次中心的目标，强化参谋职能，搞好综合协调，做好后勤保障，团结务实，开拓创新，“三办、三服务”水平进一步提升，实现了办公室各项工作的新突破，圆满完成了市委下达的目标任务。围绕市委中心工作和上级总体部署，自觉从服务全市经济社会发展大局出发，坚持在实践中创新、在创新中突破、在突破中提升，努力做到高水平谋

2017年12月15日，新郑市召开乡村振兴战略暨农村土地集体产权制度工作动员会

事、高效率办事、高标准干事，较好地履行了各项工作职责，取得了显著成效。在文稿起草方面，先后起草市委五届四次五次全会、市委经济工作会和“两会”等重要会议领导讲话文稿200多篇，撰写各类材料400多篇，共计400余万字，较好地贯彻了市委的决策思想。在信息调研方面，编发《新郑信息》31期、《领导参阅》10期，向省委、郑州市委办公厅上报信息800余条，郑州市委信息刊物采用76条，省委信息刊物采用19条，被河南省委办公厅评为“2017年度全省党委系统信息工作先进单位”。在公文处理方面，共处理本级文件220余份，办理明传电报290余份，传送机要件及上三级公文3800余份，被郑州市委办公厅评为《中共中央办公厅通讯》工作先进单位和《秘书工作》工作先进单位。在会务综合方面，筹备组织市委五届四次五次全会、市委经济工作会等各类活动约80次，接转电话2.8万余次，接待来客来访420余人次，收发报刊6000余份，办理领导批示件58件，确保了办公室各项工作顺利开展。在机要保密方面，认真开展“查、补、提”活动，主动对全市各单位的保密工作开展了实地检查，确保了党的十九大期间密码通信的绝对畅通和安全，先后荣获省委办公厅机要密码工作先进单位、省委机要局机要密码工作宣传报道先进单位、郑州市委机要局密码宣传报道工作先进单位。在人事管理方面，扎实做好机关党建工作，圆满完成了2017年上级党组织要求的各项党务工作，市委办党总支106名党员的党建沙盘录入顺利完成，通过优中选优的方式推荐了3名发展对象，按期将4名预备党员转为正式党员；切实为老干部搞好服务，各项工作取得显著成效；老干部、计划生育工作均获得新郑市先进单位。在网格化管理方面，全年共召开条块联席会101次，开展联合执法114次，联动解决重点疑难问题211起。今年以来通过社会公共管理信息平台，共排查各领域矛盾问题81524起，调处72944起，调处率达89.5%。在深化改革方面，针对经济体制、民主法治、文化体制等六个方面建立任务清单、逐项对照落实，确保了改革任务落到实处；省级经济发达镇行政体制改革、省百城建设提质工程、人民法院内设机构等改革试点加快推进，带动了改革向纵深推进，被郑州市委评为深化改革工作先进单位。

【综合工作】围绕市委中心工作，扎实做好会务组织、接待服务、后勤保障、财务管理、车辆管理、通讯员管理等综合工作，不断创新工作方法，提高服务质量，圆满完成了各项工作任务。围绕“办文、办会、办事”三项基本职能，共起草修改各类文稿、方案100余篇，对接、服务上级领导基层调研20余次，组织筹备市委各类重要会议50余次，办理领导批示件86件，整理上报市委、市政府主要领导工作日报240余期；全年累计接转电话20000多次、公务派车400余次、接待来客来访360余人次、收发报刊6000多、处理信件1400多封、完成领导交办事项160余项、征集整理市四大班子领导周重点工作预排53次、接收办理领导干部外出报备58人次、与上级视频会商23次工作、筹备各类会议活动200余次。

【文秘工作】2017年，紧紧围绕新郑市以“黄帝文化历史名城、现代临空产业新城、郑州南部生态绿城”三城建设为载体，建设国家中心城市次中心的发展大局，主动适应形势的变化和要求，按照“贴近工作大局、贴近领导思路、贴近群众意愿”的要求，通过加强学习打基础、创新措施搞服务、强化管理筑保障，求真务实、扎实工作，圆满完成了各项任务。围绕多出精品、搞好文字服务，着眼高、精、深、细，坚持深入调研、准确把握意图、严谨谋篇布局、透彻分析问题、精炼遣词造句，文字材料质量不断提高。先后起草各类重要讲话200余篇，撰写各类材料400余篇，共计400余万字。围绕争创一流、搞好会务服务，先后完成市委五届三次四次五次六次全会、市委经济工作会等各种会议的服务工作，印发会议纪要4篇。围绕搞好沟通协调，组织好调研及接待等活动，参与国土资源部调研、黄帝故里拜祖大典等全市重大活动筹备工作，服务市委主要领导调研40余次。

【文电工作】2017年，文电科紧紧围绕市委中心工作，认真执行《中国共产党机关公文处理条例》《党政机关公文处理工作条例》，在准确、及时、安全、保密的基础上，不断强化精品意识、完善规章制度、规范运转程序、严格质量标准，扎实做好了公文处理、明传电报办理、机要件及印鉴管理等工作。全年共处理本级文件224份，办理明传电报290余份，传送机要件及上三级公文3700余份，借阅公文16次、31卷。一是强化制度约束，保证公文质量；二是强化精品意识，严把发文各个关口，维护公文权威；三是提高队伍素质，为公文处理规范化工作奠定坚实的基础。四是强化档案和印鉴管理，实行专人专管，保证安全使用。在上三级来文的处理上，坚持及时办理发送、及时传阅、及时收回，做到不传丢一份文件。被郑州市委办公厅评为《中共中央办公厅通讯》工作先进单位和《秘书工作》工作先进单位。

【信息调研工作】2017年，紧紧围绕上三级党委和新郑市中心工作，有针对性、有重点的进行信息挖掘和调研，及时、准确地向上级反映新郑经济发展、社会进步、重点项目进展等情况，为领导科学决策提供依据。以强化信息收集报送能力为导向，创新工作思路，完善信息网络，建立快速反应机制，积极开展信息业务学习，增强信息人员信息敏感性，不断提高各单位信息报送工作反应速度、分析深度。以提高信息调研质量为核心，定期开展对先进理论、时政热点、领导讲话、市委文件等重要材料精神的精读细读，把握政策方向，主动围绕省委、郑州市委和新郑市重点工作开展高质量、深层次的调研活动，及时对上提供有深度、有内涵的问题建议类信息和调研成果。以加强基层信息调研队伍建设为支撑，建立全市党委信息微信工作群，在严格推行信息采用情况通报制、积分制、重大信息上报责任追究制等制度基础上，有计划、分系统地召开各部门信息员例会、座谈会，对基层信息员分批次进行业务技能培训和政策理论培训，有效提高了基层信息员业务素质和工作技能。2017年，信息调研科累计编发本级刊物《领导参阅》10期，《新郑信息》31期，向省委、郑州市委办公厅上报信息800余条，其中省级刊物采用19条，郑州市委信息刊物采用76条，被河南省委办公厅评为“2017年度全省党委系统信息工作先进单位”。

【机要工作】认真履行密码通信“生命线、指挥线、保障线”职责，确保中央、省、市指示、政令通畅。一是认真抓好以紧急重要电报为重点的各类电报办理工作，全年没有发生一起错办、误办、漏办事件；二是加大应急移动通信系统建设，不断提升随行服务能力，确保上级指示、政令在任何时间、任何地点、任何环境下畅通；三是认真做好党务内网管理工作，经常性地对全市党务内网终端单位进行检查指导，确保全市党务内网安全、畅通；四是加强密码管理，按照“四查”工作制要求，做好密码管理工作。2017年度被评为全省机要密码工作先进单位，郑州市密码宣传报道工作先进单位。

【保密工作】按照科学化、制度化、规范化、长效化的“四化要求”，着力抓好宣传教育、制度完善、督促检查、科技创新、队伍建设、责任落实“六项重点”，圆满完成了保密工作各项任务，全市保密事业得到了长足发展。一是把宣传教育贯穿始终，营造了知法守法的浓厚氛围。深入贯彻落实“七五”保密法制宣传教育工作规划，充分发挥党校、学校宣传主阵地作用，广播、电视、网站、报刊等媒体导向作用，面向社会、面向社区，开展多种形式的保密专题宣传、培训和警示教育等活动，大力宣传保密法律法规，形成了“知法、守法”的良好氛围。积极向《河南保密工作》、《郑州保密工作》等刊物投稿16篇，被采用12篇。二是把制度建设贯穿始终，建立了较为规范的管理体系。按照上级要求，结合新郑实际，出台印发了《新郑市保密工作制度》汇编，对密级文件管理、涉密计算机和涉密移动存储介质及涉密网络保密管理、非涉密计算机和非涉密储存介质保密管理、互联网发布信息保密管理、定密工作、涉密载体销毁工作等做出明确规定，并对全市各单位发放，实现规范化管理，保密管理工作更加规范化、制度化。三是把督促检查贯穿始终，监督管理严格规范，促进保密工作科学化、规范化、常态化。从法定假日到传统节日、从中考前会考到中考高考、从重要接待到大型会务活动再到戊戌年黄帝故里拜祖大典活动，坚持把督促检查贯穿于保密工作始终。把转发文件、短信提醒、单位自查、定期检查作为保住秘密的常规武器；把严格检查标准、强化检查效能作为落实工作的杀手锏；集中开展了非涉密网络检查，涉密网络核查，2017年保密工作普查，中招、高考期间专项检查，中央文件专项清理等专项检查活。四是利用两个月时间开展全市保密工作大检查活动，并在11月底开展了为期两天的全市性保密培训活动，全市共97家单位参与其中。2017年，保密工作获得省、市保密部门的一致肯定，并荣获2017年河南省保密工作先进单位荣誉称号，成为郑州市六郊县内唯一获此殊荣的单位。

【人事工作】以人事工作“制度化、科学化、规范化”为抓手，不断深化机制创新，先后建立健全人事进出审查、在职人员学习培训、目标考核评价等制度；严格办理程序，强化监督考核，有序地推进了人事制度上台阶、上水平；不断加强档案管理，对办公室干部职工的个人基本情况、工资、统筹、医保等各类信息实行数据库管理，规范档案内容，使各类人事信息做到归属清晰、内容完整、查阅迅速、便捷高效；配合人力资源部门做好2018年市委办2个事业单位工资体制改革和岗位设置工作。扎实做好机关党建工作，完成了2017年上级党组织要求的各项党务工作，市委办党总支106名党员的党建沙盘录入顺利完成，通过优中选优的方式推荐了1名发展对象，按期将3名积极分子发展为预备党员。切实对老干部搞好服务，各项工作取得显著成效。老干部、计划生育工作均获得新郑市先进单位。

【政研工作】市委政研室围绕建设国家中心城市次中心的目标，突出参谋助手作用，围绕建设黄帝文化历史名城、现代临空产业新城、郑州南部生态绿城开展专题调研，为市委主要领导科学决策提供第一手材料，真正做到了参在节点、谋在关键；始终发挥上下级之间的沟通协调作用，全力配合省委政研室、郑州市委政研室等上级部门的重大调研活动，上情下达、下情上报渠道畅通。全年共起草领导讲话、政策文件、调研报告、情况汇报等材料100余篇，撰写《新郑市百城提质调研报告》《新郑市教育工作“抓根本、促均衡”调研报告》等10余篇，被郑州市委办公厅评为优秀调研报告1篇，出色地完成了市委领导交办的重大调研任务和重要文稿的起草工作，被郑州市委评为调查研究工作先进单位。

【改革工作】2017年，市委改革办以建设国家中心城市次中心为统揽，以供给侧结构性改革为主线，持续深化“四重点一稳定一保证”工作总格局，统筹推进经济体制、政治体制、文化体制等六个方面25大项改革事项，建立任务清单、逐项对照落实，以改革促发展、保稳定、惠民生。深入研究、积极探索，加快推进省级经济发达镇行政体制改革、省百城建设提质工程、人民法院内设机构试点、县域教育综合改革试验区、两轮电动车防盗备案登记改革试点实施工作，确保全面深化改革工作取得实效。百城建设提质工作获得2017年郑州市新型城镇化、百城建设提质工程双第一；市法院内设机构由原来的29个精简为14个，业务部门干警较改革前增加22%，实现了人员力量向审判一线倾斜的改革目标；两轮电动车防盗备案登记工作受到上级部门的肯定和推广，省委、郑州市委改革办联合对该项工作进行专题调研；各项试点改革工作的顺利实施，带动了全市改革向纵深推进，市委改革办被郑州市委评为深化改革工作先进单位。

【长效机制工作】2017年，持续“深化规范提升”以网格化管理为载体的坚持依靠群众推进工作落实长效机制工作，呈现出覆盖全面、对接有序、联动协调、持续提升的良好态势。信息平台作用全面发挥，因地制宜调整网格设置，目前全市共划分一级网格15个，二级网格199个，三级网格610个。发挥市级平台的协调指挥作用，召开条块联席会101次，开展联合执法114次，排查各类矛盾问题81524起，调处72944起，调处率达89.5%。持续加强“阳光村务网”平台建设，共公开三资管理、低保等信息17110条。人员素质能力稳步提升，适时对网格长和下沉人员集中培训，市一级组织“一长三员”大气污染防治及业务知识培训，培训人员2200余人次；各一级网格按照计划每月定期开展业务知识培训，共开展培训102期5500余人次，提高了网格人员素质能力。载体抓手作用充分体现，依托网格扎实开展基层大气污染防治监管网格运行管理工作，明确2251名“一长三员”深入重点区域进行重点排查，对工作开展情况进行痕迹化管理。深入推进“平安新郑”建设争创“长安杯”，持续推行“1+3+1”矛盾调解化解工作模式和“一村（格）一警”包村联系制度，保障了社会大局平安稳定。履职尽责意识显著增强，围绕市委市政府中心工作和阶段性重点工作，实行月督查考核，按照“四定追责制”，共对工作不主动，履职不到位、问题处置不力、推诿扯皮造成不良后果的43人次给予批评教育、通报批评等形式的责任追究，推动了工作有效落实。

（撰稿：刘宗霞　审阅：司中强）

组织工作

【概况】2017年，中共新郑市委组织部深入贯彻落实习近平总书记“讲政治、重公道、业务精、作风好”的指示精神，围绕中心、服务大局，聚焦主业、真抓实干，扎实做好“搞培训、提素质，选干部、配班子，育人才、聚贤能，抓基层、打基础”主责主业，持续提升党的建设和组织工作水平，为加快建设现代田园临空经济强市、建设国家中心城市次中心提供了坚强组织保证和人才支撑。

【“两学一做”学习教育】2017年5月份召开“两学一做”学习教育常态化制度化工作座谈会，出台“两学一做”学习教育常态化制度化工作实施方案，坚持全覆盖、常态化、重创新、求实效，在“学”“做”“改”上持续用力，开展了“三会一课”规范、党员活动日、向廖俊波同志学习等活动，推动了学习教育融入日常、抓在经常，把管党治党落实到每个支部、每名党员，形成了劲头不松、标准不降、力度不减的党员教育常态化推进体系。夯实“学”这个基础，精心安排学习内容，把党章党规党纪和《准则》《条例》列入学习内容，推动全面从严治党向纵深发展；不断完善学习方法，依托手机、电脑、电视“三屏互动”系统及时推送微党课，编印口袋书、制作微动漫、微视频等满足个性化学习需求；通过中心组学习、全体党员会议等形式组织集中学习和专题研讨来巩固学习成果。抓住“做”这个关键，按照“四讲四有”标准，引导党员做到“四个合格”，持续开展党员亮身份、亮差距、亮承诺、亮奉献“四亮行动”，使党员先进性“可视可感”；开展“万千双助”行动，建立党员志愿服务队570支，下沉党员1.3万余名，当好宣传员、信息员、劝导员、监督员，累计发现、上报污染问题2400余个，劝导污染行为900余次；持续开展“坚持忠诚干净担当，做焦裕禄式好干部”“践行先锋标准，岗位建功立业”等活动。扭住“改”这个牵引，把查找解决问题作为“两学一做”学习教育规定要求，持续进行“四对照四反思”，组织党员进行经常性党性体验，深入查摆在落实管党治党责任方面存在的问题，把党的组织生活作为查找解决问题的重要途径。截至目前，全市机关、企事业单位共召开专题动员会75

次、座谈会56次，开展对照检查单位63家，收到乡科级以上党员领导干部心得体会315篇。

【干部管理工作】把2017年作为“干部工作规范年”，全面提升干部规范管理水平。认真考核干部，年初制定考核方案，组织对各单位领导班子及其成员进行考核，对领导班子进行民主评议，对科级干部进行民主测评，按照规定提出2016年度科级干部年度考核等次初步意见，确定优秀等次192名、不称职等次4名、不定等次5名。科学调配干部，围绕乡镇人大、政府换届，2月份新调整科级干部96人。按照“个人提出申请、主动退出现职、保留职级待遇、适当安排工作、尊重个人意愿、体现以人为本”原则，有110名干部因年龄、家庭、身体等原因申请退出现职。根据省委组织部反馈意见，消化“三超两乱”干部127名。根据市委要求，组织县处级领导对分管联系部门和领域干部进行实名推荐，同时征询市直单位、乡镇（街道、管委会）“一把手”意见，共收到各类推荐表129份推荐干部825人次，为下步干部调整提供了依据。积极做好干部抽调和挂职锻炼工作，先后为拜祖大典、扶贫攻坚、大气污染防治、龙湖镇散乱污集中整治等中心工作抽调干部16批1176人次，推荐1名科级干部到郑州市信访局挂职历练，选派10名干部赴藏青工业园挂职锻炼。拓宽干部沟通渠道，出台《市委组织部关于实行部长接待日制度的意见》，自5月份开始实行部长接待日，采取定期接待、约谈接待、下访接待三种形式，详细掌握各单位班子运行情况和干部现实表现，同时设立部长接待日信箱，方便党员干部反映问题，目前已累计开展部长接访7次、下访35次、约访21次，收集个人诉求、信访举报、工作建议等信息220余条。强化干部教育培训，按照2017年干部教育培训计划，今年以来市、乡两级完成培训360余期，培训干部5万余人次，其中市级主办培训班17期，培训干部17000余人次；基层单位举办培训班350余期，培训干部37000余人次。特别是依托“黄帝故里·发展论坛”举办“万名党员进党校 锤炼党性铸忠诚”行动15期，市委常委、市人大常委会主任、市政协主席轮流授课作开班动员，培训干部16000余人次。指导人大、政协、工会、公安局、法院、人社局等43家单位举办专题培训50余期，培训干部4200余人。规范干部档案管理，重点对库管一线科级干部重要信息进行核对纠正，及时更新《干部基本情况登记表》，建立档案痕迹化管理电子台账。配合市乡人大、政府换届，对107名科级干部档案进行审查；配合职务职级并行，对涉及干部信息进行认真核对。截至目前共受理查阅档案855人次、借阅档案146人次，收集档案材料2241人次。规范公务员手续办理，严格公务员登记程序，有序推进公务员及参公人员登记、职务变更、转任、调任、选任工作，及时审批发放公务员交通补贴。共办理公务员转任25人、调任11人、新登记3人、注销32人、职务变更18人、上报职级晋升5人、规范修正公务员档案37本、审核符合发放交通补贴条件人员340人。严格干部监督管理，认真落实领导干部个人有关事项报告制度，完成52名县处级干部填报任务，应报尽报率100%。严格落实干部监督联席会议制度，共收到76名科级干部和4名股级干部的监督信息。加大经济责任审计力度，完成科级干部因公、因私出国（境）政审27人次，办理了科级以上领导干部退休手续40人次，审批全市科级以上领导干部工资手续1722次，接待并处理“12380”举报平台收集的科级干部信访5人次。

12月5日，新郑市召开迎接国家卫生城市复审暨省级文明城市创建“双迎攻坚”动员大会

【基层组织建设】把2017年作为“基层党建规范年”，全面夯实基层党建基础。完善基层党建制度机制，先后出台《“基层党建规范年”实施方案》《“筑体系强堡垒争先锋”城市基层党建工作意见》《“三有三带”农村党组织书记队伍建设两年行动计划》《规范“三会一课”制度通知》等文件，年初与基层党组织签订党建工作年度目标责任书，市委常委会每季度听取一次党建工作情况汇报。夯实基层党建基础，自农村后备村干部队伍建设“千人计划”9月份启动以来，经过民主推荐、组织遴选、公示、建档备案等程序，已登记

造册后备村干部1386人。开展党建项目月观摩活动，4月份启动以来，围绕农村党建、扶贫党建、非公党建、社区党建等主题，先后组织观摩活动7次，观摩村（社区）100余个，推动了基层党建全面进步。开展“逐村观摩、整乡推进、全市提升”工作，以“三有四清五规范”为重点，逐村逐项对标整改,开展“基层党建规范年”工作，培育党建示范点100个。按照“一村一策”原则，转化提升软弱涣散村23个。按照“五个清”要求，建立非公企业和社会组织党组织33家，派驻党建指导员180人，培训非公企业和社会组织党组织书记、党务工作者、党建指导员1374人次。探索开展机关党建“四有一好”品牌创建活动，已有21个市直机关党组织入选试点。保障村级经费和工作报酬，落实每村每年3万元党建经费、2万元服务群众经费、2.4万元村级办公经费，新投入资金875万元新建、改扩建村级组织活动场所26处。全面提升村干部工作报酬，一肩挑、支部书记、村委会主任、其他两委干部每月全额工资分别增长至3142元、2842元、2273元、1705元，其中60%为基础工资、40%为绩效工资；对贫困村和扶贫任务较重村第一书记工作经费按每人每年2万元、公杂费3840元拨付乡镇，驻村生活补贴提升至每人每个工作日50元；连续任职10、20、30年以上的退职支部书记，退职生活补助待遇分别为200元/月、260元/月、320元/月。抓好党建促脱贫攻坚，11月份启动新一批驻村第一书记选派工作，市级重点选派100名第一书记到贫困村、软弱涣散巩固提升村、集体经济薄弱村、“三有一化”薄弱社区任职。在经费保障上，市派第一书记工作经费参照郑州提升为每年3万元。建档立卡贫困村和扶贫任务较重村第一书记专项扶贫资金提升为每年30万元。总结提出“三你四助六送”工作法（即按照“认识你、记住你、想念你”基本要求，把“助困、助业、助医、助学”作为帮扶对象实现脱贫主要途径，重点开展以“送观念、送政策、送技能、送信息、送岗位、送资金”为主要内容的帮扶活动），累计发放资金106.4万元，资助贫困生259人，帮助贫困群众解决生产生活问题586件，落实宣传政策信息3023条，介绍岗位并顺利就业183个，通过服务凝聚民心。开展“双联双助”活动，以组织联村助党建、企业联村助脱贫为重点，组织56个市直机关先进党支部与35个贫困村、23个软弱涣散基层党组织进行结对联建，签订“组织联村助党建”帮扶承诺书56份。组织137家发展势头好综合实力强的企业与35个贫困村进行结对帮扶，签订“企业联村助脱贫”协议书35份，成功签约项目21个。打造党建电子沙。围绕“互联网+党建”模式，探索打造党建电子沙盘系统，构建以新郑市委、市委组织部、乡镇（市直、两新组织）党委以及下辖总支（支部）为核心的4级架构、6大模块、20多个功能栏目，将全市1279个党组织，33782名党员全部纳入系统，实现了一网覆盖、一览无余，并建立市级监控平台1个、乡级监控平台15个、村级监控平台240个，实现了在线监控、实时监控，推动本市党建工作进入数据化、信息化、互联化、智能化的新时代。

【党员队伍建设】 持续开展“党员活动日”活动。自2016年8月1日启动以来，围绕“两学一做”，实行“党费日、学习日、服务日”制度，组织学习培训，集中交纳党费，开展志愿者服务。截至目前，共开展党员活动日活动17期，累计开展服务活动1840次、参加人数26770人次。创新开展“育典型、强帮带、抓辐射”活动。以发挥党员先进典型示范引领作用为出发点和落脚点，全市培育党员先进典型302名，以每名先进典型结对10名帮带对象，以每名帮带对象带动20名辐射对象，共帮带党员2854名，辐射带动群众57080人，开展思想交流活动613次，撰写心得体会592篇，引导广大党员向先进看齐，激发干事创业活力。建立全市党员管理信息系统。入库党组织1274个，入库党员33850名。严把预备党员转入，特别是新转入的大中专毕业生党员，共接转党员组织关系1435人次。严格落实党内关爱机制。设立党员关爱专项资金，开通党员求助电话，采取层层分包、结对帮扶等措施，帮助困难党员学技术、找工作、做生意，寻找致富门路。“七一”走访慰问生活困难党员700人，发放慰问金70万元，走访慰问因病致贫特困群众103人，发放慰问金20.6万元。做好党员远程教育工作。强化新郑党员教育服务网教育功能，定期推发图文信息，新郑基层党建微信公众号累计推送信息263期，升级改造第四批远程教育示范站点12个，建成“红色网络教育家园”26处。

【人才工作】 深度对接“智汇郑州”人才政策，结合实际抓好贯彻落实和对接服务。有效搭建人才平台，认真落实“智汇郑州·1125聚才计划”，大力实施“大众创业、万众创新”战略，围绕主导产业，高标准建成电子商务、产业互联网、新材料创新创业综合体和中德产业园、中美创业创新孵化中心、特色众创空间、科技企业孵化器等17家创新创业载体，引进企业、团队306家，设立5000万元专项基金，累计孵化项目236个，其中高效节能棉成套设备项目荣获国家科技进步二等奖并实现了技术成果产业化，年产值达6000余万元；无人机研究项目获得军队科技进步一等奖。“管交网”垂直电商平台运营3年来销售额突破100亿元。积极推进人才工程项目，积极申报郑州市“智汇郑州·1125聚才计划”工程，推荐创业创新领军团队4个、创新创业领军人才5名，最终有1个团队、3名个人入选。积极申报郑州市第十三批专业技术拔尖人才，推荐7人，最终4人入选。组织开展新郑市第九批专业技术拔尖人才推荐选拔工作，共收到40家单位198份推荐表，经专家评审、组织考察、征求意见、会议研究和公示等环节，选拔出第九批专业技术拔尖人才42名，计划发放津贴126000元。不断释放人才红利，坚持“不求所有、但求所用，不求所在、但求所为”理念，准确把握新郑发展对人才的需求和本地人才比较优势，最大程度释放人才红利。结合“三主三辅”产业体系，重点围绕食品加工、生物医药、商贸物流、电子商务等主导产业，依托“智汇郑州·1125聚才”计划，有针对性引进6名高层次领军人才和8个创新创业领军团队，培育实施了14个引领性强、带动力强的重点项目。同时，依托36个国家和省级研发中心及重点实验室、4个院士工作站，先后与中国农大、军事医学院等6家科研机构建立战略合作协议，定期邀请吴养洁、张生勇等6名两院院士来新郑指导工作。

（撰稿：高　帆　审阅：王　伟）

宣传工作

【理论武装和党员教育】 坚持不懈用党的理论创新成果武装全党、教育全市人民，引导广大党员干部更加自觉地在思想上政治上行动上同以习近平同志为核心的党中央保持高度一致。制定并印发《新郑市2017年度干部理论学习意见》等文件，向全市科级以上领导干部发放了《习近平谈治国理政（第二卷）》等学习辅导资料，采取集中研讨、个人自学、专题讲座、实地调研等多种方式，切实加强了市乡两级中心组理论学习。各级党委理论中心组先后学习了“党委（党组）讨论决定干部任免事项守则”、习近平总书记7·26重要讲话精神、郑州市委十一届四次、五次全会精神、意识形态工作责任制、党的十九大精神等内容，进一步增强了中心组成员的政治意识、大局意识、核心意识、看齐意识。2017年，市委理论中心组集中学习13次，全市乡科级中心组年度集中学习平均达到12次以上。全市各级理论中心组成员撰写理论文章、调研报告、心得体会1000余篇。积极发挥中心组平台的引领带动作用，以“黄帝故里·发展论坛”“轩辕大讲堂”“全民阅读”“新郑理论党教微信群”等为载体，扩大了党员干部的覆盖面，增强了理论武装的时效性。在全市党员干部中深入开展了“讲党的故事 喜迎十九大 决胜全面小康”主题党课教案评选、微型党课比赛、征文比赛等系列党员教育活动，增强了党员干部学习教育成效。全市领导干部讲党课1100场，收集优秀党课教案90篇、优秀征文28篇。其中，《做一名绝对忠诚的共产党员》《凝心聚力谋发展 同心共筑中国梦》等5篇被评为郑州市优秀党课教案；《在全民小康致富路上 一人一户也不能拉下》荣获郑州市微型党课比赛二等奖；《于无声处见真知》《喜迎十九大 唱响真教育赞歌》等5篇征文分别荣获郑州市一、二、三等奖。新郑市被郑州市委宣传部评为“讲党的故事 喜迎十九大 决胜全面小康”党员教育系列活动组织工作先进单位；新村镇、民政局等4所党校被命名为郑州市级先进基层党校，城关乡党校被命名为省级先进基层党校，新郑市被郑州市委宣传部评为郑州市基层党校工作组织奖。

【十九大精神宣讲】 综合运用媒体宣传、宣讲报告、百姓宣讲直通车、微型党课等多种渠道面向广大基层群众宣传普及科学理论，增强理论武装的覆盖面、渗透力。做好表率，成立新郑市委宣讲团。举办了党的十九大精神郑州市委宣讲团新郑首场报告会暨全市宣讲工作培训会，完成郑州市委宣讲团到新郑市住建系统、卫生系统、教体系统等7场宣讲报告会；邀请党的十九大代表薛荣到新郑市作专题辅导报告；成立由新郑市委党校8名骨干教师组成党的十九大精神新郑市委宣讲团，进企业、进农村、进机关、进社区、进军营、进网络开展宣讲60场，受众达2万余人次。举办了十九大知识测试、新思想 新征

艺术广场舞比赛

程——学习宣传贯彻十九大精神“我在岗位做贡献”征文和演讲比赛等活动。深接地气，组建宣讲小分队。培训50名基层宣讲员，组成24个宣讲小分队深入村组、社区、机关、企业、学校，用老百姓感兴趣的语言，把习近平新时代中国特色社会主义思想讲透彻，让老百姓听得懂、能领会、可落实，巡回宣讲148场，受众达3万人次，打通了十九大精神基层宣传的“最后一公里”。直抵人心，开通“百姓宣讲直通车”。组织开展了“党的十九大精神进万家”文艺巡演、党的十九大精神“百姓宣讲直通车”巡演宣讲等活动100多场，用“理论+文艺”的表现形式，让群众在欢声笑语中接受教育，使党的十九大精神深入人心。此外，市总工会、团市委、市妇联等人民团体充分发挥自身优势，分别成立劳模宣讲小分队、青年“先锋号”宣讲小分队、巾帼宣讲小分队，开展了各具特色的党的十九大精神宣讲活动50多场。

【意识形态工作】抓责任耕主业，从严从实加强意识形态管理。牢牢把握意识形态工作领导权，切实维护意识形态领域安全。制定考核体系。出台《新郑市党委（党组）意识形态工作责任制考核体系（试行）》，建立了意识形态工作责任制联席会议制度和乡镇宣传委员例会制度，定期召开市委常委会、领导小组会、联席会，听取情况汇报，分析研究意识形态工作，切实推进意识形态工作与经济建设、政治建设、社会建设、生态文明建设和党的建设同安排、同部署、同落实。建立工作台账。按照考核体系，对照全年目标任务，梳理党委（党组）责任清单31项、职能部门责任清单9项，实行目标化管理。通过开展督查、点评、通报，推动意识形态责任制由虚到实。强化考核评议。加大考核力度和权重，把意识形态工作责任制的落实情况纳入新郑市年度总考核，考核结果与单位年终考核成绩挂钩、和每位同志考核奖挂钩，坚持真考核，结果真运用，通过考核带动、责任推动，形成了党委领导、宣传部门主抓、各单位共同参与的工作格局。

【新闻外宣】坚持团结稳定鼓劲、正面宣传为主的方针，建立新闻策划制度。不断提升策划水平，改进创新主题宣传、典型宣传、成就宣传，讲好新郑故事，传好新郑声音，树好新郑形象。每季度定期召开新闻策划联席会议，敲定宣传重点和宣传主题，加强新闻宣传协同性、整体性，实现新闻上稿的针对性、有效性。策划选题先后吸引人民日报、新华社、中央电视台、经济日报等中央主流媒体到新郑市采访调研，如新华社《就业带动进城，权益均等提升获得感——全国经济百强县新型城镇化建设观察》，河南日报《新郑：阔步迈向现代田园临空经济强市》等稿件，从不同角度对新郑市经济社会发展的突出成果进行了充分报道。围绕市委市政府重点工作，组织市属媒体开设了“砥砺奋进的五年”“脱贫攻坚记者蹲点”“打赢环境污染攻坚战”等新闻专栏，大力宣传了全市经济社会发展取得的辉煌成就和市委市政府全力打好脱贫、环境治理、转型发展等系列攻坚战的决心和举措，有效宣传了市委市政府全心全意为人民服务的决心和努力。围绕丁酉年黄帝故里拜祖大典、第十一届黄帝文化国际论坛，市委全会，枣乡风情游等重大节会活动，加大与上三级主流媒体的联系，在上三级媒体共刊发稿件3700余篇，实现新郑作为、新郑声音经常出现在中央和省市主流媒体。围绕融入郑州国家中心城市和航空港区建设，组织推出县域经济百强、新型城镇化建设、第一书记派驻、重大项目开工等系列报道20批次，在新华社、《瞭望》杂志、《河南日报》《郑州日报》等主流媒体策划专版专题36期。

【文化事业】发挥特色优势，坚持构建完善的公共文化服务体系，持续实施文化惠民工程，有效保障了广大群众的基本文化权益。公共文化服务体系建设成效显著。坚持以文化新郑建设为统揽，通过深入实施文化建设“三年行动计划（2016—2018）”实现了三个100%，即：市乡村三级公共文化服务设施100%全覆盖；村级文艺队伍建设和文化活动100%全覆盖；文化提升艺术普及100%全覆盖。2017年12月14日，中宣部、文化部到新郑市调研戏曲进乡村和公共文化服务体系建设工作，省文化厅党组书记宋丽萍陪同，文化部公共文化司副司长陈斌彬对新郑市近年来的工作给予了充分肯定。文化惠民不断升级更“惠”民心。坚持“送文化”和“种文化”相结合，组织文艺骨干和文化志愿者深入基层，开展市、乡、村三级培训120多期。举办了新郑市第四届群众文化节，开展了百姓大舞台广场文化活动、戏曲进校园、文化惠民工程系列比赛等活动，其中，百姓大舞台广场文化活动全年演出41场，各种文化活动的开展，使更多的市民享受到了文化惠民的丰硕成果。新郑市文化志愿者舞蹈队的《踏舞郑风》代表河南省参加2017“戴爱莲杯”群星璀璨人人跳全国舞蹈展演活动，荣获“风采之星”称号。弘扬传承传统文化，大力开展戏曲进校园工作。组织戏曲工作者、戏曲爱好者、戏曲志愿者，深入学校开展戏曲知识普及讲座或结对辅导等志愿服务113期，打造了新郑市弘远路幼儿园、新郑市外国语小学、新郑市市直中学等10所戏曲特色学校，其中新郑市外国语小学荣获2017年度郑州市“戏曲进校园”十佳示范学校荣誉。统筹推进文艺精品创作和非物质文化遗产保护。出版了黄帝故里新郑故事系列丛书《南街》《郑韩遗珍》《凤兮归来》《郑风疏影》等4本书，创作了大型神话豫剧《鱼仙妩媚》，该剧荣获郑州市戏曲大赛一等奖和河南省戏曲优秀剧目一等奖。切实加强非物质文化遗产保护工作，完成河南省第四批非物质文化遗产代表性项目传承人申报材料和视频资料的准备工作。有序推进文化产业发展。“宋城·黄帝千古情”项目落户新郑市，文化产业发展实现新的突破。

【互联网宣传管理】坚持正能量是总要求、管得住是硬道理，以“两微一端一网”建设为重点，着力抓好舆情监测引导、抓好网络宣传管理、抓好队伍机制建设，不断提升舆情监测科技化手段、网上舆论引导能力、属地监督管理水平，促进新郑市中心工作的开展、突发事件的有效处置、网络意识形态领域安全有保障。2017年，以“重双基、强双责”为抓手重点开展了“净化网上舆论环境专项治理”工作、“两个平台（互联网信息平台和新闻单位媒体平台）”清查整改以及“关键信息基础设施安全保障”等工作。党的十九大期间，制定下发了《新郑市服务保障党的十九大网络安全工作方案》，针对重点领域、重点目标明确了44项保障任务，加强了对新郑域内各类互联网信息平台的动态管理和日常监管，确保了网络意识形态阵地的监测管控到位。全年共编发和报送《新郑舆情简报》44期、《网络舆情处置提示函》63期、《网上突发舆情研析专报》16期，牵头召开舆情处置联席会议5次。为新郑市经济社会发展营造了良好的网上舆论环境。

（撰稿：石雅磊　审阅：陈艳玲）

统战工作

【概况】新郑市委统战部位于人民路市委大院办公楼一楼，是隶属于新郑市委的工作部门。统战部现有人员14人，其中部长1人，常务副部长1人，副部长1人，侨联会长1人，正科级干部1人，工作人员9人。内设部办公室、党外干部科、经济联络科、台湾工作办公室4个科室和侨联、台联、海联3个事业机构。统战部的主要职责：组织贯彻执行中央、省委、市委关于统一战线的方针政策，负责联系全市各民主党派和无党派代表人士，反映他们的意见和建议；调查研究、协调检查有关民族、宗教工作重大方针、政策的落实情况，抓好宗教界代表人士的培养工作和爱国宗教团体自身建设；负责开展以祖国统一及促进新郑市经济发展为重点的海外统战工作，做好台胞、台属及有关人士的联络工作；负责党外人士的政治安排，做好党外后备干部和新的社会阶层代表人士队伍的建设工作；负责开展经济领域的统战工作；调查研究党外知识分子情况；负责开展海内外统一战线的宣传工作；负责指导本市各乡镇、街道的统战工作；联系并指导市工商联、侨联、台联等有关人民团体的工作；承办市委交办的其他事项。

【统战队伍建设】2017年，先后召开3次部长办公会议和5次支部党员大会进行学习；组织统战系统各单位开展专题学习，做到了“三个一”：每人一个学习计划，一篇学习体会，一次学习成果汇报，切实做到学习精神入心入脑；引导统战成员学习，11月1日、11月13日召开民主党派、党外代表人士、工商联人士学习十九大精神座谈会，12月18日召开新郑市优秀党外人士培训班，传达学习党的十九大精神和习近平总书记关于统一战线的重要论述和明确要求，准确理解把握精神实质和科学内涵。严格落实制度，确保学习效果。以制度推进学习活动开展，以学习活动开展推动统战工作再上新台阶，进一步明确统战工作目标任务，落实责任到人；丰富活动载体，在全市统战系统开展了一次学习成果集中展示，吸引了更多的统战对象主动了解、接触统战部门；以学习提素质，通过系统学习习近平新时代中国特色社会主义思想、党的十九大、中央统战工作会议精神和《条例》，激发统战系统人员干事创业的巨大热情，增强责任感和使命感，使人人立足岗位创先进、履职尽责争优秀，以统战干部的素质能力和形象，凝聚多方力量。结合实际工作，认真抓好落实。工作中，认真落实党的十九大、习近平总书记系列重要讲话、中央统战工作会议精神和《条例》精神，将统战工作纳入新郑市委、市政府2017年度综合考核工作，把统一战线工作作为对各级党委领导班子和领导干部考核的内容，精心设置考核内容，对统战各项工作进行分值量化，与纪委、组织、宣传等全市重点工作同安排、同部署、同督查、同考核。把党外代表人士和新的社会阶层人士工作作为市委统战部的一项重点工作来抓。2017年，市委统战部深入到全市15个乡镇（街道）、管委会及相关部门开展“党外代表人士和新的社会阶层人士工作”专项调研。在调研中召开座谈会16次，与党外代表人士和新的社会阶层人士面对面进行交流，了解他们的思想动态、工作生活和困难问题。依据实地走访调研掌握的数据，对全市党外知识分子和新的社会阶层人士分布层次、个人信息进行规整建档，强化动态管理，已建立4200余人的党外知识分子和220余人的新的社会阶层代表人士的信息库。4月6日，中央统战部八局副巡视员郭焕龙一行在省委统战部副部长张利芳、郑州市委统战部副部长王丽、新郑市委副书记王效光陪同下对新郑市新的社会阶层人士工作进行考察调研，对新郑市新的社会阶层人士工作给予肯定。

统战部注重抓好“两个结合”：

一是建立“两学一做”学习教育常态化制度化机制与日常工作结合起来，把“两学一做”学习教育成果运用到统战工作、基层工作中，有机融合，相互推动。二是建立“两学一做”学习教育常态化制度化机制与自身建设结合起来。通过“两学一做”学习教育，剖析部机关党建工作中存在的不足，为精准发力补短板奠定基础。

把统战工作纳入基层党组织重要议事日程，在全市15个乡镇（街道办）、管委会及部分社区成立由书记任组长的统战工作领导小组，全覆盖配备统战信息联络员。提升基层统战标准。2017年3月分别对各乡（镇、街道）进行督导检查，指导全市15个乡镇（街道）、管委会按照新郑市委统战部制定的“六有”标准完善和开展统战工作，不断强化基层阵地。创新基层社区调研。2017年5月通过“走百户，串百家，交百友”的形式，组织统战专干、社区工作人员对全市15个乡镇（街道）、管委会27个社区进行走访调研，分门别类建立社区统战成员资料库。

做好信息、宣传、调研、网站工作，完善修订了《新郑市委统战部2017年度信息、宣传、调研、网站工作方案》，四项工作分别由部领导牵头，相关科室具体负责，责任明确到人，有效推动统战信息、宣传、调研、网站工作逐步走上规范化、制度化、程序化的轨道。6月份开展“统战工作宣传月”活动，制作宣传版面166个、条幅503条，发放宣传页15000余份，指导各乡镇（街道办）认真贯彻执行党的统战、对台侨务、民族宗教、党外、非公经济等工作的方针政策，确保各项方针政策落到实处。通过收集丰富的宣传内容、拓宽宣传范围、加大宣传力度，多渠道、多形式、多角度地开展统战宣传工作，充分调动广大统战人士的积极性，为全市经济发展献计献策，树立统战意识。

【参与筹办拜祖大典】 参与丁酉年黄帝故里拜祖大典的筹备工作。做好嘉宾邀请工作，以黄帝故里拜祖大典为载体，加强对外联络与交往，邀请港澳台同胞和海外侨胞来新郑市寻根拜祖。台湾、香港、澳门和美国、英国、法国、瑞典、意大利、加拿大、澳大利亚、新加坡、马来西亚等国家和地区的华人华侨参加了2017年黄帝故里拜祖大典。

拓展港澳台和海外联谊工作。以丁酉年黄帝故里拜祖大典为契机，加强交流合作，对全市港、澳、台及海外统战资源进行全面登记，与重点人士和社团建立稳定的联系。加强与港澳各界人士特别是专业界人士、海外华人华侨、华裔新生代、留学人员代表人士的交流交往，努力培养一支政治上有地位、社会上有影响、经济上有实力、学术上有造诣的港澳台和海外代表人士队伍。

【指导协调工商联工作】 切实增强理想信念。把理想信念教育实践活动和“两学一做”专题教育常态化制度化进行了有机结合，广泛开展以“守法诚信”为重点的非公有制经济人士理想信念教育实践活动。通过非公有制经济人士理想信念教育实践活动，进一步引导本市非公人士进一步增强“四信”，不断坚定理想信念，不断提升会员企业的凝聚力、向心力，引导会员企业在新郑市社会经济发展过程中发挥更大的作用。

凝聚非公企业力量，弘扬非公经济人士光彩精神。积极鼓励、引导非公经济人士履行社会责任，投身光彩事业，弘扬光彩精神。2017年以来，新郑市非公企业在“百企帮百村精准扶贫”、捐资助学等各项慈善活动中慷慨解囊，捐款捐物，先后举行了“爱心众筹、精准扶贫”、为白血病女童捐款等活动，捐款捐物200余万元，并为全市劳动力提供就业岗位4000余个，实际安排就业人数2000余人。非公经济人士富而思进，回报社会的善举，赢得了社会的广泛认可和尊重，为推动新郑市民生改善，促进社会和谐进步做出了积极贡献。同时，积极与工商联会员企业联络、沟通，与政府相关部门协调，为新郑市新型城镇化建设凝心聚力、搭建平台，广泛调动会员企业参与新型城镇化建设，充分整合非公经济的优势资源，组织引导全市广大非公企业积极参与新型城镇化建设，为建设美丽家园贡献力量。

扎实细致做好非公经济人士综合评价工作。非公经济人士综合评价工作是增强党的执政能力的重要举措，是加强非公有制经济代表人士队伍建设的必然要求，是非公有制企业实现科学发展的客观需要。2017年，市委统战部以市工商联换届为契机，科学组织、精心操作，抓好关键环节，扎实细致地做好非公经济代表人士综合评价工作，共对全市145名非公经济代表人士进行了综合评价。同时用好评价成果，从思想政治素质、履行社会责任情况、企业经营管理与发展情况、社会信用及公众形象等方面督促非公经济代表人士不断提高完善自身素质。

【民族宗教统战工作】 依托网格化平台建立完善市、乡（镇、街道）、村（社区）三级网格和乡（镇、街道）、村（社区）两级责任制。加强民族宗教政策法规宣传。以民族宗教三级网格为载体，依托“政策法规宣传月”和培训班，组织动员全市宗教界人士和信教群众，开展形式多样、富有成效的活动。全年共举办市级民族宗教政策法规、清真食品管理培训班3期，培训全市宗教团体、场所负责人540余人次。组织全市各场所开展政策法规学习，全市各教派各场所共培训信教群众20000余名。通过培训，提高了宗教界人士和信教群众的法律意识、公民意识和大局意识，提升了依法管理宗教事务的能力水平。

持续推进民族团结进步创建活动。继续以“中华民族一家亲，同心共筑中国梦”主题宣传活动为引领，以民族团结进步创建活动进机关、企业、社区、乡镇、学校、寺庙（简称“六进”）为载体，以“东关街社区”“渔夫子路教堂”等示范点为引领，以点带面全面推进民族团结进步创建工作开展，进一步夯实基层民族团结进步基础，扎实推进民族团结进步创建活动继续深入开展。

积极开展清真食品检查整顿工作。不断加强清真食品义务监督员的管理，持续做好清真食品义务监督员的管理培训工作，提升清真食品义务监督员综合素质。继续做好优秀监督员和“监督之星”评选工作，不断激励监督员充分发挥其市场监督员、政策宣传员、情报信息员和矛盾调解员的积极作用。不断深入开展清真食品牌证专项整治活动，坚决依法打击“清真不清”等问题，全年共进行清真食品专项检查3次，检查清真食品生产经营单位162家，进一步规范了清真食品生产和市场秩序，确保全市群众吃上放心的清真食品。

扎实开展“和谐寺观教堂”创建活动。在巩固以往创建成果的同时，以新郑市“平安新郑”“平安宗教活动场所”创建活动为契机，不断完善落实各项规章制度，提升宗教团体及场所负责人个人素质和责任意识，提高场所管理的规范化水平。活动中制作了宣传横幅103条、印发了宣传彩页30000份，分别与全市宗教活动场所和13个乡镇（街道）签订了目标责任书，明确责任人和工作任务，规范场所管理，确保场所活动有序、管理规范。

【凝聚力工程活动】 深入推动多党合作制度实践。高度重视，增进共识。引导各民主党派、无党派代表人士深入开展坚持中国特色社会主义学习实践活动，开展主题教育，继承优良传统，增强“三个自信”，引导党外代表人士自觉把思想和行动统一到中央、省委和两级市委的决策部署上来。做好各民主党派、无党派代表人士的政治安排。2017年是换届之年，在市委的正确领导下，市委统战部协同市政协党组、市委组织部，严格把握大团结大联合主题，落实政协委员结构比例要求，做好各民主党派、无党派、非公经济代表人士在政协常委、政协委员中的政治安排。献计出力，参政议政。以“两会”为载体，大力支持人大代表、政协委员中的民主党派、无党派、工商联界人士积极履行职能，2017年“两会”期间共向人大、政协提交议案、提案109条，向党委、政府和有关部门提出意见建议62条。支持配合民主党派就社会热点问题开展调研，先后配合民建河南省委进行黄帝故里改扩建工作调研、民盟河南省委进行现代农业发展调研、新郑市各民主党派对“中小学大班额教育”的联合调研。

开展双引双招、“双创”活动。借助黄帝故里拜祖大典平台，邀请知名企业、友好商会来新郑参观考察，组织统战干部、民营企业家等多个小分队分别赴浙江、福建等经济发达地区招引项目、学习考察。市委统战部、工商联充分调动企业自主创新和自主招商积极性，以企业为主体包装项目，大力开展“以企招企、以企兴企、以企壮企”，引导企业搞技改，抓重组，上项目。使企业变被动为主动，由企业关心自身建设到关注全市经济发展，形成“政企联手，内外同上”的良好局面。

引导统一战线服务改善民生。持续深入引导非公企业投身精准扶贫、精准脱贫，全市60余家非公有制企业与35个村结对开展“企业联村助脱贫”活动，深入开展“同心下乡四送”活动，举办各类宣传活动23场，发放农业实用技术资料1万余份，聘请党外农技专家开展培训3场，联系就业岗位3000多个，组织党外医疗专家义诊5次。

（撰稿：张　强　审阅：师俊杰）

对台事务

【概况】 对台事务办公室在市委机关大院一楼。2017年，新郑市台办积极开展对台交流、涉台经贸及对台宣传等活动。扎实有效地做好了对台各项工作，较好地履行了对台工作职责。

【对台方针政策宣传】 2017年，新郑市台办在《豫台视窗》《根在中原》等媒体发表涉台活动信息及对台宣传稿件22篇。在春节、端午等传统节日期间，新郑市台办组织台属向岛内台胞亲人发一份家信、打一个电话，传达问候。4月份，利用梨河镇“台胞台属之家”的资源优势，在当地社区采取悬挂横幅、散发宣传资料等形式，开展了涉台知识宣传活动，受教育群众5000余人次。6月份，联合市教育局在全市中小学开展“我与宝岛台湾”主题征文活动。6月下旬，对全市14个乡镇进行走访调研，向乡镇赠送涉台书籍《中国台湾问题》70余册，台湾知识宣传片《宝岛印象》100余份，微电影《回家》光盘30余本。

【参与筹备拜祖大典】 积极参与丁酉年黄帝故里拜祖大典具体筹办和嘉宾邀请工作，通过多种渠道联系、组织有影响力的台胞前来拜祖。中国国民党副主席陈镇湘、台湾劳动党主席吴荣元带领的台湾拜祖代表团参加了黄帝故里拜祖大典。

【对外联络和交流】 新郑对台工作有着特殊渊源、特殊要求、特殊意义，加强两地合作交流、进一步做好对台工作，是新郑扩大开放、实现发展新跨越的迫切需要。2017年8月，山东烟台市考察团一行4人到新郑参观考察黄帝故里海峡两岸交流基地。9月，四川省绵阳市台办一行7人在绵阳市台办主任陈福林的带领下到海峡两岸交流基地就黄帝故里拜祖大典的先进做法和成功经验进行了座谈交流，详细了解了自海峡两岸交流基地获批以来，新郑市开展对台交流及接待台湾参访团的情况。9月下旬，《人民日报》海外网、台湾《联合报》记者对黄帝故里海峡两岸交流基地进行了参观采访并在联合新闻网、联合报系、手机报等媒体播出，让更多的台湾民众进一步认识和了解黄帝故里海峡两岸交流基地。

2017年，新郑市有2个团组、3人次赴台交流，交流项目层次高、范围广、实效性强，达到了宣传新郑、结交朋友、洽谈合作的目的。赴台团组以经贸交流为主，又有文化产业、农业科技、教育等交流项目。在组团过程中，突出每个团组特色，注重实效，取得了较好的交流效果。

【维护台胞和台资企业合法权益】加强与台胞台属台企的联系和沟通，通过春节团拜会、季度座谈会、台胞台属中秋联欢会、对台工作通报会等各种载体和渠道把台胞台属团结起来，凝聚力量，为新郑市经济社会发展服务。2017年5月，新郑市台办开展“台资企业走访季”活动，组织台办工作人员、各乡镇街道对台工作人员，对辖区台资企业全部走访一遍，认真听取他们的意见建议，帮助台资企业解决生产经营和生活上的困难和问题。

（撰稿：张芳芳　审阅：师俊杰）

市直工委

【概况】新郑市直属机关工作委员会位于人民路市委院内，下辖党组织78个，其中党委22个、党总支15个、党支部41个。一年来，市直工委围绕“服务中心、建设队伍”两大核心任务，坚持党要管党、从严治党，发扬党内民主，强化党内监督，以“四有一好”党建品牌创建为抓手，不断加强市直机关党的建设，为加快推进国家中心城市次中心建设提供坚强政治和组织保证。

【党组织建设】按照《市委办公室市政府办公室关于在“两学一做”学习教育常态化制度化中开展“双联双助”活动的通知》要求，扎实开展“组织联村助党建”工作，印发《关于在市直机关开展“抓党建促脱贫攻坚”工作的意见》（新直〔2017〕17号），做好脱贫攻坚工作理论指导。结合“育典型、强帮带、抓辐射”活动，让先进典型的事迹充分向帮带对象、辐射对象和联建党组织延伸；组织开展“政融保”项目培训会，为脱贫攻坚工作提供金融支持；创新开展“四有一好”党建品牌创建活动，通过宣传发动、酝酿品牌、全面推进、申报评选、命名展示等环节，在全市评选出有名称、有标识、有理念、有成效、能把党组织和党员作用发挥好的“四有一好”党建品牌，营造全市机关党建工作争先创优的良好氛围。围绕迎接十九大胜利召开，以“喜迎十九大，机关作表率”为主题，组织市直机关开展主题演讲比赛，回顾党的奋斗历程，讴歌党的丰功伟绩，全面展示机关党员干部风采。2017年，全市75家市直单位开展党员志愿服务活动1070人次。督促指导10个任期届满党组织进行了换届，新成立14个基层党组织，基层党组织的设置得到了优化，战斗力明显增强。

【党员队伍建设】认真执行党员领导干部双重组织生活和“三会一课”制度，要求市直各机关党委班子讲党课，市直机关工委举办三期市直机关大讲堂活动，累计培训机关党组织书记和党务干部510余人次，内容涉及“两学一做”、习近平总书记重要讲话精神、机关党建先进经验等，全面提升了机关党员干部的党性修养。坚持标准从严发展党员，组织举办了2017年新郑市直机关党员发展培训班，全年共新发展党员92名，审批新党员51名，预备党员转正98名，转接组织关系491件。认真做好困难党员慰问工作，在“七一”和春节发放贫困党员春节慰问金共计20.51万元。规范党费收缴，实行“党费日”制度，严格按照规定足额交纳党费，认真做好2015—2016年度离退休干部42个党支部的党费返还工作，返还党费18.74万元。同时，按照市委要求，返还2008—2015年度离退休干部党支部补缴党费19.56万元。

【党风廉政建设】为促进机关作风改进，按照中央、省、市有关要求，把认真学习贯彻习近平新时代中国特色社会主义思想作为一项重大政治任务，尽好责、抓到位、见实效。组织市直机关党支部召开专题组织生活会，支部班子及其成员对照职能职责，进行党性分析，查摆在思想、组织、作风、纪律等方面存在的问题。面向党员和群众广泛征求意见，严肃认真开展批评和自我批评，针对突出问题和薄弱环节提出整改措施。组织全体党员对支部班子的工作、作风等进行评议，着力解决党员队伍在思想、组织、作风、纪律等方面存在的问题，使广大党员进一步增强政治意识、大局意识、核心意识、看齐意识，坚定理想信念，保持对党忠诚，树立清风正气，勇于担当作为，充分发挥先锋模范作用。

（撰稿：高　尚　审阅：高维娜）

精神文明建设

【概况】2017年，全市精神文明建设工作以培育和践行社会主义核心价值观为主线，坚持稳中求进工作总基调，坚持利民惠民工作导向，着力加强思想道德建设，着力深化群众性精神文明创建活动，着力培育社会文明新风，着力提升市民文明素质和社会文明程度，为加快推进现代田园临空经济强市和国家中心城市次中心建设提供坚强的思想保证、强大的精神力量、丰润的道德滋养和良好的文化条件。主要开展以下工作：

【公民道德建设工程】营造社会主义核心价值观浓厚宣传氛围。综合运用媒体宣传和社会宣传，通过市广播电视台、《新郑新闻》《新郑手机报》《新郑播报》、政府网站与各级党政机关、企事业单位的官方网站、微博、微信公众号、QQ工作群等媒体媒介，以及户外广告牌、板报、墙体、文化长廊、宣传栏、电子屏幕、路名牌、公交站牌等多种载体，持续开展社会主义核心价值观公益宣传。2017年，全市累计刊播刊载大型喷绘广告5000多平方米、建筑围挡1万多平方米、灯杆道旗13600面、文化墙48面；新郑电视台每天播出公益广告及公共文明素养提升行动宣传广告累计达30分钟以上；《郑州日报·新郑新闻》《郑州晚报·新郑播报》刊发公益广告30多期，《新郑手机报》刊载公益广告宣传40期。持续办好用好道德讲堂。充分发挥道德讲堂的导向、平台、辐射作用，不断提升道德讲堂“建管用”水平。全年共举办道德讲堂总堂活动15场（次），各级文明单位举办道德讲堂活动186场（次），受教育人员近2.1万余人次。持续开展先进典型选树活动。充分发挥典型引领作用，持续开展月评文明市民、身边好人评选活动。全年有4人被评为郑州市文明市民。李银妞家庭被评为河南省首届文明家庭。对评选出的92户“文明家庭”“十星级文明户”进行表彰，每户给予1000元现金奖励。组织开展“感动新郑”十大人物评选表彰活动，重点面向基层一线干部群众，着重推荐助人为乐、见义勇为、诚实守信、敬业奉献、孝老爱亲五大类别的先进典型。各乡镇持续开展“十星级文明户”“好媳妇”“好婆婆”评选活动，共评选出“十星级文明户”680户、“好媳妇”460名、“好婆婆”420名，发挥了很好的示范引领作用。

【群众性精神文明创建活动】全面开展省级文明城市创建工作。3月22日，召开创建省级文明城市工作动员大会，成立领导小组，印发创建方案，确定了“2017年打基础、2018年上台阶、2019年实现成功创建”的工作思路。在电视台开辟“创建文明城市”文明创建大家谈工作专栏，累计播出16期；制作39条创建宣传标语和《致全市人民的一封公开信》，通过各种媒体媒介广泛传播。根据创建工作要求和郑州市每月一次的督导反馈，对政务服务中心、老旧社区、集贸市场、餐饮店、建筑工地等重点难点部位进行督查，并限期整改。高标准规划社会主义核心价值观氛围营造，重点规划三大入市口、三个广场及公园、七个重点部位、五条主次干道，共计投入600多万元。文明单位、文明村镇创建工作持续开展。注重对文明单位、文明村镇创建活动的培育和指导。5月初，召开全市精神文明建设工作专题会议，对文明单位、文明村镇、文明社区创建工作以及农村精神文明建设工作进行安排部署。7家届满省级文明单位和23家在届省级文明单位（标兵）顺利通过复查验收，8家单位创建成郑州市级文明单位，10家单位创建成新郑市级文明单位。辛店镇顺利通过国家级文明镇届满复验，辛店镇北靳楼村创建成国家级文明村，龙湖镇和新村镇创建成郑州市级文明镇。开展助力脱贫攻坚系列活动。6月份，举行“脱贫攻坚·我身边的感动”主题演讲比赛，38名选手参加预赛，18名选手进入决赛，经过评委现场打分，最终评选出一等奖2名、二等奖3名、三等奖7名、优胜奖6名、优秀组织奖2个。举行“我的精准扶贫故事”有奖征文活动，受到全市各单位，尤其是全市扶贫一线工作人员的积极响应和大力

市豫剧文化演艺中心开展送戏下基层演出活动

支持。活动共收到征文作品104篇，经过专家评委会两轮评审，最终评出一等奖5名、二等奖10名、三等奖20名、优秀组织奖7个。开展“我们的节日”主题系列活动。春节、元宵节，开展形式多样、内容丰富的节日文化活动和民俗表演，引导人们认知传统、尊重传统、继承传统、弘扬传统，增进爱党、爱国、爱社会主义和民族团结情感。清明节，开展“网上祭英烈”活动，倡导祭祀新风，传承感恩纪念。端午节，开展经典诵读、“和空巢老人一起过端午”志愿服务活动，弘扬中华优秀传统文化和传统美德。中秋节，开展“和道德模范一起过中秋”活动。重阳节，评选表彰十佳老龄工作先进单位、孝老爱亲模范、“五老”模范，组织司法、社保、公安、卫计委等部门和心理志愿者在百家姓广场开展针对老年人的志愿服务活动。加强文化墙建设。广泛开展农村文化墙建设，进一步丰富农民群众的文化生活，使其成为群众认知传统、涵养文明、提升素质的重要途径。全市农村文化墙建设通过郑州市验收，并获得12.5万元专项奖励。辛店镇史庄村被列入省文明办资助贫困村建设“村史文化墙”名单，获得2万元专项资金。推动移风易俗，树立文明乡风。各行政村修订完善村规民约，在醒目位置公示；建立完善村民议事会、道德评议会、红白理事会、禁毒禁赌会，并充分发挥作用。辛店镇袁集村作为全市移风易俗工作开展的试点村，投资86万元修建了便民堂，每年平均承办50次以上。深入开展文明单位与村庄结对帮扶活动。按照《郑州市第四轮文明单位结对帮扶农村精神文明创建工作方案》要求，各级文明单位积极发挥示范带动作用，与村庄结成新一轮帮扶对子，签订年度帮扶协议，通过“清洁家园行动”、慰问贫困户、送图书下乡、建设文化墙和精神文明宣传专栏、开展教育培训和法律法规宣传等活动，帮助改善村容村貌、丰富精神文化活动，深受广大农民的欢迎。

【文明社会风尚行动】 持续实施公共文明素养提升行动。2017年是公共文明素养提升行动巩固提升年，目标是实现文明到人。在巩固教育治理成果的基础上，持续开展“学礼仪、行礼仪”学习教育、《全民科学素质行动计划纲要》宣传教育、“七五”普法等活动。举行“文明礼仪伴我行”专题讲座8场（次），行业礼仪培训32场（次），受益人数1.2万余人次。开展安全、节水、环保、扶贫等宣传活动百余场次，发放宣传单15万余份。开展“法律明白人”培训50余场次，培训“法律明白人”5300余人次，发放各类法律书籍1万余册。持续推进文明旅游行动。做好文明旅游的正面宣传，通过网站、微博、微信和新郑旅游手机APP等宣传平台，积极开展文明旅游知识宣传；在全市旅游景区、旅游星级酒店、旅行社等地投放文明旅游指南、文明旅游宣传册；利用国际博物馆日、中国旅游日、文化遗产日等主题日，在人流密集地发放文明旅游知识宣传册；成立文明旅游引导队，向市民游客发放文明旅游倡议书，开展劝导引导服务，营造文明旅游的浓厚氛围。大力开展文明交通行动。为预防和减少道路交通事故发生，新郑市积极排查道路交通安全隐患、整治交通事故黑点、完善道路交通安全设施，为文明交通行动提供良好的基础保障。持续开展文明交通宣传教育活动。创新交通安全宣传教育方式，对非机动车、行人交通违法行为采取“三教育一采集”（体验式站岗的感受教育、学习交通法规的法律教育、书写守法承诺的自我教育，采集交通违法者的详细信息并记录在案），并且让交通违法者现场答题，在微信朋友圈发出倡议，并签署承诺书，做文明出行的倡导者和践行者。开展“礼让斑马线”活动，对机动车不礼让斑马线行为严管重罚，对不礼让斑马线的机动车进行摄录取证，对行经斑马线不减速的处50元罚款、扣3分，对行经斑马线遇有行人正在通过不停车让行的处200元罚款、扣3分。活动的持续开展，保证了生命安全，提高了交通效率，彰显了城市文明，让出了社会正能量。

【未成年人思想道德建设】 以立德树人为根本，深化未成年人道德养成教育。在全市中小学校深入开展“讲家风、习校训、写家书”“认星争优、做美德少年”“中华经典诵读”等活动。开展“我的中国梦”主题教育实践活动。清明节期间组织未成年人开展“清明祭英烈”活动；“六一”期间组织开展2017年度“黄帝故里美德少年”和“认星争优”活动优秀学校评选表彰活动，共评选表彰50名“黄帝故里美德少年”和10所“认星争优”活动优秀学校。其中有6名学生和3所学校分别获得郑州市表彰奖励；“七一”期间组织“童心向党”歌咏展示活动；国庆期间，在全市未成年人中开展“向国旗敬礼”活动，有3.1万人参与活动。大力加强未成年人思想道德教育阵地建设。认真贯彻落实好乡村学校少年宫建设任务，2017年新建乡村学校少年宫3所，总数达到35所，其中19所获得上级彩票公益金支持。

（撰稿：白　岳　审阅：张延超）

新闻宣传

【概况】 新郑市新闻中心位于人民路198号，隶属中共新郑市委宣传部，主要职责是负责“一端两报两微两号一网”的编辑出版、时时发送工作。（即：《新郑视界》APP、《郑州日报·新郑新闻》《河南手机报·新郑版》《新郑新闻》微信、《新郑视界》微信、《新郑新闻》头条号、《新郑新闻》企鹅号和新郑新闻中心网），策划组织全市重大新闻宣传活动和重点工作报道，组织全市新闻宣传业务培训等。荣获“共青团郑州市委2015—2019年度青年文明号”荣誉称号。

【融媒体平台】新闻中心在巩固做好《郑州日报·新郑新闻》报纸主阵地的基础上，不忘初心、牢记使命，自我加压、主动作为，打造了“22211”融媒体平台（两报两微两号一端一网），实现了一次采集、多种生成、多元传播，在提升信息传播时效、讲好新郑故事、推动干群互动和引导社会舆论等方面充分发挥了县市主媒阵地作用。

两报：《郑州日报·新郑新闻》《河南手机报·新郑版》。《郑州日报·新郑新闻》定位于新郑市委机关报+外宣品，每周三出版一期，每期10000余份，侧重于报道时事政务、基层实践、社会民生、新郑人文、专题影像等，现已出版400余期。《河南手机报·新郑版》每周一、三、五编发，传播党的方针政策、新郑政务信息、基层动态，开辟了“微天气”“每日经典”“方言词语”等生活栏目。现已编发930多期，用户8000余人。

两微：《新郑新闻》微信公众号、《新郑视界》微信公众号。2016年1月，《新郑新闻》微信公众号正式运行，集“微官网、微矩阵、微新闻、微社区”等于一体，成为一个“微型新闻超市”。“微官网”搭建了十九大、“微矩阵”“稿件征集”等平台，将中央和省市主流媒体以及新郑乡镇委局的微信公众平台进行有效链接，实现了一键通达。“微新闻”成功链接了《新郑视界》APP、市政府网、新郑宣传网等，可以直接浏览APP、PC端全部内容（包括视频）。“微直播”与本地头条联运，实现了新郑“溱洧欢歌”广场文化活动等大型文化活动的现场直播、网民互动。通过微信平台还举办了一系列活动，其中，“每日五题”十九大知识有奖竞赛活动，参与人员达100000余人次。“2017感动新郑十大人物评选”，投票量达460000人次。现已编发资讯3500余条，单条浏览量最高达40000+，粉丝近20000人。

两号：《新郑新闻》头条号、《新郑新闻》企鹅号，于2018年1月28日同期上线运行。借势《今日头条》《天天快报》平台数亿的受众人群和强大的推送能力，《新郑新闻》头条号累计阅读量220000+，单条最高推荐量40000+；《新郑新闻》企鹅号总阅读量50000+，单条最高阅读量10000+。

一端：《新郑视界》APP手机客户端，借助北大方正电子“新空云泛媒体融合一体化开放平台”打造，内置了科大讯飞AI智能语音服务，实现了新闻轻松听，2016年11月上线运行，现已编发图文、音视频等信息5000余条，用户10000多人。《新郑视界》APP以打造“新闻超市”为目标，设置了“新闻+”模式，开设了“新闻+图片”“新闻+视频”“新闻+专题”等，涵盖了学习、时政、社会、正能量、镇街局、阅读（手机报、数字报、经典诵读、语出新郑等）、视听（视频新闻、影像新郑、图文直播等）、专题（污染防治、脱贫攻坚、双迎攻坚、乡村振兴等）等相关子栏目，让读者能够及时学习党的十九大精神和习总书记系列重要讲话精神，看到中央和省市重大政策法规，看到新郑电视台当天的视频新闻，看到全市上下积极投身国家中心城市次中心建设的生动实践，看到发生在身边的好人暖事、感受中华优秀传统文化和新郑特色文化，重大节会期间还可以收看图文直播。目前，《新郑视界》APP正在改版升级，将逐步为乡镇委局等开通后台账号、开辟专属阵地，迎接新郑整体宣传手段的革新换代，真正实现大互动、大宣传格局。此外，党的十九大胜利召开后，利用APP推出了“每日十题”十九大知识有奖竞答活动，短短一周时间参与人员就达55000余人次。

一网：新郑新闻中心网。紧紧围绕市委、市政府中心工作，大力推介、积极宣传黄帝故里新郑，是用户在PC端查阅新郑新闻、信息资讯的重要平台。

【县域媒体传播阵地建设】依托上级媒体，做好本土宣传。2003年，县级报取消后，新郑没有了本土的纸质媒体。虽然在一定程度上减轻了基础单位订阅党报的经济压力，但同时发现存在一个极大的弊端，就是新郑市委市政府的声音在向下传递中存在障碍，许多基层干部群众不了解全市情况和中心、重点工作，不利于市委市政府工作推进。

在这种情况下，新郑市委市政府借鉴先进地区县域创办媒体做法，与郑州市委机关报《郑州日报》合作，联办了《郑州日报·新郑新闻》，由新郑市新闻中心采集稿件，郑州日报编辑、排版、印刷、发行。

2012年2月，市新闻中心又借助河南移动彩信平台，创办了《新郑新闻（新郑版）》，2015年与河南手机报合作，更名为《河南手机报·新郑版》，手机报传播速度快，阅读便捷，弥补了《郑州日报·新郑新闻》时效性较差的不足。

适应发展新态势，做好传统纸媒与新媒体融合发展。互联网的飞速发展迎来了新媒体时代的到来，市新闻中心在办好《郑州日报·新郑新闻》《河南手机报·新郑版》的基础上，根据全市广大党员干部、群众需求和市场需要，积极开拓视野，创新发展，采购信息平台，推出微信公众号《新郑新闻》，并与方正集团合作推出APP客户端《新郑视界》，建立全媒体“中央厨房”，订阅人数逐渐增多，新媒体传播速度快、范围广的效果逐渐呈现。2017年1月，市新闻中心又成立了新媒体部，积极推进报纸、手机报、网站、客户端、微信公众号等在内容、渠道、平台、经营、管理等方面深度融合，做到新闻信息内容一次性采集、多媒体呈现、多渠道发布。

壮大通讯员队伍，拓宽信息渠道。市新闻中心建立了200多名的乡镇委局骨干通讯员队伍，定期将宣传报道重点通过微信群、qq群发给他们，邀请他们积极投稿。建立了10多人的新郑新闻中心融媒体特邀摄影记者队伍。举办全市通讯员、摄影记者培训班、座谈交流会。邀请新华社河南分社、人民日报社河南分社、河南日报、郑州日报等资深编辑开展新闻写作、新闻摄影培训。

（撰稿：刘栓阳　审阅：刘丽敏）

老干部工作

【概况】中共新郑市委老干部局现有工作人员49人，其中行政人员9人、事业全供人员40人。内设办公室、老干部大学办公室、安置保健科、综合服务科、信息调研科、编制人事科，下设一个副科级单位（关工委办公室）、一个二级机构（新郑市老干部活动中心）。目前，全市共有离退休干部4126人，其中离休干部128人、退休干部3998人。离退休干部党员总数2136人，其中离休干部党员85人、退休干部党员2051人。全市共有离退休干部党支部67个、党小组32个。

【离退休干部两项建设】开展全面从严治党学习教育，加强离退休干部思想政治建设。全年结合推动“两学一做”学习教育常态化、制度化，发挥先进基层党校的影响力，组织离退休干部深入学习党的十八届六中全会精神，深入学习习近平总书记系列讲话精神，在十九大胜利闭幕之际，适时开办离退休干部党支部书记和老干部专干学习十九大专题培训班，全市120余名老同志和老干部工作者参加培训，通过学习把党的十九大精神转化为广大离退休干部党员的思想共识和自觉行动。积极引导老干部发挥正能量，争做“实力新郑的参与者、宜居新郑的推动者、活力新郑的践行者、幸福新郑的贡献者、美丽新郑的守护者、文化新郑的引领者、平安新郑的捍卫者”，为新郑建设国家中心城市次中心再作新贡献。强化党组织作用发挥，加强离退休干部党组织建设。坚持抓好党建保中心的工作思路，深耕党建的责任田，把“党建+”思维融入中心工作，成功打造“同心向党　情系夕阳”党建活动品牌，使党支部的战斗堡垒作用得到了充分发挥。建立班子成员联系点制度，每个班子成员固定联系3个市直单位或乡镇的离退休干部党支部，定期深入联系点，参加联系点党支部的党组织生活，指导基层离退休干部党支部开展党组织活动，切实增强党组织活动的政治性、原则性和吸引力、感染力，引导老同志严守政治纪律和政治规矩，做严肃党内政治生活的自觉践行者。

【老干部两项待遇】切实抓好老干部各项政策落实。督促全市各单位落实好老干部按规定看文件、听报告、参加重要会议和重要活动等政治待遇。落实分包联系制度，做好看望生病老干部工作和春节慰问工作，把党和政府的温暖送到老干部心中。建立困难离退休干部帮扶机制。依据郑老〔2017〕35号文件精神研究制定新郑市困难离退休干部帮扶实施办法，要求各单位按时上报困难离退休干部基本信息，通过集中帮扶，用好帮扶资金，及时为困难老干部雪中送炭。着力解决老同志反映的突出问题。日常工作中，局工作人员牢记“常怀敬老之心、多做惠老之事”，把老干部当作自己的长辈和亲人，怀着崇高的敬意和深厚的感情真情服务，尽力帮助解决离退休干部反映的问题。全年共接待来访老干部15人，解决一般问题11个、突出问题2个，赢得来访老干部好评。

【老干部正能量发挥】树立形象、创先争优。局党支部本着“在工作中争创，在争创中完善，在完善中发展的”工作理念，以“树新形象，上新水平，做老干部满意服务员”为主题，在机关开展文明优质服务窗口、标兵评选，积极营造“双争”氛围，争创先进单位，争当先进个人。先后荣获全国老年大学网络示范基地、郑州市老干部工作先进单位、郑州市先进基层党校等，副局长陈军辉荣获省老干部工作先进个人，办公室主任连青霞荣获郑州市老干部工作先进个人，机关一半以上的党员干部荣获新郑市老干部工作先进个人。发挥了机关党组织的战斗堡垒作用和党员的先锋模范作用，提高机关党组织的凝聚力、战斗力和创造力。树立典型、表彰先进。深入学习贯彻全国及省市老干部工作“双先”表彰会议精神，积极宣传“双先”事迹，引导广大老干部工作者以受表彰的“双先”为榜样，奋发有为，干事创业，并发掘、树立先进典型，表彰全市老干部工作、关心下一代工作先进集体和先进个人。在5月19日召开的2017年度老干部工作推进会上表彰了25个老干部工作先进单位、97名老干部工作先进个人、17个关心下一代工作先进单位和48名关心下一代工作先进个人，并印发《2017年新郑市老干部工作目标百分考核标准实施细则》和老干部工作问卷调查表，在老干部工作系统营造学习典型、争当先进的浓厚氛围。

广泛宣传、营造氛围。增强使命

担当，形成思想共识。按照意识形态工作要求，组织领导班子和机关党员干部认真学习了中央、省委、市委关于意识形态工作的有关文件和会议精神，建立了意识形态工作联席会议制度和分析研判制度，抓住思想引领、政治一致、价值宣扬、舆论导向等关键环节，在潜移默化中增强机关干部的思想认同，在细微之中保障意识形态工作扎实到位，形成了从领导班子到机关干部、从内容到形式较为完善的意识形态工作机制。围绕中心，加强信息宣传。先后向省委老干部局网站、市委老干部局网站、各级文明网、郑州日报、郑州晚报、新郑政府网、新郑手机报等媒体推送工作动态、文明创建、重要会议、重大活动、老干部晚年风采等方面信息230余条，省委老干部局网采用2条，郑州市委老干部局网采用178条，郑州晚报采用8条，新郑政府网采用29条，新郑手机报采用8条，并指导诗词班出版自己的刊物《溱洧潮》，三期共一千五百多册，及时、准确、有效地反映了老干部工作开展和落实情况。创新版块，丰富公众号。结合老同志实际需求，将市局微信公众号丰富完善为工作动态、学习活动、生活广角三大版块。工作动态版块，包涵通知公告和风采展示。学习活动版块，包涵大学课程、活动赛事和远程教育。生活广角版块，包涵健康养生和热点聚焦。2017年以来，市局微信公众号共推送各类信息123条。通过广泛宣传深化“两展示两正当”活动，为党的十九大胜利召开营造良好的舆论氛围。

召开座谈会，引领老干部为党的十九大建言。按照省局《关于在全省广大离退休干部中组织开展“建言十九大”专题调研活动的通知》要求，以“畅谈十八大、建言十九大”为主题，组织召开四大班子老领导代表和全市各级老干部代表座谈会，采取建立联系点的方式，深入到教体局、公安局、林业局、民政局、新烟办事处、工信委等12个单位进行座谈；通过发放调查问卷的方式向未参加座谈的老干部及有声望、有影响的社会老年人发放调查问卷1260余份，采取“一对一”分包联系的方式电话及走访到户访谈老干部116人，采取实地考察的方式深入到新郑市雏鹰集团为企业发展提出合理化意见建议。有效引领老干部为党的十九大建言，共收集到各类意见建议87条，归纳整理国家、新郑、老干部三个层面的可行性意见建议12条。

【关心下一代工作】组织动员更多的“五老”同志加入到“百场报告”进校园宣讲队伍，正式启动2017年上半年“五老”报告团宣讲活动。市“五老”报告团成员奔赴新郑市各乡镇中小学和市直中小学校，进行30多场的巡讲活动。巡讲内容包括“法制宣讲教育”“传统美德教育”“交通安全教育”“郑韩历史文化教育”“理想信念教育”“党史、国史教育”等几个方面，受教育师生达到1万人左右。联合法院、检察院、司法局、教体局等单位全面启动“关爱明天.普法先行”青少年普法主题教育活动。从三月份开始，相继联合各相关单位，开展青少年普法教育工作。3月2日，新郑市“关爱明天，普法先行”中小学普法和心理健康教育工作会议在新郑市新烟中学召开。3月21日，市关工委、市法院、市教体局在实验中学开展关于预防和遏制“校园欺凌”“校园暴力”法治教育宣传启动仪式暨新郑市法院心理咨询中心“心灯”基地揭牌仪式。5月27日，新郑市检察院联合市关工委、教体局、妇联等单位在新郑市市直中学举行以“防范校园欺凌 护航未成年人成长”为主题的送法进校园活动暨检察开放日。坚持公益先行，积极推动校园素质教育改革。12月27日，联合市教体局在全市开展“一宣讲两教育”进校园活动，为全市中小学生赠送《十九大报告读本》《青少年维权自护教育手册》和《弟子规》等读本。由于成绩显著、效果明显，被中国关心下一代工作委员会办公室、中国社会艺术协会、中国教育学会学校文化研究分会、全国关心下一代素质教育活动组委会授予“2017年全国关心下一代素质教育宣传先进单位”称号。通过这些活动的开展，为“五老”人员搭建了服务平台，推动新郑市建成学校、家庭、社会相结合的青少年普法教育格局，为关心下一代工作提供了强大支持，为党的十九大胜利召开营造和谐氛围。

【老年人活动中心】组织老同志开展丰富多彩的活动，做到“月月有活动”。元月份，组织召开体育协会总结表彰会，组织省市书画家与新郑书画协会会员进行书画交流活动。二月份，组织20多名老同志参加新郑市文广新局在文化馆举办的“新郑市2017春节象棋大赛”。收获一个一等奖。三月份组织50多名老干部参加全市老干部风筝展飞比赛，参赛作品达70多个，从展示到放飞，精彩不断。3月28—31日，组织门球队到郑州参加郑州市老干部局组织的第31届老干部门球赛，获得团体第一名的好成绩，并获得优秀组织奖。四月份组织门球协会参加第28届“黄河杯”全国门球比赛，获得团体第二名的好成绩。参加郑州市老干部局组织的“喜迎党的十九大 展示老年新风采”文艺展演活动。五月份组织台球协会与烟厂台球协会进行联谊赛。针对全市离退休老干部征集诗词书画摄影作品，筹备新郑市老干部诗词书画摄影展。六月份，在梨河镇黄桥村，与郑州工业应用技术学院艺术设计学院联合举办“书画下乡接地气、墨宝飘香暖人心”的书画三下乡活动。有学生文艺节目展示、作品交流和现场作品点评，为新郑市离退休老干部与青年大学生相互交流搭建了一个良好平台。带领乒乓球协会赴登封老干部活动中心交流比赛。组织空竹协会参加郑州市体育局组织的“郑州市第十届空竹锦标赛”，获得团体二等奖及优秀组织奖。

【老干部大学】开展公益活动，引领老干部发挥正能量。2月，组织老干部大学秧歌队一百多名学员，参加了全市元宵节文艺展演活动，为群众带来节日祝福，受到社会各界好评。三月份组织老年大学书法班学员举办“喜迎两会”书画公益展出活动，丰富群众精神生活。4月，组织音乐班、舞蹈班、模特班学员举办“夕阳红爱心圆梦”公益演出，受到民政福利养老院和人民医院医养中心老年朋友的称赞。通过这些公益活动的开展，有效地引领了老干部发挥正能量，为老干部在社会上赢得了美誉和好评，赢得了尊敬和爱戴，“爱出者爱返，福往者福来”，老干部在给予别人爱和幸福的同时，自己也收获了爱和幸福。利用学习阵地不断丰富老年大学教育教学。在课程设置方面尊重绝大多数老同志的愿望，适时开设了老同志愿意学、要求学、学以致用的专业。用好网络、微信、有线电视三个平台，办好老年远程教育大课堂，实现实体课到虚拟课堂的拓展。上半年依托市委组织部党员电教平台在全市共开办26个远程教育点，最大化整合了老年大学现有的师资力量和教育资源，为全市广大老年人服务，并成功承办了全国老年远程教育实验区第二协作区工作推进会。本次会议由河南省委老干部局教育处处长宾奕主持，河南省委老干部局副局长李修建致开幕辞，郑州市委组织部副部长、老干部局局长李建国致祝贺辞，新郑市委副书记王效光致欢迎辞，全国老年远程教育工作委员会副主任、山东老年大学副校长任德强做总结发言。来自北京、山东、河北、河南等地的老年大学代表60余人参加了会议。

【弘扬传统文化】老干部和机关人员积极参与黄帝文化的研究与推广，为传承黄帝文化、弘扬黄帝精神贡献力量。3月28日，由中华黄帝故里建设促进会、新郑市委老干部局联合主办的中华黄帝故里建设促进会一届三次全体会议成功召开。有力助推了黄帝文化传承和黄帝故里建设。助力传统文化传播。以“孝道感恩”为主线，出版发行2017年《新二十四孝》居家挂历，将孝文化送进千家万户。开展“孝行故里 感恩有你”三进活动，即让优秀的传统文化进社区、进单位（机关）、进学校。倡导激发全社会三感恩：感恩党的领导给国民带来了幸福生活，感恩祖国的强大给国民带来了尊严，感恩社会给自己劳动的权利。“三进活动”先后走进住建局、林业局、新华路办事处、新建路办事处、新烟中学，有效净化了新郑市的社会风气，提高了大众的文明素质。

（撰稿：连青霞　审阅：陈军辉）

党史工作

【概况】中共新郑市委党史研究室现有工作人员10人，其中主任1人、副主任科员1人。设有综合科、资料征编科、编制人事科、资料管理科。

【史料征集】2017年，积极推进党史资料的征集工作，通过省、市党建网及政府网、广电网、党报等有效渠道，每月及时对新郑市党委在推动经济社会发展中政治、经济、军事、教育等各个领域所做的大事、要事和取得的成就方面的信息、照片及影像资料整理存档，并编辑成《党史月报》，报送省委和郑州市委党史研究室，新郑市委常委、人大常委会主任、政协主席等参阅。同时，做好资料的收集汇总工作，向市直单位、乡镇、垂直单位、企业等各基层党组织征集在2016年期间所作主要工作、所取得的巨大成就，收集整理了市委、市政府在党建、教育等方面工作的表彰决定和市四大班子常委会工作报告、2016年新郑市统计公报等内容，编辑出版《中共新郑历史大事年编》（2016）。继续加强对软科学小枣大业等专题的研究，持续深入好想你、顶真等企业进行调研，做好专题资料的收集整理。收集1948年10月至1978年12月新郑党史文献档案资料、专题资料、回忆资料、人物资料等，编辑出版了《中共新郑历史资料》（第二集），共35万字。

【党史专题】2017年，围绕新郑经济社会的发展，进一步加强党史课题研究工作。继续广泛收集新郑市改革开放各方面的资料，客观记录全市改革开放的重大事件和重大成就，科学总结规律、经验，共收集并上报材料5篇，照片80余幅。选派人员继续深入新郑市重点红枣企业进行走访调研，对已上报的《小枣大业——新郑改革开放实录之红枣产业发展之路课题研究》课题进行完善补充。

【宣传教育】围绕新郑市黄帝故里拜祖大典主题，撰写了《第十一届黄帝文化国际论坛圆满成功》《丁酉年黄帝故里拜祖大典隆重举行》等文章4篇共2.5万字，收集了拜祖大典现场照片20幅，上报送郑州市委党史研究室，并在《郑州党史纵览》杂志发表。继续以党的历史知识、新郑抗战故事、新郑抗日英雄事迹等为主要内容，深入市直各单位、村、社区等开展宣讲工作。为庆祝中国共产党建党96周年、喜迎十九大的胜利召开，2017年10月12日至13日在新郑市中信广场举办“庆祝建党96周年暨迎接十九大新郑经济社会发展成就展”。挑选党在领导全国人民奋勇前进的历史潮流中所发生的重大历史事件、重要历史人物、先进事迹、历史性的重大会议，取得的重大成就等内容，编辑成小片段、小故事等，以手机彩信的形式发送至新郑全市科级领导干部，为全市领导干部提供了方便、可感、可信的学习教材，引导全市领导干部充分了解和认识党的历史，从而增强对党的拥护和对祖国、对人民的热爱，坚定跟党走中国特色社会主义道路的信心，传承党的优良传统，踊跃投身到郑州国家中心城市次中心的建设工作中。

【服务社会】认真做好精准扶贫工作。多次到贫困户家中进行走访慰问，了解家中情况，制定了脱贫计划，一起想办法，找路子，增加家庭收入，先后帮扶了郭晓慧、赵炎增两家贫困户，均已帮助实现了脱贫。在第十一届黄帝文化国际论坛的筹备期间，主要负责论坛期间会务、接待等工作，党史办全员上阵，以务实的工作作风、顽强的拼搏精神，为黄帝文化国际论坛的成功举办作出了应有的贡献，得到了市领导的肯定与赞扬。着力抓好党建工作，提高基层组织战斗力。认真抓好党建工作，切实加强和改进机关党组织建设，认真组织开展“党员活动日”活动，开展有针对性的党课教育、专题讨论，选树先进典型，举行“不忘初心、重温入党誓词”活动，进行红色传统教育，组织党员干部深入村中开展村容村貌整治活动，帮助清理街道垃圾。组织党员积极参与市委组织的各种党课学习及培训班，倡导党员做到文明交通、文明旅游、文明诚信、优质服务等。

（撰稿：杜国召　审阅：马河洲）

党校工作

【概况】中共新郑市委党校现有教职工编制30人，实有26人。其中研究生学历8人，本科学历16人，高级职称9人，中级职称3人。设有办公室、培训科、人事财务科、后勤科、市情研究室、宣讲办6个科室。2017年，新郑市委党校坚持党校姓党，忠诚于党，认真学习贯彻党的十八大、十九大精神，严格落实《中国共产党党校工作条例》和全国、省、郑州市三级党校工作会议精神，团结敬业，求实创新，内强素质，外树形象，勤政廉政，积极作为，圆满完成了各项工作任务，取得了突出的成绩。市委党校是河南省委省政府连续三届命名的省级文明单位，省爱卫办命名的省卫生先进单位，被新郑市委授予“2017年度绩效考核先进单位”。

【干部教育培训】充分发挥县级党校在基层党员干部教育培训工作中的主渠道、主阵地作用，围绕中心，服务大局，认真做好党员干部教育培训工作。2017年，按照郑州市和新郑市委的安排部署，开展“万名党员进党校 锤炼党性铸忠诚”行动，大规模培训基层党员。4月至9月，分14期对全市市直单位、企业和学校的近6000名党员进行了培训。培训形式主要有市委领导讲党课、重温入党誓词、唱红歌、党的理论解读和现场教学等。培训内容包括中国共产党章程、中国共产党纪律处分条例、党的十八届六中全会精神和廉政教育等内容。“万名党员进党校，锤炼党性铸忠诚”行动既是持续深化“两学一做”学习教育活动规范化、制度化的重要举措，也是本市党员干部教育培训历史上规模最大的一次培训活动。通过培训，全体党员提高了党性修养、坚定了理想信念、强化了四个意识，为建设一支高素质的忠诚、干净、担当的党员干部队伍奠定了坚实的基础。

7月至8月，为了给党的十九大胜利召开营造良好的思想舆论氛围，本校选派5名优秀青年教师组成新郑市“迎接党的十九大”宣讲团，到全市60多个单位进行宣讲，受教育人数达1万余人，取得了良好的效果。

十九大召开后，市委党校选派7名优秀中青年教师到全市各乡镇、管委会、办事处和市直单位，宣讲党的十九大精神，共宣讲70场，受教育人数1.2万人次，为全市党员干部深入学习党的十九大精神起到了积极的推动作用。

【教学科研】市委党校把党的理论教育和党性教育作为教学工作的首要任务。在主体班教学安排中，党的理论教育和党性教育课程不低于70%。在万名党员进党校培训中，9名优秀中青年教师积极授课，受到广大学员的好评。在新郑市“百姓宣讲直通车”活动中，本校教师时书平、高俊杰走进全市20个社区，为基层群众进行理论宣讲，取得良好效果。

在科研工作中，市委党校坚持科研工作与教学工作相结合、与社会热点问题相结合、与市委中心工作相结合，认真开展市情调研和理论研究。2017年，共撰写理论文章和调研报告10篇。完成郑州市委党校市情重点研究课题3项，完成郑州市委党校科研课题4项，申报2017—2018市情重点调研课题3项。邵璐璐同志撰写的《智慧城市建设推动郑州国家中心城市建设》在郑州市委党校组织的“郑州国家中心城市建设”理论征文活动中获得一等奖。

【“以案促改”专项整治活动】按照市委的统一部署，从9月份开始，市委党校在全体党员干部中深入开展“以案促改”专项整治活动，通过典型案件警示教育作用，深入开展对照典型案例“十自查”，警醒全体党员干部提升纪律规矩意识。在活动中，严格按照市委的要求，做到思想同声、行动同步。召开全体党员干部参加的专题动员会，统一思想，明确目标，提高认识，增强搞好活动的自觉性。深入开展廉政谈话和廉情家访活动。组织全体教职工到市检察院参观廉政教育基地，开展警示教育。分别召开党委和党支部专题生活会。要求全体教职工每人手写一篇心得体会和签订一份廉政承诺书。党委书记和各支部书记分别开展讲廉政党课活动。开展廉政风险防控示范单位创建活动，确保活动取得扎实成效。

（撰稿：韦丽林　审阅：王向阳）

群众工作 信访工作

【概况】中共新郑市委群众工作部、市委市政府信访局在市委机关大院。在职干部职工36人，下设新郑市人民来访接待中心（正科级）、办公室、调研室、督查室、接访室、排查室、办信室、复查室、联席办。2017年，市信访工作紧紧围绕工作中心，服务改革发展稳定大局，在进一步畅通规范信访渠道，推进领导干部接访下访常态化、制度化建设，全面推行信访制度改革，狠抓信访问题解决等方面取得了较大的成绩。信访局共接待处理群众信访事项4064起。

【群众来信来访】2017年，群众来信和网上信访同比上升36%。群众反映问题重要集中在：农民工工资、群众生活、各类纠纷、涉法涉诉、城建拆迁、农村干部经济作风和城市管理等方面。

2017年群众信访结构转变为正金字塔合理结构，1—12月份群众信访人数与2016年同期基本持平。群众走访同比下降15%。

【排查化解矛盾纠纷】在坚持定期排查的基础上，针对历年上访形势，提前研判，预先在重点领域、重点区域开展集中排查交办活动。今年以来，市级先后集中排查6次，对排查出的重点人员和不安定因素全部落实“双交办”，一方面交办责任单位做好化解稳控工作，另一方面，向责任单位分包市领导呈送提示函，共呈送提示函183份。同时，逐一明确市级包案领导，从市委常委做起，切实履行“五包四亲自”的包案领导责任。市委书记刘建武和市长马志峰带头分包疑难信访案件，市四大班子领导主动履行包案领导责任，深入分包联系乡镇办下访、约访，有效化解稳定了一批重点人员和不安定因素。对案件的化解、人员稳控等工作，市级每周督查一次、通报一次，确保了工作效果。

【督查通报机制】实行“双督查”工作机制，由市委政法委、市委市政府督考办、市信访局等部门抽调人员成立信访稳定工作督查组，进行专项督查，由分管信访稳定工作县处级领导带队，不定期、不定时开展分片督查。十九大期间，每天编发《十九大期间信访信息专报》，通报越级上访、矛盾排查、日研判等情况，交流先进经验，传达各级会议精神。

【党政领导在岗接访制度】始终把领导干部接访作为密切联系群众的第一道平台和强化领导责任、转变干部作风、切实服务群众的有力抓手，每个工作日都安排一名市领导在信访接待场所接访，面对面了解群众诉求，坚持做到“群众没接待完不结束，上访人情绪不稳定不结束”。在重要会议活动时期，专门安排党政领导在周末全天接访，主要领导还主动增加接访次数，研究化解突出问题。如：十九大期间，市级共接待来访群众405批1889人次。其中，主要领导接访6次，共接待群众26批83人次，其他党政领导共接访35次，接待处理群众来访53批299人次，大量问题得到了及时处理，人员被吸附在本市。

【信访渠道】在积极畅通绿色邮政、窗口接访、电话接访等传统受理渠道的基础上，在全省率先开通书记、市长以及各乡镇（街道办）党政正职和市直单位一把手的手机信访，并通过市电视台、市政府网站、微信公众号等各类媒体公布、宣传，扩大知晓率。对手机信访做到“四个一”（1小时内短信回复、1天内电话联系、1周内通报情况、1月内办结案件），让群众认识、认知、认可。同时，发挥日常应急稳控、节点预警防范和收集社情民意功能，取得了显著成效。今年以来，共收到并处理手机短信信访1648条，其中市委书记、市长手机共接收短信信访1434条。

【依法逐级走访工作】加大信访相关法规政策宣传力度，引导群众依法理性表达诉求。坚持运用法治思维、法治方式来谋划信访工作思路、指导工作和处理问题，促进依法信访、依法处访。把每年5月份定为“信访法制宣传月”，坚持每年一个主题，搞好信访法规的集中宣传教育活动，统一印制了《信访条例》等宣传材料，在炎黄广场等人流密集场所发放。专门印发《信访知识宣传手册》20000份，要求各级信访接待场所随时发放，确保来访群众人手一套信访法规宣传材料，人人成为依法信访明白人。

【九项活动】在全市先后开展了“四无乡镇办”“零访村”创建、信访基础业务规范化大检查、基本稳定利益群体消除、重信重访专项治理、信访积案化解、信访问题“百日大化解”和畅通渠道、解决问题、规范秩序信访集中攻坚等九项活动，全市各级各部门信访业务进一步规范，解决疑难信访问题71起。

（撰稿：孙　培　审阅：李光辉）

机构编制

【概况】 新郑市机构编制委员会办公室位于人民路西段277号，是隶属于新郑市委的工作部门，负责全市行政管理体制改革和机构改革、机构编制管理。内设综合科、机构编制管理科、机构编制监督检查科。实有人员24人。下属事业单位登记管理局（正科级）和机构编制信息中心（副科级）。2012年—2017年连续六年荣获“新郑市绩效考核优秀单位”荣誉称号。

【政府职能转变和机构改革】 积极承接、科学整合、圆满完成市法院内设机构改革试点工作。以精简效能、服务审判、分级设置、统筹推进为原则，新郑编办与法院在充分对接、调研座谈、请示论证的基础上，出台《新郑市人民法院内设机构改革试点方案》并组织实施。在审判扁平化管理方面，将由审判团队取代传统业务庭。理顺体制，集中执法，改进城市管理工作。按照上级文件精神，10月份启动了城市执法体制改革工作，市委市政府11月份出台了《关于推进城市执法体制改革改进城市管理工作的实施方案的通知》，进一步理顺了城市管理体制，提高了城市管理和执法水平，促进了城市治理体系和治理能力现代化。简政放权、优化设置，破解经济发达镇体制障碍。着力扩大社会经济管理权限，通过前期数次调研，全面掌握试点镇管理体制、运行机制、经济社会发展等情况，发现问题，明确改革思路和方向，依托《关于赋予省级经济发达镇行政管理体制改革试点镇部分县级经济社会管理权限的意见》和赋予试点镇的权限目录（327项），拟订适合龙湖、薛店试点镇的权限目录。根据上级文件精神，重新拟订试点镇“三定”规定，向郑州市编办报送新郑市龙湖镇和薛店镇“三定”方案请示。重点放在扩大试点镇事权财权人事权，加强试点镇在规划建设、产业发展、环境保护、社会治安、城镇综合管理等方面的管理权限（如在龙湖镇拟设置“一办十局委一中心”），为试点镇改革提供体制机制保障。吃透精神，摸清底数，支持法、检两院机构编制省级统一管理。根据省、郑州市编办关于做好省以下法院检察院机构编制统一管理工作的安排部署，完成了基础性数据的整理、校对和核实工作，为建立省以下法院、检察院机构编制省级统一管理体制机制工作夯实基础。树立“四个意识”，坚持“五个必须”，圆满完成监察体制改革试点工作。按照上三级对监察体制改革试点工作要求和时间节点，配合市纪委优先向郑州市编办报送并完成了相关机构编制人员调整方案。夯实精准扶贫、精准脱贫工作基础，为扶贫脱贫工作提供机构编制保障，将市扶贫开发工作领导小组办公室调整为市农委下属正科级事业单位，明确了编制和职数，解决了扶贫工作对接协调难度大、督查督办力度小、小马拉大车等问题，适应了脱贫攻坚新形势新要求。

【行政审批制度改革】 持续推进行政审批事项改革。2017年新郑市取消所有非行政审批事项。承接上三级行政审批事项改革30项。其中新增5项、取消10项、调整15项。截至目前，共保留行政审批事项130项。动态调整权责清单。7月份，对安监局等25个单位的949项权责清单进行了调整，全市最终保留权责清单8192项。8月份，开展了公共服务事项清单梳理工作，梳理公共服务事项清单105项、新郑市民生主动服务事项69项。简化优化办理流程。按照推进“互联网+政务服务”的要求，进一步简化优化办理流程，编制依申请行政权力事项清单，推进行政权力事项编码管理、规范管理、统一管理和网上办理。全面完成行政权力事项审核入库工作。

【事业单位改革】深化公立医院改革。成立新郑市公立人民医院、新郑市公立中医院，保证新郑市有一家公立综合性医院、一家公立中医院。在编制资源紧张的情况下，通过内部挖潜为市公立人民医院核定编制20名，创新机构编制管理，为新郑市公立人民医院面向社会招聘334名医疗人员，实行员额备案制管理。完成新农合管理体制改革。为建立统一的城乡居民基本医疗保险制度，进一步健全全民医保体系，保障全市城乡居民基本医疗需求，按照《郑州市机构编制委员会关于划转全市新农合和机关事业单位社保经办机构人员编制的通知》要求，将市新农合经办机构编制职能上划郑州，保证了农村参保人员享受保险待遇的连续性。完成文化市场综合执法改革工作。成立新郑市文化市场综合执法大队，建立权责明确、监督有效、保障有力的文化市场综合执法管理体制机制，加快实现跨部门、跨行业综合执法。调整房地产抵押权登记职责。及时将房地产抵押管理工作职责由房管中心调整到国土局，有效解决了群众在办理抵押类业务中所遭遇的“办事慢、环节冗余”等问题。根据经济社会发展和职责变化，调整从事生产经营活动事业单位分类情况，保留6个从事生产经营活动事业单位。整合检验检测机构。经郑州市编办批准，组建新郑市产品质量检验检测中心，挂新郑市食品药品检验检测中心牌子。合理配置卫生计生资源，实现资源共享。组建了新郑市妇幼保健计划生育服务中心（挂新郑市妇幼保健院牌子），并在各乡镇卫生院加挂“妇幼保健计划生育服务站”牌子，负责辖区内妇幼保健与计划生育工作，进一步提升了全市妇幼保健和计划生育技术服务能力。

【机构编制管理】 坚守红线，实现机构编制零增长。按照上级关于机构编制零增长的硬性规定，制定了《新郑市机构编制委员会办公室关于开展2017年控编减编专项督查工作的通知》，对2012年底以来全市党政群机关行政编制、政法专项编制、事业编制、工勤编制的执行情况、年度变动情况和涉及的机构编制文件进行梳理统计，同时，对全市各单位贯彻落实控编减编工作方案情况进行实地督查，查找并整改存在的机构编制问题，确保机构编制“两个不突破”，确保行政编制（含政法专项编制）控制在上级核定的总额内。工勤编制只减不增，人员只出不进。事业编制以郑州市编办下达的总量限额为基数，实现了2017年底只减不增的控制目标，顺利通过了国务院第四次大督查工作中涉及控编减编相关事项的检查验收。优化存量，激发自收自支人员干事活力。针对部分自收自支事业单位职能弱化、人闲事稀、工资不保的现状，对全市92个事业自收自支单位进行了机构编制情况统计和现状调研。5月，经编委会研究，建立选调事业自收自支单位人员到全市任务重的机关事业单位工作机制。7月，首批192名自收自支人员已充实到环保、食药及乡镇一线，实现了个人工资待遇有保证和单位任务有落实的双赢。统筹安排，确保重点一线编制需求。全年共挖潜行政编制24名、事业编制362名，分别用于中小学教师、乡镇、警察等招录工作，有效缓解了一线编制需求。加强监督检查工作，维护机构编制纪律。完成“三超两乱”专项治理工作。按照《中国共产党工作机关条例》要求，明确了党的机关领导职位设置，规范了党的工作机关职能配置、内设机构和人员编制规定。杜绝了超限额设置机构、超编进人、超规格超职数配备领导干部、乱设机构、乱挂牌子等“三超两乱”问题。建立健全部门联动监督机制。按照《河南省机构编制监督检查办法》，市编办会同人社局、社保局、财政局、审计局、车改办等部门相继开展了公务员、参照公务员及事业单位工作人员工资制度管理规范、机关事业单位参保人员信息录入、单位预算申报、领导离任审计、公车改革等工作，彻底梳理全市行政事业单位领导职数、机构编制数和实有人员数，实现监督检查的部门配合和共同管理，全面提升机构编制监督检查力度和强度。推动干部监督信息通报工作。为进一步加强干部监督工作，市编办每季度对全市干部执行机构编制纪律情况进行统计，并将《新郑市干部监督信息通报登记表》报送各相关部门，强化干部监督工作。完成信访交办事项和转办信件的回复工作。全年受理交办转办2件，按照主要领导牵头、分管领导督办、科室长负责的要求，均已办结。

【事业单位登记管理】 全年共对62家符合政策的机关、群团进行了统一社会信用代码赋码换证工作。完成事业单位法人登记540家，登记率为99.6%。完成事业单位法人登记公示单位为506家，公示率为100%。变更登记132家，新设立登记18家，注销3家。

【信息化建设】 圆满完成域名注册和网站挂标工作。全年中文域名注册597个，注册率93.6%（其中有22个单位到期域名需注销，未续费），党政机关网站标识申请通过49个，事业单位网站标识申请通过475个。

（撰稿：高　培　审阅：蔡卫东）

档案工作

【概况】 新郑市档案局位于人民路市委院内，是全市档案工作的管理机构，行使档案行政管理职能。全局（馆）现有干部职工31人，下设办公室、业务指导科、政策法规科，人事编制科，一个二级机构档案馆。

【档案业务指导工作】 指导全市市直单位和乡镇、街道办事处编制本单位文件材料归档范围和文书档案保管期限表。完成全市一级机构各种门类档案归档整理及检查验收工作。年度归档整理工作，是机关工作的基础，也是档案业务工作的重中之重，局领导十分重视此项工作，在年度归档整理工作开始前，首先召开了全局档案工作会议，会上精心部署了年度归档整理工作；其次成立了归档整理工作指导组，把全局的业务骨干充实到三个业务组里，进行年度归档整理的业务指导工作。在年度归档整理过程中，针对各单位档案员的实际操作能力，采用分类指导、区别对待的办法，让部分业务熟练的档案员独立开展工作，同时对业务生疏的新档案员进行手把手的指导。在档案局的精心组织、大力指导下，全市广大档案工作者都能按照要求及时地对本单位的档案、资料进行收集整理，做到了归档整理速度快、整理的档案质量高。年度归档整理活动中，全局共指导92余个立档单位整理文书档案8063件、专门档案20968卷、科技档案23卷、声像档案432张（盒、盘）、资料801卷（册）。通过开展集中归档整理活动，档案质量有了明显的提高，同时也提高了档案工作人员的业务水平和实际操作能力。做好本辖区重大建设项目档案指导验收及档案接收工作。业务指导人员对农委的土地确权档案进行跟踪指导，实地帮助他们建档立卷。加强档案从业人员的服务管理能力。针对档案知识的不断更新，各单位档案从业人员频繁更换，档案管理系统操作不熟悉等情况，新郑市档案局为了进一步拓宽档案干部的视野，有效提高档案干部队伍的整体素质，围绕文书档案规范整理、档案与文化、当今国际形势、档案管理基础知识等内容进行了培训。提高了全市档案从业人员的工作积极性，使他们的综合素质和业务技能得到进一步提升，为做好新郑市的档案工作打下了坚实的基础。

【档案的开发利用与保护】 做好档案资料的征集、接收工作，丰富馆藏内容。根据《新郑市档案馆档案收集实施细则》的规定，截至2017年11月底，档案馆共接收各类档案近13万卷（件），照片500余张。这些档案资料的进馆既丰富了新郑市档案馆馆藏，又加强了地方特色档案的建设。

加强档案保护工作，最大限度地延长档案寿命。维护档案的完整与安全，是档案局馆的基本任务。工作人员经常对库房开窗、通风、保洁，每天都对库房温湿度进行记录，采取措施，尽可能达到标准，定期检修线路。在高温季节，对每个库房、每节柜子里的档案都放置防虫防霉药，有效地保护了档案的安全与完整。为了做好重点档案的抢救和保护工作，积极向上级报送了《国家重点档案抢救和保护补助费项目申请书》等材料。在时代进步，科技发展，设备更新的同时，为了应对数字时代档案信息的安全，数字信息与电子文件的安全与长久保存问题是档案界面临的重大挑战，而数字化档案信息和数据一旦被破坏便难以修复和再生，为避免网络攻击、操作失误等带来的数据的失真与损毁，本局积极与管城区对接，做好异地备份工作，确保档案信息的真实性、完整性和可用性。

开发利用档案资源，增强为经济社会发展服务的能力。围绕市里中心工作及热点、难点问题，编写了新郑市稿件索引，为领导决策和社会各界提供全方位服务。加强爱国主义教育基地建设，不断充实完善“基地”内容，定期举办专题展览，并开展爱国主义教育活动、革命传统教育活动，收到了较好的社会效果。开放陈列室、档案馆走廊文化——老照片展，展示档案馆保存的由名人书写拜祖长卷、古书典籍和20世纪新郑的旧貌和当时发展情况的图像资料，参观人次达到500余人。

做好政府信息查阅中心提供利用工作，为三个文明建设服务。在提供利用工作中，始终把党的“两学一做”活动贯穿到档案工作中去，学教求实，按照“三个面向”的原则（即档案工作要面向领导决策、面向基层、面向人民群众），在做好保管工作的情况下，开展主动服务、跟踪服务，树立了档案部门的良好形象，获得了领导和广大人民群众的好评。2017年3月，召开年度档案工作会议，成立归档整理工作指导组，对全市97个单位的文书档案进行了严格规范指导，共整理文书档案45312余件、专门档案32785余卷、科技档案235卷、声像档案389张（盒、盘）、资料1237卷（册）；积极参与郑州市争创“文明服务窗口”和“优质服务标兵”活动，在本单位开展党员先锋模范岗位评比活动，提高服务质量。截至2017年11月底，新郑市档案馆共接待查档人员5044人次，提供档案资料15000余卷（册）。为各级领导决策、公安机关侦破案件、纠正工龄、完善招工手续、婚姻证明、编史修志、解决经济与民事纠纷等方面提供了翔实的第一手资料。

做好馆藏档案开放工作。为充分发挥馆藏档案的作用，更好地服务于社会各界，根据《中华人民共和国档案法》及国家档案局制发的《各级国家档案馆开放档案办法》的有关规定，组织了一批政治素质强、业务水平高、工作实践经验丰富的档案专业人员认真地对档案馆应开放的档案进行了逐卷、逐件鉴定，使档案馆应开放的档案得以正常开放。

【档案法制与宣传工作】 加大档案执法检查力度，增强依法治档意识，确保档案的完整与安全。领导高度重视，精心安排部署。召开会议组织全局干部职工认真学习《档案法》《档案管理条例》，同时制订了新郑市档案局执法检查的详细内容和细则，为执法检查工作打下了良好的基础。严格依法行政，认真组织开展执法检查。通过执法检查，不仅宣传了档案工作的重要性，推动了被检查单位的档案工作，被检查单位纷纷表态将以此次检查为契机，按照检查组提出的要求积极整改，通过这次执法检查，提高了全市档案工作法治水平。

充分利用档案网站、报纸杂志、电视广播等阵地，积极宣传档案工作的新做法、新经验、新成绩，为档案事业的发展创造了良好的舆论环境。在国家级、省级、郑州市级网站、报刊等发表信息450余篇。其中，国家级报刊网站3篇，省级报刊网站442篇，郑州市级报刊网8篇，新郑政府网1篇；扎实开展“国际档案日宣传周活动”，运用现场解答、集中展出等不同主题、不同形式的活动，开展档案宣传进机关、进学校、进社区，共发放宣传页3000余份、赠送家庭档案盒500余个、现场解答群众咨询1200余个。通过活动的开展，展示了辉煌成绩，传播了档案文化，加强了交流合作，增强了社会共识，激发了全体档案从业人员干事创业热情。做好《档案管理》杂志的征订工作。共征订《档案管理》杂志248份，通过征订和组织学习《档案管理》杂志，提高了全市档案干部的业务水平。

（撰稿：税豫川 审阅：韩东伟）

接待工作

【概况】 新郑市委市政府接待办公室在市委机关大院。现有干部职工

11人。下设综合科、接待科和对外宣传科。2017年，接待工作围绕市委、市政府中心工作，加强学习锻炼，认真履行职责。特别是自中央八项规定出台后，厉行勤俭节约，面对新形势新任务，调整工作思路，提升接待水平，促进接待工作围绕中心服务大局，2017年共接待来宾280批8586人次，较好地完成了各项工作。

【接待工作】 以学习《党政机关厉行节约反对浪费条例》《党政机关国内公务接待管理规定》《河南省党政机关国内公务接待管理办法》《郑州市党政机关国内公务接待实施细则》为切入点，完善工作制度，规范接待流程，加强内部管理，提升人员素质，强化队伍建设，做到简化礼仪而不失热情周到、完成接待任务而不超规定标准、减少陪同人员而不失工作高效、轻车简从而不失服务质量。主要从三个方面严格规范接待工作。第一方面是“食”。来宾就餐以自助餐为主，不上高档菜肴、酒水，菜品突出新郑地方特色农家菜等。严格控制陪餐人数，10人以内陪餐人数不得超过3人，10人以上陪餐人数不得超过客人的1/3。第二方面是“宿”，除了按规定安排房间外，来宾的房间内一律不摆放香烟、高档水果、鲜花等。第三方面是简化接待程序，执行接待任务做到不张贴悬挂标语横幅、不安排迎送、不铺设迎宾地毯、不摆放花草、不制作背景板、不赠送各类纪念品或土特产、不安排宴请、不组织高消费娱乐和健身活动，除工作需要外不安排到名胜古迹、风景区参观等。

【规章制度】 规范接待工作管理规定。结合本市实际，进一步建立健全接待工作规范，制定了《新郑市党政机关国内公务接待管理办法》，明确了接待范围、接待标准和操作流程，使工作能够坚持原则、有章可依，为做好接待工作奠定了坚实基础。理顺审批流程，严格控制浪费。认真执行市委办、政府办接待任务审批制度，由市委办主任、政府办主任签审接待单，公开接待任务、车辆使用等信息，杜绝随意开单，厉行节约。在费用支出上，实行严格的财务制度和报账流程，根据消费额度使用公务卡结算。健全接待工作机制。从接待范围、工作程序、接待标准等方面，制定相应标准，并形成文件，使日常的接待工作逐步实现了程序化、规范化管理，使每一个从事接待工作的人员有章可循，有据可依。制定接待工作制度。制定了岗位职责、接待工作制度、学习制度、财经管理制度、文件管理制度、信息管理制度等十项工作管理制度，进一步转变了办公室的工作作风，在全办上下树立起了风正、气顺、劲足的良好状态。

【队伍建设】 为更好地提升接待水平和服务质量，要求工作人员加强对市情及本市经济社会发展情况的深入学习，并组织接待办人员观摩踩点全市重大工程项目的建设及新型城镇化的建设，让接待人员对本市最新发展情况有进一步了解和认识。结合《中共中央国务院印发党政机关厉行节约反对浪费条例》《接待与交际》《政务接待礼仪》，加大对公务接待礼仪知识的学习，不断提高接待人员的政治素质，业务素质、文化素质，努力建设一支政治过硬、思想解放、作风扎实、团结协调、纪律严明、工作有力的接待队伍，为加快本市接待工作转型升级奠定坚实的基础。

（撰稿：左敏娜　审阅：李巧玲）

新郑市人民代表大会

XINZHENG MUNICIPAL PEOPLE'S CONGRESS

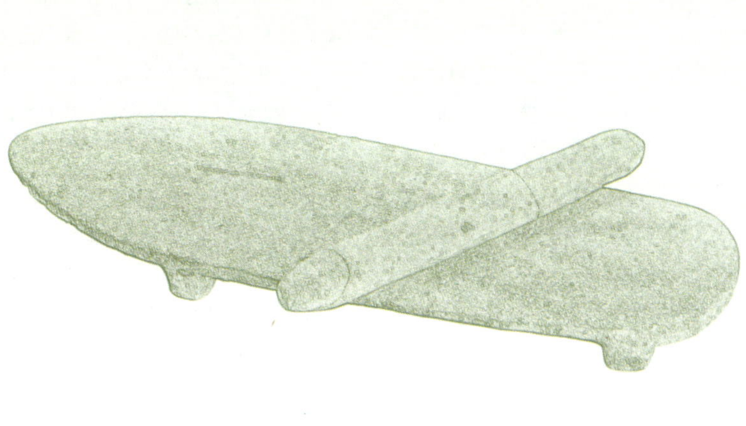

·新郑市人民代表大会 >>>

XINZHENG MUNICIPAL PEOPLE'S CONGRESS

综　述

【概况】2017年，是市五届人大常委会站位新起点、开启新征程、实现新跨越的开局之年。一年来，市五届人大常委会在中共新郑市委的领导下，以党的十八届历次全会、十九大和习近平总书记系列重要讲话精神为指导，紧紧围绕“四个全面”战略布局，坚持党的领导、人民当家做主和依法治国有机统一，认真行使法定职权，较好地完成了市五届人大一次会议确定的各项目标任务，为振兴全市经济社会发展和民主法治进步，建设现代田园临空经济强市和郑州国家中心城市次中心作出了积极贡献。

全年市人大常委会会议共作出重大事项决定4项，通过常委会和主任会议审议专项工作报告26个，形成常委会审议意见4个，主任会议纪要5个，开展集中视察9次、专题调研15次，编发情况反映12期，提出意见建议58条，依法依程序任免地方国家机关工作人员36人次，对6个政府职能部门进行了工作评议。

【服务市委中心工作】市人大常委会始终把坚持党的领导贯穿于人大依法履职的全过程，依照法律程序将市委的工作思路变成有法律效力的决议、决定，保证了市委决策贯彻落实。

狠抓贯彻执行，全面落实中央和省委、郑州市委和新郑市委有关人大工作决策部署。市人大常委会立足本市人大建设实际，将中央和省委、郑州市委、新郑市委有关人大工作的决策部署贯穿到人大的各项工作中，自觉坚持党的领导、人民当家做主、依法治国有机统一，进一步理清人大工作思路，依法行使各项职权，以实际行动推动人大制度和人大工作与时俱进、完善发展。

强化理论学习，切实增强责任感和使命感。坚持以开展 “三严三实”专题教育和“两学一做”学习教育为抓手，认真组织学习上级关于加强人大工作和建设、加强和改进人大监督工作等方面的文件精神，明确了做好新时期人大工作的具体要求，增强了责任感和使命感。

牢记责任担当，全力做好市委及上级人大交办工作。市人大常委会始终坚持把依法履职与推动市委重大决策落实紧密地结合起来，始终把市委工作的重点作为人大工作的着力点，强化大局意识、服务意识，科学合理安排人大工作，圆满完成了市委交办的各项工作。在市委“强投资，促发展”战略实施过程中，市人大重点督导城市基础设施和社会事业多个项目，通过制定推进计划、建立工作台账、加强督导协调，确保了项目有序、高效推进。在大气污染综合治理工作中，常委会按照市委部署，强力督导，有效开展专项督导10余次，确保了本市大气污染防治工作取得明显成效。在对全市37个市直职能部门行政效能情况专项调查中，市委常委会专门听取了调查工作汇报，有效提升了各职能部门的行政效能。市人大常委会还积极承办了郑州市推进县乡人大工作和建设经验交流会暨全市人大工作座谈会第25次会议，并在会上做了典型发言，受到郑州市人大的高度评价。

【人大监督工作】2017年，市人大常委会紧紧围绕市委确定的目标任务，积极主动地把人大工作放在全市大局中来谋划和推进，充分发挥人大监督对新郑经济腾飞的支持、保障和推动作用，为加快郑州国家中心城市次中心建设保驾护航。

（一）科学绘制发展蓝图。市五届人大常委会第一次会议围绕市委决策部署，科学制定了本年度常委会工作要点，把工业经济运行、现代农业示范园区建设、城市供暖、招商引资、生态环境保护等事关全市经济发展稳定和人民群众切身利益的重大事项、重大问题适时列入常委会会议议题，并确定了常委会各工作委员会兼职委员，为市五届人大常委会各项工作开好头、起好步奠定了基础，为促进全市经济健康平稳发展提供了保障。

（二）高度关注经济运行。一是常委会会议适时听取审议新郑市上半年国民经济和社会发展计划执行情况、财政预算执行情况的报告，主任会议听取审议新郑市专项资金使用和税收工作情况的报告，提出要适应经济发展新常态、积极作为新常态、化困难为机遇、变压力为动力、着力培育新的经济增长点、确保全年计划和财政预算目标任务圆满完成。高度重视实体经济。常委会组织人大代表对全市工业经济运行情况进行了视察，并针对视察中发现的困难问题，建议市政府积极应对，切实提高全市工业经济整体实力。

（三）开展针对性监督。围绕工业项目建设、推动产业转型升级发展思路，有计划、有目的地开展了中储粮新郑油脂油料仓储物流加工基地建设、新郑市生活垃圾焚烧发电厂建设、遂成药业水针剂固体制剂等省、郑州市和新郑市重点建设项目专项视察，有力地推动了本市经济社会持续健康发展。围绕打造现代田园临空经济强市目标，组织人大代表视察了全市现代农业示范园区建设情况，并在常委会会议上进行了专项工作审议。围绕宜居新郑、美丽新郑建设和扶贫工作要求，听取审议了美丽乡村建设情况和具茨山社区“易地扶贫搬迁”建设情况报告，提出了要以产业发展为引领、增强脱贫致富和美丽乡村建设的可持续推进、稳步推进富有特色与内涵的美丽乡村建设、坚决打好易地扶贫搬迁攻坚战。

（四）进一步加强法律实施情况监督。适时开展执法检查。为规范和约束公权力，保障公民权利，市人大常委会对全市2017年6月30日前发布的规范性文件备案工作进行了执法检查，并把涉及人民群众切身利益的规范性文件作为重点进行严格检查。全市共废止和失效规范性文件124件，继续有效268件。高效推动司法监督。常委会会议听取审议了新郑市贯彻执行市人大常委会关于《深入开展法治宣传教育》决议情况的报告，为加快法治新郑建设提供了坚强法治保障。常委会主任会议还听取审议了新郑市人民法院立案登记工作和新郑市人民检察院预防职务犯罪工作情况报告。这些对相关法律法规实施与法检“两院”专项工作的监督，有力地促进了国家、省、郑州市有关法律法规在本市的规范实施和司法公平正义。

（五）高度重视信访工作。常委会充分发挥人大信访工作职能，依法做好信访的受理、批转和督办工作。对全市三年以上信访老户化解工作及“双拖欠”等信访热点难点问题，提出了切实可行的意见建议，有效地化解各种矛盾，赢得了人民群众的支持和信任。全年共接待来访群众100余人次，批转信访案件48件，化解矛盾纠纷30余起。

（六）聚焦关注国计民生。市人大常委会通过审议专项工作报告、专题视察、专题询问等监督方式，着力加强对国民经济和社会发展计划、预算执行及财政决算和扶贫攻坚等事关国计民生的重点工作，以及群众普遍关心的医疗卫生、环境治理、食品安全、城市供暖和文化教育等热点难点工作的监督。主动深入群众，用心体察民情，广泛汇聚民智，努力排解民忧，切实推动解决人民群众最关心最直接最现实的问题，努力在幼有所育、学有所教、劳有所得、病有所医、老有所养、住有所居上不断取得新进展。重点围绕“蓝天碧水”工程实施，视察了大气及水污染防治工作，常委会会议专题听取审议了市政府关闭拆除“小散乱污”企业情况、林业生态建设、生态水系建设和年度环境保护工作报告，着力开展环境综合整治针对性监督，有效督促了市政府加大环境保护力度，使全市环境质量得到了持续改善。围绕民生实事办理落实，充分调研的基础上，认真听取审议了市政府民生实事办理落实情况专项工作报告，督促市政府加快在建项目工程进度，提高办结率，抓好建成项目完善工作，提高利用率，全力把政府承诺的民生实事办好、办到位、办圆满。

（七）强化审议意见督办。每次常委会会议后，都对常委会组成人员的审议发言认真梳理，全面真实反映常委会组成人员的审议发言，重点反映要解决的突出问题，有针对性地提出解决问题的办法和措施，做到合法、客观、可行。按照“对口负责”的原则指定相关工委作为督办工作的主体，加强与承办单位之间的联系，督促承办单位及时研究、确定方案、明确责任、抓好落实。常委会相关工作委员会还定期或不定期对审议意见的办理落实情况进行动态跟踪督查，适时发现问题并及时反馈给承办单位，有效督促整改落实。注重发挥舆论监督作用，让新闻媒体全程参与审议意见办理工作，及时对认真办理、成效明显的进行正面宣传报道。通过保障公众对监督结果的知情权，不仅改进了监督方式，更是还权于民，既增强了被监督者的压力、动力，也增强了人大监督的公信力，扩大了影响力。

【人事任免】市人大常委会坚持党管干部与人大依法行使选举任免权原

则，对人事任免程序进行了全面的规范和完善，制定了《市人大常委会任免地方国家机关工作人员办法》和任免程序细则，严格落实任免提请、考察、法律知识考试、任前表态、颁发任命书、就职宣誓、公开任职承诺等每一个环节，确保把成绩显著、组织认可、人民满意的干部任命为国家机关工作人员，提高了被任命人员的社会公信力，增强了被任命人员的法律意识、宗旨意识、责任意识和接受监督意识。一年来，共任命国家机关工作人员13人。任命：郭文凯同志为新郑市人民法院第一审判庭庭长；郭磊同志为新郑市人民法院第二审判庭庭长；赵俊霞同志为新郑市人民法院第三审判庭庭长；范永慧同志为新郑市人民法院第四审判庭庭长；代蔚青同志为新郑市人民法院第五审判庭庭长；孙宝宪同志为新郑市人民法院第六审判庭庭长；陈瑞甫同志为新郑市人民法院执行局副局长；刘松林同志为新郑市人民法院执行局副局长；刘沛佩同志为新郑市人民法院龙湖中心人民法庭副庭长；潘龙峰同志为新郑市人民法院城关中心人民法庭副庭长；吴云峰同志为新郑市人民法院和庄中心人民法庭副庭长；唐莹同志为新郑市人民法院观音寺中心人民法庭副庭长；徐亚磊同志为新郑市人民法院辛店中心人民法庭副庭长。

【工作评议】常委会着力加强对国家机关工作人员任内监督，听取有关国家机关工作人员报告履职工作，增强国家机关工作人员法律意识、责任意识，促进任命干部依法履职、依法行政、公正司法。2017年，市人大常委会对市教育体育局、卫生和计划生育委员会、住房和城乡规划建设局、民政局、工商质检局、环境保护局六个部门进行了工作评议。

为了客观、全面了解六个部门的工作情况，市人大常委会和各乡镇人大、街道人大工委分别召开了由部分人大代表、企业负责人、个体工商户、基层干部和普通市民参加的座谈测评会；同时，组成两个调查组，分别深入到六个部门，通过听汇报、搞测评、与机关干部个别座谈等形式，进一步征求意见。调查走访期间，共发放调查测评表389份，征求对六个部门的意见和建议234条。市五届人大常委会第六次会议专门听取了六个部门的工作报告，并以无记名投票方式，对六个部门的工作进行了满意度测评。对教体局的整改意见：要合理布局、综合施策，多举措解决学位不足问题；要创新思路、规范管理，缓解教师缺编现状。对市卫计委的整改意见：要深化改革，优化配置，破解群众“看病贵”难题；要建立机制，加强管理，提高基层医疗机构服务能力。对市住建局的整改意见：要创新理念，解决规划滞后、建设标准不高的问题；要加强队伍建设，提升队伍的执法水平和服务能力。对市民政局的整改意见：要进一步加速推进社会养老体系建设；要进一步加强社会救助能力建设。对市环保局的整改意见：要全面着力，进一步提高环境监管能力；要依法履职，进一步加大环境监管力度。对市工商质检局的整改意见：要充实队伍力量，提升人员素质；要建立监管机制，加强网络市场监管。评议结果，市人大常委会分别向市政府及垂直部门的上级部门进行了通报。

【代表履职】市人大常委会牢固树立履职为民服务意识，全面完善“双联系”制度，不断加强和改进代表工作，全力支持和保障代表依法履职。坚持邀请具有一定专业特长的代表，为财政经济、农村农业等代表专业活动组补充新生力量，让他们充分发挥专业优势，高效履职为民。坚持人大常委会组成人员联系人大代表、人大代表联系群众制度。还坚持向代表通报常委会和“一府两院”重要工作进展情况，拓宽代表知情知政渠道。坚持邀请代表列席常委会会议、组织代表开展专题调研、视察重点项目建设、旁听法院庭审等方式，不断充实代表活动内容，调动代表履职积极性，高效发挥人大代表作用。一年来，共组织开展代表小组活动4次，代表列席常委会会议26人次，参加常委会组织的专题调研、执法检查等工作54人次，既充分发挥了代表的作用，又拓展了常委会工作的深度和广度。进一步强化代表履职培训。为进一步增强代表的履职意识和提升

人大代表视察高效农业

代表的履职能力，常委会高度重视代表学习工作，将代表学习与代表履职有机的融合起来，坚持会前组织开展人大知识专题学习。通过学习培训，加深了人大代表与人大工作者对人民代表大会这一根本政治制度的认识和理解，进一步增强了人大意识，强化了代表责任感。进一步夯实代表履职保障。常委会充分利用人大代表手机短信平台和代表微信圈等多种方式和媒体，对人大代表进行业务培训，及时向代表发布常委会工作动态，通报全市重大工作情况，帮助代表知情知政，为代表依法履职奠定了良好基础。各乡镇、街道先后建成一批各具特色的“代表之家”和代表小组活动室，为代表履职和联系选民提供了平台。

【代表建议批评意见办理工作】 常委会坚持把人人代表议案、建议办理工作作为推动依法行政、解决民生问题的重要抓手，不断创新督办方式，加大督办力度，有效促进代表意见建议快速办理。针对市五届人大一次会议和闭会期间代表提出的133件意见建议，通过完善督办机制、强化日常督办、开展专项督办和注重跟踪督办等方式，推动代表和群众普遍关注问题的解决。常委会还坚持会同各相关部门对代表建议办理情况进行多次“回头看”，以实实在在的办理成效取信于代表和人民群众。市五届人大一次会议上与闭会期间代表提出的133件建议已解决或基本解决的129件，答复满意率达到99%以上。

【市乡人大代表换届工作】 在市乡人大换届选举工作中，常委会始终坚持党的领导、充分发扬民主、严格依法办事三项原则，周密安排，精心组织，保证换届选举各阶段工作的依法顺利进行。强化领导，纳入日程。为搞好这次换届选举工作，常委会组织调查组就市乡两级人大换届选举工作进行了专题调研，摸清了现状，针对存在的困难和问题，提出了对策建议，为市委指导全市市乡人大换届选举工作提供了决策依据。依法成立市、乡(镇)选举委员会，制定了关于做好市乡人大换届选举工作的意见，指导市乡人大换届选举工作，保证换届工作扎实有序推进。强化宣传，营造氛围。通过编发工作简报、开辟媒体专栏、发放宣传单等方式，宣传换届选举有关法律法规、政策要求及选举常识。通过举办选举工作培训班，对市选举委员会成员、乡镇人大、各选区的工作人员及人大常委会机关干部进行了工作培训，既学习了相关法律法规，又对换届选举工作中的关键环节和需要注意的问题进行了讲解和业务培训。加强指导，依法选举。针对换届选举容易出现的新情况、新问题，常委会各位主任带领有关人员多次深入基层，对全市所有乡镇换届选举工作各个环节进行了督查指导，确保了市乡（镇）人大代表选举程序的合法性，顺利完成市乡人大代表换届选举工作。

【执法检查工作】 根据市人大常委会工作部署，2017年7月—9月，对本市开展规范性文件备案审查工作情况进行了执法检查。为确保执法检查工作顺利开展，市人大常委会成立了由主任王俊杰任组长，党组副书记王军生、副主任彭德成任副组长，法工委组织、抽调兼职委员为工作人员的执法检查组，并制定了执法检查实施方案。7月11日，检查组下发了市人大常委会关于对全市规范性文件备案审查工作情况进行执法检查实施方案。市政府、各乡镇（街道、管委会）及相关职能部门按照方案根据各自职责认真地进行了自查自纠。7月14日，聘请专家对市政府及各职能部门、法院、检察院、乡镇(街道、管委会）进行了规范性文件备案审查工作专项培训。在市政府、相关市直部门和乡镇的配合下，检查组通过实地察看、交流座谈、调阅相关档案资料等形式对规范性文件备案审查工作开展情况进行了认真检查。在工作中对暴露出的问题当面给以指出，并进行沟通达成一致意见，经过汇总梳理撰写了执法检查报告。

检查组对全市各单位2017年6月30日之前发布的规范性文件进行了检查、清理。全市拟废止和失效124件，继续有效268件。针对规范性文件备案审查工作开展深入不够和团体、组织监督存在盲区等问题，检查组建议要提高认知，充分认识备案审

人大代表举手表决大会各项决议

查是加快依法治国的必然要求。制定和施行各种规范性文件，是政府配置权力资源、设置权利义务的重要载体，是地方政府执行法律法规、国家政策和实施行政管理的重要方式，是做好各项工作的依据和保障。要进一步健全完善制度，对规范性文件的报送范围、报送内容、报送要求、备案程序、审查标准、审查程序、纠错机制、报送备案人员、责任机制等做出明确而具体的规定。把规范性文件的制定、实施、备案工作纳入年终目标考核范畴，严格按照规范性文件管理的相关规定和制度，做好监督管理工作。政府及有关部门必须定期对规范性文件进行清理，适时修改或废止不合时宜的规范性文件，确保法制统一，维护人民利益。

【规范性文件备案审查】 市人大常委会坚持依法履行宪法赋予的监督职权，开展了完善规范性文件备案审查工作情况专题调研，进一步完善了规范性文件备案审查机制，有效促进了法律法规的正确实施，促进了政府依法行政，维护了法制的权威性和统一性。

【市五届人大常委会第一次人大工作研讨会】 9月份，市人大常委会在浙江大学举办了第一次人大工作研讨会，邀请罗关良、何德明、何子英、路江通等专家学者，围绕“人大干部如何依法履职尽责”这一主题，对常委会机关及各乡镇街道人大干部进行了履职培训，收到了良好效果。

（撰稿：孟永军 审阅：王军生）

人大会议

【新郑市第五届人民代表大会第一次会议】 2017年3月12日—15日，新郑市第五届人民代表大会第一次会议在市炎黄文化艺术中心召开。市五届人大一次会议实有代表227人，实际出席会议的代表216人。列席会议人员139人，特邀人员124人。会议听取和审议了市人民政府市长马志峰所作的《政府工作报告》、市人大常委会主任王俊杰所作的《市人大常委会工作报告》、市人民法院代理院长魏磊所作的《市人民法院工作报告》、市人民检察院检察长李广建所作的《市人民检察院工作报告》。市发改委、市财政局分别向大会书面报告了《新郑市2016年国民经济和社会发展计划执行情况与2017年计划(草案)的报告》《新郑市2016年财政预算执行情况和2017年财政预算(草案)的报告》。会议通过了关于《新郑市人民政府工作报告》《新郑市人大常委会工作报告》《新郑市人民法院工作报告》《新郑市人民检察院工作报告》新郑市2016年国民经济和社会发展计划执行情况与2017年计划、新郑市2016年财政预算执行情况和2017年财政预算等六个决议。会议以无记名投票的方式选举王俊杰为新郑市第五届人大常委会主任，选举孙阔、彭德成、王金灿、左建新为新郑市第五届人大常委会副主任，选举王军生、郭明熙、杨流、王海亮、刘彤标、胡凯军、石聚斌、刘少琴、别三江、周遂成、王松峰、侯建芳、郑慧阁、齐光辉、马文明、周宏伟、谷宏发、歹银花、王国良、朱秋国、王彦堂、冯煜、王敏、刘占有、孔会成、董建红为新郑市第五届人大常委会委员。会议选举马志峰为新郑市人民政府市长。选举王智明、乔琳、张富勇、周建超、李猛新郑市人民政府副市长；会议选举魏磊为新郑市人民法院院长，选举李广建为新郑市人民检察院检察长。新当选人员面向国徽进行了庄严的宪法宣誓。会议还补选袁铮为航空港实验区出席郑州市第十四届人民代表大会代表。会议共收到代表建议、批评、意见131件，会议圆满完成了各项议程。

【主任会议】 第一次主任会议：2017年4月24日，市五届人大常委会召开第一次主任会议，市人大常委会各位主任出席会议，市人民法院院长魏磊、市人民检察院检察长李广建、副检察长马旭光列席会议，市人大常委会主任王俊杰主持会议。会议听取和审议了市法院立案登记工作情况和市检察院预防职务犯罪工作情况的报告。

第二次主任会议：2017年6月27日，市五届人大常委会召开第二次主

2017年3月12日，新郑市第五届人民代表大会第一次会议召开

工作人员在人大选举中统计选票

任会议，市人大常委会各位主任出席会议，市人民政府常务副市长王智明、地税局局长杨学忠、国税局局长宋增彪、国土局局长赵淑梅列席会议，市人大常委会主任王俊杰主持会议。会议听取和审议了市政府上半年税收征管情况和土地卫片执法情况的报告。

第三次主任会议：2017年8月22日，市五届人大常委会召开第三次主任会议，市人大常委会各位主任出席会议，市人民政府副市长张富永和市交运局、农委负责同志列席会议，市人大常委会主任王俊杰主持会议。会议听取和审议了市政府关于西部乡镇道路交通情况和美丽乡村建设情况的报告。

第四次主任会议：2017年10月26日，市五届人大常委会召开第四次主任会议，市人大常委会各位主任出席会议，市人民政府副市长张富永和政府办、住建局、具茨山景区管委会的负责同志列席会议，市人大常委会主任王俊杰主持会议。会议听取和审议了市政府关于全市污水处理概况和具茨山社区“易地扶贫搬迁”二期建设情况的报告。

第五次主任会议：2017年12月12日，市五届人大常委会召开第五次主任会议，市人大常委会各位主任出席会议，市人民政府副市长周建超和政府办、教体局、卫计委、政务服务中心的负责同志列席会议。会议听取和审议了市政府关于本市“教育提升工程”项目专项资金保障和使用情况、市公立医院建设情况和本市“互联网+”提升政务服务效能情况的报告。

【常委会会议】 **人大常委会第一次会议**：2017年3月23日，市五届人大常委会召开第一次会议，市人大常委会主任、副主任及委员共28人出席会议，市人民法院副院长郭建军、市检察院检察长李广建、市政府副市长张富勇列席会议，市人大常委会王俊杰主任主持会议。会议审议通过了市人大常委会2017年工作要点和常委会各工作委员会兼职委员名单，设立了市五届人大常委会代表资格审查委员会，投票决定市环保局、住建局、教体局、民政局、卫计委、工商与质量监督局六个政府职能部门2017年向常委会报告工作并接受工作评议。

人大常委会第二次会议：2017年5月26日，市五届人大常委会召开第二次会议，市人大常委会主任、副主任及委员共28人出席会议，市人民法院院长魏磊、市检察院检察长李广建、市政府党组成员关民安及3名特邀基层人大代表列席会议，市人大常委会王俊杰主任主持会议。会议听取和审议了市人大常委会制度修编情况报告、市政府关于乡镇“十五小”企业关闭拆除情况、林业生态建设情况和提升普通高中均衡化发展水平的报告。会议表决通过，决定接受貊海森、赵长江辞去新郑市第五届人民代表大会代表职务。

人大常委会第三次会议：2017年6月2日，市五届人大常委会召开第三次会议，市人大常委会主任、副主任及委员共25人出席会议，市人大常委会王俊杰主任主持会议。会议表决通过，决定接受付建峰辞去新郑市第五届人民代表大会代表职务。

人大常委会第四次会议：2017年7月26日，市五届人大常委会召开第四次会议，市人大常委会主任、副主任及委员共27人出席会议，市政府常务副市长王智明、市人民法院院长魏磊、市检察院检察长李广建及3名特邀基层人大代表列席会议，市人大常委会王俊杰主任主持会议。会议根据市法院提请，依法、依程序任免了21名国家工作人员；听取和审议了市政府关于新郑市2017年上半年国民经济和社会发展计划执行情况、2017年上半年财政预算执行情况、城市供热设施升级改造情况和现代农业示范区建设情况的报告。

人大常委会第五次会议：2017年9月29日，市五届人大常委会召开第五次会议，市人大常委会主任、副主任及委员共30人出席会议，市政府副市长李猛、市人民法院副院长薛新伟、市检察院检察长李广建及3名特邀基层人大代表列席会议，市人大常委会王俊杰主任主持会议。会议听取审议了市政府关于市五届人大一次会议代表建议意见办理情况报告、市2016年度财政决算情况报告、2016年度市本级财政预算执行和其他财政收支审计工作情况报告以及招商引资工作情况的报告；听取审议了市人大常委会执法检查组对全市规范性文件备案审查工作执法检查情况的报告；审查批准了2016年度市本级财政决算。

人大常委会第六次会议：2017年11月24日，市五届人大常委会召开第六次会议，市人大常委会主任、副主任及委员共27人出席会议，市政府常务副市长王智明、市人民法院副院长郭建军、市检察院副检察长杜保周及3名特邀基层人大代表列席会议，市人大常委会王俊杰主任主持会议。会议听取审议了市政府2017年“为民办实事”落实情况报告、贯彻执行新郑市人大常委会关于《深入开展法制宣传教育》决议情况报告、新郑市2017年预算调整报告、环境保护工作情况报告和生态水系建设情况报告，审查批准了新郑市2017年预算调整方案。会议还听取了市环保局、住建局、教体局、民政局、卫计委和市工商与质量监督局工作情况的报告，并对6个职能部门的工作进行了满意度测评。会议表决通过，决定接受徐桂林辞去新郑市第五届人民代表大会代表职务。

（撰稿：孟永军 审阅：王军生）

监督工作

【专项视察】 4月18日，市人大常委会主任王俊杰带领部分人大代表及常委会有关人员，先后到辛店镇一初中、城关镇周庄小学、外国语小学和北区第二实验小学对新郑市教育信息化建设情况进行了视察。市政府副市长乔琳陪同视察。

5月23日，市人大常委会党组副书记王军生带领常委会组成人员及部分人大代表、人大机关各委科室负责人，对市公安局反恐及视频监控建设工作进行了视察。市政府副市长周建超陪同视察。

6月20日，市人大常委会主任王俊杰带领各位副主任、部分人大代表、人大机关各委科室负责人深入到中华路黄水路交叉口涵洞、南水北调防洪沟处理现场、老观寨水库、双洎河西关桥清淤现场、城关乡倒虹吸工程视察，实地查看今年防汛工作。

7月18日，市人大常委会主任王俊杰及各位领导带领部分人大代表、人大机关各委科室负责人视察新郑市现代农业示范区建设工作。视察组先后深入到卓卓葡萄公园、翠谷农业公园、君源有机农场、好想你枣业实地查看，详细了解本市现代农业示范区建设情况。市政府副市长周建超陪同视察。

8月18日，市人大常委会主任王俊杰带领部分人大代表、人大机关各委科室负责人视察重点项目建设情况。市政府常务副市长王智明陪同视察。

9月12日，市人大常委会主任王俊杰带领部分人大代表、人大机关各委科室负责人视察工业经济运行情况。市政府副市长李猛陪同视察。

10月20日，市人大常委会主任王俊杰带领常委会组成人员及部分人大代表、人大机关各委科室负责人对本市大气及水污染防治情况进行了视察。市政府党组成员苗瑞光陪同视察。

11月17日，王俊杰主任带领部分人大代表及各委科室相关负责人对全市生活垃圾处理与垃圾焚烧发电厂建设情况进行视察。市政府副市长张富勇陪同视察。

12月8日，市人大常委会组织部分省、郑州市及新郑市三级人大代表在市人大常委会主任王俊杰带领下，先后到新郑市城市管理监督指挥中心、新郑市崇文中学、新郑市汽车站、郑州航美国际智慧城、新郑市华夏幸福产业新城、新郑市电子商务创新创业综合体等项目现场，对市政府2017年工程建设情况，进行了实地察看，并认真听取相关负责人对项目工程建设的情况介绍。市政府副市长李猛陪同视察。

【专题调研】 4月20日，市人大常委会副主任孙阔带领农工委工作人员深入到中华路北延、西南绕城高速、大学路南延、新辛快速通道，实地察看了林业生态建设情况，听取了市林业局负责人关于本市林业生态建设工作汇报。

5月9日，市人大常委会党组成员郭明熙带领相关人员到部分人大代表

新郑市人大常委会主任王俊杰带领人大代表视察大气污染防治工作

的企业调研代表作为法人的企业运营情况。

5月25日，市人大常委会党组成员王海亮带领市人大信访室对本市三年以上信访老户化解工作情况进行了调研。

6月15日，市人大常委会党组成员杨流带领部分人大代表及市人大有关委室负责人，先后到新郑新区锦硕驾校、郭店镇马鞍庄村、薛店镇解放路东侧等地，对土地矿产卫片执法情况进行了调研。

6月23日，市人大常委会党组成员杨流带领部分人大代表及市人大有关委室负责人，先后到华南城、华商汇、乾龙物流雏鹰农牧、好想你枣业有限公司等地，对商贸物流业发展情况进行了调研。

7月11日，市人大常委会党组成员郭明熙带领相关人员到新型城镇化办公室调研全市新型城镇化建设现状、问题及对策。

8月8日，市人大常委会副主任孙阔带领调查组对美丽乡村建设工作进行了调查。调查组深入到观音寺镇溴水寨村、辛店镇人和寨村实地查看美丽乡村建设情况，并听取了市农委负责人关于美丽乡村建设工作汇报。

9月7日，市人大常委会党组成员杨流带领部分人大代表及市人大有关委室负责人，先后到光大垃圾发电厂、天汇国际商贸城、龙湖锦艺商贸城、智慧产业新城等地，对招商引资工作进行了调研。

9月19日，市人大常委会党组副书记王军生带领相关人员到市审计局调研关于审计查出问题整改情况的相关工作。

10月10日，市人大常委会副主任孙阔带领农工委负责人对具茨山社区易地扶贫搬迁二期建设情况进行调查。调查组深入到具茨山社区易地扶贫搬迁二期建设现场实地查看，并认真听取了具茨山管委会负责人工作情况汇报。

10月18日，市人大常委会党组副书记王军生带领相关人员到公共资源交易中心调研指导工作。

11月16日，市人大常委会副主任王金灿带领调查组，先后到梨河镇七里堂社区、刘吉安楼村和观音寺镇的英李村，对农村无线数字机顶盒使用情况进行了调研。

11月16日，市人大常委会副主任孙阔带领农工委人员深入到黄水河郑风苑河段生态治污工程现场、双洎河双龙坝建设工地、双洎河西关桥深度清淤处，实地查看了生态水系建设情况，并听取了市水务局负责人关于生态水系建设情况汇报。

12月6日，市人大常委会党组成员杨流带领部分人大代表及市人大有关委室负责人，先后到新华路街道办事处便民服务中心、新建路街道办事处便民服务中心、市政务服务中心办事大厅，对我市“互联网+”提升政务服务效能情况进行了调研。

12月20日，市人大常委会副主任左建新、党组成员杨流带领市人大有关委室负责人，先后到薛店、龙湖等地，对创新创业综合体建设情况进行了调研。

12月22日，市人大常委会党组成员王海亮带领市人大有关委室负责人对“双拖欠”信访问题进行了调研。

【新郑市第五届人民代表大会第一次会议代表名单】（共227人）

新建路代表团：（13人，其中：女3人）

代　表：冯　煜　刘彤标　刘淑香（女）　孙卫民（回）　李志强　李　勇　李宏伟　孟国花（女）赵宇　赵敏祥　姚建军　高增禄　高淑萍（女）

新华路代表团：（15人，其中：女3人）

代　表：王俊杰　付书玲（女）　仪　刚　冯举涛　朱海新　齐光辉　吴英杰　张冠伟　陈淑梅（女）　尚建伟　赵会超　荆新琦　徐桂林　常文杰　魏改焕（女）

新烟街代表团：（13人，其中：女3人）

代　表：马慧萍（女）王国良　王军生　王　颂（女）　王宏魁　刘建亭　刘　笛（女）　刘会勇　安勇强　孙铭浩　尚　忠　敬伟民　靳英杰

城关乡代表团：（13人，其中：女3人）

代　表：马东亮（回）　王石柱　王丙艮　王　鹏　任学义　刘学敏　李晓东　张保乐　杨会霞（女）　岳建华（女）　郑彩霞（女）　赵永建　胡凯军

辛店镇代表团：（25人，其中：女6人）

代　表：马国亮　王松峰　王月霞（女）　左莉敏（女）　史红立　白保欣　乔小伟　刘建武　刘遂兴　孙　阔　李　燕（女）　李军辉　李文彬　谷宏发　宋晓峥（女）　张永莉（女）　范红宾　周忠民　赵松森　赵焕亭　赵海军　贾兴杰　郭红岭　颜俊敏（女）　薛智强

观音寺镇代表团：（15人，其中：女4人）

代　表：王海亮　王留彬　付建峰　白福先　冯军辉　闫一凡（女）　闫付民　朱　明　赵长江　赵金聚　贾文辉（女）　唐新中　梁丽英（女）　董建红（女）　薛彦增

梨河镇代表团：（13人，其中：女3人）

代　表：马金安　卢卫平　李建智　李广建　沈爱敏（女）　陈同周　陈胜利　柳建峰　郑慧阁（女）徐卫东　高瑞霞（女）　高国治　高智军

和庄镇代表团：（20人，其中：女4人）

代　表：于兆堂　马玉柱　马文明　马聪锋　王春玲（女）　王昌涛　王　洋　叶日才　朱秋国　朱美荣

（女） 李俊霞（女） 李洪田 张全中 杨明建 陈海军 周遂成 赵春阳 徐晓静（女） 唐永刚 郭明熙

薛店镇代表团：（14人，其中：女3人）

代 表：王志超 王智明 刘建国 安广涛 孙现峰 时利军（女） 肖军义 林长明 周智伟 侯建芳 胡其宝 段风连（女） 高新玲（女）

孟庄镇代表团：（15人，其中：女2人）

代 表：马文仓 王军红（女） 王宗洪 孔会成 石聚彬 刘志刚 刘少琴（女） 刘发友 张春旺 张建国 杨 流 孟双根 赵东伟 黄卫东 常申杰

龙湖镇代表团：（25人，其中：女5人）

代 表：马志峰 马彦峰（回） 马绍敏 王彦堂 左建新 卢凯伟 白亚楠 白育峰 乔宗旺 刘占有 刘建国 别三江 李 颖（女） 张其武 邱留彦 张可可（女） 郑磊 赵松彦 赵留喜 胡智伟 侯玲梅（女） 姚志本（女） 贾晓平（女） 夏海栓 韩治理

郭店镇代表团：（15人，其中：女3人）

代 表：马举增 王瑞杰 王武来 王效光 王继正 卢国忠 任国建 刘新杰 苏学宾（回） 杨晓菊（女） 张玉华（女） 周宏伟 范会娜（女） 高红伟 彭德成

新村镇代表团：（13人，其中：女3人）

代 表：王 敏（女） 王金灿 歹银花（女） 毛新奇 叶大进 刘丙彦 张艳丽（女） 张松涛 陈喜彬 陈保杰 岳明旺 周伟杰 鲁现发

航空港实验区代表团：（25人，其中：女5人）

代 表：马国珍 卢彦学 白俊德 刘铁妮（女） 安群楼 李春杰 李丙离 吴书义 吴顺祥 谷全林 肖 静（女） 张全亮 周树军 孟庆伟 高留凤（女） 郭玉凡（女） 曾海林 魏彦林

【新郑市第五届人民代表大会常务委员会组成人员名单】（共31人）

主 任：王俊杰

副主任及班子成员：王军生 孙阔 彭德成 郭明熙 王金灿 左建新 杨 流 王海亮

委 员：（共22人）

刘彤标 胡凯军 石聚斌 刘少琴（女） 别三江 周遂成 王松峰 侯建芳 郑慧阁（女） 齐光辉 马文明 周宏伟 谷宏发 歹银花（女） 王国良 朱秋国 王彦堂 冯 煜 王 敏（女） 刘占有 孔会成 董建红（女）

（撰稿：孟永军 审阅：王军生）

新郑市人民政府

PEOPLE'S GOVERNMENT OF XINZHENG

新郑市人民政府
PEOPLE'S GOVERNMENT OF XINZHENG

·新郑市人民政府 >>>

PEOPLE'S GOVERNMENT OF XINZHENG

综 述

【概况】 新郑市总面积873平方千米，其中耕地面积48713公顷。总人口64.2万人，其中城镇人口37.3万人。人口自然增长率为6.55‰。辖9个镇：辛店镇、观音寺镇、梨河镇、和庄镇、薛店镇、孟庄镇、龙湖镇、郭店镇、新村镇；2个乡：城关乡、八千乡；3个街道办事处：新华路街道办事处、新建路街道办事处、新烟街道办事处；2个管委会：具茨山管委会、新区管委会。

2017年，全年完成地区生产总值737.5亿元，增长7.9%。其中，第一产业增加值20.3亿元，增长4.8%；第二产业增加值377.3亿元，增长6.3%；第三产业增加值339.9亿元，增长10.1%。主要工业增加值260.4亿元，增长7.7%。粮食总产量25.2万吨，下降9.5%。财政一般预算收入68.4亿元，财政一般预算支出91.2亿元。固定资产投资完成额591.7亿元。社会消费品零售总额265.5亿元。进出口总值5999万美元。实际利用外资19930万美元。城镇居民人均可支配收入30801元，人均消费性支出30165元；农村居民人均可支配收入20020元，人均生活费支出19091元。城乡居民年末储蓄存款余额314.3亿元。县域经济发展质量总体评价位居全省首位，全国中小城市综合实力百强县（市）和县域经济基本竞争力百强县（市）排名分别攀升至第41位、37位。

【工业经济】 深入实施“5115”工程，开工产业项目109个、建成投产11个，完成投资438亿元。狠抓企业培优扶强，新增规模以上工业企业40家，6家企业入选省“专精特新”优质中小企业库，4家企业挂牌上市。深入实施质量强市战略，新郑农商行荣获郑州市市长质量奖，新注册商标941件，商标拥有量居全省县（市）首位，好想你成为全省唯一荣获中国商标金奖企业。高新技术产业规模壮大，新增高新技术企业4家，完成高新技术产业增加值75.4亿元，占主要工业增加值26%，较上年提高2.7个百分点。食品加工、生物医药产业主导作用更加突出，完成销售收入392亿元，增长20%。

【农业与农村经济】 大力推行绿色高效农业，新增节水灌溉面积1733.33公顷、设施农业266.67公顷，测土配方施肥技术覆盖率达85%。农业产业化水平不断提升，新培育农业龙头企业4家、家庭农场10家、农民专业合作社26家，经营规模6.67公顷以上的新型农业经营主体达490家。积极拓展农业新功能，大力发展乡村休闲农业，创建全国星级休闲农业园区7个，创收6.1亿元。加快农业品牌化建设，新认证“三品一标”农产品20个，君源有机农场被批准为国家级农业标准化示范区。

【第三产业】 现代商贸物流业不断壮大，华南城、华商汇营业面积突破230万平方米，2万商户入驻经营；传化物流小镇项目全面启动，入选首批省级现代服务业专业园区。大力发展电子商务，新认证省级电商示范企业3家，被评为省级电子商务进农村示范县（市），华南城被认定为省级电子商务产业基地、入选省级跨境电商产业园区。文化旅游产业繁荣发展，成功举办丁酉年黄帝故里拜祖大典、黄帝文化国际论坛和枣乡风情游活动，郑韩故城跻身国家考古遗址公园行列，宋城集团中部地区首个演艺项

2017年11月9日，宋城·黄帝千古情项目正式签约新郑市龙湖镇

目宋城·黄帝千古情成功签约。全年接待游客451万人次，实现旅游收入12.2亿元，增长4.6%。严格落实房地产调控政策，房地产市场持续稳健发展，房屋交易面积437万平方米，位居全省县（市）首位，交易额315亿元。

【城乡建设和管理】扎实推进城市扩容提质，开建城市提质项目300个、建成99个，完成投资422亿元。高起点建设华夏幸福产业新城、新区东片区和龙湖西部片区，三大片区建成后将拓展城市空间150平方千米。中心城区功能更加完善，实施迎宾街等8条道路升级改造，人民路等6条道路实现雨污分流。加快黄帝故里园区扩建，完成拆迁35万平方米。新郑新区更具魅力，城市中轴线南公园、华信体育馆建成开放，华祥喜度大厦等4个总部大楼建成招商，招引企业总部和综合商业30家。加快对接郑州主城区和航空港区，学院路东延、S102改建等8条融郑融港道路加速推进。加快公共基础设施向乡村延伸，新建改造城乡电网174千米，农村生活污水治理全面铺开。

【开放创新】深化“五单一网”行政审批制度改革，调整权责清单998项，规范行政审批中介服务事项44项，取消繁文缛节和不必要证明108项。规范公共资源交易管理，全年受理业务590宗，成交金额166亿元，为财政增收节支64亿元，公共资源交易中心荣获全国十佳最具公信力机构。加快创新创业载体建设，建成“1+3”创新创业综合体、众创空间、科技企业孵化器17家，入驻各类企业团队483家，孵化项目297个。成功举办首届创新创业大赛，新转化科技成果12项、申请专利1932件。大力实施产业招商、园区招商、以商招商，新签项目21个，到位资金215亿元。不断扩大外经外贸，实际利用外资2亿美元，外贸进出口6200万美元，建成河南进境粮食指定口岸郑粮雏鹰查验场。

【生态环境】空气质量稳定好转，全年空气质量优良天数达233天。造林绿化扩面提质，完成生态造林1400公顷，新建提升生态廊道12条540公顷，新增城市绿地30万平方米，全市森林覆盖率、城市建成区绿地率分别达30.4%、36%。水生态治理成效明显，高标准打造全域生态水系，启动市域河流综合整治，全面推行“河长制”，封堵排污口49处，投入5200多万元拆迁关停养殖场279家，建成投用3座污水处理厂，全市日处理污水能力达30万吨。

【社会各项事业】全年投入民生资金72.9亿元，增长15.9%。举办首届职业技能大赛，新增城镇就业再就业6870人，发放创业担保贷款7045万元。城乡居民最低保障标准分别提高至每人每月600元、380元，60周岁以上城乡居民基础养老金提高至每人每月160元，全年发放各类保障救助金4500万元，解决372户低收入家庭住房困难问题。认真落实“转、扶、搬、保、救”五大扶贫举措，谋划产业扶贫项目38个，总投资5.5亿元，具茨山郭老庄、山陈和驮窑3个行政村269户群众易地搬迁入住新居。持续加大教育投入，新建、改扩建中小学、幼儿园18所，高考成绩连续26年位居郑州县（市）首位，荣获全国青少年普法教育先进单位。成功举办第四届运动会，被评为全国群众体育先进县（市）。医疗卫生服务能力不断提升，市公立人民医院试运营，市公立中医院启动建设，被列入省级健康城市试点、国家慢病综合防控示范区。加强社会治安综合治理，打防管控手段不断提升，立体防控网络更加完善，连续三届被评为全国平安建设先进县（市），成功夺取全国社会治安综合治理最高奖“长安杯”。

【2017年十件实事基本完成】一、集中财力实施教育提升工程，在公立学校、幼儿园试点安装新风系统；安排1000万元专项资金用于奖励中小学教育教学成绩突出的学校、教师和学生；新建10所、改扩建8所公办中小学校；为在村委会或乡镇政府所在地公办学校工作的教师每人每月分别发放700元、500元生活补助；公办幼儿园、小学、初中班主任生活补助标准每人每月提高至300元，高中班主任

每人每月提高至500元；高中段学生年生均公用经费标准提高至2500元，免除高中段学生书本作业费。

二、促进群众就业再就业，采取政府购买服务方式，新增1000个政府公益性岗位。

三、提升公共医疗及计生服务水平，投入运营市公立人民医院，开建市级公立中医院，免费为新郑籍35周岁以上高龄孕妇提供生育健康筛查。

四、全部免除新郑籍亡故居民殡葬基本服务费，完成市民公墓规划选址并启动建设，逐步降低群众殡葬负担。

五、完善城乡公共交通设施，新建城区公共停车场9个，进一步缓解城区停车难问题；发行公交一卡通，启动华南城客运枢纽站建设。

六、加快融郑融港步伐，完成郑州紫荆山路南延至郭店建设工程，启动求实路南延和学院路、莲花路、友谊路东延工程及商登高速中华路出入口工程。

七、完善基层文化活动场所，建成3个乡镇（街道、管委会）综合文化站、120个村（社区）综合文化服务中心、14个村史馆和6个街区图书馆，购置40台电子阅读机。

八、提升城乡环卫装备水平，购买大型洗扫车、冲洗车、吸尘车、清雪车、道路养护车和雾炮车等环卫车辆20台以上，建成投用第二生活垃圾无害化处理场、垃圾焚烧发电厂。

九、实施生态水系治理，全面完成双洎河郑风苑至任庄坝段水体治理和南关段清淤治理工程，建成龙湖国家级湿地公园、暖泉河上游景观公园；提高城乡污水处理能力，完成第二污水处理厂迁建和华南城污水处理厂二期、新港污水处理厂二期、薛店污水处理厂二期及城关污水处理厂水质提标工程，升级改造第三污水处理厂，启动建设日处理能力600吨污泥处理厂。

十、建成具茨山森林健康养生园和黑龙潭森林健康养生园，新增生态林地1333.33公顷。

重要会议

【政府常务会议】 2017年1月16日下午，市长马志峰在联席会议室主持召开市政府常务会议。会议对本市1宗土地划拨、全市畜禽养殖禁养区限养区划定调整、排污权有偿使用和交易、新华路街道公园里社区建设、五宅庄社区端湾居民组棚户区改造安置、乡村教师支持计划实施办法拟定、龙湖镇公共行政服务中心、富泰时代广场、正商智慧城、部分新型社区等项目建设及中原工学院信息商务学院城市基础设施配套费、港都标识标牌项目建设、尹庄棚户区改造安置等问题进行了研究，并提出了明确要求。

2017年1月24日上午，市长马志峰在政府常务会议室主持召开市政府常务会议。会议对市金融办关于引进华夏幸福基业股份有限公司参与新郑市产业新城项目建设情况问题进行了研究，并提出了明确要求。

2017年2月24日下午，市长马志峰在联席会议室主持召开市政府常务会议。会议对和庄镇龙腾小区项目建设、城市建设提质工程相关文件起草、全市新型城镇化建设暨城市管理工作会议筹备及林九公司新郑项目移交富春公司经营管理、全市工业科技安全生产暨质量强市工作会议筹备和表彰奖励、对外开放招商引资工作会议筹备和表彰奖励、政府购买服务招聘教师及提高教育经费标准、全市重点项目融资、生态建设文件起草、《政府工作报告》起草等问题进行了研究，并提出了明确要求。最后，市长马志峰对市政府部分领导分工调整情况进行明确，马市长要求：市政府各位领导要进一步强化责任意识、担当意识和大局意识，扎实推动政府各项工作高效顺利开展。

2017年3月17日下午，市长马志峰在联席会议室主持召开市政府常务会议。会议对劳动模范评选表彰、5宗土地挂牌出让、2宗土地规划条件变更、1宗土地使用权变更、全市公路养护工作、热源厂供热锅炉煤改气项目建设、孟庄镇中心社区二期（孟祥社区）项目建设等问题进行了研究，并提出了明确要求。

2017年3月24日下午，市长马志峰在联席会议室主持召开市政府常务会议。会议对郭店镇常家庄社区开发建设、规范公共资源交易招投标、中储粮油脂（新郑）大豆加工项目建设、史垌村移交新村镇属地管理、河南泰元投资担保有限公司增资等问题进行了研究，并提出了明确要求。

2017年4月17日下午，市长马志峰在联席会议室主持召开市政府常务会议。会议对庆祝“五一国际劳动节”暨劳动模范命名表彰大会筹备、政府投资类项目（第一批）打包融资、全市平安建设总结表彰暨争创“长安杯”动员大会筹备及平安建设先进集体和个人表彰奖励、推进政府法律顾问制度及加强规范性文件备案管理、新村镇吴庄社区拆迁群众安置、调整住宅用地挂牌竞价方式、河南省第二人民医院职工安置房项目建设、郑州海成房地产开发有限公司土地预约、龙湖镇棚户区改造、易信科技大数据物联网产业园项目建设、城乡环卫一体化项目建设、全市“个转企”工作推进等问题进行了研究，并提出了明确要求。

2017年5月8日下午，市长马志峰在政府常务会议室主持召开市政府常务会议。会议对23宗土地挂牌出让情况问题进行了研究，并提出了明确要求。

2017年5月16日下午，市长马志峰在联席会议室主持召开市政府常务会议。会议对进一步加强文物工作、新华路街道白庙范社区沈庄自然村棚户区改造、和庄镇河赵社区项目建设、郑州宏远置业有限公司土地处置、薛店镇辖区国家新闻出版广电总局293台项目建设、新区中央商务区项目建设、给予张新建开除公职处分等问题进行了研究，并提出了明确要求。

2017年6月9日下午，市长马志峰在联席会议室主持召开市政府常务会议。会议对涉铁路道路项目建设、市政府与中铁七局集团有限公司战略合作框架协议拟定、新城区东部片区整体合作开发建设、村级工作经费、村级“两委”干部报酬及扶贫驻村工作队常驻队员补助标准调整、公务用车制度改革等问题进行了研究，并提出了明确要求。

2017年6月19日下午，市长马志峰在联席会议室主持召开市政府常务会议。会议对土地利用管理突出问题整治、机关事业单位养老保险制度改革、龙湖镇代寨新型社区项目建设、城关乡镇区改造项目融资建设及土地收储、传化华商汇中原物流小镇核心区项目投资协议拟定、天汇商贸城项目土地出让、两宗土地挂牌出让、河南中油洁能永辉天然气有限公司项目用地、雏鹰农牧集团薛店屠宰场项目建设等问题进行了研究，并提出了明确要求。最后，常务副市长王智明传达了省政府第五次廉政工作电视电话会议精神，并对新郑市政府系统廉政工作进行安排部署。

2017年7月7日下午，市长马志峰主持召开市政府常务会议。会议对市公立医院建设、龙湖同赢服装企业总部港产业基地项目建设、新烟街道花悦城二期项目建设、补充耕地指标费和节余建设用地指标费征收、市政府与河南投资集团有限公司投资合作、给予付建峰、寇玉柱开除公职处分等问题进行了研究，并提出了明确要求。

2017年7月14日下午，市长马志峰在联席会议室主持召开市政府常务会议。会议对郑州航美国际智慧城项目建设、龙湖镇郑堡新型社区项目建设、全市重点项目建设等问题进行了研究，并提出了明确要求。

2017年7月21日下午，市长马志峰主持召开市政府常务会议。会议对事业自收自支单位人员抽调、郑州君利建安房地产开发有限公司土地手续办理、潮河新城社区双唐片区群众安置、新郑城市发展投资有限公司注册成立及职能定位、城市“双修”工程推进、安全生产工作、上半年经济运行及下半年经济工作谋划等问题进行了研究，并提出了明确要求。

2017年8月5日上午，市长马志峰在联席会议室主持召开市政府常务会议。会议对新华路街道双龙寨社区拆迁群众安置、盛世龙城项目二期建设、数字化城市管理考评办法、城乡管理考评实施方案和考评办法拟定问题、薛店镇解放北路第二社区（莲花）棚户区改造项目建设、华商伟业项目违约赔偿、新郑市第二水厂项目建设、辛店镇贾咀村易地扶贫搬迁安置、郭店镇中心社区等七个社区项目建设、新区中央商务区湖畔甲第商务中心（克拉公馆）项目建设、黄帝故里旅游置业开发有限公司法人和董事会成员变更、新郑城市发展投资有限公司董事会和监事会成员任职等问题进行了研究，并提出了明确要求。

2017年8月16日上午，市长马志峰在联席会议室主持召开市政府常务会议。会议对郑州昊鑫酒店用品有限公司债务纠纷案件处置情况问题进行了研究，并作出明确决定。

2017年9月6日下午，市长马志峰在联席会议室主持召开市政府常务会议。会议对11宗土地挂牌出让、1宗土地划拨、市场经营主体法人化工作方案起草及出租车运营价格调整、城关乡三个安置社区建设及镇区改造、提高劳务派遣人员待遇、仓城路综合市场建设、文化路农贸市场经营管理、教育项目建设模式及教师节表彰大会筹备、龙湖镇东苑社区打包转让、生态廊道项目建设、S323苇河桥至大高庄段改建项目实施、非国有资金投资工程建设项目发包方式改革、第二中学新建项目建设、双洎河综合治理项目建设、给予范建会行政处分等问题进行了研究，并提出了明确要求。

2017年9月15日下午，市长马志峰在联席会议室主持召开市政府常务会议。会议对安置房契税征收、百城建设提质工程工作机制、全市农村生活污水处理项目建设、“一标三实”基础信息大采集暨标准地址二维码管理和门楼牌换发、热源厂煤改气项目建设等问题进行了研究，并提出了明确要求。

2017年9月22日上午，市长马志峰在联席会议室主持召开市政府常务会议。会议对13宗土地挂牌出让、1宗土地划拨供应、“互联网+政务服务”工作方案拟定、和庄镇河赵社区、初级中学和郑州佳龙食品项目建设、交通类项目包实施等问题进行了研究，并提出了明确要求。

2017年9月30日下午，市长马志峰在联席会议室主持召开市政府常务会议。会议对全市大气污染防治、新区发展投资公司董事会成员调整、孟庄镇肖韩社区、东鑫凯旋城项目建设、新建路街道第七期旧城棚户区改造房屋征收与补偿安置、郭店镇张辛庄社区拆迁安置、1宗土地挂牌出让、棚户区改造货币化安置暂行办法拟定、S103省道改扩建项目征收补偿安置、规范性文件清理、全市土地利用管理突出问题集中整治等问题进行了研究，并提出了明确要求。

2017年10月20日下午，市长马志峰在联席会议室主持召开市政府常务会议。会议对龙湖镇1宗土地收储、辛店镇1宗土地出让、宋城·黄帝千古情项目协议拟定、郑州市宏美彩印包装公司、博新标准化厂房公司土地出让、规范行政审批中介服务行为、城市执法体制改革、给予靳涛开除公职处分等问题进行了研究，并提出了明确要求。

2017年11月3日下午，市长马志峰在联席会议室主持召开市政府常务会议。会议对新区管委会1宗地划拨、环境保护工作领导小组调整、省级文明城市创建、生活垃圾焚烧发电厂项目建设、城区立体停车场建设管理、嫘祖城商业综合体安置项目建设、国有经营性资产划转、全市林业生态工程管护、华南城项目建设、新华路街道白庙范（沈庄）城中村改造项目实施、农村集体产权制度改革暨发展壮大集体经济工作动员会筹备等问题进行了研究，并提出了明确要求。

2017年11月20日上午，市长马志峰在联席会议室主持召开市政府常务会议。会议对关于荣获“长安杯”暨十九大安全信访稳定工作总结表彰会筹备情况问题进行了研究，并提出明确要求。最后，市政府各位领导及市国土局、财政局、住建局、规划发展服务中心等单位主要负责同志依次通报了分管工作和本部门工作开展情况，市长马志峰对政府近期主要工作进行了安排部署。

2017年11月24日上午，市长马志峰在联席会议室主持召开市政府常务会议。会议对5宗国有建设用地使用权挂牌出让方案情况问题进行了研究，并作出明确决定。最后，会议传达了郑州市安全生产委员会全体（扩大）会议精神，市长马志峰对政府近期主要工作进行了安排部署。

2017年11月24日下午，市长马志峰在联席会议室主持召开市政府常务会议。会议对10宗土地挂牌出让、机关事业单位开展平时考核及奖励发放和离退休干部健康休养费发放等问题进行了研究，并提出了明确要求。

2017年12月7日上午，市长马志峰在联席会议室主持召开市政府常务会议。会议对华南城第一小学项目建设、河南泽辰置业有限公司资产处置、涉铁项目包实施和国防公路工役制工人补助发放、第一批生态水系综合治理PPP项目建设、城关乡周庄村棚户区改造房屋征收与补偿等问题进行了研究，并提出了明确要求。

2017年12月25日下午，市长马志峰在联席会议室主持召开市政府常务会议。会议对双洎河综合治理项目、第一批生态水系综合治理项目申请列入省PPP项目库手续办理、政府性债务风险应急处置预案拟定、国有“僵尸”企业处置、城关乡棚户区改造项目政府购买服务合同拟定、2017年度技术研究与开发经费拨付、全市消防安全工作等问题进行了研究，并提出了明确要求。最后，市长马志峰对政府近期主要工作进行了安排部署。

（撰稿：王昱　审阅：刘奎志）

市政府办公室工作

【概况】新郑市人民政府办公室位于市政府办公楼。内设综合科、秘书科、人事科、信息科、调研科、文电科、外侨科、依法行政监督指导科、行政诉讼科、法规科和电子政务办公室、应急办、金融办、人防所、社管办和新城办六个事业单位。2017年，市政府办公室紧紧围绕市委、市政府的中心工作和重大部署，按照“工作有序、运转高效、保障有力、群众满意”的总体要求，坚持“枢纽畅通、服务有效、责任到位、保障有力”的工作方针，以扎实开展“两学一做”专题教育为契机，认真履行各项职能，不断提高参与政务、处理公务、管理事务、搞好服务的能力和水平，充分发挥参谋、协调、服务、把关作用，圆满完成了各项工作任务，得到了领导、基层和社会各界的充分肯定和好评。

【综合工作】进一步发扬“严标准、快节奏、高效率、聚合力”的优良工作作风，充分发挥办公室的中枢作用，分线分块分解任务，落实责任，做到了忙而不乱、杂而不散，各项事务处理的井井有条。坚持做好会务、活动前的各项准备工作，狠抓会前筹备、会中服务、会后落实三个环节，会务组织及接待工作水平不断提高。全年共成功组织大中小型会议570余次、承接会务接待50余次，圆满完成中央、省、市领导及其他市县考察团到新郑市考察调研的接待任务。遵循“快速、准确、礼貌、有始有终”的服务准则，上传下达及时准确，全年共接转电话14000余次，没有出现任何失误。财务管理严格高效。严格按照财务制度和《会计法》的有关规定，进一步加强管理，堵塞漏洞，努力增加透明度，确保了办公经费的按时供给，为办公室各项工作正常运转提供了有力保障。

【文秘服务】按照“高标准、高质量、出精品、创一流”的要求，立足想大事、谋全局、强服务、当高参，团结协作，真抓实干，开拓创新，狠抓落实。坚持高点定位，努力吃透上情、熟悉下情，领会领导意图，把握工作大局，切实提升文稿的思想性、针对性、指导性，发挥以文辅政的作用。全年共起草各类文稿415余篇，编发《政府常务会议纪要》26期、《会议纪要》13期。同时承办或参与政府常务会、市政府工作例会等大小会议、活动均没有出现纰漏或失误，得到了领导的充分肯定。保质保量完成了领导交办的各项工作任务。

【公文处理】坚持实事求是、精简高效的原则，质量和效率并重，严把公文的政治关、全局关、政策关、法规关、规格关、文字关和程序关，有效提高了公文的规范性、时效性及公文的质量和水平，维护了政府公文的权威和严肃性。认真做好各级来文的接收、登记和传阅工作，严格按照保密制度规范各类文件。对传阅的文件严格传办程序，做到不漏传、不错传、不失传，保证了公文的正常传办。全年共审核公文448份，下发本级明电87份，无一出现差错。处理上三级电报1211件、机要件137份、文件849份，均做到了合法、及时、准确、安全。认真履行印鉴使用和管理职责，圆满完成2017年档案立卷和归档工作。

【调查调研】 始终坚持“实情在一线掌握、问题在一线解决”的工作原则，以“服务领导、指导基层、反映动态”为宗旨，紧紧围绕市委、市政府的中心工作，重点关注经济社会发展中的重点、难点问题和群众关心的热点问题，采取多种形式，认真开展调查研究，为领导决策提供参考。全年联合各职能部门及乡镇办、管委会高质量完成调研报告20余篇，其中被选列为郑州市调研课题的2篇，进入领导决策的2篇，课题中《关于新郑新区机构人员运行管理情况的专题报告》《关于加快推进创新创业成果就地转化的调查与思考》受到市主要领导高度重视。

【信息采编】 以拓宽信息源为基础，以提高信息质量为重点，以创新机制为手段，强化信息的深度挖掘，探索信息的采编方式，突出重点信息的捕捉、编纂和报送，及时将全市招商引资、节能减排、百城提质、大气污染防治、脱贫攻坚等重点工作的最新情况反馈给市领导以及省、郑州市级信息机构。共编发本级政府工作快报66期，采用各单位报送信息460余条，上报省、郑州市信息1100多条，省、郑州市《政府工作快报》《政务要闻》《信息专报》等刊物采用140余条。上报专期材料45篇次，有20篇次被省、郑州市采用编发，连续20年被评为郑州市政务信息先进单位。

【组织人事】 以扎实做好机关干部职工工资数据库管理、公务员登记等人事关系办理为中心工作，全面推进人事、党务、廉政、宣传、老干部、计划生育、工会等工作落实。进一步完善机关办事流程、业务职责明晰工作，认真做好政务公开和述职述廉活动，结合市委“两学一做”学习教育活动，加强中心组理论学习，加大作风整改力度。通过开展主题演讲、知识竞赛等培训活动，强化“两个意识”(宗旨意识、服务意识)，加快机关作风转变，提升机关干部素质能力，增强团队向心力和凝聚力。

【电子政务】 始终坚持“围绕中心、服务大局”原则，牢固树立“巩固基础、拓展应用、提升服务、创新发展”工作态度，立足电子政务工作实际，积极履行职责，依托郑州市政务服务平台，坚持以信息公开、网上办事和政民互动三大版块为核心，重点围绕内容保障、集约化平台、舆论宣传、监督管理等四个方面，结合新郑实际，突出政府网站服务性特点，把新郑市政府门户网站打造成为及时、权威、全面安全的信息发布和服务平台。“黄帝故里·中国新郑”政府门户网站全年发布信息13260条，其中，主动公开政务信息3086条，办理依法申请公开100件；连续7年荣获“全国县市级优秀政务网站”称号，连续5年获得“郑州市政务公开先进集体”荣誉称号；举办在线访谈6期，制作专题4个，共迁移整合或关闭46个政府网站，新开设子站或频道8个。

【外事侨务】 以“实绩外侨”为理念，严格执行中央“八项规定”和省市有关文件精神，严格因公出国（境）计划报批、因事定人、限量管理、信息公开等规定和制度，以高度的责任心对待每一起因公出国（境）任务的审批，规范报批文本，没有发生一例违规违纪案件，进一步规范了因公出国管理。充分利用多种形式的外宣外联，提升对外宣传力度。利用元旦、春节向海外重要社团发送慰问信、贺卡，做好对外联谊工作；黄帝故里拜祖大典期间，邀请世界华人、华侨联合会率团参加拜祖仪式。本着“走出去，引进来”的方式，加大同海外侨团联谊的力度，凝聚侨心，汇聚侨力，开创了侨务工作新局面。

2017年4月16日，国家农业部领导到新郑市调研现代农业

2017年10月12日，市长马志峰（前排中间）调研城市建设工作

【应急管理】按照“工作有序、运转高效、保障有力、群众满意”的思路，紧紧围绕应急预案制定和应急体制、机制、法制建设，落实各项突发事件信息报送及分类备案制度。在处理各类公共突发事件10余起的基础上，继续实行应急信息上报（月报）制度，先后制订了全市突发事件总体预案、31个专项应急预案，并对专项应急预案进行汇编、印制成书。借助“防灾减灾”集中宣传周活动，对基层日常应急工作进行专项督导检查，组织开展了重点部门行业等各类应急救援演练，发放应急宣传资料及用品2万余份（册），全市应急救援处置能力得到进一步提升。牢固树立值班无小事思想，值班24小时信息畅通，要求全市各单位制作突发事件信息报告流程板面，并定期对全市各单位值班情况进行抽查，确保值班人员详细掌握突发事件的信息报送流程和上三级值班室的核报电话。

【金融联络】本着“金融联络、协调服务”的宗旨，紧紧围绕服务实体经济、防控金融风险、深化金融改革三项任务，不断提升金融服务水平和能力。一方面依托政府平台，准确把握国家信贷投放调控节奏，综合利用公司债、PPN、项目贷款等渠道，立足稳中求进，争取更多金融资源。另一方面依托全市处理非法集资工作领导小组带领各乡镇、信访局、公检法等部门加快防范打击和处置非法集资工作，切实有效维护全市正常的金融秩序和社会稳定。

【法制工作】拟定了《新郑市法治政府建设实施方案（2017—2020年）》，为今后一阶段我市法治政府建设工作指明了方向；强化政府依法行政，为政府研究的涉法议题提出建议352条，审核以政府和政府办公室名义制发规范性文件86件，审查行政合同94件参与政府及部门各类涉法事务性会议近80次。加强执法监督，制订了年度服务型执法方案、行政执法责任制工作方案，并结合行政执法证申办工作培训新办理行政执法证人员512人。着重社会矛盾化解，进一步改进行政复议审理方式，综合运用书面审理、实地调查、召开听证会多种方式，查明事实、分清是非，全年收到办理复议申请82件，案件法定期限办结率100%。

【人防工作】始终坚持法无授权不可为、法定职责必须为的原则,全年共审批人防工程项目50个，审批人防面积约44万平方米，已征收人防易地建设费1200余万元，实现全年人防工程应建率和人防易地建设费应收率达到100%。同时，结合工程实际深入学习《人防工程施工与质量验收规范》及各项人防工程专项图集，努力做到监督程序合法、工程质量过硬，进一步加强人防工程建设过程监督和竣工验收备案业务，使人防工程从审批、建设到竣工的各个环节得到全程跟踪管理与服务，2017年，全市共竣工人防工程约4.8万平方米。

【社会管理工作】按照持续“深化规范提升”这一主题，拔高站位，创新思路，强化措施，实现长效机制与基层四项基础制度有效融合。按照全市网格化管理年度培训计划，适时对网格长和下沉人员集中培训。市一级根据工作需要，组织开展“一长三员”大气污染防治培训，培训人员2200余人次。各一级网格共开展培训102次，培训人员5500余人次，切实提高了各类网格人员的业务素质和发现问题、解决问题能力。充分发挥市级平台的协调指挥和一、二、三级824个网格延伸作用，联动解决问题，明确集中执法中的牵头单位和配合单位，杜绝推诿扯皮现象。今年来，共召开联席会议97次，组织联合执法109次，联动解决问题206个，排查各类矛盾问题72174起，调处64824起，调处率89.8%。实行月督查考核，根据网格化管理月考核细则、市委市政府中心工作和阶段性重点工作，每月对15个一级网格和30个市直职能下沉部门网格化管理工作运行情况进行督查考核，对发现的问题，提出整改要求，限期整改到位。今年来共对工作不主动，履职不到位，问题处置不力、推诿扯皮造成不良后果的39人次给予批评教育、通报批评等形式的责任追究。

【新型城镇化建设工作】以提高土地资源配置和使用效率为突破口，把解决农民就地转移、就近城镇化问题作为主要任务，2017年，全市已回迁社区46个，回迁入住21416户83470人，分配到户35739套，438.8万平方米；回购14个社区安置房10914套，回迁群众4596户；通过一次性补偿无需安置房安置2834户；整体已安置28846户，实施了农村劳动力转移、农民合作创业、"百千万"文化惠民、现代农业示范、城乡居民社会保障、行政效能提升等"六大工程"，以此来提高农民的就业技能和创业能力，提升公共服务的能力和水平。

（撰稿：王昱 审阅：刘奎志）

机关后勤事务

【概况】2017年，新郑市机关事务管理局围绕全市中心工作，深入贯彻落实市委全会精神，深化落实全面从严治党主体责任，以落实"一岗双责""以案促改"为抓手，围绕机关事务工作"提质增效、全面发展"总要求，聚焦中心谋发展，紧扣职能求作为，圆满完成了年度各项工作任务。

【公车改革和公务用车管理】认真贯彻省市公务用车改革精神，科学组织，精准操作，从调查摸底、动员部署到涉改车辆封存评估及处置，依规实施，高效落实。自公务用车改革以来，本局牵头组织3场拍卖会，对267辆公车进行了拍卖，拍出车辆202台，合计301.74万元，溢价率118%。报废公务用车79辆，完成对191辆公车的标识化张贴工作，全市党政机关公务用车改革基本完成。认真履行公务用车管理职能，持续推进党政机关黄标车淘汰治理。不断坚持重大节日、重要活动、重污染天气条件下公车封存制度的落实。

【办公用房管理】以深入贯彻落实中央、省市有关政策要求为抓手，在上级办公用房管理部门的指导下，重点在用房标准、办理程序、资源利用上出真力、下真功，办公用房调配、租赁和监管职能全面落实，实现调配有序，管理有度，保证了办公用房公平配置和集约使用。完成了对全市党政机关办公用房调查摸底工作。同时，对市国土局、督考办等单位的租房申请按规定进行了审核。

【安全保卫】以"长安杯"创建为重点，围绕"四零"目标，注重人防技防物防综合运用，抓制度，重防范，强管理，取得明显成效。消防安全以防为主，设施设备维护、消防培训演练坚持经常，消防安全检查形成常态。治安防范坚持综合治理、群防群治，定期分析形势，完善工作机制，分别针对重点区域、重点部位、重点对象、重点时段制定防范措施，加强源头控制。同时，院内交通，严格准入制度，优化交通设施，保证了机关大院内部正常秩序。

【公共机构节能管理】始终围绕"八字方针"，坚持"依法依规，打好一攻，当好二传"，在做好节能宣传、能耗统计上报等日常工作的同时，注重探索求进，强化工作职能。举办节能宣传月活动，在全市营造节能减排的浓厚氛围。召开公共机构节能能耗分析系统培训会，为下一步全省范围推行节能能耗分析系统数据填报打下基础。持续深化新郑一中分校、二中分校、一中新校区、老二中校区直饮水项目，确保在年均节约资金20万元的基础上稳中有升。

【会议服务】会议保障，坚持内强管理、外树形象，围绕"规范、精细、温馨、节俭"为目标，把高标准、严要求贯穿工作每个环节，全年共接待会议1248次，与会人数约49920人次，实现了受理会议及其登记无差错、会议音响和视频效果无差错、会议服务无差错的目标。

【精神文明建设】持续推进全局精神文明创建工作，制定全局精神文明建设工作要点，组织文明创建工作培训。以培育践行社会主义核心价值观为主题，广泛开展"中国好人榜"投票评议，文明餐厅、文明交通、文明服务等活动。以公共文明素养提升为抓手，把握正确舆论导向，宣传主流思想和文化。在市文明办网上指导、实地督查、活动带动下，顺利通过了省级文明单位创建复查工作。

（撰稿：赵超逸 审阅：唐宏伟）

人事工作

【概况】新郑市人力资源和社会保障局为市政府工作部门。内设办公室、就业促进科、行政审批科、公务员管理科、事业单位人事管理科、工资福利科、社会保险科、社会保险基金监督科、调解仲裁管理科、职称管理科、劳动保障监察科、劳动保障监察大队、自主择业军队转业干部管理服务中心、人才交流服务中心、劳动保障管理服务中心、劳动保障信息服务中心、职业介绍中心、职业培训中心、下岗失业人员小额担保贷款办公室、新郑市技工学校等科室及二级机构，办公地点位于新郑市人民西路中段277号。2017年，全市人力资源和社会保障工作积极适应新常态，立足发展新局面，顺应群众新期待，以科学明晰的思路抓谋划，以持之以恒的精神抓落实，各项工作取得了新的成绩。先后荣获"河南省2014—2016年度优质服务窗口""河南省人才交流服务工作先进单位""河南省企业军转干部工作先进单位”“郑州市人力资源和社会保障工作先进单位”“郑州市军队转业干部工作先进单位”“新郑市争创全国社会治安综合治理‘长安杯’工作先进集体”“新郑市安全工作先进集体”“新郑市统计工作先进集体”“新郑市工业和信息化工作先进集体”“新郑市质量工作先进集体”“新郑市科技进步工作先进集体”“新郑市支持新型城镇化建设工作先进单位”“新郑市新闻宣传工作先进集体”等荣誉称号。

【就业创业】 2017年,全市新增城镇就业6870人，其中失业人员再就业2994人、困难人员就业482人、农村劳动力转移就业13087人，全部超额完成目标任务，特别是新增城镇就业实名制工作被省人社厅作为先进经验在全省人社系统广泛推广。广泛开展就业专项服务、送岗位下乡、推岗就业活动。以多层次、多形式就业服务活动为载体，举办“春风行动”、高校毕业生就业服务、“四送”活动等专场招聘会10余场，发放企业空岗信息4期400余条，印制张贴海报12000余份，提供就业岗位15000余个，基本满足了城乡劳动力就地就近就业的需求。积极整合全市培训资源，健全培训体系、改革培训模式、创新培训机制，提升培训水平，全年共开展各类技能培训67期，参加人数10381人，开展创业培训，参加人数978人，进行职业技能鉴定，参加人数1377人。成功举办了新郑市首届职业技能竞赛，涵盖导游、焊工、汽车维修工、家政服务员和园林绿化5个竞赛项目并以市政府名义对142名获奖选手和18个获奖单位进行表彰。全年共发放创业担保贷款7045万元，首创补贴6.5万元，扶持自主创业人员776人，带动就业5000余人，市场主体总量明显增加，不仅催生了一批“小老板”，培育了一批“新创客”，还吸纳带动了一大批群众创业就业。继续推进创业孵化平台建设，2017年孟庄镇农民创业园被认定为省级返乡农民工创业园，泰山村为新郑市农民工返乡创业孵化园，中德产业园为新郑市创业孵化园，郑州市鑫益丰生态农业科技有限公司获得河南省农民工“返乡下乡创业助力脱贫攻坚”项目大赛团队组第一名，为就业创业提供新平台，实现创业带动就业倍增效应。深入开展“双联双助”和“四送”活动，紧紧围绕精准扶贫目标，扎实开展就业扶贫。印制发放转移就业脱贫政策清单5000余份，为贫困家庭劳动力开展脱贫政策讲解8000余人次，让转移就业脱贫政策深入人心。开展脱贫攻坚专场招聘会2场，举办技能培训班12期，参加人数475人，为建档立卡贫困劳动力156人发放生活补贴77190元。落实政府购岗政策，在各乡镇（街道、管委会）开发“六护员”、治安巡防、环卫工人等公益性岗位，共安置就业困难人员1215人，其中建档立卡贫困家庭劳动力131人。对有意愿创业的贫困家庭劳动力，主动开展创业担保贷款扶持服务，帮助他们创业脱贫，全年共发放创业脱贫贷款13笔130万元。

【人事人才】 严格遵循“公开、公平、公正”招聘原则，为新郑市教体局招聘教师248名；为新郑市纪律检查委员会公开选调工作人员10名；为新郑市委组织部选调工作人员27名；组织了新郑市2017年事业单位工作人员公开招聘工作，为全市17家事业单位招聘工作人员98名。全年受理各级各类职称的申报共701人，其中初级专业技术职务351人、中级206人、高级143人、正高级1人。切实履行政府人才综合管理职能，不断改进工作，提高服务水平。认真做好大中专毕业生和下岗职工的档案代理工作，全年共办理人事代理1960人次，为灵活就业人员建档共1600人次。充分发挥政务服务大厅窗口“一站式”服务优势，做到一个窗口办事、一次性告知、一条龙服务。全力推进“智汇郑州”人才工程，组织2组8人政策宣传小分队深入全市所有高校、乡镇大力宣传引智引才优惠政策，开通了人才热线，设立了人才服务窗口，各项咨询受理业务全面展开。稳步推进县级以下公务员职务与职级并行制度改革工作，办理公务员职务与职级并行手续36人次。进一步加强公务员学习考核管理，组织培训2期，参训人员180余人，不断强化公务员平时考核，规范表彰奖励，全市公务员适应新郑经济社会发展的能力素质有了明显提高。严格程序开展新郑市劳动模范评选工作，经过层层推荐、严格把关、公示监督，共评选出机关事业单位先进工作者8名、外来务工人员（农民工）劳模2名。全年接收安置营职以下军转干部9人，安置率达100%。新建成自主择业军转干部信息化管理系统，实行网上签到与现场签到相结合，提高了工作效率。

【劳动关系】 围绕劳动关系新特点，组织开展各类法治宣传10余次，发放宣传页20000余份，积极指导用人单位与职工签订劳动用工合同，全年督促备案签订劳动合同2800多份，帮助解决劳动者和企业之间的劳动纠纷200余起，提高了广大职工维权意识和用人单位自觉守法意识。扎实开展日常巡查和专项检查，开展清理整顿人力资源市场秩序、农民工工资支付、劳动合同签订、非法用工整治等专项检查6次，检查用人单位1620户次，劳动用工年审覆盖率达100%，用人单位信息资料台账建账率100%。认真落实举报投诉接待台账制度，举报投诉受理案件登记率达100%，全年共受理投诉举报及信访案件264件，为2299名农民工追讨工资6421万元。大力推进仲裁院规范化达标和信息化建设工作，及时排解纠纷隐患，提高劳动人事争议仲裁效率，坚持快立、快审、快结的办案原则，积极处理各类劳动人事争议案件，全年共受理案件585起，裁决结案78起，调解结案435起，调解成功率达到76%，远高于郑州市局60%的标准要求，其中为劳动者置换仲裁调解文书328份，涉及劳动者615人，为劳动者挽回经济损失共计720多万元。社会保障工作实现新提升，全年为433名企业人员、461名机关事业单位人员办理了退休手续，完成全市离退休（退职）人员生活补贴调标增资、健康休养费审批及生活完全不能自理离休干部的护理费增资审批工作。工伤认定的质量和效率明显提高，进一步规范办理程序，全年受理工伤案件178起。坚持重大节日探访慰问制度，在春节、“五一”“七一”“八一”和重阳节五个重大节日开展探访慰问活动。对全市10名企业离退休的省市级劳模、23名企业离退休的省市级优秀共产党员、9名企业离退休伤残军人、115名企业离退休85岁以上老人进行了慰问。扎实推进省属国有企业退休人员社会化管理服务工作，主动对接8家省属国有企业，全年共接管移交退休人员1170人，接收退休档案1170册，做到工作移交“无缝隙”，人员移交“接得住、管理好、服务好”。

（撰稿：王超 审阅：郑绮）

督查考核工作

【概况】2016年9月，经市委、市政府批准，整合市委督查室、市政府督查科、市机关效能监察投诉中心、市绩效办4个机构，组建新郑市委市政府督查考核办公室（以下简称市督考办），正科级规格，设在市委办公室。市督考办内设7个科室（综合科、督查一室、督查二室、督查三室、绩效考核科、市政府市长电话室和党委主体责任监督科），下设1个二级机构（市机关效能督查投诉中心），还成立了机关党支部、工会、团委和妇委会等党群团组织。

2017年，新郑市委市政府督查考核办公室以落实市委市政府决策部署为中心，大胆创新，敢于碰硬，逐渐探索出督查、考核、问责“三责合一”的“抓落实”机制，为新郑市打造国家中心城市次中心提供了保障。

【制度建设】市督考办为贯彻落实市委市政府决策部署，形成真抓实干、令行禁止的局面，从督考工作机制、载体和抓手三方面进行探索和创新，形成推动工作落实的有力态势。创新工作机制。以创新领导机制为核心，成立了新郑市督查考核工作委员会，由市委书记、市长任主任，市四大班子相关领导任副主任，承担考评任务的职能部门为成员单位，加强督考工作的领导。以绩效考核为抓手，制定了《新郑市绩效考核工作办法》《新郑市评优评差奖惩实施办法（暂行）》，将差异化、日常化和结果运用充分融入绩效考核中，使绩效考核发挥出以目标为导向、以考评促落实的“指挥棒”作用。创新工作载体。市督考办立足于快速反馈，建立了“新郑市督查考核工作群”，及时发布督查信息和动态，便于市领导及各单位主要负责人沟通交流、互通信息。立足于纪实管理，依托“新郑督查考核”微信公众号，自主开发了党委主体责任纪实管理平台，让各级党组织实时上传落实主体责任工作情况，实现督查考核与全面从严治党工作、市委中心工作同频共振。立足于服务群众，拟引入市长电话网络政务平台系统，通过整合统一服务热线的方式，进一步完善群众诉求回应体系，畅通社情民意传递渠道，提升市政府为民服务的良好形象。实现市长电话前台受理业务工作科学化、信息化、智能化。创新工作抓手。市督考办充分利用现场督查、文件督查、催办督查“三个抓手”，构建了“立体式、多元化”督查模式，提升了工作落实力度，确保了政令畅通。紧扣现场督查，深入一线督办工作进度，做到问题不解决不松手、整改不到位不罢休；紧扣文件督查，让“督查通报”成为各单位的“体检报告”，不断提高部门执行力；紧扣催办督查方式，对领导批办件进行定期督查、跟踪督办，确保事事有着落、件件有回音。2017年，市督考办深入现场督查2500余人次，编发各类通报、简报近200期，实现了决策部署、中心工

市督考办主任田平安（右三）赴一线实地督查

作、领导批示一抓到底，不打折扣。

【督查考核】 市督考办以市委、市政府决策部署督查为重点，以重点督办、专项查办、实事催办、考核督查、效能督查为着力点的“1+5”督查体系，提升了各职能部门执行力和落实力。紧抓决策督查。围绕市委、市政府决策部署，市督考办将市领导分包的重点项目和市政府重点工作建立台账，明确职责，细化任务，并联合相关部门采取听取汇报、查验资料、实地查看等方式，持续督查，发现问题，一线协调解决，发挥了市委、市政府决策部署落实“助推器”的作用，确保重大决策不棚架、重点项目不落空、重要工作不走样。狠抓重点督办。围绕市委市政府安排布置的阶段性重点工作，采取“日督查”的方式，由责任科室每天深入项目一线实地督查，每天编发《督查通报》，形成“日督查、日反馈、日推进”的高压态势。市督考办成立以来先后参与打赢了土地卫片执法“攻坚战”、秋季秸秆禁烧“保卫战”、道路除雪“遭遇战”，高效推进大气污染防治、散煤治理等阶段性重点工作，充分发挥了“催化剂”作用。通过重点督办，丁酉年黄帝故里拜祖大典筹备、每季度新开工项目等阶段性重点工作进展有序，成效显著。细抓专项查办。围绕领导批示件专项查办工作，坚持把落实责任、提高效率作为重点，采取台账式管理、分类别督办、按时限反馈。对重要或紧急的交办件，坚持随收随办、随收随传，及时、准确做好情况反馈。对需要延长时间的，及时报告原因和进展情况，确保了领导关注的重点工作、热点问题件件有回音、事事有着落。通过专项查办，催办各级领导批示件79件，实现了“批必查、查必清、清必办、办必果”。快抓实事催办。即时催办郑州市长电话2842件、新郑市长电话9150件、人民网网民留言510件及郑州市长信箱转办件251件、新郑市长信箱1481件，解决了中华北路南水北调桥段禁行、城区冬季供暖等问题，交办郑州市建议提案6件，督办市人大代表建议133件、政协委员提案159件和为民“十件实事”，充分发挥了“减压阀”作用，确保群众诉求得到落实、热难点问题得到解决。活用考核考评。在借鉴吸收先进经验的基础上，结合工作实际，进一步修改完善考核办法，突出了考核对象的差异化和分值权重的重新调整，并将全年工作任务细化到每月、每季度，以制度约束落实全年目标任务。2017年初，市督考办组织了全市综合考核，综合评定107个单位工作实绩。对全市经济发展做出突出贡献的36个优秀集体、29个先进集体、9家金融机构和14名优秀企业家进行表彰，收到了表彰先进，带动一片的良好效果。严格效能督查。明确效能督查工作思路，完善督查制度，对各单位办事窗口、工作人员的工作效能、服务质量、工作纪律等情况进行明察暗访，对违纪人员进行责任追究，对重大工程推进配合不畅的部分单位和责任人进行效能问责，以点带面，对不作为、慢作为、乱作为等顽症形成震慑。2017年，共对43个单位进行效能督查，对8个存在问题单位进行限期整改，对15个工作不力的责任单位实施效能督查问责，有效促进了全市机关作风转变。

（撰稿：高 阳 审阅：刘宗伟）

政协新郑市委员会

XINZHENG COMMITTEE OF THE CPPCC

政协新郑市委员会
XINZHENG COMMITTEE OF THE CPPCC

·政协新郑市委员会 ›››

XINZHENG COMMITTEE OF THE CPPCC

综 述

【概况】 2017年，市政协围绕市委、市政府工作中心，牢牢把握团结和民主两大主题，积极履行政治协商、民主监督、参政议政职能，在发展中求创新，在创新中求实效，倾力服务大局，真情服务群众，为推进黄帝文化历史名城、现代临空产业新城、郑州南部生态绿城和国家中心城市次中心建设作出了积极贡献。

【政治协商】 市政协组织和带领广大政协委员积极为转变发展方式、调整经济结构、推动经济社会全面协调发展建言献策。一是提升资政质量。聚焦文物保护、教育大班额及入学难、水污染防治、精准扶贫、双创工作等热点难点，常委会开展了一系列资政协商、调研视察活动，并对智慧社区建设、城市精细化管理、现代都市生态农业、现代物流业发展等市委市政府中心工作进行专题议政。同时，开展“建设国家中心城市次中心我们怎么办”政协委员大讨论活动，委员们结合自身工作和新郑实际，通过“五联手委员活动中心”先后开展座谈会12场次，并评选出优秀发言材料10多篇，为促进新郑市国家中心城市次中心建设提供了有力支持。二是拓宽议政渠道。成立课题调研组，组织部分委员到福建漳州等地考察学习，深入薛店中原创客小镇、红枣小镇进行实地调研，广泛征求各方意见建议，对新郑市特色小镇在产业发展、特色培育和基础设施建设等方面提出针对性建议，为党政决策提供了很好的参考。三是创新协商方式。积极探索并开展“五联手”工作（组织机构联手、开展工作联手、服务管理联手、绩效考核联手、成果运用联手），以“创建委员活动中心”为载体，有效发挥专委会的基础功能、界别的特色优势和委员的主体作用，推动委员履职常态化，激发了委员的积极性、主动性和创造性，发挥了政协委员的主体作用，为畅通民意、促进和谐，加快新郑经济社会各项事业的发展作出了应有的贡献。

【民主监督】 市政协把关注民生期待、促进惠民利民贯穿于履职尽责的各个领域，倾心助推改善民生。搭建监督平台。认真贯彻落实中央办公厅《关于加强和改进人民政协民主监督工作的实施意见》，组织委员列席市委、市政府召开的重要会议，参与重点民生工程和实事办理，深入重点项目进行督导，为委员知情明政和开展监督工作创造条件。围绕精准扶贫、生态廊道沿途企业拆迁安置、解决郭店镇与龙湖镇交通道路拥堵、打通断头路等重要民生问题积极开展监督性调研15次，提出了具有针对性的意见建议49条。督办民生提案。市政协常委会坚持从民生问题入手，实行政协班子成员分工督办制度，切实增强了提案办理实效。通过重点督促“关于解决九年义务教育师资力量配备的提案”“关于农村环境卫生管理的建议”“关于提高农村新型社区基础设施的提案”“关于提升小区物业管理水平的建议”“加强摊贩管理的提案”等民生提案的办理，有效发挥了委员的民主监督作用，切实推进了民生问题的解决。

【参政议政】 始终把聚焦发展作为开展视察调研的主线，科学选题，精心组织，形成视察调研报告，提出意见建议，为新郑经济社会发展建言献策。选择生态文明建设为主题开展调研，分别对本市生态环境、生产方式、生活模式中存在的问题进行研究，对本市资源状况与环境情况进行论证，对水、空气、土壤等环境污染问题进行调查，围绕经济发展和生态保护、长期建设和近期治理、加快产业结构调整、改善人居环境等方面提出了许多意见和建议，产业集聚区建设、新型社区房屋产权证办理、建立农民创业园、美丽乡村建设等意见建议已被有关部门采纳实施。围绕农田水利基本建设、农业综合开发、畜牧业发展开展调研视察，提出要积极发展生态、观光、休闲等都市型现代农业，扶持发展农民专业合作组织，确保畜禽及肉品安全，加快培养新型农民，健全现代农业投入机制等意见建议，为促进"三农"工作持续发展起到了积极的推动作用。召开政协常委会就本市精准扶贫工作进行专题协商，多次组织机关党员干部深入联系点，结对开展帮扶脱贫活动。积极开展产业扶贫，组织龙头企业15家，分别与贫困村建立长效帮扶机制，签订产业帮扶协议，帮扶贫困村增收脱贫；同时，广大委员们立足自身优势，在筹资助学、让利贫困户、创立扶贫就业车间、资助孤寡老人等方面积极作为，为脱真贫、真脱贫出钱出力。五届一次会议以来立案的159件提案中，其中涉及民生问题的104件提案，已基本解决到位。

【和谐政协】 市政协党组充分发挥人民政协联系面广、包容性强的优势，努力营造团结民主的和谐氛围。加强与各民主党派团体合作。积极为民主党派、工商联、人民团体和各界人士参政履职搭建平台，安排参加各类履职活动、优先发表意见；坚持走访宗教界人士，不断加强沟通交流，引导他们知党恩、听党话、跟党走，有效发挥民族宗教界委员在促进社会和谐发展中的重要作用；认真做好与侨资台资企业代表和非公经济人士的联系，引导和支持他们为新郑经济社会发展作贡献。扩大互动朋友圈。先后接待吉林省政协、广东省南雄市、湖北省远安县、江西省赣州市南康区、四川省成都市双流区、河南省巩义市和新密市等省内外政协调研考察组20余批次，为新郑对外形象的树立和黄帝文化传播作出了积极贡献。文史工作扎实开展。充分发挥文史工作"存史、资政、团结、育人"的社会功能，前后通过一年多时间，完成了郑州市文史馆建设新郑篇章的全部资料收集整理和编排工作。鉴于工作突出，内容丰富，新郑市政协被郑州市政协评为文史馆建设先进工作单位。为更好地筹建新郑市文史馆（室），先后组织相关专委会负责人和部分委员赴北京全国政协文史馆和广西政协文史馆参观考察文史馆室建设工作，为本市建设文史馆室提供了前瞻性、可行性和指导性意见建议。全年编印《政协之窗》内部刊物6期，编辑发行了《郑韩时期古地考略》一书。

重要会议

【政协全会】 3月12日上午，中国人民政治协商会议新郑市第五届委员会第一次会议在炎黄文化艺术中心隆重开幕。新郑市委书记刘建武，新郑市委副书记、市长马志峰，新郑市委副书记王效光，新郑市人大常委会主任王俊杰出席会议。新郑市政协主席马国亮代表政协新郑市第四届委员会常务委员会做工作报告。新郑市政协党组书记李志强主持会议。李中俊、王海民、李建国、张全民、苏铁林、王艳红、秦汉伟在主席台前排就座。会议应出席委员205人，实到203人，符合规定人数。新郑市政协党组副书记、副主席李中俊代表政协新郑市第四届委员会常务委员会作提案工作报告。五年来，政协委员、政协各参见单位共提交提案957件，经审查立案873件，占总数的91.2%，提案答复率100%。大会还表彰奖励了2016年度政协工作先进单位和先进个人。

【主席会议】 2017年，市政协共召开主席办公会议18次，主要内容有：研究确定五届一次政协全会时间，研究部署常委会、全会材料及会务筹备情况；加强自身建设，加强学习调研，调动机关及委员工作积极性，打造书香政协；调整主席、副主席工作分工；安排部署"个人重大事项报告"工作"两学一做"学教活动和文史资料工作的汇编征稿工作；通报市委党政联席会议和政府常务会议精神，部署调研和视察活动；做好"五联手"活动，部署扶贫工作、文史资料室建设；安排重点提案办理会的召开；安排组织政协常委、委员、各专委会负责人集中培训工作；部署坚持标本兼治推进以案促改工作；抓好课题调研工作撰写调研报告；安排政协各界别委员活动；部署"十件实事"视察活动；安排本单位本年度党风廉政建设工作；学习贯彻上三级党委、政协会议精神；走访慰问老干部、筹备慈善救助活动，着手准备全会材料。

【常委会议】 2017年，市政协召开常委会议3次。

4月26日，政协新郑市第五届委员会常务委员会第一次会议召开。市政协领导李志强、李中俊、王海民、李建国、张全民、王艳红参加，副市长乔琳应邀参加会议。会议审议通过了政协新郑市委员会2017年工作要点（征求意见稿），明确了2017年的工作任务；部分政协常委针对工作要点提出了意见和建议，并围绕政协委员如何履职尽责、建言献策谈了自己的认识和看法。副市长乔琳做了发言，指出政协2017年工作要点思路清晰、重点突出，政府将全力配合政协开展好调研、视察等各项工作，更好地发挥政协参政议政、民主监督作用。

7月19日，政协新郑市第五届委员会常务委员会第二次会议召开。市政协领导李志强、李中俊、王海民、李建国、张全民、王艳红等出席会议。市委常委、常务副市长王智明列席会议。会上，市发改委通报了新郑市2017年国民经济和社会发展计划上半年执行情况；市财政局通报了新郑市2017年上半年财政预算执行情况。部分政协常委围绕经济社会发展等情况做了发言，并提出了有价值的意见和建议。

10月20日，政协新郑市五届三次常委会召开。市政协领导李志强、李中俊、王海民、李建国、张全民、王艳红出席，副市长乔琳应邀参加。会上，审议通过了政协新郑市第五届委员会《关于政协委员管理办法（试行）的通知》，听取了市教体局负责人关于新郑市中小学幼儿园大班额、入学难情况汇报和市政协教科文卫委的调研报告。各政协委员围绕本市中小学幼儿园大班额、入学难情况做专题发言。

【政协新郑市第五届委员会委员名单(共205名)】 马国亮、李志强、李中俊、秦汉伟、梁国定、邢艳红（女）、蒲文堆、陈新红（女）、白宵僡（女）、宋增彪、李淑兰（女）、彭玲霞（女）、王燕（女）、王从彦、刘德智、赵舒琪（女）、刘彩云（女）、柳广现、冯建军、司中信、王德顺、谷欣、王红卫、寇华平（女）、高广社、王瑞玲（女）、郑军旗、袁秋亭、侯军平、高英豪、宋松义、王军伟、胡照勇、赵保社、黄金岭、陈广发、高慧芳（女）、张慧清（女）、申丽君（女）、杜二平（女）、杨秋立、黄碧香（女）、白鹏阁、李惠娟（女）、严广海、袁沛、郭武、董建伟、王银发、靳伟霞（女）、高小玲（女）、刘广勇、张浩、曹治新、李灵军、张留民、马慧芳（女）、王丰安、时智玲、李建国、柏灵（女）、史新军、张勇、郑建州、马中勤、陈智红（女）、李建岭、侯菊妮（女）、李宝庆、张海江、史大伟、范俊培、唐小飞、冯魁、朱冬喜、张金安、马永强、吴建辉、张冠洲、王鸿昌、张学杰、周兴朋、王少波、谢鹏威、陈浩、韩小茵（女）、张秀英（女）、贺志涛、杨通、姜伟萍（女）、刘建新、李清芳（女）、张松海、孙宇（回）、叶跃辉 、王建民、冯伟强、刘存福、时改芝（女）、王瑞霞（女）、孙永强、张天兴、赵有军、王玉军（女、满）、向湘宏、王海民、刘如江、刘伟鹏、牛铁治、张旺、仵英文、薛冬（女）、敬红卫（女）、刘宏彬、常武杰、郭卫平、袁燕（女）、毛智毅、朱琳（女）、卢有才、杨献珍（女）、张鬲君、赵春强、徐君（女）、刘遂根（女）、段丰乐、徐国平、凡天配、周红立、安策、梁国建、李伟红（女）、刘慧莉（女）、陈国华（女）、王广军、郭静（女）、张伟萍（女）、李玉岭、王艳红（女）、秦成伟、白新红、李建峰（回）、马福增（回）、李英岐、王冠军（回）、丁国卿（回）、杨永民（回）、沙建军（回）、高杰、陈庆超、沈国彬、毛伟超、苏铁林、刘新轩、樊文超、郑艳霞（女）、弯建军、陈英杰、马军亮、徐冰冰、王艳红（女）、刘明亮、赵根红、陈保月、高建甫、赵建营、张俊峰、王新立、高春艳（女）、左丙申、陈彦峰、马桂武、史建红、崔敏（女）、杨素香（女）、高水林、陶建富、乔丽霞（女）、刘建平、杜磊、李花（女）、闫金宝、张全民、安义刚、赵明旭、王灵超、高烨、白战伟、杜保周、刘立新、李雪梅（女）、李胜利、肖成书、牛玉杰、王凯、陈弘毅、赵青建、王晓燕（女）、赵丽红（女）、樊伯巍、郭文凯、赵勇起、武化吉、高丽冰（女）、郭慧霞（女、回）

【政协新郑市第五届委员会常务委员会委员名单（25名）】 丁国卿（回）、马国亮、王灵超、王银发、叶跃辉、白宵僡（女）、仵应文、刘建新、刘彩云（女）、刘慧莉（女）、向湘宏、邢艳红（女）、李花（女）、李中俊、沈国彬、肖成书、陈弘毅、武化吉、段丰乐、袁燕（女）、郭文凯、崔敏（女）、谢鹏威、蒲文堆、薛冬（女）

（撰稿：李华杰 审阅：李中俊）

纪检 监察

DISCIPLINE INSPECTION AND SUPERVISION

·纪检 监察 >>>

DISCIPLINE INSPECTION AND SUPERVISION

综 述

【概况】 中共新郑市纪律检查委员会、新郑市监察委员会位于新郑市中兴路财富广场东配楼，实行一套工作机构、两个机关名称，合署办公的体制，履行党的纪律检查和国家监察两项职能。机关内设办公室、组织部、宣传部、调研法规室、干部监督室、党风政风监督室、信访室、案件监督管理室、第一纪检监察室、第二纪检监察室、第三纪检监察室、第四纪检监察室、第五纪检监察室、第六纪检监察室、第七纪检监察室、第八纪检监察室、案件审理室共17个内设机构、1个机关党委，下属1个事业单位新郑市纪检监察网络信息管理中心。全市纪检监察机关贯彻落实上三级纪委全会工作部署，不断深化“三转”，认真实践监督执纪“四种形态”，围绕全市中心工作积极发挥职能作用，党风廉政建设和反腐败各项工作在求实创新中持续发展，取得了新的进展和成效。

【专项执法监察】 重点对脱贫攻坚、大气污染防治等政策执行情况，开展专项执法监察15次，办理大气污染防治追责案件2起，党政纪处分3人；对脱贫攻坚工作不力的3个单位给予通报批评，党政纪处分8人，其中6人给予严重警告，用铁的纪律维护政令畅通。

【从严治党监督检查】 市纪委充分发挥党内监督专责机关作用，出台了《中共新郑市纪委履行全面从严治党监督责任的清单》等文件，明确了25项监督责任，强化监督执纪问责，树立鲜明政治导向。全面加强对执行党的纪律、落实重大政策措施、推进重点项目建设情况的监督检查。突出强化领导干部“一岗双责”，大力推动“两个责任”落实，对19个单位下达督导意见函，约谈党委书记2人、纪委书记2人，追究“两个责任”案件5起。

【干部作风建设】 市纪委先后组成56个检查组对农家院、私人会所、“公

全市纪检监察系统2017年上半年工作会议召开

新郑市以案促改警示教育大会举行

务灶”及隐蔽场所等开展监督检查41次，检查各类场所208处（次），制定下发了《关于重申工作日午间禁酒有关规定的通知》，严查工作日午间饮酒。全年共查处违反八项规定精神案件10件，处理党员干部10人。开展“违规在企业社团组织兼职取酬”专项整治活动，全市共清查出科级干部兼职21人，一般干部兼职94人，全部处理到位。围绕中心、服务大局，以整治懒政怠政、行政效能低下、重点项目落实不力为切入点，开展“加强作风建设优化经济发展环境”专项监督工作，先后对天津药业等10余家重点企业、43个在建项目走访了解，解决实际问题5个。在专项监督过程中共约谈单位10个、问责47人、立案调查20件、党政纪处理20人，其中科级干部13人。

【监督渠道】 聚焦群众反映强烈和纪检监察业务范围内重复信访举报问题，着力化解信访积案和疑难信访问题，实行信访案件领导包案制度，纪委领导班子成员共包案27件，下访约谈56人次，化解信访积案23个。严格落实“初信初访首办”责任制，开展“喜迎十九大、争创零上访”创建活动，实施市纪委机关干部全员接访和信访室接访 双配套制度，确保了十九大召开期间 没有来自本市纪检信访的干扰。全年共受理信访举报158件，已全部办结。

【惩腐高压态势】 坚持反腐败力度不减、节奏不变，坚决减少腐败存量，重点遏制腐败增量，全市纪检监察机关共处置线索227件，初核问题线索119件，立案104件，结案102件，党政纪处分130人，其中科级干部26人。坚持抓早抓小、动辄则咎，实现由“惩治极少数”向“管住大多数”拓展。市纪委出台了《对反映党员干部问题线索谈话函询操作办法》，运用监督执纪“四种形态”处理209人次，其中第一种形态77人次，同比增长54%；第二种形态85人次，同比下降27%；第三种形态16人次，同比增长114%；第四种形态31人次，同比增长29%。严守依纪依法、安全文明、廉洁执纪审查底线，严格落实办案工作责任制和案件主办人制度，深入开展“五查五促”集中教育和专项检查，全面压实执纪审查安全责任，全市纪检监察机关实现了办案人员零违纪、办案安全零事故的“双零”目标。出台《新郑市执行党政纪处分决定暂行办法》，制定“三会三议制度”，严把案件审理质量关，确保了案件办理质量和处理结果公平公正。

【政治巡察】 牢牢把握政治巡察定位，聚焦全面从严治党，坚持把发现问题、形成震慑作为主要任务，着力发现执行党的政治纪律、开展党风廉政建设和反腐败斗争、贯彻落实中央八项规定精神、选拔任用干部、侵害群众利益等方面的突出问题，当好党委的“千里眼”和“顺风耳”。2017年分4轮对24个单位开展巡察，共召开动员会24次，个别谈话2642人次，

新郑市委巡察工作动员部署会召开

调阅相关资料6966份，督查工作纪律85次；累计发现问题235个，提出整改建议67条；发现问题线索321件，涉及科级以上干部 26人，纪检机关根据巡察移交线索，给予党政纪处分 4人。在每轮巡察结束后，及时向被巡察党组织领导班子进行反馈，各单位均在规定时间内上报整改情况报告，确保各类问题整改落实到位，巡察的震慑、遏制、治本作用得到有效发挥。

【自身建设】牢记执纪者必先守纪、律人者必先律己，着力打造一支忠诚干净担当的纪检监察干部队伍。强化领导班子建设，班子成员公开做出五项廉洁自律承诺，先行制定整改台账，带头接受社会各界监督。牢牢把握“忠诚卫士”必须对党绝对忠诚的要求，持续推进“两学一做”学习教育常态化制度化，以“讲忠诚、守纪律、做标杆”活动为抓手，全年共举办19期纪检监察业务大讲堂，举办“一准则一条例一规则”电视知识竞赛和“不忘初心、继续前进”演讲比赛，在郑州市“三个一”电视知识竞赛和演讲比赛中分获三等奖。举办四期全市纪检监察干部学习党的十九大精神综合业务培训班，全面提升工作能力。严格落实监督执纪工作规则和省纪委暂行办法，规范监督执纪工作流程，教育引导纪检监察干部严守纪律、恪守规矩、勇于担当。强化自我监督，严防“灯下黑”，全市共处置纪检监察干部问题线索3件，其中谈话函询2件、党政纪处分1人。加快推进新办案点警示教育基地建设，实现纪委、监察、优化、巡察等集中统一办公，努力打造全省一流的办公办案条件，市纪委监委已入住办公。

重要会议

【市纪委五届二次全会】2017年2月15日，在市炎黄文化艺术中心二楼多功能厅召开了中共新郑市第五届纪律检查委员会第二次全体会议。市委常委，市人大、市政府、市政协领导班子成员及其他副县级以上领导干部，五届市纪委委员，市委工作部门常务副职，各乡镇（街道、管委会）、市直各单位党政正职和纪委书记 (纪检组长)，市委巡察机构负责人，市优化局班子成员，市纪委监察局机关各室负责人参加了会议。市委常委、市纪委书记徐卫东同志代表市纪委常委会做了题为《严格监督执纪全面从严治党深入推进全市党风廉政建设和反腐败斗争》的工作报告，对2017年度反腐倡廉工作进行安排部署。

（撰稿：刘跃阁　审阅：花　洋）

民主党派 工商联

DEMOCRATIC PARTIES & ASSOCIATION OF INDUSTRY AND COMMERCE

·民主党派　工商联 >>>

DEMOCRATIC PARTIES & ASSOCIATION OF INDUSTRY AND COMMERCE

民主党派

【概况】新郑市现有民革成员2人，中国民主同盟会成员77人，农工民主党成员12人，九三学社成员3人，民进成员1人，致公党4人。

【中国国民党革命委员会成员代表】
申丽君

【中国民主同盟成员代表】
苏铁林　冯煜　陈明　陈弘毅　袁燕

【中国农工民主党成员代表】
孙阔　李伟红　郭文凯　王广军

【九三学社成员代表】
李云　张鬲君

【中国民主促进会成员】
吴志强

【中国致公党成员代表】
石华峰

（撰稿：许颖　审稿：师俊杰）

民盟新郑市总支部委员会

【概况】民盟新郑基层组织成立于1987年5月，经过民盟新郑县小组、民盟新郑市支部、民盟新郑市总支三个阶段，共发展盟员82人，病逝2人，调出2人，调入1人，现有盟员79人。其中女盟员35人、男盟员44人、研究生学历13人、双学士学历1人、本科学历34人、大专学历26人、副高级以上职称39人、中级职称39人。盟员中新郑市人大原副主任1人、人大常委1人、政协副主席1人、政协常委2人、郑州市人大代表1人、新郑市政协委员13人、统战部特邀四大员7人、人民陪审员6人、正处级干部1人、现职科级干部9人、高中校长1人。新郑市民盟组织的大发展是中国共产党领导的多党合作和政治协商制度巩固与发展的真实写照。民盟新郑市总支已成长为新郑市地方最大的参政党，在新郑市经济和社会发展中，

2017年11月30日，民盟郑州市委走进薛店镇民盟烛光小学，为46名留守儿童送去学习用品

发挥着越来越重要的作用。

【思想建设】 加强思想建设，与时俱进，创建学习型基层盟组织。倡导每个盟员加强学习、树立终身学习观念。开展多层次、多渠道、多种形式的思想教育活动，通过一月读一本书、一季度一次座谈会、一年一次走访活动以及举办培训班等方式，将思想教育工作融于丰富多彩的活动中去。

2017年9月，毛智毅、冯伟强、郭绍祎等参加郑州市委统战部组织的党外青年干部培训班。2017年10月11日—15日，民盟新郑总支派出20余位骨干盟员和新盟员奔赴红色圣地延安，到延安大学毛泽东干部学院进行了为期5天的培训。

【参政议政】 2017年6月20日至22日，中国民主同盟河南省第十三次代表大会在郑州召开。新郑市政协原副主席、民盟新郑市总支名誉主委苏铁林出席民盟河南省第十三次代表大会。大会期间，代表们认真听取并审议了储亚平主委代表民盟河南省第十二届委员会所做的《不忘合作初心 继续携手前进 为决胜全面小康让中原更加出彩作出积极贡献》工作报告。大会选举产生了民盟河南省第十三届委员会委员和河南省出席中国民主同盟第十二次全国代表大会代表。

纪念河南民盟成立70周年大会于4月12日上午9:00在郑州市黄河迎宾馆迎宾会堂会议大厅召开，民盟新郑市总支主委、新郑市教体局副局长冯煜出席了大会。冯煜在首日会议上做了《加强自身建设 创建先进基层组织》典型发言。会议表彰了河南民盟先进基层组织和优秀盟员。民盟新郑市总支部被评为“河南民盟成立70周年先进基层组织”。袁燕、徐国平被评为优秀盟员。

6月，民盟新郑总支参与撰写相关民盟郑州市委年度调研课题，并完成调研文章5篇。8月，民盟新郑总支参与撰写新郑市统战部年度调研课题，并完成了文章5篇，其中，民盟新郑总支副主委袁燕撰写的《关于把一部分优秀人才留在党外的研究》调研报告，得到了郑州市委统战部的认可。9月14日，新郑市教育体育局和新郑市人民法院、新郑市人民检察院联合举办的《新郑市开庭进校园暨2017—2018学年校园普法宣传第一课》，民盟新郑总支副主委、新郑市人民法院陪审员袁燕庭审前，对犯罪嫌疑人及其家长进行心理疏导和干预，现已回归社会。11月1日，新郑市委统战部组织召开“民主党派、无党派、工商联十九大座谈会”，冯煜、高春艳、刘淑玲、徐国平、杨水红参加并发言。11月30日，赵银宝、张艳玲、徐君、高春艳作为特邀嘉宾参加市委五届五次全会（扩大）会议。12月15日，民盟郑州市委在天河大酒店三楼会议中心召开参政议政工作座谈会。民盟新郑总支盟员陈建伟、王凯、徐国平作为参政议政骨干，出席了这次座谈会，和其他郑州市人大代表、政协委员30余人共同谋划盟市委2018年度参政议政调研选题工作，为促进郑州市经济社会发展献计献策。12月27日，民盟郑州市委2017年度新盟员培训班于上午9：00在天河大酒店（郑州市政协对面）26楼第七会议室召开。民盟新郑总支由副主委陈弘毅带队，杨清波、高宪君、刘淑玲、王凯、赵绘红、张艳玲、张其亚、王瑞芳、王兰芳、王明俊、李江华等共12人前往参加培训。授课内容为参政议政提案和社情民意信息的撰写。

【社会事务】 2017年5月27日，民盟郑州市委烛光行动“名师送课进校园”活动走进新郑市薛店镇民盟烛光小学。参加活动的领导有民盟郑州市委张洛通，民盟郑州市委经济科技处处长赵常虹，民盟新郑总支主委冯煜，民盟新郑总支副主委陈明、陈弘毅、袁燕，盟员高春艳、杨清波、徐国平、吴运田等。民盟新郑总支副主委袁燕老师为孩子们送来心理健康教育《超级记忆力 高效学习法》，吴运田老师给孩子们上音乐课《合唱的排练与歌曲的艺术处理》。

7月8日，新郑民盟文卫支部十余人，利用周六一上午时间开展了一次“感知我们身边的历史文化”主题活动。有的盟员还带上暑期放假在家的孩子一同参加了活动。首先第一站大家来到郑韩故城北城门遗址考古发掘

民盟新郑总支骨干盟员暨新盟员延安培训班开班仪式

现场，实地近距离地参观了考古发掘的过程，直观地感受了发掘出土的道路、水渠和瓮城等各类遗迹，并通过现场工作人员的讲解了解了城门的整体布局。第二站参观的是新郑市博物馆，先后参观了郑韩文物精华展、新石器出土文物展和石刻碑廊。最后一站参观的是郑国车马坑，依次参观了发掘展示的郑国贵族墓葬和车马陪葬坑，并现场观摩了3号车马陪葬坑的发掘清理。

9月19日，民盟郑州市委烛光行动“捐赠图书暨青少年心理健康讲座”活动走进登封市唐庄中学，民盟新郑总支副主委袁燕出席并开展了以《青春狂想曲》为题的讲座，给登封市唐庄中学的老师们带去了学生教育的新视角，得到了学校领导和教师的认可。

11月30日，民盟郑州市委烛光行动“献爱心送温暖送健康”活动走进新郑市薛店镇民盟烛光小学。民盟郑州市委这次“献爱心送温暖送健康”活动，得到了民盟新郑总支广大盟员的积极响应，民盟新郑总支的前任主委、副主委以及其他广大盟员踊跃捐款，为孩子们购买了数十套学习文具和百本儿童读物。民盟盟员、郑州市雷德水泥制品有限公司总经理张留民慷慨解囊，为孩子们购置了数十套棉衣。民盟盟员、新郑市人民医院心内院主任闫建萍为孩子们传授了冬季流行病预防措施等健康知识。这次活动由民盟新郑总支主委、新郑教体局副局长冯煜同志主持。民盟郑州市委秘书长宋喜玲同志最后做了热情洋溢的讲话。出席这次活动的还有民盟郑州市委赵常虹处长和民盟新郑市总支副主委陈明、陈弘毅、袁燕和若干盟员。

·民盟新郑市总支部第二届委员会领导班子成员·

名誉主委 苏铁林

主　　委 冯　煜

副 主 委 陈　明（协助主委工作）

陈弘毅（分管组织工作）

袁　燕（分管宣传工作）

委　　员 赵青建

毛智毅（组织委员）

樊伯巍

赵丽红

张留民（宣传委员）

·民盟新郑市总支科教支部盟员名单·

支部主委 陈　明

副 主 委 袁　燕

组织委员 毛智毅

宣传委员 高春艳

盟　　员

陈　明　袁　燕　毛智毅　高春艳　苏铁林　冯　煜　陈建伟　周新华　陈谟林　郭国正　王韶强　陈艺民　张德旺　许文增　幸建红　杨素香　刘绪河　张青显　李松山　樊群涛　李宗区　黄桂梅　刘　凯　郭绍祎　徐　君　胡瑞霞　赵媛媛　杨水红　徐国平　白桂梅　吴运田　高韶华　贲　踊　高淼霞　刘春莉　刘淑玲　杨清波　燕新亮　高宪军

·民盟新郑市总支文卫支部盟员名单·

支部主委 陈弘毅

副 主 委 赵青建

组织委员 赵丽红

宣传委员 樊伯巍

盟　　员

陈弘毅　赵青建　赵丽红　樊伯巍　张　豪　侯松平　赵新甫　安书卷　杨雪峰　张留民　赵丙焕　李彦宏　刘东霞　郭　静　司清杰　乔林娜　闫建萍　边　莉　朱玉霞　陈彦东　刘占彪　兑幸福　刘松林　高军彪　王海洋　张　霞　赵银宝　兑颂雅　冯伟强　张其亚　张玉香　时慧莉　赵绘红　王　凯　张艳玲

（撰稿：袁　燕　审阅：冯　煜）

市工商业联合会

【概况】 新郑市工商业联合会机关位于市委大院。现有驻会干部职工7人，设主席、党组书记1人，纪检组长1人，秘书长1人，正科级干部1人，主任科员1人，副主任科员1人，正科级协理员1人。兼职企业家名誉主席2人，名誉会长3人，兼职企业家副主席10人，副会长19人，常委29人。2017年工商联团结带领会员企业，深入贯彻落实科学发展观，紧紧

工商联到纪检监察基地学习

围绕市委市政府的中心工作，认真履行团结、服务、引导、教育的工作方针和参政议政、协调服务等职能，为推动新郑市非公经济又好又快发展，构建和谐新郑作出了应有的贡献。

【组织建设】 通过走访、统计，进一步完善会员数据库，及时了解会员企业的发展情况，为会员企业排忧解难、提供服务打下了坚实的基础。工商联十分注重加强和完善基层组织建设，重视会员队伍建设，注重商会领导班子素质的提高。按照“成熟一个发展一个”的原则，重点发展经济实力强、思想觉悟高、热爱工商联工作、热心社会公益事业的非公经济人士入会。

加强自身建设，提升服务能力。3月11日，工商联换届大会胜利闭幕，完成换届工作。此次换届经过3个月的准备，严把政策关、用人关、程序关，认真开展换届工作的调研，加强对会员发展状况，履职情况等进行分析，从政治素质、组织领导水平、经济工作熟悉情况、社会影响力、参政议政能力、廉洁自律和热心工商联工作等方面综合考察。将一批经济上有实力、社会上有影响力，思想觉悟高、热爱工商联事业的非公经济人士发展成为会员，特别优秀、更具代表性的会员推选为副主席、副会长，切实做到分会换届选举与深入推进非公经济人士理想信念教育实践活动、发展壮大会员队伍相结合。此次换届产生了不驻会执委93名、不驻会常委29名，其中包括副主席10名、副会长19名。29名常委以上建议人选所属企业涵盖了食品、农牧、包装、生物科技、商贸、物流、珠宝、建材、地产等行业，其中既包括好想你枣业、雏鹰农牧等上市民营企业，也包括在全市各行业具有代表性的大中型非公企业。

【宣传教育】 宣传工作是工商联履行

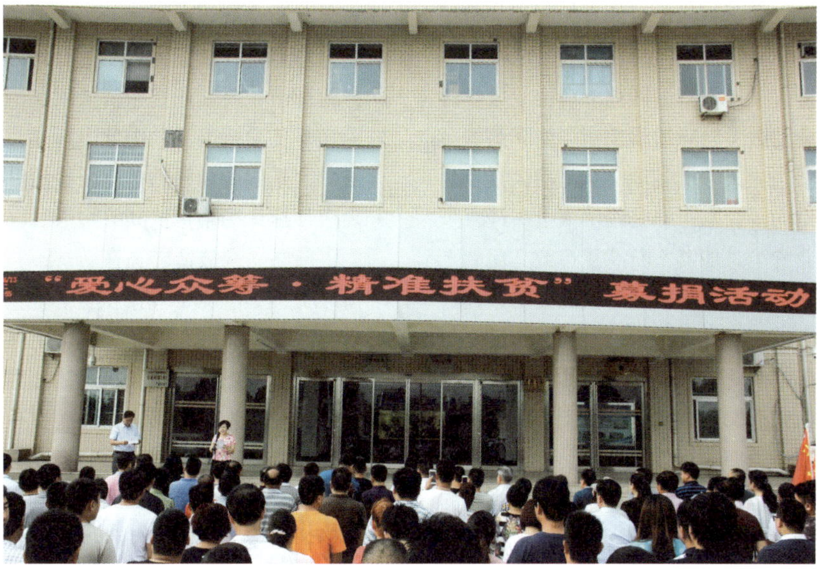

政协委员在精准扶贫活动中捐款

“桥梁、纽带”的重要形式，是扩大工商联影响力、提升工商联形象的重要载体。市工商联采用活化载体的方式，通过媒体、网站、短信等多种形式和会员企业建立方便快捷的沟通桥梁，及时将相关政策及各种产业信息传达给各会员企业，并注意了解企业生产经营情况。以党的群众路线教育实践活动为载体，采取分会集中学、典型示范学、办班集中学等形式，学习党的方针、政策和省、市工商联工作会议精神。积极部署学习党的十九大精神，深入开展理想信念教育实践活动。10月18日，十九大开幕以来，工商联迅速行动，开展以学习十九大为重点的理想信念教育实践活动。组织全体成员一起收看中国共产党第十九次全国代表大会开幕式，学习习近平总书记工作报告精神；组织观看中共中央组织部、中央电视台联合录制的纪录片《榜样》。开展“十九大精神进企业”活动。组织各乡镇基层分会召开“学习十九大报告，弘扬企业家精神，做优秀社会主义建设者”座谈会，并邀请各乡镇、街道（办事处）领导及职能部门负责人参加会议。座谈会上，会员代表就学习十九大感悟和十九大后企业发展思路发表自己的看法，表示要深刻领会习近平总书记讲话精神，弘扬劳模精神和工匠精神，坚定信念跟党走，凝心聚力谋发展。

【参政议政】 参政议政是工商联在新时期的一项重要工作职能，是为各级党委、政府科学决策谏言献策的重要渠道。在2017年的新郑市“两会”上，市工商联界别政协委员和人大代表针对新郑市经济社会发展中的热点、难点问题，通过调查研究，认真分析总结，提出了各自的意见和建议，形成了许多好的提案、议案，获得了一致好评，切实履行了政协委员的职责。并通过调研，形成了“关于我市中小企业融资难调研报告”“关于我市生态廊道沿途企业拆迁安置问题调研报告”“关于我市中小企业新三板上市面临的困难和问题调研报告”等多篇高质量调研报告，向政府反映问题、提出意见与建议，助推本市非公企业健康、快速发展。

【服务会员】 坚持以服务立会为宗旨、以组织教育培训为依托，进一步拓宽服务领域，提高服务水平，助推企业发展。3月28日至29日，市工商联组织45名企业家，全程参加了第十一届黄帝文化国际论坛活动。本届黄帝文化国际论坛的主题为“一带一路与文明互鉴”，由央视著名节目主持人担当主持。国内外多位专家学者分别做了精彩演讲。市工商联组织会员企业家参加各项文化活动，其目的是为了让本市非公经济人士在经营企业的同时能够不断感受传统文化的无穷魅力，既能提升个人的文化素养，同时也为丰富自身企业文化起到积极的促进作用。9月20日，市工商联组织近20名会员企业家到郑州参加了清大教育培训班。11月份，市工商联组织政协委员37名参加市政协举办的十九大与传统文化大讲堂，让传统文化与当代社会发展与经济发展结合起来，进一步引领广大企业家在企业发展中不焦躁、不灰心、不动摇，加快技术、产品、管理、商业模式等创新，培育以创新驱动为核心的竞争新优势，安心、专心、用心做大做强企业，为新郑市非公经济发展作出更大贡献。

【光彩事业】市工商联积极鼓励、引导本市非公经济人士履行社会责任、投身光彩事业、弘扬光彩精神。2017年，新郑市非公企业在帮贫扶困、捐资助学等各项慈善活动中慷慨解囊，全市13家基层商会先后参与公益活动30余次，累计捐赠帮扶500余万元。6月，工商联界别政协委员在新郑市辛店镇开展“爱心众筹 精准扶贫”捐款活动，共捐款30多万元；工商联主席刘彩云带领党员企业家和辛店镇知名企业家到医院为辛店镇患白血病女孩儿捐款10余万现金；郭店镇商会2017年为贫困户捐款10万元，为学校捐款40多万元，资助贫困大学生4名，每人每年1万元。市工商联会员企业富而思进，回报社会的善举，赢得了社会的广泛认可和尊重，为推动本市民生改善，促进社会和谐进步做出了积极贡献。

同时，市工商联积极与会员企业联络、沟通，与政府相关部门协调，参加市委组织部开展的“双联双助”活动，为新郑市精准扶贫工作凝心聚力、搭建平台。充分整合民营经济的优势资源，组织引导全市广大非公企业积极参与企业联村助脱贫。至2017年底，有61家非公企业与新郑市建档立卡贫困村签订协议，结成帮扶对子。

【工商联组织】
主　席　党组书记　刘彩云
名誉主席　周遂成　秦水泉
名誉会长　刘松荫　杨宏森 杨小金
纪检组长　李　静
秘书长　沈宝珍
副主席　10人（以姓氏笔画为序）：
马文明　王武来　王保玉　白亚楠
石聚领　宋英立　李　花　金　荣
荆新琦　常文杰
副会长　19人（以姓氏笔画为序）
王三伟　王继正　冯泽富　卢凯伟
刘　涛　刘长安　张军峰　时智灵
李建岭　李明臣　周忠民　郑申亮
赵永建　徐　瑞　高书杰　高国治
靳伟霞　靳建松　薛彦增

（撰稿：张 沼 审阅：李 静）

群团

PEOPLE'S ORGANIZATION

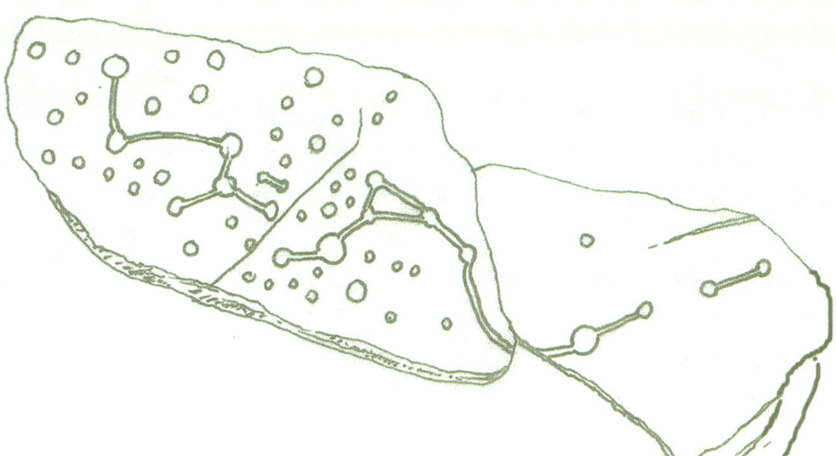

·群团 >>>

PEOPLE'S ORGANIZATION

工会工作

【概况】 新郑市总工会机关内部设办公室、组宣民管部、生产保障部、编制人事科、财务部5个工作职能部门和经费审查委员会、女职工工作委员会2个法定专职委员会，设有工人俱乐部、帮扶中心2个二级机构；在职职工37人，其中主席1人，常务副主席1人，副主席2人。辖13个乡镇街道办事处工会工作委员会、2个管委会、67个系统（委局）工会委员会、14个直属企业工会。全市现有各级工会组织2442家，其中企业工会2100家，工会会员15.4万人，规模以上企业299家，企业建会率和职工入会率达到98%和98.6%。先后荣获河南省优秀县（市）工会、河南省工会系统先进集体、省级文明单位、河南省“五星级”帮扶中心、河南省“十佳模范”帮扶中心、河南省县级工会经审工作规范化建设标兵单位等称号。全市13个乡镇、街道工会全部荣获郑州市“六好”工会称号，其中梨河镇工会荣获全国“六好”乡镇工会称号，辛店镇、龙湖镇、薛店镇、和庄镇工会荣获河南省“六好”乡镇工会称号。龙湖镇、和庄镇、孟庄镇、孟庄镇潮河新城社区、薛店镇常刘社区、中储粮油脂新郑基地、雏鹰农牧集团、地税局8家工会被评为河南省“达标创优”工会工作示范点。

2017年，新郑市总工会以习近平总书记治国理政新理念新思想新战略为指引，紧紧围绕党政所需、职工所急、工会所能，以服务大局、服务基层、服务职工为目标，切实履行“维护、建设、参与、教育”职能，在务实基层中求突破，在维护权益中谋实效，在构建和谐劳动关系中显作为，为推进国家中心城市次中心建设作出了积极贡献。

【思想文化建设】 市总工会始终把思想文化建设放在首要位置，不断丰富学习载体，不断拓展学习的广度和深度，引导广大干部职工进一步增强道路自信、理论自信、制度自信和文化自信。组织劳模宣讲，走进工厂车间。党的十九大胜利召开后，在全市工会系统下发《新郑市总工会学习宣传贯彻党的十九大精神工作方案》《学习宣传十九大劳模工匠带头讲》文件，先后组织劳模宣讲团到遂成药业、华南城等单位宣讲十九大精神，千余名职工参与。在下基层宣讲的同时，也鼓励基层工会结合自身实际开展车间班组一线的“微宣讲”，目前，全市基层工会已成立18支十九大宣讲队，40余名宣讲成员，已组织了36场“微宣讲”活动，受众人数达5200余人次，营造了良好的学习氛围。2017年12月11日，中工网以《新郑市总启动“学习宣传十九大劳模工匠带头讲”巡回宣讲活动》为题，报道了新郑市工会的做法。赠送精神食粮，加强舆论引导。扎实开展“图书下基层”活动，市总工会拿出20余万元，为基层工会征订《工人日报》《河南工人日报》《中国工人》等六种报纸杂志，把党的声音传递到职工一线。积极宣传广大职工先进事迹和各级工会工作经验，全年市总工会上报各类宣传报道信息80条，被上级网站和新郑政府网站采用30余条，其中中工网、河南工人日报、郑州日报采用6条。全年市总工会拨付近百万元完善基层工会篮球场、乒乓球场等职工之家建设，举办“全民健身·幸福新郑”登山比赛，丰富了基层工会干部职工的文化生活。弘扬劳模精神，营造良好氛围。“五一”劳动节期间，市总工会联合新郑市电视台、郑州日报开办“劳动者风采”专栏，挑选出10余名各级劳模和先进工作者进行专访宣传，收集本市各级劳模事迹材料，编辑出版《脊梁之歌——新郑市劳动模范风采录》，广大职工群众反响强烈、好评如潮。4月28日晚，新郑市总工会在炎黄广场举办“劳动光荣·创造伟大”庆五一文艺晚会，晚会的13个节目精彩纷呈，尤其是原创型节目耳目一新，唱响了“中国梦·劳动美”主旋律，彰显了全市广大职工齐心协力、团结奋斗的精神风貌。

【职工干事创业】 围绕本市经济社会发展目标，开展建功“十三五”主题竞赛、劳模评选等活动，不断激发广大职工干事创业热情。开展技术比武，激发创业激情。市总工会紧紧围绕本市经济发展总体目标，在加快经济发展中广泛开展建功立业竞赛活动。在全市企业中开展创建“工人先锋号”活动，通过提合理化建议、岗位练兵、技术比武等，激发广大职工“学理论、精业务、钻技术、练绝活、成行家”的热情。11月份联合妇联、卫计委开展妇幼健康技能竞赛活动，12月份联合市人社局开展技能竞赛活动。开展安全竞赛，助推劳动保护。围绕市安全生产目标，联合政府有关部门开展“安康杯”竞赛活动和“查隐患、堵漏洞、保安全”监督检查工作，全市700多个企业，6万多名职工报名参加“安康杯”竞赛。市总工会在新烟街办事处进行安全生产检查，全年累计检查建筑工地、危险化学品（油库、加油站、加气站、液化气代办点）、小旅馆等人员密集场所117家，查出、整改隐患556起。做好劳模评选，弘扬社会正能量。开展新郑市首届劳模评选活动，在“五一”国际劳动节前夕，举办劳动模范和先进工作者表彰大会，48名劳动模范和先进工作者受到表彰，发放奖励金24万元。开展困难劳模帮扶，对荣获郑州市级以上劳动模范100余人生活状况进行一次全面的走访调查，切实摸清劳模生产、生活现状，合理确定困难劳模帮扶范围，确保困难劳模帮扶工作公平、公正、合理。

【维权维稳工作】 市总工会通过多方努力化解矛盾，有效地维护了职工正当权益，在构建和谐的劳动关系、维护社会稳定上显现了工会组织的作为。加强民主管理，构建和谐劳动关系。按照《工会法》和《中国工会章程》，健全新郑市企业工会职代会和厂务公开制度，不断推进企业民主管理工作。目前，全市建立职代会制度企事业单位2150家，全市实行厂务公开的企事业单位有2150家，为广大职工群众参与民主管理打下坚实基础。2017年9月份，郑州市总工会到雪花啤酒、中储粮新郑基地两家基层工会，对本市基层工会厂务公开民主管理工作进行调研，给予了充分肯定。积极主动参与，维护职工合法权益。建立了工会与政府（行政）联席会议制度、劳动关系三方协商机制，在14个乡(镇)、街道办事处及部分直属企业设立维权服务工作站，形成“服务下沉一级、维权上升一级”的工作格局。新郑市总工会矛盾纠纷调处中心，共接待来信来访30人次，法律咨询20人次。韩春化工在供给侧改革中破产，全体员工下岗，市总工会协调职工代表参与破产谈判，有效维护了职工合法权益。在春节之际，市总工会筹资10万元，为该厂250户下岗职工送去节日的慰问。2017年，市总工会协调多方力量，筹集资金200多万元，对原新郑卷烟厂清退的230名亦工亦农人员实施困难救助，受到了清退人员的好评，成功化解了本市一个重大不稳定因素。健全工作机制，推进工资集体协商。3月中旬，市总工会下发《新郑市总工会关于开展2017年集体协商要约行动月的通知》，进一步完善职工工资分配共决机制、正常增长机制和支付保障机制。全市签订并备案工资集体协议66份，覆盖企业10167家，其中区域性工资集体协议26份，行业性工资集体协议3份。

2017年5月1日，新郑总工会举办劳动模范（先进工作者）命名表彰大会

【普惠职工举措】 拓宽帮扶领域，创新普惠措施，不断提高服务水平，努力满足新时期职工多样化的服务需求。根据职工各种需求，实施精准化帮扶。“双节”送温暖共筹集发放慰问金50.55万元，慰问在档困难职工338人。先后对9人进行了大病救

助，累计资金达3.449万元。对全市44名考入大学的贫困家庭的子女进行了资助，发放助学救助金15.2万元。7月下旬为重点工程农民工、环卫工人、交巡警等3787人，送去冰糖、风油精、毛巾等价值达26万元的降暑用品。在河南职工网和省总豫工会手机APP上共输入100条招聘用工信息，提供1500多个就业岗位。不断完善25家工会服务点的设施，对铭牌悬挂、设施摆放和服务开展情况进行规范化要求，订阅《工人日报》《河南工人日报》等八种报刊，努力为户外劳动者提供更好的服务。帮助全市53家单位续保，新增参保人员65人，涉及会员7275人，其中意外险6856份、重大疾病419份，入保金额244238元。全年出险33次，赔付金额共82605元。深入一线职工群众，开展心理关爱活动。一年来，市总工会不断深化社会化心理服务项目，先后举办了一系列心理援助、咨询服务活动，服务职工1000余名。到龙湖教育园区、中储粮新郑基地、农委等13个单位，开展《职场压力与疏导》《家庭幸福》等心理健康知识讲座，根据职工的需求开展婆媳关系、夫妻和谐、亲子关系专项心理辅导。通过微信平台开展读书活动80次，共同学习了《接纳不完美的自己》《活出全新的自己》等书籍，有效缓解了日常生活、工作的压力。帮助70余人参加全国统一心理咨询师的培训及考试，对各单位已取得咨询师证的职工开展"认知疗法"培训班，进一步加强了心理咨询师队伍的力量。通过新郑市总工会微信公众号平台，为全市职工提供24小时在线咨询服务，截至目前，共处理个案咨询316例、健康咨询201例、电话及网络咨询1000余例。推出"法律管家"服务，开展法律普及活动。2017年应广大职工需求，适时推出了服务职工的"法律管家"项目，通过专业法律团队的全面介入，建立和完善了劳动争议调解、劳动法律监督、劳动法制宣传教育和工会法律援助等各项机制，基本满足了职工需要，进一步维护了职工合法权益。先后到瑞泰、庆安等8个企业为1500余职工，开展法律咨询、讲解服务。4月底，在炎黄广场举办了迎"五一"职工法律法规宣传活动，活动期间发放法律法规宣传单1700余份，接待受理法律维权、劳动保护、工伤救助、帮扶救助等方面的法律法规咨询180多人次，有效普及了法律知识，提高了职工维权意识和自我保护能力。组织全市企事业单位职工参加郑州市总工会开展的职工法律法规及公共文明知识网上竞赛，25名职工获奖。

【工会组织建设】 工会组织建设是做好工会工作的基础，市总工会注重结合实际，不断提升工会组织建设水平。夯实工会组织基础，推动达标创优工作。今年市总工会多次对市小微企业、非公企业进行了摸底调研，新成立雪花啤酒、华商汇等基层工会组织80家，发展会员6100人(农民工4500人)，进一步扩大工会组织覆盖面。推进农民工建会入会，把企业农民工集中纳入工会组织，实现农民工培训、管理、维权等服务一体化。下发《关于基层工会申报达标创优工会工作示范点通知》，规范创建标准，确保"六有"，达到"六好"。拨付80万元，用于支持遂成药业等基层工会职工之家建设，拨付64万元，奖励新村镇工会等20个新郑市级示范工会。10月，郑州市总工会对本市申报省级示范点的基层工会进行调研，孟庄镇等3家基层工会被评为省级达标创优工会。市总经审办对全市40余家基层工会2015—2016年度经费收支情况进行审计审查，对有问题单位下达了整改通知。打造线上线下服务体系，大力开展网上工会建设。以"一网一卡"为主线，打造职工网络服务体系，实现了网络化、普惠化工会服务。2017年"新郑工会"微信公众号推送图文信息400余条，平台粉丝数量达到4000余人。64460名工会会员办理了工会会员卡，洽谈优惠商家总量达74家，投入奖励资金30万元鼓励会员办卡用卡。采取线上线下结合的方式开展普惠服务活动38场，共计3.8万余名工会会员受到普惠，让全市职工享受到了"掌上职工之家"的便利服务。组织基层工会干部培训，不断提升工作能力水平。5月22日至27日，新郑市总工会在广州市总工会职业技能培训学院基地，委托广东省社会工作师联合会举办新郑市基层工会干部素能提升培训班。来自全市各乡镇（街道、管委会）、直属企业、部分委局工会干部和部分民政干部80人参加培训。

（撰稿：王伟伟　审阅：靳新民）

共青团和青年工作

【概况】 2017年，团市委共有机关干部8人。内设办公室、青农部、青工部、学校部、宣传部、组织部、少工委，办公地点设在新郑市人民路186号市委办公楼5楼。

2017年，全市各级团组织深入学习习近平总书记系列重要讲话精神、群团工作改革文件精神，认真开展"两学一做"学习教育活动，立足青年，抓牢主责主业，锐意改革创新，引领广大团员青年发挥生力军作用，围绕党政中心，服务发展大局，为推动新郑经济社会发展作出了新贡献，开创了新郑共青团工作的新局面。

【团建工作】 进一步夯实基层团组织建设，新成立共青团中储粮新郑基地委员会。积极选树优秀青年典型，表彰一批优秀共青团干部、青年志愿者。围绕青年所需当好桥梁。提供了320个大学生实习见习岗位，增加服务内容，组织文娱活动，包括篮球赛、登山等，丰富青年文化生活。落实群团改革工作会议精神。通过发放学习资料、开展讨论学习会等方式，指导基层团组织学习贯彻中央群团改革精神，明确努力方向和工作重点。

【少先队工作】团市委切实做好青少年思想政治引领工作，有力促进全市青少年的健康成长和少先队事业的发展。积极参与基层调研，参观学校团队工作室和队部室，了解学校共青团和少先队工作的情况，与校长及大队辅导员、德育主任等负责团队工作的老师进行深度座谈，寻找学校工作的亮点和关注点，为进一步推进本市团队工作打好基础。积极开展活动，把社会主义核心价值观培育融入主题实践中。开展寻找“最美新郑少年”评审活动，大力选树典型。

【维护青少年合法权益】定期召开预防青少年违法犯罪工作会议，针对重点青少年现状和服务管理情况进行跟踪改进，并提供相关的工作建议。贯彻落实省委主要领导就共青团组织进一步做好青少年社区矫正工作的指示精神，申请2017年开展预防青少年违法犯罪专项资金5万元，用于开展青少年心理健康教育服务项目。

【服务青少年成长】激励青年创业就业。开展就业创业培训，联合新郑市劳动局、新郑市规模靠前企业为青年提供就业岗位。开展“大学梦 农商情”助学活动，奖励本市考入重点高校学生298人，资助贫苦大学生119人。共计95.3万元。

【新闻宣传工作】加强策划，做好青年工作的宣传报道工作。紧紧围绕市委市政府重大决策和重点工作以及共青团工作发展的总体目标，突出重点、加强策划、周密安排，做好团的宣传报道工作。加强新闻工作协调和服务，建立与团组织和新闻单位定期沟通和通报信息的有效机制，根据团市委阶段性工作的重点，拟定新闻报道计划，做好新闻宣传工作。通过举办基层共青团宣传干部新闻工作培训、研讨，为基层团干部开展新闻工作提供帮助。

（撰稿：宋文艳 审阅：唐战胜）

妇女工作

【概况】新郑市妇联现有机关干部8名。机关内设办公室、妇女发展部和妇女权益部，下设新郑市人民政府妇女儿童工作委员会办公室。2017年，新郑市妇联以围绕中心、服务大局、立足基层、服务妇女为基本职责，以推进妇联改革为动力，大力实施“五人行动”，创新开展“五个万家”活动，扎实推进民生实事项目，团结带领广大妇女在新郑建设国家中心城市次中心中发挥了“半边天”作用。市妇联被评为新郑市2016年度绩效考核先进单位和2016年度支持林业生态建设工作先进单位，被中共郑州市委宣传部、中共郑州市委市直机关工作委员会、郑州市总工会、郑州市文明办、郑州市妇女联合会、郑州市体育局授予郑州市第八届“百万妇女健身活动”展示大赛优秀组织奖，被郑州市妇联评为郑州市妇联系统2016年度工作优秀单位，被郑州市人力资源和社会保障局、郑州市妇联评为郑州市三八红旗集体，被郑州市教育局、郑州市妇联评为郑州市儿童工作先进集体，被郑州市妇联授予全市妇女读书活动优秀组织奖，被河南省妇女联合会授予全省妇女读书活动优秀组织奖，被新郑市委宣传部、市文广新局评为“全民阅读”活动先进单位，荣获新郑市委宣传部、市文广新局组织的十九大知识“每日十题”竞答活动优秀组织奖。

【思想引领】组织全市各级妇联通过举办专题学习会、座谈会等形式，深入学习和领会十九大精神、习近平总书记系列重要讲话精神和治国理政新理念新思想新战略。以“巾帼建新功·共筑中国梦”为主题，唱响主旋律，传播正能量。充分发挥“微博、qq、微信、飞信”等舆论阵地和基层“妇女之家”等平台，在广大妇女群众中开展形式多样的学习教育活动。引导妇联组织和妇联干部把讲政治落实到妇联自身建设和各项工作中，贯穿于党性锻炼全过程，把全市广大妇

2月17日，全国妇联离退休干部局领导赴新郑市考察调研巾帼文明岗工作，新郑市领导陪同调研

女最广泛最紧密团结在党的周围，确保妇联工作正确方向。开展主题宣教活动。先后举办了新郑市社会各界妇女代表学习贯彻十九大精神座谈会、妇联干部学习贯彻十九大精神培训班、“巾帼心向党 凝聚党旗下”红色经典诵读比赛和新郑市家庭诵读经典比赛，积极宣传党中央治国理政新理念新思想新战略，宣传新修订的《宗教事务条例》，宣传禁毒等方面的政策，引领广大妇女增强“四个自信”，坚定理想信念，坚定不移听党话、跟党走，把党的主张转化为自觉追求和实际行动。强化妇女典型引领。广泛开展巾帼典型培树宣传，做好妇女典型培养选树工作，选树一批叫得响、立得住、树得牢、传得开的先进典型。利用“三八”节，评树各类先进集体23个，先进个人125名，利用电视、报纸等媒体宣传妇女典型20名，在社会产生了较大反响。

【巾帼创业创新行动】为提升农村妇女群众的就业水平，开展妇女创业就业培训4期，300多名妇女群众受益。依托“巧媳妇工程示范基地”，发挥示范引领作用，开展农业、手工制作、家政服务等技能培训10场次，培训妇女600余人，带动贫困妇女互助脱贫。开展妇女双创典型评选表彰，评选新郑市“巾帼创业创新标兵”20名。新郑市辛店镇黄岗村丰农种植养殖技术协会被全国妇联授予“全国巾帼建功先进集体”。河南林源建筑安装工程有限公司总经理刘笛荣获河南省2017年度“创业创新十大女杰”。新郑市辛店镇黄岗村丰农种植养殖技术协会会长李燕和新郑市圣丰大樱桃种植专业合作社社长乔丽霞两位创业女性故事被郑州市最美巾帼创业创新故事集《月季花开别样红》所收录。2月17日，全国妇联离退休老干部局杜芮局长一行赴新郑考察调研“巾帼文明岗”创建工作，对新郑市妇女工作给予高度赞扬和充分肯定。推进妇女小额担保贷款贴息工作，截至目前，全市为妇女共发放小额贴息贷款133笔、资金1830万元，极大地调动了城乡妇女创业创新的积极性。积极与市人劳局等部门在市区及各乡镇举办招聘会9场次，为农村富余劳动力和用人单位提供免费的求职培训、咨询以及用人信息发布等服务，发放《劳动合同法》《就业促进法》《农民工维权手册》及小额担保贷款政策等宣传材料5000余份，达成意向性就业协议人数4006人，其中女性1800余人。

【巾帼脱贫行动】以新郑市开展“我为党旗增光彩”活动为契机，以“巾帼心向党 全力助脱贫”为主题，实施思想、健康、关爱、平安、技能、引领等“六助”活动：通过电视台“身边的正能量”栏目，宣传脱贫妇女典型1名。在全市发放妇女两癌政策海报500份、手册3000份、防出生缺陷基本知识手册14000余份，举办“巾帼助脱贫”手工制作、家政技能培训班4期，开展“我为党旗增光彩”活动 8次，分别深入到郭店镇小司村、具茨山山陈村发放和睦家庭宣传资料和宣传品500余份，送去捕蝇笼20个、灭蝇纸100张、灭蝇药100包，发放防溺水宣传袋400个，削皮器300个。此外，携手市法院、团市委到郭店镇小司村开展“关爱‘三留守’我为党旗增光彩”活动，向留守儿童赠书、组织“三留守”人员过集体生日、举办关爱知识讲座。此外，为使干部更好投入脱贫攻坚战，消除大家的后顾之忧，市妇联成立“幸福驿站”工作室。自2017年7月20日工作室成立以来，为50多位机关、企事业单位单身青年牵线搭桥。加强对“巧媳妇”工程示范基地、巾帼现代农业科技示范基地等巾帼示范基地的指导，培育扶持基地发展壮大，巩固发展新郑市“巧媳妇”工程示范基地17个，河南正之源农业科技有限公司被郑州市妇联授予郑州市“巾帼现代农业科技示范基地”。积极推荐河南正之源农业科技有限公司和新郑市庄稼人花生种植专业合作社参加郑州市巾帼创业创新大赛，并为其争取扶持资金4万元。同时积极发挥基地作用，帮助3000多名农村妇女接受技能培训，带动1000名妇女就业。做好“妇女两癌”免费筛查项目和预防出生缺陷产前筛查工作，发放妇女“两癌”和“预防出生缺陷产前筛查和新生儿疾病筛查”宣传海报500份、知识手册17000份，举办“两癌”健康知识讲座2期，为新郑市14名“两癌”妇女争取河南省“阳光母亲”专项救助金14万元。做好驻村帮扶。2名科级干部积极到贫困村参与脱贫攻坚行动，目前已经帮助贫困户实现脱贫。

【巾帼维权行动】建立了以市、乡、村三级维权网络为主体和律师、心理咨询师、志愿者队伍“三位”一体的多元化维权网络体系。开展了市、乡镇（办事处、管委会）妇女信访代理工作，建立队伍1支，设妇女信访代理员16名。发挥283个村（社区）兼职妇女调解员作用，提升维权效率，关注重点案件事件，及时发出妇联声音。建立了“一线一微一中心”网络维权服务渠道，利用新媒体及时为广大妇女提供维权服务。“一线”即12338妇女维权热线，推动热线服务向基层村和社区延伸；“一微信”即利用建立的14个微信群；“一中心”即婚姻家庭矛盾纠纷调处中心。实施“中国妇女法律援助行动”项目，为困难案件提供法律援助。深化“和睦家庭”创建，评选新郑市级“最美和睦家庭”130户，以家庭和睦促进社会平安和谐。做好信访维权工作。共接待群众信访29起、44人次，结案率达 98%。共受理法律援助案件4起。

【巾帼关爱行动】大力实施男女平等基本国策，推进“两规划”落实，做好2017年度妇女儿童发展规划监测评估工作，在各成员单位的积极工作和配合下，截至2017年底，新郑市在儿童发展规划的20项主要定量目标中，除有2项缺少相关基数无法判断外，在18项可判断指标中，已达标15项，达标率为83.3%。妇女发展规划中的22项主要定量目标中，有14项已达标，达标率为63.63%，实现了时间过半任务过半的既定目标。配合卫生部门完成宫颈癌筛查10037人，乳腺癌筛查10045人,人乳头瘤病毒（HPV）检查5162人。在本市10个社区（村）建立儿童之家,为每个“儿童之家”配备了10万元的物品。在龙湖镇林锦店社区“妇女之家”、梨河镇七里堂社区“妇女之家”实施“绿城妈妈”社区环保服务项目，开展垃圾分类、清洁家园、社区绿植、变废为宝、环保酵素制作等五大行动，让发展成果更多更好惠及妇女儿童。当好妇女儿童的贴心人，以贫困妇女、留守流动妇女、残疾妇女、单亲母亲、老龄妇女为重点，发动全市妇联积极开展政策帮扶、项目帮扶、就业帮扶、技能帮扶、精神帮扶、生活帮扶、健康帮扶等七类帮扶活动，惠及困难妇女儿童1000余名，传递妇联的关怀和温暖。

【巾帼成才行动】 探索建设创业创新人才库、巾帼志愿者人才库、农村致富带头人人才库、先进典型人才库等四类人才库，加强对女性人才的联系服务和组织引领，培养她们提升素质岗位建功，引导她们关注支持、积极参与妇女工作。利用已建立的14个微信群，广泛组织女性人才开展“好书荐读”“交流畅谈”“政策宣传”等活动，为女性人才提供读书、交流等服务，促进她们增进交流、提升素质、成长成才。

【“德润万家”活动】 持续深入开展“德润万家·巾帼在行动”活动，评选新郑市“最美和睦家庭”80户、最美家庭角色典型361名，发放宣传资料2000余份，展示家庭幸福照片100张。积极向上级妇联推荐各类典型，刘素花被评为郑州市十大“最美母亲”，王绿婕被评为郑州市十大“最美媳妇”，侯菊等25人荣获郑州市“最美母亲”“好婆婆”“好媳妇”“好子女”称号，推动家庭文明建设贯穿全年、常态开展，打造新郑妇联家庭工作响亮品牌。并借助报纸、电视、手机短信等媒体平台，对挖掘和选树出的“最美家庭”以及角色典型大力宣传。

【“法进万家”活动】 融入全面依法治市大局，引导广大妇女和家庭尊法学法信法守法用法，助力法治新郑建设。组织开展“三八”维权宣传月活动。3月份，在全市范围内开展“三八”维权宣传月活动，发放妇女权益保障法彩页、反邪教宣传页和睦家庭创建折扇等宣传资料5000余份，接受咨询35人次。开展“法进万家”百场普法大讲堂活动。截至目前，全市共举办“法进万家”普法大讲堂4场，直接受益群众及家庭达 3500余人（户）。开展拒绝校园欺凌、守护青苹果、防溺水宣传、交通安全、消防安全等主题儿童安全教育活动276场次，受益家长、儿童达13万人次，发放防溺水宣传袋280个、和睦家庭创建折扇310个、宣传标语80份、防溺水宣传页500份、削皮器100个。

【“书香万家”活动】开展特色读书活动。结合妇女和家庭特点，精心设计、创新开展以“书香家庭 悦读相伴”为主题的“六个一”系列活动：在郑州日报发出一份“以书为友 悦读相伴”读书活动倡议；依托已建立的儿童之家开展“书香家庭·悦读相伴”亲子阅读活动3场；收集家风家训30条。向上级推荐上报核心价值观进家庭典型案例1个。2018年4月，又启动了“书香润万家 巾帼在行动”七个一活动，引导全市广大妇女和家庭多读书、读好书，积极营造文明新郑、书香新郑良好氛围。创评“书香家庭”。广泛寻找、表彰、宣传“书香家庭”，发挥示范作用，引领更多家庭热爱读书。近年来评树“最美书香家庭”20户。

【“育兴万家”活动】 加强阵地建设，推动15乡镇（街道、管委会）、283个村（社区）建立家长学校。加强队伍建设，建立家庭教育讲师团1个。加强儿童思想道德教育，引导他们践行社会主义核心价值观。六一节期间，共表彰各类先进个人160名、先进集体25个，有17人被上级妇联授予优秀儿童、优秀家长、十佳家长等荣誉称号。大力普及家庭教育知识。举办“传播好家教、弘扬好家风 、建设好家庭”家庭教育讲座11场，引导家长承担家庭教育主体责任，提升家庭教育水平，用正确的思想、正确的行动、正确的方法教育孩子。

【“绿惠万家”活动】 实施“绿城妈妈”项目。在2社区创新实施“绿城妈妈”环保服务项目，开展垃圾分类、清洁家园、变废为宝、一平方米菜园、网上环保便民服务等五大环保行动，以便民服务方式将绿色理念融入社区、融入日常生活，使环境治理、生态建设的神经末梢活跃起来，形成建设美丽新郑的强大合力。开展特色环保活动。举办了以“踏青健体，低碳生活”为主题的庆“三八”妇女登山比赛，400多名干部职工边体味登山的乐趣边捡拾山上的白色垃圾。开展志愿服务活动，组织巾帼志愿者开展植树护绿、环境卫生整治、大气污染治理等活动20次。全年表彰“最美”绿色家庭40 户，进一步动员引领广大妇女和家庭积极参与环保活动，践行绿色、生态、环保理念，推动生态文明建设。

【妇联组织建设】 按照上级妇联吸

纳各方面妇女力量共同做好基层妇女群众工作的要求，实现了市、乡、市直单位妇女组织全覆盖，延伸妇联工作手臂，在两新组织建立妇女组织4个。扎实推进“两学一做”教育活动常态化、制度化，利用新郑市基层党建微课堂及其他妇联网络平台等方式，先后组织机关党员集中学习30次，专题讨论2次，党课教学辅导4场，以“忠诚”为主题演讲比赛1次。增强妇联组织凝聚力。各级妇联组织积极发挥好党联系妇女群众的桥梁纽带作用。如法院妇委会积极开展法制宣传、法律咨询服务等活动，遂成药业妇委会积极开展健康知识讲座，好想你股份有限公司妇委会开展诵读红色经典比赛，肖邦艺校妇委会组织100余名青少年开展“清明祭英烈”爱国主义主题教育实践活动，泰山村妇联利用“三八”节开展好婆婆、好媳妇、文明家庭等评选表彰，利用六一节开展文艺会演，使妇女群众的凝聚力更强了。推进妇联改革工程。全面启动新郑妇联改革，制定实施妇联改革方案。根据上三级和本市关于群团改革工作总体部署，市妇联认真做好调研和筹备工作。成立领导小组，召开动员会，明确改革工作任务，组织起草撰写《新郑市妇联改革实施方案》。目前改革方案正在审核中。加强调查研究，加强与省内外妇联组织交流学习，向省妇联推荐机关挂职干部1名。积极改进作风，建立健全妇联干部“双月下基层工作周”制度，开展“下基层、访妇情、办实事”活动，推动深入基层一线、深入妇女群众常态化、制度化。此外，把女性后备干部条件纳入《关于实施农村后备村干部“千人计划”实施方案》，为2018年村级组织换届提供储备人选。

【调研宣传】 妇联信息宣传工作是展示妇女形象、对外宣传妇女工作的重要窗口，是反映妇女舆情的重要渠道。全年，市妇联向郑州市上报有价值的调研文章2篇，向郑州日报、中原网、大河网及本级各部门等报送各类信息150条。

（撰稿：张慧芸 审阅：高孝瑞）

军事 MILITARY

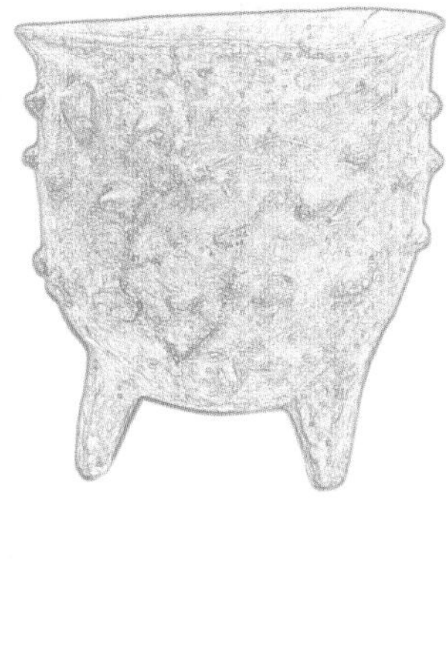

·军 事 >>>

MILITARY

中国人民解放军新郑市人民武装部

【概况】中国人民解放军新郑市人民武装部位于市区人民路中段276号。1950年10月，新郑县成立人民武装部；1986年县人民武装部由中国人民解放军划归地方建制，单位设在人民路中段路北；1996年3月新郑市人民武装部划归军队建制至今，隶属于河南省军区、郑州警备区，归郑州警备区党委和新郑市委、市政府双重领导。机关设部长1人，政治委员1人，副部长1人，下设军事科、政治工作科、保障科。人民武装部下辖有新郑市民兵训练基地、新郑市武器装备仓库。2017年，人民武装部紧紧围绕实现党在新形势下的强军目标这一主题，深入推进政治建军、改革强军、科技兴军、依法治军，认真对照军委国防动员部党委和省军区、警备区党委年度工作部署要求，认真学习贯彻习主席关于国防和军队建设的重要论述，按照警备区党委全体（扩大）会议年度工作部署要求，紧密联系民兵预备役和人武部建设形势，认真履行历史使命，坚持抓龙头谋打赢、抓班子带队伍、抓基层打基础、抓创新促发展，以军事斗争准备为龙头的各项工作成效明显，较好地完成全年的各项工作任务，党委机关和民兵基层建设继续呈现出稳步推进、协调发展的良好局面。

【军事工作】认真部署民兵整组工作。在对适龄青年、退伍军人、兵民组织进行充分调查摸底的基础上，结合新郑市实际，按照上级任务分配、兵员编组及民兵组织担负任务的特点要求，在确保上级规定的民兵任务数不变的情况下，对民兵组织进行了科学整合，重新调整了民兵组织力量的整体布局，使民兵队伍建设更加符合地方实际，更能满足所担负的任务需求。充分发挥党委的组织、协调和服务职能，形成了良好的军爱民、民拥军、军民共建、团结奋斗的军政军民关系。积极参与地方各项建设，以黄帝故里拜祖大典为平台，组织民兵、驻军官兵参与拜祖大典值班、执勤和维护工作，抽调1个应急连和6个应急排参与拜祖大典现场秩序维稳，驻军官兵已成为拜祖大典必不可少的重要力量。积极维护社会稳定。根据上级民兵参与维护社会治安工作相关指示精神，组织各乡镇街道和厂矿企业相继成立了民兵维护社会治安应急分队，配备了相应服装和执勤器材、车辆，坚持开展维稳活动。积极参与应急保障体系建设。充分发挥民兵预备役在城市防空、要点防卫、防汛抢险、森林防火、专业救援等方面作用。通过加强战备值班和通信、保密管理，完善各类预案，确保了指挥通信畅通。及时掌握社会动态，提高了应对突发事件的能力。组织全体干部职工、专武干部和任务分队完成了60个训练日的业务训练和业务培训。突出抓好专武干部、民兵干部、应急兵员和专业技术分队、应急分队的训练。全年先后分6批对1771名38个分队的基干民兵进行了为期10天的军事训练。组织广大民兵积极投身到经济社会建设大局之中，在各项工作中建功立业，争做功臣。同时，鼓励广大民兵带头发展民营经济，带头领办、创办个体私营企业，在发展民营经济中大显身手、有所作为。引导广大民兵争做党的路线、方针和政策的宣传员，争当促进党群、干群和谐关系的联络员，深入群众之中，及时了解民情、收集民意、化解民怨，将问题解决在基层，把各种不稳定因素化解在萌芽状态，为经济发展保驾护航，为新郑现代田园临空经济强市建设贡献力量。

【征兵工作】针对征集高学历青年的要求，征兵办公室及时调整工作思路和工作方法。广泛开展宣传发动，使应征入伍青年牢固树立国防观念。兵役登记之际，全市各乡镇、驻新郑各大学院校利用学校微信群、校讯通、广播、标语、横幅、张贴海报等手段对征兵工作大力宣传发动，激发了广大适龄青年对军营的向往和对军人的崇敬之情。通过广泛的宣传发动，大学生的应征积极性空前高涨。

认真贯彻国防动员部、省军区和警备区指示精神，从征兵工作伊始，就把“零退兵”作为新郑市人武部党委、新郑市征兵办工作目标，高标准推进、高质量落实，确保合格兵员送到部队。严格把好“五关”：一是严把应征青年体检关。严格按照要求规范设置体检站，使用《全国征兵体检信息化管理系统》对预征对象进行体检。认真对体检医生进行筛选，资格必须达到副主治医师标准方可进入体检人员名册，并对体检医生进行廉洁教育，明确廉洁征兵纪律，把好体检关。二是严把政治考核关。严格落实上级规定要求，集中应征青年和家长，进行一站式政治考核，杜绝让家长单独跑政审的不良现象，并及时对政考结果张榜公布，严格落实上级要求五公布；三是严把应征青年思想关。利用体检、政治考核等时机，与应征青年和家长见一次面，与应征青年谈一次心，为他们讲清部队的现实情况，教育广大应征青年正确认识部队的纪律性、约束性和艰苦性，正确对待可能面对的理想与现实的差距，进一步端正入伍动机，将服役意志不够坚定者提前排除，杜绝思想原因退兵；四是严把廉洁征兵关。狠抓廉洁征兵工作，坚持全程透明公开，将“五公开、五公布”要求真正落到实处，最大程度上消除问题隐患。扎实开展廉洁征兵教育，不仅组织了专题学习教育，还利用交班会、办公会、专武干部例会等契机进行穿插教育，使“廉洁”二字入心入脑；五是严把役前教育训练关。定兵工作前夕，利用一天时间，对预定兵人员进行入伍教育训练，组织家长和青年签订《依法服兵役承诺书》《廉洁征兵承诺书》和问卷调查，讲清依法服兵役的严肃性和拒服兵役的严重后果，并对青年进行一些基础性课目训练，使他们提前适应部队生活，打牢安心服役的思想基础。为达到“零退兵”要求奠定了基础。

【双拥工作】新郑市有着双拥共建的优良传统，市委、市政府对武装工作非常重视，主要领导经常听取武装工作情况汇报，对武装部提出的问题都及时给予了解决。近年来，积极为驻军部队解决实际困难，每逢“八一”等重大节日，刘建武书记、马志峰市长带领四大班子领导到军营走访慰问，在军人转业、退伍安置、子女入学等方面都给予了特殊照顾。建军90周年纪念日当天，召开了全市党政议军会，围绕部队建设中存在的问题现场协调、当场处理，切实帮助部队解决了实际困难和问题。人武部积极协调驻军参与地方各项建设，使军地之间建立了深厚的友谊。“八一”期间，人武部与宣传部、民政局在市炎黄广场组织开展双拥共建文艺晚会，驻军部队官兵和地方群众一起共同联欢，唱响了一曲双拥共建的赞歌。春节和“八一”期间，组织走访慰问了辖区驻军、现役军人、军属、军烈属，向他们发放了慰问品和宣传国防的春联、年画和挂历。7月18日，新郑市人武部组织开展义务兵优待金发放仪式暨国防教育宣传日活动，义务兵家属和专武干部、今年报名参军的部分预征对象和热心群众数千人参加了本次活动，现场发放国防宣传和兵役征集的宣传资料，解答咨询600人次，营造人人关心国防、热爱国防的浓厚氛围。10月1日，新郑市人民武装部保障某旅的随行任务中的维护维修、给己供养、安全保障，受到省军区的好评。

（撰稿：贯红伟 审阅：史基宏）

中国人民解放军河南陆军预备役高射炮兵师第一团

【概况】中国人民解放军河南陆军

2017年，义务兵优待金发放仪式现场

预备役高射炮兵师第一团，1998年10月开始组建，原隶属于河南省军区，2017年3月在军队规模结构和力量编成改革中转隶中部战区陆军归军地双重领导。团第一政委由原郑州市委常委、原航空港经济综合实验区党工委书记、现河南省商务厅厅长、高炮师预纪副师长张延明兼任，预任副团长、副政委分别由新郑、登封、新密市委市政府和航空港经济综合实验区的领导兼任。2017年，全团官兵以提升战斗力建设为目标，以改革强军为中心，积极进取，圆满完成了年度各项工作任务，团队全面建设保持稳步发展的良好态势。

【思想政治建设】始终坚持用党的创新理论武装官兵头脑，认真学习领会习近平新时代中国特色社会主义思想，始终做到政治上坚定合格、思想上纯洁可靠，确保了改革任务落实和官兵思想稳定。通过学讲话、听讲座、懂原理、看行动等方式陆续开展了“维护核心、听从指挥”主题教育、“合编合心合力”专题教育和“三个维护”学习教育。常态化、制度化开展“两学一做”学习教育，着力夯实了官兵的政治思想根基。突出抓好十九大精神理论学习活动，通过扎扎实实学原文、结合身边看变化、投身改革看行动等举措，进一步夯实了官兵的看齐意识。全面彻底肃清郭、徐流毒影响，自觉做到旗帜鲜明、态度坚定。新闻报道成果明显，有43篇稿件被各级报刊、网络选用，较好地反映了团队工作和全面建设情况，扩大了团队的影响力。

【战备训练】结合改革工作实际，牢记预备役部队职能使命。突出练兵备战这个中心任务，着眼应急应战，扎实做好军事斗争准备。深入开展预任预编工作，分筹划部署、组织实施、检查验收三个阶段，安排营连长下连整组，完善规范营连软件资料，做好营连部各类物资的登记统计。承担了师整组点验的组织与实施、预建党组织建设及营连部建设等试点课目，建设成果在全师推广。大力推进实战化训练，结合承办师机关在本团的水上适应性训练任务，投入20余万元完善团游泳场、器械训练场等训练设施建设，提高了实战化训练水平。通过采取“三集中”的方式，狠抓现役干部基础课目的训练。3月份参加师组织的“练三基、强三能”集训，有效提升现役官兵的体能和战斗技能，在师年终军事训练考核中取得了较好的成绩。着力提升战备应急能力，按照“依据文件规定、围绕担负任务、紧扣体制编制、贴近实战构想”的原则，外请内联，集思广益，组织对团、营、连三级预任干部进行考核考察，增强了他们参与训练和战备活动的热情，通过反复演练，有效提高了战备方案的针对性、操作性和实用性。6月，利用十天的时间组织120名应急连人员对防暴维稳、防汛抢险、森林灭火等课目进行了学习与训练。购置11类70余种应急训练器材，完善了战备器材配套建设，战备应急能力得到进一步加强。

【部队正规化建设】坚持贯彻依法治军、从严治军要求，以“争创安全年”活动为牵引，全面规范“四个秩序”，扎实开展“学法规、守法规、用法规”活动，部队保持了安全稳定的良好局面。组织新补充兵员、地方聘用人员政治考核，官兵条令意识、法规观念进一步强化。坚持干部带班、双值班、节假日首长带班和夜间安全巡查等举措，落实每周五安全检查和周一交班讲评制度，定人定责抓好问题整改。坚持人防、技防、制度防相结合，定期组织安全演练，加强营门执勤，投入2万元配齐防火、防爆、防恐设施器材，投入20万元对营区视频监控系统和用电设施进行维护升级，提高了营区安全防护等级。加强敏感时期和“两待六外”人员管理，开展网络及涉密载体“清零”行动。持续深化“军交安全月”活动，严格车辆审批派遣，加强私家车管理，组织官兵到地方驾校进行复训，消灭了安全隐患。

【后装保障】以建设“打仗型”后装为目标，突出精细服务的要求。坚持党委统管、主管双签、联审会签等财经制度，落实预算开支和公务卡强制结算。认真贯彻落实上级关于财务专项清查的指示要求，对三年经费开支和财务票据逐一进行清查整改，共核查凭证2652份，核查发票31682张，并分类汇总进行彻底整改。严格落实上级审计清查方案，配合师完成郑州审计中心对师团两级生活费专项审计，组织全团进行固定资产清查和上报，做好了资产报废工作。先后投入70余万元为干部公寓楼加装了壁挂炉和暖气片，解决了冬季取暖问题；投入将近20万元修建了停车场，解决了大型装备和私家车露天存放问题。整修了基地宿舍、饭堂、洗澡间，改善了预备役官兵训练期间的居住条件。全年共组织50余次车炮场日活动，全年先后投入10万余元完成了装备的换季保养工作，有力地保障了装备性能良好。全年安全行车200余台次，共计6万余千米，安全无事故。

【军民融合发展】坚持党管武装制度，召开现场办公会和首长办公会，研究解决团队建设的重大问题。坚持抓好基层预建党组织建设，注重发挥支部战斗堡垒和党员骨干模范作用。“双争双创”活动正常开展，4个预编单位、39名预任官兵受到了通报表彰。坚持以作为赢地位，不断扩大团队影响。持续做好登封市玉台村的扶贫帮建工作，联系预编单位投入3万元改善定点扶贫单位生活和办学条件，帮助解决扶贫单位实际困难。积极发挥自身优势，出色完成了河南省经贸学院6000多名学生军训指导任务，得到校方领导高度肯定。

（撰稿：王杨帆　审阅：耿伟生）

中国人民武装警察部队新郑市中队

【概况】 中国人民武装警察部队新郑中队隶属于中国人民武装警察部队河南总队郑州支队，中队现任领导中队长张凯、政治指导员闫帅。中队主要负责新郑市看守所外围武装警戒，配合公安机关处置新郑市暴恐事件和大规模群体性事件。中队装备精良，人员充足，训练扎实，是一支维护新郑地方稳定、保障人民安居乐业的精英部队。

2017年，是新时代定位、新思想领航、新使命牵引、新体制开局之年，也是中队砥砺前行、稳扎稳打、开拓创新的一年，中队的总体工作思路是：深入学习党的十九大精神，以习近平新时代中国特色社会主义思想为指导，坚决贯彻习近平强军思想和向武警部队授旗训词，坚持“四个从严”“五个紧盯”重要思想，坚持支队党委的重要部署，突出抓练兵强备战、抓中心保安全、抓政治统思想、抓后勤增保障、抓管理正秩序五个“抓手”，以高标准实现“两个确保”向争创一流中队大步迈进。

【思想工作】 围绕构建和谐军营，密切内部关系，在平时的工作中，结合中队官兵的思想，广泛开展小动员、小讨论、小辅导、小演讲、小测试活动，营造官兵时时处处受教育的浓厚氛围，深化了经常性教育效果。坚持每月进行思想分析、广泛开展谈心活动、定期思想排查、建立帮教责任制，有效运用“三互”“双四一”等载体，采取谈心鼓励、发动群众做工作、请家长协助做工作等方法，扎实做好了官兵的思想工作，确保了官兵思想稳定。根据支队的统一安排，紧贴中队实际，以分层教育为核心扎实开展了战备教育、法纪教育、安全教育等；统筹开展大练兵活动，掀起夏季练兵热潮，扎实地开展了执勤训练，提高了官兵的军事技能；围绕创建“一流部队”目标，持续深入开展“传承红色基因 担当强军重任”主题教育活动，认真进行串讲辅导，澄清模糊认识。在授课前对班长骨干进行培训，充分发挥小教员作用。在教育中组织官兵观看《建军伟业》《建党伟业》等红色影片；通过真实感人的故事和生动鲜活的画面，进一步帮助官兵树牢了核心价值观。还广泛开展了大讨论、心得交流、演讲比赛等活动，提升了主题教育活动的吸引力和感染力，进一步激发了官兵以坚定的理想信念、顽强的战斗精神投入到执勤工作中的责任感和使命感。重视团队文化建设。积极创建团队文化，培育团队精神，构建和谐军营。以事业共同体为牵引，不断强化官兵的集体荣誉感，以利益共同体为动力，不断强化官兵干工作的事业心和责任感，以命运共同体为核心，不断强化官兵争先创优意识。在重点抓好官兵考学学习，强化战士文化知识的基础上，认真抓好“三个半小时”载体的发挥。坚持走出去、请进来，到共建单位参观见学，请地方老师为官兵辅导文化知识，激发了官兵的读书求知热情。积极组织开展文化娱乐活动。抓好了战士才艺会、周末小舞台、趣味演唱会等文艺活动，丰富了官兵的业余文化生活，陶冶了官兵情操。

【本职工作】 以提高战斗力为准绳，坚持任务牵引抓训练，不断加强执勤战备工作，中心任务完成圆满。坚持支部议中心、抓中心，紧紧顶住“饭碗”工程。年初为了高标准完成中心任务，支部提出：围绕建设“一流部队”总目标，大力学习贯彻《中国人民武装警察法》，结合《武警法》开展执勤训练，提高依法执勤、文明执勤的能力。定期进行执勤形势分析研究，特别是对新形势下执勤工作的新特点、新问题的研究，社会治安形势紧张对本中队执勤工作的影响，准确掌握来自各方面信息和不安全因素，强化官兵的忧患意识和自警意识，提高防范能力，为执勤任务的圆满完成打下了良好基础。严格落实执勤制度。要求勤务值班员每天查看勤务录像，并在晚点名时进行讲评，每周队务会总结；坚持中队每月、班每周对执勤形势进行一次分析，对干部查勤、勤务值班员和哨兵履行职责情况进行一次讲评；认真落实暑期执勤工作指示要求，加强联系联防，邀请目标单位领导一起排查隐患，增大了安全系数。有效治理执勤隐患，提高了应急小组处置能力。坚持抓好“四个经常”，执勤工作经常议，执勤教育经常搞，勤务科目经常练，执勤隐患经常抓。坚决落实应急小组夜间“和衣而睡”制度，加强应急小组训练和采取不定时的抽查应急小组反应能力以及出动速度，注重提高应急小组快速出动、有效处置能力。针对季节性气候特点搞好执勤保障。针对天气炎热，人员思想易波动，加上中队在外人员较多、勤务重的实际情况，中队全力搞好执勤保障，为哨位创造一个“清凉”的环境；发挥好思想骨干的作用，切实做好夏季执勤、训练工作，确保官兵思想稳定；作战勤务值班员落实好查铺查哨制度，有效减少和杜绝了执勤常见病、多发病的发生。狠抓执勤制度的落实。中队作战勤务值班员严格落实“两不准”“四全”的要求，坚持亲自编班；落实执勤检查，做到“两个结合”。在查勤上中队坚持上岗楼实地查和利用监控查的有机结合，起到了较好效果。平时队所双方执勤人员互相监督互相通报履行职责情况，形成了共保安全的良好局面。密切联系联防，落实“三共”制度。年初以来按照“三共”活动的要求，中队积极与看守所联系，密切双方关系，制定和完善了联席会议、联合演练、相互监督、执勤设施管理、情况通报、联检联评等制度，规范了开展活动的时间、内容、程度、方法，做到“日有电话联系、月有狱情通报、季有分析讲评”。平时中队自觉接受看守所的领导，看守所也为中队建设出主意、想办法、帮助排忧解难。通过不懈努力，现中队的执勤设施已全部达到了“外围封闭、照明配套、报警灵敏、联络畅通、监控有效”的要求。

【部队管理】 加强从严治军，加大管理力度，确保部队安全稳定。严格落实按纲抓建。以新《共同条令》、《基层正规化管理规定》、总队《正规化实施细则》为依据，认真抓好总队《纲要》培训成果转化，按照支队有关要求，不断提高官兵日常养成，充分借鉴总部标兵中队建设管理的先进经验，进一步规范“四个样子”，通过严抓细小养成提高官兵的军人气质，解决当前中队养成上存在的问题，不断强化官兵令行禁止的作风，促进按章办事习惯的养成，为促进中队全面建设奠定坚实基础。狠抓条令条例和各项规章制度的落实。坚决依法从严治军，杜绝打骂体罚和侵占士兵利益现象发生，部队秩序得到进一步正规。认真研究学习正规化试点单位的特点优点，较好地解决了内务设置不统一、库室建设标准不高、各种登统计不规范等问题。严格枪弹管理，尤其是加强对执勤枪弹的管理，查勤必检查枪支弹药情况，网络查勤员必须判明情况，准确把握供弹时机。坚持抓好经常性管理工作。注重在精细化上下功夫，制作了夜间查铺登记表、每日卫生检查登记表；对重点部位和重点人员进行定人、定位、定责任，做到了安全工作大家挑，人人身上有指标。结合中队实际，指定有用电知识的同志为用电检查员、营具维修员，专门聘请地方电工定期为中队进行电路检修。坚持每月安全教育，筑牢官兵思想防线，树立安全发展理念，对安全隐患做到“五个及时”，即：及时发现找问题，及时通报找原因，及时检查找责任，及时处理找方法，及时解决找教训，提高了官兵居安思危的忧患意识。以总部、总队、支队安全大检查为契机，对所有的电器进行安全检查，对闲置插座进行了施封处理。对热水器、空调、豆浆机等大功率电器更新了漏电保护器，消除了安全隐患，实现了部队安全稳定。

（撰稿：徐泽山 审阅：张 凯 闫 帅）

中国人民武装警察部队新郑市消防大队

【概况】 2017年，市公安消防大队瞄准巩固提升增效目标，找准短板，扶弱固强，强化组织建设，加强队伍管理，不断深化岗位练兵，深入推进隐患整治，着力基础建设，做强抓实火灾防控。全年共出警1085起，其中灭火作战760起，保护财产价值近亿元，抢险救援325起，抢救被困人员86人，疏散人员135人。检查单位2370个，发现隐患7370处，督促整改7350处，下发《责令改正通知书》2120份、《行政处罚决定书》66份，责令“三停”23家，临时查封88家，行政拘留70人。办理消防行政许可项目106件，群众满意率100%。

【重点工作】 消防安全达标创建推进顺利。市政府将行业系统消防安全达标创建工作上升到政府工程层面，在年初的市五届人大一次会议上，通过《政府工作报告》进行部署。强化分包督导，推动职能部门抓实了定期抽查、分析研判、教育培训、责任告知和督导问责五项工作制度，实现了消防安全管控规范化。消防基础建设力度进一步加大。市财政安排消防业务经费、消防车辆装备和器材购置经费2394万元，同比增幅达21.82%。辛店镇消防队建成并投勤。消防安全联动联控机制形成。建立防委会季度工作例会和重大消防问题移交督办机制，压实消防安全管理责任， 实施消防安全联动联控，保持火灾形势持续平稳。部门主动参与消防安全监管。坚持强基固本，强化责任担当，民政部门主动对接开展消防业务技能测试，查找短板，弥补弱项。教育、民政、卫计、文广新等部门创新消防管理方式方法，自主强化行业消防安全监管。重要活动消防安保成效凸显。围绕既定目标，逐级压实责任，强化全民联控，落实联合执法，拜祖大典消防安保工作了圆满完成。细化方案，细化责任，细化措施，代表全国消防监督队伍进行了十九大消防安保誓师发言，实现了十九大消防安保决战决胜。

【队伍管理】 强化队伍建设。坚持抓班子带队伍，细化工作分工，实行责任捆绑，强化层级管理和压力传递。组织各执勤中队因地制宜确定队训，促进队伍筑牢警魂，实现科学发展。每月开展管理形势思想形势和安全形势分析，把脉症结问题，开出治疗药方。强化规范管理。将部队正规化建设作为部队管理的主线，通过参观见学、风险动态管控等措施，强力推进正规化建设，推动内部管理秩序根本好转。强化动态管控。组织各中队值班干部，每天将早晨出操、查铺查哨等情况通过微信上报大队。开展不间断的部队管理督导，通过《督查快报》进行通报和问效。强化安全管控。深入贯彻部局、总队安全大检查部署，紧盯安全管控“八个重点”，细化责任分工，建立责权体系，强化动态化、常态化安全管控。强化工作督导。建立督导机制和绩效评价体系，组建值班参谋和警训人员2支督导队伍，通过视频巡查、实地督查、微信上传等形式，加强对政治教育、党团活动、队伍管理、接警出动、人员管控的随机督导，督导结果纳入干部绩效考核，针对问题和不足，跟踪督促整改。强化工作问责。严格落实周工作汇报、月民主评议、末位告诫谈话等制度，用好每月公开测评、严格绩效考核等手段，当月综合考评不称职的，实行告诫谈话、组织处理，推动各级各类人员履职能力进一步增强。

【执勤战备训练】强化队伍单编。严格落实支队要求，对执勤中队进行了调整，组建了单编中队，实现了队伍结构优化。强化熟悉演练。开展实战、实装和重点单位"六熟悉"演练，完善数字化应急处置预案，打牢火灾事故应急处置基础。强化指导帮扶。立足先期处置、快速反应，加强对乡镇政府专职消防队的督导帮扶和临机点验，乡镇政府实战能力不断提升。强化常态抽查。组织中队联合微型消防站开展演练，通过演练检验巩固应急作战能力，实地查看人员在位、器材设施配备等情况。通过指挥中心系统每周进行抽查，检验微型消防站应急处置能力。强化调度指挥。将辖区企业队、乡镇政府专职队和微型消防站统一纳入消防大队指挥平台，每月进行随机点验和拉动演练。

【消防队伍建设】强化规范化督导。督促重点单位和社区按照《微型消防站建设标准》统一悬挂标牌，配置灭火器、水枪、水带以及个人防护装备，达到"有挂牌、有人员、有制度、有器材、有战斗力"的标准，全市188个二级消防安全重点单位、194个三级消防安全重点单位和23个社区全部高标准建成微型消防站。开展系统化培训。制定详细的培训计划，细化任务分工，明确专人负责，分行业、分批次定期对微型消防站队员进行培训，强化扑救初起火灾技能训练。落实常态化帮扶。针对演练中发现的问题，现场提出建设性整改措施，移交辖区参谋跟踪督促整改，确保微型消防站战斗力切实提升。增强实战化调动。消防指挥中心第一时间指令起火单位迅速启动灭火应急处置预案，调派辖区中队，视情调派临近的微型消防站实施初起火灾处置，实现"灭早、救小"和"三分钟到场处置"，并通过指挥中心视频传输系统，全程监控和指挥火灾处置。强化合成化演练。着眼重大危险源应急处置，组织公安、消防、安监、应急、卫生、环保等多个部门开展了2次灾害事故综合实战演练，合成作战能力得到提升。

【后勤建设】编制年度业务经费。结合合同制消防队伍日益壮大的客观实际，将合同制队员、消防文员的五险一金纳入年度财政预算。落实财务季度分析。强化党委理财，大项经费支出实行党委集体研究，实行三级审核，保障重点工作。开展季度财务工作形势分析评估，扬长避短，堵塞漏洞，推进财务工作规范化。及时采购车辆装备。提请市政府将配备远程供水系统、大吨位水罐消防车和消防装备器材纳入政府采购计划，购置了高喷、大吨位、水罐消防车和1100余件消防装备器材。规范固定资产管理。深化正规化建设，严格固定资产明细管理，建立固定资产明细台账，实行"方位卡""明白卡"管理。加强对固定资产的巡查，确保固定资产不丢失，不损坏。

【火灾防控】压实消防责任。提请市政府将消防工作纳入综合目标管理、平安建设、社会治安综合治理、文明创建和领导干部政绩考评内容，细化消防任务，列出消防责任清单。以贯彻落实国务院《消防安全责任制实施办法》为载体，建立完善消防工作年度目标考核体系，推动党委政府落实党政同责、行业系统落实部门监管、乡镇街道落实属地责任、社会单位落实主体责任。强化政府主导。市委常委会、政府常务会、党政联席会召开专题会议，研究解决重大消防问题。市防委4次召开联席会议，研究解决消防瓶颈问题，下发移交督办通知16份，督促解决消防重大事项18件。编制了《新郑市"十三五"消防事业发展规划》，为全市消防工作搞好顶层设计、绘好发展蓝图。注重考核评价。建立健全消防工作考核评价体系，加强消防工作考核结果运用，考核结果作为乡镇政府和职能部门主要负责人、领导班子综合考核评价的重要依据。倾力督导帮扶。市防委办持续抓实乡镇街道双月工作督导、派出所月工作指导，半年消防考核，年度综合评价，推动消防工作向纵深推进。强化防控排查。市防委建立隐患排查整治长效机制，落实季度火灾形势分析，为推动消防工作提供有力支撑。公安机关将消防工作纳入党委会研究议题，推动派出所、警务室加强消防规范化建设，落实经常性监督执法。强化联防联治。新华路、新建路、新烟街、郭店镇、薛店镇、辛店镇、梨河镇、新村镇等乡镇党政主要领导亲自部署消防工作，亲自组织消防夜查。市安监、交通、教体、卫计、民政、商务、文广新、工商质监、旅游文物等部门，深度实施消防安全达标创建。市卫计、住建、民政、文广新等部门针对行业特点，组织开展行业消防安全大检查。市民政局立足消防能力提升，组织28个民政福利机构开展了消防业务技能比武竞赛。落实联合执法。市公安、消防、安监、教体、卫计、民政、商务、文广新、工商质监等部门瞄准火灾预防不放松，联合乡镇街道深化商场市场、仓储物流、易燃易爆、娱乐场所、电气火灾、高层建筑、夏季消防检查等多领域的专项治理，依法用好强制关停、临时查封、停业整顿、行政处罚等强力措施，推动隐患彻底整改。市政府通过集中约谈、媒体曝光、挂牌督办等措施，强力督促重大火灾隐患按期摘牌销案。强化消防宣传。依托大队短信平台，定期推送消防安全提示信息。建立大队公众微信号，定期播发消防安全动态信息。紧盯重要节点和重点时段，深化消防宣传“七进”和流动消防宣传。建立高规格的消防宣传教育基地，开展针对性的宣传。加强与市电视台的横向联系，高频次播放消防公益视频和消防安全提示性信息。联合教育部门，开展“消防进军训”“开学第一课”系列宣传活动。坚持提前谋划，细化责任，切实抓好“3·29”全国中小学生安全教育日、安全生产宣传月、“11·9”消防宣传月等宣传活动。各级各部门抓住重要节点和重点时段，深化消防宣传“七进”和流动消防宣传。消防、文广新实施“媒体聚焦消防”工程，通过新郑电视台4个频道，常态化、高频次播发消防安全提示信息。消防部门通过消防短信平台和公众微信号，定期发送消防安全提示信息。新建路、新华路、新烟街、和庄、孟庄、龙湖等乡镇街道、市安监、教体、卫计、市场发展等部门提前谋划，细化责任，“3·29”全国中小学生安全教育日、安全生产宣传月、“11·9”消防宣传月等集中宣传活动有声有色。夯实消防根基。提请市政府将中心城区、产业集聚区纳入新郑市城乡总体规划和新郑市城乡消防专项规划，并按照站级设计分布组织实施建设。将城乡消防供水设施建设纳入《新郑市“十三五”消防事业发展规划》，城市建成区、城中村改造过程中，同步规划、设计、建设市政消防水源。在消防安全管理薄弱区域和火灾高危场所安装独立式烟感报警设施和简易喷淋设施2200套，火灾防范能力显著提升。

（撰稿：胡建平 袁鸿凯 审阅：刘 冬）

人民防空

【概况】 2017年，防空工作紧紧围绕全年工作目标，始终坚持“长期准备，重点建设，平战结合”的人民防空建设方针，在进一步规范审批业务的基础上，不断加强人防工程建设质量监督和竣工验收备案等工作，使人防工程从审批、建设到竣工的各个环节得到全程跟踪服务。同时积极参加郑州市人防办举行的各项人防专业培训，不断提高人防业务技能，强化服务意识，认真履行各项职能，积极主动、扎实有效地开展各项工作，实现了时间与任务同步的要求，圆满完成年度各项工作任务。

【人防工程审批】 人防工程审批始终坚持法无授权不可为、法定职责必须为的原则，耐心为企业提供政策指导，做到在原则范围内该企业享受的绝不截留，使原则和服务两者得到有机结合。进一步规范相关审批程序，按照行政审批制度改革要求，制定合理的标准化细则，严格进行标准化审批。同时加强档案管理工作，做到所有审批手续目录健全、资料完整。

【人防工程质监】 人防工程质量监督严格按程序执行，确保每一个人防工程都成为合格的防空工事，为人防事业负责。在建设单位办理报监手续后，对勘察、设计、施工、监理等单位的资质、工程质量保证体系、施工组织设计方案和监理实施细则等进行严格审查，做好参建要素保障。在人防工程施工过程中，把施工程序、材料抽查和隐蔽分部工程作为质监重点，严把工程质量，验收合格后方可进行下一道工序施工。

【人防指挥通信】 进一步明确各警报器所在单位的管理责任，确定具体管理人员，落实专人负责，确保做到每月一检查，每季一维护。为顺利完成“9·18”警报鸣放工作，提前对全市防空警报器进行了全面普查、检修，在9月18日警报试鸣日，警报鸣响率达到100%。

【人防宣传教育】 以人防法规为依据，在“5·12”防灾减灾日、“9·18”国防教育日和省人防知识融媒体大赛期间，通过电视、宣传栏和网络等形式进行人防宣传，同时在炎黄广场和百家姓广场开展大型人防知识宣传教育活动，发放大量人防宣传资料和手册，印制一批带有人防标志的手提袋、雨伞和纸抽等物品，宣传人防工作的重要性，扩大人防工作的影响面，提高全民防灾防空意识。

（撰稿：李 果 审阅：王明珂）

法治

RULE OF LAW

·法治 >>>

RULE OF LAW

政法和社会综治

【概况】2017年，市委政法委紧紧围绕建设更高水平的平安新郑这一主线，以服务经济社会发展为根本，落实责任、创新举措，圆满完成了各项目标任务。全年没有发生社会治安、信访稳定等重大不稳定事件，2017年9月第三次被评为全国平安建设先进县市，荣获全国社会治安综合治理最高奖“长安杯”。

【社会治安防控体系建设】创新人防管理。建立公安机关“特警电点、交警巡线，派出所控面”的专业巡逻值守机制。市乡两级治安巡防队伍全天24小时在街道、社区、广场、公园等处巡逻，“新郑正义哥”平安志愿者义务巡逻队活跃在城乡。在全省率先利用“物联网”技术，开展电动车防盗登记备案工作。2017年已安装防盗系统11.7万余套，丢失电动车找回率达57.16%。严打违法犯罪。牢固树立“以打开路、以防为先、打防并举、打防结合”和“破大案也要破小案，破小案也是为民办大事”理念，严厉打击各类违法犯罪活动。2017年，共立案6283起，立“四类案件”5524起，同比分别下降16.9%、20.17%。破案3389起，破“四类案件”2861起，同比分别上升117%、157%。打掉各类侵财团伙26个，同比上升18.2%。

【平安组织建设】完善“一个指挥体系”。建成市综治中心，完善综治工作联席会议制度，联合市110服务中心、市矛盾纠纷调解中心、市社管办构筑统一指挥、分级负责、联动运行、互为补充的指挥体系，统筹协调全市平安建设工作。规范“两级工作平台”。市财政先后投入1000余万元，推进镇村两级综治中心建设。全市15个乡镇（街道、管委会）、256个村（社区）均已高标准建成综治中心并投入使用，实现了一站式办公，一条龙服务，各级综治中心已成为最干净、最明亮、群众最想去也最能解决问题的地方。深化“平安细胞”创建工作。有效拓展平安建设的深度和广度，全年共评定命名平安村（社区）244个，重点领域和行业“平安细胞”创建覆盖率达100%，达标率为90%，形成平安建设人人参与、人人共享的良好局面。强化各类人群服务管理。发挥综治委成员单位作用，分类建立了覆盖流动人口、青少年、空巢老人、精神病患者等各类人群的服务平台，满足重点人群的需求，实现人群的整体稳定。

【综治专项工作】深入推进 “六员进校园，合力保平安”专项行动。建立工作机制，组织综治、法院、检察院、司法局、公安局、消防大队、食药监、团市委等人员入驻全市56所中小学校、幼儿园，为每个学校配备“一名法制辅导员、一名公安联络员、一名消防指导员、一名食品监督员、一名护校巡防员和一名心理疏导员”，把学校打造成最阳光、最安全的地方。加强特殊人群服务管理。健全落实刑满释放、社区矫正、吸毒人员综合管控措施，严防失控漏管和个人极端案事件的发生。做好全市严重精神障碍患者监护人实施“以奖代补”工作，已签订“以奖代补”协议92人。全市未发生因救治管理不到位而发生危害社会的案（事）件。做好预防未成年人溺亡专项治理工作。下发了《新郑市人民政府办公室关于开展预防未成年人溺亡专项治理工作的通知》，成立了由市综治办、市教体局、市公安局、市水务局等单位组成的专项治理工作领导小组，活动期间全市共出动1000余人次，共排查水域158处，排查整治隐患54处，实现了未成年人溺亡零事故。做好铁路护路工作。开展铁路沿线路外安全隐患排查整治活动，共砍伐危树1352棵，拆除彩钢瓦房38处，确保了新郑市辖区内未发生因铁路设施被盗、被破坏而危及铁路行车安全的事件。

【普法教育】2017年，共组织“法律服务进基层”“黄帝故里法治文化大讲堂”“12·4”国家宪法日等系列主题宣传活动60余场次，提供法律咨询280余人次，赠送法律书籍5000余册。开展“法律六进”等各种法治宣传教育活动187场次，展出法治宣传展板、挂图等3700多幅，发放普法宣传品等11万份，发放各类宣传材料24万余份。建成乡村法治文化大院13个、街头法治游园13个，营造了浓厚的法治氛围。同时不断深化法律服务活动，在全市15个乡镇（街道、管委会）、256个村（社区）建立了法律服务站（点），为群众提供法律咨询、法律援助、释疑解惑，打通法律服务群众“最后一公里”。

【矛盾纠纷调处】加强市乡村三级矛盾调处中心建设，建立市矛盾调处中心，成立13个行业性矛盾纠纷调处中心，发挥专业优势调处矛盾；在乡镇、街道，整合综治办、司法所、法庭、信访办等职能，提供矛盾调解一体化解决方案，实现大事不出镇。在村、社区，以村综治中心为平台，组建村干部、民调员、社区民警、包村律师为主体的调解队伍，确保小事不出村。加强调解队伍建设。配足配强专职人民调解员，全市共有各类人民调解组织312个、人民调解员852人、专职调解员72人，全年共组织开展各类培训4000余人次。不断加大经费投入，全年落实人民调解员补贴599万元，人民调解工作呈现出调解员工作积极性高、调处成功率高、卷宗规范度高的“三高”态势。强化矛盾纠纷排查化解工作。围绕“双节”、黄帝故里拜祖大典、“两会”、党的十九大等重大节点和党委政府中心工作，开展矛盾纠纷专项排查调处活动。一年来，各级各类人民调解组织共调处矛盾纠纷9367件，调成率达98.7%。全市没有因矛盾纠纷调解不及时、不得力而发生矛盾激化、群体性事件和民转刑案件。

【维稳工作】强化组织领导，切实构筑维稳工作严密责任体系。建立了维稳信息员、民调员、稳定工作专干等队伍，使他们真正成为基层维护社会稳定的骨干力量。与信访、司法、宣传等部门建立了经常性的联系沟通制度，形成了健全规范的维稳工作体系。强化工作举措，认真做好社会稳定风险评估工作。对涉及征地拆迁、农民负担等直接关系人民群众切身利益方面的重大工程项目建设、重大政策制定、重大改革措施出台，决策前全部纳入评估范围，坚决杜绝重大不稳定案事件发生。强化源头预防，认真做好信息收集研判和特殊利益群体稳控工作。建立维稳工作信息预警机制，定期研判、通报情况，增强工作主动性、超前性。在党的十九大、三级“两会”、拜祖大典等敏感时期，没有发生特殊利益群体聚集上访等不稳定事件。强化工作责任，妥善处置各类重大不稳定问题和突发性事件。按照“属地管理”“谁主管、谁负责”原则，层层分解落实排查化解责任，妥善解决疑难问题。健全完善各类突发事件应急处置预案，落实领导现场劝返制度，及时快速处置各类突发事件的发生。

【防范和处理邪教】警示宣传教育有声有色。组建成立反邪教剧团，到乡村、社区开展反邪教戏剧巡演活动，全年共组织演出12场，受众1.2万人，获得广泛赞誉。投资10万元在“少典园”建成反邪教文化园。建立了市乡村三级反邪教微信群，成员达4400人。开展“对邪教说不”网上签名活动，参与人数达2万余人。开展“慧眼识邪”漫画征集活动，共征集漫画102幅。10月份在全市开展了为期一个月的防范邪教宣传月活动。全市已形成了横到边、纵到底的宣传体系。教育转化及时、防控打击有力。对涉邪重点人员，做好教育转化工作。坚持“主动出击、露头就打”，一年来打击处理邪教案件3起，决不让邪教组织形成气候。

【涉法涉诉工作】截至12月15日，全市各政法部门共接收上级交办案件55件。市本级涉法涉诉信访案件办理情况。截至12月1日，共接待涉法涉诉信访案件490起，接收来信194封，其中重复上访案件较多。向政法各单位下达信访案件交办函87次127件，办结119件，结案率93.7%。没有发生因涉法涉诉信访问题引发的重大不稳定事件。以支付救助金为主要方式，与思想疏导、宣传教育相结合，与法律援助、诉讼救济相配套，与其他社会救助相衔接，确保了司法救助效果。全市各政法单位向司法救助工作领导小组共申请21起22人，经审核，救助20起21人，共发放救助资金49.4万元。律师参与涉法涉诉信访案件化解工作。积极摸索律师参与涉法涉诉信访案件代理工作方法，在市联合接访大厅和各政法单位接访窗口实行律师、法律专家参与案件接访工作，截至12月1日，全市各涉法涉诉信访窗口律师共接待来访176人次，参与化解、代理涉法涉诉信访案件37起44人。

【执法监督工作】依法开展案件评查。组织、指导政法部门自行开展案件评查工作，并形成长效机制，有效提高错案、瑕疵案纠正率。2017年政法各部门累计抽取评查案件590件。严格贯彻落实“三个规定”。强化司法人员责任担当，严格落实记录、通报与责任追究制度，规范司法行为。全年没有发现领导干部和司法机关内部人员违反“三个规定”的情况。强力推进刑事案件认罪认罚从宽制度试点工作。自开始适用刑事案件认罪认罚从宽制度以来，共计审结刑事案件1360件，撤诉500件，三年以上有期徒刑65件，三年以下有期徒795件，适用认罪认罚从宽制度审理案件161件184人，占审结刑事案件的11.83%。圆满完成全年司法体制改革任务。制定并印发了《关于印发〈新郑市司法和社会体制改革重点任务分工方案〉的通知》，对司法体制改革各项工作任务进行了详细责任分工，并按照阶段节点要求督查了各项工作的落实情况。全年各项改革任务已基本完成。

【平安宣传】 构筑一个基层宣传阵地。在市区建成LED宣传栏25块、大型户外广告牌6块、固定报刊栏300多块。在乡镇，投资100多万元，建成平安建设宣传长廊15条。在村（社区）主要道路、人员密集区域张贴平安建设墙体画，构筑了市乡村三级宣传阵地。搭建一个新媒体平台。开通“平安新郑”微信公众号，全年发送各类政法、综治信息1000多条，关注人数突破5万人，单条阅读量最高达到2万余次，成为新郑本地最具影响力的公众号之一。举行一次集中宣传。将每年3月定为“平安建设集中宣传月”，将3月23日定为“集中宣传日”。在今年的活动中，采取市级设立主会场，乡镇设立分会场的形式，开展集中宣传活动，当天共发放各类宣传品20000余件，现场解答、服务群众3万余人。召开一堂主题班会。在全市城区所有中小学，召开了平安建设主题班会，通过上一堂安全教育课、看一部安全教育片、做一份平安建设知识问卷活动，将平安建设知识传播到每一位家长和学生，取得了良好的社会效果。开展一次摄影、征文大赛。举办“平安新郑”摄影、征文大赛，以身边人、身边事写平安、演平安、唱平安、讲平安，创作出了一批具有吸引力和影响力的平安建设宣传作品。编撰一本平安建设书籍。由市委常委、政法委书记亲自挂帅，全市各单位紧密配合，数易其稿，编撰了全方位展示新郑平安发展成果的《“六为理念”的新郑实践》一书，此书得到了中央政法委领导的充分肯定。拍摄一部平安新郑宣传片。组织专门团队，拍摄了平安新郑宣传片《守望幸福》，以成功经验宣传助推平安新郑建设深入开展。开展一次评选。依托“平安新郑”微信平台，开展了“最美政法人”评选活动，吸引选票10余万张，用“最美政法人”的故事，展示政法队伍风采，树立了政法队伍良好形象。

（撰稿：陈慧霞　审阅：张新志）

公　安

【概况】 2017年，新郑市公安局以党的十九大安保维稳工作为主线，紧紧围绕“全省第一、全国一流、永不落后”的总体目标，牢牢把握“巩固、提升、增效”总基调，坚持“四个思维、五个理念、六个科学方法”，夯实“治安、刑侦”双基础，以提升打、防、管、控效能为核心，全力提升群众安全感、满意度，确保新郑社会政治安全和治安大局平稳。

【政治稳定】 树牢“万无一失、一失万无”理念，围绕党的十九大安保，强化“人、事、地、物”四要素管控，始终把维护国家政治安全特别是政权安全、制度安全放在第一位，进一步强化情报信息收集、研判等工作机制，密切关注重点地区人员、非法宗教等聚集活动，加大对暴恐、邪教活动的打击力度，成功抓获省督法轮功逃犯史某某。立足“一村一警”，强化矛盾纠纷排查化解，从源头上减少涉法涉诉信访量。坚持日常排查化解信访问题与狠抓敏感节点信访稳定工作并重，落实值班局长接访制度，着力提高结案率和停访息诉率，降低重访重信率。同时，积极争取市委、市政府支持，使用司法救助先后帮助5名信访人申请救助金20万元，帮助其解决生活困难。成立反恐大队强化反恐力量建设，加强社会面巡逻防控和对重点单位、重点部位场所的安全防范，督促行业主管部门严格落实反恐责任和防范措施，严防暴恐分子在新郑市落地做窝、制造事端。围绕召开拜祖大典、“两会”“一带一路”高峰论坛、党的十九大等重要时间、节点，落实对重点群体、人员日调度、日研判，确保稳控到位。

【刑事侦查】 牢固树立“以打开路、以防为先、打防并举、打防结合”和“破大案也要破小案，破小案也是为民办大事”理念，做强做专合成作战体系，做精做细分类侦查模式。深化刑侦和派出所捆绑作业，继续坚持“大合成+分类打击”的侦查模式、“所队捆绑”的工作机制，刑侦负责多人、跨省市、重特大刑事案件侦办，派出所负责案情简单、本区域案件侦办，合成作战队将筛查出的有价值线索，分类流转给相关单位办理，精准指挥、精确打击，实现“打得从容”。突出打击重点，围绕打黑恶、反盗诈、破系列三大攻坚战，紧盯人民群众反映强烈的民生案件，加强追赃返赃，破案必追赃，追赃必返还，最大限度提高群众满意度。夯实刑侦基础，坚持侦查破案和刑侦基础工作“两手抓，两手都要硬”，继续强化

"打一建一"、现场勘验、DNA、物证、指纹、影像资料等基础数据的采集录入，不断充实刑侦大数据，为提升核心战斗力提供支撑。2017年，刑事立案6283起，同比下降16.9%；破案3389起，同比上升117%；打掉各类侵财团伙26个，同比上升18.2%。先后破获公安部督办的新村盗油案件；破获大型诈骗案件，抓获陈某某等13名嫌疑人，破案200余起；抓获李某某、高某某等5人盗窃电动车团伙，破案230余起。

【社会防控】始终坚持"点线面结合、巡查处结合、网上网下结合、空中地面结合、人防物防技防结合"的原则，不断推进防控基础设施建设，完善巡逻防控运作机制，治安防控能力进一步提高。持续强化社会面巡逻防控，健全"特警屯点、巡线，派出所控面"的巡逻机制，在重要时期、敏感节点，适时组织机关、派出所、交巡警力量，进一步织密社会面巡控网络；社区民警每天组织基层治保、群防群治力量开展治安巡逻，定期发布治安警示和警情通报，有效夯实了村、社区基础防范工作。进一步强化视频监控建设应用，积极协调市综治办出台《关于做好全市视频监控摄像头联网工作的通知》，全市行政、企事业单位等二类视频资源联网数已达303家。利用监控协助破获各类刑事案件55起，抓获犯罪嫌疑人61人，通过视频提供有效案件线索617起。深入开展清理清查活动，组织以流动人口出租房屋清理整顿、重点人员查控、管制刀具和危爆物品收缴和易滋生"黄赌毒"等违法犯罪场所的铲除等为重点，全局性的清理清查活动37次，进一步挤压违法犯罪空间。

【服务发展】树立"兜底意识"，充分发挥职能作用，主动承担应有的政治担当和法定的职责任务。切实维护经济秩序，以打击涉众型经济犯罪为重点，主动出击，打击、治理、整顿、规范四项措施相结合，健全打击经济犯罪的预警、防控、协助三大机制，确保全市经济秩序稳定。2017年立经济案件24起，抓获犯罪嫌疑人49人，挽回经济损失2亿余元，其中为集资客户挽回经济损失1.5亿余元。主动对接市委市政府重点工作，深入开展平安创建工作，充分发挥公安主力军作用，大力推进群防群治和技防建设。积极参与脱贫攻坚、大气环境治理攻坚，主动配合市委、市政府相关工作，持续开展对渣土车、黄标车等问题的整治集中开展夜查行动306次，查处渣土车交通违法行为925起，淘汰黄标车完成率100%。加强公安行政管理，严格对4家涉爆单位、3家烟花爆竹储存库、34家易致爆化学品使用单位、3家剧毒化学品使用单位及5家放射源单位管理，确保"不打响、不炸响、不流失"。严管严查各类交通违法行为，强化大客车、校车、危化品运输车等重点车辆安全管理，扎实开展农村道路交通安全管理，推进"两站两员"建设。查处各类交通违法行为6.7万起，查处酒后驾驶613起，刑拘醉驾175人，道路交通安全形势整体平稳。持续保持整治火灾隐患高压态势，借助"网格化"管理和"一村一警"，突出"一高一低""一大一小"和"一爆一乱"排查整治，严格督促落实企业消防主体责任，确保消防安全。

【规范执法】始终围绕以人民为中心的执法思想，着力完善执法权力运行机制，提高民警执法办案素养，不断提升执法公信力。源头严把案件质量关，继续推行"五级审核""五不法核"制度，即办案民警、兼职法制员、办案单位领导、法制部门、局领导五级审核，事实不清不法核、证据不足不法核、程序违法不法核、降格处理不法核、文书不规范不法核。对存在问题较多且性质严重的案件，法核民警随时向办案单位下发执法提示单，督促办案单位查找原因、落实整改，确保办案质量。提高执法素养，在持续推行法制大队民警分包基层所队，跟班作业，手把手指导一线民警执法办案的同时，加强执法民警的集中培训学习，组织民警参加法庭观摩、收听收看检察院培训讲座。针对办案及推进重点工作遇到的疑点、难点问题，及时整理法律资料供民警学习、使用。制度硬件倒逼规范执法，配齐执法记录仪，落实办理案件进执法办案中心，不满意警情周通报、党委约谈等，一系列机制、措施、硬件设施的倒逼，推动了执法质量的大幅提升。全年，上三级访量同比下降21%，新增信访案件同比下降42.8%，继续保持复议无撤销、行政诉讼零败诉。

【创新发展】坚持问题导向、补强发展短板，新郑市局从小处着力、从问题入手，敢于创新实践，以单项工作的累积突破带动整体工作的全面提升。在派出所推行"两队两室"运转模式。派出所原来的"三班两转"运转模式，存在"信息不畅通、工作背靠背"。为此，公安局选择6个有代表性的派出所作为试点，开展"两队两室"运转模式改革。通过做精"综合勤务室"和"户籍服务室"，做专"社区警务中队"，做强"案件侦办中队"，促使"队室"整体联动，解决了派出所各班组背靠背、打乱仗、职责不清等三个关键问题，基本实现"运转更高效，信息更共享，保障更有力，指挥更顺畅、管理更精细"的既定目标。9月份，派出所"两队两室"警务模式，已在全局全面铺开。推进两轮电动车防盗登记备案工作。为从源头上预防和减少电动车被盗案件的发生，2017年新郑市局在全市全面展开电动车防盗登记备案工作，安装防盗系统11.7万余套。工

2017年6月8日，交警在高考期间执勤

作推进以来，接报警已备案被盗电车警情726起，找回415辆，找回率57.16%，改变了以往“电动车被盗的难以破案、破案的电动车难以追回、追回的找不到车主”被动局面。

【项目建设】 积极协调，争取支持，按照“高起点定位、高标准要求、高效率推进”的原则，用项目带动公安工作晋档次、上台阶。完成公安局警营文化中心主体建设，双回路供电工程，派出所视频会议系统配套建设和网上督察系统升级工作，公安工作基础设施进一步完善。

（撰稿：程炎辉 审阅：王志勇）

检 察

【概况】 新郑市人民检察院位于郑韩路西段，有干警113人，下设19个科室。2017年，检察院坚持贯彻落实市委决策部署，履行主体责任，履行工作职责，开展理论学习和“两学一做”常态化学习教育，履行意识形态工作责任制，推进党风廉政建设和反腐败工作，为新郑市经济社会发展保驾护航。

【刑检工作】 以抓业务的经常化推动业务运行的常态化，促进工作整体水平不断提升。在维护社会稳定上取得新成效。共批准逮捕刑事犯罪嫌疑人454人，提起公诉1340人。依法批捕故意杀人、故意伤害等严重暴力犯罪和抢劫、盗窃等多发性侵财犯罪嫌疑人276人，起诉571人。认真落实宽严相济刑事政策，探索试用认罪认罚从宽制度，推行非羁押诉讼，对涉嫌犯罪但社会危害较小的168人作出不批准逮捕决定，对犯罪情节轻微、依法不需要判处刑罚的51人作出不起诉决定。如在办理“红馆”特大组织卖淫案中，在全市检察机关率先适用认罪认罚制度，简化诉讼程序，提高办案效率，相关做法在全国、全省工作会议上作经验交流和典型发言。对轻伤害、交通肇事等轻微刑事案件促成刑事和解76件，如赵某等3人故意伤害案，在双方矛盾激化情况下，通过多次调解最终促成和解，化解了怨恨，维护了稳定。

【预防职务犯罪】 在惩治和预防职务犯罪上取得新成绩。全年共查办贪污贿赂案件14件28人，查办渎职侵权案件4件8人，对情节较轻、数额较小的案件线索谨慎办理，作存查、缓查或移交相关部门处理。注重办案质量效果和社会效果并重，办理贪污贿赂案件中，20万元以上的大案11件，百万元以上的大案 2件。对认罪认罚犯罪嫌疑人建议依法从轻处理，使办案质量和政治效果、法律效果、社会效果有机统一。本院办理的刘某、郭某滥用职权、受贿案在全市检察机关“精品案件”评选中荣获“优秀案件”。在打击的同时，注重标本兼治、源头治理，围绕涉农扶贫、征地拆迁、重点工程建设等领域开展专项调查，发出检察建议8件，督促有关部门追缴税款及滞纳金600余万元，确保国家惠农政策惠及民生。坚持预防职务犯罪年度报告制度，深入研究职务犯罪规律、诱发原因、发展趋势及惩防对策，如结合拆迁领域职务犯罪多发情况，向市委、人大报送《拆迁领域职务犯罪现象应当引起重视》的报告，得到市委、人大领导的充分肯定。注重发挥教育基地的正面引导作用，有上百家单位近万名党员干部接受教育，通过历史资料客观再现和大数据分析，教育干部不忘初心、认清现实、担当作为、珍惜幸福。

【司法公正】 在维护司法公正上有新作为。全年共监督立案13人、监督撤案4人、追加逮捕12人、追加起诉25人、提起刑事抗诉5人。如追捕的郑某强奸、非法拘禁案被法院判处有期徒刑12年，提起抗诉的耿某寻衅滋事案，刑期从有期徒刑7年直接改判为12年，维护了司法公正。继续开展减刑、假释、暂予监外执行专项监督活动，依法监督纠正不当减刑27件，对不符合监外执行条件的罪犯，监督重新收监执行3人。开展捕后羁押必要性审查，对不需继续羁押的25人提出了变更强制措施的建议，维护了在押人员的合法权益。开展财产刑监督23件，并与被执行人减刑、假释提请相挂钩，对15名不履行财产刑的罪犯提出不予减刑的建议，保证了刑罚全面正确执行。对确有错误的生效民事行政裁判提请抗诉3件，办理行政机关不当履行职责案件27件、执行监督案件17件，纠正审判程序违法案件3件，促进了依法行政。围绕生态环境和资源保护、食品安全等领域，全面开展公益诉讼工作，立案并启动诉前程序3件，督促行政机关和有关社会组织主动履行保护公益职责。

【社会治理】在创新社会治理上有新举措。对未成年人司法保护的同时，更加注重校园安全，选派优秀检察官兼任全市19所初中、高中法制副校长，惩治校园欺凌6起。开展多种形式的法治宣传活动，有9万余人次受到教育。深入推进信访制度改革，开展律师参与化解和代理涉检信访案件工作，律师参与接访36人次，代理案件26起，化解长期信访积案7起，实现涉检赴省进京“零上访”。积极推行温情司法，为5名生活确有困难的刑事被害人发放救助资金5.4万元，彰显司法人文关怀。坚持“谁执法、谁普法”，推行检察官以案释法，扎实开展法制宣传活动，用群众喜闻乐见的方式讲好法治故事，营造遵法守法浓厚氛围。

（撰稿：樊思博 审阅：王小佩）

法 院

【概况】2017年，市法院围绕全市工作大局，牢固树立“第一时间”工作理念，时刻绷紧“五根弦”，大力推进现代化法院建设，各项工作取得新进展。全年共受理各类案件17211件，审执结15207件，同比分别上升36%和33%，收结案数再创历史新高，审判执行各项工作继续保持良好发展势头。

【刑事审判】全年共审结各类刑事案件1763件2210人，同比上升110%。依法严惩危害公共安全犯罪、黑恶势力犯罪、严重暴力犯罪、多发性侵财犯罪,审结此类案件660件934人，判处五年以上刑罚51人，依法审理张中彦等19人组织领导黑社会性质犯罪案。审结社会影响巨大的“红馆案”，柳少威、李红亮等人组织卖淫、协助组织卖淫，涉及被告人73名、律师84名,被告人羁押多地，涉案人数众多，案情复杂。在市政法委的统一指挥、多个部门大力支持下，精心策划审理方案，准备多个预案，动用警力400多人，在炎黄文化中心连续开庭两天，圆满完成庭审任务，判决书长达340页，创建院以来案件审理历史之最，判处主犯李光耀、柳少威、李红亮、张博、张华十年以上刑罚，有力地震慑了此类犯罪。依法严惩涉众型经济犯罪，审结制售假冒伪劣商品、非法集资、信用卡诈骗案件48件108人，倡导诚实守信的社会风尚。始终保持反腐高压态势，严厉惩处发生在群众身边的贪腐行为，审结农村拆迁中贪污、受贿、渎职犯罪37件73人。全面贯彻宽严相济刑事政策，认真落实认罪认罚从宽制度，对罪行轻微、真诚悔罪的419名初犯、偶犯、过失犯依法判处缓刑等较轻刑罚，切实体现司法人文关怀。

【民事审判】先后出台服务保障新郑现代临空产业新城等3个实施意见，提供41项司法服务举措。妥善审结各类民商事案件9425件，同比上升33%，以司法之力护航经济社会发展。助推新型城镇化建设，深入城市提质工程、美丽乡村建设现场，妥善化解土地征收、工程建设等案件262件，促进城乡统筹发展。支持产业发展，组织57名法官深入华南城、新港产业集聚区等提供法律服务218人次，保障重大项目建设顺利实施。妥善审理新郑市供电公司申请韩春化工公司破产清算案件6件，助力调结构、促转型产业发展战略。保障劳动者合法权益，审结人身损害、婚姻继承、劳动争议等案件2679件。规范房地产交易行为，审结建设工程合同、商品房买卖案件1288件，促进市场健康发展。维护金融市场秩序，审结与民众息息相关的各类信贷案件2045件，有效防范金融风险。加强生态环境保护，严惩制造雾霾、污染水流等各类污染环境行为，用司法之剑护卫碧水蓝天。

【行政审判】积极推进行政机关负责人出庭应诉、行政案件异地管辖制度，确保行政审判质效。积极发挥监督、救济、解纷职能，共审结拆迁安置、市政管理、产权确认案件230件，审查非诉行政执行案件110件，有效化解社会矛盾。注重实质性化解行政争议，43件案件经法院协调，促成和解撤诉。甄别行政滥诉行为，19件案件经审查驳回起诉，维护行政权威。加强与行政机关良性互动，召开研讨会、合办培训班，助力法治政府建设。

【执行工作】紧紧围绕“基本解决执行难”目标，广大执行干警敢于攻坚，勇于奉献，共执结案件3523件，同比增长8%。创新执行工作机制，通过摸底数、倒计时、层推进，逐案梳理，设定期限，责任到人。坚持日报告、周统计、月小结，确保推进到位、落实到位、执行到位。全面掀起执行风暴，在“错时”执行基础上，创新推出“回马枪”式执行，强制腾房36套，现场拘传232人，达成和解84件，让“老赖”闻风丧胆、无处可逃。注重执行宣传威慑，利用公交、电台等开展移动式、全方位宣传，为“老赖”定制专属彩铃，将3130人列入失信黑名单，限制其坐飞机、乘高铁、住星级宾馆，让“老赖”一处失信、处处受限，279人迫于压力主动履行义务。加大对拒执犯罪打击力度，被评为全省打击拒执罪金牌法院。

【信访工作】牢固树立信访工作“万无一失、一失万无”思想，认真落实领导接访制度，共接待来访群众459人，同比下降24%。认真开展信访隐患评估工作，排查各类信访隐患216件，其中一级隐患37件，全部落实稳控责任。引入第三方参与化解机制，邀请律师、专家参与听证信访案件，引导群众理性表达诉求，进京访同比下降47%。强化联合稳控机制，向公安情报信息数据平台移交信访人员25人，成功稳控在家7人，做到“零非访、零滞留、零回流、零违纪”，十九大期间未发生来自新郑法院的干扰。

【诉讼服务】升级改造诉讼服务中心，完善网上诉讼服务平台和“12368”诉讼服务热线功能，提供案件查询、联系法官等服务3万余人次。设立志愿者服务岗，为群众提供法律帮助，让服务更贴心、司法更便民。加强弱势群体司法保护，对追索劳动报酬、抚养费、赡养费等案件实行优先立案、优先审理、优先执行，连续9年在春节前夕开展“拖欠农民工工资案件集中办理”活动，审结案件1057件，讨回工资款800余万元，坚决不让农民工兄弟“流汗流血又流泪”。依法维护军人、军属合法权益，坚持探望慰问辖区武警部队、消防大队、退伍老兵，及时提供法律咨询，让军人放心，让军属暖心。加大司法救助力度，为325名经济困难当事人依法缓、减、免交诉讼费89万元余，对14案15人发放救助金额32.7万元，让救助更及时、司法更温暖。

【家事审判】家庭事关社会和谐稳定，家事审判传递司法温情。作为全国家事审判改革试点，本院探索建立了“法院主导、各界参与、多调联动、调判结合”的家事审判新模式。创立婚姻冷静期制度，制定挽救婚姻计划表，缓和夫妻矛盾。建立家事避风港，为婚姻纠纷双方提供心理缓冲空间，缓解抵触情绪。建立6个家事纠纷多元化调解中心，从妇女干部、退休法官中择优选拔485名家事调解员，构建“梳、劝、帮、教”调解新模式。在实验中学设立“未成年人心理教育矫治暨‘心灯’志愿服务基地”，与市教体局合作开展“开学第一堂法治课”活动，多家媒体进行专题报道，社会效果良好。

【内设机构】作为全省内设机构改革试点单位，本院在市委及上级法院大力支持下，将内设机构由29个精简为14个，压缩比例超过50%。在保证稳定的基础上，大大减少中层职数，审判庭内不再设中层副职。人员配置向审判一线倾斜，一线干警较改革前增加22%，综合部门干警不到全院干警总数的15%，大大提高了工作效率，实现了审判管理扁平化、行政管理集约化，本院的内设机构改革模式被省高院向全省法院推广。

【法官员额制】按照要求，坚持优中选优原则，45名法官通过考试考核进入员额，并在国徽下集体进行宪法宣誓。按照1：1：1模式(即1名法官配1名法官助理和1名书记员)组建45个专业化审判团队，除审判委员会讨论决定的案件外，裁判文书一律由法官直接签发，真正实现“由审理者裁判，让裁判者负责”。去年6月，省人大常委会内司委主任张国臣到本院调研时，对全面深化司法改革工作给予充分肯定。

【司法公开】全面加强审判流程、裁判文书、执行信息、庭审直播“四大公开平台”建设，网上公开裁判文书11106份，直播庭审230件，让司法更透明。开通微信平台，设立可快速查询裁判文书、执行信息的便民专栏，打造“指尖上的法院”。拓展司法公开渠道，召开执行工作、涉农维权、产权保护等3次新闻发布会，向社会发布工作动态427条，主动接受社会监督。举办法院公众开放日活动，邀请社会各界人士200余人走进法院“零距离”感受司法，让公正看得见，让正义更直观。

【制度管理】强化值周检查，院领导每周带队，对窗口形象、考勤着装、庭审作风进行明察暗访，对每周结案分析讲评，当周出现问题和结案落后的庭室负责人进行通报批评，做到抓重点、补短板、提质效。共下发通报94期，217人次被扣分，扣分情况与绩效考核、精神文明奖发放等挂钩，实现奖优罚劣。强化政务规范，建立日报告制度，每天收集编报部门工作动态。依托党组会、周例会，跟踪党组决策落实情况，通报重大活动进展，实现重要工作有安排、有落实、有监督、有讲评。强化基层党建，将党建工作与人事调整同部署、同落实，内设机构改革后，及时调整组建新的党支部，在审判团队设立党小组，将27名有党员身份的聘用书记员纳入支部管理，确保法院各项工作在党的绝对领导下进行。强化问题整改，建立反馈机制，被通报扣分的庭室和个人必须在内网作表态，分析原因，提出整改措施，7名整改措施不力的庭室负责人被诫勉谈话。强化求真务实，严禁说假话、空话、套话，必须说具体的话、实在的话、有用的话。全院上下察实情、说实话、办实事、求实效的氛围正逐渐形成。

【社会监督】坚持把法院工作置于党的绝对领导之下，先后9次向党委专项报告司法改革进展、重大案件办理和重要工作部署落实情况。自觉接受人大监督，主动向市人大常委会报告立案登记制改革、内设机构改革等工作。建立代表委员联络院长制度，将全部人大代表、绝大多数政协委员联络方式输入院长手机，保证代表委员与院长能直接对话、听取意见。开设“代表委员联络室”，指定专人负责联系代表委员，及时办理代表委员来信来函。通过召开座谈会、登门走访等形式收集意见建议58条。开辟代表委员联络“绿色通道”，代表委员凭证件可直接进入法院，不需进行登记、安检。邀请代表委员见证执行疑难案件47件次，参与重要活动29人次。对代表委员关心关切的案件，采取领导包案、专人办理、限期结案、跟踪督办的方式妥善处理。认真办理代表委员建议、提案，今年所有建议、提案已办结完毕。接受社会监督，召开陪审员、调解员、律师座谈会，听取意见建议79条，不断改进法院工作。

（撰稿：左世友 审阅：师俊杰）

司法行政

【概况】 新郑市司法局位于新郑市新建路76号。内设办公室、政治处、法制宣传教育科、基层工作科、社区矫正工作管理科、法律服务工作管理科。外设15个事业单位（1个法律援助中心、1个公证处和13个司法所）、7个律师事务所、10个基层法律服务所、2个司法鉴定所、312个调委会。全局干部职工144人。2017年，新郑市司法行政系统充分发挥司法行政各项职能作用，助力全市脱贫攻坚工作，为党的十九大顺利召开创造了和谐稳定的社会法治环境。

司法局被评为河南省“2017年度新媒体宣传工作先进单位”，新郑市被评为郑州市“六五”法治宣传和依法治理工作先进集体，被评为郑州市“2016年度完成责任目标优秀单位”，并荣获“争创全国综治‘长安杯’工作集体三等功”称号。

【法治宣传教育】 围绕党委政府中心工作开展法治宣传。在新郑市脱贫攻坚、重点项目建设、大气污染防治等党委政府的重要工作部署中，坚持法治宣传教育先行和法治宣传教育到现场，通过面对面解答群众提出的法律问题，减少社会矛盾，维护社会稳定。

专题法治宣传教育活动有声有色。围绕争创“长安杯”工作部署，采取“送法送戏曲下乡”“法律在我心中”有奖征文大赛等形式，广泛开展了“综治宣传月”“3·8”妇女维权周“3·15”消费者权益日“12·4”宪法宣传日等一系列特色鲜明、形式多样的主题法治宣传活动，营造了浓厚的法治宣传氛围。

普法宣传方式进一步拓展。不断加大法治大院等普法窗口场所建设力度，依托城市、乡村公共文化场所，广泛建立“法治新郑”微信公众号、普法宣传栏、法治文化大院等普法阵地，积极探索利用各种形式开展普法宣传，增强法治文化的吸引力、感染力和渗透力。目前，已经建成孟庄镇、城关乡、新村镇等13个乡村法治文化大院，更新维护法治宣传栏400余块。开展各种法治宣传教育活动187场次，展出法治宣传展板、挂图等3700多幅，发放普法水杯、普法纸抽、普法手提袋110000多个，各类法治宣传材料24万多份，营造了浓厚的法治氛围。

【人民调解工作】 夯实人民调解工作基础。完善两级调处中心建设，深化镇（街道）、村（社区）人民调解委员会规范化建设。目前，全市共有55个人民调解委员会达到规范化建设标准。完善专业性行业性人民调解组织，着重规范、完善、提升已建成的专业调解组织的规范化建设水平。

提高社会矛盾纠纷调处成功率。2017年，全市各级各类人民调解组织共调处矛盾纠纷11485件，调成11347件，调处率98.8%。目前，全市共有各类人民调解组织312个、人民调解员852人、专职调解员72人，先后组织开展各类调解员培训4000余人次。

落实人民调解经费。全年落实人民调解员补贴经费599万余元，人民调解工作呈现出调解员工作积极性高、调处成功率高、卷宗规范度高的“三高”态势。

【法律服务】 2017年，围绕市重点工作，积极为重点领域、重点项目和重大民生事项提供专项法律服务。组织律师、公证员、司法鉴定人员等专业法律服务团队继续深化“一村一师”活动，让律师或法律服务工作者在构建和谐社会进程中成为法律知识的“宣传员”、矛盾纠纷的“调解员”、维护法律的“公正员”等重要角色。

认真抓好律师工作。围绕新郑市重点工作，引导全市法律服务人员在脱贫攻坚、大气污染防治、国有企业改革等方面，提供专业法律服务。对新郑市重点企业进行“法律体检”，为重点领域、重点工程、重点项目和重大民生事项提供专项法律服务。为党委、政府提供法律意见和建议，逐步推进政府法律顾问。广泛开展法律服务主题活动，组织律师、法律服务工作者积极参与“迎接十九大，法律服务助平安”系列活动，深入企业一线、街头小巷、田间地头，开展专项法律服务活动，帮助解决生产经营、转型升级过程中遇到的各类法律问题。积极构建覆盖城乡的公共法律服务体系，公共法律服务中心已经建成，即将投入运行。2017年全市律师代理案件664件，办理非诉讼法律事务258件，全市基层法律服务工作者代理案件240件，律师参与信访稳定工作141人次。办理司法鉴定案件378件，司法鉴定减免案件数16件，共计3300元。

深入开展法律援助工作，切实扩

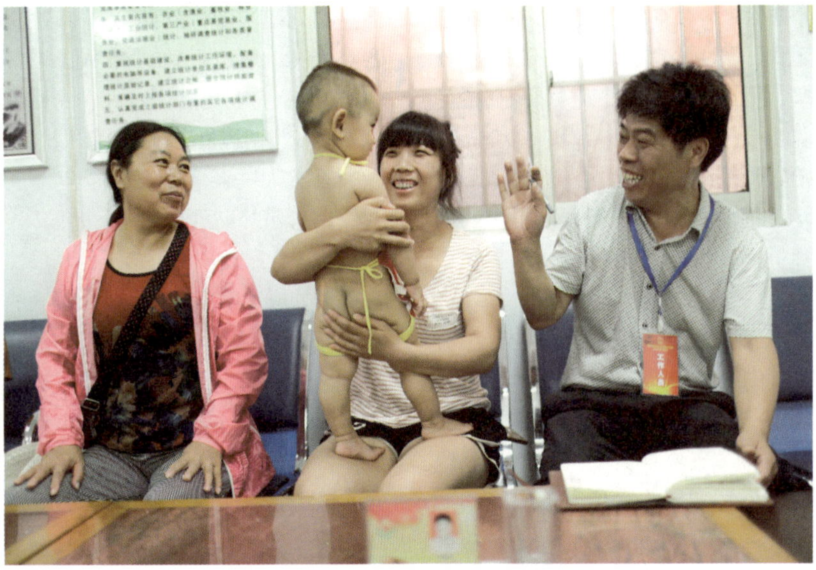

社区调解员调解后的喜悦

大法律援助人群覆盖范围。在全市统一执行以城镇居民最低工资标准为上限的经济困难标准，使法律援助覆盖面从困难群体扩大到低收入群体，积极满足群众的迫切需求。围绕“全覆盖”，突出对重点人群的法律援助。对军人军属申请法律援助免于审查经济状况，不设事项范围限制，优先受理，快速办理。创新和完善农民工法律援助长效机制，建立农民工法律援助绿色通道。持续加强刑事法律援助全覆盖工作，组建高素质的值班律师队伍，开展刑事案件认罪认罚从宽制度试点工作，维护犯罪嫌疑人、被告人合法权益，强化法律援助人权司法保障功能。2017年，本中心共办理刑事、民事、行政案件887件，接待咨询4300余人次，结案556件，为受援群众挽回经济损失或取得利益共计502万元，群众满意率达到100%。

深化公证服务，便民利民惠民。公证处始终坚持围绕中心工作，为地方经济社会发展提供精准服务。一年来，共办理各类公证事项1000余件，极大地方便了广大群众。为烟草稽查部门销毁假冒伪劣香烟工作提供现场监督公证，主动介入新郑市人民法院强制执行房屋等司法辅助事务，积极参与国有建设用地使用权挂牌出让活动等，为其提供严谨、细致、规范的公证服务，使得各类工作及活动得以顺利、合法、有效地进行。组织开展主题实践活动，进一步优化流程、缩短服务时限，提供服务便利，发挥公证工作的职能作用和优势。发放便民联系卡，建立公证办证绿色通道，对老年人、残疾人和危重病人实行电话预约和上门服务，实行困难群众公证费用减免制度等。严格落实公证办理程序规则，严格执行卷宗质量检查制度，开展卷宗自查。

【特殊人群服务管理】 全市共有刑释人员256人，接收社区矫正对象409人。工作中，落实基本信息沟通机制和衔接机制，服刑人员信息录入率、核实率、反馈率达到95%以上，刑满释放人员衔接率达到100%以上。落实重点帮教对象必接必送机制。协调各相关部门共同落实刑满释放人员各项安置救助政策，开展了一系列刑满释放人员特困帮扶活动。

在社区矫正工作中，加强规范化建设。按照《社区矫正实施办法》《河南省社区矫正监管工作若干规定》等法律法规，开展社区矫正严格执法、严格管理集中整治活动，全市社区矫正规范执法水平明显提升。严格刑罚执行。强化社区服刑人员安全监管措施，定期召开工作例会。开展“迎接十九大，加强矫正保平安”专项活动，组织对全市重点人员100%落实手机定位监控和日常管理。加强教育帮扶。开展社会公德、职业道德、家庭美德、个人品德和法治教育，社区服刑人员守法意识和道德责任感明显增强。提升工作保障。扎实做好社区矫正信息化技防工作，定期不定期对社区矫正人员进行点验，积极运用手机GPS定位等全天候监控措施。认真做好社矫平台信息录入工作，全市社区服刑人员基本信息完整度100%。不断夯实社区矫正机构队伍建设，按照要求全面开展矫正中心规范化建设，配齐配强县乡两级工作队伍，发展壮大社区矫正专职社工队伍。目前，全市共有社区矫正专职社工24名。

（撰稿：王军现 审阅：陈政玮）

城乡建设和环境保护

URBAN-RURAL CONSTRUCTION AND ENVIRONMENT PROTECTION

·城乡建设和环境保护 >>>

URBAN-RURAL CONSTRUCTION AND ENVIRONMENT PROTECTION

住房和城乡建设

【概况】新郑市住房和城乡规划建设局位于新华路中段218号。市住房和城乡规划建设局成立于2015年9月，由原新郑市住房和城乡建设局、原新郑市城乡规划和城市管理局合并而成，是新郑市城乡规划建设、住房保障和房地产业管理的行政主管部门。市住房和城乡规划建设局设局办公室、党建办、编制人事科、纪检监察室、财务计划科、督查科、法制信访科、勘察设计管理科、建筑业管理科、村镇建设管理科、市政工程建设科、路灯管理科（市政工程建设科增挂）、行政审批科13个科室。下属新郑市住房保障和房地产管理中心、新郑市房屋征收与补偿办公室、规划发展服务中心、园林绿化管理服务中心、新区分局、建筑节能与墙体材料革新办公室、城乡建设监察大队、装饰装修管理办公室、工程质量监督站、建设安全监督管理科、建设工程监理公司、市政工程公司、公用事业管理处、新郑市供热管理办公室（公用事业管理处增挂）、污水处理费征收中心、建设技术服务中心、城镇用水管理所17个二级机构。有干部职工1371人，取得职称人员947人，其中副高级工程师16人、工程师130人、助理工程师165人，取得技师职称210人，高级工416人，中级工142人。

2017年，市住房和城乡规划建设局，围绕新郑市全面建成小康社会、打造临空经济强市、建设国家中心城市次中心的目标要求，强力推进重点工程建设、持续深化建筑市场管理、强化为民服务意识、美化园林绿化环境，圆满完成了年度目标任务，城镇综合承载力明显增强，努力推动了全市住房和城乡规划建设领域各项工作再上新台阶，为新郑市建设现代田园临空经济强市奠定坚实基础。

【重点项目建设】市住房和城乡规划建设局以提高新型城镇化水平为抓手，以百城建设提质工程为重点，克服扬尘污染管控、工期紧张等困难，总投资约43.6亿元开工建设各类项目43个，已完工项目18个，完成投资额5.43亿元。

全力推进双洎河项目。按照生态建设要求，高标准谋划建设双洎河综合治理工程。其中新郑市双洎河综合治理示范段项目，北起西关桥，南至南关桥，全长约1.3km，总面积77.2公顷，含堤防工程、护坡工程、护岸工程、驳岸工程、水污染治理工程、生态环境工程等，总投资约6.85亿元，截至2017年底完成土石方51万方，平整场地30万平方米，移栽苗木数千棵。新郑市双洎河综合治理剩余段（PPP）项目，北起南水北调总干渠，南至双龙坝，全长13.92km，总面积594.46公顷，计划总投资约39.6亿元，主要任务为河道治理和生态环境修复。

不断完善城市路网体系。总投资3.4 亿元开工建设道路项目21个，已完工项目7个，累计完成投资额约1.86亿元，城区道路建设项目12月底前已实现全部通车。

集中供热改造初见成效。启动热源厂煤改气建设项目，总投资约8300万元新建3台75t/h天然气蒸汽锅炉。克服恶劣天气、场地狭窄、设备安装复杂等不利因素影响，昼夜交叉施工，做到工作不棚架、不等靠，11月13日提前两天为全市141万平方米、9300余户开始进行集中供热。

污水处理事业快速推进。总投资4.45亿元的新港产业集聚区污水处理厂一期工程、城关污水处理厂一期工程、华南城污水处理厂二期工程已正式投入使用，新增污水处理能力13万吨/日，实际污水处理量已达到19万吨/日。征收污水处理费690万元，污水处理率达到90.8%。按照市水污染防治工作要求，完成各污水处理厂总磷在线监测安装，第三方运营公司正在进行调试，尾水排放标准高于一级A标准。

统筹实施水污染治理工程。总投资9771万元开工建设雨污分流项目8个，已全部基本完工。截至目前，全市截污干管总长达到137.5千米，基本实现了市、镇两级污水全收集、全处理。

持续扩大供水、燃气覆盖面。总投资4742万元开工建设供水项目7个，已完工项目2个，累计完成投资额893万元。总投资1.61亿元开工建设燃气管网项目，已铺设各类管网114千米，累计完成投资1500万元。

加快推进社会事业项目。投资1.5亿元的新郑二中新校区建设项目，目前完成投资约2300万元。完成基础开挖2100立方米，基坑开挖300立方米，三七灰土换填500立方米。

大力推广海绵城市建设。在改扩建道路和新建游园景区中融入海绵城市建设理念，高标准升级改造主城区人民路、迎宾路、新建路等8条道路和故里景区绿化、郑风苑景区等5个城市游园绿地，增强城市生态防涝能力。

【特色小镇培育和中心镇建设】 2017年，组织特色小镇培育对象培育申报和龙湖镇、薛店镇、梨河镇、辛店镇4个中心镇16项基础设施建设项目筛选申报工作。经过郑州市专家终审，新郑市中原创客小镇、红枣小镇顺利入选郑州市政府第一批特色小镇培育对象名单。新郑市共获得郑州市中心镇奖补资金2410万元，梨河镇获评郑州市村镇建设先进单位。

【公用事业管理】 加强燃气行业管理。积极开展“城镇燃气安全专项整治”活动，组织开展消防演练和培训考核各1次，进一步规范了本市燃气行业安全生产经营秩序，全市燃气普及率98.5%。圆满完成集中供水任务。完成年供水量2731万吨，平均日供水达到7.5万立方米，新增用户4693户，户表改造571户，自来水普及率达到90%。提升城市管理水平。对市区44条道路管理养护，完成道路挖掘审批28项，城区市政设施维修合格率达到96%，加强路灯的巡察、维护，市区主次干道亮灯率达到95%以上。坚持“安全第一，常备不懈，以防为主，全力抢险”的方针，做好汛前应急演练，提前维护排水设施，确保城市安全度汛。

【城市环境污染治理】 扬尘防治持续推进，严格落实“7个100%”要求，累计投入扬尘污染防治资金约1.2亿元，购置车辆冲洗设施226台、喷淋282套，出动洒水车辆82辆，安装摄像监控154个、自动喷雾机128台，设置施工围挡13.1万米，完成覆盖防尘网74.2万平方米，硬化路面32.7万平方米，平整7.9万平方米场地，清理建筑垃圾4.5万立方米。对24个房建工地进行了行政处罚，共计罚款170万元。水环境污染得到治理，加大城市黑臭水体整治力度，黄水河、双洎河等城区段河流沿线排污口已完成封堵截流，城市水污染环境得到进一步治理与修复。

【城市绿化景观和生态环境改善】 完成黄帝故里拆迁区域绿化、迎宾路绿化工作，人民路、新华路、郑韩路以及郑风苑绿化景观提升工作正在进行，新增绿地4.2万平方米，栽植乔灌木2200棵，栽植绿篱26.25万株，铺植草坪1.8万平方米，补栽乔木110棵，补栽各类灌木40341棵，补植草坪6832平方米。完成李诚园、高拱园、欧阳修园等街头游园、广场、公园等绿地植被修整与基础设施维护，完成南环路、泰和路等8条改造道路新植行道树树穴围坑黄土清理工作，完成“迎园博”氛围营造工作，摆放花卉20多个品种100万盆，城市绿地建设和管理取得了良好成效。

【建筑秩序监管】 进一步规范用工管理。完善劳务分包制度，在全市建设领域推行实名制用工和工资支付“一卡通”管理，严肃查处督办37起拖欠工程款和克扣农民工工资行为。严格落实施工图审查备案，顺利完成华瑞路、汇通路等18项工程建设项目的测量、设计、预算工作。完成96项工程项目图纸备案，建筑节能设计执行率达100%。加强建筑行业监管，组织召开多次建筑市场监管、建筑劳务用工管理、安全生产及扬尘治理工作会议，开展2次联合综合执法检查，确保了行业监管有落实、出效果。

【建筑行为监督】 严格基本建设程序，共审批施工许可证113项，总建筑面积727.65万平方米，总造价109.78亿元。共办理建设工程竣工验收备案46项，总建筑面积260.67万平方米，总造价59.04亿元。完成了134项建设项目的招投标工作，其中公开招标64项、邀请招标46项、直接发包24项，总建筑面积594.52万平方米，工程造价102.6亿元，进入有形建筑市场工程招投标应招标率达100%，应公开招标工程公开招标率达100%。加强施工安全生产监管，共办理建设工程安全措施备案102项，受监施工项目186个，单体工程488个。共办理安全生产评价91项，开展4次大检查。下发安全事故隐患整改通知书428份，隐患整改反馈率达98%，重大危险源监控率达100%。富田兴和湾、迷你港湾、新尚城悦湖苑等7个项目先后被评为建设工程安全管理先进单位、河南省安全文明工地。加强工程质量监督，共办理监督登记手续514项，监督竣工验收工程269项，出具监督报告77份、整改通知书789份，对全市17家商砼搅拌站预拌商品混凝土质量进行巡检并进行专项整治。建设监理严格开展，新承接监理业务16项，正在监理建设项目95项，已竣工项目合格率达到100%，确保建设施工项目合法合规。

【建筑执法】 装饰装修管理规范有序，下发登记备案通知58份、扬尘治理整改通知18份，办理率达90%以上，立案查处违法案件1起，监管公共建设装饰面积4.2万平方米，办理信访举报案件3件，进一步规范了装饰市场行为。城建监察合规，共监察建设工程68处，立案查处违法案件40件，办理信访举报案件10件，下发停工通知140余份，有效遏制了建筑领域的违法违规行为。节能工作开展顺利，共办理建筑节能专项验收备案290项，新建建筑节能标准执行率达100%。巩固“禁黏”“禁实”工作成果，对全市3家墙材认定企业进行监管，全市中心乡镇已全部通过河南省“禁实”示范乡镇验收。装配式建筑推进有力，自2015年底新郑市就利用工业重镇辛店镇积极打造国家级装配式建筑产业园，省住建厅、郑州市建委主要负责同志多次实地听取项目规划建设情况，成立了推进工作领导小组，建立了多级多部门协调推进月例会制度，编发了《新郑市人民政府关于大力推进装配式建筑发展的实施意见》。目前园区发展规划、空间规划方案已经由省规划设计研究院编制完成，园区建设正在扎实推进，省五建、省一建、郑州城建集团等企业已签订入驻协议。

【行政审批】 推行第一责任人制、首问负责制、限时办结制、过错责任追究制。对申报材料齐全、符合审批条件和要求的，当场办结。做到了“三清四办”，通过简化、合并、集中、归类等形式，形成了环节上最精简，时间上最快捷、形式上最便民的服务体系。共办理发放证件729件，接受咨询900多人次，办证准确率100%，按时办结率100%，投诉率为零。

【住房保障】 全年争取上级奖补资金2.2亿元，新开工棚户区改造项目6个共5302套（户），均为货币化安置，完成率为100%。全面推行经济适用住房、廉租住房与公共租赁住房“三房合一”并轨运行管理。360套公租房已全部分配完毕，发放廉租补贴51.87万余元。认真做好物业承接查验工作，新建小区车棚建设率100%。

【房地产市场管理】 新郑市房地产开发企业共有165家，在建项目62个，完成投资69.1亿元，竣工面积243.6万平方米，审批预售面积445.7万平方米。17年全年商品房销售面积436.58万平方米，同比下降21.96%，销售39912套，同比下降21.19%，全市商品住房销售均价7086元平方米，同比增长12.42%，二手房交易面积37.71万平方米，同比下降1.46%。

【房屋征收】 配合有关乡镇及单位对S103扩建段房屋进行摸底调查，完成了梨河镇段炎黄大道拓宽、垃圾分类处理厂房屋丈量，完成具茨山管委会扶贫搬迁项目费用核算上报工作，配合地铁二号线沿线绿化房屋拆迁丈量普查，完成新华路办事处沈庄村社区改造房屋丈量核算工作等15项重点工程。

【智慧城市建设】 新郑市智慧城市建设总体规划（2015—2020）顺利通过专家评审，出台了《关于加快智慧城市建设的实施意见》，2016年计划建设云计算中心、基础数据库、公共信息服务平台等重要信息基础设施，努力实现数据资源的有效整合和互联互通。加快对孟庄镇鸡王社区进行智慧社区升级改造，现已建成鸡王社区智慧社区体验馆。

（撰稿：李笑征 杨博雅 审阅：肖 军）

规划发展服务中心

【概况】新郑市规划发展服务中心2015年9月在原新郑市城乡规划和城市管理局基础上更名成立，隶属新郑市住房和城乡规划建设局，正科级规格。内设规划设计勘测管理科、用地管理科、建设工程管理科、乡村规划管理科等14个科（室），有规划编制服务中心、城乡规划信息技术中心、城乡规划监察大队3个下属事业单位。主要负责城乡规划许可及管理工作。

2017年，规划发展服务中心以加快建设现代田园临空经济强市为统揽，抢抓建设郑州国家中心城市次中心的重大机遇，按照着力打造“三城”定位建设目标，踏实工作、求真务实、勇于创新，为全市城乡建设有序推进和经济社会健康发展提供了有力保障。

【规划编制】 围绕郑州国家中心城市总体规划，规划中心启动了统筹城乡、覆盖全域的《新郑市城乡总体规划（2016—2030）》修编工作，已于9月28日通过了省住建厅组织的专家评审。围绕凸显特色、提升内涵，强力推进中心城区、城市新区等重要区域、重点地段的城市设计。《黄帝故里修建性详细规划（城市设计）》已通过专家评审。《双洎河延伸段景观规划》已完成编制，并通过专家评审；编制的城郊铁路沿线（龙湖镇段）城市设计目前已完成初稿。协助三个乡镇完成郑新路东侧、祥和路北侧片区等地块控规的编制报批，郑新路东侧城市设计已完成编制审批，同时加快控制编制步伐，本市批准实施的中心城区地块控制性详细规划面积约3676.5公顷，控规覆盖率达86%。按照市推进城市提质工作要求，规划中心成立了推进城市提质领导组织，并先后制定了推进城市提质实施方案、规划编制行动计划，对中心提质工作设定了目标要求、工作步骤，对任务进行了分解，并建立了推进新郑市规划编制工作实时台账及明细。同时，规划中心加强与各职能部门沟通与合作，精心编制各类专项规划，切实以高品质规划设计引领高质量的城市建设。城市展览馆也是百城提质建设的一项重要内容，展馆主体已完工，设计单位启动展馆展陈布展工作，已完成初步设计方案，并进场施工。重点推进华夏产业新城项目，着重做好涉及的乡镇（郭店、薛店、孟庄）总体规划修改工作，已报经市政府同意对三个乡镇总体规划的修改。

【规划管理】严格按照总体规划和详细规划要求，落实建设项目。严格执行“一书三证”制度。共受理建设项目168件，办结168件，办结率100%。其中核发《建设项目选址意见书》17份，核发《建设用地规划许可证》93份，总用地面积428公顷，核发《建设工程规划许可证》58份，总建筑面积464万平方米。截至11月共征收配套费约5.77亿元。继续加强对建设项目的监督和审核，依据相关法律法规审查建设工程的各项经济技术指标，共办理图纸审查55项，完成建设工程项目的放验线54项、规划竣工核实16项。对照规划设计条件完成日照分析、指标测算等工程项目63个，审核建筑面积约900万平方米。

强化城乡规划批前、批后信息公示，公示率、现场查勘率达100%。完善落实规划例会制度，为进一步提升城乡规划的决策水平和工作效率，建立了规委会议事制度和规划联审联批会议制度，切实解决重大项目方案审查、项目审批等事宜以及规划管理和规划执法中遇到的问题，共组织召开市规划联审联批会4次，审查40多个项目议题，为项目建设提供了科学依据。坚持专家评审论证制度，规划编制及建设项目方案审查交由专家评审或论证。共组织控制性详细规划论证会11次，审查控制性详细规划33项。根据土地报批和出让需要，依据市政府批准的控规出具了138个地块规划条件，出具控规审查报告14项、控规报批请示6个。组织修建性详细规划方案评审会16次，指导完成了修建性详细规划编制、评审和报批工作。出具20个核准净空限高函。提升主动服务意识，全年共完成工程设计36项，建筑面积约4.8万平方米。完成38个地块的控制性详细规划设计，面积727公顷，图纸合格率达到100%。完成市政设计12项，共49千米，工程测图15项，共76.5公顷。提高审批效率，规划中心窗口工作人员秉承“想群众之所想，急群众之所急”的宗旨，全心全意为群众和企业提供高质量、高效率的服务。2017年窗口收到企业负责人主动送来锦旗8面、感谢信10封，相关业务科室不定时到企业内部、工地现场进行答疑解惑，提供技术指导，8次被评为红旗窗口，并多次被评为政务服务标兵。

【规划监察】规划中心执法监察大队“以法治违”，树立城市违建管理工作新标杆，努力建设一支执法为民、依法执法的正规队伍。2017年共召开案审会11次，下达停止违法行为通知书71份，责令限期改正通知书63份，处理各类信访案件98起，配合办事处和乡镇拆除违法建筑约3.8万平方米。截至11月共计立案4起，罚款456万余元。共接到各部门的投诉80余宗，每宗案件都做到了即时登记、及时下派、认真落实、按期回复，回复率达到100%。

（撰稿：唐丽　审阅：刘新霞）

城市管理行政执法工作

【概况】2012年12月份，新郑市城市管理执法局在原规划城管监察大队、环境卫生管理局、环境卫生规费收费中心基础上组建，隶属于原新郑市城乡规划和城市管理局。2013年5月22日、6月21日，新郑城市管理相对集中行政处罚权全省试点工作分别获

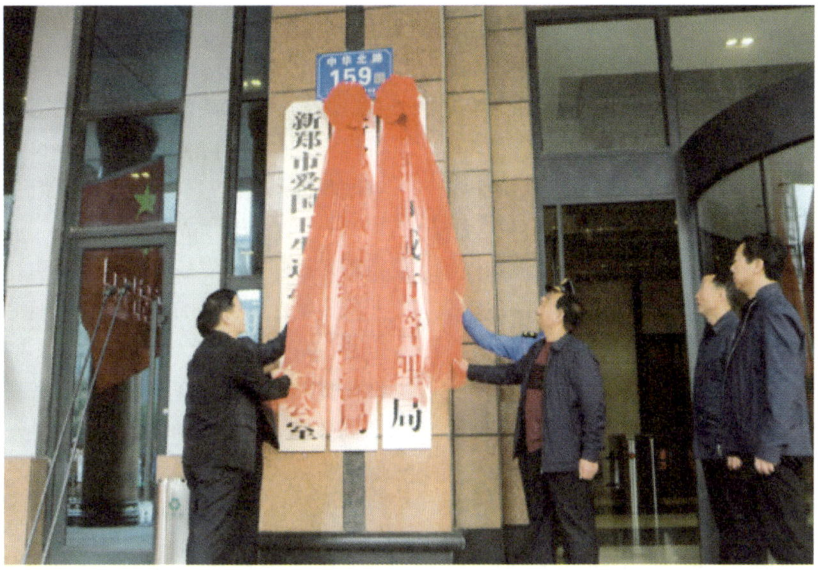

新郑市城市管理局、新郑市城市综合执法局举行揭牌仪式

省政府和郑州市政府批复后，经新郑市委、市政府批准，2013年7月22日更名为新郑市城市管理行政执法局，为市政府直属事业单位，行使市容、市政、绿化、环保、规划、公安和工商7个方面共231项行政处罚权（2013年10月29日，市政府常务会议研究确定后正式行使），承担着环境卫生管理、环卫设施管理、环卫规费征收、占用城市道路经营审批管理、工程渣土运输管理和落实市委、市政府在城市管理方面的重大决策等工作。新郑市进行机构改革时，将城区规划监察权移交至市住建规划局行使，行使市容、市政、绿化、环保、公安和工商6个方面共219项行政处罚权，其他职能不变。此外，还承担着市城乡管理综合考评委员会办公室（简称市城考办）和市违法建设专项治理活动领导小组办公室（简称市查违办）职能，负责指导、协调全市城乡管理和违法建设管控工作。2017年10月18日，新郑市城市管理局（新郑市城市综合执法局）正式揭牌。

【重点项目建设】 第二生活垃圾处理场建设项目。位于辛店镇贾咀村，该项目总投资4200万元，用地12.8公顷，设计有效库容110万立方米，日处理能力580吨，已基本建成。

生活垃圾焚烧发电厂项目。总投资5.19亿元，用地7.13公顷，设计日焚烧处理垃圾1000吨，该项目于2017年11月18日正式点火。

曹庄垃圾填埋场封场项目。投资2356万元，建设内容包括地表水径流控制、渗滤液收集处理、植被绿化和生态修复等。整体工程预计2018年全部完工。

农村生活污水治理项目。项目分三年（2017—2019年）计划实施，涉及10个乡镇（管委会），预计总投资8.1亿元（郑州市投资5.7亿元，新郑市自筹2.4亿元)。2017年项目实施涉及10个乡镇46个行政村，149个自然村、农户25059户，预计投资2.8亿元。

农村生活垃圾分类处理项目。该项目总投资944.7万元，位于梨河镇，预计2018年完工。

建筑垃圾消纳场。总投资3000万元（企业自筹），年处理建筑垃圾约200万立方米，年产新型环保建材约260万立方米，已建成并开始运营。

刘口弃土消纳场。总投资600万元（企业自筹），有效库容约260万立方米，目前已完成建设任务并开始收纳弃土。

城乡环卫一体化项目。项目总投资1.51亿元，采用PPP模式实施，涵盖9镇1乡、3个街道、3个管委会辖区内所有行政村道路清扫保洁、垃圾收运。

数字化城市监督指挥管理平台。总投资额3956万元，场地面积1000平方米，采用“一级监督、一级指挥”模式，覆盖城区（茨山路以北，新村大道以南，京港澳高速以西，107国道以东）。系统建设依据7项国标、2项行标，采用了“9+8”建设模式，研发部署了9大基础子系统和具有新郑特色的8大拓展子系统。平台共接入36家责任单位，涉及178类城市管理问题，在2017年郑州市数字化城市管理考评中连续位于五县市第一名。

【城市管理】 创新城市管理新机制，在城区主要道路采取“一路一长”的管理方式，明确“路长”“10+N”管理职责，实施巡查→处置→反馈→协调→督查→回访6步管理流程，坚持明晰责任、压实任务、加强执法、严治乱象，做到精细化设岗、精细化定责、精细化分工、精细化治理、精细化督办，确保了每一条道路、每一个问题、每一件事情有人管、有人问、有人负责，实现了“事事有人管、人人都管事”，彻底消除了管理盲区，有效规范城市秩序。

占道经营整治。坚持“721工作法”，按照教育与处罚相结合的原则对占道经营、突店经营进行治理，全年共出动执法队员3.8万余人次、车辆3627台次，规范、引导流动摊贩1.3万余处，治理突店、占道经营4.3万余处，暂扣各类违规物品560余件，立案处置70宗，罚款13万元，做到管理常态化、疏导高效化、整治长效化。

户外广告整治。以“老城区突出治乱，新城区突出规范”的原则，打响还原城市天际线、提升城市广告品位的战役。按照户外广告专项规划要求，对主次干道、商业综合体外、楼顶广告、墙体广告、竖式灯箱、电子显示屏等户外广告设施进行摸底调查，对每块户外广告牌的业主信息、设置时限、规格、位置等相关信息进行一一核实登记，详细编制《户外广告设置登记表》，为每一块户外广告建立独立“户口”，对各类违章户外广告进行集中整治，共暂扣违规户外广告牌135个，清理违规户外广告206处、安全隐患标识标牌5处，累计拆除面积约9870平方米。

“全城清癣洗脸”。完善“小广告追呼”系统，通过“呼、罚、清、督、疏”，让“牛皮癣”广告发布者无处藏身。引入新机制，将“城市牛皮癣”进行劳务外包，对道路路面、所有临街立面、公共设施表面进行专业化清理、专业化管控、专业化维护，实现小广告清除作业的专业化、机械化。共清理各类纸张广告“牛皮癣”22万余处、条幅8890平方米、护栏刷漆6380平方米。

为城市道路“通脉”。增设主次干道临时停车位近1.6万个，进一步满足了市民群众停车需求。在治理过程中，严格执法程序，采取“一告知、二锁扣、三拖移、四处罚”措施，对城区乱停乱放的车辆进行拍照取证，粘贴温馨提示或者违法停车通知单，对严重影响行人车辆通行的乱停乱放车辆，严管重罚，依法予以拖移，有效规范了车辆停放行为。2017年共拖车4126辆，锁车735辆，总计罚款74.19万元。

审批服务。按照“一个窗口对外、一门受理、一次告知、一站办公、一地办结”的“五个一”要求，坚持“受审分离、限时办结”的“一窗式”服务机制，保证所有审批事项承诺时限最短办结。积极推进服务规范化建设，实现了各项行政许可办结率、准确率、满意率100%和服务企业零距离、审批服务零投诉。进一步完善首问责任制、岗位责任制、服务承诺制和过错追究制，细化岗位职责，全面提升行政审批服务效能。全年，共办结行政审批服务事项269件（其中建筑垃圾运输核准129件，临时占道许可140件），办结率100%。2017年，本局审批窗口共获得红旗窗口单位荣誉称号6次、政务服务标兵荣誉称号3人次、青年文明岗荣誉称号2人次。

【环境卫生保洁】 依托“街长制”管理模式，提升精细化管理水平。按照“全覆盖、精细化、长效化”的管理思路，在城区主要道路推行了环卫四级“街长制”管理模式，进一步提升精细化管理水平，市容环卫持续改善。投资890余万元，购置吸污车、洗扫车、洒水车、道路养护车、垃圾清运车、多功能抑尘车等17台机械化作业车辆，最大限度减轻环卫工人劳动强度，提升本市环卫机械化装备水平。完成10座老旧垃圾中转站设备的升级改造，目前，全市共有垃圾中转站67座、农村垃圾收集点397个、人力清扫保洁车2600余辆、垃圾运输车85辆，保证了“村（社区）收集、乡（镇）清运、市处理”的处理机制切实发挥作用，助推了美丽新郑、宜居新郑目标的实现。城区生活垃圾做到日产日清、不积存，每天清运市区生活垃圾约220吨，清运率达100%。垃圾填埋场实行规范化管理，每天处理进场垃圾260余吨，并按照行业标准对垃圾堆体进行整形、压实、覆土。全年共转运垃圾6.6万吨，处理进场垃圾8.1万吨，清运率和无害化处理率均达100%。垃圾运输车辆全部实行密闭化运输，定期冲洗垃圾运输车辆，保持车容车貌干净整洁，避免道路二次污染。定期整治场区及周边环境，做好场区周边漂浮垃圾捡拾工作，达到视线范围内无白色、无漂浮物，覆盖防尘网3500余平方米，确保垃圾场正常有序的作业环境。实行市场化保洁，引入竞争机制，将全部市场化作业单元纳入监管体系，通过“日检、周查、月巡”的方式，全天候对3家物业公司的作业质量进行监管督查，全年共计奖励9万余元、处罚12万元。

新郑市城市管理局（新郑市城市综合执法局）揭牌仪式现场

【大气污染防治】 **全面取缔露天烧烤**。以“五严五深”为本，共出动6.3万人次、执法车辆5530辆次，组织并参与联合执法286次，开启城管高压整治更严时期。班子成员坚持“早六晚九午不休、晨巡夜查全天督”，执法队员坚持“治早、治小、治零星，绝不手软！严治、根治、反复治，严防反弹！”。在城区道路严格落实“路长制”，做到发现一起、查处一起、取缔一起。全年共制止焚烧垃圾46起、取缔露天烧烤58处、取缔户外油炸摊点69处、取缔使用散煤流动经营139处。城区内已基本无露天炭烧、户外油炸摊点及散煤流动经营。

实施“六步作业”，竭力遏制道路扬尘。以“五净五无”“路见本色”为标准，实行了严格的环卫作业。在城区22条道路上推行环卫四级“街长制”，常态化开展大清洗、大清扫、大清理城市清洁“三大行动”，实行“高效吸尘、高质洗扫、高压冲洗、高频洒水、高位喷雾、高标人工保洁”六步联合、深度清洁作业模式，努力实现全城区、全天候、每条街、每一处的“以克论净”，以“双7”标准升级深化“以克论净”，推行“白+黑”作业模式，每天出动各类环卫机械44台，夜间调配2台多功能抑尘车、3台吸尘车在城区全天候服务降尘，最大程度发挥降尘抑尘作用。在夏季，保证城区每条道路白天洒水不少于8次，夜间洒水不少于3次。全年共高标准清扫道路9000万平方米，清理卫生死角620处，清理卫生死角垃圾98吨，湿扫面积3.84亿平方米，冲洗路面3.6亿平方米，洒水48.2万吨，洒水频次4.15万次，城区环卫保洁覆盖率达到100%，实现了精准发力，精细治污，确保全城洁净。

渣土车运输管理。建立渣土运输扬尘污染管理体系，规范建筑垃圾运输处置行为，强力推进建筑垃圾运输公司化运作和资源化利用置管控模式，实现了源头管控有力、消纳处置有序、运输监管严密、执法查处严厉的长效机制。

管理源头化。坚持每月例会制度，从源头抓起提前介入，对全市四家渣土清运公司122辆渣土车逐一排查摸底，建立监管台账。出台《新郑市加强建筑垃圾管理促进资源化利用工作实施方案》，下发《规范渣土车运输杜绝扬尘污染的通知》，要求全市所有施工工地的建筑垃圾（渣土）清运，必须使用正规公司的正规车辆，严格落实“五不出场”规定，严禁车身带泥，杜绝遗撒遗漏。

运输专业化。淘汰整合个体运输车辆，对建筑垃圾运输实行公司化管理，严格准入条件，严格资质审查，严格登记备案，强制渣土车达到“五统一”管理标准，规范运输市场，杜绝使用黑车，确保运输车辆有资质、全密闭、可监控。

监管全程化。投入320万元升级渣土运输监管平台，与数字化城管平台互联互融，开启“互联网+执法”五步监管模式，全天候、全过程监管渣土运输车辆，对建筑垃圾从产生、收集、运输、处置四个环节实施有效监控。对渣土车管理实行“五四三二一”管理，以“五统一”为基本要求，狠抓“四严禁”（严禁未经审批运输，严禁驶离规定线路，严禁遗漏肆意乱倒，严禁管控期间运输），严格“三项处罚”（顶格处罚违规清运公司，上限处罚违规司机，最严处罚违规企业工地），坚持“两个彻查”（每晚夜查，彻查制污单位；设卡严查，彻查过境车辆）实现“一个杜绝”（杜绝因渣土违规运输引发扬尘污染），做到“全覆盖管理、全过程监管、全方位执法”。对渣土车采取24小时不间断监管巡查，全年累计出动夜巡人员1.62万余人次，开展联合执法169次，查处违规运输造成遗撒遗漏车辆79辆，罚款16.61万元，引导过境车辆5310辆，渣土运输市场规范化程度大幅提升。

处置资源化。引进专业公司，实行“特许经营”，由河南润之宝环保工程有限公司投资3000万元在龙湖镇的大司村建成投用一处建筑垃圾资源化利用处置场（该厂占地6.67公顷，年处理建筑垃圾达200多万平方米，年产新型环保建材260万立方米），2017年处置建筑垃圾约110万立方米，资源化利用率达到52%。由河南宝泰土石方工程有限公司投资600万元在龙湖镇刘口村建成投用一处弃土消纳场（该场占地13.53公顷，容量260万立方米），基本解决了本市建筑垃圾出路问题，减少了污染源，保护了生态环境，实现了建筑垃圾的循环利用和经济效益、生态效益、社会效益的同步推进。

【宣传舆论引导】 2017年共向上级媒体报送信息227篇，在各级媒体发表新闻稿件98篇，其中，新郑市级媒体采用89篇，郑州市级媒体采用25篇，省级媒体采用72篇，国家级媒体采用5篇。依托“新郑城管”微信公众号向社会发布图文信息92期、视频信息21期，“新郑城管”微信公众号被市委宣传部评为新郑市2016年度“九个一”工程精品栏目，进一步扩大了社会影响力，树立了良好的城管形象。

【城乡综合考评】 扎实开展城乡管理考核，把城考工作当成大事、要务，树立“勇争第一、第二就是落后”的争先意识，紧抓不放，夯实市城考办总协调、市直单位业务指导、辖区属地管理等“三层”责任制，形成了条块融合、整体联动的“大城考、大管理、大督导”工作格局，在2017年郑州市城乡管理考核中名列县（市）组第一名，被奖励400万元。

【年度工作荣誉榜】 2017年，共获得省、郑州市级荣誉9项，分别是：河南省住房和城乡建设系统“五星级执法监察队伍”（全省唯一一家县级城管部门）；河南省城市精细化管理工作先进单位；河南省轨道交通建设工作先进单位；河南省新型城镇化工作先进集体；郑州市文明单位；郑州市城市管理行政执法先进单位；郑州市大气污染防治工作先进单位；郑州市五一劳动奖状；郑州市城乡综合考评暨城市精细化管理县（市）组第一名。

（撰稿：李楠 刘冲 审阅：朱郁琦）

城市开发经营

【概况】 新郑市城市经营管理中心是新郑市政府直属事业单位，受新郑市人民政府直接领导。主要职责：落实市委、市政府城市经营的重大决策和部署，运用市场机制，对城市空间和作为城市功能载体的自然资本、人力作用资本及相关的延伸资本等进行重组和运营，获取经营收益，将收益投入到城市建设，实现城市的自我滚动、自我积累、自我增值；通过市场化运作，引导城市开发，盘活城市有形资产，提升城市无形资产，发掘、利用城市的各种稀缺资源、战略资源，改善城市的硬、软环境，增强城市功能，提升城市整体竞争力；受市政府委托，以参股、控股的投资方式，对城市建设项目进行投资、建设、管理、经营，确保国有资产的保值、增值；向国有控股、参股企业派出或更换国有股董事、监事；管理国有股权，上交国有资产收益；会同相关职能部门落实水生态文明建设任务，负责对城市再生水利用的发展规划和经营管理工作。

【政府举债化解】 2014年、2015年根据市政府安排，由中心名下的新郑市泓泰城市建设投资有限公司在金融部门融资11.5亿元用于城关镇区综合开发,融资1.2亿元用于第二水厂建设。根据《郑州市财政局关于组织开展政府违法违规举债担保问题自查自纠工作的通知》要求，中心积极协调有关部门和单位在规定的时间内，通过省财政债权和还款等方式，化解政府债务。

【债务风险化解】 中心名下的泓泰城投公司作为政府平台公司，依据中国农业银行《关于印发<中国农业银行委托资产批量转让业务管理办法>的通知》及市政府常务会议精神，对涉及市城市开发经营总公司、市城镇用水管理所、市盐业公司、市韩春化工有限公司四家企业、单位在农行的2167万元债权进行受让。经与农行多次协商洽谈，最终以200万元价格受让，以较低的投入解除了城市开发经营总公司土地抵押，盘活了土地，同时也化解了其他几家单位、企业在农行的债务纠纷。按照市政府常务会议要求，已与部分单位达成债务化解协议，并完成该单位债务化解工作。

【国有资产公开招租】 依据《中华人民共和国企业国有资产法》以及国有资产管理相关规定，经新郑市国有资产管理局同意并批准，采取公开招标的方式，完成了房屋评估及招租工作。

【债权收购】 根据市政府工作安排，由泓泰城投公司对已破产的新郑市热电股份有限公司所有债券进行协议收购，在严格保密的情况下，对热电公司小额债权收购率达到96%以上，剩余大额债权人主要涉及国有银行、政府所属公司或事业单位。目前债权洽谈收购工作仍在进行中。

【经营融资】 配合城关乡和北京华夏同润科技有限公司对镇区改造项目进行融资；由泓泰城投公司继续对新郑市热电股份有限公司剩余债权人洽谈收购工作。

【中心资源运作】 按照市委、市政府的要求，结合中心实际，联合政通投资控股有限公司、新区发展投资有限责任公司共同注册成立了新郑市泓泰城市建设投资有限公司（以下简称为泓泰城投公司）。主要职责是履行政府投资主体职能，依法对城市基础设施、旧城改造、新型社区、安置房及国有土地的综合整治开发等经行管部门批准的新型城镇化建设项目进行投资，经营政府授权的再生水的综合利用等。

（撰稿：马彦锋　审阅：吴 晨）

环境保护

【概况】 新郑市环境保护局位于新郑市人民路中段63号，担负着保护和改善全市环境的职责。内设机构有办公室、编制人事科、行政审批科、法制信访科、污染防治科、自然生态保护科、危险废物和辐射环境管理科、污染物排放总量控制科等8个科室，下属有新郑市环境监察大队、新郑市环境监测站、新郑市机动车环保管理中心、新郑市环境保护技术服务站四个二级机构。在职干部职工共221人，具有环保类专业技术任职资格共74人，其中中级45人，初级29人。

2017年，新郑市环保局坚持以环境质量改善为核心，坚持目标导向，突出工作重点，着力抓好大气和水环境综合整治，深入开展环境污染防治攻坚战，狠抓各项工作的推进落实，环境质量明显改善。

空气质量改善指标实现了“两降一增”：PM2.5年均浓度值为61微克/立方米，与目标值持平，同比2016年下降了12.86%；PM10年均浓度值为121微克/立方米，比目标值高出5微克/立方米，同比2016年下降了8.33%；优良天数达到233天，比年度目标天数219天增加了14天，同比2016年增加了20天。

水环境质量改善指标实现了近十年来历史性突破。双洎河国控黄甫寨出境断面水质主要指标COD年均值为38.84毫克/升（目标值是40毫克/升），同比下降5.5%。氨氮年均值为1.74毫克/升（目标值是2毫克/升），同比下降48.28%。总磷年均值为0.25毫克/升（目标值是0.4毫克/升），同比下降54.18%。3项因子同时下降并持续稳定达到规定目标值。

2017年，新郑市的大气污染防治工作受到了省、郑州市的充分肯定。12月23日，省环境污染防治攻坚战领导小组办公室第390期战报印发了新郑市大气污染防治经验做法。在11月18日召开的郑州市环境监管执法决战50天新郑现场会上，郑州市环保局号召郑州环保系统“学新郑、抓引领、掀高潮、促落实”。在11月24日市人大常委会六次会议上评议6个政府部门2017年工作时，新郑市环保局满意率位居第二名。新郑市环保局相继被评为河南省环保法律法规深入城乡居民户大宣传暨大气污染源普查整治诸项专项行动先进集体、郑州市大气污染防治先进集体、郑州市节能减排先进集体、郑州市环保系统服务型行政执法工作先进单位、新郑市安全生产工作先进单位等。新郑市环保局行政审批科被新郑市行政审批服务中心评为红旗服务窗口，被郑州市总工会评为“郑州市五一巾帼标兵岗”。

【环境监察】 实行监察工作周报、月报制度，定期召开座谈会，研究解决工作中遇到的难题。加强日常监管，深入开展环保专项执法行动，从严打击环境违法行为。2017年扎实开展了

环境监测

"污水处理厂专项执法检查""九大重点污染行业专项执法检查""整治小散乱污企业""工业企业挥发性有机物专项执法检查""新郑市2017年度建设项目专项执法检查""背水一战持续强化2017—2018年秋冬季工业企业环境监管执法"等专项行动，着力解决环境突出问题。对工业污染源、自动监控设施、建设项目"三同时"等开展拉网式排查，确保企业污染设施正常运行、污染物达标排放。全年共出动执法人员1.8万余人次，排查企业6000余家次，整治取缔"散乱污"企业775家，依法立案查处环境违法案件32件，移交司法机关1件，3人被依法追究刑事责任。

严格执行排污费征收及使用相关规定，依照法律严格按法定程序全面足额征收排污费。对全市排污单位进行申报登记，申报率达到100%，档案一厂一档，完整率达到100%。

同时，加强网格化管理，及时将问题解决在萌芽状态、解决在基层。做好应急预案，及时处置突发事件，保障环境安全。严格执行《河南省环境应急预案编制评估现场监察指南和备案管理办法》，规范突发环境事件应急预案编制、评审、备案、演练及监督管理的全过程，督促辖区内所有重点环境安全隐患企业进行应急预案更新、修订、评估和备案，确保了应急物资的完备和应急人员的及时到位。

【环境监测】 做好双洎河重点流域、城市集中式饮用水源水质监测等工作。按时对地表水双洎河责任断面、饮用水源地、重点河流流域等进行水质监测。每月对全市地下水饮用水源地（望京楼水库）水质进行监测，共取样监测12次。每月月初对双洎河（马鞍洞、黄甫寨断面）、单月月初对黄水河（公园、双龙寨断面、茨山路桥）、莲河（莲河桥、陆庄桥断面）、十七里河、潮河等地表水水质状况进行取样监测，编制地表水水质月报12期。按时完成对污水处理厂比对监测12期。每月对全市各乡镇断面水质进行取样监测1次，共取样监测分析12次。

做好空气质量监测、重点排污企业的日常监测以及建设项目环保设施竣工验收监测等工作。完成新郑市2017年城区空气质量日监测数据的365期审核、空气质量月报12期编制等上报工作，配合2017—2018年冬防攻坚工作，实施24小时值班制度完成空气质量日报、小时报的汇总编制及发布工作，配合市攻坚办完成对全市乡镇街道管委会空气质量的排名考核工作。3—4月，完成了郑州市下达的新郑市2016年度环境统计工作，共统计上报重点污染企业84家。9月，完成了本市城区133个区域噪声、10条主干道18个噪声点位的交通噪声现场监测和上报工作。完成了排污申报监测120余家、锅炉拆改监测40余家、项目竣工验收监测18家、现场应急监测7次等。完成观音寺废酸渗坑排放、龙湖养殖及工业废水渗坑排放的2起执法监测工作。

进一步完善质量控制工作，规范监测工作中的现场质控、室内自控和他控，规范了任务样品交接、传递等基础工作。完成全市2016年度环境质量年报的编制工作及2017年度上岗证理论和实际操作考核工作。按时完成了全市9个重点乡镇环境空气自动站的招标、建设、联网运行工作。完成了环保局基站、原和庄镇基站的搬迁建设工作。

【城市环境保护】 凝聚合力，精准施策，大气污染防治攻坚战成效显著。坚持目标导向，统筹推进，标本兼治，充分发挥环境污染防治牵头作用，协同各相关部门坚定背水一战的决心，全力以赴打好大气污染防治攻坚战。着力深化扬尘、燃煤治理、"散乱污"企业整治、渣土车管控、秋冬季大气污染应急应对等重点工作，全市大气污染防治取得了显著成效。完成了高污染燃料禁燃区建设工作，城市建成区高污染燃料禁燃区已完成创建，实现了全覆盖。完成了燃煤锅炉年度整治工作。全市108台燃煤锅炉实施了拆改和提标治理，其中拆改10蒸吨以下燃煤锅炉97台、提标治理10蒸吨以上燃煤锅炉11台。完成了水泥行业提标治理工作，2家水泥企业实施了提标治理，达到特别排放限值要求，已通过郑州市环保局核查。完成了挥发性有机物治理工作。

8家企业涉及VOCS治理任务，已全部安装了VOCS治理设施，均已开展了现场检测并通过了核查验收。加强了机动车污染治理工作，严格机动车环保检测，全年共检测车辆5.7820万台次，督促整改超标车辆8110台次。联合公安部门完成了184台黄标车淘汰任务。秋冬季大气污染防治攻坚行动以来，共检测重型货车1981台，依法查处超标车辆36台。同时，加强加油站、储油库油气回收治理工作，委托第三方检测机构按照30%的抽检比例对全市61家在营加油站、储油库中20家油气回收设施运行情况进行了监督性抽测，立案查处了4家不合格加油站。3家加油站和1家储油库远程在线监控设备完成了安装工作。加强了重污染天气应对工作，修订完善了《新郑市重污染天气应急预案》，完成了大气污染源调查摸底工作，建立了重污染天气应急预案减排项目清单。按照上级重污染天气应急管控要求，及时启动并严格落实了管控措施。加强了大气环境质量监测考核工作。对14个乡镇、街道办、管委会空气监测站点大气环境质量监测结果进行日通报、周排名、月考核。根据空气质量适时监测情况，及时通报空气质量状况，并及时发布预警信息，加强大气污染防治指挥调度，奖优罚劣。

多策并举，综合治理，双洎河水环境质量取得历史性突破。实施了双洎河和黄水河生态治理工程。紧紧围绕双洎河等河流水质改善目标，协同相关部门深化水污染防治，主要做了以下工作：协同相关部门加快推进工程建设，双洎河双龙坝工程大坝建成并投入使用；建成了黄水河郑风苑至任庄坝段2.6千米水生态修复综合治理工程；完成了双洎河西关闸至部湾闸段河道清淤2.65千米，清理淤泥31万立方米；完成了双洎河支流黄水河任庄坝至双洎河段河道清淤1.4千米，清理淤泥24万立方米。双洎河、黄水河沿岸共完成封堵排污口49处，完善截污管网20.8千米。取缔了河流沿岸畜禽养殖279家及19户河道拦网水产养殖。清理河岸垃圾56处。提升了城镇污水处理能力，新建的2座污水处理厂和扩建的1座污水处理厂已建成并投入使用。其中，产业集聚区污水处理厂、城关污水处理厂分别可日处理污水3万吨，华南城污水处理厂二期工程日处理污水7万吨。目前，全市污水处理量每天达到29万吨。城区建设了16.7千米的雨污分流收集管网。加强了河流水质监控和环境风险防范。加强对双洎河等河道多频次、多时段监测，及时掌握水质变化情况，确定重点防控河段。积极开展环境风险防范，5家污水处理厂、12家重点涉水企业制定了应急预案。深化了饮用水源地环境保护。完成了新郑市饮用水源地评估报告编制工作，定期开展了执法巡查监督，确保了水质达标率100%。

【农村环境保护】 扎实开展生态创建，城乡环境保护统筹推动推进。生态乡镇和村创建任务全面完成，2017年确定辛店镇及辛店镇人和寨村、梨河镇七里堂社区纳入生态村镇创建工作计划，均已通过资料评审和现场验收，完成了年度创建任务。农村环境整治项目污水处理站规范运营，通过招标，全市已建成的农村污水处理站委托第三方运营单位河南格威特环保发展有限公司管理，确保正常运行。科学推进农村环境综合整治，组织编制完成农村环境综合整治和畜禽养殖污染防治规划，经市政府批准后组织实施。

【新建项目环境管理】 严格新建项目管理，从严查处环境违法行为。坚持建管并重，管好新建项目环境准入的“入口”和企业排污的“出口”。“入口”必须符合产业政策和环保要求，“出口”的污染物必须达标排放。进一步优化审批环节，提高办事效率。重点项目实施联审联批，提前介入、部门联动、相互配合，做好项目建设全程服务。全年共审核审批项目140个。

科学核定排污总量，着力促进污染减排。严格落实上级预支增量制度，全市共总量核定项目187家。积极推进排污权有偿使用，征收12家企业有偿使用费共计17万余元。

【危险废物集中处置和辐射环境管理】 加强固废和辐射环境监管，确保及时安全处置。全市5家一般工业固废企业、7家危险废物产生企业、4家危险废物处置经营企业产生的固体废物全部得到合理利用和处置，综合利用处置率达100%。严格落实放射源安全监管制度，闲置放射源集中暂存率、废旧放射源收贮率均达到100%。同时，组织完成了《新郑市土壤污染防治工作方案》的编制工作。

【法制信访】 组织开展法律法规教育培训、执法培训与考核工作。积极参加信访业务培训及执法证年度审核考试。规范执法行为，完善执法程序，加强执法监督，规范行政处罚文书。坚持重点案件例会制度，定期对重点案件、群众反映集中案件进行检查、监督，难度大、问题多的信访案件领导亲自过问、亲自主抓；坚持信息反馈、意见征询制度，对已经查处的案件，及时将查处情况反馈给举报人，并征求举报人对信访工作的意见和建议，受到群众的好评。自觉接受人民监督，及时查处环保信访案件。高度重视人大建议和政协提案办理工作，承办的6件市人大建议、5件市政协提案全部办理完毕。全年共受理查处各类信访案件238件，切实维护了人民群众环境合法权益。

【宣传教育】 围绕环保重点工作加大宣传力度，全社会环保意识普遍增强。结合重点工作开展环保宣传。在

《郑州日报》《郑州晚报》及新郑电视台开设环境污染防治专题报道栏目，扩大了宣传覆盖面。结合新闻媒体开展环保宣传。充分利用广播电台、宣传车、环保版面、电子屏、宣传栏等多种途径宣传环保知识。结合环境日等节日开展环保宣传。围绕“绿色生活”主题，6月3日—5日，携手丹尼斯新郑店组织开展了环保宣传活动。6月5日，围绕“绿水青山就是金山银山”环境日宣传主题，在《郑州日报》第4版刊发了“守卫碧水蓝天 共建美丽家园”的宣传专版。印制了《环保知识宣传手册》3000册，发放至各乡镇、街道、管委会和企业。6月9日，新郑市环保局在炎黄广场举办了环境日文艺晚会，通过丰富多彩、喜闻乐见的宣传形式，动员和引导人民群众参与环保、支持环保，形成了全民治污的浓厚氛围。

发放环保知识宣传手册

（撰稿：姚 佩 审阅：王永法）

商务 政务

COMMERCE & ADMINISTRATION

·商务 政务 >>>

COMMERCE & ADMINISTRATION

招商引资

【概况】新郑市商务局位于新郑市中华北路中原华信9楼，内设办公室、编制人事科、政策法规科、外资管理科、对外开放科、经济技术协作科、内外贸易科、特种商品管理科和商务稽查大队，现有干部职工56人。主要职责：贯彻落实国家、省、郑州市有关内外贸易、国际经济技术合作的发展战略、方针、政策，拟定新郑市内外贸易、国际经济合作的发展规划、全市对外开放的战略规划、全市吸引外来投资的发展战略、中长期规划；负责全市招商引资工作，搞好综合协调和服务；负责全市外商投资工作；负责对外经济合作工作；指导和监督对外承包工程、劳务合作、境外投资、设计咨询等业务工作；申报管理国(境)外经济组织驻新郑代表和办事机构；负责外经贸业务出国人员的申报工作；监测分析市场运行、商品供求和流通运行情况，组织实施重要消费品市场调控；管理重要生产资料流通；负责商业服务业的管理工作；负责组织整顿和规范市场经济秩序工作，负责成品油、润滑油的管理工作；负责拍卖、旧货流通、实物租赁、再生资源、报废汽车回收、旧机动车交易管理工作。

2017年主要指标完成及受表彰情况：全年共签订投资项目21个，招商引资到位资金215亿元。其中，引进境内域外资金121.981亿元，实际吸收外资19940万美元，外贸进出口额5999万美元，完成比例和增速在郑州市五县市中名列前茅。由于对外开放工作成效显著，为市政府赢得“河南省对外开放先进单位”称号，商务局也获得“新郑市绩效考核优秀单位”称号。

【招商引资】2017年，招商引资成效显著。创新招商方式，提升招商实效。紧紧围绕主导产业，领导带头招商。成立由市主要领导带队、相关单位一把手为成员的招商小分队，围绕长三角、珠三角、环渤海等区域，登门拜访浙江传化集团、协鑫集团、北京太能控股有限公司、杭州宋城集团等企业负责人，深入对接洽谈项目，促进传化中原物流小镇、能源互联网

新郑市举行招商引资项目签约仪式

产业园、宋城·黄帝千古情等项目签约。突出节会招商。利用丁酉年黄帝故里拜祖大典经贸洽谈活动举办有利契机，邀请壳牌（中国）有限公司、施耐德（中国）有限公司等企业负责人来新郑市拜祖、洽谈项目，成功签约空港企业总部特色小镇、正弘新郑片区开发等项目。强化以商招商。利用已落户本市的华夏幸福、郑州华商汇等企业资源优势，联系对接考察红星美凯龙、上海龙旗科技有限公司、深圳乾德电子股份有限公司、民生电子商务有限责任公司等企业，签约了红星美凯龙中原家居城、民生电商、乾德电子、仟吉食品、奔驰改装等项目。已签订项目21个，签约金额526亿元。健全机制，全力推动项目落地建设。为进一步调动各方面的积极性，形成招商合力，对在建、签约、意向和拟引进等“四类”项目，进行全面排查梳理，建立问题清单，明确责任单位，采取“三位一体”和“四个一”工作推进机制，加大服务力度，及时解决项目推进中存在的困难和问题。在继续落实重大项目周例会、联审联批日例会、首席服务官等有效制度基础上，把招商引资列进全市年终绩效考核一项重要工作，制定了《新郑市对外开放工作考核办法》，采取每月考核与年终考核、招引项目与服务项目相结合原则，对相关单位招商引资工作进行评比。同时，全市成立八个工作组，对外开放和招商引资工作组作为其中一组，每周督考办对工作开展情况进行督查通报。黑豹物流、美盈森包装等6个招商引资项目已开工建设，投资额64亿元。深化协调，狠抓“五职”“四力”项目推进。按照郑州市“五职”领导干部招商引资工作责任制要求，为了推动重大招商引资项目加快落实， 今年由书记、市长和分管招商、工业、城建的副市长作为招商引资工作主要责任人，按照“一个企业、一个团队、一套方案”思路，主动对接洽谈，深入开展“一对一”小分队招商，截至目前，黑豹现代综合物流、红星美凯龙中原家居城、传化中原物流小镇、天汇国际商贸城4个项目已开工，民生电商（郑州）物流金融产业园项目已签约，新开工“四力”项目有美盈森4.0包装，新增“四力”型项目有乾德电子产业园、传化中原物流小镇、民生电商（郑州）物流金融产业园、华夏幸福产业新城（一期建设项目）等。

完善政策，激发招商引资活力。为更好地掀起招商引资热潮，吸引企业落户新郑，新制定发布了《新郑市招商引资奖励办法》，汇编上三级及本市所有奖励政策和意见，从政策奖励、经济发展等多方面给予企业最大的扶持力度。年初按照政策规定，对去年招商引资工作表现突出的6个乡镇及相关园区、4个市直单位奖励资金共140万元，对表现突出的个人进行了表彰，极大地激发了全市上下招商引资热情。

【外经外贸】上门宣讲政策，为企业办好事。深入企业，宣讲外贸进出口新政策，做好政策咨询服务。先后为格德格瑞机械公司、新澳塑胶、满星星发光玩具、优德工业陶瓷、陆丰机械、金泰金属材料等25家企业上门宣讲跨境电子商务、减免税、国家自贸区与中国制造走出去战略、自由贸易协定原产地政策运用与操作实务等。同时搞好调研，掌握第一手资料，及时为企业排忧解难，在时间上能快则快，在程序上能简则简，并组织企业参加各类市场考察和国际展览活动，协助企业开拓国际市场。积极申报资金，为企业办实事。为遂成药业股份有限公司、河南正佳能源环保股份有限公司、郑州昊昌精梳机械有限公司等3家企业申报2016年郑州市对外开放专项资金共46万元。为郑州市卧龙游乐设备有限公司、郑州运达造纸设备有限公司、河南吉祥铝业有限公司等6家企业申报2016年下半年支持外贸中小企业开拓市场资金共112万元。

【市场体系】加强市场监测，稳定市场供应。2017年，全市共有5家企业纳入商务部市场监测平台，其中1家

华夏幸福产业新城核心区建设

生活必需品、3家重点流通、1家生产资料。指定专人负责监测，对三大平台实行日监测、周分析、月总结，并进行了预警预测，随时掌握市场供求状况和商品价格，为做好稳定市场、保障供应、平抑物价提供及时有效的信息。电子商务稳步推进。完善电商企业认证流程，把好入口关。认真梳理了电商企业认证程序，严把电商企业认证入口关，从电商企业中优中选优认证。目前已完成管交网、雏鹰粮油、霸王电子三家企业认证，其中管交网为本市电子商务大厦龙头电商企业，雏鹰粮油为本市跨境电商示范企业积极申请单位。对于不合乎标准的及时清退，确保本市电商认证企业稳步健康发展。抓好电商示范创建，引领电商规范发展。华南城已经申请为河南省电子商务示范基地和跨境电商示范园区，好想你枣业已经申报成功省级示范企业。积极帮助好想你枣业申报国家级电子商务示范企业，协助郑州管交网电子商务有限公司、河南佳源农业股份有限公司、河南华东电缆股份有限公司三家企业申报省级示范企业。通过示范创建，规范发展，引导其他电商企业转型健康发展。培育本土电商企业做强，重点推进农村电商发展。2017年，中央一号文直接将农村电商作为一个条目单独列出，河南省也出台了《深入实施“互联网+流通”行动计划的意见》（豫政办〔2017〕49号），本市雏鹰集团、好想你枣业两大龙头企业抓住时机，加速实现转型，邮政农村电商也积极发挥资源优势，进军农村电子商务市场，完成农村电商布局。2016年，好想你枣业股份有限公司电子交易额2.2亿元，并在天猫、京东、拍拍及亚马逊等第三方电商平台建立旗舰店，与ERP系统建立链接，将线上资源与线下产品仓储及物流融合。除天猫平台外，加大发展京东和一号店等其他销售平台的合作，打造自有社交化电商子品牌“树上粮仓”。雏鹰农牧2016年电子商务销售额2亿多元，比2015年翻一番，子公司微客得科技将“互联网+”嵌入到网上农牧商城以及APP客户端中,引导传统农业通过互联网开展实时养殖、实时下单、实时送货上门等服务,并通过线上和线下相结合、发展粉丝经济相结合的模式,推动公司互联网综合业务的发展。

已投入运营的河南鸿丰新型建材项目

邮政局为了更好地发展农村电商推出了邮掌柜系统搭建线上资源，初步打造了“购物、销售、生活、金融、创业、寄递不出村”的农村电商服务体系。目前，新郑市邮政局建设仓储配送中心、1处邮掌柜网店462个、加盟网点315个，行政村覆盖率100%。河南佳源农业股份有限公司、新郑市君源生态农业科技有限公司、河南省翠谷生态农业有限公司等一批农业公司也如雨后春笋，发展农副产品，打造生态旅游。河南佳源农业股份有限公司除了自产的有机蔬菜、杂粮外，还精选了许多优质食材进入佳源标准合作体系，全国合作基地达20多家，主要分布在海南、四川等地。目前产品达60多种，所打造的“极菜”“极谷”“极粮”等品牌在天猫、阿里巴巴、苏宁易购等网站知名度甚高，其经营的面粉品牌在京东同类产品中销量排名第三。

经过深入调查研究，全面掌握了本市农村电商发展情况，加大工作力度，制定电子商务进农村实施方案，组织各方力量，详细谋划，成功申报河南省电子商务进农村综合示范县市。

注重学习培训，培养电商队伍。依托郑州市商务局创办的电子商务大讲堂，积极组织企业参加培训，目前郑州市局组织的培训每期都有不同的针对性，非常务实地为电商企业免费培训人才；实施“走出去”培训，接轨电子商务发展新形势。组织企业参加外地举办的各类电子商务培训会，深层次、全方位的掌握电商发展新态势；依托中原电商大厦等创新创业综合体，支持其开展培训服务、搭建平台，培养人才。

【行业秩序】全力做好12312举报投诉案件的查处工作。建立了投诉案件受理登记、商务12312投诉案件转办制度，及时调查和处理各类举报投诉案件。抓好转办案件的督办。凡举报、投诉和转办的案件，责任队室在接案7个工作日内完成办结并向举报、投诉人反馈处理结果。做好案件资料归档工作。凡受理查办的案件，办案队室都能按照立案、调查、取证、查处、结案等基本程序进行调查处理，完善案件必备的法律文书，形成完整的案卷资料归档。截至目前各类举报和投诉案件的接案率、办结率达到100%。积极做好黄标车提前淘汰报废工作。严格按照《新郑市黄标车提前淘汰补贴工作实施方案》及有关上级文件审核申请者相关材料和车辆信息，严把审核关，及时做好黄标车收缴、补贴资金拨付工作。自2014年开始清理黄标车以来，截至目前全市共有1895辆黄标车办理了补贴手续，发放补贴金额18153.08万元。加大加油站监管工作力度。出动检查车辆181辆次，抽检加油站295家次，出动检查人员435人次，认真做好全市国六标准车用汽柴油升级置换工作。每周对全市所有加油站油气回收系统和监测设备检查一遍，切实保证加油站油气回收装置系统正常运行。并组织各个加油站发放宣传资料万余份，培养公众环保意识，倡导绿色出行、低碳生活，充分调动广大群众参与大气污染防治工作的积极性，形成保护环境光荣、污染环境可耻的社会氛围。落实成品油市场日常巡查制度。与工商质监、安监、公安、国土、规划等相关单位组成联合检查组，不定期对全市加油站点展开拉网式检查，严厉打击黑加油站点，让人民群众用上“放心油”。督促加油站对油罐进行双层罐改造，并且销售符合质量要求的车用尿素。截至目前已改造14家，同时全市所有加油站都推广使用了车用尿素。加强特种商品管理工作。对零售业、住宿和餐饮、居民服务业进行专项检查。严格落实单用途商业预付卡实名登记制度、非现金购买制度、限额发行制度。加大《河南省沐浴业经营管理暂行办法》宣传力度，提高沐浴企业和消费者对《暂行办法》的知晓度，为备案工作打下坚实基础。目前全市沐浴业已备案的有10家。认真完成了每季度《典型企业以外药品批发和零售企业商品购进、销售、库存情况》报表的上报，进一步完善安全用药和方便购药市场体系，促进药品流通行业的健康发展。对已经备案的3家二手车市场和一家报废车辆拆解企业加强了日常监管，确保不出纰漏。履行行业安全生产监管职责。完成全市加油站的“双节”、春季、“五一”、夏季、“十一”、秋季、冬季的安全生产大检查及安全生产月的宣传和检查工作。

（撰稿：周建玲　审阅：徐冀乐）

政务服务

【概况】市政务服务中心位于新区行政审批服务大厅，大厅占地面积1.2公顷，总建筑面积4.09万平方米，大厅面积2.6万平方米，按照“凡批必进、应进必进”的原则，大厅共进驻行政事业单位38个、社会化服务单位8个，设置窗口168个，进驻窗口工作人员317人。按照“五单一网”梳理保留的130项行政审批事项和232项基本公共服务事项全部进驻大厅,基本实现“两集中、两到位”。政务服务中心是市委、市政府深化行政审批制度改革、优化经济发展环境、服务企业和群众的对外窗口。政务服务中心内设办公室、业务管理科、督查科、网络信息科和政务改革管理办公室等5个科室。

【行政审批】2017年，全市行政权责清单25个单位动态调整949项，保留行政权责事项8192项。行政审批事项清单（行政许可、行政确认）13个单位调整25项，保留审批事项130项，对保留的审批事项按照郑州市统一的模板进行了标准化编制，逐一规范事项名称、设定依据、申报材料、审批流程、办结时限、审查要素等，编制了行政审批办事指南和业务手册，进一步规范行政审批行为。行政事业性收费清单取消、停征或免征20项，保留收费项目清单25项。政府性基金清单取消或免征5项，保留基金收费项目清单4项。推行企业“多证联办”，将营业执照、公章刻制、食品经营许可事项进行并联审批，申请人只需持“名称核准通知书”便可同步办理公章刻制和食品经营许可证，并在3个工作日内同时领取营业执照、公章和食品经营许可证，办事时限提高60%以上。

【政务服务】严格落实“两集中两

政务服务中心“依业务设窗”，实现服务群众“最后一公里”

到位”，将全市各职能部门的行政审批事项全部集中到“行政审批科”，并成建制进入政务服务中心办公，全市保留的130项行政审批事项和232项公共服务事项全部进驻大厅，所有审批业务和便民事项实现一站式办理，截至12月，共受理办结事项137.5万余件，即时办结率达100%，月均办件量11万件以上，全年办件量稳居郑州市各县（区）、开发区第一名，占郑州市总业务量的60%以上。按照“审管分离、受审分离”的工作思路，将28个部门设立的55个审批窗口整合为4个综合窗口、2个出证窗口，实行“统一受理、分类审批、统一出证、统一送达”的“一口式”政务服务模式，变“多头受理”为“一口受理”，解决了窗口业务量不均衡、权力寻租、群众排长队、多跑腿的问题，先后有吉林省梨树县，郑州市二七区、金水区、惠济区及登封市、巩义市、荥阳市等10多家兄弟单位来新郑市进行交流学习。此外，国家发改委、民政部相关领导也到中心进行了调研指导，2017年5月11日国务院办公厅“放管服”改革专项督导时，对新郑市“一口受理”工作给予充分肯定。

【行政审批标准化】 对全市保留的130项行政审批事项进行了标准化编制，按照郑州市统一的模板逐一规范事项名称、设定依据、申报材料、审批流程、办结时限、审查要素等内容，除法律法规规定的现场踏勘、公示、听证等环节外，全部控制在受理、审核、办结3个环节，所有事项承诺办结时限控制在“1、3、7”个工作日以内办结，实现了行政审批环节压缩67%、时限减少82%。编印了《新郑市行政审批事项标准化清单》，增加工作透明度，规范行政审批行为，提高行政审批效率。2017年5月，组织开展拟申请行政权力事项梳理工作，抽调编办、法制办、政务服务中心业务骨干，集中对全市66个职能部门7669项行政权力事项、263项拟申请行政权力事项进行梳理、汇总，逐项编制实施清单，进一步简化优化办事流程，推进行政权力事项编码管理、规范管理、统一管理和网上管理，确保行政权责规范有序运行。随后，对拟申请行政权力事项进行系统自检、审核，按照时间节点要求录入省政务服务平台。6月份，为推动行政权责部门依法履责、促进民生服务事项由群众“申请办理”向部门“主动服务”转变，组织各单位开展民生主动服务事项梳理工作，全市20个单位共梳理上报民生主动服务事项124项。

【四级联动】 依托郑州市政务服务网，建立市、县、乡（镇、街道办）、村（社区）四级联动的政务服务机制。将与群众生产、生活联系密切的政务服务事项收件端口前移，重心下移。通过政务服务网实现四级联动、在线办理，使群众在乡镇办、管委会的便民服务中心、村（社区）便民服务站就可办理各项社会事务。目前，乡级便民服务中心群众可办理联动事项63项。2017年5月，由市财政出资统一为各便民服务中心配备电脑、彩色打印机、高拍仪、评价器、触摸查询机、查询软件、微信政务平台等网络系统和硬件设备，保证便民服务事项上下联动、工作顺利开展。目前，本市到龄的老人办理“老年优待证”不需要再到市政务服务中心，只需到社区或乡镇便民服务中心提交资料、上传信息，“老年优待证”就会有人送上门。

【减证便民】 2017年，制定《新郑市持续推进“减证便民”工作实施方案》，组织各级各部门对本单位的繁文缛节和不必要证明进行摸底排查，对近年来各部门要求基层出具证明及各乡镇办出具证明情况进行全面梳理。对照《郑州市人民政府关于进一步取消繁文缛节和不必要证明推进减证便民工作的通知》（郑政文〔2017〕237号）形成的清单模板，形成新郑市“减证便民”清单，其中保留38项、取消70项，共计108项，已印发政府文件向社会公布。

（撰稿：贾湘峰 审阅：赵俊峰）

园区建设

ZONE CONSTRUCTION

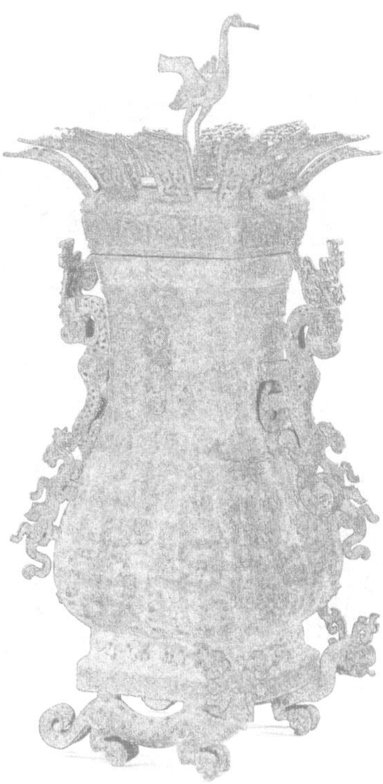

·园区建设 >>>

ZONE CONSTRUCTION

郑州新郑教育园区

【概况】郑州新郑教育园区，前身为新郑市南龙湖宜居教育园区，成立于2011年3月，2013年3月更为现名。园区位于新郑市西北部，北靠郑州市区，东邻航空港区，是新郑建设国家中心城市次中心的重要板块和郑州南部新城的核心区域。园区东至潮河、西至郑尧高速、南至密港路、北至郑州西南绕城高速，涉及龙湖全镇及孟庄、郭店两镇部分区域，总体规划面积138平方千米，建成区面积42平方千米，常住人口60万人。

【经济社会发展】2017年，教育园区地区生产总值完成214.7917亿元，增长19.85%；地方财政收入完成24.118亿元，增长1.5%；固定资产投资完成257.07亿元，增长12.47%；亿元以上项目投资完成252.16亿元，增长18.57%；基础设施及公共服务设施投资完成7.86亿元，增长24%；新增建成区面积4平方千米，建成区面积达42平方千米；居住人口突破60万人，就业人口达20.6万人。其他各项社会经济指标均实现了平稳较快增长。核心区龙湖镇位居2017年度全国综合实力百强镇第82位，较去年提升4个位次。

【基础设施建设】坚持“以建为主、提升品质、扩大成效”原则，紧紧围绕“一重点、三方面”，加快推进城市双修、品质提升。“一重点”就是把地铁二号线新郑段周边沿线综合整治开发作为龙湖城市提质工程的龙头项目，着力打造引领龙湖经济腾飞的财富大道。地铁2号线新郑段北起小刘桥，东至孟庄站，途径龙湖、孟庄两镇，全长18.6千米，共7个站点。至2017年底，地铁2号线新郑段沿线周边城市设计规划编制工作已基本完成，正在以街坊为界对沿线周边村庄企业情况进行摸底统计，并计划于2018年3月先从沙窝李站开始拆迁。规划有三个方面：一是道路管网建设方面。祥安路西延一期已经完工,鸿鹄路南延、泰山路修复、双湖大道西延等正在施工,新老107连接线西

郑州新郑教育园区管理委员会办公大楼

延、经五路进入招标阶段。二是水电气管网方面，完成龙湖镇水厂资产转让，自来水叠压泵站加紧施工。南水北调取水工程取水口位置已确定，正与郑州市规划局协调第二水厂选址事宜。西部污水处理厂选址已确定，东部污水处理厂正在选址。10千伏双回路电力改造工程两个开闭所已动工。祥和东路、泰山路、清风路污水管网正在建设。三是市政设施方面，共维修主次干道路面约6000平方米，维修人行道3100平方米。新老107连接线部分路段照明工程（长度约1千米）正在办理前期招投标手续。

为教育园区的教职员工和学生保驾护航者

【新型城镇化建设】以“全域城镇化”为目标，加快“两违”治理、旧村拆迁、安置房建设和群众回迁，统筹城乡一体发展。违法占地及违法建筑整治方面，组织土地、公安等执法人员600余人次，执法车辆100余台次，多管齐下，重拳出击，多次对辖区内违法占地及违法建筑开展集中整治，累计查处各类土地违法案件130余起，拆除违法建筑11万平方米。棚户区改造方面，荆垌五六组（后胡）已完成拆迁173户20.76万平方米，荆王、小乔沟、张沟、王口、刘口等5个行政村拆迁工作已启动，涉及33个自然村、44个村民组、3036户、14355人。安置房建设方面，新开工沙窝李（二期）、荆垌一二组、东代寨3个安置点，建设安置房39.49万平方米；续建夏寨、三里岗、郑堡、孙庄、小乔新嘉苑二期、东苑共6个安置社区，建设安置房53.79万平方米。群众回迁方面，郑堡首套安置房（388套）、沙窝李首套安置房（499套）、罗垌（237套）、郑老庄第二套安置房（1312套）已顺利交付群众，东苑社区一期（852套）和林锦店第二套安置房（1059套）达到回迁条件，正在制定回迁方案。

【招商引资及项目建设】招商引资方面，新招重大项目5个，计划总投资287亿元。分别是宋城·黄帝千古情项目（总投资50亿元）、红星美凯龙家具城（总投资150亿元）、传化华商汇中原物流小镇（总投资73亿元）、中国龙湖同赢服装企业总部港产业基地（总投资10亿元）、易信科技大数据物联网产业园（总投资4亿元）。项目建设方面，新建、续建项目59个，2017年计划总投资126.13亿元，已完成投资152.9亿元。其中，郑州华南城项目完成投资41.16亿元（累计到位资金185亿元），开工建设面积500万平方米（含建成300万平方米），已投入营业面积180余万平方米，入驻商户达17000余家，与32000余家商户、100多家商会及行业协会签订了入驻协议。华南城被认定为省级电子商务产业基地、跨境电商产业园区，已入驻小微网商100余家，大学生电商项目创业团队16支。

【园区管理】坚持发展、保护两手抓，综合施策、标本兼治，强力推进环境治理和生态建设。扬尘治理方面，集中开展各类工地扬尘治理，对园区11个市政工程项目、47个房建工地、7个拆迁工地建立台账，并将党员干部进行分包管理，督促进行“7个100%”及“2个严禁”，完成中央、省市上级交办案件264起。新购置三台扬程远、射程高的多功能抑尘车（雾炮车），每天出动各类环卫机械24台，在建成区全天候服务降尘，精准发力、精细治污，确保全城洁净。“散乱污”企业整治方面，对园区涉水、涉气、涉土的小散乱污企业进行地毯式排查、登记、造册企业427家，采用“一企一档”痕迹化管理，已基本实现整改取缔到位。水污染防治方面，对辖区内十七里河、十八里河沿途排污口排查登记12处，依法依规封堵排污口3处、清理1处，其余8处排污口已采取临时治理措施。十七里河水体治理正在进行，目前4个橡胶坝已经安装到位，河道清淤全部完成，除臭氧化系统工作正常，新栽植生态浮岛近3000平方米。双湖水务已恢复正常运行，日处理污水2.3万吨，尾水净化工程正在做招标前期工作。生态建设方面，占地66.67公顷的泰山森林公园建成开园，龙湖城市湿地公园正在加紧收尾，预计明年五一建成开园。全年共移栽树木1475棵，种植草坪1.2万平方米，修剪绿篱、草坪共32万平方米，新增廊道绿化41万余平方米。

【教科文卫及社会保障】加大教育投入，逐步解决“入园难”“入校难”问题。改扩建小学2所、新增小学1所、中学1所，祥云路幼儿园及小学正在做前期工作。积极组织开展科技下乡和各类技能培训活动。共组织群众收看远程教育直播、点播4.5万余人次，为农民群众提供各类信息750多条，组织电影下乡300余场，组织7000余名群众参加各类文艺会演、比赛、活动60余场。加强医疗保障体系建设，为70岁以上龙湖籍老年人缴纳新型农村合作医疗费。举办首届“龙湖榜样”评选活动，评选出社会各界榜样人物30人，传扬崇德向善的感人事迹，激发见贤思齐的正能量，推动精神文明建设工作再上新台阶。不断加大群众创业就业帮扶力度，完成劳动力转移培训1546余人，完成就业再就业221人，发放创业贷款52笔，金额520余万元。已免费为60岁以上龙湖籍老年人体检6800余人，继续为80岁以上龙湖籍老年人每月发放生活补助。不断加大农民工劳动维权和保障力度，解决劳资纠纷210余起，涉及农民工3711余人，追讨农民工工资3781万元。全面推进精准扶贫，荆王、梅山、东徐三个贫困村脱贫工作顺利通过了河南省、郑州市验收组的验收。

（撰稿：谭杰超　审阅：王东东）

新港产业集聚区

【概况】2017年，新港产业集聚区紧紧抓住郑州市建设国家中心城市、成立河南自由贸易试验区及郑洛新国家自主创新示范区的机遇，认真落实上级关于集聚区建设工作会议精神，注重协调运作，加大招商引资，加快项目建设，夯实基础设施，积极创建省级经济开发区，新港产业集聚区呈现出良好的发展态势,被评为河南省二星级产业集聚区、郑州市两强产业集聚区。全年增加值完成85.1亿元，税收收入完成10.02亿元，招商引资完成42亿元，固定资产投资完成99亿元，圆满完成年度建设计划。

【招商引资】2017年，新港产业集聚区在抓好原有主导产业招商的基础上，围绕高端装备制造、电子信息等临空产业开展重点招商，着力引进了一批科技含量高、投资规模大、带动能力强的大项目、好项目。目前已签约乾德电子、深圳市计量质量检测研究院河南区域检测中心、仟吉食品、奔驰专用车等项目6个，总投资38亿元。正在洽谈卫龙食品、太龙药业、国电投、达利扩建、联合聚邦汽车部件产业园等项目11个。

【项目建设】集聚区共有新开工、续建亿元以上产业项目20个，总投资185.1亿元，其中2017年计划完成投资85.8亿元，已完成66.8亿元。新开工项目8个，总投资48.7亿元，其中2017年计划投资24.8亿元，已完成22.8亿元。联合聚邦汽车装饰顶板部件生产项目已实现当年开工当年生产，雪花啤酒二期已安装机器设备，中储粮油脂小包装生产线项目计划12月底投产，雏鹰粮油食品智慧化园区一期粮食进出口口岸已投入使用，河南中烟新郑片烟醇化库区18个库和中石油洁能永辉天然气花庄CNG加气母站正在进行主体施工，中原智谷项目正在进行地下基础施工，好想你公司新投资一栋1.4亿元的车间已开工建设。续建项目12个，总投资136.4亿元，其中2017年计划投资48亿元，已完成投资44亿元。遂成药业已开工建设二期工程，5个车间共4万平方米，润弘制药将建成车间、仓库和研发大楼共16万平方米；中德医疗产业园新开工10万平方米，航美国际智慧城、佳龙食品、鑫龙物流等项目正在快速推进。

【基础设施】道路方面：学院路东延、新村大道东延等正在施工，草花路、樱花路正在进行招投标，沿河路改造工程已确定施工单位。电力方面：河西变电站、吴庄变电站12月份进行调试，明年正式投入运行；炎黄大道、聚源路等5个开闭所正在加快建设，预计明年上半年投入使用；苇新线已于今年上半年完成并投入使用；车庆线京广铁路以西段已完成，目前正在进行穿越京广铁路顶管施

8月2日，位于新郑市新港产业集聚区的遂成药业股份有限公司生物医药产业园生产车间，技术人员在测试设备

工。污水处理方面：莲河截污干管涉及附属物已清点完毕，准备进行施工。供水管网方面：新孟路、中兴路供水管网设计已完成，正在进行招投标。目前，基础设施共完成投资3.2亿元。

【规划编制】 规划环评工作：产业集聚区规划环评目前已报至省环保厅，正在积极协调审批相关事宜。控规编制工作：北片区（薛店镇）控制性详规文本，目前已完成编制，准备进行评审和报批。集中供热规划工作：目前热电冷联产规划招标工作正在进行，预计明年2月份完成编制。

（撰稿：张伟锋 审阅：朱黎娟）

新郑新区轩辕湖公园

新郑新区

【概况】 新郑新区距郑州市区30千米，距新郑国际机场10千米，东至京广铁路，与新郑新港产业集聚区和航空港区接壤，南依郑韩故城墙，西、北均至南水北调总干渠，总规划面积31.4平方千米。

2017年是新区快速发展的关键一年，也是新区提升城市品质、以转型促发展的关键一年，以“三个大”（大规划引领、大资本投入、大配套建设）提升城市内在品质，以“三个好”（好班子、好机制、好项目）激发新区发展内生动力，以新型城镇化为引领，狠抓项目建设，统筹做好稳增长、促改革、调结构、防风险、惠民生等各项工作。2017年，新区固定资产投资完成83.4亿元，完成目标任务82.9亿元的101%；财政收入年度完成3.3亿元，完成目标任务3.07亿元的107.5%；引进域外资金15.3亿元，完成目标任务9亿元的170%。

【基础设施】 2017年，新区进一步构建了东西通达、南北贯穿的“七纵四横”路网结构，姬水路、创业路西段、风苑路已建成通车，新区更具魅力，城市中轴线南公园、华信体育馆建成开放；第二社区二期项目交验完成；弘远路中学实现了秋季招生，鸿福路中小学完成图纸设计等前期准备事项；崇文路、湖滨路南延、少典路东延、财富广场东配楼、暖泉河公园、常青路绿化带、14条道路灯光及4座桥梁亮化、部分道路电力配管、弘远路中学风雨操场等项目正在有序快速推进。

【回迁安置】 新区加快安置房建设步伐，实现群众回迁。李唐庄安置社区（悦湖公馆），一期已实现226户904人回迁。2017年12月6日启动高千庄、赵庄、苟郑3个社区首套安置房分配工作，已分配1758套安置房，共安置群众1600余户7000余人。

【项目建设】 新区东片区完成总体规划编制及城市地标五星级酒店、城市公园规划设计；炎黄国际商贸中心、恒大地产、招商地产、碧桂园、佳兆

新郑新区CBD中心

新郑市城市展览馆

业、金科地产等商业地产项目正在有序推进中；新尚商业综合体东地块完成主体封顶；华夏国际商务中心、新郑商会大厦、华祥喜度大厦、景瑞商务中心等4个总部大楼建成招商，招引企业总部和综合商业30余家。其中，鑫港万豪国际酒店项目已投入使用。

【生态建设】 2017年，新区共养护道路绿化带及廊道近80万平方米，共补栽各类苗木近3000平方米，新栽植绿化面积近15000平方米，树木刷白15000余棵，撒播草籽18000平方米进行绿化；持续开展卫生清洁行动90余次，平均每周两次，全面对新区进行保洁靓化；新区公园绿地养护市场化运作，对新区轩辕湖公园、黄水河公园、泥河公园等公园养护进行市场化运作；加快中华北路、新村大道景观升级改造工程工作进度。严格落实大气污染防治监管网格"一长三员"制度。围绕新区大气监测基站等重点区域，加强日常走访排查。特别在建筑工地、道路扬尘治理方面，做到排查无盲区、无死角、无可疑部位，对问题分类治理，跟踪整治到位。2017年顺利通过了国家环保部19轮和省、郑州市60轮的督查、巡查，共计整改交办问题600余件，开展夜查132次，在大气污染防治工作中，获新郑市奖励244万元。

【社会事业】 发展社会事业促和谐。为全区69名重度残疾人发放补贴418080元专项补贴。加大计生服务力度，育龄妇女康检率等各项指标均较好完成。丰富群众文化体育生活，社区文化机构实现全覆盖。落实富民惠民利民生。以新区建设为契机，引导居民就业创业，培训了家政、电工等专业150余人。积极组织参加了新郑市第一届职业技能大赛，新区荣获优秀组织奖。落实各项惠民政策，完善社会保障，办理了城乡居民医保15000多人和养老保险6500人，救助困难家庭4户，下岗失业人员再就业20人，"40、50"人员再就业3人，完成小额贷款任务7个。

（撰稿：李乔乔 审阅：杨爱玲）

农业

AGRICULTURE

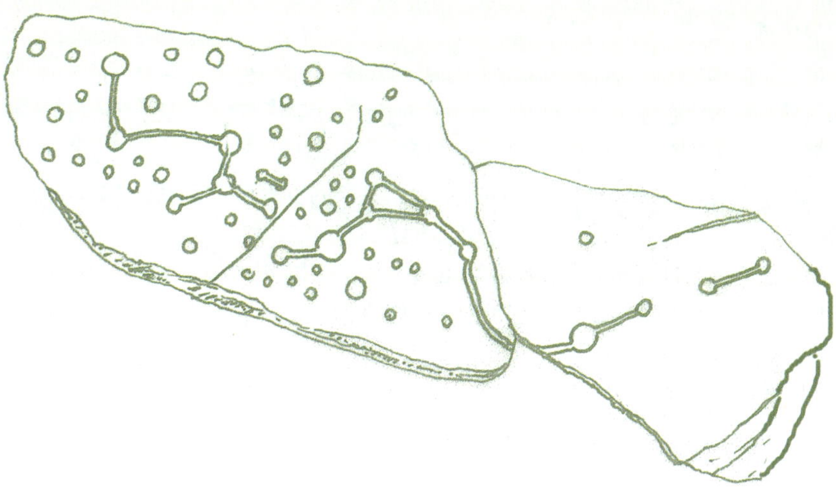

·农 业 >>>

AGRICULTURE

农业工作

【概况】2017年，市农委以“中央一号”文件和省市农村工作会议精神为指导，牢牢把握“抓改革、强投资、促转型、求民生”的总要求，深入实施“双融入、双承接”发展战略，强力推进“三大主体”工作，按照建设国家中心城市次中心和高质量发展的要求，加强党对农村工作的领导，脱贫攻坚迈上新征程，农村经营体制改革取得新进展，农业供给侧结构性改革取得新突破，粮食生产能力跨上新台阶，农村发展环境呈现新气象，人才队伍建设开创新局面，新型农业经营主体发展壮大，农村新产业新业态蓬勃发展，农产品质量安全监管体系趋于完善，农业现代化稳步推进，机关作风建设全面深化。

2017年，新郑市粮食总产达25.21万吨，其中夏粮总产13.41万吨，秋粮总产11.8万吨。全市农村居民人均可支配收入达20020元,同比增长9%，实现了与经济增长同步。

【农村承包地确权登记颁证】完成全市14个乡镇、231个行政村、1604个村民组、8.89万户农户、22.3万块的农村承包地确权登记工作，确权登记农村承包地总面积34946.66公顷，占应确权土地（31466.67公顷）面积的111.06%。农村土地确权登记数据汇交合库全部完成，成功向国家农业部汇交数据成果。

【“菜篮子”生产基地建设】全市蔬菜播种面积9333.33公顷，总产量达到45.6万吨，实现产值4亿元。新发展樱桃、葡萄、核桃、桃树面积400公顷，全市水果种植面积达到4333.33公顷，水果总产量6.2万吨。

【农业科技推广】承担农业部小麦新品种展示51个，面积6.67公顷，河南植物新品种权保护玉米新品种展示34个，对照品种1个。有针对性地引进、试验、示范、推广园艺新品种20多个，推广黏虫板杀虫、太阳能杀虫灯物理防虫治虫等6项蔬菜生产新技术。全市绿色防控面积达到15%，统防统治面积达到30%。完成测土配方施肥技术推广面积65333.33公顷，建立10个国家级墒情监测点，采集墒情土壤样品440个，处理样品数据980条。推广有机肥代替化肥173.33公顷，推广秸秆腐熟剂面积133.33公顷，完成对比实验2个，安排肥料利用率试验1个，减量施肥定位试验2个，化验土壤127个，处理数据890多个，项目区土壤有机质监测点土样的分析化验有机质含量平均提高了0.3克/千克。

【农产品质量安全监管】累计建设追溯点65个，监督完成检测指标3.5万个，合格率达99%。开创性地对全市15个基地的农产品开展定量检测。制定无公害农产品生产技术规程1套，共计74项、40多万字。新发展无公害农产品认证企业6家共计17个产品、绿色食品生产企业2家共计5个产品。已累计认证无公害农产品86个、绿色食品54个、有机食品7个、农产品地理标志1个，“三品一标”总数达148个，获得认证或认定的农产品年产量达10万吨。

【农业投入品监管】对本市种子生产企业和市区及12个乡镇的农资经营门店进行全面检查，共出动执法车100辆次，出动执法人员400人次，发放宣传明白纸2万份，检查种子生产企业1家，农药生产企业3家，农资经营门店75家，共查获玉米品种2个，计

500公斤。种子经营备案308份，其中委托代销38份，经营不分装270份。

【农业机械化】 2017年落实农机购置补贴资金1242.278万元，共补贴各类农机具782台套，受益农户389户，受益农业生产经营组织21家。小麦机播率达100%，小麦机收率99.7%，玉米机播率97.5%，玉米机收率83.72%，小麦秸秆机械化直接还田率95.42%，玉米秸秆机械化直接还田率93.26%，主要农作物耕种收综合机械化水平达到82.71%。新增玉米收获机51台，免耕播种机61台，秸秆青贮机械8台，秸秆打捆机8台、根茎收获机51台（套）。新增根茎作物机械化作业面积1333.33公顷，实施保护性耕作面积7733.33公顷，实施小麦免耕施肥播种连片6.67公顷以上面积近666.67公顷，实施深松整地作业4006.67公顷；完成教育培训人行动4780人次，培训新购机农民702人。狠抓农机安全生产，完成农机报废更新补贴28台，超额完成8台，创建省级“平安农机”示范乡（镇）1个，新增市级“平安农机”示范村3个、市级“平安农机”示范合作社1个、“平安农机”示范户60户。全市农机专业合作社上牌率、检验率和驾驶操作人员的持证率均达到100%，享受购机补贴的自走式动力机械全部纳入牌证管理。

【农业产业化经营】 新培育龙头企业6家，培育发展郑州市级农业产业化经营重点龙头企业4家，省级重点龙头企业2家。截至目前，全市国家级农业龙头企业3家，省级农业龙头企业11家，郑州市级农业龙头企业39家，新郑市级农业龙头企业13家。落实2016年14家涉农企业贷款贴息项目，落实资金1374.87万元。完成直接和间接农产品出口2.4万吨，完成出口创汇额3.2亿元，同比增长8%。

【扶贫开发】 全面落实中央、省、郑州市脱贫攻坚工作决策部署，2017年实现脱贫62人，完成年度目标任务100%，安排专项扶贫项目27个、资金4205.3万元。全市31个贫困村全部摘帽，2693户9904名群众实现脱贫，实施易地扶贫搬迁，具茨山管委会12个贫困村集中搬入辛店镇具茨山社区，目前已建成安置房36栋、50万平方米，签订协议近3100户，入住群众达310户、1100人。累计发放低保金、救助金2287.43万元，出资54.82万元，为3262名未参加城乡居民医疗保险、42名未参加城乡居民养老保险的困难群众办理参保登记及缴费手续。对学前教育阶段建档立卡贫困家庭幼儿每生每年资助1000元，并酌情减免学杂费；对义务教育阶段建档立卡贫困家庭学生按照小学每生每年1000元、初中每生每年1250元予以资助；对普通高中教育阶段建档立卡贫困家庭学生按照每生每年3000元的最高标准予以资助；对中职教育阶段建档立卡贫困家庭学生按照每生每年2000元标准予以资助，2017年累计投入178万元，资助学生1545人。落实“四免一减”举措，建立贫困人口就医绿色通道，免费提供健康体检、随访等服务，为建档立卡贫困人口建立规范化电子健康档案，建档率100%、体检率100%，签约服务覆盖率100%。定期组织医疗队帮扶义诊，二级医院对口支援贫困村。开展大型义诊活动176次，发放大礼包9000个，价值6万余元，受益群众1万余人次。通过“金种子”互助资金形式，累计向775户贫困群众发放小额扶贫贷款3428.4万元、存量贷款585笔，共计2873.9万元，带动贫困人口3102人。成立1200万元产业脱贫基金，筛选产业项目38个，总投资5.5亿元。招引劳动密集型企业，提供就业岗位3000余个，每人每月增加工资性收入2000余元。累计投入167万元，以亮化、净化、美化为目标，大力实施贫困户庭院小环境改造提升工程。开展“双联双助”，组织全市60个龙头企业，提供技术支持、人员培训和市场产销信息，帮助1200名贫困群众走上工作岗位，带动联系村发展特色产业。市直机关56个先进党支部与35个贫困村和23个软弱涣散基层党组织签订“组织联村助党建”帮扶承诺书，137家实力较强企业和14家大中专院校与35个贫困村签订“企业联村助脱贫”帮扶协议书，签约项目21个，考察、规划项目18个，预计投资3.68亿元，已完成投资1.4亿元，全市建立集体经济村级组织50%以上。

【新型农业经营体系】 2017年，新培育农民合作社20家,新培育发展郑州市示范农民合作社6家、省级示范农民合作社1家，全市农民合作社总数达395家，社员总数达2.38万户，带动一般农户3.96万户，生产基地达6466.67公顷，年购销总额约19.8亿元，合作社培训成员达1.87万人次。新培育发展家庭农场10家，全市家庭农场累计达46家，被认定为郑州市级示范家庭农场达10家、省级示范家庭农场2家。指导全市新增农村土地流转433.33公顷，全市农村土地流转面积达9200公顷，农村土地流转农户达3.16万户，签订土地流转合同达2.87万份,农业规模经营6.67公顷以上的农业经营主体达490多家。

【美丽乡村建设】 已累计完成美丽乡村投资、其他专项资金等5600多万元。2017年成功申报辛店镇北靳楼村、城关乡东郭寺村、观音寺镇唐户村三个美丽乡村试点村和龙湖镇泰山村美丽乡村项目，拟打造辛店镇北靳楼村旅游景区。

（撰稿：李金龙　审阅：秦水亮）

畜牧业

【概况】 新郑市畜牧局为市政府工作

部门。设办公室、人事劳动科、畜牧业管理科、防疫检疫管理科、医政药政管理科五个内设科室及畜牧技术服务中心（副科级单位）、动物卫生监督所、重大动物疫病预防控制中心、畜牧兽医综合执法大队、畜产品质量监督检验中心五个二级机构。在职在编职工178人，其中大专以上学历77人、高级职称7人、中级职称29人、初级职称18人。

【畜牧业发展与养殖污染治理】2017年，各类养殖量为：生猪106万头；禽1200万只；奶牛1000余头；肉牛1.5万头；羊7.8万只。肉类、禽蛋和奶类产量分别是4.5万吨、2.5万吨、0.6万吨。共牵头组织住建局、国土局、各乡镇街道办事处丈量拆迁禁养区内养殖场户279家。多次组织督导各乡镇养殖污染治理，推动规模养殖场完善畜禽养殖粪便暂存和处理设施设备，督促养殖专业户、散养户与河南恒润能源签订粪污处理协议，减少养殖行业对周边村民生产生活的影响。引导新建规模养殖企业合理选址、标准化建设养殖场区，减少养殖过程中的疫病发生和畜产品安全生产隐患。

【畜产品质量安全监督管理】推动对养殖场、兽药饲料生产经营企业的监督执法。2017年共出动执法车220台次、执法人员855人次，检查企业810个次，其中检查养殖企业560人次、屠宰场82个次、兽药饲料生产经营企业168个次。全年畜牧兽医执法案件查处11起，结案11起。

畜产品质量安全监测抽检。动物卫生监督所负责组织落实“瘦肉精”监测抽检，共完成生猪抽检19202.31批次，完成肉牛、肉羊抽检检测75份，检测结果均合格；畜产品质量检测检验中心负责抽检畜牧业监管环节的样品，抽检兽药样品20个、生鲜乳样品4个、鸡肉样品6个、鸡蛋样品2个、猪肉样品8个、牛羊肉样品2个。所有样品送至郑州市兽药饲料检测所检测，检测结果有4批次兽药不合格，案件已经转至执法队。

屠宰环节和病死畜禽无害化处理的监管。全市有四家定点屠宰场，三家为A类企业，一家为B类企业，设计日屠宰量均为三千头。组织开展畜产品质量安全月、生猪屠宰监管“扫雷行动”“春节”“拜祖大典”“国庆”等重大节日专项整治行动，共出动执法人员642人次，执法车辆 73 台次。屠宰环节共监督销毁“病害猪产品”102332.62公斤。雏鹰、银发两家病死畜禽无害化处理场集中处理了病死猪122283头、羊41头，收集户数累计352户。

【强制免疫和重大动物疫情防控】坚持推行固定免疫日、签约式防疫和以检促防等工作制度，建立完善动物疫病应急和检测预警体系。建立了三级动物疫情和免疫效果检测网点169个，其中一级检测网点7个、二级检测网点29个、三级检测网点132个。共检测高致病性禽流感抗体2575羽份、新城疫抗体2675羽份、猪瘟抗体1657头份、口蹄疫抗体1580头份、蓝耳病1550头份、布病1745头份。全年共检测新城疫、禽流感、口蹄疫、猪瘟等7224份，合格率均超过70%。落实“先打后补”防疫新政策，选取雏鹰农牧集团进行“先打后补”防疫政策试点实施。

【动物及动物产品检疫与卫生监督】2017年，共检疫生猪313934头、禽类96108905只，屠宰生猪195768头，抽检“瘦肉精”10980多批次，出具检疫证明34306份。进一步加强产地检疫和屠宰检疫监管。切实履行《动物防疫法》赋予动物卫生监督所对养殖企业、屠宰场、病死畜禽无害化处理场所、动物诊疗场所、执业兽医、乡村兽医的监督管理职责，加强组织监督巡查，维护本市动物防疫安全和畜牧业行业管理秩序。

（撰稿：燕 勇 审阅：李 健）

林 业

【概况】新郑市林业局是负责全市造林绿化、林业资源管理、森林资源清查、陆地野生动植物资源管理、森林防火、森林病虫害防治检疫、林业产业技术服务、林业科研项目攻关和推广等工作。内设办公室、人事财务科、行政审批科、植树造林科、资源林政科、法制室、森林防火办公室7个行政科室，辖林业产业发展中心、森林公安局行政服务中心、森林病虫害防治检疫站、林政稽查中队、林业科学研究所5个事业单位和1个正科级直属单位——新郑市森林公安局。另退耕还林领导小组办公室（副科级）、市绿化委员会办公室、市生态廊道办公室也在林业局设立常驻机构。全局现有干部职工147人，行政开支24人，全供14人，差补109人。高级工程师7人，工程师19人，助理工程师13人，技术员4人。

【生态造林】共完成林业建设工程1084.69公顷，为年度任务的116%。完成中兴路东延、郑韩路西延、新辛快速通道（S323）、S102和新老107连接线、机场高速新郑段、大学路南延北段、中华北路北延、南水北调滨河公园等12条66千米540公顷的廊道新建、续建和提升任务。完成山区及平原沙荒营造林工程261.32公顷。完成林业原料林工程300.19公顷。完成特色经济林工程153.74公顷。完成省市下达的森林抚育面积280.03公顷。

2017年共办理廊道征占用手续33起，其中政府占用29起、企业占用4起。八个乡镇廊道占地复验工作已完成，并已出具复验报告。剩余三个乡镇也将于年底完成。

全民义务植树工作。在2017年义务植树工作中，抢抓春季造林大好时机，强化领导，广泛发动，积极组织开展了春季义务植树活动，取得了明显效果。全市参加义务植树人数29万人，尽责率达到了95%，完成义务植树60万株。

古树名木普查。对新郑辖区内的所有古树及古树群进行了全面详细的普查。古树名木的生长地点、树种、胸径、树高和估测树龄等基本情况进行逐一登记。新郑市现存古树名木462株，分属22种。其中国槐336株、橿子树3株、侧柏11株、刺柏7株、皂角39株、梧桐2株、核桃6株、椿树3株、桑树2株、柿树25株、毛白杨8株、小叶朴3株、木瓜3株、黄连木5株、榆树2株、枣树2株、大叶女贞1株、葛树1株、枫杨1株、银杏1株、栾树1株、大果冬青1株、石榴1株、梨1株。按保护级别划分一级79株，占总数的17%， 二级136株，占总数的29.4%，三级247株，占总数的53.7%。

【退耕还林】 新郑市退耕还林工程2017年县级自查工作，自查范围包括历年退耕还生态林的面积保存情况和林木生长质量情况，经过外业调查和内业统计，全市共1604.42公顷（不含港区部分），涉及9个乡镇、管委会、97个行政村、398个造林小班。全年发放公益林经济补偿资金59万元，使公益林区纳入经济补偿范围的林农得到了补助资金。

【林权改革】 2017年，按照省林业厅、郑州市林业局要求，全市共完成林下种植面积2400公顷，完成产值9000万元。林下养殖数量2.2万只，产值400万元，林业景观利用产值300万元。

【林政执法】 落实采伐限额管理。根据《河南省人民政府关于切实做好“十三五”期间年森林采伐限额管理工作的通知》（豫政〔2016〕19号）要求，结合新郑市实际，科学合理分配采伐计划，截至目前，共查验审核林木采伐许可证220份，采伐蓄积9936.4立方米。

强化林业资源执法力度。截至2017年底，共出动警力923人次、车辆319台次，立刑事案件6起，破案6起，送检察院起诉6起，起诉7人。立林业行政案件16起，查结16起，行政处罚16人，对轻微违法人批评教育800多人次。上缴财政罚款12400元。在禁种铲毒专项行动中，林业局共出动车辆880车次、人员920人次，其中警力150人次，发放禁毒宣传页600余份，排查踩踏地块113.33余公顷，铲除罂粟等毒品原植物5株，有效打击了涉林违法犯罪活动，维护了林区大局稳定。

【野生动物保护】 围绕新修订的《中华人民共和国野生动物保护法》学习宣传、案件排查、动物救助、栖息地保护等几个方面开展工作，全年排查各类野生动物繁育场所和经营点30余家，保护燕子等候鸟栖息地6处，查处违法案件4起，救助各类哺乳动物和候鸟40多只。

【林地调查】 根据《河南省林业厅关于开展全省林地变更调查工作的通知》要求，为做好新郑市林地变更调查工作，结合本市实际，林业局在春季造林工作任务繁重、时间紧、技术要求高的情况下，委派第三方机构进行了专业性调查，共调查13561个小班，保质保量完成了任务。

【病虫害防治】 围绕森防“四率”“一降三提高”全面建设森林健康的总体目标。狠抓林业有害生物特别是美国白蛾危险性病虫害及杨树病虫害等本市主测对象的预测预报工作。以产地检疫为突破口，认真做好检疫御灾工作，切实把好源头检疫关，把检疫性和危险性林业有害生物消灭在萌芽状态。转变防治思想，拓宽防治渠道，推行联防联治、群防群控，多方筹措资金，依靠科技进步，加强生物防治，加大林业有害生物的防治力度。截至目前，共开展产地检疫面积183.33公顷，发放产地检疫合格证13份，产地检疫率100%。林业有害生物防治工作呈现出良好发展势头，为新郑市林业产业的又好又快发展提供了强有力保障。先后开展了林业有害生物监测预报、杨树及枣树病虫害防治、

适时喷药防治病虫害

森林防火演练

森林植物检疫等工作，全年森林病虫害成灾率0.27‰，控制在了3.8‰以下，防治率为95.42%，无公害防治率达到100%。监测覆盖率达到了93.69%,测报准确率达到了98.8%，种苗产地检疫率达到100%。

【森林防火】 整修了20余千米防火通道，清除了两侧杂草，确保遇到火险运兵车辆能迅速到达现场。做好防火宣传工作。悬挂200多幅宣传条幅，发放2500套宣传手册和1000多个手提袋，与市电视台、气象局联合，在电视台黄金时段连续播放防火宣传口号和森林火险等级预报，在林区形成了“防火知识人人皆知、皆行”的局面。防火期间时刻做好动员和战备工作。全市配齐了总数为60人的防火专业队伍，为每名防火队员配备了防火服，购买了保险，组织大家每天24小时轮流值班巡逻，发现火患及时扑救。组织具茨山森林公园管委会与下属行政村、厂、公墓、寺庙签订防火目标责任书，把防火责任进一步落实到山头、地块、树木和寺院，在进入森林公园和寺庙的每个路口安排专人24小时严防死守，禁止火种上山，严禁野外用火。截至目前，没有发生一起大的森林火灾事故。

【为民服务】 2017年来按照优化发展环境的总体要求，坚持“便民、服务”的宗旨，接待各种咨询近600余人次，全年窗口办理林木采伐许可证242件、运输证2件、植物检疫证7件、木材经营加工许可证3件。

【年度工作荣誉榜】 市林业局先后获得统计工作先进集体、新郑市支持和发展工业先进单位、新郑市绩效考核先进单位、新郑市支持新型城镇化建设先进单位、拜祖大典工作先进集体二等奖、河南省省林业科技先进集体等荣誉。

（撰稿：张少兰　审阅：刘淑香）

水　利

【概况】 2017年，新郑市紧紧围绕“治水、兴水、节水”，强力推进水工程建设、水污染防治、水环境治理、水资源管理和水体制改革，以大水利促大建设，以大建设促大发展，谱写了新时期水利惠民生、美生态、促发展的新篇章。

全年共争取上三级资金6601.13万元，占目标任务6000万元的110%；新打配机井211眼，占目标任务80眼的264%；新增恢复有效灌溉面积1733.33公顷，占目标任务666.67公顷的260%；总投资500万元以上在建项目入库率100%，继2016年再夺省农田水利基本建设“红旗渠精神杯”，2017年又获得郑州市农田水利基本建设“中州杯”荣誉。

【水利工程建设】 农田水利工程。争取投资3010.71万元，完成2017年农田水利项目县工程建设，新打机井150眼，配套水泵203台，发展节水灌溉面积1600公顷。投资480.85万元，建设小农水工程，共新打配机井11眼，新增节水灌溉面积146.67公顷。投资149.35万元，实施2017年度维修养护项目，正在评审方案。水保治理工程。投资53.4万元，完成贾庄小流域水土保持综合治理项目，共平整土地20公顷,种植经济林20公顷，封禁治理120公顷。农村饮水安全工程。投资812.37万元，实施2017年农村饮水安全巩固提升工程，在龙湖、和庄、观音寺、薛店新打机井及其配套5眼，建设管理房5处，受益群众15204人。已完成投资100万元。投资345万元，在辛店镇裴商庙村、龙湖镇梅山村、郭店镇小司村实施建档立卡贫困村饮水安全巩固提升工程，受益群众7978人（贫困人口302人），主体工程已完成。投资19.6万元，完成城关敬楼打井配套。

【水环境提升】 水系景观项目。投资3150万元，完成郑风苑临河景观及湿地文化园后续景观提升工程。投资8000万元，建设中心城区暖泉河公园，已经开工。投资2亿元，对潮河107连接线以北2.6千米河道进行景观化打造，设计已经完成，即将开工建设。引入社会资本2.6亿元，建设龙湖镇七里河国家湿地公园，已基本完工。河道治理工程，投资8700万元，建设双洎河双龙坝，主要为双洎河后期景观、湿地建设提供水体水面。目前大坝主体工程完成，后续工程正在抓紧推进。投资2707.31万元，实施双洎河胡垌至贾梁段河道治理工程，辛店段正在施工。河湖贯通工程。采取PPP模式，投资7.4亿元，实施城区河湖贯通工程，包括6条水系连通、暖泉湖公园等项目。设计初稿已编制完成，正在进一步优化提升。

【治污成效】 加快治污工程建设。投资4300万元，实施黄水河郑风苑彩虹桥至任庄坝段生态治污工程，其中和庄坝上游治污已经完工达标，基本形成良性水循环修复系统，水体平均能见度稳定在上游110厘米以上。下游施工基本结束，能见度接近1米。投资2300万元，完成双洎河南关桥段清淤和黄水河下游深度清淤工程，累计清淤疏浚河道4.1千米，清理污染源及淤泥50万立方米。二是开展“水清河美”行动。共向责任单位去函50份，封堵排污口56处（其中纳入市政管网39处），推动了城区6条街道的雨污分流工程建设，铺设纳污管网50千米以上。投资514万元，集中整治城区河道，清运河道垃圾积存点81处、计10万余立方米，绿化土地12000平方米，硬化道路1000平方米，修整草坪5000平方米。清理河道周边养殖279处，赔付补偿资金5200万元。对城市建成区范围内河湖、沟渠、水塘等水体进行全面排查，逐一登记造册，共排查出黑臭水体6处，并已向相关责任单位去函督促治理。三是推行河长制长效管护模式。制定全市河长制工作方案，组建县、乡两级河长办，建立“3+1”河长制工作体系，落实明确县乡村三级河长和村级巡护员，印发河长会议、考核问责、信息共享、河长巡查等8项制度，设立公示牌148块。截至目前，县、乡两级河长累计巡河200余次，先后组织开展了网箱清除、浮草清运、联合执法等多项行动，及时清理了河道养殖，封堵了非法排污口，推进了纳污管网改造，取得了显著成效。通过采取以上措施，新郑市水体水质特别是双洎河水质显著改善，双洎河黄圃菜断面水质接近四类水，今年平均数据已经达标。

【防汛抗旱】 5月份及时召开防汛动员会，严格落实防汛责任制，签订安全度汛责任卡，及时排查整改隐患5处。严肃值班纪律，备足防汛物资，落实防汛队伍1.2万人。对山洪灾害监测预警系统设备进行维护确保正常运行，向市民发放山洪灾害防御小知识手册、明白卡等。防汛工程。投资1415万元，实施南水北调中线防洪影响处理工程，完成工程量60%以上。投资70万元，完成老观寨水库大坝渗漏除险及2017年岁修工程。投资76万元，完成新村冯庄水库下游泥河及观音寺溟水河河道治理。投资20万元，新建防汛仓库1座。投资30万元，对现有物资进行保养和维护，并按需补充。投资70万元，实施2017年抗旱应急资金项目，采购了一批抗旱水泵、电缆、软管等物资。

【水资源管理】 落实最严格制度。加强计划用水管理，严格落实水资源“双控”管理，扎实开展“三条红线”管理考核工作。共核准2017年175个用水单位用水量896.491万吨，核减用水量689.6373万吨。全年共征收并上缴水资源费639万元，办理水行政许可业务56件，其中取水许可核发1件，水资源论证报告表审核1件，延续取水许可41件、河道管理范围内工程建设方案审核9件，新建、改建或扩建入河排污口审批4件，建设项目水土保持方案报告书审批1件，目前已办结46件。顺利通过郑州市对新郑市2016年最严格水资源考核，再夺第一名。协调生态补水。通过积极协调争取，今年以来南水北调干渠共向双洎河、黄水河、沂水河生态补水2600万立方米。特别是在10月份，抓住中线总干渠防汛退水时机，又努力争取到5000万立方米免费指标，有效缓解了新郑市出境断面水质状况，地下水资源涵养成效明显。加大执法力度。共出动巡查车船183次、巡查人员1058次，巡查对象278个，巡查河道长度1540千米，巡查河湖面积173平方千米。开展水利与公安联动执法8次，查处水事违法案件1起，行政指导2起，移送公安机关案件1起。保护水源地。积极做好饮用水水源地保护工作，完善巡查制度和应急预案，在望京楼和老观寨水库一、二级饮用水

双洎河双龙坝导流渠

源保护区设置界牌、公示牌、围栏、警示标志，安装视频监控设备，进一步完善人防、技防、物防体系。压采地下水。累计封停自备井253眼，压采地下水1080万立方米，超额完成郑州市下达给本市446万立方米的压采任务。截至目前，地下水位下降趋势得到遏制，近两年监测水位下降仅1.02米和0.27米，其中市区和龙湖袁堡村两处分别上升1.22米和0.42米。

【水利管理改革】 水利设施产权制度和创新运行管护机制改革纵深推进。先后完成观音寺、城关、新村、和庄等4个乡镇农田水利设施普查定位和登记摸底，印发梨河镇"两证一书"280套。积极探索项目建设方式，在梨河镇启动实施水利设施先建后补项目试点，通过资料审查和第三方资产评估，已完成5家农业龙头企业先建后补项目资金拨付。投资50万元，采购了GPS定位仪、吊车等一批仪器设备。农业水价改革迅速展开。成立市分管领导牵头主抓的农业水价综合改革领导小组，编制完成《新郑市农业水价综合改革总体规划（2016—2020年）》《2017年度农业水价综合改革实施方案》。注册成立新村镇农民用水合作协会，拟采用以电折水模式和水电双控计量模式，计划安装智能水表和远传系统33眼。目前计量设施正在安装中，预计年底完工。

【远期规划】 牢固树立大生态、大环保、大格局、大统筹理念，投资2000多万元，聘请国内知名设计机构以更新理念、更高品质高标编制水生态建设规划。由北京土人、中国市政设计总院开始规划设计《全域生态水系建设3P项目规划设计》，由中电建水利设计院及省、市水利设计院编制《"十三五"农村安全饮水巩固提升规划》《"一河一策"规划设计》《新郑市水资源综合配置规划》《新郑市城乡防洪规划》，已基本完成。

（撰稿：岳建伟 审阅：王银超）

南水北调移民工作

【概况】 2017年，新郑市南水北调移民局坚持以移民村产业发展为重点，加强项目规划指导和管理，突出移民就业主题，加强培训针对性、实效性，努力提高移民收入，认真开展移民安置自验各项工作。

【移民后扶项目建设】 按照"规划引领产业、项目带动产业、招商做强产业、培训助推产业、管理服务产业"的总基调，全力推进移民产业项目发展，突出抓好"两村一园"（梨河镇新蛮子营村、薛店镇观沟村省级示范村和郭店镇移民产业园）建设，巩固黄甫蔡老水库移民村，辐射带动郭店镇三十里铺村、冯寺村生产发展。全年共完成梨河镇新蛮子营村双孢菇生产、梨河镇新蛮子营村农业公园配套、薛店镇观沟村连栋温室、郭店镇移民产业园配套等移民产业项目21个，完成总投资3000多万元。一批项目已移交并投入使用，产生了良好的经济效益和社会效益，梨河镇新蛮子营村葡萄采摘已帮助该村增收40万元，郭店镇翠谷移民创业园节水莲藕项目增加双岭村集体收入7.5万元，黄甫蔡蔬菜大棚及保鲜库项目增加该村收入30万元。

【移民就业技能】 为大力提升丹江口库区移民劳动力技能水平和就业创业能力，实现稳定就业、有效增加收入的目标，充分征求移民群众意愿，有针对性地开展培训活动。先后在梨河镇新蛮子营村和薛店镇观沟村开展家政服务、电器常识、电焊技术等技能培训4期230多人。同时，通过局网站和微信群发布用工信息2期，引导移民就近就地就业，增加移民务工性收入，移民就业率已达88%以上。

【移民安置自验问题整改】 按照"全市移民安置总体验收问题整改会议"要求，对照省级初验和县级自验存在问题，制定整改方案，建立台账，明确整改任务和时间节点，逐项销号。目前，省级初验反馈的问题大部分得到了整改落实。新郑市移民安置工作代表全省接受了省政府安置验收组的现场观摩，并得到了高度的肯定。

【安置工程完工财务决算】 成立移民安置完工决算工作领导小组，由分管领导牵头，相关科室具体负责，组织移民安置乡镇积极参与，邀请专业机构进行业务指导。截至9月底，新郑市移民安置完工财务决算全部完成。经过本次完工财务决算，移民安置共涉及资金42790.16万元。经核对，移民安置完工财务决算表格填报数据准确，归类正确。同时经过完成财务决算，解决和化解遗留问题6个，理顺了财务关系，完善了相关手续，全面完成了安置规划大纲任务，理清了生产发展项目，部分化解了账面滞留资金。

【村务民主管理】 充分发挥各移民村民主议事会、民主监事会和民事调解委员会作用，将涉及群众切身利益的大事小情，诸如产业项目立项、经营与效益分配、安置结余资金使用、低保户的确定、孝老爱亲模范评选等一律纳入议事范围，集体讨论决定。各移民村共召开民主议事会31次，研究解决各类问题34个。同时坚持每月25日检查各村议事活动和村务财务公开，督促各项议事规则落到实处，真正把决策权、监督权、知情权、参与权还给群众，夯实了移民村发展的基础，移民信访事件大幅下降，实现了集体上访零的目标，没有发生严重治安和刑事案件及安全生产事故，移民群众安居乐业，和谐稳定。

（撰稿：李舢 审阅：赵治国）

气象服务

【概况】新郑市气象局下设国家气象观测站。区站号57086，观测场海拔高度为116.6米，占地面积2公顷，位于新郑市区茨山路西段，现有职工17人（编内6人，聘任11人），其中本科学历11人、硕士研究生1人、大专学历2人、工程师4人、助理工程师2人。

内设管理机构2个：综合管理科（办公室）、防灾减灾科（业务科），级别为股级。下设直属事业单位3个：气象台（气象站）；气象服务中心；防雷中心。

基本业务有测报、预报、农气服务、人工影响天气、气象执法等。开展的服务项目有防雷服务、手机短信气象服务、微信微博手机服务、天气预报栏目电视广告专业气象服务，其中防雷工作按照上级要求，及时推进防雷体制服务改革，为新郑市人民政府起草了《关于优化建设工程防雷许可的通知》，新郑市人民政府已于7月18日下发《新郑市人民政府关于优化建设工程防雷许可的通知》（新政文〔2017〕52号），正式完成普通建筑物防雷许可交接工作。进一步理清了县级防雷许可、监管、检测技术服务等方面的责任和工作范围。气象测报、天气预报工作每天至少2人值班，按照国家规定的时效进行气象观测和天气预报制作，并及时将观测资料和预报意见通过微机上传省气象中心。2017年，新郑市气象局积极融入新郑市国家中心城市次中心建设之中，提供了及时准确的气象服务，推动了新郑气象事业的健康发展。

【气象基本业务】2017年气象局狠抓气象业务质量，业务质量名列郑州市气象系统前列。地面测报业务、预报业务做到会商及时、制作及时、服务及时，全年的数据偏差小于1‰。主要资料传输及时率100‰，自动站资料传输及时率999.4 ‰。坚持每周业务学习制度，加强跟踪问效督查，深入推动新郑综合气象业务的开展，地面测报、天气预报、农业气象三项基本业务没有重大差错发生，质量稳定，运行良好。

【拜祖大典气象服务】拜祖大典是新郑政治、经济、文化活动中的一件大事，拜祖大典召开前，提前一个月每天向市委、市政府及黄帝故里拜祖大典办发送“丁酉年拜祖大典专题气象服务”材料和手机气象短信。周到、细致的服务得到了组委会领导的一致好评。

【人工增雨气象服务】面对新郑市干旱和大气污染防治工作的严峻形势，在郑州市人影办和新郑市政府的正确领导下，新郑市人影办不放过每次有利增雨作业时机，积极开展增雨作业，共开展增雨作业25次，准备增雨作业10次，累计点燃焰弹180枚。通过人工增雨作业有效缓解了旱情，净化了空气。按照郑州市人影办要求，对新郑市望京楼、杨庄、东郭寺水利站、辛店农机推广站等四个人影作业炮点进行标准化整改，总投资近7万元，于7月20日前全部完成整改。每个作业炮点均达到了“两室两库一平台”的标准化炮站要求。

【汛期气象服务】汛期气象服务是全年气象服务的重点，为确保全市安全度汛，气象局按照提前准备，精心组织，认真落实的要求，积极为领导和社会提供预报和雨情服务。按照“防汛抗旱两手抓”的要求，气象局积极主动地为新郑市委市政府提供了转折性、重要性天气预报服务和雨情全程服务，汛期发布《重要天气预报》5期、气象灾害预警38期,提前把服务材料送到市委、市政府主要领导手中，在电视台发布暴雨预警，通过信息发布平台向新郑市委市政府、防汛指挥部门主要领导120余人发布气象信息及雨情手机短信服务，让领导及时掌握了降水态势，为领导决策提供科学、及时、有决策价值的气象信息。在做好决策服务的同时，气象局利用电视、预警信息大喇叭、预警信息电子显示屏、电话、手机、微博、微信、新郑市网格化管理平台等手段面向社会公众发布气象预报、预警信号等气象信息，发布及时的气象服务，受到了群众的好评。重视重大气象灾害及气象应急服务工作，注意提高气象社会化管理职能。2017年4月5日，组织了一次应急演练，模拟了自动站故障、市电停电、数据异常、网络故障等多种突发情况下的应急处置演练。通过演练，所有业务工作人员均掌握了应急处置方法和技能，气象应急服务工作得到了进一步加强。积极开展乡村专项气象服务，每天通过新郑电视台发布天气预报。继续为电力、煤电业、仓储业进行专业气象服务，为企业的安全生产提供了保障。严格按照中国气象局16号令、河南省气象局下发的《河南省气象灾害预警信号发布与传播实施细则》、郑州市局下发的气象灾害预警信号细则开展预警信息发布工作。整个汛期共发布预警信号38期。其中《高温橙色预警信号》7期、《雷电黄色预警信号》17期、《暴雨蓝色预警信号》6期、《大风蓝色预警信号》3期、《暴雨黄色预警信号》5期。在做好预警信号发布工作的同时，也高度重视预警信号的解除和备案工作，汛期共解除各类气象灾害预警信号38期，同时通过灾情直报及时上传国家、省、市气象局备案。汛期期间加强国家突发公共事件预警信息发布平台学习，市气象预警信息发布工作进一步规范。汛期气象服务细致、周到、准确，确保了全市安全度汛。经济效益明显，没有大的气象灾情，汛期灾情降到了最低。社会效益突出，气象信息需求明显，新郑气象局作为新郑市防汛工作、应急工作等新郑市政府相关重要工作的主要成员单位发挥出了应尽的职责。

【专业气象服务】 开展了电力、煤电业、仓储业专业气象服务，与新郑市供电公司、河南省新郑煤电有限责任公司、中央储备粮河南公司新郑直属库签订了气象专业服务协议，通过手机短信平台、电话、传真、邮箱等方式向三个企业开展了雷电、大风、暴雨等专业气象服务。

【秸秆禁烧服务】 夏收夏种期间，气象局积极利用卫星遥感资料，开展了秸秆禁烧监测以及污染预测预报服务，安排专人每天及时调取郑州市局下传的卫星遥感资料，及时编写秸秆禁烧监测及污染预报服务材料，每天及时送到市政府及环保局，为领导掌握全市的秸秆禁烧情况提供了直接的监测依据。气象局作为秸秆禁烧督查组一员，严格按照新郑市政府要求，认真完成新村镇、郭店镇、中心城区秋季的秸秆禁烧督查任务。

【三农气象服务】 高度重视现代农业气象服务工作，主动将气象服务融入地方发展，在春耕、夏收夏种、秸秆禁烧及各农时，提供了及时有效的农业专题气象服务，并且创新服务方式，通过手机短信、LED气象信息显示屏、手机大喇叭、互联网等途径提供及时、主动、准确、快捷的气象服务。每天通过新郑电视台发布天气预报，共制作发布《农业气象周报》53期、《农业气象月报》12期、《春耕春播专题气象服务》3期、《夏收夏种专题气象服务》3期、《新郑市秸秆焚烧服务材料》23期、《土壤墒情公报》366期。小麦春季干旱期间，多次深入田间地头对冬小麦干旱气象灾害进行调查，并及时指导农民采取科学补救措施。

【气象重点工作】 完成对新郑辖区内的23个区域自动站安装警示牌工作。按照预警监测工程项目建设方案,完成了东郭寺农田小气候站、鲁楼土壤水分站安装和新郑土壤水分站升级改造工作，安装建成观测场实景监控系统，做好十五个区域站雨量桶增高工作。3月初对全市23个区域自动气象站进行了一次全面的巡检、维护。当有故障时，负责维修人员均能牺牲礼拜天和夜间休息时间及时进行抢修，确保了区域自动站数据质量，降低了缺测率。高度重视气象探测环境保护。值班员每日巡查探测环境变化情况并及时登记，每月1日通过综合管理系统及时向郑州市局业务科上报。5月12日上午，安排全体职工到炎黄广场进行宣传活动，为市民介绍气象科普、气象防灾减灾、灾害性天气应对措施等知识，发放宣传彩页2000余册，公布“新郑气象”官方手机微信、微博公众号，普及了了解气象信息的又一便捷途径。6月份引入移动云MAX全网通短信信箱，实现移动、联通等手机短信全覆盖。经与移动公司对接，9月完成移动专线升级工作，由50兆升级为200兆带宽。

【年度工作荣誉榜】 在郑州市气象系统2017年度综合目标考评中，新郑市气象局获得“特别优秀单位第一名”，同时被评为郑州市气象系统“重大气象服务先进集体”。

（撰稿：苗亚琼　审稿：闫伟杰）

工业

INDUSTRY

·工 业 >>>

INDUSTRY

主导产业

【概况】 2017年，全市规模以上工业企业296家，入地方财政税金超百万元企业82家，完成增加值完成260.35亿元。

【现代食品制造业】 现代食品制造业是新郑市近年来重点发展产业之一。全市拥有1个省级重点产业集聚区、4家食品行业上市(挂牌)公司、5件中国驰名商标、一大批国内外知名企业和品牌。全市形成了以食品制造、农副产品加工、饮料制造、调味品制造、烟草加工为支撑，以植物油、保健食品、制淀粉为补充的食品工业体系。近年来，达利食品、光明乳业、加加味业、雪花啤酒等一大批国内知名企业先后在新郑建立生产基地，本市现代食品制造业影响力和知名度日益提升。2017年，全市规模以上食品企业58家，完成增加值55.94亿元，占全市规模以上工业的21.48%。

【生物医药化工产业】 生物医药产业是新郑市重点发展的战略性新兴产业之一，具有较好的产业基础及相对完善的产业体系。目前，全市拥有规模以上生物医药化工企业19家，拥有以遂成药业、润泓制药、韩都药业、灵佑制药为代表的规模以上生物医药企业9家，产业领域涵盖化学制药、现代中药、兽用药品等门类。2017年，规模以上生物医药业企业完成增加值14.12亿元，同比增长27%，占全市规模以上工业的5.4%。入地方财政收入超百万元医药企业5家。

【非金属矿物制品业】 2017年，新郑市50家规模以上非金属矿物制品企业完成增加值55.48亿元，占规模以上工业的21.3%。但其产业群体庞大，企业规模偏小，技术含量低、能耗大，将其列入传统行业提升改造行列，力争通过3—5年的努力，基本实现产业转型。

（撰稿：杨帅军 审阅：马向东）

工业信息化管理

【概况】 新郑市工业和信息化委员会，为市政府工作部门。现有干部职

位于新郑市薛店镇的雪花啤酒生产车间

工59人,设办公室、编制人事科、工业经济运行科、投资管理科、产业指导科、企业服务科、能源综合利用科和信息化推进科8个科室，下辖中小企业服务中心、工业节能服务中心、企业家服务中心3个事业单位。

【主要目标完成情况】2017年，全市规模以上工业增加值累计完成260.35亿元，同比增长7.7%，郑州五县市排名第一。全年非公经济完成增加值525.6亿元，同比增长9.2%。

【工业经济】2017年，受宏观经济下行、部分行业增加值率调整、大气污染防治、“地条钢”验收等多重因素影响，工业经济发展面临前所未有的挑战，工业增速大幅下滑，工业经济急转直下。面对严峻形势，市委市政府高度重视，建立了工业经济运行月分析例会制度，通过企业信息管理平台、深入企业调研走访等方式，适时汇总、通报工业经济运行情况，及时对全市工业企业运行情况进行分析预测，整理工业运行分析报告，积极配合领导决策，搞好信息参考，协调解决重点企业遇到的各种困难和问题，全市工业增速逐月稳步提升，结构调整效果日益显现。

【重点项目】狠抓“三率”（开工、投资、竣工），保证项目按时间节点推进。2017年，37个项目进展顺利，其中，达利有机豆奶项目、中储油小包装项目等11个项目已竣工投产；联合统计部门紧盯重点乡镇、区域和产业，下发4次通知，开展11次摸底排查，共摸排后备规上工业企业达39家，已通过审核22家。通过建立上市后备企业库、宣讲政策、搭建平台、培训指导等措施；2017年，中博钢制品等4家企业成功挂牌。参加2017豫沪产业合作对接活动，签约乾德电子信息产业园等5个项目，合同金额111亿元。积极与金星啤酒、信心药业等项目对接，先后6次牵头组织金星啤酒项目专项推进会，全力协调解决项目产业布局调整等7个问题，该项目有望于明年2月底实现开工建设。

【工作措施】一是以“三创三比”（乡镇创先、部门创优、企业创新，比投入、比服务、比效益）、“三查三促”（纵查问题促整改、横查差距促发展、自查落实促提升）和上级督导为抓手，建立和落实项目分包责任制、首席服务员制度、联系企业制度等，健全工业考评机制和企业服务联席办公会议机制。2017年，首席服务员深入企业1356人次，为企业解决实际困难和问题111项。组织3次企业服务联席办公会，为13家企业解决17个问题，企业服务办结率达到82%。联合、配合各级督导37次，对督导出的工业后进乡镇办，督促加强整改，夯实工业基础，推动健康发展。二是帮助企业争取上三级惠企扶持资金，截至目前，共指导13家企业申报上级9个项目，争取上级奖补资金1520万元。三是积极落实本市奖补政策，共奖励“三强三快”6个乡镇计105万元，新入规上、上市再融资、首台套等10项73家企业计823万元，共计928万元，为提振企业信心、凝聚发展合力提供了有力支撑。

【服务载体】进一步打造优质环境，打通政策落实“最后一公里”，创新服务载体。一是联合相关职能部门以“三请三进”（请行业专家、金融机构、电商券商，促政策、资金、技术进企业）为抓手，开展“政策落实进百企”“企业大讲堂”“走进全国百强企业行”“高级人才培训班”等活动。汇总、编发省、郑州市及本市惠企政策汇编（指南）等6种书籍（手册）共5000本，印发各类宣传指导折页共5万份，制作发放395个首席服务员公示牌和联系服务卡，组织21场共458家企业、1132人次参加政策宣讲和企业培训活动。二是通过“四项对接”活动（产销对接、银企对接、用工对接、产学研对接），先后组织恒天电缆、正嬴石化精准产销对接活动，帮助13家企业共计获得3.36亿元授信资金，促成宝德高与中原工学院、雪麦龙与轻工学院签订战略合作协议，帮助49家企业解决用工岗位436个。

【各项工作】认真学习贯彻党的十九大精神，践行新发展理念，坚持依法行政。一是抓好节能降耗。以安全生产月、节能宣传周等为契机，倡导节能技改、扶持创新争优，积极化解过剩产能，帮助企业降成本优供给，截至2017年底规模以上单位工业增加值能耗增减率下降20.53%；二是抓好环境治理。按照本市大气污染防治攻坚战工作部署，制定了相应的预案和工作方案，成立了重污染天气应急管控工作领导小组，加强采暖季错峰生产企业、重污染天气错峰运输企业管控工作，特别是错峰生产期间对金升电碳等5家错峰生产企业及相关乡镇下达企业停产通知书，实施人员驻厂、常态监管、从严督查，建立白天巡查、晚间夜查工作机制，对错峰生产和错峰运输企业共计开展了126次督查，有效预防了错峰生产和错峰运输问题的发生；三是抓好安全生产。认真贯彻安全生产“党政同责、一岗双责”制度，严格落实“三管三必须”要求，实施领导班子、科长监管工业企业安全生产工作，配合属地开展61次安全生产监查工作。监管企业安全生产实现“零事故”；四是抓好扶贫攻坚。本委负责的具茨山管委会山陈村共有贫困户111户（占全市贫困户的20.6%）、430人，占全村总人口的36.1%。在时间紧、任务重、人员少的情况下，不等不靠、主动作为。专题研究脱贫攻坚专项工作19次，先后共派驻6名常驻队员、39名工作队员，排查摸底，宣传政策，制定计

7月20日，位于郑州新郑市辛店镇工业园区的郑州正赢石化有限公司生产车间，工人在对产品进行质检、封装

划，因户施策，帮助协调落实贷款、补贴等各类资金（物资）近60余万元。开展“送岗位助脱贫”活动，组织16家企业、单位提供就业岗位200余个，现场达成就业意向70余人。五是抓好信访稳定。依法依规开展电厂、水泥厂等企业破产善后工作，有序推进韩春化工、三维化工破产清算工作。特别是今年以来，韩春化工职工上访规模越来越大，频率越来越高，本委配合处理了韩春化工400多名职工12次集体上访和50多次个访问题，其中包括2次集体进京上访。为稳定职工情绪，经市委市政府研究，由市财政垫资，市工信委牵头为韩春化工退休人员垫付了养老保险和职工正常基本医疗保险，共计980900.5元，职工正常基本医疗保险共计3746571.54元；

【两化融合】抢抓“互联网+”、中国制造2025等重大机遇，推进制造业与互联网融合。龙翔电气入选国家2017两化融合管理体系贯标试点企业，航天液压入选省制造业与互联网融合发展试点示范项目。智能制造有序推进，航天液压高端液压气动智能制造工厂和好想你的红枣精深加工智能化工厂被评为省级智能工厂。建立企业信息化项目库。鼓励企业利用新一代信息技术实施“两化融合”项目，目前共收集、培育两化融合项目6个。

【年度工作荣誉榜】2017年，获得了“郑州市定点扶贫工作优秀定点扶贫工作队”“郑州市服务园区企业建设先进单位”等2个郑州市级荣誉称号，“新郑市新型工业化工作先进单位”“科技进步工作先进单位”“对外开放招商引资工作先进单位”等12个新郑市级荣誉称号。

（撰稿：杨帅军　审阅：马向东）

轻工业发展和管理

【概况】新郑市轻工业总公司是1996年2月由新郑市轻工业局整体改制而成的事业单位，是新郑市所属企业（原集体所有制企业）的主管部门，公司位于新郑市新华路中段183号。主要职能是为轻工系统的企业提供政策指导、协调、服务。总公司现有工作人员8人，下设一室四科（办公室、信访稳定科、安全生产监督管理科、财务审计科、人事劳动科）。

总公司下属企业6家：河南庆安化工高科技股份有限公司、新郑市建安工程有限公司、新郑市讯达电缆材料有限公司、新郑市日出泡沫建材有限公司、新郑市工业物资有限公司、新郑市美术制镜股份有限公司。6家企业占地面积共计25.33余公顷，建筑面积10万平方米，固定资产3.0亿元，共有职工900余人，其中各类专业技术人员231人（经济师15人，工程师90人，政工师6人）。

【服务企业】始终把环境建设作为发展企业的生命线，不断提高全员思想认识，创造发展平台，切实解决企业在发展进程中遇到的各类问题。党委班子成员实行分包企业制度，经常深入企业，对企业进行指导、督促、协调、服务，帮助企业解决实际困难和问题。

【安全生产】认真落实上级有关安全生产的指示精神，突出抓好和落实安全生产大检查（化学危险品、劳动防护用品）及安全生产例会制度，积极参加市政府组织的安全生产月活动，开展安全生产专项治理活动。建立安全生产“四本”台账，坚持每月深入企业开展安全生产大检查活动，对排查出的安全隐患下发整改通知书，要求企业限期整改，并跟踪督查。从机构设置、人员配备、健全制度、建立台帐、隐患排查到整改落实，严格、认真、到位，杜绝了重大事故的发生。全年开展安全生产大检查出动车辆16台次、安全检查人员56人次。查出一般性安全隐患210处，整改210处，查出重大事故隐患 2处，整改 2处，整改率100%。

【信访工作】时刻绷紧信访稳定弦，坚持群众利益无小事，脚踏实地解民忧的原则。千方百计做好每一个信

建华建材（河南）有限公司

访案件，积极协调有关单位和人员处理企业遗留问题，深入细致做好职工思想稳定工作，有效地防止了集体上访和非正常上访，保障了社会大局稳定。2017年度没有出现一起越级上访案件，自办信访案件1起，结案率100%。

【职工生计】由于轻工系统停产企业多，企业改制后遗留问题多，企业和职工面临的发展问题、生计问题日益突出。多年来轻工业总公司一直把解决职工生计问题、发展出路问题做为工作重点，坚持不懈。2017年共慰问困难职工11人（户），最大限度地解决了企业贫困职工、下岗失业职工的实际困难。

【社会保障】认真做好离退休干部入医保及养老保险政策宣传工作，推动政策在系统企业内落实，做到政策不棚架，耐心细致向有意办理的职工解释办理流程及所需要相关材料，并全程周到服务，达到离退休干部满意。全年为企业解决养老金无入人员9人，退休干部（职工）累计办理职工医疗保险166人，代收代缴商业保险279余人。

（撰稿：郑留玉　审阅：杜军杰）

电力供应

【概况】新郑市供电公司属国家中二型企业。担负着新郑市全市的供电任务。公司现有主业在岗职工537人。所属变电站17座，主变 34台，变电总容量达到1118.1兆伏安；110千伏线路25条245.32千米，35千伏线路14条130.018千米；配电变压器3542台，容量1197.835兆伏安。全员劳动生产率169.96万元/人·年。

【安全生产】持续强化安全监督，建立施工现场动态监督管理机制，依托电能质量在线监测系统进行专业闭环管理，有效提高电力可靠性管理水平。不断精益"两化"管理，统筹老旧设备改造，输、配电设备跳闸数量分别同比下降26.7%和23.5%。联合工信委和安监局开展输电线路通道安全隐患专项治理，清除树障和违章建筑，及时制止线下三违，完成郑州市第一座垃圾燃烧电厂项目接入投运。电力保障安全可靠，强化应急抢修队伍建设，完成龙王、梅河变电站主变增容扩建等一系列度夏工程，电网经受住了62.59万千瓦最高用电负荷的考验。完成黄帝故里拜祖大典、园博园、"十九大"等重大保电任务。截至2017年12月31日，实现连续安全生产10317天。

【电网建设】电力专项规划取得新进展，完成电网规划与新郑市城乡总体规划和新郑土地利用总体规划的有效衔接，确保将电网规划项目纳入新郑市政府总体规划。编制完成新郑市百城提质电力专项规划，明确至2030

新郑市供电公司党员服务队队员到该市新华路小学，面对面为学生们传授安全用电、节约用电、电力设施保护等知识

年规划变电站站址位置和线路规划廊道，重点解决了项目落地难的问题。电网建设管理实现新提升，新建完成110千伏暖泉输变电工程，有序推进110千伏铁西输变电工程。完成4座新建110千伏变电站前期准备工作。发挥属地协调职能，确保了220千伏输变电工程按期开工建设。配网标准化创建工作顺利通过国家电网公司验收。

【营销服务】实施服务提升攻坚，对客户投诉比较集中的问题开展集中治理，加大“零容忍”考核力度，服务质量和服务意识有所改善。践行服务宗旨，按照上级统一部署，成立园区供电所，重点服务新港产业集聚区发展建设。落实“放管服”改革要求，业扩办电效率进一步提高，全年新增各类高低压业扩报装用户11620户，容量49.14万千伏安。成立带电作业班，开展配网不停电作业24次，增加供电量4.59万千瓦时，减少停电时户数89991户。积极服务新能源发展，实施冰蓄冷等6个节能示范项目建设，在12个乡镇供电所推广电采暖技术，累计实现替代电量8亿千瓦时，接纳分布式电源光伏项目容量52.6兆瓦。公司“电能替代”工作得到了河南省多家媒体的关注和专题报道。全力服务重点项目，配合政府实施了29项电力线路迁建（改）及配电工程建设。全力做好“散乱污”企业和“封土行动”施工工地停限电，强力配合新郑市大气污染综合治理攻坚行动。全面落实居民峰谷分时电价和供暖期阶梯电价政策。扎实推进“三供一业”分离改造，完成郑煤集团2处家属区682户居民供电分离改造移交，签订完成公司职工家属区供水、物业分离改造移交协议。发挥行业优势，按照“精准扶贫”要求，结对帮扶龙湖镇东徐村。降损攻坚取得显著成效，公司组织200余名员工成立帮扶“突击队”和“尖刀班”，开展“两率一损”攻坚大会战，实现采集覆盖率99.95%，采集成功率99.35%，台区同期线损合格率提升至78.16%。加快推广应用智能缴费业务，市政府下发《关于推进电力智能化应用工作的通知》文件，为公司顺利推广智能缴费业务提供了有力的政策支撑，实现费控覆盖率96.62%。

（撰稿：王亚苹 审阅：赵健勇）

交通 通信

TRANSPORTATION & COMMUNICATION

·交通 通信 >>>

TRANSPORTATION & COMMUNICATION

公路交通运输

【概况】新郑市交通运输局位于繁荣街108号。内设办公室、编制人事科、工程管理科、财务审计科、路政运政科、安全监察管理科、行政审批科、质量监督科8个科室，下辖公路管理局、交通建设投资管理中心、交通战备办公室、新郑市交通运输局执法所、农村公路管理所、道路运输管理局、新郑市汽车综合性能检测站、新郑市地方海事处、新郑市汽车站、新郑市运输公司、新郑市祥通客运公交公司、郑州怡和运输公司12个二级机构。系统现有职工1238人，其中行政人员24人、事业人员711人、企业人员503人。

【主干道路建设】围绕市委、市政府“双融入、双承接”发展战略，积极推进“三化”协调发展，按照“北进东连、统筹西南”的建设思路，累计完成道路建设投资87.64亿元，新修、改建道路37条173.3千米，进一步完善了“十纵十横”城乡路网体系。

【农村公路建设】按照河南省、郑州市“十件实事”要求，为实现农村公路标准化建设目标，认真组织，科学安排。2017年共争取上级农村公路建设项目8个7.48千米，总投资388.96万元。

【道路运输管理】不断加强内部管理，提高运政执法队伍素质，切实履行道路运输管理职责，扎实开展道路运输市场整治，维护道路运输秩序，保障道路运输安全。全年共开展客、货运企业检查242家次，开展维修企业检查229家次；整改运输企业60家次，整改维修企业232家次；许可运输企业15家，许可维修企业44家，新增货运车辆1049台，年度审验货运车辆3709台；有效地促进新郑市道路运输市场安全生产工作的稳定、有序开展。

【机动车辆综合性能检测】认真完成重大活动及节假日期间车辆技术性能检验工作，全年共检测道路运输车辆11824台次，合格率达到100%,没有发生一起因检测质量问题而发生的安

以城乡公路为依托，以村村通公路为脉络，干支相连，纵横交织的交通公路网络率先在郑州市实现了由“村村通”到“村村串”

全生产事故，为创建“平安交通”提供了有力的基础保障。完成了全市所有在册车辆的技术管理工作，实现了营运车辆建档率、技术等级评定备案率、营运车辆技术等级评定上线检测率均为100%。

【依法行政】路政管理，始终以维护公路路产路权为重点，以确保公路安全畅通为着力点，齐抓共管，加大巡路巡查力度。路巡路查共制止利用公路打场晒粮50余处，清除违章占路广告牌150块。超限超载治理方面，全年共检查车辆524735台次，查处超限超载及非法改装车辆387台次，转卸载货物 15856.77吨，有效打击了超限超载运输行为。

【安全生产】在做好日常安全生产监管工作的基础上，围绕“道路运输专项整治”“安全生产大检查大整治”“隐患清零”“平安交通”“打非治违”“春运”“拜祖大典”“五一”“汛期”“十一”等重要专项活动及时段，多次召开系统安全专题工作会议，强化对系统安全生产工作的安排部署，同时对重点区域和重点部位加大安全隐患排查治理力度。2017年，组织对全系统开展安全生产隐患排查87次，共排查出各类安全隐患170余处。对安全隐患实行领导包案、分级督办和动态监控，并规范了隐患治理台账，建立安全责任落实五项规章制度，确保了全系统综合监管、行业管理、企业主体等责任的落实，全行业未发生一起生产安全事故，有效维护了全市交通运输环境秩序的稳定。

（撰稿：王少武 审阅：杨伟增）

铁路运输

【概况】新郑车站位于新郑市境内京广线722km＋245m、新（郑）（新）密线与京广线接轨处，隶属郑州车务段，为二等货运中间站。车站下设运转、货运、后勤3个车间（班组）。现有干部职工157人，其中管理干部5人。火车站现有东、西2个货场、固定调车机一台，主要担负着新密线列车的中转、解编和本站货场、整车货物的发到运输、专用线装卸车取送车任务。

2017年，新郑火车站以确保“春运”“集中修”、防洪防汛、防暑降温、防寒过冬等工作为重点，从管理制度、现场作业、关键卡控等方面抓起，确保了安全稳定，截至2017年12月31日，顺利实现了安全生产10506天。结合“文化线”“标准线”建设，抓好契机，以“查、思、整”为思路，采取“坚持一个不变、突出二个重点，实现三个效果”的工作举措，即：坚持安全生产的主线不能变，突出安全基础管理、现场作业控制两个重点，实现提高作业标准、净化安全环境、提升管理水平三个效果，保证车站的安全稳定、经营收入持续发展。

【安全管理】面对基础管理薄弱的现象，强化基础制度的落实，组织各班组管理人员重新学习《违章违纪管理办法》《零星假管理办法》《考勤制度》等基础管理要求，利用点名会、职工大会向职工宣传安全形势和社会发展形势。抓好“四项工作”，转变职工思想，增强全站职工对新郑站以及所在岗位的珍惜感、压力感、认同感和归属感。有效消除职工“闭关造车”“做一天和尚撞一天钟”的错误思想。

准备好班前预想，由值班员、调车区长、调车长在班前根据当日的天气情况、站存车情况展开切合实际的安全预想，提醒安全注意事项和工作重点。执行好团队管理，要求各班组职工上岗下岗必须执行列队要求，“两人成排、三人成行”，展现统一性和集体性，对口交接。汲取事故教训，利用职工大会等时间宣传活动内容和要求，班前组织学习近期发生的行车、调车、人身事故案例，并详细分析事故的原因、后果，以事故汲教训，以教训保安全。转变好思想观念，要求各班组从思想认识、工作作风、现场作业、两纪一化等方面全面开展安全讨论、自查自纠，查关键、查倾向、查典型。每次交接班时结合作业实际，提示人身安全关键处所和作业关键环节，做到每天必讲、必问、必答。抓好日常学习培训，采取“练功比武老带新、云学习系统新带老”的方式，调动全站职工学业务、比技能的积极性。在2017年车务段举办的接发列车比武中，新郑站夺得接发列车团体第一名、调车岗位团体第二名、货运岗位团体第三名的较好成绩。

【现场作业过程】坚持做好安全管理“五个一”要求。（即：岗位检查每日一汇总，安全工作每周一分析，班组管理每月一检查，综合管理每季一平推，管理人员每月一考核），对关键岗位、关键人员、关键作业重点盯控，对查出的问题实行“日督办”制度，对倾向性问题、典型问题每周进行分析并追踪销号，形成闭环管理。

实现现场作业“双盯控”。对站领导、班组管理人员的值班纪律、主副班制度、跟班调车作业要求等内容重新明确。主班值班干部重点在信号楼盯控“切割正线调车作业、施工及天窗作业、设备故障”等关键作业，副班值班干部带队加强现场作业抽查，特别是根据车站实际情况，抓好车辆复检、铁鞋管理等工作。

抓好阶段重点工作推进。对春运、防洪防汛、防暑降温、“集中修”施工、除雪打冰、“4·16”“7·1”“9·21”“12·28”调图等阶段性重点工作，及时制定安全措施、应急预案，加强业务学习、实作演练，提高防范和处置各类突发事件的能力，加强站区协调，强化现场盯控，确保各项工作有序进行。10月26日、11月2日、11月7日先后三次组织除雪实战演练，保证了12月13日第一场雪的安全畅通。

【问题督办】 车站牢记“问题在现场”的要求，加强对关键人员、岗位、时间段进行重点检查，对职工作业标准、工作状态、卫生定置等不定期抽查，通过宣传教育和严格检查，转变观念，提高职工遵章守纪的自觉性。

严格落实“日碰头、周分析”制度，对检查发现的问题尤其是重点问题等以最快时间掌握，利用车站局域网“问题督办”平台，加强问题处理情况的汇报、反馈，确保问题得到有效和彻底整治。每周二召开安全分析会，对前一阶段工作情况进行总结，对典型问题、惯性两违等重点剖析，对涉及安全的每一方面、每一环节进行再检查、再补强，确保安全生产主线不能位移。

结合“安全生产大检查”“劳动安全专项检查”等专题活动的开展，充分发挥班组专管人员、班组长和业务骨干的作用，利用“日常检查、夜间抽查、作业添乘、录音监听”等途径进一步加大检查力度。从现场作业控制、职工作业标准、安全关键卡控等方面入手，以行车、调车、人身、货运、劳动、道路交通、消防、路风等为重点进行深入自查。落实作业联控、岗位互控、关键卡控制度，你错我纠，他漏我补，责任连带，有效地促进了现场作业自控能力的提高。另外，利用设备加大现场盯控力度，特别是充分利用了“调车作业记录仪”，定人、不定时对作业视频进行回放查看，发现了一些深层次的问题。针对发现的问题，分别建立专项问题库，指定专人管理，每周汇总，每月梳理，明确整改人员，限定整改期限。对典型问题、两违等重点剖析，对涉及安全的每一方面、每一环节进行再检查、再补强，确保问题得以解决。

【生产任务目标完成情况】 在运输经营举步维艰的严峻形势下，车站开展常态化市场营销，打造货运新产品，拓展零散货物市场，稳定既有货源和大宗物资运输，加强货运营销能力建设，提升货运核心竞争力。动态关注重点客户产运销信息，及时做好组织改进和协调安排，想方设法多装多运，促进车站效益最大化。另外，及时宣传铁路运输优势和便利，用优质的服务质量，赢得了物资单位的信任和支持。据统计，2017年，车站完成运输收入约2亿元，装30916车，发送货物约198.9万吨。

（撰稿：毛文娟 张文慧 审阅：刘奎）

邮政通信

【概况】 中国邮政集团公司河南省新郑市分公司位于新郑市区中华路南段341号，分公司内设6个部门、2个生产班组、14个支局、9个自办所、1个代办所。邮政营业网点24处，邮政储蓄联网网点11处，信箱信筒25个，ATM自动柜员机46台，自办汽车邮路3条，邮路总长531千米。投递段道72条，其中农村投递线路51条，农村投递里程2900千米。2017年末在岗职工103人，聘用工38人，大专以上学历122人，高中（含中专、中技）学历15人，初、中级职称19人。

2017年，分公司全体干部职工认真贯彻落实市委、市政府和省、市分公司的各项工作部署，充分发挥邮政资源优势，积极融入地方经济社会发展，按照“把握一个基调，突出一条主线，强化一个保证”的总体要求，保持发展定力，增强发展活力，凝聚发展合力，加快“一体两翼”经营发展战略实施，持续深化转型发展、改革创新和管理创新，全面加强党的建设，各项工作取得了新成绩。2017年全年累计实现收入8440万元，同比增长13.6%，邮政服务综合满意度95.2分。

【体制改革】 按照上级统一部署,新郑市分公司坚持原则，严格程序，积极稳妥，分步推进，圆满完成机构设置、职责确定、干部调整、员工竞聘、人员安置、分离移交等工作，确保了经营组织架构改革平稳落地。通过改革，初步构建了外部以客户为中心、内部以经营为中心的“市场经营+经营支撑+综合职能”型组织架构，发展活力进一步彰显。

【网运能力】 优化网路运行生产组织，调整邮件装发流程，进一步加快了邮件传递时限。积极推进智能包裹柜建设，在10个小区投放14组智能包裹柜系统，有效缓解了投递压力，提升了邮政末端服务形象。科学组织邮件处理、运输能力，“双11”期间，在业务量翻番的情况下，网路运行实现平稳有序。

【“证照”寄递业务】 11月17日上午，新郑市政务服务中心与中国邮政集团公司河南省新郑市分公司在政务服务中心会议室举行了“证照”寄递签约仪式，这标志着“证照”寄递服务这一便民措施在新郑市全面启动。办事申请人在政务服务中心办理各类证照业务时，可自主选择证照邮递送达服务，只要选择了寄递方式，申请人只需在邮政快递窗口申请寄递服务委托后，将无需往返政务服务中心取证，办理好的相关证照将由邮政部门实施入户送达，节省了往返取证的时间和费用。此举将最大程度利企便民，让群众和企业办事少跑腿，同时新郑邮政也将严格按照“迅速、准确、安全、方便”的八字服务方针，做到“当天出证、次日送达”，为全市广大群众提供最优质的邮政服务。

（撰稿：李丽娜 审阅：白宗华）

联通通信

【概况】中国联合网络通信有限公司新郑市分公司（以下简称“新郑联通”）位于新郑市人民路118号，现有在职职工149人，其中正式员工94人，委派用工55人。在岗职工大专以上学历90人，高中（含中专）学历40人。公司设有办公室、市场服务中心、政企客户营销中心、建设维护中心，下辖4个生产班组以及14个城乡营业部。市区设置自有营业网点2个，乡镇以营业部为中心共分布自有营业网点10个、合作营业厅19个、专营店33个、代理点3个，共同组建了新郑联通公司完善的通信服务网络。

【网络建设维护】网络建设及光改：2017年 固网建设共计完成市区第二社区、溪水湾等新建驻地网宽带接入工程项目56处，驻地网建设投资156.98万元，新建FTTH端口16446线（其中智慧酒店项目16处，744线）。全年累计完成前端扩容及端口调整需求132处，扩容及调整宽带端口1848线.移网建设新建宏站基站11个，拆迁重建基站10个，新建室分30栋楼。

设备维护及资源管理固网：2017年支撑了黄帝故里拜祖，完成各支局远程电表上线开通工作，完成西关支局发电机搬迁，完成人民路及中华路核心设备路由优化,优化本地核心6503设备上联改造1台，开通数字电路25条，开通光纤IP 96条，开通了国家293台数字电路环路，开通FTTH分光器640个，完成OLT扩容20块板子，对OLT语音及IPTV从7609割接到BASE共23条，并拆除23条从OLT到7609上联，处理集约化工单260条，处理集团等各种固话障碍共1200余次，完成重保电路20条，完成观音寺支局，梨河支局，千户寨支局机房整改工作，人民路端局正在整改中，目前正在收尾，处理FTTH光缆劣化工作。移网:10个网元室外一体化基站上收；黄帝故里拜祖大典等大型活动支撑工作；新郑12个乡镇及市区网络优化工作； 2个BBU集中放置机房搬迁整改工作；零话务小区整治118个；20个基站硬件减容工作；完成222个基站小区扩容；拆迁重建开通基站5个；4GRRU在服率完成97%以上。电费合同类：完成8个基站转供电改造；TOP50控制在每月不超3个；新建基站租赁合同及固移网用电协议100套。资源管理：先后对87个新建FTTH小区1142个分光器、52个PON+LAN设备资料进行及时、准确地录入并结合业务发展需求扩容44个分光器，绑定装维区域813个，割接用户资料22539个，以及对RM系统中256887主干线对、327345配线线对电缆进行删除，并配合各相关部门进行数据的维护处理746次。

线路维护：全年共处置各类固、移网光缆障碍、抢修共1692起。大型线路迁改、落地15起，新建集团客户光缆156条，新建FTTH扩容1680端口。

【数字城管项目】“百城建设提质工程”是河南省各级党委、政府积极推进的一项重要工作，为积极“打造数字城管项目 建设和谐宜居新郑”新郑联通公司领导高度重视，全力以赴做好服务、支撑工作，被授予“2017年度数字城管工作先进单位”，为“百城建设提质工程”做出了积极贡献。

【黄帝故里拜祖大典通信保障】新郑联通积极配合政府相关部门，协调省市公司，为知名媒体提供拜祖活动现场的音、视频及互联网的传送服务，为黄帝故里拜祖大典提供通信保障。公司20余人参与了黄帝故里拜祖大典通信保障工作。为做好此次拜祖大典及黄帝文化国际论坛通信保障服务，整修入市管道人井23处，布放光缆24芯3千米，架设2M电路8条、百兆互联网IP电路5条、郑州广播电台裸光纤2条，现场安装开通固定电话20部，开通2G、3G应急通信，确保了拜祖大典现场联通手机用户的网络畅通。连续12年被市委市政府授予“黄帝故里拜祖大典先进集体”（三等奖）荣誉。2017年，公司积极应对日趋复杂的市场竞争环境，在不断应对挑战、破解难题的过程中，实现了持续稳步发展。

（撰稿：李玉兰 审阅：常永平）

移动通信

【概况】新郑移动，全称为“中国移动通信集团河南有限公司郑州市新郑分公司”，于1999年10月18日正式挂牌成立，隶属中国移动通信集团河南有限公司郑州分公司管理，属国有内资上市企业。2017年，新郑移动共有员工133人，经理1人，副经理2人。机构设置有：三个部室（综合支撑室、市场营销室、集团客户室）；三个中心（渠道管理中心、客户服务中心、校园营销中心）；下设10个乡镇营业部（龙湖营业部、市区营业部、和庄营业部、新村营业部、辛店营业部、郭店营业部、薛店营业部、孟庄营业部、梨河营业部、观音寺营业部）及500余个移动代办点。

2017年，是公司全面落实“大连接”战略的攻坚之年和全面从严治党的深化之年，新郑移动分公司认真贯彻落实新郑市委市政府工作要求及公司“一二三四六”工作部署，以保持行业增长和客户服务双领先为主线，因地制宜，智慧营销，坚定信心，用心工作，发挥优势，服务大局，使企业步入了持续、稳定、健康、协调发展的快车道。2017年，新郑移动客户达69.56万户，现网运行基站2494座，纳地方税收629.35万元，实现了新郑境内无缝隙覆盖，先后被授予“全国总工会模范职工小家”“集团公司先进基层党支部”“省级文明单位”“省五一劳动奖状”“省级青年文明号”“省公司先进部门工会”“省公司基层党组织建设达标单位”“省十强营业部”“省模范职工小小家”等省级以上荣誉称号9项，还被授予“郑州公司安全生产先进单位”“郑州公司先进部门工会”“班组建设先进集体”“新郑市先进基层党组织”“消费者信得过单位”等县市级荣誉5项。

【业务管理】 强化用户实名登记关键环节管理，对新入网用户严格执行新入网现场拍照留存用户照片要求，未实现的暂停售卡，严禁为拓展新增业务指标违反实名制要求。针对新郑节点下开户的物联网卡品进行全量梳理，按照三证两授权一协议的规定进行实名登记，对新增业务严格按照要求办理，对于不属实的集团单位进行整改或者予以关停。防范打击通信信息诈骗，持续净化网络空间，配合公安部门做好伪基站的定位和打击。

【行风建设】 进一步强化前后台分离的“前台登记、后台查验、集中监控”的事后监控和过程管控，有效防范违规行为。建立健全服务营销协同机制，强化服务前置管理，实施营销、产品等事前事中和事后的全方位服务评测。持续强化社会渠道违规治理和质量提升，严禁社会渠道实施二级代理发展业务。进一步清理资费套餐，简化资费结构。更新、规范优惠举措服务内容，积极开展取消长途漫游费及降低国际长途资费的相关宣传。将“五条禁令”要求全面向公司各级员工、社会渠道、第三方支撑人员进行宣传，强化人员责任意识。

【工程建设】 2017年新建基站102座，现网运行基站总数达到2494座。完成宏站LTE五期新建34座、微基站56个，完成室分基站LTE五期29处物业点。新增管道线路6.5千米，架空线路281千米，布放光缆403千米，新增集团专线620条。

【网络维护】 以客户感知为标准，以提高通信质量和覆盖效果为重点，持续开展网络优化活动，努力打造城镇精品网络和乡村精品网络，强化在重点区域、重要地段和人口密集区的网络领先优势，确保客户随时随地通信畅通。2017年完成基站应急扩容73站次，新增载频126块，天线优化调整144站次，基站累计应急发电4432多小时，处理设备告警及其他各种故障2321次，先后为丁酉年黄帝故里拜祖大典、黄帝文化国际论坛等大型活动的成功举办及新郑市跨越式发展提供了强有力通信保障。

（撰稿：宋智谋 审阅：周俊领）

商业贸易

COMMERCIAL TRADE

·商业贸易 >>>

COMMERCIAL TRADE

商贸服务

【概况】 新郑市商业贸易总公司位于中华南路326号，主要职责是为商贸系统的企业和职工提供管理和服务。总公司现有干部职工6人，公司内设一室二科：综合办公室；人事、财审科；信访稳定、安全生产监督管理科。下属企业有新郑市郑韩饭店、新郑市食品公司。2017年，新郑市商业贸易总公司认真贯彻落实市委经济工作会议精神以及市委整体工作部署，紧紧围绕责任目标，狠抓工作落实，圆满完成了各项工作任务。

【信访稳定和安全生产】 信访稳定和安全生产是商贸总公司的重要工作。年初，公司与二级机构签订了目标责任书。2017年，面对严峻的信访形势和安全生产稳定工作，商贸总公司进一步贯彻落实国务院《关于特大安全事故行政责任追究的规定》《中华人民共和国安全生产法》和《信访工作条例》，强化领导责任,落实工作任务,提高了干部职工的信访稳定和安全生产工作意识,确保了大局稳定。认真贯彻市防汛工作会议精神，认真开展自查，保质保量做好防汛物资的储备工作。储备便携式工作灯5000只、灯泡2000只、电缆线6000米、铁锤100把，并与各单位签订防汛责任书。继续实行领导干部分包企业责任制和信访接待日制度。商贸总公司副科级以上领导干部坚持定期深入基层，帮助企业理清工作思路，及时调查职工反映的热点、难点问题，切实解决疑难问题。对系统不稳定因素进行了认真细致的排查，对不稳定隐患及时进行排除，确保了全系统不发生不稳定事件。针对商贸系统历史包袱沉重、下岗职工多等问题，积极为下岗职工创造良好的就业环境。认真做好企业军转干部和离退休人员思想稳定工作，严格按照政策，积极为他们搞好服务，解决他们生活中的实际问题。建立了安全生产和信访稳定隐患定期上报制度。总公司对交办的案件积极主动，深入调查，了解情况，帮助解决。严格安全生产工作制度，定期不定期进行安全工作大检查。一年来，全系统未发生过一起安全生产和越级上访事件，为全系统各项工作的顺利开展创造了良好的发展环境。

（撰稿：刘东　审阅：李鸣）

供销合作

【概况】 新郑市供销合作社联合社（以下简称新郑市供销社）是市政府直属正科级事业单位。市社机关现有在职人员27人，设有五科一室，分别是业务科、组织人事科、财务审计科、股金管理科、安全生产科、办公室。下设二级机构23个，其中基层供销社11个，直属公司12个。为健全农村市场体系，发展适应现代农业要求的流通产业，国务院决定实施“新农村现代流通服务网络工程”（简称“新网工程”）。“新网工程”旨在大力发展农业生产资料现代经营服务网络、农副产品市场购销网络、日用消费品现代经营网络和再生资源回收利用网络。新郑市自2009年开始实施新网工程建设。全系统按照国家和省、市政府要求，结合新郑市供销社的实际情况，狠抓项目建设、龙头企业培育和乡镇级超市、村级综合服务社建设工作，以现代流通方式改造传统的经营体制，使供销合作社的网络得到升级和完善，也使供销社在统筹城乡经济协调发展的进程中焕发出生机与活力，为推动新郑市经济发展做出了积极贡献。

全系统约完成商品销售总额59.3亿元，其中电子商务销售额3000多万元，连锁经营销售额9亿元，化肥销售10.5万吨，土地流转66.67公顷。

【互联网+农产品营销】 推动“互联网+农产品营销”，促进农产品销售。积极培育“互联网+农产品营销”经营主体。引导农产品批发市场、农民专业合作社、家庭农场等经营主体，依托优势特色产业发展农产品电子商务，打造一批农产品网上销售品牌店。组织农产品电子商务产销对接。引导好邻居公司、君丰蔬菜、赵霞剪纸等8家企业及农民专业合作社与郑州供销“农三品”网站进行网购市场对接，拓展农产品电子商务销售渠道。立足郑州市供销网络销售平台，制定“互联网+农产品营销”行动计划，全力推进上级社“一村一品一店”的建设规划，实现“农产品进城”和“工业品下乡”双向流通。

【为农服务社】 2017年，共建设村级综合服务社710个、专业合作社60个、联合社3个。围绕新郑市农业产业特色，推进农民经纪人队伍建设。组建农民经纪人协会，组织7名农民经纪人参加省级高级农民经纪人培训，组织市级培训150余人次。同时直接参股扶办农民专业合作社和联合社。2017年，在观音寺玉米种植面积较大的地区领办农民专业合作社，为农户免费提供给合作社、农户，突显合作社+农户共同发展的模式，通过合作社平台采用种肥同播等方式谋求服务新路径。

【再生资源管理】 充分发挥再生资源管理办公室和再生资源协会组织协调、监督职能，加大对全市再生资源回收利用行业的管理，定期不定期对各类收购网点、流动收购人员进行检查，杜绝经营中违法情况的发生。为新郑市再生资源行业的健康稳定发展和建设友好型、环境节约型社会作出了积极贡献。

【传统业务】 供销社担负着农村商品流通主渠道重任。一是好邻居日用品配送中心多方组织货源2300多品种商品，合理优化直营店、镇级超市和村级综合服务社网点配置，加大调拨力度，保障市场供应，稳定物价，稳定民心。二是配合相关部门整顿和规范烟花爆竹市场，保障群众节庆和红白喜事需要，安全消费。三是积极推进再生资源分拣中心和社区回收站亭建设，目前建成社区站亭32个。四是积极寻找新的发展方向，开展农产品购销，帮助农民增收致富。在新型城镇化建设上，抓住机遇、解决农民买难卖难问题。一年来组织各类农副产品销售9300多万元，经过加工包装的龙湖大樱桃、梨河君丰种植蔬菜、黄埔蔡蔬菜等绿色、无公害产品，一经投放市场就深受消费者喜爱，产品供不应求，一路畅销。同时，大力发展村级综合服务社，领创办各种类型的专业合作社和行业协会，积极为农业、农村、农民提供综合性、系列化的经济技术服务，推动农村经济发展。2017年，共领办专业合作社60个，入户农户2735户，带动2427农户，助农增产增收9300多万元。如利用古老民间艺术领办的赵霞剪纸专业社，通过培训入社农户生产、联系外销，以“公司+基地+农户的方式生产，使这一民间手工剪纸艺术得到传承；如君丰种植专业社，实行“六统一”管理模式，提高了产品市场竞争力。新郑市农村合作经济组织联合会、新郑市龙湖林果种植技术协会、专业合作社联合社的作用正在凸显。

（撰稿：卢鸿昌　审阅：张江波）

物资贸易

【概况】 新郑市物资总公司位于黄水路东段，机关行政在岗干部职工11人，物资总公司主要工作职责：负责解决物资系统历史遗留问题、帮助下岗失业职工就业再就业、负责物资系统信访稳定安全生产、承办市委市政府交办的其他事项等。机关内设党政办公室、安全稳定科、人事科。下属企业有物资租赁公司、燃料公司、特种油品公司等10余家企业，在册职工429人。2017年，物资总公司团结带领全体干部职工解放思想，开拓进取，扎实工作，各项工作取得了新的成绩。

【信访稳定和安全生产】 面对严峻的信访形势和繁重的维护稳定任务，进一步深化对信访工作重要性的认识，把信访工作列入党政议事日程，作为一项重要的内容抓紧抓好。主要领导多次专门听取信访工作汇报，研究信访工作，针对本系统停破产企业多、失业下岗职工多、流动性大、难以管理的特点，制定出台了物资总公司《关于建立信访稳定工作新机制新体制的意见》，对全系统的信访工作进行排查摸底，登记造册。对信访群众反映的问题进行分类，明确工作重点，深入基层走访座谈困难职工，保持了安定团结的良好局面。

2017年，总公司切实加强安全生产工作，经常开展安全生产大检查，重点检查各公司安全生产规章制度的完善和落实情况、职工安全教育和特种人员的持证上岗情况，集中排查并及时消除安全隐患，有效预防各类安全事故的发生。全年没有发生安全生产责任事故。

【就业和再就业】 就业再就业是解决失业下岗职工困难的关键性措施。一年来，总公司积极配合人劳局、工会等部门，对下岗失业职工开展技能培训，为下岗职工自主创业创造良好的环境和条件，共培训下岗职工18名，实现再就业12人。救助困难下岗失业职工16人。

（撰稿：黄现生　审阅：王水宾）

粮食购销与加工

【概况】新郑市粮食局位于新建路612号，主管全市粮食流通、军粮供应和粮油储备工作。局机关现有干部职工31人，工资由财政全额供应。内设四科二办。分别是业务科（含安全生产科）、综合科（含信访办）、政工科（含党委办，主管：组织宣传，党政工团，纪检监察，计划生育，老干部等工作）、财务科、局办公室、市场管理办公室。下属7个国有粮食购销企业(12个购销库点)，共有干部职工263人，仓房149座，容量16.1万吨。其中5个是自收自支的事业单位，分别为：河南新郑国家粮食储备库、新郑0123河南省粮食储备库、新郑0125河南省粮食储备库、新郑0151河南省粮食储备库、新郑0152河南省粮食储备库；企业单位有2家，分别为：新郑市郑韩粮油购销有限责任公司、新郑市郑源粮食储备库。

【粮食流通】抓好粮食收购工作，促进企业增效农民增收。严格粮食收购管理。坚持立足主渠道，积极服务“三农”，做好粮食收购政策宣传与落实工作，提高种粮农民积极性。做好粮食收购准备工作，全系统共准备完好仓容17万吨，维修机械75台（套），检测仪器33台（套），筹措收购资金1.2亿元，组织职工参加培训50人次。组织夏粮、秋粮两季产购调查，组织社会多元主体开展好粮食收购工作，确保入库粮食数量真实，质量良好。通过广大干部职工的共同努力，2017年全市共收购粮食500993吨，其中收购托市粮91719吨、市场粮409274吨，现存有地方储备粮14600吨，完成4500吨地方储备粮的轮换任务。

强化行业管理，维护粮食流通秩序。认真学习贯彻国务院颁布的《粮食流通管理条例》和《河南省粮食流通管理实施细则》，深入开展粮食法制宣传教育，切实增强全行业厉行法治意识，实施依法治粮。积极推进粮食监督检查信息化建设，全面落实新的粮食流通统计制度，进一步扩大统计范围，推动数据网络直报，做到统计数据真实、完整、准确。加强监督检查，重点开展粮食收购市场、政策性粮食购销活动、储备粮管理以及清仓查库等方面的监督检查，严厉查处损害农民和国家利益的违法违规行为。按照《粮食流通管理条例》等法律法规的规定，继续做好粮食收购资格审核工作，2016年共审核通过41家，有力地维护了本市的粮食流通秩序。

【仓储管理】严格执行粮油仓储管理规范，坚持粮情检查制度“一符三专四落实”制度、环境卫生管理制度常抓不懈，确保全市储备粮油规范化管理保持全省领先水平。严格落实粮食安全要求，全面履行工作职责，实行安全储粮一把手负责制，落实储粮管理责任制，全市储备粮食“四无”率达到98%以上。结合实际，调整、充实、完善新郑市“粮安工程”建设方案，全力抓好以“建设粮油仓储设施、打通粮食物流通道、完善应急供应体系、保障粮油质量安全、强化粮情监测预警、促进粮食节约减损”等为主体的“粮安工程”建设。

【粮企改革】树立“立足粮食求生存，跳出粮食求发展”的经营理念，抢抓机遇，科学运作，保障企业取得较好的经济效益和社会效益。围绕推进供给侧改革，引导企业优化产品结构，扩大粮油精深加工，拓宽价值链，开发营养化、专用化、多元化等符合市场需求的粮食产品。鼓励粮食购销企业与粮食加工企业、粮食经纪人、种粮大户、农业合作组织等建立稳定的合作关系，优化资源配置，实现优势互补。整合军粮供应中心、放心粮油店等粮食供应网点资源，延伸经营触角，搞活粮油经营。

【基础设施建设】2017年，全力做好新郑0123河南省粮食储备库西关库区和新郑市郑源粮食储备库龙王库区的搬迁重建工作。0123库西关库区新址位于城关乡，占地约2.67公顷，工程项目按照国家一类储备库标准进行规划建设，新建储备库的整个库区将建有现代化、智能化的新型粮食储备仓库8幢，每幢仓容为5000吨，总仓容为4万吨。0123库西关库区已拆迁完毕，正在协调新建库区土地等有关问题，预计2019年底完成新库建设。郑源粮食储备库龙王库区新址位于龙王乡，占地约1.87公顷，工程项目按照国家一类储备库标准进行规划建设，新建储备库的整个库区将建有现代化、智能化的新型粮食储备仓库4幢，每幢仓容为1.25万吨，总仓容为5万吨。2017年，龙王库区已拆迁完毕，前期准备工作已经就绪，正在进行地质勘探等工作，力争在2018年底完成新库建设。加大危仓老库、机械设施维修工作力度，2017年粮食系统积极筹措仓房维修资金200多万元，改造维修仓容3万余吨，进一步提升储粮条件。同时严格资金使用程序，粮食局全程参与，公开透明招投标，保证资金使用合理、到位。

（撰稿：高　昭　审阅：李天兴）

食盐专营与管理

【概况】新郑市盐业管理局（盐业公司）位于新建路536号，为一个机构两块牌子，负责新郑市盐业市场监管和各类盐产品（食盐、精制工业盐、工业原盐、洗化盐等）供应。内设办公室、财务科、盐政科、营销部等四个科室。

2017年，盐业公司共销售各类盐产品21127吨，其中企业用大包装食盐15494吨、入口小包装食盐4030吨，全市合格食盐有效供应。被新郑市委、市政府评为"绩效考核先进单位"。

【食盐专营】2017年，是盐业体制改革两年过渡期的第一年。由于国家实行新的食盐专营体制，许多食盐批发企业同时冲击新郑盐业市场，新郑食盐销售工作遭遇巨大挑战。为此，盐业局（盐业公司）千方百计找准制约企业发展的瓶颈以及企业面临的问题，研究企业发展的思路，明确工作方向，采取有效措施，为企业生存发展寻找出路，逐步扭转了不利局面。实施营销竞争激励机制。在原来食盐营销客户经理制的基础上，打破划片分区、任务平均的大锅饭模式，形成责任到人、分工明确、相互配合、奖勤罚懒、末位淘汰的营销竞争激励机制。适时调整产品结构。根据企业经营实际和市场状况，今年以来先后向市场投放了低钠精纯盐、"鲁晶牌"海盐系列食盐、弱碱性食用盐以及盐灸系列保健盐等不同产地、不同规格、不同用途的盐产品，丰富了本地盐产品种类，满足了不同层次、不同需求的群众的生活需要。开展精准物流配送服务。成立配送组，通过加强食盐配送车辆的配备和管理，发挥和提升配送车辆的使用效率，降低物流成本。创新发展思路。谋划实施互联网+盐业的销售模式，通过与电商平台合作，抢占市场先机。实施品牌战略，购买、注册自己的商标，逐步以自有品牌开展经营活动，促进销售，实现盈利。与科研机构、食盐生产企业在盐产品研发、生产、销售方面合作，扩宽市场渠道，提升企业利润空间。与新郑邮政开展战略合作，利用邮政遍布全市的网点，抓牢农村市场终端，实现合作共赢。

【盐业市场监管】实施盐业体制改革以来，全国多家食盐生产企业和销售企业纷纷涌入新郑市，导致本市食盐市场供应主体多元、产品良莠不齐，给群众食盐安全带来隐患。对此，盐业局着力规范食盐流通秩序。重点对食盐供应主体资格进行检查，严格执行食品供应索证索票制度，通过索证索票，规范食盐零售行为，确保市场上的合格食盐供应；加强企业用盐管理。不断加大对食品生产企业检查力度，重点检查是否按规定用途使用盐产品，防止不合格食盐流入食盐市场；强化餐饮用盐监督。日常对饮食加工、集体食堂、小饭店等餐饮用盐单位不定期开展拉网式排查，防止用不合格食盐、工业盐进行饮食加工。适时开展专项整治。一年来，先后开展了丁酉年黄帝故里拜祖大典期间食盐安全集中整治暨春季食盐安全大检查活动，中、高招期间暨夏季食盐安全专项整治活动，中秋、国庆及十九大期间食盐安全专项整治活动，积极参与了新郑市创建食品安全示范城市工作。2017年盐业行政执法共进行行政指导32次，查处盐业违法案件3起（其中以工业盐冒充食盐使用1起），有效纠正了盐业违法行为，维护了全市盐业市场秩序稳定和群众食盐安全，一年来新郑市未出现食盐安全事件。

【简政放权】根据上三级关于"五单一网"制度改革和简政放权的有关要求，盐业局（盐业公司）结合本单位实际，适时调整权责清单，简化工作程序，优化工作流程，精简办理时限，为群众提供了方便、快捷、优质的行政审批服务，特别是为群众提供的预约服务、延时服务和上门服务，在市政务服务月度工作考评中被多次肯定。2017年5月，根据国家盐业体制改革有关精神和省盐务局关于停止办理《食盐零售许可证》的通知要求，盐业局积极与相关部门对接，及时提供取消食盐零售行政审批事项的必要资料，确保国家简政放权有关精神落实到位。

【科学补碘宣传】利用"3·15"消费者权益保护日、"5·15"全国防治碘缺乏病宣传日、2017年全市食品安全宣传周系列宣传活动等一切有利时机，深入市场一线，深入乡村社区，深入广大群众，通过设立咨询台现场讲解、摆放宣传版面、印发宣传资料、实物对比等形式，广泛深入地宣传了食用合格碘盐预防碘缺乏病、正确食用碘盐等科学知识，提高了群众科学补碘意识和食盐安全意识，营造了全社会关心、支持和参与食盐安全工作的氛围，取得了良好的宣传效果。

（撰稿：白莉莉　审阅：李林祥）

烟草专卖与管理

【概况】新郑市烟草专卖局（分公司）位于人民路490号，现有在职在岗干部职工161人。设办公室、财审科、人事政工科、整规办、安保科、经济运行科、监察教育培训科、专卖管理中心、营销中心、物业办、党建办、第一市场队（部）、第二市场队（部）、第三市场队（部）14个科（室），下设五个市场监管稽查队、一个内部监管稽查队、三个打私打假稽查队。

2017年销售收入10.82亿元，同比增长16.8%；上缴地方税费2140万元。荣获“2017年度新郑市经济社会发展突出贡献优秀企业家奖”称号。

【卷烟经营】 以市场化取向为改革目标，着力增销量提结构，卷烟经营实现新突破。全年共销售卷烟35115箱，同比增长11.8%，卷烟销量实现了历史性突破，单箱销售收入达到30800元，净增1319元，达到历史峰值。以省、市政府烟草业市场转型升级暨烟草市场整治活动为契机，加快省产卷烟转型升级步伐，全年共销售省产卷烟20740元，同比增长11.34%，省产卷烟单箱销售收入24223元。以现代卷烟零售终端建设和价格自律小组建设为抓手，守好客户服务的前沿阵地，全年共建成现代卷烟零售终端137户，示范街3条。建设价格自律小组152个、小组之家83个，成员2985人，编制了覆盖城乡的价格自律网络体系。

【专卖管理】 持续强化打假破网工作，相继开展了“私批大户专项治理”“利剑2017—清网截流”“烟草市场多部门联合综合治理”等一系列专项整治活动，共查获各类涉烟案件360起，查处违法卷烟2.79万条，涉案案值542.47万元。万元以上案件53起，其中五万元以上案件17起，向公安机关移交大案要案17起，刑拘3人，逮捕1人，判刑4人。持续强化市场基础监管工作，将“卷烟零售市场监管APCD工作法”运用到日常工作中，做到工作有痕迹，信息有反馈，查处有结果。持续强化证件管理工作，全年共受理行政许可申请新办 1107份，延续630 份，辖区持证商户3178户，占人口比例4.98 ‰。持续强化内部监管，按照“内管促内控，内控促自律”的要求，突出同级卷烟经营监管重点，及时处理预警信息，努力遏制真品卷烟非法流通。持续强化法律法规宣传，利用“3・15”“5・15”等法律法规宣传日，通过摆放打私打假展板、发放宣传手册、设立法律咨询台和真假烟识别平台等形式，积极开展法律知识、防范和打击涉烟经济犯罪等宣传活动。

（撰稿：王书勤 审阅：齐向华）

金融

BANKING

·金融 >>>

BANKING

中国人民银行新郑市支行

【概况】中国人民银行新郑市支行位于新郑市中华路南段408号，于1986年人、工两行分设，现内设三科一室(金融服务管理科、金融稳定科、货币信贷调统科、办公室(纪检监察室)。在编人员31人，其中行级领导4人，中层干部12人，中级专业技术职称25人，初级专业技术职称4人。

2017年，人行新郑市支行坚持“稳中求进、开拓创新、正向激励、严格问责”的工作思路，坚定“小而有为、大有、可为”的信念，以积极打造“和谐、平安、有为有位”县支行为目标，牢固树立和贯彻落实新发展理念，认真贯彻稳健中性货币政策，围绕供给侧结构性改革重点任务，将普惠金融与金融扶贫相结合，全面做好稳增长、促改革、调结构、惠民生、防风险各项工作，为新郑经济社会持续健康发展提供了有力的金融支持，较好地完成了上级行党委安排部署的各项工作任务。

【普惠金融】深入领会人民银行郑州中心支行徐诺金行长提出的普惠金融“理念和情怀、普惠授信、普惠金融一网通、普惠金融服务站”四大支柱的深刻内涵，因地制宜打造普惠金融服务站“四+N”服务功能，确立普惠金融服务站乡镇全覆盖、“普惠金融一网通”覆盖到人人的工作目标。因地制宜推出“人民银行主导、地方政府支持、主办银行主办、特约商户参与、市场方式运作”的普惠金融服务站发展模式。行长4次深入服务站开展调研，写出专题报告并扎实推动调研成果转换。编发《新郑市普惠金融工作简报》9期，宣传推广普惠金融理念及典型经验做法等。截至11月末，已建成普惠金融服务站363个，覆盖新郑市1所有乡镇，惠及43.6万辖区农民群众。服务创新，为农户提供数字化普惠金融服务。以“普惠金融一网通”为抓手，采取金融机构+村委会+普惠金融服务站+收单机构“四位一体”的方式，组织金融机构在普惠金融服务站、广场等人流量较大的场所摆放宣传资料、张贴微信“二维

央行支付 服务千万家

码”，提升“普惠金融一网通”的应用效果。目前，新郑市电费收缴等业务已可以通过该平台办理。金融支持“三农”工作，截至11月底，新郑市涉农贷款余额335亿元，占各项贷款的65.30%。

【公共金融服务大厅】立足创新公共金融服务大厅服务功能，延续对外服务项目“一站式”服务场所，有效解决了“最后一公里”服务问题；落实“六项公开”（行政许可和金融服务项目、项目办理依据、每项业务办理程序、相关管理制度、业务办理承诺时限、金融服务监督方式）；配备现代化服务设备，采用“零距离”服务方式，体现“普惠于民”服务理念。截至11月底，共接待个人征信查询2.6万人次，企业征信查询519次；办理残损人民币鉴定32笔，金额4.8万元，收缴假币21.95万元。

【金融服务】以“六比”（比存款、比贷款、比服务、比安全、比税收、比融资）活动为抓手，加大金融服务实体经济力度。认真领会把握货币政策由“稳健”向“稳健中性”转变的背景和内涵，把调节好货币政策闸门作为贯彻“稳健中性”货币政策的重点，正确引导金融机构贯彻落实好稳健中性货币政策。继续加大窗口指导力度，按照“摸底数、提要求、重引导”的工作程序，引导金融机构开展农村金融产品与服务方式创新活动。全年共有51种信贷产品和10种特色服务方式进入“新郑市农村金融产品和服务方式基础数据库”。做好宏观审慎管理和辖区宏观审慎评估工作，引导辖区金融机构把握信贷总量和节奏，保持货币信贷合理适度增长。河南新郑农村商业银行入选2017至2018年度第三次农村商业银行标杆银行（全国共有57家，河南仅有新郑农商行和济源农商行入选）。科学运用合格审慎评估、再贷款再贴现，优化再贷款便利使用，进一步强化农商行、村镇银行在货币政策传导中的渠道作用，降低社会融资成本，为供给侧结构性改革创造了适宜的货币金融环境。促进信贷政策与产业政策深度融合，增进银企互信，构建符合经济结构调整和产业政策发展方向的新型银企战略合作关系。全年组织召开金融机构行长联席会4次，金融形势分析会4次。加强对房地产市场、房地产金融形势的监测分析与研判，密切关注房地产贷款情况，把握好“去库存”和“防风险”的关系。大力推动创业担保贷款业务，支持城镇登记失业人员、建档立案贫困人口以及小微企业等自主创业。截至11月底，全市创业担保贷款余额4271万元，累计发放359笔创业担保贷款，金额为4815万元，支持359户下岗失业人员、返乡创业农民工等群体创业就业。深化金融机构“六比”考核，细化考核办法，进一步激发金融机构支持地方经济社会民生发展积极性。年初，对2016年度“六比”活动先进单位进行了通报表扬。截至11月底，全辖金融机构各项存款余额670亿元、较年初增加52亿元、增长8.41%，各项贷款余额513亿元、较年初增加55亿元，增长12.00%，存贷比为76.57%，存贷款余额继续位居郑州辖区县市第一名。

央行志愿者风采

【金融安全】做好日常风险监测和评估，加强信贷投放监测、存款准备金余额变动监测、物价变动监测、房地产价格监测、工业企业景气、全市金融机构信贷投向投量监测等多项基础性监测，及时向上级行反馈有关信息。加强对重点领域风险排查，对小额贷款公司、典当行、融资租赁公司等机构，加强与地方政府相关管理部门的协调沟通，研判其风险状况和变化趋势，及时提示风险。对稳健中性货币政策执行情况进行监测，监测信贷投放节奏，及时提示信贷风险，引导辖区金融机构特别是地方法人金融机构控制好贷款投放节奏，保持充足流动性。加强存款准备金管理与监测。加强流动性管理，做好辖区金融机构流动性状况的监测，适时对金融机构流动性缺口予以提示。加强利率监测与管理，落实好利率调整和改革政策。扎实做好存款保险制度实施工作，按上级行部署稳步推进投保机构风险评级和风险差别费率实施工作，开展现场检查、风险警示。依据职责，配合地方政府做好打击和处置非法集资相关工作，协调推动地方政府加强对小额贷款公司、融资性担保公司等机构监管，防止非金融机构突发事件向银行业金融机构蔓延。

【金融消费权益保护】 全面贯彻落实上级行《关于印发河南省人民银行系统法制宣传教育第七个五年规划》《法治央行建设实施方案（2016—2020年）》等文件精神，制定落实《人行新郑市支行“法律、消保工作基层行”活动任务分解落实方案》《中国人民银行新郑市支行法治宣传教育第七个五年规划》等，不断提高干部法治思维和依法行政能力，持续提升法治央行水平。做好“双随机”抽查工作，按照《河南省人民银行系统随机抽查工作规程》及行政执法“双随机”抽查要求，更新维护市场主体名录库和执法检查人员名录库，并按要求上报上级行备案。全行共开展执法检查6项。加强执法证管理，规范执法检查，加强执法行为监督。按要求对申领执法证人员进行依法行政培训和资格考核。截至11月底，支行共27人持有执法证。继续做好金融消费知识普及、消费者权益保护工作。加强金融宣传教育，组织全辖金融机构开展了“3·15”金融消费者权益日和“金融知识普及月”等宣传活动7次。做好执法信息公示工作，按要求及时准确上报行政执法信息。

【金融统计】 落实金融统计业务四级管理制度、相互提醒机制和数据保密制度，严格执行金融机构报表人员备案登记、金融机构数据采集人员备案登记、政府部门及人员数据采集报告、行内数据流转登记、统计资料及时归档管理、货币信贷调统科人员对外公布数据审批6项制度。对金融机构开展金融统计执法检查1次，多次对新郑市金融机构开展统计业务培训。

【支付体系建设】 认真落实总行261号文件，落实好账户支付结算新规，防范电信网络新型违法犯罪。按时准确向支付结算处报送各类支付报表。今年共完成上报PISA月报11次，完成农村环境建设支付季报3期。提高账户服务效率,截至11月底，共开立、变更、撤销各类账户8394户。

【反洗钱工作】 加强反洗钱监管检查力度，围绕提升大额和可疑交易报告质量，依据《3号令》规定，对金融机构开展监督检查、风险评估和数据质量评价。加强对金融机构反洗钱合规性和有效性的考核评级。依法配合有关部门做好反洗钱调查、案件协查工作，认真开展洗钱类型分析和涉恐资金监测。组织金融机构开展反洗钱知识宣传活动3次，接受培训、咨询和讲解2000余人次，发放反洗钱宣传材料近2万份。

【人民币流通管理】 巩固提高流通中人民币整洁度，及时查处推诿、拒绝兑换残损人民币行为。督促银行业金融机构落实对兑付出现金全额清分计划，实现各渠道冠字号码查询功能。加大反假货币工作力度，组织金融机构在元旦和春节等期间开展反假货币知识宣传活动3次，得到上级行和受益群体的一致好评。

【国库管理】 牢守国库资金安全和国库系统运行安全底线，确保资金安全。加强系统建设，上线国库监督系统和国库预算收入报表核对系统，及时对TCBS、TIMS系统升级，确保国库核算业务顺利开展。做好国库券收款单兑付工作，上半年兑付本息金额1700元。协同社保、财政、地税召开3次协商会做好社保费征收工作，截至11月底，共征收各项社会保险费10.12亿元。做好国库资金核算工作。截至11月底，共办理预算收入24.34万笔，预算支出3472笔，预算收入退付749笔，零差错。

【征信管理与服务】 坚持规范与发展并重，提升征信管理精细化水平。做好信用查询服务工作，实行自助查询与人工查询相结合，做好征信宣传工作，组织新郑市12家金融机构开展“信用记录关爱日”集中宣传活动4次，效果显著。做好征信业务现场检查工作，制定《新郑市2017年金融信用信息基础数据库接入机构现场检查工作方案》，对农业银行和中信银行进行执法检查1次。

【信息调查研究】 支行认真落实调查研究工作考核奖惩机制，鼓励引导干部职工强化政策研究，加强特色研究。年初对2016年度采用信息、获奖调研文章及课题进行通报表彰奖励。将信息宣传工作任务分解到各科室，定期通报完成情况，激励引导干部职工积极开展调查研究，撰写上报高质量调研报告。认真完成中支安排的专项调研、信息约稿任务，积极上报各类信息。截至11月末，编辑上报政务信息共56篇，其中总行采用6篇、郑州中支《河南金融情况（上报信息）》采用11篇、《河南金融情况（选编摘要）》采用12篇、《河南省货币信贷监测与分析》采用3篇，被《央行青年》采用8篇。完成青年课题2组，行领导课题5组。支行政务信息工作在郑州辖区县（市）支行名列第二。

【年度工作荣誉榜】 中国人民银行郑州中心支行2017年度绩效考核A级单位；中国人民银行郑州中心支行政务信息报送工作先进集体。中国人民银郑州中心支行国库业务考核辖区第二名。

（撰稿：曹伟华 审阅：马伟平）

中国工商银行股份有限公司新郑支行

【概况】 中国工商银行股份有限公司

新郑支行是中国工商银行设在新郑市的分支机构，隶属工商银行河南省分行营业部。位于新郑市中华路与新华路交叉口东北角238号，现有在职职工87人。内设机构有综合管理部、市场营销部、个人金融业务部。下设中国工商银行股份有限公司新郑支行营业大厅和五个二级支行：中国工商银行股份有限公司新郑北关支行；中国工商银行股份有限公司新郑炎黄广场支行；中国工商银行股份有限公司新郑人民路支行；中国工商银行股份有限公司新郑车站支行；中国工商银行股份有限公司新郑双湖大道支行。

2017年新郑支行，以加快转型发展为目标，持续提升网点综合竞争力，严控各类风险，全行上下认真贯彻落实省行、营业部各项部署，取得明显的成效，呈现出良好的发展态势和喜人的经营亮点，实现了各项业务健康有序发展，经济效益不断提升。

截至2017年底，各项存款余额28.02亿元，较年初增长1.76亿元，完成年度任务的97.8%，郑州市郊县行同业排名第二。金融资产较年初增长3.48亿元，完成年度任务的89.2%，郑州市郊县行排名第2。

【对公存款业务】截至12月末，对公存款余额18.68亿元，营业部郑州市郊县支行排名第一，同业排名第二。其中：公司存款余额6.92亿元，较年初新增2.34亿元；机构存款余额11.76亿元。各项贷款余额40.58亿元，郑州市郊县支行排名第二，同业排名第二。较年初增长10.94亿元，增量郑州市郊县支行排名第一，同业排名第一。其中：公司贷款余额8.94亿元，较年初新增4.83亿元（小企业贷款余额20350万元，较年初新增8553万元。中型企业贷款余额69070万元，较年初新增39768万元）；个人贷款余额31.64亿元，较年初增长6.1亿元，郑州市郊县行排名第三。通过资产业务的拉动，机构客户维护，争揽机构存款等措施抓大不放小，在做好雏鹰、政通公司、郑州大学西亚斯国际学院、好想你健康食品枣等大客户流资贷款的同时，积极拓展郑州市华兴玻钢泡沫有限公司、郑州德亿斯顿服饰有限公司等小企业客户，促进全面发展。

【个人金融业务】通过以定期存款为抓手，确保同业领先，掀起直销银行营销高潮。开展以节节高、大额存单、存管通等产品为利器，加大行外新客户、新资金的争揽，重视私人银行客户的营销。2017年底全行的借记卡发卡新增33992张，郊县行第一。融e行客户新增26296户，郊县行排名第一。一键支付客户新增18687户，郊县行排名第一。融e联客户新增25698户，郊县行排名第三。找准市场定位，整合营销渠道，配置营销资源，大力开展市场营销。紧跟上级行产品发行步伐，周密部署，盯到每一天，并加强日常通报及督导，为理财类业务实现良好开局打下基础。充分利用网点阵地，通过海报、展板等形式，大力开展各类理财产品宣传，扩大产品影响力。通过电话、微信、融e联等通信工具，告知客户产品发售信息，吸引客户前来购买。通过对到店客户主动推荐、领卡客户同步捆绑、9944目标客户电话外呼、坚持每日一柜一卡，对品牌信用卡大力宣传，全面提高发卡量。开展“网格化”营销，以员工扫街为抓手，瞄准批发市场、一条街、连锁店等商圈，持续做好“二维码专项营销活动”，采取一个协议签两个产品，把线上线下“一网打尽”，实现POS商户与二维码商户的同步增长。抓互联网营销。依托融e行、融e联、融e购三大平台深入推行场景营销，创新线上营销手段，积极探索场景应用在用户推广过程中新点子、新路子，强化三融品牌形象，充分发挥三融获客、留客、粘客的作用，积极抢占电子银行用户市场。

【信用风险管理】做好个人关注类、次级类、可疑类贷款催收力度,确保本行个人贷款不良率及逾期贷款明显下降。加快不良贷款诉讼、清收进度，力争早见成效。把好贷前调查关，对于关联关系复杂、多头融资、财务制度不健全、产权归属不清晰的客户拒绝建立信贷关系，从源头规避信贷资产出现劣变的风险。对于法人客户不良贷款，采取现金清收、打包出售、诉讼等多种手段，确保信贷资产安全。梳理存量高风险客户，对于贷款存续期内出现临时欠息、未按规定分期还款、存贷比和归行率达不到要求甚至“裸贷”的，列为重点关注对象，建立名单制管理，制定提前还款计划，确保存量贷款不出现风险隐患。

【运行风险管理】结合上级行业务运营管理相关规定及要求，加强网点风险事件管理和运管专业指标考核力度，完善业务运营风险管理考核奖罚办法，强化对网点管理人员考核奖罚，有效控制网点运行管理各项指标。做好现场管理人员业务培训和日常管理，以期达到提高支行、网点整体业务运营管理水平。认真履行检查监督业务辅导等岗位职责，做好业务集中处理、远程授权、电子验印和组合服务交易流程等基础性工作，提升运管质量为业务运营提供保障。

【网点服务与渠道建设】坚持“以客户为中心”的服务理念，落实网点夕会制度，对当日发现的问题及上级行的通报数据，开展批评、帮扶和教育，加大对服务专管员工作强度和频次的考核，做好日常服务检查，按月进行服务通报，纳入网点绩效考核，不断提升员工服务质量。加快推进网点选址搬迁工作，2017年新建成网点1个（新郑龙湖支行），目前该网点的装修工作已顺利完成，安全消防通过相关部门验收，确保尽早开业。同时，做好北关支行的搬迁选址工作，拟在北区建设新网点，扭转网点市场资源匮乏的不利局面，为实现各项业务的发展创造有利条件。

【案件防范】认真组织“合规月月讲”活动，深入开展了“十大重点领域和关键环节”的风险治理和防范，重点挖掘了“看似正常但不合理”的领域和现象，通过多种形式提高全员认识，促进合规经营。通过组织学习《处理规定》，熟知本岗位行为规范和职责，牢固树立制度观念，增强依法合规、遵章守纪的自觉性，自觉远离违规违纪，有效防范和消除违规行为和案件事故隐患,切实打造一支敢于迎难而上、作风优良的党员队伍。引导领导干部认真履行内控案防责任，扎实开展案件和风险事件防控工作，加大对员工参与非法集资活动的排查，全面掌握员工发展动向，规范员工行为提高员工思想认识，从根本上夯实案件防范工作长效机制建设的基础，构建良好的工作氛围，正确处理好业务发展与案防工作的关系，坚决克服重业务发展、轻内控管理的狭隘意识，确保案防工作有序推进，为支行各项业务健康快速发展提供保障。

（撰稿：赵智宽　审阅：崔卫军）

中国农业银行股份有限公司新郑支行

【概况】中国农业银行股份有限公司新郑市支行位于人民路西段290号，在职员工107人，领导班子成员4人，支行机关内设综合管理部、财会运营部、风险管理部、客户部、个贷部等5个部门，下设支行营业室、双湖大道分理处、新建路分理处、车站分理处、薛店分理处、龙湖支行、华南城分理处、辛店分理处等8个营业网点，下设新郑市文化路自助银行、梨河镇自助银行、龙湖镇中原工学院信息商务学院自助银行、薛店镇石材城自助银行等4个离行式自助银行网点。

2017年，以实现“市场竞争力提升、系统贡献度提升、员工收入水平提升、风险控制能力提升”奋斗目标为动力，以“提质扩户增值”工程和“互联网服务三农”一号工程为抓手，深入推进“两大突围”，加快“三大转型”，创新经营机制，加快业务转型，从严防控风险，强化执行能力，聚集发展正能量，各项工作持续健康发展。

截至2017年底，农行新郑市支行各项存款余额361,454万元，全年新增6,765万元，其中对公存款余额79,403万元，较年初下降6,954万元。储蓄存款余额282,157万元，全年新增13,703万元。各项贷款余额214,132万元，全年净增44,611万元，其中公司类贷款27,000万元，个人贷款余额187,132万元。

【存款业务】支行提出了存量流量并重、重日均轻时点、对公储蓄兼顾、大小客户统揽，把存款工作抓到每一天、落实到每个网点、每个部门、每名员工，人人有压力、人人有动力。2017年，支行开展了“提质扩户增值”、行外吸金、“周周比”擂台赛等业务竞赛，组织了贵宾客户答谢会、存款送礼品等活动，机关各部门开展帮扶网点活动，每周抽出人员到网点督导帮扶，利用星周末开展“六进”宣传活动，积极营销，解决基层实际困难。

【资产业务】支行班子主动和政府职能部门、主要领导对接，围绕新郑特色产业、重点客户、重点项目摸排调查，全力营销大客户、大项目，助力新郑市新型城镇化建设，优化本行信贷资产结构。支行制定了“紧盯地方经济走向、及早介入绩优项目、多种产品综合渗透、加强银企优势互补”的综合营销策略，营销了一批大客户大项目。大力开展个人住房贷款业务，准入新郑楼盘6家，积极营销“二手房”按揭贷款业务，加大“农民安家贷”产品的营销推广力度，积极支持农民进城购房。实施“互联网服务三农”一号工程，开展“网捷贷”“惠农e贷”等新业务营销推广，服务三农。

【渠道建设】支行狠抓网点、自助银行、惠农通等渠道建设，增设自助银行，装修改造网点，提升网点的服务环境。2017年，本行华南城分理处建成开业，梨河镇自助银行建成开业，支行营业室、龙湖支行装修升级改造完成，薛店石材城自助银行正在建设。在大部分村庄开通了惠农通服务点，并对业务大、地理位置优越的服务点进行了重点建设，建成了精品服务点30个，确保了本行的用卡环境方便快捷，带动了开卡、用卡、刷卡率，同时大力推销掌银、POS、电话银行等网络终端，以代发工资、理财、贵金属、第三方存管、结构性存款绑定客户，积极服务资产类客户，保持了个人客户群体稳定增长。加大互联网渠道建设，积极拓展农银e管家、农银e商、掌上银行、聚合码支付等产品的营销推广，增强本行互联网渠道服务能力，方便广大客户移动支付。通过拓宽渠道建设，提升了服务客户的能力，更加方便客户办理业务，大大提升农行的社会形象，有力推动全行业务快速发展。

【内控管理】支行积极完善制度，强化管理，构建合规经营长效机制，有效防范了风险，确保了安全经营。强化信贷风险管理。严格信贷授权、准入流程、贷后管理、到期管理，始终把信贷资产风险控制作为重点，要求避免盲目扩张规模，培养审慎的信贷职业素养，确保信贷业务稳健、有效发展。按季召开贷后管理例会，提前研判各类风险隐患，并及时化解。组织信贷从业人员积极参加培训，学习信贷管理制度，组织参加信贷岗位资格考试，确保信贷从业人员持证上岗，提升信贷人员的整体素质和风险防控能力。加强内控及运营管理工作。制定了百分考核办法，直接联系绩效工资。认真开展了“三化三铁”“三化三无”“三化三达标”创建，公开点评“周周比、月月少”情况，每月召开运营管理例会、操作风险联席会议，及时通报、警示、处罚不规范操作行为。2017年，本行内控综合评价被评为一类行，持续提升了全行内控管理水平。推广应用“三线一网格”管理模式，强化违规违纪行为监督。支行坚持以党的建设为统领，以纪检监督为保障，以案件风险防控为重点，以网格化管理为抓手，加大预警信息的筛选、核查和处置力度。坚持“我的合规我负责，他人合规我有责”，安排专人对“三线一网格”系统进行管理、辅导，切实加强“三线一网格”系统应用，对苗头性、倾向性问题及时揭示，及早上报，把风险隐患消灭在萌芽状态，充分发挥好“三线一网格”管员工、带队伍、防案件、控风险的作用，发现问题及时遏制，确保了全年安全经营无事故。

【年度工作荣誉榜】 2017年，在省分行综合绩效考核中，新郑支行行位列全省县域支行第六名，荣获“省分行2017年度先进县域支行”称号；在郑州分行2017年综合绩效考核中，本行位列郑州市县域支行第三名，荣获“郑州分行2017年度综合绩效考核先进单位”称号；在2017年“提质扩户增值”工程活动中，本行荣获“2017年郑州分行‘提质扩户增值’工程先进单位”称号。

（撰稿：刘少贤 审阅：雷胜凯）

中国银行股份有限公司新郑支行

【概况】 中国银行股份有限公司新郑支行位于新郑市新华路与中华路交叉口东南角。下设新郑支行营业部、新郑人民路支行、新郑龙湖支行3个营业网点。2017年中国银行股份有限公司新郑支行紧紧围绕省市行战略部署开展工作,牢固树立稳增存量、巩固份额、增加利润的经营指导思想。以存款、非利息收入、客户为抓手，以产品客户、风险防范、效能管理为着力点。实施创新发展，明确目标，坚定信心，抢抓机遇，快速出击，积极抓取营销信息和目标，积极挖潜新的增长点，全力拼抢市场份额，为实现“做最好的银行”目标做出积极贡献。深化网点转型和专业队伍建设，完善激励约束机制建设，强化内控合规与风险防范工作，保持资产质量优化，全年无案件、重大责任事故和不良影响事件发生。

【主要经营指标】 截至2017年12月31日新政支行行各项存款合计546478万元，较年初负增长26309万元。各项贷款余额355732万元，较年初减少7207万元。实现净收入14386万元，实现净利润 10443万元。

【业务发展】 加强公个联动，上下联动，及时获知拆迁补偿信息，有目标、有重点的对城区改造、城镇化建设等拆迁补偿款进行重点营销，突出代发薪和拆迁补偿营销带动。 积极梳理营销优质中小型企业授信客户，跟踪拓展重点客户及其上下游企业。挖掘存量客户潜力，争取市场份额最大化，加大授信对存款的带动作用。通过对优质客户授信及存款并重，提升存量客户在本行的存款比重；做好进院校营销宣传活动，宣传推介中国银行金融产品中银易商、中银理财、手机银行、出国金融、养老宝、e闪付等，扩大基础客户规模，随之带动手机银行、网上银行、短信通知、三方存管等产品的快速增长；细分市场抓重点，精准营销求突破，对现有客户和目标客户进行细分，根据分工不同各有侧重。及时了解企业情况，为企业提供服务，主要了解企业的生产经营情况和上下游客户情况，积极寻找新的合作机遇，形成高层营销、联动营销、全员营销和批量营销的多层次营销体系。极大地提高了各层级客户的维护频度和力度，起到了稳定存款基础的作用。

【深化服务】 突出网点智能化建设和改造，增加智能设备，不断优化升级业务处理流程，增强智能设备服务功能，提高服务功效，释放服务窗口压力，减少客户等候时间。加强对大堂经理及柜员销售服务培训，导入标准化服务销售流程，以提升厅堂服务及营销能力，实现使每位员工都成为服务客户、营销产品的枢纽。通过培训有效地提升了员工主动营销能力和客户营销能力，提高了本行竞争力和客户满意度。利用大厅优势，大堂和柜员有效结合，以“打造最佳客户体验”为依托，创建全国“百佳”网点。以提高客户的数量和质量作为开展“客户服务年”活动的落脚点，通过完善客户服务工作长效机制，提升客户服务的效率和效果。

【内控管理】 随着业务的快速发展，“两手抓，两手都要硬”，不断加强内部管理、坚决防止案件发生成为保障支行稳健经营的重要工作任务。深入开展案防“三个一”工作，采取多项措施开展非法集资案排查工作。高度重视、认真组织学习银监局“三十个严禁”中行“双十禁”“八不得”等有关规定，认清参与非法集资的危害性，教育广大员工必须严格遵守银行业从业职业操守和行内各项制度，自觉抵制非法集资。同时加强对开户、支付、结算、重要凭证管理、大额存取款、代客理财等业务的合规检查，防范可能被非法集资、民间借贷利用，切实防范因员工参与引发的重大案件和风险事件发生。明确重点，落实责任。为切实做好排查工作，一把手亲自带队对全员进行走访。利用家访、谈心及时了解员工思想动态，全面掌握员工及家庭基本情况，切实防范因员工参与引发的重大案件和风险事件。加强举报监督，拒绝员工参与非法集资、民间借贷、违规担保及经商办企业等行为。员工对非法集资、民间借贷等重大违纪问题及时向支行报告。对举报属实者将按照总行有关规定给予奖励。

（撰稿：史广鑫 审阅：桑峰）

中国建设银行股份有限公司新郑支行

【概况】2017年, 中国建设银行股份有限公司新郑支行认真贯彻落实郑州绿城支行党委“抢抓机遇，创新思路，转型发展”的工作要求，紧紧围绕新郑市地方经济发展特色，继续提高负债业务、资产业务在同业、系统的余额占比，努力争创同业、系统领先地位；坚持从严治行，合规经营，做好案件防控工作，保障全行业务健康、持续、快速发展。

截至2017年12月31日，一般性存款时点余额34.62亿元，在绿城支行系统内规模排名第1。其中：企业存款时点余额14.61亿元，规模排名系统第1，个人存款时点余额20.02亿元，时点新增1.65亿元，新增量排名系统第1。各项贷款余额48.87亿元，规模排名系统第1。其中公司贷款余额15.10亿元；个人贷款余额33.76亿元。实现中间业务收入3160万元，在绿城支行系统内排名第1。实现利润17208万元。

【工作措施】清晰考核、激发动力。通过每月对网点指标考核并在网点负责人会议上对考核进行讲解，提高网点对于完成指标挣取绩效的认识和重视度；通过建立副行长、客户经理专门考核办法，提高重点岗位人员贡献度；通过对产品负责人负责的产品在绿城支行排名靠前的进行激励，保证产品都有人管，同时不断提高系统位次和贡献度；通过每月设立不同主题，并在全行开展竞赛活动，提高重点指标的推动力。

借助综合营销团队的组建，提高网点外出营销能力和服务半径。目前新郑支行对公商户增长保持良好势头。新郑支行对公商户新增、对公商户客户新增、对公客户账户日均新增、对公商户客户净新增等主要商户指标均居绿城排名第1。大中型客户营销也取得阶段成果，2017年共接触和营销客户18户，营销大中型项目11个，拟授信金额约70亿元。小企业、小微快贷业务保持健康发展，2017年新郑支行小微快贷新增72户，贷款余额1943万元，绿城排名第2名。加强贷款资产质量管理，小企业贷款质量保持较好水平。

适应新一代系统上线的变化，将精准营销系统的使用与理财沙龙活动相结合，提高系统使用能力和目标客户营销力。

以客户为中心，以优质服务为依托，加大客户维护力度，夯实客户基础，促进业务再上新台阶。

【安全运营】新郑支行在坚持业务发展的同时不忘风险防范，始终坚持抓业务发展与抓风险防范同等重要，同时兼顾。加强安全保卫工作，防范事故风险，高度重视对全行员工的安全教育，利用网点晨会、中层干部会、青年员工座谈会、全行员工大会等会议，开展安全教育；加强业务操作风险防范，加强业务检查，对存在的问题和不足及时进行督促整改，增强按章操作自觉性；加强信贷风险防范，开展员工行为排查，提醒员工规范员工行为，按规定办事；加强关键风险点监控检查，层层签订安全防范责任书，明确责任，加强防范；加强自助设备管理，防范自助设备风险；加强员工职业道德教育，严格奖惩，营造合规氛围；加强重点人员、重点环节、重点时段的风险防范；加强突发事件及其他方面的风险防控，组织开展消防知识培训、消防演练、紧急疏散演练、防抢劫演练，增强了员工风险防范意识，确保了安全运营。

【年度工作荣誉榜】2017年4月，荣获省分行“平安建行”创评活动示范网点；2017年4月，获得省分行2017年旺季营销综合竞赛“十佳县支行”；2017年7月，获得省分行2016年“十佳贡献最大县支行”；2017年7月，新郑支行党支部荣获绿城支行“先进基层党组织”

（撰稿：李云飞 审阅：歹新德）

中国农业发展银行新郑支行

【概况】2017年，面对复杂严峻的金融形势、粮棉市场的新变化，农发行新郑市支行深入贯彻落实科学发展观，顺势而为，克难攻坚，着力发展以粮棉油收储、加工、流通为重点的全产业链信贷业务，打造支持粮棉油全产业链发展主导银行品牌；着力发展以支持新农村建设和水利建设为重点的农业农村基础设施建设中长期信贷业务，打造支持新农村建设主导银行品牌。加快发展方式转变，认真推进合规文化建设，以信贷支农、风险管控、双基管理、从严管党四个方面为重点，统筹兼顾，整体联动，各项工作取得了新的成绩，实现了整体实力的新提升。

【支企工作】面对国家宏观调控政策带来的新形势，不断拓宽支农领域，加大信贷支农力度，全力支持地方农业和农村经济发展。全年累计发放各类贷款10.34亿元，各项贷款余额26.05亿元。聚焦主业，在政策性职能发挥方面，做出新的贡献。依据粮食主产区优势，做好粮食收储信贷业务文章，确保夏粮收购资金供应与管理不出问题，全年收储入库原粮16.3万吨，投放收购贷款31634万元。

【双基建设】固本强基，全面加强基础管理。以“贷后管理年”活动为契机，先后组织开展信贷客户风险分类排查、“两加强两遏制”回头看和“强基固本百日行动”，推动各项规章制度和管理要求的落实。开展种类专项排查，治理违规违纪问题，为业务发展提供稳固的基础。求真务实查清底数实情，实现信贷客户风险见底、分类管控、准确施策。动真碰硬推动问题整改。落实整改责任，严格操作，堵塞漏洞。多措并举加强员工行为管理。以人为本抓好业务培训。明确年度教育培训计划，大力开展“身边教师制”活动。

（撰稿：孟佩娜　审阅：王宏伟）

河南新郑农村商业银行股份有限公司

【概况】2017年，新郑农商银行围绕“全面转换经营机制”这一中心任务，加快推动“转型+创新”双轨战略，着力打基础、补短板、强优势、树品牌，不断推进发展转型，促进管理升级，提升风险管控能力、价值创造能力和品牌影响力，实现各项业务快速稳健发展，经营效益持续提高，资产质量不断优化，主要监管指标持续保持良好银行水平，央行宏观审慎评估持续优化，标杆银行内涵不断深化。

【业务发展】2017年，全行大力组织资金，强化信贷投放，服务地区经济发展，各项业务质量和效益得到双提升，双突破。资金实力不断壮大。截至2017年12月底，全行资产总额达到334亿元，各项存款余额273亿元，较年初增加25.3亿元，市场份额保持在41.7%。信贷投放持续增加。截至2017年12月底，全行各项贷款余额130亿元，较年初增加17.5亿元，涉农类贷款余额为122.08亿元，占各项贷款余额的93.83%，较年初上升16.86亿元。小额贷款户数8436户，余额161279万元，较年初增长2626笔，金额增长35328万元。盈利水平持续攀升。截至2017年12月底，全行各项收入达到18.2亿元，较同期增加2.4亿元，增幅15.8%。实现经营利润8.4亿元，同比增长27.3 %，完成省联社计划6.9亿元的122%。其中金融市场业务收入6.39亿元，占全行总收入的35.13%，较同期增长8168万元，增幅达14.66%。

【审慎经营】截至2017年12月底，全行资本充足率为14.83 %，一级资本充足率13.72%，核心资本充足率13.72%，拨备充足率达到289.42%，拨备覆盖率 334.65 %，不良贷款率1.85%，成本收入比22.99%，持续保持2B良好银行监管标准。

【科技支撑】2017年，科技对业务的支撑作用大为增强，科技创新能力进一步提升。3月小贷审批系统正式上线运行，实现信贷业务线上申请、审批全流程管理。2015年，全省首家和政府国土部门实现国土资源网上交易系统互联，2017年2月份和6月份分两个批次对核心系统国土局网上土地拍卖保证金系统进行了升级改造，确保了土地拍卖保证金的及时、准确入账。同时上线运行全行视频会议系统和全行信息发送统一管理平台，进一步提高了工作效率，提升了全行信息推送管理水平。前三季度新郑农商银行对“金燕收银通”平台也进行了升级改造，相继拓展了新郑市人民医院商业圈、郑州工业技术应用学院商业圈近300个中小商户，使用商户累计突破1000户，微信二维码支付、支付宝二维码支付、银联二维码和银行卡支付等主流支付渠道全部打通。6月份，新郑农商银行微信公众号“在线缴费平台”正式上线运行，新郑农商银行党费、华信剑桥中学学费、华信小学学费等三个收费项目通过此平台实现了在线缴费。12月，新郑农商银行策划了商户二维码支付大型营销活动，组织全体员工进行扫街式的营销，充分发挥新郑农商银行操作简单、零费率的优势，占领新郑市的商业市场。截至12月底，累计开发营销商户9280户，充分利用科技能力带动新郑农商银行各项业务的强劲发展。

【网点建设】2017年，新郑农商银行持续开展金融服务进村入社区、阳光信贷、富民惠农金融创新“三大工程”建设，积极优化网点布局，拓宽金融服务领域，为推进新郑农商银行各项业务的又快又好发展和品牌价值的进一步提升奠定了坚实的基础。机构建设进展顺利。全年新增网点2家——园博园支行、新港分理处按期开业；搬迁网点1家——城关分理处；分理处升格支行3家——世界港支行、金鼎支行、三和里支行。为新郑农商银行进一步整合港区资源、扩大市场阵地、应对金融竞争奠定了坚实的基础，充分展示了新郑农商银行助推地方经济发展的信心和决心。特色网点成功打造。世界港支行于2017年7月7日对外营业，网点装修设计融合了国内先进的智慧银行打造经验，包括先进的设计理念、完善的功能分区、个性化的服务提供以及高端的科技导入。同时，新郑农商银行按照

1+2+N的模式打造了锦绣翠苑金融超市。这些特色网点的打造，为新郑农商银行带来了巨大的宣传效应和品牌效应，成为促进新郑农商银行业务发展及品牌提升的又一强大驱动。

【年度工作荣誉榜】先后获评2016年度中国银行业文明规范服务千佳示范单位、2016年度目标考核先进单位；2016年度资金清算工作先进单位；2013—2016年度全省农信系统“十佳标兵单位”；2016年度全省农信社文明规范服务百佳网点、郑州市市长质量奖；2016全国农村金融十佳品牌创新机构；“全国农村商业银行标杆银行”等荣誉称号。

（撰稿：许 宁 审阅：许新红）

中国邮政储蓄银行股份有限公司新郑支行

【概况】中国邮政储蓄银行股份有限公司新郑市支行成立于2007年12月29日。现有员工63人，内设综合管理部、三农金融部、公司业务部3个部室，下辖玉前路、辛店、新华路、豫康新城4个二级支行。2017年邮储银行新郑市支行紧跟市委、市政府发展战略，主动融入地方经济，不断加大对民生、“三农”等实体经济领域的支持，充分依托遍布城乡的网络优势，自觉承担起“普之城乡，惠之于民”的社会责任，助力地方经济发展。

2017年，新郑市支行坚持以业务发展和合规建设为主题，深入贯彻落实集团公司、上级行工作部署，以转型发展为动力，以精细管理为保障，以风险管控为重点，以优化结构、提升效益为目标，全行员工团结奋进、务实创新，各项业务取得了较强的增长态势。到2017年底，负债规模达到42.24亿元，资产业务规模37.56亿元。2017年共计纳税金额642万元。

【服务“三农”】本行一向自觉承担金融机构的社会责任，始终将服务“三农”作为发展主方向，支持新郑的农业产业发展。2017年，发放涉农贷款2.64亿元。在支持服务“三农”方面，重点支持畜牧养殖、农副产品收购加工、大枣产业等，截至2017年对大枣产业累计放款达到3亿元。同时伴随城乡一体化进程的不断加快，以“大三农”视角重新审视和定位支农业务，积极创新金融产品，构建涉农业务发展新模式，推出“公司+农户贷款”和农业专业合作社贷款。与雏鹰集团对接，不仅为雏鹰提供流动资金贷款，同时实现为养殖农户贷款的批量授信。2017年，本行雏鹰农业产业链贷款项目已实现放款4994万元。

【政银合作】在重大民生工程中发挥作用，发挥资金规模优势，做好对当地政府大项目和重大基础设施建设的金融支持。自邮储银行开办为地方政府融资项目贷款以来，积极向上级行争取资金的投放额度，为新郑市地方经济发展添力。地方棚改项目及新型城镇化项目融资授信总金额23.2亿元。其中“新郑市新建路街道办事处旧城棚户区改造”项目授信15亿元，已放款7亿元，利率在基准的基础上下浮10个百分点，是新郑市为地方融资投放利率最低的银行。“新郑市南部区域沿河两岸新型城镇化建设”项目授信8.2亿元，实际使用6.2亿元。由于该两笔资金是使用上级行自有资金，税收合并由上级行上报。

配合地方政府“更加积极的就业政策”，积极与上级行沟通，配合创业担保中心贷款政策，创新发放组织起来再就业、只担保不贴息贷款。2017年本行再就业全年实现放款341笔共5315万元，在年底额度紧张不再放款的前提下，12月当月实现放款1720万元。

本行多年来一直承担代发全市企业养老金、失业金、代收居民养老保险等服务。自代发企业养老金业务以来，每月15日前保证企业养老金及时发放，2017年累计服务代发养老金客户9万多人次，月均代发7600户，月代发金额1700多万元。

【支持地方经济发展】邮储银行充分发挥自身优势，全力服务实体经济发展。围绕“三去一降一补”，优化信贷资源配置，有效增加信贷资金投放。充分发挥网络优势，积极服务社区和小微企业。2017年针对地方实体经济农户、个体工商户、小微企业等共计发放贷款1012笔3.37亿元（不含公司贷款）。

针对辖内客户群体推出了一系列符合企业发展的产品：政府采购贷、互惠担保贷款、快捷贷、发票贷、税贷通、传统抵押贷等。基于服务地方经济和民生发展，还推出了电力贷款、热力贷、供水贷、排污贷、医院贷、供气贷等一系列贷款产品，保障底层经济发展运行良好。两年时间，为助力新郑市辖区内大、中型企业及小微企业实体经济发展，累计授信31笔，投放资金4.3亿元。

【内控管理】新郑市支行高度重视内控管理工作，严格落实重大实质性违规行为“零容忍”，构建合规管理长效机制，不断提升邮政金融风险防控、案件防控和可持续发展能力。持续开展合规管理工作，培育合规文化，认真开展“案件风险排雷”“三违反”“四不当”等整治活动，总结了合规建设经验，将内控管理制度细化，坚持业务发展与内控管理并举的经营策略。组织全行职工学习合规操作严控风险的相关知识，极大提高了员工的合规意识和风险意识。加强风险排查，消除风险隐患，加强员工的日常排查，每季度开展一次员工行为排查，多种形式加强排查，有效规避了风险。加强信贷检查和逾期清收，对于逾期贷款，行领导亲自督导，逐笔分析逾期原因，制定针对性强的逾期催收方案，加强催收力度，确保本行的信贷资产质量。

（撰稿：郑新蕾 审阅：张水云 ）

郑州银行股份有限公司新郑支行

【概况】 郑州银行新郑支行成立于2009年7月22日，内设三部一室（营业部、市场部、零售部、办公室）。下设二级支行三个（龙湖镇支行、解放路支行、新华路支行）。现有员工52人，其中党员10人。截至2017年末，本行各项存款余额46.5亿元，各项贷款余额18亿元。在调整区域结构的基础上，以风险控制为前提，以提高资产业务综合回报率为核心，着力优化客户结构，加大地方经济扶持力度，重点增加城市基础设施项目企业贷款，逐步提高基础设施类贷款占比和优良客户占比，增加信贷投放总量。积极提升对重点建设项目，战略性新兴产业、现代服务业、中小企业、“三农”和民生工程的应收账款贷款，作为全国首家示范支行，在全省乃至全国都得到了好评。

【内控管理】 新郑支行重视内控管理工作，在行长王峰的带领下年初就确定了“人人合规、事事合规、时时合规”的合规工作口号，全面加强支行各条线的合规流程，狠抓内部控制，规范操作规程，抓好业务规章制度的执行和落实，以全行内控合规达标为主线，提高每一位员工的合规意识。其次在对各网点的检查中，坚持深究细查，有效监督的主导思想，让每一位员工明白合规的重要性。在2017年中，本支行未发现违规违纪案件。

【安保工作】 新郑支行安全保卫管理工作作为本行的首要工作，在总行的要求下，同时又结合当地公安机关的要求，实行每月防抢预案演练一次、消防预案演练一次、应急预案演练一次。并每周带领员工学习安全保卫相关新知识和银行卡防诈骗知识，每半年开展一次消防培训，取得了上级部门及公安部门的高度赞扬。

【零售业务】 新郑支行2017年大力开展个人零售业务，开通了新郑市水费代扣签约业务，客户可直接办理银行卡签约代扣水费业务。2017年全年销售理财产品金额共4.2亿元，信用卡办理达240余张，电子银行激活率在全行排名第二，获得了总行颁发的“电子银行风云奖”。

（撰稿：苗龙 审阅：苗龙）

中国人寿保险股份有限公司新郑支公司

【概况】 中国人寿保险股份有限公司新郑支公司，是新郑最大的一家专业寿险公司，具有经营历史长、专业人才多、机构网络全、市场占有率高、运作经验丰富、偿付能力强、服务质量好等优势。公司下设11个乡站、2个营销部， 现有员工29人、代理人700人左右。公司设有综合部、个险销售部、团险销售部、银行保险部、客户服务中心。主要经营有人寿保险、健康保险、意外险等100多个险种，保障全面，内容丰富，可以满足人们的健康、教育、理财、婚嫁、计生、旅游等多方面健康保险保障服务。2017年新郑公司秉承“以客户为中心、以基层为中心、以价值为核心”的经营理念，积极承担行业和社会责任，努力成为“行业领先、客户青睐、最具价值”的公司。立足新郑保险市场，扩大区域经营范围，深入广大的城区街道和农村家庭，围绕不同客户的保险需求，提供了各具特色的保险服务。

【诚信建设】 随着保险业的快速发展，保险销售人员队伍日益壮大。保险销售人员作为连接保险公司与客户之间的桥梁，不仅为保险行业的迅猛发展发挥极其重要的作用，而且在保险行业的诚信建设中也肩负着重要使命。可以说，保险销售人员诚实守信、合规经营的职业道德和行为规范在一定程度上影响和决定着社会公众对保险行业的认同度。多年来，中国人寿新郑公司的全体人员恪尽职守，诚信经营，忠诚服务，为保障千家万户的幸福安康、促进保险事业的发展、塑造保险行业的良好形象做出了突出贡献。

【业务发展】 抓住近年保险业务迅速发展的机遇，公司强化内部管理，拓展保险种类，抢占保险先机，保险业务不断壮大，经济效益不断提高。全年共为30000人提供了寿险赔付服务，实现保费收入17794.5万元，赔付支出（包括死亡给付、医疗给付、满期给付、年金给付、赔款支出）共计7218.8万元，职工医疗保费950万元，新农合筹集资金23126.25万元，整个保险业务出现稳步提高的态势，在新郑寿险激烈的市场竞争中占据主导地位。

【保险覆盖面】 2017年，公司为全市幼儿园、中小学、大中专院校学生提供了学生平安保险。年均承保学生达3万人次，保费达237万元，累计赔付款达50.4 万元 。学生保险交费少、保障高、案发率高，公司秉承“远离贫困，从一份保障开始”的企业责任心和使命感，每年积极主动地开展学平险业务，为更多的未成年人提供意外、疾病、医疗等保障。此外，2017年在市政府的政策支持下，公司给全市5万人提供了小额保险，收保费151.36万元，累计赔款达147.5万元。

此外还开办了建筑工人人身意外险、机动机驾乘人员险、旅游险、小额贷款保险以及计划生育系列保险等，为整个行业从业人员提供了贴身的保障。

【多层次社会保障体系】 作为国有民族寿险企业，公司主动承担社会责任，认真履行行业职责，积极贯彻落实“目标”中统筹发展城乡商业养老保险和健康保险、完善多层次社会保障体系的要求。在坚持保本微创的前提下，尽管经济效益不明显，但考虑到服务改革的巨大社会效益，积极介入政策性服务。承办了职工补充医疗保险。全市每年参保人员7万多人，年享受医疗保障320人，累计年赔款支出 653万元，得到了政府、参保职工和基本医疗经办机构的认同和好评，为政府、企事业单位和个人解决了部分经济负担。为配合市政府扶贫攻艰工作，公司还承保了2017年建档立卡贫困人员保险，贫困人员医疗费用由中国人寿实现全部兜底，彻底减轻贫困人口医疗负担，得到了贫困人口的一致好评。

【农村业务发展】 为了不断拓宽农村寿险市场的覆盖面，在市委、市政府的大力支持下，公司在全市范围内积极开展保险普查工作，了解全市人民的生活保障覆盖率，收集保险服务存在的问题，提高公司服务质量。同时公司又积极响应政府号召提出“村村有专员、户户有保障、打造保险15分钟服务圈”口号，展开了大规模的区域拓展服务活动。在各乡镇政府的大力支持下，积极培训各村推荐的社区服务专员，并且要求持证上岗，同时加强全体营销员服务理念的深入学习，树立品牌形象强化服务品质，实现保险市场的可持续发展。 截至目前，农村保险业务收入8800万元，同比增长 22%，占总保费50%以上。农村业务的大发展，进一步落实了中国人寿的社会责任。

【合规经营防范风险】 为提高依法合规经营水平，有效改善公司风险状况，守住不发生区域性、系统性风险的底线，结合新郑支公司实际，成立了打击非法集资工作及风险管控领导小组，做到公司员工上下齐上阵、共担责、全覆盖、抓重点、横到边、纵到底、不留死角、不留隐患。按省市公司要求落到实处，不走过场，不留死角，通过风险防范活动，使每位员工、每位销售人员风险防范、销售合规方面都有不同程度的提升，形成了全员防范非法集资风险的良好氛围。

（撰稿：岳红霞 审阅：张 莉）

财政 税务

FINANCE & TAX AFFAIRS

·财政 税务 >>>

FINANCE & TAX AFFAIRS

财政工作

【概况】 新郑市财政局是市政府主管全市财政收支预算、贯彻国家财税政策、监督财会制度执行、参与对国民经济进行宏观调控的经济职能部门，内设13个科室，下属10个二级机构、8个乡镇（办事处）财政所、6个财政分局。全系统共有干部职工469人，其中，中共党员271人，研究生学历2人，本科学历219人，大专学历171人，中专76人。2017年，面对复杂多变的经济发展形势，新郑市财政局深入贯彻落实党的十八大、十九大精神，用习近平新时代中国特色社会主义思想指导财政工作实践，在困难中谋发展，在挑战中求突破，勇于担当，积极进取，较好地完成了全年各项工作任务，有力地促进了全市经济社会平稳健康发展。

【财政收入】 2017年全市地方财政总收入完成120.13亿元，同比增长6.04%。其中，公共财政预算收入完成68.39亿元，同比增长10.70%，税收收入完成46.1亿元，同比增长13.56%，政府性基金收入完成51.74亿元，同比增长0.45%。

针对宏观经济环境的变化，始终把组织收入放在首位，坚持强化目标管理，强化税源征管，强化部门协调，及时分解落实收入任务，把握进度，形成合力，科学调度，确保收入应收尽收。加强部门联动。进一步完善财政收入目标责任制等有关规定，建立健全收入增长长效机制，切实加强部门协调，形成左右互动、上下联动的组织收入工作机制。建立综合治税联席会议机制，研究确定重点目标和分阶段任务，初步形成了“政府领导、财税牵头、信息共享、齐抓共管”的综合治税格局。狠抓税收征管。密切关注宏观经济走势，加强财政运行分析，跟踪重点税源企业，认真做好税源调查和分析预测。及时分解收入任务，落实征管责任，完善征管措施，健全纳税服务体系。努力培植财源，竭力挖潜增收，坚持依法征收，全力堵塞漏洞。强化非税收入征管。完善非税收入代收代缴制度，加强行政事业收费、罚款、专项等非税收入征管，努力挖掘增收潜力，确保非税收入及时足额入库。

【财政支出】 2017年全市全年累计支出154.97亿元，为预算的99.76%，同比增长10.42%。其中，公共财政预算支出完成91.23亿元，为预算的99.61%，同比增长8.81%。财政始终把保障和改善民生作为工作的出发点和落脚点，调整优化支出结构，统筹财力解决涉及群众切身利益的问题。全市财政民生支出72.9亿元，同比增长15.9 %，占全市一般公共预算支出的80.1%。支持推进脱贫攻坚。加大财政扶贫投入力度，累计投入扶贫资金8681万元。新建垃圾中转站2座、蓄水池2座、新打机井38眼、新修道路2.36万平方米，改善贫困村生活基础设施条件；为蔬菜大棚、艾草种植等村集体经济项目实施财政补贴，推动产业扶贫发展。为10370名贫困人口购买人身保险，为23户建档立卡户贷款财政贴息，减轻贫困户生活负担。支持教育事业发展。全市财政教育支出13.32亿元，同比增长24.19 %。保障中小学教师增资、乡村教师补贴、班主任津贴及时足额发放。全面落实城乡12年义务教育生均经费、减免学杂费、书本费等各项助学政策。新建中小学10所，改扩建8所，新增学位18735个，实现基础教育均衡发展。

完善社会保障和就业体系。全市财政社会保障和就业支出5.6亿元，同比增长25.98 %。稳步提升社会保险待遇，全市社会养老保险参保总人数42万。完成市本级企业退休人员基本养老金调标，调整后全市企业退休人员人均月养老金2270元。落实就业再就业财政补贴政策，实施大众创业扶持就业新政，实现新增城镇就业6870人、农村劳动力转移就业13072人。完善社会救助体系，城市低保标准提高到每人每月600元，农村低保标准提高到每人每月380元。落实优抚对象待遇，保障优抚对象4282人、义务兵家庭754个。推进公共卫生和医疗事业发展。全市财政医疗卫生与计划生育支出8.03亿元，同比增长6.3 %。建立全覆盖医疗保险体系，城乡居民医保财政补助标准由450元提高到480元。支持基层医疗卫生机构和县级公立医院实行药品零差率销售，实施新农合“先住院，后付费”等惠民措施。支持市公立医院建设，拨付建设资金1.36亿元和运营启动资金1024万元。支持保障房建设。拨付保障房项目建设资金2.25亿元。支持了新华路幸福港湾、薛店镇莲花社区、城关乡香江龙湾等5个乡镇7个社区建设，保障了棚户区改造项目顺利实施。支持平安新郑建设，全年公共安全支出3.96亿元，同比增长20.32 %。继续深化政法经费保障体制改革，改善基层政法机关执法办案条件，支持社会管理创新、涉法涉诉救助、法律援助、特殊疑难信访救助等工作，促进社会和谐稳定。支持生态环境建设。累计投入资金1.2亿元，大力推进生态园林和生态水系工程建设。支持锅炉拆改、黄标车淘汰、扬尘治理、清洁能源“双替代”工作。支持经济结构转型升级。针对经济社会发展的关键环节，加大财政投入力度，创新支持方式，不断培育经济发展新动能。拨付资金3911万元，落实政府各项奖补政策，重点支持食品加工、生物医药等工业主导产业发展壮大。投入产业引导资金1.41亿元，支持现代商贸物流、金融保险等服务业发展提质增速。拨付资金1.6亿元，支持龙湖教育园区启动第二水厂、第三污水处理厂及宋城演艺黄帝情等重点项目建设，全力打造龙湖新城区。拨付资金1887万元，支持新港产业集聚区推进基础设施建设、争创省级经济开发区。拨付资金9328万元，支持企业科技创新、自主创新和高新技术产业发展。筹措资金22亿元，争取建设用地指标1066.67多公顷，破解土地瓶颈制约，支持重点项目落地。支持新型城镇化建设。紧紧围绕城乡基础设施建设、百城提质、城市综合承载能力提升等新型城镇化建设重点工程，不断加大资金筹措和投入力度，确保新型城镇化建设资金需求。支持重点项目建设。统筹资金25亿元，加快推进双洎河两侧治理及解放北路棚改、河赵社区、华阳寨社区、第二社区、新华路沈庄社区、具茨山异地搬迁等市属重点工程建设。拨付资金3.5亿元，加快推进S102郭店至薛店段、商登高速互通式立交、中华北路、西环路、华南城大道、S323等道路改扩建工程。支持城乡基础设施建设。拨付资金2.5亿元，实施城区道路整修升级改造、路灯照明、供水、排污管网建设。拨付资金5.4亿元，解决项目占地附属物拆迁补偿及群众安置过渡费发放。争取新增政府专项债券14.41亿元，专项用于交通路网、城镇管网、廊道绿化、中小学等公益设施建设。推动PPP项目落地。成立县级PPP管理中心，积极开展PPP政策研究，推动项目实施。落地PPP项目2个，一个是总投资796亿元的华夏幸福新城项目，一个是总投资1.52亿元的城乡一体化垃圾处理项目，有效缓解了本市城乡发展资金不足压力。支持城市精细化管理。拨付资金3500万元，购置除尘机械车辆，实现城乡快速路、主次干道机扫和喷洒全覆盖。拨付资金2000万元，建立城市智能管理大平台，实现城市数字化管理。

【财税体制改革】坚持把深化财税体制改革作为重要任务，围绕确定的改革目标，进一步完善措施，加大力度，各项改革进展顺利。深化预算管理制度改革。按照省财政厅统一部署，正式启动2018—2020年中期财政规划编制工作。全面推进预决算公开，市级政府预决算、88个部门预决算和“三公经费”预决算全部予以公开。启动财政支出经济分类科目改革，对全市110个行政事业单位会计人员进行了业务培训。深化国库管理制度改革。全面推进财政专户整改规范，清理撤并财政专户14个。积极推进支付电子化试点改革，试点预算单位支付电子化顺利运行。继续开展权责发生制政府综合财务报告试编工作。强化财政资金监管。加大财政存量资金盘活力度，全年盘活财政存量资金8.6亿元，收回财政存量资金4.8亿元，统筹用于政府重点工。加强财政投资评审，全年送审投资83亿元，审减17.27亿元，审减率20.8 %。扩大政府采购规模，全年政府采购15.7亿元，节支率17.1 %。规范政府债务管理。制定了《新郑市政府性债务管理暂行办法》，从制度方面规范了新郑市政府债务管理。积极争取置换债券8.78亿元，通过将高利率的存量债务置换为低利率的政府债券，节省利息4300多万元，防范化解债务风险。规范支出管理。强化预算约束，严格执行市人大批准的预算，坚持无预算不支出。

【效能建设】完善内部管控，加强预算收支管理，规范财政运行，着力提升财政工作的质量和效率。进一步实施财政行政权力清单制度，完善内控制度，规范职责权限，优化运行流程，完善工作制度，不断提升机关的管理能力。规范公文管理，提高公文质量和效率，努力推动财政工作运行协调高效。加强廉政建设。认真贯彻落实中央关于改进工作作风、密切联系群众的八项规定和省、郑州市的实施办法，以案促改，严格执行廉洁从政的有关规定，落实廉政风险防控措施，强化对权力运行的制约和监督，扎实推进惩治和预防腐败体系建设。改进工作作风。完善各项规章制度，加强思想政治教育和业务知识培训，切实提高干部职工理论修养和办事能力。对照“十自查”要求，组织干部职工深入查摆自身问题，并对存在问题的原因进行更深层次的剖析，综合施策、集中治理，加强跟踪问效，逐步改进工作方法，提高办事效率，努力树立财政部门的良好形象。

（撰稿：张 沛 审阅：王宪伟）

公共资源交易

【概况】 新郑市公共资源交易中心（以下简称交易中心）是经新郑市委、市政府批准设立的机构，为全额拨款事业单位，成立于2009年10月，是新郑市进行建设工程招投标、国有土地（矿产）公开出让、国有产权交易和政府采购等交易活动集中统一的有形市场，是公共资源交易公开、公平、公正和诚实信用服务的“阳光平台”。交易中心内设综合科、网络信息科、建设工程科、政府采购科、土地及产权交易科5个科室，主要分为业务受理大厅、办公区、开标区、独立评标区，以及电子评标室、监控室、专家抽取室、专家休息室等，配备有先进的电脑、投影仪等电子设备和电子屏蔽、现场监控等系统，建立了全封闭的评标区，实现了对开、评标全过程的电子监控，基本满足日常开评标需要。

【工作成效】 2017年，交易中心共受理业务590宗，总成交金额166.6亿元，为政府节支4.83亿元，为政府增加财政收入59.69亿元。3月份，交易中心获得新郑市“创建省级文明城市提名城市工作先进单位”；7月份，荣获“2017年全国公共资源交易平台整合先进单位”，程志明市长7月21日做出“望巩固成效，不断创新，促进公共资源交易法制化、规范化、标准化”的批示，对交易中心工作给予了肯定和鼓励；在11月份河南省公管办对全省市县公共资源交易管理工作调研督查中，新郑市公共资源交易中心工作得到省公管办全省通报表扬；12月份，作为唯一的县级公共资源交易平台荣获“2017年度全国公共资源交易十佳最具公信力机构”。

【公共资源交易制度】 结合各方交易主体在业务办理中存在的多种不规范行为，制定出台《主体行为规范准则》《招标代理机构项目代理评价办法》《开标评标区管理规定》《招标联络员制度》《关于进一步规范评标工作的通知》等多项制度，分别对招标人、投标人、代理机构、评标专家的行为进行了具体规定，明确各方交易主体权利义务，让其回归各自本位，阻断违规操作空间，提升公共资源交易市场洁净度。

【评审方式创新】 探索推行评标专家按照专业类别独立客观评审的评标方法，让专业的人干专业的事儿，打破以往经济专家不懂技术、技术专家不懂经济、却又各自评审后再行统分的情况，真正实现独立评审。以目前的运行情况来看，这种方法能进一步提升评标专家专业化评审程度，更利于明确评标专家责任、优化评标程序、细化计分办法、规范评标活动，获得多方好评。

【公共资源交易信息化】 今年以来，交易中心加大信息化建设投入，围绕打造全国一流县级市公共资源交易信息化系统，继续保持行业内信息化优势，开发投入使用了新的公共资源交易系统，实现了“四网合一”。通过整合原系统中658家工程库会员和3297家政府采购库会员，建立统一的公共资源交易会员库。通过在全国率先开发使用招投标移动APP办公平台和深度挖掘招投标市场大数据应用，积极打造“一网一库一平台+大数据应用”的交易模式，以此促进本市公共资源交易信息化工作再上新台阶。投标企业只需轻点手机就可以完成投标登记、标书下载、保证金查询、开标日程及退款查询等业务，原来需要2—3个工作日才能办完的事项，现在只需半个小时，就能轻松完成，还不受时间及空间限制，为招标人、代理机构、投标企业提供了更加精准便捷的服务。

【公共服务措施】 交易中心坚持公共服务职能定位，从“高效、便民、主动、公开”四个方面入手，为市场主体、社会公众、行政监管部门等提供综合服务。建立项目专人负责机制、建立主动沟通机制、建立项目督办机制、建立重点项目清单管理机制等，随时掌握项目动态，及时协调解决招标过程中出现的问题。在办公环境布置上，在大厅设置自助查询机、自助电脑、填单台服务区，在每个开评标室配备笔记本、打印机、投影仪、茶水柜等设备，窗口显眼位置摆放《业务办理须知》卡片。开展“深入基层一线、服务重点项目”大走访活动，由交易中心领导班子带头，先后深入到服务对象、基层单位等37家单位，发放业务办理服务指南、服务承诺，公开办事流程，广泛征求意见，共收集意见征询表120份。对于重大项目建立一事一议制度，在法律法规框架范围内，特事特办，主动贴身服务本市重点项目。对全市的重大项目、民生项目，交易中心主动邀请人大代表、政协委员、新闻媒体进行现场观摩，主动接受监督，积极征求各位代表的意见和建议，并在工作中逐条进行改进和落实。

【廉政风险防控】将从严治党各项工作与招投标业务工作深度融合、有机结合，推行“四书一信”廉政措施，建立“一项目一廉政档案”的廉政建设工作机制，打造一本《廉政风险防控手册》，从领导班子到普通同志，结合岗位实际，共排查风险点261个，制定整改措施310项，切实加强风险识别、风险排查、风险预警和风险防控。通过以“链条式”的廉政建设为抓手，把廉政措施全方位、全环节的嵌入公共资源交易全流程，实现“关键点”“流程线”的廉政风险防控，让廉政建设覆盖到每一个交易主体，覆盖到每一个交易环节，实现“业务面”的廉政风险防控，实现廉政建设在业务流程中和交易主体上全覆盖。

（撰稿：李丙战　审阅：郑建和）

国家税务

【概况】市国税局现有干部职工167人，其中：在职干部职工122人、离退休（离岗）干部45人，在职干部职工大专以上文化程度120 人，其中研究生学历9人、注册税务师6人、律师3人、中级经济师18人、工程师1人。在职党员81人、离退休（离岗）党员29人。局班子成员6人，机关科室62人，稽查局12人和基层分局48人。全局共有办公室、人事教育科、监察室、财务管理科、机关党办、征管科技科、政策法规科、所得税科、税政科、收入核算科、纳税评估科、纳税服务科等12个行政机构及稽查局（直属机构）。下设轩辕税务分局、城区税务分局、薛店税务分局、龙湖税务分局、辛店税务分局等5个派出机构。

【经济税源】市国税局共管辖纳税人28439户，其中一般纳税人3009户，小规模企业7055户，个体双定户18375户。有国家级税源38户，年纳税200万元以上重点税源116户。支柱行业是房地产和建筑、煤炭开发和洗选、酒饮料和精茶制造、货币金融服务、医药制造业。

【税收收入】2017年，全体国税干部职工提振精神，务实重干，摸清税源变化趋势，强化组织收入措施，全年累计完成税收总量422696万元，同比增收94609万元，增幅28.84%；县级收入累计完成170618万元，同比增收50616万元，增幅42.18%。绷紧收入弦，将税收任务科学分解到征收单位、落实到个人，形成了全局齐抓共管促收入的局面；加强重点税源管理，开展精准分析，寻找收入增长点，形成了重点带动挖潜堵漏抓收入的合力；以查促收，强化风险管理，实现稽查税款1111.19 万元，评估税款800.11万元，核查税款1181.30万元。开展房地产行业专项整治，查补税款1.74亿元，强化医药制造业、石材行业、驾校行业集中整治，分别完成税款10954万元、490万元、130万元，行业管理成效凸显。

【征管改革】积极落实“放管服”改革，落实税务行政审批制度改革，全面公开税务行政处罚事项的权力清单，主动接受社会监督。对于保留的行政许可项目、其他权力事项以及其他管理事项，逐项梳理分析，清除一切前台不应设置的管理要求。积极推进实名制办税，实名办税采集16787户，采集率60.5%，强化分类分级信用应用，加强事中事后风险管理。简化规范审批流程，严格按照法定时限做到“零超时”，积极推行简填单、免填单、“无纸化办税”，实现增值税专用发票最高开票限额网上100%申请受理，为纳税人办税提供优质服务。

【纳税服务】以“服务纳税人10件实事”为切入点，积极扩大网上办税、自助办税、移动办税推行面。在龙湖分局、薛店分局新设1台发票代开机、2台增值税发票发售机、2台定额发票领取机，在办税服务厅增设发票认证自助终端2台，开通发票“网购邮寄”业务，实现发票领用“线上申领、线下配送”。2017年，连续11个月在政务服务中心绩效考核38个单位中蝉联第一，连续12个月被政务服务中心评为“红旗窗口”，品牌影响力进一步扩大。

【年度工作荣誉榜】2017年，荣获“全省国税系统服务型行政执法示范点”荣誉称号，被新郑市委确定为“落实全面从严治党主体责任示范点”。

（撰稿：马彪帅　审阅：李广奎）

地方税务

【概况】新郑市地方税务局于1994年9月正式挂牌成立，现有职工89人。局机关下设5个职能科室，下辖稽查局、风险管理税务分局、纳税服务税务分局以及七个税源管理税务分局。主要征收的税种有：企业所得税、个人所得税、城建税、印花税、土地使用税、房产税、土地增值税、车船税、契税、耕地占用税、资源税，2017年1月1日代征社保费。主要征收的其他地方收入：教育费附加、地方教育费附加、文化建设事业费、价格调节基金、残疾人就业保障金和工会经费。

2017年，地方税务局按照“坚持

新郑市地方税务局纳税人学堂——企业所得税业务培训

以三个服务为引领，奋力建设六个地税，加快推进税收现代化”的总体工作思路，抓收入、抓服务、抓廉政，各项工作均取得了较好的成绩。先后获得全国工人先锋号、河南省税务系统先进集体、河南省级文明单位标兵、河南省卫生先进单位、河南省学习型组织先进班组、河南省基层满意站所、河南省职工书屋、河南省六好基层工会、河南省青年文明号、郑州市五一劳动奖状、郑州市五一文明岗、郑州市巾帼文明奖、郑州市廉政文化进家庭示范点等上百项国家级、省部级、地厅级、县处级荣誉，用责任和担当谱写了税收与经济发展的新篇章。

【税收收入】 2017年，全年共组织各项收入55.0771亿元，其中税收收入40.42亿元，非税收收入14.6571亿元，税收规模位居全省县市级单位第一，超额完成了市委、市政府交给的收入任务。

【征管服务】 严格按照省局顶层设计和改革施工图，重新整合和优化机构资源、管理资源、人力资源，以“行业+规模”为划分原则，重组税务所管理职能。税源调整后，围绕分类分级管理办法和风险管理导向，形成“重点税源定向发力、一般税源常态监管”的工作格局，保障不同类型纳税人的精细化管理和个性化服务。社保费征收方面，通过积极向政府做好汇报并取得支持，合理配置人员和窗口，不断加强精细化核实数据、反复系统测试和人员培训，于2017年1月1日成功完成社保费征缴上线工作。2017年全年累计征收社保费12.78亿元。9月份城乡居民“两险”征缴工作开展启动以来，累计征收城乡居民基本医疗保险费9320.78万元，累计缴费528317人次，进度及成效郑州地区排名第一。征收城乡居民养老保险费2593.72万元，缴费173252人次。

【依法治税】 持续深化依法行政，通过加强法治学习、落实简政放权、优化纳税服务、转变执法观念、完善监督机制等环节，着力提升基层税务机关和一线执法人员的服务意识和执法素质。通过法治地税与服务地税的相互融合，实现管理型执法向服务型执法转变，促进税收执法与服务经济社会发展的统一。同时不断完善风险应对，提升风险管理人工分析率、识别命中率、应对率和贡献率。将风险应对工作作为一项征管工作的重点工作来抓，先后建设规范化约谈室5个，对进一步强化税源管理、提高税收征管质量、降低税收风险、减少税款流失、促进纳税人对税法遵从起了积极的作用。2017年全年共完成风险应对1416项，入库税款及滞纳金2.4亿元。

（撰稿：沈菲菲 审阅：吴书杰）

经济管理与监督

ECONOMIC ADMINISTRATION AND SUPERVISION

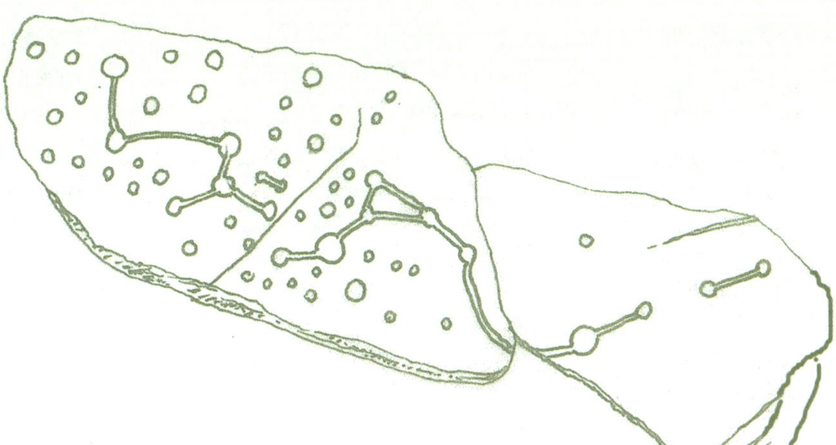

经济管理与监督

ECONOMIC ADMINISTRATION AND SUPERVISION

·经济管理与监督 >>>

ECONOMIC ADMINISTRATION AND SUPERVISION

发展和改革

【概况】2017年，市发展改革委按照"抓改革创新、强投资开放、促结构转型、求民生改善"的总要求，深入实施"双融入、双承接"发展战略，以现代产业体系为支撑，以项目建设为抓手，大力推进"5115"工程，统筹做好稳增长、促改革、调结构、防风险、惠民生各项工作，较好地完成了全年工作任务，为全市经济社会持续健康发展做出了积极的贡献。

【经济监测分析】完善经济监测分析机制。加强对经济运行的监测分析，健全经济形势分析会议制度，坚持组织召开全市经济运行分析会和经济运行总结会议，编制完成了多篇《经济运行分析报告》《新郑市产业发展情况汇报》等报告，在市委经济工作会议上制定下发了《2018年全市经济工作思路建议》，加强对经济形势的研判，为市委、市政府科学决策提供依据，充分发挥参谋助手的作用，引导经济运行健康快速发展。认真编制年度国民经济和社会发展计划报告。完成了《新郑市2016年国民经济和社会发展情况与2017年国民经济和社会发展计划》《关于新郑市2017年国民经济和社会发展计划上半年执行情况的报告》编制工作，并分别在市五届人大一次会议、四次会议上审议通过。完成《新郑市2017年国民经济和社会发展情况与2018年国民经济和社会发展计划》的编制工作，在市五届人大二次会议上审议通过。通过计划报告的编制，科学总结2017年工作经验和成绩，准确把握经济社会发展形势，科学有序安排部署2018年工作。做好建设郑州国家中心城市次中心各项工作。围绕郑州建设国家中心城市的总体任务，认真梳理、谋划制定加快建设国家中心城市次中心近期重点工作任务和2018年重点工作，制定了《关于加快国家中心城市次中心建设的实施方案》《关于加快国家中心城市次中心建设的意见》等文件，建立完善工作台账。

【重大项目建设】全市列入省重点建设项目17个，总投资807.3亿元，全年完成投资100.8亿元，华南城、华商汇、遂成药业、裕港国际医疗产业园等项目进展顺利，光大垃圾焚烧发电等项目竣工并投入试运营。全市列入郑州市重点建设项目19个，总投资397亿元，全年完成投资123.5亿元。泰德能源、宏美彩印等项目进展顺利，恒喜龙食品、华南城污水处理厂二期等3个项目竣工。深入开展项目建设年活动，以"5115"工程为载体，积极推动项目建设。共谋划市本级重大项目231个，年度计划投资502亿元。前三季度，先后组织举行了四批次重点项目集中开工活动，全年完成投资438亿元。天汇国际商贸城、新港智慧谷产业园、华南城大道等项目进展顺利。

【现代产业体系】做大现代服务业。现代商贸物流业迅猛发展，华南城、华商汇营业面积分别突破180万平方米和50万平方米，2万多商户入驻经营；腾达物流、乾龙物流、龙湖锦艺城等在建重大商贸物流业项目进展顺利。特色商业区建设加快，全年完成固定资产投资25.3亿元，税收10.7亿元，实际利用市外资金26.8亿元，建成区面积达2.3平方千米。将传化物流小镇成功申报首批省级现代服务业专业园区。独立法人注册积极推进，制定下发了《新郑市人民政府关于做好鼓励引导市场经营主体在新郑市设立独立法人机构工作的通知》（新政办明电〔2017〕31号），鼓励引导市场经营主体在本市设立或登记具有独立法人资格，开展独立法人化运作，已成功招引传化物流等数家企业在本市注册独立法人机构，为新郑市经济健康发展注入活力。加强产业集聚区建设及高新技术工作。积极推进新港产业集聚区申报2017年省级经济开发区，协助完成省级经济开发区实地验收及报告申报工作。科学修订新港产业集聚区发展规划，调整完成新港产业集聚区产业规划。加快推进高技术产业发展，积极申报“郑州市工程研究中心”1家“河南省企业技术中心”3家“河南省工程研究中心”2家，进一步强化本市科技研发能力，提升企业的核心竞争力，提升本市高技术产业的持续发展能力。加快推动农业农村发展。积极争取农业发展项目。上报、批复新郑市2017年贫困村饮水安全巩固提升工程、具茨山森林健康养生园等项目12个，总投资2.5亿元，涵盖水利、农业、林业等方面。新型社区项目进展顺利。截至目前，新型社区项目已批复城关乡西城花园、北苑社区、郭店镇洪沟社区、郭店镇常家庄社区等12个项目，总投资445.9亿元。

【生态建设】 按照郑州市生态建设工作部署，扎实推进生态建设各项任务，牢固树立绿色发展理念，协同推进森林生态、湿地生态、流域生态、农田生态、城市生态等五大生态系统建设，着力打造天蓝、地绿、水净的生态城市。健全体制机制，完善政策体系。成立了新郑市生态建设领导小组，统筹推进全市生态建设工作；制定了《新郑市生态建设工作实施方案》等相关文件，健全了全市生态建设政策体系。加快项目建设，提升生态建设体系。共谋划2017年生态建设重大项目38个，其中续建8个，新建22个，前期8个，总投资227.76亿元，全年完成总投资33.27亿元，南水北调、滨河公园、郑韩路西延、新辛快速通道（S323）、机场高速新郑段外侧50米绿化提升等廊道建设项目已完工，双洎河双龙坝工程、美丽乡村建设试点等项目有序推进。

【新型城镇化试点】 2015年申报国家新型城镇化综合试点以来，加快推进城乡基本公共服务和社会保障均等化全覆盖，积极落实“1+10”政策体系，实现“五化”目标，保障进城落户农民的市民权益，加快农业转移人口市民化进程，新型城镇化综合试点工作取得了初步成效，成功完成了国家发改委对新郑市新型城镇化试点阶段性成果评估验收工作。

【公务用车制度改革】 认真贯彻落实中办全面推进公务用车制度改革的精神，成立了新郑市公务用车制度改革领导小组，制定了《新郑市公务用车制度改革方案》等文件，加快公务用车制度改革，取得了初步成效。一般公务用车基本情况：完成保留车辆数量确定和编制管理工作，已拍卖、报废和划转车辆295辆，取消车辆完成处置率100%。执法执勤车辆基本情况：对执法执勤车，特种技术用车进行核准保留，共保留242辆执法执勤车，特种技术用车26辆。公务交通补贴发放基本情况：严格对全市享受公务交通补贴人员信息逐一进行认真审核，共完成审核享受公务交通补贴单位59个，享受发放人员1310人，在规定时间内对补贴发放工作做到了应发尽发。

【行政审批制度改革】 严格规范行政审批流程。落实国家、省、市关于投资体制改革的有关政策，规范项目审批、核准和备案流程，全力推行“互联网+行政审批”在线监审平台应用，健全网上受理、办理、监管“一条龙”服务工作机制，实现企业项目备案“零跑路”，进一步提升服务水平，巩固简政放权成果。全年共办理企业投资项目备案391件，总投资496.7亿元，办结率100%。进一步推进简政放权，认真抓好贯彻落实“简政放权放管结合优化服务改革”工作，积极开展行政审批标准化建设，清理规范行政许可事项的前置条件和必要条件，对单位行政权力事项清单进行进一步梳理完善。

【油气管线隐患排查整改】 加快清洁能源使用，成立新郑市产业集聚区集中供热工作领导小组，开展产业集聚区供热清洁化改造，完成新港产业集聚区内15台燃煤锅炉清洁化改造；积极协调、推进新郑市城市集中供热锅炉的改建工作。积极开展“双替代”工作，为减少散煤燃烧造成的环境污染，持续改善空气质量，根据省、郑州市要求和部署，在全市开展“双替代”工作，制定下发了《新郑市2017年电代煤、气代煤工作实施方案的通知》（新环攻坚〔2017〕37号）等文件，双替代已完成改造8869户，完成率100%。加强油气管线隐患排查治理，制定下发了《新郑市油气长输管线安全生产综合整治百日攻坚行动实施方案》等文件，加大油气长输管道安全隐患排查整改力度，认真落实郑州市安委会、郑州市发改委油气管道隐患评估和排查整改工作，对原有的38处隐患逐一实地排查和整改，并通过专家组评估验收，确保全年无安全生产事故。

【价格管理】 强化价格监测与预警工作，健全科学的市场价格监测制度，配备专业人员，坚持“每周两监测、一周一分析”的价格监测制度，重点对粮油、肉禽蛋奶、蔬菜等58种民生必需品价格跟踪监测，密切关注民生价格走势，为政府决策提供第一手“面袋子”“菜篮子”的市场价格资料和科学的依据。强化价格监督检查，以规范价格行为为重点，开展药品与医疗服务、涉农收费等各类专项检查，集中对重点区域开展市场明码标价整顿工作，共检查商户1300余家；认真做好价格举报工作，共处理群众来电来访60多起；认真做好郑韩出租车有限公司出租车运价、非居民用天然气销售价格、公立医院医疗收费价格审批前置等价格审批管理工作。充分发挥清费治乱减负职能，以治理乱收费为重点，大力开展行政事业性、经营服务性收费清理工作。组织对各行政事业单位收费进行统计和上报，完成103家收费单位2016年度的收费及执行情况进行统计上报；对民办学校上年度收费标准执行情况进行认真核查，杜绝标准虚高现象；对全市收费系统、收费及执行情况进行了综合年审，进一步优化经济发展环境。依法合规开展价格认证工作，全年共办结公安涉案委托60件，涉案金额217万元，保证了各类案件能够及时审理、准确定性，保护了自然人、法人和其他组织的合法权益，保障了纪检监察、司法、行政执法工作的顺利进行，促进了社会秩序的安定和谐。

【社会信用体系】以打造诚信新郑为目标，持续探索，深入实践，有效推进了新郑市社会信用体系建设发展进程。持续做好行政许可和行政处罚信息“双公示”工作，积极组织协调各相关单位按照要求做好行政许可和行政处罚信息的录入、公开、公示工作，目前全市各行政单位共录入了9500余条公示信息。积极推进全市政务诚信建设工作，联合市法院对本市被列入失信被执行人名单的政府机构进行了专项治理，采取有效手段防止政府失信行为，有效地提高了市政府公信力。制定下发了《新郑市人民政府关于印发新郑市加强政务诚信建设实施方案的通知》（新政〔2017〕52号），充分发挥政府在社会信用体系建设中的表率作用，提升公务人员诚信履职意识和政府诚信行政水平。建立联合守信联合激励和失信联合惩戒机制，制定下发了《新郑市人民政府关于印发新郑市建立完善守信联合激励和失信联合惩戒制度加快推进社会诚信建设实施方案的通知》（新政〔2017〕51号），初步健全奖惩分明、协同联动的守信联合激励和失信联合惩戒机制，进一步营造诚信守法公平竞争的市场环境。

（撰稿：高三锋 审阅：林晓光）

投资环境优化

【概况】新郑市优化经济发展环境局位于新华路中段183号，成立于2003年11月，隶属中共新郑市纪委，正科级规格，现有人员19名（其中局领导班子成员5名、干部职工14名）。内设办公室、综合执法科、企业服务科、电子监察科、编制人事科5个内设机构。

2017年，市优化局按照市委、市政府和市纪委工作整体部署，结合“两学一做”专题教育活动，不断创新服务企业举措，大力推进作风建设，着力提升经济发展环境，工作取得了新的进展和成效。

【作风纪律整顿】根据市纪委“作风纪律整顿”活动要求，专门成立2个明察暗访组，购置专用督查设备（酒精测试仪、微型摄像机），采取随机抽查、不定期明察暗访等方式，重点对全市各乡镇（街道、管委会）、各职能部门机关作风进行检查，主要对空岗缺岗、吃空饷、午间饮酒、作风慵懒散等违纪行为进行督查。2017年8—11月，在全市范围内先后开展明察暗访60余次，下发《效能监察整改通知书》23份，对38名相关违纪人员给予责令作出书面检查或诫勉谈话处理，通过作风纪律整顿，全市机关工作作风明显改善。围绕本市“三大主体工作”，把投资额度大、社会关注度高、对经济发展影响大的重点建设项目纳入专项监察范围，制定专项监察方案，围绕项目审批、工程进度、资金使用等重要环节，全过程协调服务、监督检查、跟踪问效，对督查中发现存在涉及征地拆迁、安置补偿、配套工程等若干问题责令相关单位限期整改，促进项目建设廉洁高效地如期完成。把承担集聚区建设和服务任务的政府职能部门与单位作为监察重点，从加强功能集合构建、强化规划引领、完善基础建设、构建服务平台等方面，严格实施产业集聚区建设效能监察，并建立“跟踪、通报、观摩、奖惩”制度，强力推进产业聚集区建设科学化、规范化进程。

【电子监察】为强化电子监察系统在新郑市政务服务中心应用效果，采取“明察+暗访”“单位自查”“上门督导”“查阅档案”等方式对行政审批系统应用情况进行督促检查，对发现存在问题的单位，由市监察局、优化局、市政务服务中心联合进行约谈，限时整改。2017年共约谈驻服务中心窗口单位10个，印发《督办通知书》7份，对1名首席代表、3名审批科长进行诫勉谈话，对3名违纪窗口工作人员给予行政处分,10名工作人员做出深刻检查，发现的问题已全部整改到位。同时，联合市政务服务中心督查科、综合科，每月编发一期《督查通报》，对违反纪律情况进行公示，报送市主管领导和入驻单位相关部门，督促相关责任单位及时整改，提升服务水平和效率。行政效能电子监察系统的高效运行，有力促进了大厅各窗口工作人员工作作风的转变和服务质量的提升，办事效率明显提高，体外循环得到有效遏制，群众对事项办理的满意度大幅提升。

【服务企业】深入企业走访调研成立服务企业专项工作组，重点企业由专人负责分包联系，定期到企业和重点建设项目进行实地走访、摸底，与企业负责人进行面对面、心贴心的交流，了解企业生产、经营和项目建设状况，帮助协调、解决发展环境方面的困难和问题。为便于联系，统一制作《服务联系卡》逐个送至企业负责人手中，服务联系卡内容包括优化局地址、主要工作职责、“经济110”举报投诉电话等，使企业负责人在遇到困难时能第一时间得到及时受理。2017年，先后开展调研走访48次，期间共收集整理各类意见、建议58条，对发现的问题进行分析归类，督促相关单位拿出整改意见，建立问题台账，限期整改，逐一销号。二是开展“背靠背”评议，“面对面”座谈。按照市政府领导要求，定期组织企业、商户、人大代表、政协委员以及各乡镇企业办主任等人，对全市各行政审批部门和行政服务部门履职尽责、工作作风和服务情况进行综合评议，并将评议结果汇总报送市领导，对评议问题较多的单位督促限期整改。2017年，召开三次企业负责人座谈会，听取企业在生产经营中反映的问题，并认真梳理，协调有关部门上门服务，认真解决。综合治理重点建设项目建设环境和企业周边治安环境。按照“打击犯罪、优化环境、保障民安、促进发展”的原则，以服务企业、为企业排忧解难为目的，通过综合治理，有效净化了企业周边生产经营环境。

【纪检信息】紧紧围绕服务经济发展这个中心，以全市各单位在机关效能建设和优化经济发展环境中的好做法、好经验为主题，积极编发信息稿件，及时向上级纪检监察部门和各级新闻媒体报送。2017年，先后被《中国纪检监察报》《河南日报》《河南省纪检监察信息》等报刊采用信息稿件5篇。

【案件查办】依托“经济110”24小时热线电话，重点受理企业、商户和群众举报，并积极拓宽投诉受理渠道，严格落实“受理快、查办快、结案快、反馈快”案件查处机制。2017年以来，共调查处理优化经济发展环境和行政效能监察方面的案（事）件12件，党政纪处理2人。

（撰稿：张志勇 审阅：陈 宝）

工商行政管理与质量技术监督

【概况】新郑市工商管理和质量技术监督局现有在职人员250人，其中公务员176人、事业人员74人。内设办公室、编制人事科、行政审批科、计划财务科、法制科、企业信用信息监督管理科、监督管理科、产（商）品质量监督管理科、质量管理科、标准化科、计量科、特种设备安全监察科等12个内设机构，“3·15”投诉中心、经济检查大队、稽查大队等3个直属机构；11个工商质监所，新郑市消费者协会办公室、新郑市个体私营经济协会办公室、检验测试中心等3个事业单位。

2017年，新郑市工商质监局围绕服务经济发展这一中心工作，以开展业务创新年、行政执法加强年、信息化建设提升年、作风纪律整顿年“四个年”活动为抓手，以深化商事制度改革为主线，全面推进“放管服”改革，强化信用监管、市场监管、质量安全监管、特种设备监管，攻坚克难，善作善成，实现了整体工作上台阶、单项工作创特色。

【工商登记制度改革】“多证合一”改革取得新突破。2017年9月，在“五证合一”的基础上，商事登记制度改革再发力，颁发了新郑市第一张三十五证合一的营业执照，通过“一表申请、一窗受理、一套材料、一网通办、一档管理、一键推送”的工作模式，让企业实现“快入准营”，切实增强获得感。“先照后证”改革取得新进展。依托国家企业信用信息公示系统（河南），利用“双告知”业务系统，为加强事中事后监管打下更加坚实的基础。企业简易注销制度改革全面实施。3月1日起，对未开业企业和无债权债务企业实行简易注销程序，大幅简化市场主体退出机制，破解“退出难”问题。工商登记制度改革持续有效地激发了市场活力和创造力，市场主体出现井喷式发展。截至2017年底，全市市场主体45615户，比2016年同期增长42.6%，日新增市场主体55.6户。

【监管机制】推进“双随机、一公开”监管。根据《河南省工商系统“双随机、一公开”实施细则》和抽查办法，联合多个部门开展抽查联合检查工作，实现工商部门执法检查事项随机抽查全覆盖，一次性完成对同一市场主体的多项检查，减轻企业负担，强化社会监督。

推进年报公示和信息归集共享与联合惩戒工作。全市企业年报率为93.25%，个体工商户年报率为98.17%。农民专业合作社年报率为94.95%，被郑州市工商局评为年报公示先进单位。认真落实省政府涉企信息归集共享和联合运用办法，企业信息归集和联合惩戒取得明显成效。截至目前，归集各类涉企信息51930条，累计向其他部门提供经营异常名录、严重违法失信企业名单数据3861条，联合限制“老赖”担任公司各类职务36人次。

加强市场监管执法。针对重点地域、重点领域、重点行业，先后部署开展了公用企业突出问题专项整治、打击传销、网络市场监管、涉农广告专项治理、消防产品质量专项整治等集中执法行动。在全市53个加油站推广车用尿素溶液，抽检车用尿素3个批次，抽检农资经营户30户次、65个批次复混肥。

加强特种设备安全监督。制订了全年的特种设备安全监察计划，确定72家全面检查单位。先后开展了百日安全专项整治、两会期间、黄帝故里拜祖、五一、十一假期游乐设施等特种设备安全专项检查活动，检查企业180余家、设备2000余台，消除隐患300余处，下发安全监察指令书4份。同时，积极邀请相关专家对特种设备作业人员进行培训，共培训作业人员700余人；组织执法人员参加特种设备安全监管培训班，共培训人员60余人；组织召开了10余次全市电梯维保工作会议，25家维保单位、400多家使用单位参加。

地条钢专项整治工作。2017年1月12日，国务院淘汰落后产能督导组到新郑市实地察看了新郑福华钢铁集团有限公司和新郑市金鑫金属制品有限公司两家钢条生产企业。本局在市政府的领导下会同当地乡镇以及相关部门按照“四个彻底”要求，将新郑福华钢铁集团有限公司和新郑市金鑫金属制品有限公司生产地条钢的设备全部拆除。

电线电缆专项整治工作。对本市14家电线电缆生产企业逐一进行监督检查，对检查中发现问题的三家企业责令其限期整改且已经全部整改到位。同时根据郑州市局要求，对市场上奥凯电缆的销售情况进行排查，抽取10个批次进行检验，对抽检不合格产品予以扣留并在全市范围内进行清查。

【服务创业创新】深入实施商标品牌战略，扎实推进商标品牌战略“三年行动计划”。2017年，新郑市申请商标件数为1573件，注册件数941件。截至2017年底，新郑市拥有有效注册商标数6457件。其中河南省著名商标65件、驰名商标7件(好想你、枣博士、建喜、鸽瑞及图、白象、恒天、久居香)、国际注册商标69件，拥有“新郑大枣”“新郑灰枣”“新郑小枣”“新郑鸡心枣”证明商标4件，商标拥有量居省县级市首位。此外，“好想你”荣获“2017年中国商标金奖”，这也是本省首次获此殊荣。引导企业参与“守合同、重信用”活动，规范企业市场行为，促进企业健康发展。全市共有25家企业成功申报2016年度河南省“守合同、重信用”企业。2017年，全市6家市场获省、市级“文明诚信市场”荣誉称号。充分发挥消协组织作用。围绕“网络诚信、消费无忧”年主题，广泛开展网络消费教育活动。2017年，累计受理各类投诉举报785起，为消费者挽回经济损失80万余元。

【燃煤散烧管控工作】“接盘”散煤治理以后，对全市散煤销售点进行了重新摸底排查，依托网格，对散煤销售点“定位、定人、定岗、定责”，全市64家散煤销售点，除保留的2家升级改造为型煤厂之外，其余的62家散煤销售点全部按照时间节点取缔。全市已实现了在建成区全面禁烧燃煤，47家茶浴锅炉已经整改取缔完成，30户燃煤大灶和79户经营性小煤炉全部整改完成。全市确定的2家型煤厂已投产使用，位于新郑市龙湖镇的郑州鸿顺洁净能源有限公司，主要供应新郑北部四镇用煤，指导该公司制定相关标准，注册了“神烨”商标。位于新郑市辛店镇的河南耀升新材料科技有限公司，主要供应新郑南部各乡镇用煤。为确保全市居民正常的生产和生活，按照“科学规划、合理布局”的原则，由镇政府牵头，在建成区外的11个乡镇、管委会（9镇、1乡、1管委会）设立洁净型煤配送点，实施洁净型煤替代散煤。

燃煤治理现场会

【烟草市场综合治理】认真贯彻落实烟草产业转型升级工作会议精神，迅速行动，就烟草市场综合治理做出了一系列部署。成立了以局长为组长，分管副局长为副组长，公安局、交通局、商务局、烟草局、邮政公司等为成员单位的烟草市场专项综合整治工作领导小组。自8月23日以来，联合对全市烟草市场开展10余次集中整治，共出动执法车辆59台次，出动执法人员394人次，共检查零售商户1781户，取缔无证经营户31户。查办烟草案件76起，查扣违规卷烟4834条，案值48.7万元，移交公安机关案件4件，拘留2人，逮捕1人,判刑1人。在本市和庄镇陆庄村东查获制造假烟丝窝点，现场查获12台烟机设备，烟叶11810公斤，成品烟丝2863公斤，有力地震慑了非法渠道购销卷烟及贩售假烟行为，进一步维护了本市烟草市场的秩序和经营行为。

【行政执法责任制】 推进“四执法、一防范”。执法行为得到进一步规范，行政复议维持率达到90%以上，行政诉讼胜诉率达80%以上，被问责的执法人员明显逐年减少。助推了地方经济快速发展，近三年新增注册市场主体3万余户。今年十月份迎接郑州市政府法制办对本局进行行政执法责任制示范点的验收工作。开展服务型执法。以深化商事登记制度改革为契机，打造宽松投资环境；以全国企业信用信息公示系统为平台，打造良性信用环境；以12315投诉举报网络为载体，打造柔性执法环境；以“品牌带动、质量强市”为目标，打造一流品牌环境。本局也成为新郑市唯一一家获得“2014—2016年度郑州市服务型执法示范单位”称号的单位。

（撰稿：王伟峰 审阅：宋雪峰）

市场发展服务

【概况】 市场发展服务中心位于新郑市人民路268号。市场发展服务中心是市政府负责市场规划、建设和管理的正科级事业单位，是市场建设管理的主管部门。市场发展服务中心领导班子成员共7人，内设8个科室，下设11个市场管理所（处）。新郑市市场管理委员会办公室、新郑市承接郑州市市场外迁办公室和新郑市农贸市场规划建设和提升改造领导小组办公室设在市场发展服务中心。主要职责是：负责全市市场规划建设的宏观管理、督促指导、协调服务工作；负责受理、审核市场的建设申请，协调、指导、监督市场的建设工作；负责协调相关部门对市场环境卫生、食品经营、消防安全、经营行为和经营秩序等进行监督管理；负责郑州市市场外迁承接地项目建设的协调、服务工作；负责全市农贸市场规划建设和提升改造的协调、服务、监督、指导等工作。2017年度，被郑州市中心城区市场外迁工作领导小组评为市场外迁工作先进单位；被郑州市市场发展局评为市场规范化管理先进单位;被新郑市委、市政府评为绩效考核先进单位。

【规划建设和升级改造农贸市场】 仓城路农贸市场建设：按照市政府常务会议纪要（〔2017〕16号)的要求，市场发展服务中心作为仓城路农贸市场建设的牵头单位，安排专人积极与相关部门协调对接。市场清表工作已完成，文探物探已结束。

提升改造文化路农贸市场：文化路农贸市场于2015年7月建成投入使用，由中心直接管理。2017年11月以来，对文化路农贸市场进行提升改造，共计投资额约600余万元，市场提升改造已到位。通过公开招标引入河南阿里菜市实业有限公司，具体负责市场的日常经营管理工作，按照互联网+菜市场、智慧农贸市场管理模式，推进文化路农贸市场经营管理，完善和补充我市“菜篮子”供应网络。

提升改造洧水路农贸市场：洧水路农贸市场占地19.8亩，该地块是租用毛园居委会第一居民组土地。2015年7月洧水路农贸市场原经营商户整体搬迁至文化路农贸市场后，市场内大棚拆除，市场关闭。中心将协调有关部门利用政府资金，提升改造洧水路农贸市场，坚持高标准规划、高质量建设、现代化经营、规范化管理（引入商业管理公司进行经营管理）。

【承接地市场建设】 按照《郑州市人民政府关于加快推进大围合区域市场外迁工作的实施意见》文件精神，为了进一步巩固中心城区市场外迁成果，整合市场资源，加快我市临空经济强市建设，提升我市郑州副中心城市地位，我们高度重视市场外迁承接各种，遵循高效率运作、高质量服务、高标准对接的工作原则服务承接地市场建设。全力加快华南城、华商汇、圣戈班项目建设。郑州华南城项目累计完成投资额191亿元；建成面积350万平方米；开业面积190万平方米，承接商户数20050余户，超额完成年初目标；郑州华商汇项目累计完成投资55.69亿余元，建成面积80万平方米，开业面积57万平方米，承接商户4200余户；圣戈班百荣绿色建材城，项目展销中心主体已经完工，室外装修（包括玻璃幕墙、钢结构装饰、门头石材装饰等）已完成。

【文明集市创建】 按照“以块为主、属地管理”和“条条抓标准、块块抓落实”的原则，向全市集贸市场下发了《新郑市2017年创建省级文明城市集贸市场治理工作实施方案》。组织全市集贸市场开展文明集市创建活动，公示领导小组、创评结果，开展创建“诚信经营示范店”“百城万店无假货”评选活动，公示评选结果（每季度1次）。通过开展创建活动，优化全市集贸市场环境，提高管理水平。

【市场环境卫生】 坚持“全员上阵、攻坚战略、整体推进、争创一流”的工作方法，年初召开城乡市场环境综合整治专题会，成立由中心主任任组长，其他班子成员为副组长，各科室所处负责人为成员的领导小组，下发了《丁酉年黄帝故里拜祖大典暨市场环境卫生综合整治活动方案》制定工作制度，明确工作职责、落实工作责任，实行定人定段、定岗定责管理。

为改善城乡集贸市场环境卫生面貌，城区市场保洁员由5名增加到12名。市场管理人员负责对市场保洁人员的监督，和对分包路段商户的统一管理，每天必须进行一次全面清扫，保证市场路面干净清洁。通过环境卫生综合整治工作的开展，所辖市场面貌一新，给市民和商户提供了更加舒服、干净、靓丽的消费和经营环境。

【市场安全生产工作】坚持“安全第一、预防为主、综合治理”的方针，把安全生产工作作为讲政治、保稳定、促发展的大事来抓，纳入了年度目标管理体系。成立安全工作领导组和应急救援队。逐级落实安全生产责任制，一年来召开安全生产工作会议20余次，确保安全生产各项工作的落实，健全了《市场检查制度》《市场消防安全管理规定》《安全生产责任制》《安全生产工作例会制度》《事故应急救援预案》《安全生产档案管理制度》《安全生产管理考核及奖惩制度》等各项规章制定。在十九大、双节、黄帝故里拜祖大典和“五一”“十一”节假日期间加大了安全检查的工作力度，对辖区市场实行定期、不定期的安全生产和消防安全大检查。安全生产专项整治、安全生产大检查和安全生产月及新《安全法》主题宣传月等活动，使市场经营商户安全理念进一步得到提升，创造了良好的安全经营环境。

【平安市场创建工作】为迎接党的“十九大”胜利召开,制定并下发了《新郑市市场发展服务中心“迎接十九大合力保平安”活动实施方案》,以创建“平安市场”为契机,深入推进平安新郑建设活动。活动开展伊始,多次召开班子会议,研究活动方案,制定活动步骤,为了更好的宣传“平安市场”创建工作,营造浓厚的舆论氛围,中心制作了各种宣传版面、条幅50余个,印制发放平安建设及消防安全知识宣传彩页1万余份,突出防两抢一盗、防诈骗和消防常识等内容,分发到各个市场，为商户详细的宣传、讲解,使每位商户、每位消费者都能够了解平安创建的标准和意义,真正营造了人人关注“平安市场”建设,人人参与“平安市场”创建活动的浓厚氛围。

（撰稿：高新楼 审阅：赵春阳）

国土资源管理

【概况】新郑市国土资源局位于新郑市黄水路186号，是主管全市土地资源、矿产资源等自然资源规划、管理、保护与合理利用的市政府工作部门。内设办公室、编制人事科、纪检监察室、地政地籍科、规划用地科、耕地保护科、法制监察科、矿管科、行政审批科、不动产登记科10个科室，下设国土资源执法大队、国土资源局直属分局、龙湖分局、辛店分局、和庄分局、新村分局、薛店分局、土地整理中心、土地储备中心、中心城区新区国土资源分局、不动产登记中心、不动产登记服务中心12个二级机构。现有干部职工517人、领导干部25人、干部278人（含聘干）、工人214人，其中本科学历98人、大中专257人、初级职称33人、中级职称12人。

2017年，新郑市国土资源局围绕“抓改革创新、强投资开放、促结构转型、求民生改善”工作大局，坚持“开源与节流并举，开发与保护并重，把节约资源放在首位”的原则，切实加强保护耕地，推行节约和集约用地制度，增强土地资源可持续利用能力，加快全市法治国土建设，为全市经济社会健康快速发展提供有力的资源保障，全面完成各项工作任务。被郑州市人社局评为“2016年度郑州市基本农田保护先进集体”，被郑州市国土资源局评为“‘打一场土地利用管理翻身仗’征文活动先进单位”，被中共新郑市委、新郑市人民政府评为“2016年度‘三农’工作先进集体”和“2014—2016年度新型城镇化建设工作先进单位”。

【耕地保护】严格落实耕地保护责任目标。市政府与各乡镇、市国土资源局与各乡镇土地所签订《新郑市2017年度耕地保护目标责任书》。建设项目补充耕地工作。易地购买补充耕地指标560.9公顷，落实年度补充耕地任务423.1公顷。永久基本农田划定工作。建立永久基本农田数据库，签订了市、乡镇、村、组、户5级目标责任书，标志牌已全部安装到位。基本农田划定已通过省厅验收，基本农田数据库已报国土资源部审核通过并备案。耕地后备资源开发工作。2017年度我市第一批补充耕地储备项目已通过郑州市国土资源局批复立项。土地复垦工作。按照“谁损毁，谁复垦”的原则已与王行庄煤矿和赵家寨煤矿签订土地复垦监管协议。

【建设用地管理】加大土地报批力度，着力保障重点及民生项目用地需求。2017年共批回建设用地13个批次，面积共计259.4108公顷，涉及本辖区重点项目的土地报批事项办结率达100%。同时2017年共上报建设用地24个批次，面积共计693.34公顷，保障了华南城、碧桂园、铁警学院、华夏幸福、金城国际、华商汇、秦湾社区等一批省重点项目、民生项目用地需求。全年共上报2个批次增减挂钩项目，建新区面积28.82公顷。按照上级部署时间节点有序推动本市土地利用总体规划调整完善工作，河南省人民政府于10月25日对新郑市土地利用总体规划（2010—2020年）有关指标调整进行了批复。

【节约集约利用土地】在用地指标极度紧缺的环境下，积极盘活存量建设用地，加大闲置及空闲土地清理处置力度，全年盘活低效利用土地67.81公顷、处置闲置土地12.56公顷、清理空闲土地30.57公顷。加大土地收储和供应力度，全年收购储备土地214.13公顷，挂牌供应国有土地222.73公顷，增加政府收益59.6745亿元。稳步推进城镇规划用地、农村耕地和农村集体建设用地（简称“三块地”）开发利用改革工作。新郑市作为全省试点县市，先行先试，积极探索，因地制宜，深挖亮点，成立了以市长马志峰为组长、常务副市长王智明任副组长的“新郑市‘三块地’开发利用改革领导小组”，推进本市国土资源供给侧结构性改革，创新土地开发利用方式，强化土地资源有效供给，推进城乡统筹发展，着力破解制约社会经济发展的体制机制障碍，通过“三块地”改革，为全市经济发展提供资源、资产、资本三位一体支撑。

【国土资源执法监察】 2016年度卫片新郑市共涉及整改任务459宗、面积318.77公顷、耕地249.39公顷。截至2017年12月20日，全市共整改图斑437宗，面积286.77公顷，耕地220.11公顷，整改率比例98.71%，违法耕地比例0.79%。

【地政地籍管理】 自2012年开始，历经5年时间，圆满完成农村集体土地确权登记发证工作，共完成地籍调查48961宗，总面积1346.02公顷。其中符合发证条件的宅基地47951宗，总面积1258.11公顷，集体建设用地243宗，总面积69.67公顷。不符合发证条件的宅基地735宗，面积16.84公顷，权属争议29宗，面积0.79公顷，集体建设用地3宗，面积0.61公顷。均通过河南省国土资源厅省厅验收。完成2017年全市土地变更调查与遥感监测工作，通过河南省国土资源厅验收并上报国土资源部，于2018年8月正式启用2017年土地利用现状数据库成果。

【不动产登记管理】 按照上级国土部门统一要求，不动产统一登记工作已全面启动。健全规章制度，规范工作程序，开展权籍调查，加强数据整合，确保不动产统一登记工作平稳过渡。自本市2016年8月25日实施不动产统一登记以来，截至2017年年底，共颁发不动产权证书34500本、不动产登记证明70255份。

【矿政管理】 全年核查相关乡镇涉及全市的8个村庄431名受威胁群众的地质灾害隐患点，进一步确定8处隐患点的类型、规模、危险程度、威胁对象和检测手段，落实了责任单位以及责任人、检测人，完善了市、乡、村三级监测网络。向防灾责任人和受威胁群众发放地质灾害防灾工作明白卡、防灾避险明白卡200余份，切实提高了相关工作人员及受威胁群众的应急处置及临灾避险能力。2017年新郑市共发布地质灾害黄色预警10次、蓝色预警1次。

（撰稿：李 龙 审阅：毛智勇）

安全生产监督管理

【概况】 新郑市安全生产监督管理局是主管全市安全生产工作的市政府组成部门，位于人民路西段202号，现有干部职工111人。内设办公室、综合管理科、长效机制办公室、安全监督管理一科、安全监督管理二科、安全监督管理三科、政策法规科、职业健康监管科、行政审批科、编制人事科、煤炭监管科等科室。下设监察执法大队（含4个中队）、安全技术教育培训中心、煤炭管理中心和龙湖煤管站、辛店煤管站等二级机构。

2017年，安全生产监督管理局大力实施安全生产宣教培训工程，深入开展安全生产隐患排查、“打非治违”专项整治等活动，持续推进安全生产长效机制建设。各类事故起数、死亡人数均在郑州市下达的控制指标之内，较好地完成郑州市下达的安全生产各类目标任务，全市安全生产形势持续稳定。2017年安全生产综合考评成绩位居郑州市各县市（区）前列，并荣获2017年度河南省“安全生产月”活动先进单位、2016年度河南省安全生产先进单位、郑州市煤矿安全生产目标考核优秀单位、郑州市工贸行业标准化建设工作先进单位等荣誉称号；涉氨制冷专项治理工作得到国务院安委办涉氨制冷省际交叉检查组的高度评价。

【安全生产责任制】 推进安全生产责任体系建设健全机制、落实责任，齐抓共管格局基本形成。全面推进安全生产“党政同责、一岗双责、齐抓共管、失职追责”和“五级五覆盖、五落实五到位”安全生产责任体系建设，严格实施明察暗访、督查通报、隐患排查、“一票否决”、责任追究、目标考核及奖惩、警示约谈等制度。全市268个行政村（社区）均已成立村级安委会并配备安全生产协管员，从业人员300人以上的高危生产经营单位和1000人以上的一般生产经营单位，均已成立安全生产委员会，有效保障了安全监管无死角、安全管理无盲区、隐患排查无遗漏，实现安全生产由“以治为主”向“以防为主”转变，由“被动应付”向“主动监管”转变，全面提升安全生产风险防控能力。推进企业安全生产诚信体系建设。以煤矿、危险化学品、烟花爆竹、金属冶炼、人员密集场所等行业领域为重点，健全完善安全生产信用等级评定、失信记录管理、“黑名单”、诚信信息公示等制度，强化激励约束，督进企业严格落实安全生产主体责任，依法依规、诚实守信加强安全生产管理工作。落实安全生产例会制度。坚持定期提请组织召开市委常委会、党政联席会、市长办公会，每月10日前组织全市安委会重点成员单位及部分重点领域企业召开安全生产月例会，每月不定期召开全市安全办主任（科长）及工贸、危化和烟花爆竹企业座谈会，组织学习贯彻习近平总书记及上三级领导同志关于安全生产工作的重要讲话及指示批示精神，听取工作开展情况汇报，分析研判安全生产形势，研究解决存在问题。实行安全生产目标考核及奖励机制。坚持安全生产目标管理机制，年初分别与安全生产目标管理单位签订《2017年安全生产目标责任保证书》，并纳入政绩、业绩考核。提请市政府拿出近百万元专项资金，对2016年度131个安全生产工作先进单位、标准化达标创建企业和88名先进个人予以表彰奖励，极大地调动了全市上下做好安全生产工作的积极性和主动性，确保各项工作和目标任务的落实。完善社会化服务体系建设。长期以来，市安监局坚持寓监管于服务，切实发挥第三方力量和市场机制，拿出专项资金聘请专家不定期深入重点行业领域，对企业主体责任落实情况进行把脉会诊，帮助企业解决安全生产工作实际问题。2017年，提请市政府聘请48名行业专家深入煤矿、危化、工贸、职业健康等领域，督促企业落实主体责任。督促指导龙湖、新村、孟庄、薛店、新建、新烟、新华等乡镇办购买中介服务，开展区域性风险评估，有效解决乡镇办辖区企业深层次安全生产隐患问题，实现安全风险可防可控。

【安全生产综合监管】 多策并举、综合施治，安全生产形势持续稳定好转。严密防范，狠抓重点时期安全生产工作。在春节、两会、五一、国庆、中秋及“十九大”等重要时段，实行安全生产“日报告、零报告”制度，局班子成员节假日，多次带队对全市重点企业开展督导检查、突击夜查，有效保障了全市重点时期安全生产形势持续稳定。突出重点，扎实开展专项整治。采取联合执法、突击排查、回头看等方式，突出抓好煤矿、危险化学品、有限空间和粉尘治理等专项整治工作，对查出的问题隐患，实施台账管理，整改一处销号一处，真正做到隐患整改不流形式、不留后患。全年共计开展专项整治26次，消除各类问题隐患18500余条。打防并举，持续保持打非治违高压态势。严格落实“五个一批”（依法严惩一批违法违规行为，彻底治理一批重大事故隐患，关闭取缔一批违法违规和不符合安全生产条件的企业，联合惩戒一批严重失信企业，问责曝光一批责任不落实、措施不力的单位和个人），积极采取“四个一律”执法措施（对违法违规行为，一律停产整顿、关闭取缔、上限处罚、追究法律责任），协调组织公安、交运、消防、住建、电力等部门单位，采取查封、扣押、停水、停电等强制手段，积极开展联合执法，坚决处理纠正违规违章行为。全年共出动执法组269个，依法责令停产整顿企业160家，关闭取缔企业89家，追究刑事责任25人，有效震慑了全市安全生产领域非法违法行为。强化督导，确保安全生产各项工作取得实效。积极参加市督考办、安委办巡查工作，特别是在两会、“十九大”、岁末年初等敏感时期，市安监局全员上阵，全程进驻乡镇，对其安全生产工作进行全天候督促检查。通过安全生产微信群，实时收集整理各督导组、各乡镇（街道办、管委会）和各牵头部门工作开展情况，上报市委市政府主要领导。对发现的隐患，坚决先停后整，达不到安全条件一律不准生产。对违法违规生产的，坚决采取果断措施，该停工的停工、该停产的停产。对发生事故的企业，一律实行联合惩戒，并倒查有关部门、单位和人员的责任，绝不姑息迁就。

【安全保障型城市创建】 强基固本、统筹兼顾，稳步推进安全生产标准化达标建设工作。按照“全面部署动员、明确工作责任、强化宣传教育、督导检查推动、专家把脉会诊、集中培训提升、严格兑现奖惩”等七个步骤，督促企业全面落实安全生产主体责任，逐步建立企业自我约束、自我完善、持续改进的安全生产长效机制，提高企业本身安全水平。11月份，聘请4组行业专家，对辖区118家安全生产标准化已达标工贸企业进行专项检查，督促企业按照标准化管理要求安全运行。2017年，工贸行业安全生产标准化达标企业新增93家，累计176家企业完成安全标准化达标建设，完成郑州市下达全年任务目标的124.4%，辖区2家煤矿顺利通过国家一级安全生产标准化矿井验收。开展职业卫生监督管理工作。以《职业病防治法》宣传周活动为契机，深入贯彻落实上三级关于职业病防治一系列重要指示精神，印发职业病法律法规、防治知识宣传彩页3万份，组织529名企业主要负责人、职业卫生管理人员参加职业卫生教育培训。坚持推进安全生产职业健康一体化综合监管执法，扎实开展水泥、耐火材料、陶瓷制造等行业领域职业病危害专项治理，督促企业全面落实职业病危害防治主体责任，指导103家企业对职业病危害项目进行申报，为4600余名接触职业危害的劳动者进行职业健康检查，切实维护劳动者职业健康合法权益。做好应急管理工作。扎实开展应急资源普查，进一步充实应急救援专家库，完善全市整体预案及专项预案编制备案，全市各重点行业企业应急预案备案率100%。坚持“以练代训”开展应急演练，分别于7月13日、12月26日，牵头组织开展全市性大型综合应急救援演练。督促指导各乡镇办、管委会和各行业主管部门举办各类专项事故应急演练活动1100余场（次），12万余人接受应急培训。

通过演练，深入查找应急工作中的问题和不足，为进一步提高全市应急协调处置能力积累实践经验。四是强化安全保障型城市创建。提请市政府投资350万元，建成孟庄镇潮河新城社区和薛店镇常刘社区安全文化大院。截至目前，全市14个乡镇（街道办、管委会）、236个行政村（社区）、136所学校和192家企业被确定为安全和谐型创建示范单位，另有16个村（社区）申报了河南省安全和谐型村（社区）创建示范点。五是严把企业安全生产许可审核关口。进一步规范安全生产行政许可项目的工作流程，简化办事手续，提高行政效能，全年共审核办理行政许可事项42件，规定时效内办结率达100%。

6月6日，不忘初心、扬帆远航安全文化主题晚会举行

【安全生产宣传教育培训】 拓宽渠道、创新形势，安全宣教培训工作成绩斐然。一是关键节点抓宣教。连续8年把春节后第一个月这一重要时段作为“安全生产复工复产培训月”，突出“全覆盖”，把全市各类企业纳入宣教培训范围。突出全员培训，把所有从业人员纳入宣教培训范围。突出企业主要负责人、安全生产管理人员和特种作业人员的安全培训，督促全市生产经营单位举办节后复工复产培训班46期，培训从业人员4555人。二是方式灵活抓宣教。扎实开展以“全面落实企业安全生产主体责任”为主题的“安全生产月”系列活动。利用电视、报纸、网站等媒体设立安全主题专栏，利用商场、公园、广场等公共场所的液晶显示屏、电子公告牌滚动播放安全知识，“新郑安全”微信订阅平台关注人数已突破20万人。利用短信平台向广大市民发送以“政策法规、事故案例、工作动态”等为内容的安全知识小短信21万余条，潜移默化地传播安全文化。先后在中国安全生产报、河南安全等上三级主流媒体杂志发表新闻稿件54篇，成功举办“众合杯”安全生产知识竞赛，配合郑州市电视台《安全第一线》栏目开展新郑专题报道5期，开展“安全公益大讲堂”“责任与担当大家谈”、安全生产知识“七进”（进企业、进学校、进机关、进社区、进农村、进家庭、进公共场所）及危险化学品安全综合治理、标准化达标建设、职业健康、安全专家送服务等专题行活动。“安全生产月”期间，扎实开展“四周一日”（生产安全事故警示教育周、安全应急预案演练周、安全生产教育培训周、安全文化周和安全生产宣传咨询日）宣传活动。宣传咨询日当天，共设置彩色气柱80余根，悬挂宣传条幅2800余条，展出版面600余块，出动文艺宣传表演队11支，设置咨询台120余个，出动安全生产流动宣传车30余台次，发放安全生产宣传资料72000余份，接受群众现场咨询达6800余人次，34000余人接受安全教育。当晚，在市炎黄广场举办“不忘初心、扬帆远航”安全生产专场文艺晚会，紧扣安全生产主题，以最直观的、喜闻乐见的方式使广大民众受到深刻的安全教育，进一步增强全民安全意识。根据需求抓宣教。针对部分企业距离培训地点较远的问题，开设流动培训班，组织工作人员深入基层企业，开展“零距离”上门培训。针对不同行业领域危害因素存在差异的问题，邀请行业专家根据企业实际情况，合理安排培训内容，开展有针对性的安全培训。2017年，举办“三岗人员”培训班69期，培训人员6671人次，完成全年目标培训任务的166.8%。11月23日，围绕《中共中央国务院关于推进安全生产领域改革发展实施意见》的学习贯彻落实，邀请专家为全市各乡镇办、管委会、市直各部门，行政村（社区）及部分企业等500余人做专题讲解。12月10日，邀请省、郑州市专家领导授课，组织全市1200余名基层安监干部、村（社区）级安全生产协管员、生产经营单位主要负责人及安管人员，参加听课，进一步增强基层安监干部队伍和生产经营单位安全意识，提高安全管理水平。

（撰稿：张伟华　审阅：崔军民）

食品药品监督管理

【概况】 新郑市食品药品监督管理局位于新郑市沿河路中段，随着机构改革和职能划转，新郑市食品药品监督管理局全面承担食品、药品、化妆品、医疗器械监管职能，现有在职干部职工191人，内设10个科室，下设食品药品稽查大队1个直属机构、新郑市食品药品检验检测中心、新郑市食品药品培训中心、新郑市食品稽查队3个二级机构，14个乡镇（街道）派出机构。

【食品安全监管】严把关口，行政审批更简。按照“精简、统一、便民、高效”的总要求，率先推行“一窗式”政务服务模式的试点工作，探索推行将部门设立的多个审批窗口整合为综合窗口受理全部审批事项和公共服务事项，实行“统一受理、分类审批、统一出证、统一送达”的“一窗式”政务服务模式，变“多头受理”为“一口受理”。共发放食品经营许可证2701份，变更食品经营许可证86份，注销食品经营许可证85份，行政许可档案归档完毕995份。落实责任，生产监管求优。坚持集中整治与长效机制建设相结合、企业自律与行政监管相结合，切实履行食品生产加工监管职责，开展小麦粉食品安全风险隐患排查、糕点食品生产企业专项检查，开展面粉生产企业、水果制品生产加工企业、桶装饮用水、调味面制品等专项整治，积极开展产品不合格企业后处理工作，组织召开全市食品生产企业落实食品安全责任大会。2017年，对36家企业35种产品的生产许可证申报工作进行初审并进行取证，注销食品生产企业5家；监督检查获证食品及添加剂生产企业200余家、小作坊75家次，下达责令改正通知书120余份，抽查小作坊的糕点、炒货等产品200批次。配合省市检测机构开展了监督抽查工作，涉及企业近190家、产品25大类，共抽查750批次的产品，基本做到了计划内企业全覆盖、产品全抽查。突出诚信，流通监管卓有成效。制定《2017年度新郑市食品流通环节监督检查计划》，以创建食品安全示范城市为契机，以开展企业风险分级为基础，以推行“食证通”手机APP培训考核软件为抓手，以督促落实企业主体责任和法律义务为重点，推行“双随机、一公开”。通过食品安全监督抽检、日常监督检查以及“元旦、春节期间专项整治”“五整治一打击专项行动”“牛羊肉质量集中整治”“学校及学校周边流通环节食品安全监管”等14项专项整治活动，进一步提升食品经营单位主体责任意识。确定了食品经营风险分级管理、批发环节专项治理、网络食品销售、百家食品安全示范店创建、食品及食用农产品集中交易市场整治等9项重点工作。共出动执法人员6700余人次、执法车辆3500余台次，摸排辖区内流通环节食品经营主体15400余户次。申报新郑市级食品安全示范店26家，申报省级食品安全管理示范单位1家，申报郑州市级食品安全示范店6家，申报新郑市级食品安全管理示范单位1家。稳扎稳打，餐饮监管做实。围绕“明确职责、加强协调、突出重点、科学监管”的工作思路，制定2017年全市餐饮服务企业食品安全工作计划，持续推进量化分级管理。2017年，共完成餐饮服务单位量化分级评定2163家，其中A级14家、B级1658家、C级491家、待评定259家，全市持证餐饮服务单位量化分级管理公示率达100%。针对大型聚集场所餐饮区、城乡接合部、学校及学校周边等高风险部位，深入开展元旦、春节期间餐饮服务食品安全检查、餐饮服务环节牛羊肉质量安全专项检查、餐饮环节肉品质量安全集中治理行动、网络订餐第三方平台核查工作等10余次专项整治行动，共出动执法人员6181人次，出动执法车辆2032辆次，检查餐饮服务单位3531家。加强与教体局的协作配合，在全市学校食堂推进“明厨亮灶”改造，实现学校食堂食品安全的适时监控。圆满完成高中学业水平考试、黄帝故里拜祖大典、“两会”、万名党员进党校等20余次重大活动食品安全保障任务。

【药械化监管】坚持问题导向，牢牢抓住药械化质量监管这条主线，强化药品标准监管，加强药品生产源头治理，突出抓好药械化流通领域集中整治，整顿规范市场秩序。理清监管思路。安排部署药械化监管工作。召开专题会议，14个食品药品监督管理所、药械化生产经营的主要企业以及部分医疗机构的主要负责人260余人参会，对监督检查时发现的主要问题进行汇总通报，安排2017年监管工作和药品流通领域非法渠道购进药品专项整治。提升药械化监管能力。坚持“三个到一线”，即每月督导到一线、每月督查到一线、每季培训到一线，促进和提升基层监管所日常监管和“两档”建设水平，为各监管所进一步履行药械化监管职责、保障群众用药用械安全奠定了良好的基础。推动企业诚信体系建设。严格落实“黑名单”制度、信用评级和分级监管制度，推进行政处罚案件信息公开，多举措、深层次加大监管力度，严厉打击违法违规行为，构建“部门监管、企业自律”的良好格局。强化过程监管。严格药品生产日常监管。制定日常监督检查计划，确定检查的重点环节、重点品种和重点检查内容。开展停产药品生产企业专项监督检查，着重检查停产是否存在出租厂房、设备、仓库，停产企业是否存在出租、出借合法资质以及停产期间物料管理情况等，严防违反药品管理法和药品GMP行为的发生。开展药品生产质量安全提升年活动，对辖区内4家药品生产企业进行专项检查。配合省、市局做好专项检查、跟踪检查等工作，共检查药品生产企业11家次，完成基本药物生产环节抽验96批次，监督检查及基本药物抽验覆盖率均达到100%。加大药品流通专项检查力度。

加大药品流通环节巡查力度，规范药品经营行为，组织开展了“双节”期间药品流通领域集中整治行动、药品流通领域非法渠道购进药品、医疗机构药品质量安全、城乡接合部和农村地区药店诊所药品质量安全等专项整治行动，将问题药品列入日常监管工作中，确保问题药品能全部召回。共检查药品经营使用单位758家次，责令改正104家次，立案17起，现场验收新开办及变更药品经营企业101家次。完成药品流通使用环节基本药物抽验19批次、基层常用药品抽验10批次，监督检查及抽验覆盖率均达到100%。深化医疗器械专项整治。针对监管实际，开展角膜塑形镜排查，开展加强无菌和植入性等医疗器械、贴敷类及“软性、硬性角膜塑形镜”等专项检查工作，开展全面推进医疗器械生产质量管理规范实施专项工作。截至目前，共检查医疗器械生产企业10家次、经营企业122家次，责令改正1家次，完成医疗器械抽验3批次，监督检查及抽验覆盖率均达到100%。规范化妆品经营使用。开展化妆品生产企业换证后专项检查，开展为期6个月的千家宾馆酒店洗浴场所化妆品安全专项检查工作，落实索票索证和进货台账制度，规范进货渠道和进货票据管理，建立化妆品质量安全追溯体系，提升宾馆、酒店、洗浴场所化妆品质量管理水平。截至目前，共检查化妆品经营使用单位106家次，责令改正2家次，有效地整顿和规范了化妆品市场秩序。

【稽查稽办】 查办大案要案，形成高压震慑。以全面贯彻落实“四个最严”为主线，以查处大案要案为抓手，对违法犯罪行为始终保持高压态势，加强案件办理。2017年食品立案77起，结案75起，药品立案15起，结案15起。收到上级交办件29件，回复28件，外地协查64件，回复62件，处罚案件按规定公开率100%。办理投诉举报，保障群众权益。依托市食品药品安全投诉举报中心，发挥12331投诉举报平台主渠道作用，实行专线举报、专人负责、专人处理，建立分工明确、上下联动、横向协作、运转高效的投诉举报和案件查处工作机制。聘请专业法律顾问，参与“掌舵”决策，每季度召开案件协调及业务促进会，对14个所进行业务指导，将法律服务纳入食品药品监管之中。共接到12331投诉举报信息系统转办件120件，均按要求在限期内及时回复。本地投诉件156件，回复149件。收到外部门移交件63件，回复58件。收到职业打假人投诉件221件，回复184件。本级受理、上级依法转办（交办）的投诉建议按时回复率100%，不存在无理拒收、无图推荐、拖延办理、超期回复现象。提高预警能力，加强应急管理。建立健全风险监测、分析、处置等机制，提高风险管理水平和预警能力，加大食品药品抽检力度。接受企业委托检验205个批次，出具报告书205份。收检药品80批次。出具报告书80批次；实验室检验任务1278批次，已完成1306批次，不合格报告8批次，全部启动不合格产品核查处置程序，案件正在办理中。快检任务4000批次，其中餐饮环节任务2000批次，已完成2031批次，流通环节任务2000批次，已完成2192批次。抽检信息已公开32期，其他抽检信息将陆续公开。上报药品不良反应监测病例330例，医疗器械不良反应108例，化妆品不良反应监测51例，上报率达100%。

【依法行政】 严格案件审核，规范案卷制作。按照上级案件审核办法要求，从是否有管辖权、事实是否清楚、证据是否确凿、定性是否准确、处罚是否适当、程序是否合法等方面逐条把关，确保审核的案件宽严适度、合法合理、案卷制作规范。2017年，已经审核行政处罚案件72个，提出审核意见千余条。开展学习培训，提高法治素养。制定《2017年度学法计划》，合理安排学习内容，每月至少4次自学，督促工作人员及时做好学习笔记。安排自学48个课时，集中培训450人次，举行了食品安全标准技能竞赛。利用微信平台，以相关人为主要普法对象，同时包括本局基层执法人员，建立药品、医疗器械、餐饮、流通、生产、化妆品等6个普法群，每日更新法律知识，对全市上述领域监管对象进行普法教育。认真评查整改，规范执法行为。坚持以问题为导向，从违法事实、法律适用、证据收集、处罚程序、自由裁量、文书制作、案卷归档等方面进行认真评查。同时，针对案卷存在的问题现场开展讨论，分析原因，明确整改方向和具体措施，确保问题有效整改。将常见的违法行为制作成指导案例，供办案人员学习提高，2017年已经制作了9个指导案例。展开集体讨论，强化案件办理。对于疑难案件，根据《新郑市食品药品监督管理局重大复杂行政处罚案件集体讨论制度（试行）》，组织案委会成员及法律人士认真研究，查找法律依据和相关案例，从法理、办案技巧、实体法适用、程序法适用等各个方面、各个角度对执法人员进行讲解。已讨论通过重大复杂案件26起。完善执法监督，做好行政复议。加强执法监督，主要检查执法人员是否具有执法资格，办理的案件质量如何以及案件归档情况，并对各单位执法案卷制作中存在的问题进行指正，并责令其改正，进一步规范了执法办案程序，提高了案卷制作质量和执法办案水平，有效地规避了执法风险。共办理行政复议案件20起，13起维持原判，4起终止，1起撤诉，1起驳回，2起尚未结束。发挥典型引领，推进服务型执法建设。继续开展服务型行政执法建设工作，以薛店镇所为2017年度基层服务型行政执法提升示范所，以新建所为执法责任主体制示范所，组织各所开展服务型行政执法经验交流活动,充分发挥典型引领、以点带面的先进示范作用,全面推动全系统服务型行政执法建设。

【宣传培训】 组织食品安全员（师）培训。依托新郑市食品药品培训中心，以《中华人民共和国食品安全法》《河南省餐饮服务食品安全员（师）制度实施办法》等法规制度的教育和宣传为主要内容，开展食品安全员（师）培训30期，培训餐饮从业人员1834人、流通环节从业人员1484人、食品生产从业人员400余人。开展集中宣传教育。在元旦、春节、“3·15”“3·31”等节假日期间，通过电视宣讲、网络专题、信息发布等多种形式，在全市范围内广泛宣传《食品安全法》《食用农产品市场销售质量安全监督管理办法》等法律法规和食品安全相关工作开展情况。共悬挂宣传条幅8条，发放《食品安全法宣传册》10000余本，利用电子显示屏播放宣传标语2500余次。结合同期开展的“国家食品安全示范城市”“百家食品安全示范店”创建等工作，发放“新郑市食品安全信息公示牌”1500余块、食品安全消费警示宣传海报2000余份。加强新媒体运用。利用新郑市食品药品监督管理局网站，及时公开抽检报告、部门决算预算、一般程序案件及简易案件，每月公示行政审批办结事项信息。认真落实食品药品科普行动计划，共开展各类宣传活动20余次，发放宣传册、折页10000余份，编发、刊播食品药品安全信息、新闻近100条。

（撰稿：李小变 审阅：张新勇）

审计工作

【概况】 新郑市审计局是市政府的重要经济监督部门，依法独立检查被审计单位的会计凭证、会计账簿、财务会计报告以及其他与财政收支、财务收支有关的资料和资产，监督财政收支、财务收支真实、合法和效益的行为。1984年成立以来，忠实履行着《中华人民共和国审计法》赋予的职责，充分发挥了维护新郑市经济秩序，保护国有资产完整和有效使用的积极作用。审计局现有干部职工106人，其中，局班子成员4人，纪检组长1人，副科级干部2人，经济责任审计中心主任1人，高级职称1人，中级职称25人，初级职称16人，大专以上学历的104人，中共党员64人，民盟盟员2人。局内设一室七科两中心两审计室，即办公室、编制人事科、法制科、财政金融审计科、行政事业审计科、农业与资源环保审计科、社会保障审计科、基本建设审计监督科、经济责任审计中心、政府投资项目审计中心、郑州新郑教育园区审计室、新郑新区审计室。

2017年，共完成审计和审计调查项目179个（其中：完成政府投资审计项目141个），共查出违规金额2873.97万元，管理不规范金额12.35亿元，发现非金额计量问题173个，提出审计意见和建议224条。通过审计，为国家增收节支49560.07万元。向相关部门移送案件线索12件。

【财政审计】 2017年，本级预算执行及其他财政收支情况的审计以促进各级财政优化支出结构、提高资金绩效、规范预算管理、推进财政改革为目标，重点关注财税体制运行、财税政策执行、预算绩效管理、政府债务管理等情况。围绕部门预算编制及执行、国库集中支付等改革措施落实情况，结合各市直单位财务管理状况、政府财政状况，注重从体制、机制上提出审计建议，为规范财政收支行为、推动财政体制改革发挥了积极作用。全年共对市本级2016年度财政预算执行和其他财政收支情况、市政务服务中心、市地方史志办公室、市机构编制委员会办公室、市委党校、市地税局、市场发展中心、南水北调办公室、旅游文物局等14个单位的2014至2016年预算执行情况和观音寺镇、市林业科学研究所、技工学校、市场发展中心等8个单位的2014至2016年度财务收支情况进行了审计。通过审计，共查出违纪违规资金2155.6万元，管理不规范资金2.11亿元，发现非金额计量问题47个，提出审计意见和建议78条。

【政府投资项目审计】 2017年，加大工程建设项目预算、竣工结（决）算审计力度，强化重点投资项目的跟踪审计，实行政府投资项目审计监督全覆盖。全年共完成政府投资项目审计141个，报审金额253793.93万元,审定金额204148.03万元,审减金额49645.89万元,综合审减率19.56%。通过审计，提出审计建议99条，追回超付工程款40.95万元，向相关部门移送案件线索12件。

【民生资金审计和专项审计调查】 牢固树立“民本审计”理念，紧紧围绕中央提出的“稳增长、促改革、调结构、惠民生、防风险”政策要求，进一步加大对民生项目和资金的审计力度。一是完成了2015—2016年新郑市农业支持保护补贴资金政策落实情况、2014至2016年度就业补助资金情况的审计。这次审计以“摸清现状、揭示问题、强化管理、提升效益”为目标，抽查了市财政、农委、国土、林业、畜牧和农机等部门，重点审计了耕地地力保护补贴资金收支、补贴面积真实情况，并延伸至孟庄镇、薛店镇、城关乡等乡镇的相关村组及个人。此审计项目共查出违规违纪资金31.95万元，管理不规范资金81.85万元，非金额计量问题9个，提出审计建议8条。通过本次审计，促进了财政资金安全、规范、有效使用，提高了农业补贴政策的指向性、精准性和实效性。二是完成了郑州市中牟县2016保障性安居工程的计划、投资、建设、分配、运营等情况及配套基础设施建设情况审计，共查出管理不规范金额672.24万元，发现非金额计量问题16个，提出审计意见和建议4条。三是完成了对本市2016至2017年6月扶贫政策措施落实和扶贫资金分配管理使用情况的审计。本次审计以“数据分析得线索、关注资金抓重点、紧扣政策看落实、跟踪项目看效果、进村入户探实情”为总体审计思路，突出“精准、安全、绩效”主线，围绕精准扶贫、精准脱贫基本方略，严肃查处脱贫攻坚政策措施落实和扶贫资金分配管理使用中存在的问题。

【经济责任审计】 2017年，经济责任审计从推动领导干部切实履职尽责、推动各级政令畅通、推动反腐败和党风廉政建设、推动审计整改落实及促进问责等方面入手，强化审计重点，对经济活动复杂、资金资产量大的重点部门和重点单位领导干部进行审计监督，强化对权力运行的制约和监督，及时发现和揭露违法违纪问题和重大风险隐患，揭露不作为和乱作为的问题。共对盐业管理局、农科所、林业局、交通局、农委、水务局等9个单位的领导干部任期经济责任和南水北调移民局、文广新局两个单位的领导干部任中经济责任进行了审计，共查出负主管责任的违规金额36.20万元、负领导责任的违规金额682.72万元。查出负主管责任的管理不规范金额226.6万元、负领导责任的管理不规范金额39324.69万元。发现非金额计量问题37件，提出审计意见和建议45条。

【审计服务】 2017年，参与审计署郑州特派办组织的青海省省长离任审计和山东中信银行2017年政策落实和风险防控审计。参与省审计厅为期两个半月的扶贫项目审计。抽调人员参与河南省饮水安全工程专项审计。抽调人员参与完成了郑州市审计局组织的三门峡陕州市2016年扶贫审计、郑州市审计局关于刘建武市长的离任审计、郑州市本级审地税审计。抽调人员积极配合完成了郑州市纪委“小金库”专项治理、双节期间遵守八项规定检查以及新郑纪委廉自办以案促改检查工作。抽调17人参与新郑市巡察组巡视工作和新郑市督考办“五查五促”督查工作。抽调人员参加新郑市黄帝故里拜祖大典和大气污染防治督查工作。

（撰稿：高 玉　审阅：杨晓艳）

统计工作

【概况】 新郑市统计局是主管新郑市统计和国民经济核算工作，反映国民经济和社会发展状况的政府职能部门。现有干部职工63人，全部为大专以上文化程度。内设办公室、人事财务科、综合核算科、政策法规科、能源科、工业科、三产科、投资科、农业科、住户科、人口科技科、计算中心、普查中心、执法大队、纪检监察室等15个科室。

2017年，新郑市统计局以打造服务型统计为主题，狠抓干部队伍建设、基层基础建设和统计法制建设，突出服务市委市政府战略目标和全市社会经济建设，不断推进统计事业健康有序发展，各项工作成效显著。先后获得了《中国国情国力》基层宣传先进单位、河南工业生产者价格统计先进调查单位、郑州市统计工作先进集体、郑州市规模以下服务业抽样调查先进单位、新郑市第三次全国农业普查先进集体等荣誉称号。

【全市宏观经济运行监测】 2017年，综合统计工作坚持以“加强对全市国民经济和社会发展运行情况的统计监测、预警、分析”为重任，全面发挥统计在国民经济运行过程中的信息、咨询、监督职能，及时、准确、科学、客观地反映全市宏观经济运行的整体状况。以《统计内参》的形式，及时为市委、市政府提供相关统计服务。以月度《新郑经济动态》、年度《统计公报》、《新郑统计概要》等形式，全面、客观地将月度、季度、年度统计数据及经济社会发展状况向社会发布，为各级领导进行科学决策提供丰富、翔实的统计资料，为全市经济社会发展提供高效、精准、优质的统计服务。

【《新郑统计年鉴》】 为使新时期统计工作更好地服务全市经济社会发展大局，全面、系统、翔实地反映2017年新郑市国民经济和社会发展状况，为各级党政领导和广大人民群众认识市情、了解新郑提供方便，新郑市统计局编辑、出版、发行了《新郑统计年鉴（2016）》，供各级领导和社会各界参阅使用。整个年鉴由三部分组成：（1）专文。全文刊载《新郑市委四届八次全会报告》《政府工作报告》和《新郑市2017年国民经济和社会发展统计公报》；（2）统计资料。内容包括：综合、农业、工业、固定资产投资、国内外贸易、交通运输、邮电、劳动工资、物价、财政、金融、教育、卫生以及农村和城市住户调查等各个专业及有关部门统计资料；（3）附录。内容包括：《新郑市统计局2017年工作要事》以及部分优秀统计分析等。

【《新郑经济动态》】 《新郑经济动态》每月一期，以权威、高效、精准的统计数据为依据，及时向社会发布全市主要经济指标和各乡镇、街道、管委会及郑州市其他县市主要经济指标的完成情况，全面、及时地反映全市经济社会发展状况。

【《统计分析报告》】为及时、高效、适时地反映新郑经济运行状况，2017年市统计局共编纂《统计分析报告》35期，其中包括综合分析、农村调查、城镇调查、工业调查、服务业调查、投资分析、投资动态、简讯等。

【统计法制建设】加大统计执法检查和统计普法宣传力度，充分发挥统计法制在改善统计工作环境、维护统计工作秩序、保障统计数据质量等方面的重要作用，使全市统计法制建设再上新台阶。2017年，新郑市统计局被确定为河南省服务型行政执法示范点。全年共抽查全市22家单位进行统计执法检查。其中，对9家单位进行约谈并下达责令改正通知书。从根本上保证了统计数据的真实、准确，深层净化了基层源头数据质量。在2017年度郑州市统计系统依法行政考核中被评为优秀单位。

【第三产业统计调查】2017年，市统计局组织实施全市贸易业、重点服务业、交通运输业、邮政电信业、金融保险业等第三产业报表的收集、整理工作，提供全市第三产业统计数据，并对有关统计数据质量进行检查和评估。组织指导全市第三产业统计基础工作，对全市第三产业重点项目开展跟踪监测调查，并进行统计分析。第三产业全年实现增加值 339.9亿元，比上年增长10.1%，占GDP的比重达到46.1%。

【城乡社会经济调查】2017年，新郑市统计局组织实施了农村社会经济调查和县（市)社会经济基本情况统计调查、农业经济价值量调查、农牧产品产量和农村基本情况、农业生产条件统计调查、信息化与电子商务应用情况调查、非公有制企业（单位）人才资源状况调查、四众平台基本情况调查等。根据调查结果，2017年，全市第一产业实现增加值20.6亿元，增长4.8%；粮食总产量25.3万吨，下降5.5%；肉类总产量5.3万吨，同比增长7.1%；禽蛋总产量3.7万吨，同比下降13.4%。

【人口与社会科技统计调查】2017年，市统计局组织实施全市人口与城镇化抽样调查、劳动工资统计、企业研发统计、企业创新调查、重点单位R&D投入调查、劳动力调查、民生福利监测、妇女儿童监测及文化产业报表的收集、整理工作，并对有关统计数据质量进行检查和评估，开展统计分析。据统计：2017年新郑市城镇化率56.23%，比上年增长3.36%；规模以上工业企业R&D经费内部支出5.07亿元，比上年下降16%；在岗职工工资总额58.55705亿元，比上年增长4.53%。

【固定资产投资统计调查】2017年，市统计局推进投资统计改革，开展固定资产投资统计和建设领域统计调查工作，圆满完成建设领域各项调查。据统计，2017年全社会固定资产投资完成582.1亿元，比上年增长19.1%。其中：固定资产投资项目完成349.5亿元，下降10.9%；房地产开发投资完成242.1亿元，增长39.4%；农村住户投资完成15.9亿元，增长4.6%。

【统计信息工程】2017年，市统计信息工程已建成了上联国家统计局、省、市，下联乡镇、街道办事处、管委会的计算机网络。实现了内部公文流转网络化处理。建立了统计系统内部电子邮件系统，乡镇、街道办事处、管委会现已通过网络平台上报统计数据。建立了视频会议系统，提高了工作效率、办事效率，节约了时间。软件方面：选定WIN7、WIN10操作系统平台，服务器端安装企业版WIN2008R2，Microsoft SQL Server 2005为数据库管理系统，并选用V2 Conference、WPS2016、Sarp、Foxpro、Foxmail等软件为办公及统计报表处理软件。

【普查中心工作】2017年，根据上级部署，主要做好基本单位名录库维护、四上单位入库、经济功能区统计协调、第三次全国农业普查后续及第四次全国经济普查前期准备等工作，组织局属各专业科室、乡镇等相关人员加大审核力度，对上报的“四上”单位进行实地核查,做好入库企业资料的搜集及整理，确保申报材料规范齐全、符合要求。严把入库企业质量关。将名录库动态维护全部延伸覆盖至全市15个乡镇办事处管委会，指导各基层单位有序，有效开展名录库日常维护，着力建设干净、科学的统计专业名录库。协调做好产业集聚区、特色商业园区等经济功能区的统计工作。

（撰稿：韩东旭 审阅：刘德智）

科学技术

SCIENCE AND TECHNOLOGY

·科学技术 >>>

SCIENCE AND TECHNOLOGY

科技管理

【概况】新郑市科学技术局设8个内设机构，分别是：办公室、编制人事科、行政审批科、综合计划科、高新技术发展科、农村和社会发展科、科技成果管理科、院校合作科。所属2个事业单位，分别是：新郑市知识产权局、新郑市防震减灾管理办公室。

【主要业务指标完成情况】全市高新技术产业增加值为75.4亿元，增速为14%，新增高新技术企业4家。公共服务平台2家，转化科技成果12项。专利申请达到2516件。实现技术市场交易额8.5亿元。累计争取上三级资金1826万元。

【创新创业】利用自身优势，建设创新创业综合体。由政府主导建设的电子商务创新创业综合体已全面建成，累计育引科技创新团队40个，累计引进或进驻项目数46个，累计新引进或进驻企业150家，引进研发机构2个。其中A栋电商大楼已投入使用，B栋大楼已完成规划设计，即将开始内部装修。已与中机六院、中科院双创学院等国内知名科研机构和阿里巴巴国际站、敦煌网等国内知名电商平台达成合作意向。

由政府与航美科技有限公司合作建设的产业互联网创新创业综合体规划面积10万平方米，已建成2.1万平方米。IBM联合创新中心已挂牌运营，双创服务中心已建成并投入使用，与聚思鸿、NEXT众创空间、甲骨文IT教育等10余家企业签订入驻协议，并与国内外40余家企业达成合作意向。

依托高校资源，建设创新创业综合体。由中原工学院建设的新材料创新创业综合体规划面积10.6万平方米，已建成4万平方米。综合体内建有国家超硬材料磨具工程实验室、河南省新能源汽车一体化空调技术工程实验室等7家科研创新平台，入驻中瑞制冷、启航精密等42家科技型企业，孵化漫柔纺织、托进文化等20个大学生创新创业项目，实现销售收入5000万元。2017年，综合体已被认定为“河南省大学科技园”。

利用社会资本，支持企业建设创新创业综合体。由中德产业园建设的医疗器械创新创业综合体规划面积50万平方米，已建成20万平方米，企业服务中心已建成投用。目前，已招引企业182家，入驻爱心堂、昌原电子、桩天下新能源、影锐医疗器械等企业70余家，孵化杰东药业、恒晟检测等20余个创业项目。

拓宽“双创”渠道，支持各类主体建设众创空间、科技企业孵化器。目前全市共建有众创空间、科技企业孵化器13家，其中，省级众创空间2家、科技企业孵化器1家，郑州市级众创空间7家，科技企业孵化器3家，郑州市级公共服务平台2家。各类众创空间、科技企业孵化器建成面积共3万平方米，签约入驻创新创业企业、团队148家，孵化项目156个。

【知识产权工作】全年专利申请达到2709件，授权专利1430件，截至2017年底全市有效发明总量达659件，万人有效发明专利突破10件。培育专利申请超50件企业4家、超30件企业2家，发放新郑市专利资助及奖励资金176.1万元。争取郑州市专利申请资助资金113.32万元。并获得2016年度郑州市知识产权工作目标管理考核先进单位荣誉称号。

【防震减灾】2017年，新郑市防震减

灾办切实加强地震监测预报、震害防御、灾情速报、应急救援体系建设，较好地完成了2017年的各项工作任务。认真做好震情监测跟踪工作，积极推进震情会商工作，有异常情况第一时间内向上级部门报告。及时调整充实了市防震减灾指挥部成员。全市各乡镇、指挥部成员单位都分别制定了该级防震减灾应急预案。做好地震宏观测报网、地震灾情速报网、地震知识宣传网和各乡镇防震减灾助理员的“三网一员”建设工作，完善了群测群防体系，充分发挥群测群防在地震短临预报、灾情信息报告和普及地震知识中的重要作用。指导市防震减灾领导小组成员单位完善地震应急预案，指导各乡镇（街道）进一步做好应急预案的宣传学习，掌握要求，明确职责，做好各项应急准备工作。

【科技政策】 先后制订了一系列政策措施，为科技创新工作顺利推进提供了有力的政策保障。先后出台了《关于进一步加快创新创业综合体建设的实施意见》《新郑市科技创新三年行动计划（2016—2018）》《关于鼓励和扶持创新创业的实施意见》《新郑市众创空间认定和管理办法》。积极落实“智汇郑州·1125聚才计划”的有关政策，对来新郑市创新创业的领军团队、领军人才和紧缺人才进行了奖励，并对有关产业化项目进行资金扶持。

【科技活动】 大力营造“人人支持创新、人人投身创业”的浓厚氛围。多形式开展校企联姻、创业竞赛等活动，各载体上半年共举办各类活动40余场，1万多名高校学生及社会青年参与。举办了“新郑市首届创新创业大赛”，此次活动受到了科技型企业、广大创业青年、在校大学生的广泛关注和积极参与。主要涉及装备制造、医疗器械、“互联网+”等领域共162个项目参与。

【科学技术普及】 为进一步提升全民科学素养，推动科普事业发展，在城关乡周庄小学建设了新郑市首个科技体验中心，配备了各类科学器材，激发了广大师生学科学、爱科学的热情。

在第十七个“4.26世界知识产权日”活动中，举办了知识产权宣传活动，在郑州大学西亚斯国际学院举行了专利专题培训，在炎黄广场举办了大型知识产权宣传活动，展出展板20块，发放知识产权保护宣传册、宣传页4000余份，印有知识产权标识的手提袋、纸牌等宣传品3000多份，取得了良好的社会宣传效果。通过努力，全市各界对科技工作的关注度和认可度不断提高，全民科学素养得到显著提升。

在5月12日我国第9个“防灾减灾日”，为进一步提高社会公众防震减灾意识和科普知识水平，增强应急避险和自救互救能力，志愿者通过摆放宣传展板、发放宣传手册和宣传彩页、现场接受咨询等方式，向过往群众宣传防震减灾、抗灾自救、农村抗震设防等科普知识。据统计，当天共发放防震减灾宣传手册500多本，宣传彩页2000多份。此次防震减灾宣传活动，对增强居民的防震减灾意识，提高居民地震应急快速反应能力和自救互救能力具有积极意义。

（撰稿：李雯雯　审阅：赵锋申）

科普工作

【概况】 新郑市科学技术协会是市委领导下的人民团体，其主要职责是充分发挥党和政府联系科技人员的桥梁和纽带作用，团结带领广大科技工作者在市委、市政府的正确领导下积极投身经济建设，认真组织开展科学技术普及工作，引导建立农村专业技术协会，为促进经济社会发展提供科技支撑。科协机关设办公室、普及部、学会部、反邪教协会秘书处等部室。现有干部职工21人，均具有高中以上文化程度。

【全民科学素质工作】 认真开展全民科学素质纲要工作，有力推动科普工作社会化。新郑市科协认真贯彻省、市科协全民科学素质工作会议精神，于3月份召开了新郑市全民科学素质工作推进会，各成员单位明确责任分工，上报活动项目，汇总整理《新郑市全民科学素质行动计划》，助推全民科学素质工作扎实推进。利用全国科普日活动，组织动员各乡镇、各成员单位开展丰富多彩的科普宣传活动。

【科普工作】 积极开展科学技术普及是科协的重要职能。引导帮扶农业技术协会、农村科普示范基地建设，扎实推进“科普惠农”活动的有效开展。截至2017年，争取省级奖补22万、郑州市级奖补19.5万元、省级科普示范县20万元、先进农村科普带头人陈丙信2万元。积极参与“科技活动周”活动。5月18日，新郑市科协联合新郑市科技局在炎黄广场举行新郑市第17届“科技活动周”集中示范活动。活动现场发放科普书籍、科普扑克牌3000余册（幅），其中展出3d展板50余块。活动周期间联合市直学校开展“校园艺术节”科普知识进校园活动，作为科学课节目。新郑市科协于9月19日—26日认真组织开展了2017年“全国科普日”系列活动。9月19日，新郑市2017年全国科普日活动启动仪式暨新郑市科普讲师团成立大会在市直中学召开，市属各医院科普志愿者、各协会学会负责人、各成人职教校长500余人参加了本次活动。9月20日，新郑市科协、老科协联合开展“关爱老人 惠民义诊”活动，老科协中医院分会的医生们为新郑市民政局福利中心光荣院的残疾退伍军人、退休老人免费义诊并建立健康档案，形成长效的管理关心体系。9月20日—26日，新郑市科协、新郑市教体局联合开展“科普进校园”系列活动。 9月19日—26日，新郑市科协集中在公共场所及校园开展科普短视频及微电影展播活动，让大众在休闲娱乐的同时关注科普知识，同时科普短视频校园播放为青少年科技创新大赛的顺利开展，提供有力支持。全国科普日活动期间，市科协积极贯彻上级惠民政策，在雏鹰公司开展电商培训工作，邀请市属电商先行者润丰商贸会长朱光学给大家授课，到会400余人聆听了此次讲座。免费开放科普教育基地。市属各协会举办各类科普活动。多措并举积极开展各项科普服务活动。开展“送科技下乡”活动。全年科技下乡活动共计开展8次，累计组织农业、畜牧、医疗专家45人次，展出各类版面160余块，免费发放各类科普知识图书、彩页1.2万余份，受益群众达2.8万余人。购置科普大篷车、科技机器人、VR虚拟现实眼镜、航拍器、静态展示航模等科普器材用于科普宣传。全市科普宣传栏做到内容一月一更新。编印科普知识工作手册。“科普信息化落地应用”工作稳步开展。科普网、电子大屏、科普微信、手机短信正常运行，截至目前科普短信累计发送28710人次，已发送112378条。搞好科普大屏维修维护，保持正常运行。

【学会、协会、研究会的组织建设】基地、协会成立情况。成立科普示范基地两个，分别为：新郑市果实安红梨新优品种科普示范基地和新郑市星源林果种植科普示范基地。成立协会两个，分别为：新郑市利民农业技术推广协会和新郑市城关乡豆类农作物种植技术协会。指导督促协会自主开展各项科技、科普培训活动。全年，各项活动达40余次，服务群众达三千余人。新郑市辛店镇双丰种植技术协会、新郑市辛店镇黄岗村丰农种植养殖技术推广协会、新郑市龙湖镇林果种植技术协会、新郑市辛店镇湛张村小麦良种繁育协会、新郑市心理咨询师协会在科技、科普培训方面做得扎实有效，广大科技示范户、协会会员、企事业职工都通过协会的自主培训学到技能、获取知识、有所收益。按照省市科协关于“科技扶贫”工作的文件精神，新郑市科协积极响应，主动作为，在辛店镇黄岗村丰农协会培训教室举办农村电商技能人才培训。市科协邀请到河南省农村电商技能培训首席培训师——马锐老师为学员授课。从农村电商好处、电商平台、如何上网购物、网上开店流程、宝贝发布流、网店装修流程等内容，用了很多典型例子进行说明，此次培训共参加人数100多人。培训结束参训学员纷纷表示，市科协组织这次电商培训班非常及时，也使我们农民跟上了时代的步伐。青少年科技创新大赛再创佳绩。2017年科技创新活动中，新郑市推选作品获得河南省一等奖3名、二等奖5名，郑州市一等奖9名、二等奖8名，三等奖36名。新郑市科学技术协会、新郑市教育体育局基础教育教研室、新郑市实验小学获得优秀组织单位奖。

【反邪教协会】加强组织建设，完善反邪教工作网络。为进一步细化基层反邪教协会职责，完善协会制度，分别在5月26日、6月1日对和庄镇反邪教协会和新建路街道反邪教协会进行日常工作督查，规范协会日常工作（会议记录、工作台账等），同时与多名原法轮功修炼人员及刑满释放人员进行座谈。拓宽宣传渠道，全力开展警示教育活动。新郑市反邪教协会把握节日特点，以此为契机，大力开展反邪教宣传教育活动，有效防止邪教组织利用节日进行渗透活动。新郑市反邪教协会联合新建路反邪教协会在轩辕黄帝故里中华姓氏广场举行反邪教宣传活动。共发放反邪教科普宣传册15000余份、宣传袋800余个，接受现场咨询3000余人次。反邪宣传入庙会，戏剧下乡振民心。2017年，新郑市反邪教协会组织三十余名志愿者走进观音寺镇黄岗村、城关乡端庄村、孟庄镇三旺马村等共十二个村（社区）组织演出反邪教科普戏剧《迷途记》。活动共发放宣传资料1700余份、口袋书600余本，接受现场咨询230余人次，受益群众达8500余人。平安建设宣传活动。新郑市反邪教协会参加“新郑市平安建设集中宣传周”活动，共发放反邪教宣传彩页800余份、反邪教口袋书300余本、反邪教扑克牌200套，接受群众咨询50余人次。为进一步增强广大干部群众的反邪教防范意识，不断开创反邪教工作新局面，4月17日由新郑市科协、新郑市反邪教协会主办的反邪教宣传教育短信平台正式启用。以每月一次、每次三万条的频率向新郑市市直单位干部、乡镇（街道、管委会）反邪教协会负责人等，发送以“崇尚科学、反对邪教”为主题的反邪教宣传教育短信，宣传内容主要为反邪教基本知识、相关法律法规等。建设反邪教文化园。为创新反邪教宣传教育载体、拓宽反邪教宣传教育阵地，使反邪教文化融入群众日常生活，营造全民反邪的社会氛围，新郑市反邪教协会建设反邪教文化园，并于7月建成并投入使用。文化园以“崇尚科学 弘扬正气 反对邪教 健康生活”为主题，借助雕塑、展板、书画、国画、石刻、木雕等形式，宣传反邪教知识、破除迷信揭批伪科学面目、普及科学健康的生活常识、推广传统健身文化。

【特色工作】成立科普讲师团，由市科协牵头组织了“科普志愿者宣讲活动”合作单位座谈会，建立科普志愿者讲师团资源库，制定宣讲课程计划。科普讲师团由6个成员单位82名科普志愿者组成。截至目前，共开展“科普志愿者”宣讲报告会12场，其中城关乡8场、和庄镇2场、新村镇1场，重点在幼儿园和社区，课题主要围绕老年人、幼儿季节常见病的防治，受益人群多为幼儿家长和社区老年人，受益人数上千人。宣讲活动的举办充实了新郑百姓的生活，增长了百姓的健康知识，帮助他们树立崇尚健康的生活理念，建立科学文明健康的生活方式，为新郑科普事业作出积极贡献。

（撰稿：牛美玲　审阅：张彦增）

农业科研

【概况】新郑市农业科学研究所位于新村镇温州城双猫广场西南，为市政府直属的正科级事业单位，是全省30个重点县（市）农业科研单位之一。下设办公室、编制人事科、农业科研管理科、农业技术推广科、食用菌研究开发服务中心。主要职能是：承担国家及河南省农业科学院、郑州市农业科学研究所下达的新品种、新技术及成果试验示范推广等研究课题；针对本市“三农”经济发展中存在的关键技术问题、难题进行研究探索；及时引进最新审定的小麦、玉米、大豆、花生等农作物新品种以及相关新技术、新成果并进行试验、示范，筛选出适宜新郑市土壤、气候等条件的新品种、新技术及种植模式并在全市推广应用。全所现有干部职工24人，其中具有副高级职称5人、中级技术职称7人、初级技术职称1人、工人7人。被新郑市委市政府授予“服务三农先进单位”称号，并被省农科院授予“全省农科系统先进单位”。

【农业科学研究】集中人力、物力、财力，重点开展了小麦、花生新品种选育工作，着力打造科研创新平台。在小麦新品种选育上，科研人员克难攻坚，实行全方位的内引外联，引进改良利用生态环境条件差异性显著和带有野生资源优良基因显性保持者的育种资源26个；精心培育出一批具有高产优质性能的新品系，新做组合286个，筛选出优良的F2、F3、F4代基因1600多个，稳定的F5、F6代品系36个，选取其中一个高产、优质、多抗的新品系参加了河南省小麦新品种对比试验，表现良好。五月中旬，经省农科院秋乐种业科技有限公司、省永优种业科技有限公司等省内知名专家现场观摩，给予了充分肯定和高度评价，认为新郑市农业科学研究所小麦新品种选育工作基础扎实、资源多样化、规范化程度高、潜力大，有望2—3年内通过省级小麦新品种审定。在花生新品种选育上，新做组合6个，引进新品系10个，筛选出稳定优良新品系24个。与此同时，实施了花生新品系鉴定试验、花生品比试验，通过新品系鉴定试验和花生品比试验，进一步筛选出11个新品系，准备选出一个参加河南省花生区域试验。

农科所副高级农艺师张青显同志在试验田开展小麦新品种选育

【农业技术推广】积极争取省市科研部门支持，实施了“小麦育种传统遗传基因的突破及研究、应用”“小麦复交育种F2、F3代遗传形状的选择利用”“葡萄反季节栽培技术的研究利用推广”“野生资源显性基因在小麦育种上的研究与应用”“玉米新品种对比示范试验”“轩辕花3号高产栽培模式探索”“食用大豆机械化栽培技术”“优质谷子新品种引进与大面积示范”等项目。各个项目明确责任，量化考核，顺利开展，成效显著。通过试验、筛选、示范，引进推广小麦新品种淮麦33、豫麦158等，玉米新品种浚单509、浚单3136，美玉268、郑单2016等，累计推广示范面积达到666.67公顷。在立足本职，搞好农业科研的基础上，面向“三农”，服务大局，多种形式地开展了科技下乡服务活动。先后在薛店、梨河、观音寺、辛店、城关、郭店等乡镇，举办小麦、玉米、花生、有机谷子、食用大豆机械化栽培、无公害蔬菜栽培等专项技术培训班20余场，累计培训2万多人次，发送技术资料5000余份。

（撰稿：贺明娟　审阅：王　羽）

枣树科研

【概况】新郑市红枣科学研究院位于新郑市北城区裴李岗西路，是市政府直属的集科研、推广、服务于一体的科研事业单位，是全国唯一县级在编的专业从事红枣科研的事业单位，是河南省唯一一家中国园艺学会干果分会会员单位。下设办公室、人事编制科、科研开发中心、推广中心、枣加工实验室和试验场。现有干部职工19人，其中高级工程师3人、中级技术职称9人。主要职能是：开展枣树科学技术研究、枣树栽培新技术研究与推广；枣树新品种引进选育与开发；枣树植保技术研究与推广、枣树专业技术培训、学术交流；新郑红枣品牌的保护与利用。

【科研攻关】 始终以“科研项目建设”为工作重点和中心，紧紧围绕试验基地开展红枣新品种选育、栽培、良种繁育、技术推广等工作，着力提高技术创新能力，服务于新郑建设国家中心城市次中心经济发展。2017年主要承担以下课题项目：“新郑红3号”选育项目。项目课题负责人组织科研人员继续对“新郑红3号”在红枣试验示范园进行嫁接，观察其遗传稳定性，在新疆若羌进行区域性示范推广，对其发芽期、展叶期、开花期、坐果期等不同时期调查统计，并进行拍照记录，为下一步观察、结题打下坚实基础，目前项目已基本具备结题条件，计划于2018年结题。“郑州市枣科学（育种）院士工作站建设”项目。2017年，本院在2016年试验基础上，4—5月份继续在红枣试验园进行新品种选育试验，目前已基本达到结题条件，各项工作正在有条不紊地开展。“红枣酒的研究与开发”项目。本项目是利用红枣为原料，经过破碎、果汁调整、发酵、陈酿、杀菌等工艺制作而成的红枣酒，此酒富含多种营养物质，酒体丰满醇厚，红枣余香不绝，可以丰富红酒市场。目前，第一步已通过多次反复实验，确定红枣汁的提取工艺，使红枣汁浓度与新鲜成熟鲜枣汁的浓度基本一致，达到25%左右。第二步确定红枣酒的原酒酿造工艺，已在实验室中酿造出红枣酒，经河南省农科院检测酒精度在15%左右，糖度为6%，达到红酒中半干红酒标准。

【协会管理】 红枣管理协会作为联接红枣种植户、红枣加工企业的纽带，也是枣树技术管理工作的重要技术支撑，本院充分发挥协会技术资源优势，着力提升服务枣业发展能力和水平。2017年初，红枣管理协会继续外派5名技术服务骨干服务新疆若羌、且末、温宿、阿拉尔、库车、和田等红枣种植主产区，重点是指导枣农搞好枣树栽培、植保技术管理、枣农专业知识培训等工作，为加强两地经济发展和新郑枣农增收致富发挥了重要作用。全年，共培训新疆枣农达3万余人次，发放宣传资料6000余份，举办各类技术培训班（讲座）24场次。充分发挥红枣管理协会职能作用，加大对红枣地理标志（即：新郑大枣、新郑小枣、新郑灰枣、新郑鸡心枣证明商标，“新郑红枣”原产地标记）的维护，加强与枣产品加工企业联系，签订新郑红枣证明商标使用合同，并严格按照国家有关食品监督管理标准对枣加工企业枣园、车间、经营场所等进行定期和不定期监督、检查和抽检，不定期为企业证明商标管理员提供培训。为加快推进红枣科研项目建设，提高红枣自主研发创新能力，促使科研成果产生更大社会效益、经济效益，2017年4月份，启动了3.33公顷红枣标准化生产试验基地筹建工作。该基地是一个集品种展示、研究开发、技艺传承等为一体的多功能园区，初步分为良种繁育区（采穗圃）、种质资源圃、新品种示范区、盆栽区及研枣技艺传承区。该园雏形基本建成，已栽植不同品种红枣苗木4000余株。

（撰稿：范永涛　审阅：白宏新）

教育

EDUCATION

·教 育>>>

EDUCATION

基础教育

【概况】 新郑市教育体育局位于学院路新郑一中东侧，是主管全市教育体育工作的市政府组成部门。内设办公室、党建办、编制人事科、基础教育科、成职教科、监察室、行政审批科、计财科、教育督导室、高招办、体卫艺科、安全科、基建科、综治信访办14个职能科室。局直属单位39个：基础教育教研室、成职教教研室、教育科学研究室、学生资助中心、体育中心、青少年及大学生服务中心、幼教中心、新郑一中、新郑二中、新郑三中、新郑高中、实验高中、新郑中专、苑陵中学、实验中学、市直中学、轩辕中学、新烟中学、崇文中学、实验小学、新华路小学、黄水路小学、外国语小学、市直小学、郑韩路小学、轩辕小学、新烟小学、第二实验小学、龙湖国瑞小学、实验幼儿园、市直幼儿园、人民路幼儿园、弘远路幼儿园、轩辕幼儿园、政通路幼儿园、畅馨幼儿园、特殊教育学校、教师进修学校、教具厂，乡镇中心学校10个。

2017—2018学年，全市共有各级各类学校291所。其中：中等职业学校6所；普通高（完）中6所；普通初中（九年一贯制）26所；小学101所；特殊教育1所；幼儿园151所。

在校学生199996人。其中：中等职业学校30977人；普通高（完）中16214人；普通初中（九年一贯制）27719人；小学86959人；幼儿园37998人；特殊教育学校129人。

教职工共有11936人，专任教师8976人。其中：中等职业学校1227人，专任教师759人；普通高（完）中1434人，专任教师1279人；普通初中（九年一贯制）2040人，专任教师1749人；小学3080人，专任教师2923人；幼儿园教职工4121人，专任教师2234人。

2017年度新郑市教育体育局深入贯彻党的十九大精神，坚持学前教育“抓安全、促规范、保幸福”，义务教育“抓两课、育特色、促均衡”，普通高中“循规律、要质量、保优势”，成人职业教育“重联合、建龙头、促就业”的工作思路，不断加大教育投入、深化教育教学改革、优化资源配置，坚持以人为本，全面推进素质教育，各项工作健康稳步发展。先后荣获“全国青少年普法教育活动先进单位”“中华人民共和国2013—2016年度群众体育先进单位”“全国2016年全民终身学习活动周成功组织奖”等60余项荣誉。高考成绩连续第26年位居郑州市县市第一名，本科一批上线1057人，上线率31.17%，有4人被清华大学、北京大学录取。

【中小学与幼儿园建设】 围绕三级民生实事项目，积极协调，强化督促，全力推进中小学建设。完成了全市新建、改扩建18所中小学幼儿园的目标任务。学前教育建设方面：新郑市轩辕幼儿园、畅馨苑社区幼儿园、中心城区政通路幼儿园已投入使用；新村镇暖泉湖社区幼儿园、解放北路社区幼儿园、孟庄镇中心社区幼儿园立项审批手续已经完成。中小学建设方面：新郑市轩辕小学、新郑市市直小学、龙湖镇国瑞城小学、新郑市崇文中学已经竣工，交付使用；龙湖镇智慧城外国语小学、龙湖镇智慧城外国语中学、薛店镇解放路社区小学主体已完工，内部装修装饰正在进行；中心城区新区第二社区九年一贯制学校、新村镇吴庄小学、观音寺镇英李小学迁建项目立项手续全部完成。新郑市黄水路小学加固工程、和庄镇政和路小学扩建已完工交付使用；孟庄镇洪常小学、薛店镇一初中扩建项目、观音寺镇一初中、龙湖镇山西乔小学、新村镇一初中、观音寺南场小学运动场项目完成立项，招投标手续正在办理。编制完成新郑市“十三五”义务教育学校布局和寄宿制学校建设专项规划、中小学布局专项规划，制定新郑市农村中小学教师周转宿舍建设专项规划，明确了新郑市农村中小学教师周转宿舍2018—2020年建设具体任务。统筹规划了新郑市2017—2020年71个教育建设项目，并确定采用打包模式进行建设。

【师资队伍】 加强师德师风建设。开展了“心系中国梦，做好引路人”师德师风教育活动，通过强化师德学习，抓好查摆整改，举行演讲征文比赛，评选师德优秀案例和师德先进典型，健全师德长效机制，着力打造一支师德高尚、作风优良、业务精湛、廉洁从教、为人师表、人民满意的教师队伍。持续补充师资力量。按照年初新郑市招聘教师计划，由市编办、人社局、教体局、监察局相关人员组成招聘教师工作领导小组，于2月份分别到河南大学、河南师范大学、华中师范大学、陕西师范大学等高等院校举行现场招聘会，并于7月份进行了中小学、幼儿园教师招聘。招聘工作中，始终坚持公开、公平、公正原则，严密组织，严格程序，阳光操作，依据试讲成绩，通过体检、资格审查等程序，择优聘用了250名教师，其中高中56人、初中78人、小学97人、幼儿园19人。同时按照“编内为主、编外为辅、严格控制”的原则，通过政府购买服务形式招聘了212名政府购买服务教育工作人员，有效缓解了教师紧缺问题。

【普通高中教育】 高考成绩再创新高，2017年高考中，新郑市本科一批上线1057人，上线率31.17%，有4名学生被清华大学、北京大学录取，高考成绩连续第26年位居郑州市县市第一名。不断完善质量奖励机制，2017年市委市政府拨付1000万元奖励资金，对教育教学成绩突出的学校、教师和学生予以奖励，其中高中段发放600万元。进一步提高教师待遇，将高中班主任生活补助标准由每人每月300元提高至每人每月500元。深入推进多样化、特色化发展，新郑高中于2017年10月通过郑州市首批普通高中多样化发展试点学校评估验收。

10月20日，新郑市市直幼儿园的孩子们在课外快乐阅读。当日，该园以“快乐阅读、放飞梦想”为主题的快乐阅读100天活动启动，旨在培养幼儿阅读习惯，营造书香校园、书香家庭的良好氛围

【义务教育】 持续开展校际交流活动，第 14 届初中教育教学校际交流暨创客教育研讨活动于4月 6 日在梨河中学举行，小学段第十七届校际交流活动于10月25日在第二实验小学成功举行，达到了区域内教育的均衡发展、相互交流、相互借鉴、相互学习、共同提升的效果。做好秋季招生工作，根据《新郑市教育体育局关于印发〈新郑市2017年市区中小学校招生意见〉的通知》（新教体〔2017〕27号）规定的招生流程和要求，全市小学招生14883人，初中招生10352人。开展初中段学科之星培养和评选活动，2017年4月下发了《新郑市教育体育局关于印发〈新郑市初中学科之星培养实施意见〉的通知》，对优秀学生进行表彰，促进各初中教育教学质量的不断提升。加强“1+X”优质教育发展共同体模式探索，通过建立联席会议、构建各类研习群体、建立内部考核评价与表彰制度、履行督促检查职责等机制，达到结对一个、带动一个、提升一个的目标。启动初中增值评价，从2017年秋季学期开始，七年级学生增值评价成绩以小学六年级学业水平考试的语、数、英成绩为基础，八年级增值评价成绩以七年级期末考试各学科成绩为基础，对各初中的质量增值情况进行评价。进一步改善教师待遇，2017年新郑市出台《新郑市乡村教师支持计划实施办法》，对乡村教师给予每人每月700元、500元生活补助，并对乡村校长（幼儿园园长）分别再给予每人每月300元、200元补助。

【学前教育】 新郑市现有各级各类幼儿园150所，其中公办园35所、民办幼儿园115所。全市在园幼儿37998

人，其中在公办园就读幼儿14667人（占全市幼儿总数的38.6%），在民办园就读幼儿23331人（占全市幼儿总数的61.4%）。学前一年毛入园率为99.9%，学前三年毛入园率为92.6%。全市共有普惠性民办幼儿园91所，在园幼儿19870人；非普惠性民办幼儿园24所，在园幼儿3461人。在普惠性幼儿园就读幼儿比例为90.9%。全市共有上等级幼儿园95所，其中省级示范幼儿园4所、郑州市示范幼儿园7所、郑州市一级园25所、二级园40所、合格园19所。

新郑市学前教育按照“抓安全、促规范、保幸福”的学前教育工作思路，以实现让新郑人民满意的学前教育为发展目标，以实施学前教育三年行动计划为抓手，以发展公办幼儿园为主线，以规范民办幼儿园为重点，多形式扩大学前教育资源，努力构建广覆盖、保基本、高质量的教育服务体系。以规范办园为准则，提高科学保教水平。继续坚持幼儿园规范办园、安全管理月督查机制及台账核销制度，每月都对全市公民办幼儿园的常规管理工作检查指导。做实幼儿园年审工作。4月10日至5月10日，对全市119所申报年审和新注册的民办幼儿园进行了实地查验，促进了民办幼儿园办园条件的改善和保教活动的规范。加大执法力度，依法对于未取得办园许可、未办理登记手续和未达到基本办园标准的未经审批幼儿园进行整治。加强和规范学前教育财政奖补资金的使用，提高资金使用效益。4月24日、25日，新郑市代表郑州市迎接了国家教育部经费监管事务中心对中央财政支持学前教育发展资金使用管理情况检查，并得到了检查人员高度认可。做好学籍系统管理，加强对各级各类幼儿园办园条件、招生、收费等方面的动态监管。以优质幼儿园为依托，带动新郑市学前教育全面发展。开展一所公办幼儿园与一所或多所民办幼儿园结对帮扶活动。积极探索“1+X”优质教育发展共同体发展模式，依托局直幼儿园和辛店镇第一幼儿园（省级示范园）成立了8个学前教育优质资源共同体，采用一所领军幼儿园帮扶1—2个乡镇的办法，推动全市城乡学前教育的优质均衡发展。开展园际交流活动。5月25日，新郑市在辛店镇第一幼儿园举行了新郑市第四届园际交流，搭建园际间的学习交流，实现优势互补、资源共享。以师资队伍建设为根本，保证幼教师资数量质量。坚持师资培训全面辐射。每学期开学前，新郑市都要组织开展幼儿园园长、骨干教师、保育员等专项培训。4月21日和4月22日，新郑市投入16.8万元邀请中国幼教资深专家、世界学前教育组织（OMEP）中国委员会原主席、中国学前教育研究会副理事长兼秘书长、北京师范大学学前教育研究室原主任祝士媛教授，河南省教育专家、三门峡市实验幼儿园副园长王晓和三门峡市实验小学副校长赵嫩芳对全市800名幼儿园和小学低年级教师进行了幼小衔接方面的培训。10月，新郑市投入17.3万元，委托新郑市中等专业学校对全市在职的500名无国家职业资格等级证书的保育员进行培训。以深化改革为动力，全面提高保教质量。积极开展学前教育改革实验，广泛开展“一园一品”活动，以特色优化办园品质，着力提升新郑市学前教育内涵发展水平。开展模拟教学、创造性游戏、讲好幼儿小故事等比赛活动。人民路幼儿园的王梦、李敏两位教师在河南省幼儿教师模拟教学和创造性游戏比赛中获得一等奖。努力探索家园共育的有效途径，开展“游戏——点亮快乐童年”学前教育宣传月主题活动，向幼儿园、家长和全社会传播正确的保教理念和科学的育儿方式，深入宣传《3—6岁儿童学习与发展指南》，更新育儿理念，营造尊重儿童、热爱儿童、支持儿童健康成长的氛围。

【特殊教育】积极开展特殊教育学校标准化建设，投入42万元为新郑市特殊教育学校门前和墙外道路进行整修，改善学校的办学环境。认真开展适龄残童入学排查工作，在学期初组织专人对适龄残疾儿童的入学情况进行排查和登记，保证残疾儿童及时入学。开展特殊儿童多元生活课堂探索，使每一个残疾孩子都能接受合适的教育，建立并完善了以普通学校随班就读为主体、以特殊教育学校为骨干、以送教上门和远程教育为补充的特殊教育体系。

【职业教育】进一步优化中等职业学校布局，整合教育资源，将郑州市新郑电子工业学校整体并入新郑市中等专业学校。全市现有公办中等职业学校1所，民办职业学校4所，总在校生30977人，毕业生7490人，招收新生11716人。

贯彻落实各级政府发展现代职业教育的要求，以国家级农村职业教育和成人教育示范县复评验收活动统领各项工作，促进内涵发展，进一步增强服务能力。河南陆军预备役高射炮兵师第一团在新郑市中等专业学校成立应急连，实施准军事化管理，利用重大纪念日、民族传统节日广泛组织开展学生社团活动，不断提升德育工作水平。继续推进学分制改革，发挥文化育人功能，开展劳模、技术能手、优秀毕业生等进校活动，完善教育教学质量监控体系。深化产教融合推进校企合作，开展学科共建、专业共建、实训基地共建、人才共育，与173家企业深度合作，开展工学结合和顶岗实习，为学生实习和高质量就业提供了良好平台，提高了毕业生的就业成功率。

在第十三届全国中职学校“文明风采”竞赛中，郑州城轨中专获集体三等奖，10名学生获个人奖。在省级专业技能竞赛中，郑州工业应用技术学院中专部获护理专业团体三等奖，

4名学生获个人奖。在河南省第十一届中等职业学校"文明风采"竞赛中，27名学生获奖。在郑州市学生专业技能竞赛和"5+1"综合素质大赛中，获团体奖14项，74名学生获个人奖。在郑州市第13届中等职业学校教师基本功竞赛中，38人获奖。在省、市优质课及教学信息化大赛中，32位老师获奖。在上三级学生竞赛活动中，22位老师获优秀辅导奖。新郑市中等职业学校左彩琴被评为河南省中等职业学校教学名师。新郑市中等专业学校学生参加对口升学116人，专科上线112人，本科上线2人。

【成人教育和社区教育】 市政府组织相关局委办和乡镇政府召开联席会议，贯彻落实党中央关于"加快学习型社会建设，大力提高国民素质"的方针政策，进一步健全成人教育和社区教育管理机制，整合开发社会教育资源，完善三级教育培训网络，推动全民终身学习，加快学习型社会建设。市教体局加强建设社区教育基地与居民学习体验点，开展百姓学习之星、学习型家庭、社区居民学习基地、终身教育品牌评选活动，对推动全民阅读、全民学习产生了积极影响。市社区学院创新"2017年新郑市全民终身活动周"开幕式的形式，充分展示社区教育发展成果，孟庄、薛店、和庄、观音寺等乡镇统筹安排，把全民活动周开幕式与庆祝教师节表彰大会合并组织，吸引了更多社区居民参与学习，效果明显。

社区学院和11所乡镇成人学校围绕精准脱贫、脱贫攻坚和乡村振兴战略等重点工作，持续开展劳动力转移就业、农业技术推广、科学技术普及等项目培训，全年共开展居民教育培训活动962期（天次），参与培训居民51092人次。扎实推进社区学习共同体等12项课题实验研究，编写出乡土培训教材5本，参与编写的《社区传统文化教育读本——德文化微讲堂课案集》被列入学习型农村建设管理者研修丛书。组织了第34—38期成人学校教师集中培训，深入推进校际联合发展，全面总结交流工作经验。安排骨干教师8批51人次参加上级组织的社区教育培训研讨活动，接待8个市县教育局组织的社区教育管理干部前来参观考察，充分发挥出省级社区教育示范区的带头作用。7月12日的《郑州日报》以《大步迈向全民终身教育时代》为题整版报道新郑市成人教育工作经验。

2017年，孟庄镇、城关乡被教育部职成司评为全国社区教育示范乡镇，新郑市获得2016年全国全民终身学习活动周成功组织奖，新郑市社区学院被评为全国优秀成人继续教育院校，观音寺镇入选第四批全国农村优秀学习型乡镇，和庄镇红溪谷社区入选全国农村优秀学习型社区，薛店镇成人学校被评为省级示范性乡镇成人学校，和庄镇成人学校被批准为郑州市社区教育实验基地。

【民办教育】 2017年批准设立非学历教育机构7所、幼儿园13所。市域内现有各级各类民办学校（教育机构）183所，其中郑州市批准设立和管理的中等职业学校4所，在校生25265人，完全中学2所，在校生2848人；新郑市审批中小学8所（3所九年一贯制学校、5所小学），在校生6208人，非学历教育机构54个，在校生9364人，幼儿园115所，在园幼儿23331人。

贯彻落实《民办教育促进法》及相关法律法规，坚持"积极鼓励、大力支持、正确引导、依法管理"。联合多部门清查民办教育机构无证办学、非法办学行为，营造规范有序的发展环境。组织多科室开展安全、卫生等方面的专项督查和年度办学情况检查，进一步规范民办教育机构办学行为，及时消除民办教育机构的隐患，保障学生健康发展。推进校园文化建设，组织先进单位、先进个人评选活动，推进学校提高办学质量，扩大社会影响力。新郑市富基明亮外语学校和新郑市辛店镇爱心幼儿园被郑州市教育局评为"郑州市民办教育十佳单位"。

【艺术教育】 全面推进学校美育工作，印发《新郑市教体局加强和改进学校美育工作实施方案》，各学校努力构建美育课程体系，不断创新美育实践活动形式，积极改进美育教学方式，全面营造校园文化美育氛围，推动了学校美育的开展。新郑市实验小学和新郑市外国语小学分别被命名为郑州市美育示范学校和郑州市美育实验学校。扎实开展"戏曲进校园"工作，邀请河南省戏曲专家对新郑市130多名音乐教师进行了一周的戏曲知识培训，并组织学校骨干教师进行戏曲特色学校学习观摩，增进了老师们的戏曲专业知识，为戏曲进课堂打下了坚实的基础；2017年新郑市弘远路幼儿园、黄水路小学等10所学校被确定为新郑市首批戏曲进校园试点学校。开展中小学生艺术素质测评试点工作，确定城区各中小学作为首批试点学校，按照《中小学生艺术素质测评办法》，制定出《新郑市中小学艺术教育素质评价办法（试行）》，建立了一套具有操作性、科学性、规范性的评价制度，有效推动试点学校工作顺利开展。成功举办了"阳光下成长"六一文艺节目展演。此次活动共评出优秀节目50个，优秀辅导教师99名，优秀组织单位14个。积极参加上级组织的各类艺术比赛活动，在2017年郑州市音乐美术教师基本功比赛中，新郑市苑陵中学马晓郁老师等9名教师分获一、二、三等奖；在2017年郑州市中小学生舞蹈比赛中，实验小学和新华路小学的舞蹈《手机，byebye》和《采薇》分获二、三等奖；18名学生在2017年郑州市中小学生美育活动中获奖。

【教研工作】修订学科建设三年规划，理清工作思路。结合新郑市小学缺编严重，代课教师的情况，将梯级教师培养作为学科建设中的重点，着力解决代课、入格教师会上课问题，全年共进行3期培训。开展郑州市第四届校本课程建设奖评选工作，新华路小学被确定为2017年郑州市唯一一所县级学校校本课程建设研究基地，第二实验小学被评为郑州市校本课程先进单位。组织第三届中小学生研究性学习成果评比，分学科、分年级成立66个中心教研组，产生优秀小组25个，课前研究平台成果《县域城乡同步教研的探索与实践》参加北京师范大学举办的第三届全国教育创新成果公益博览会。分区域、分层次开展课堂教学形态的实践与研究工作，第二实验小学的“伙伴课堂”获“郑州市道德课堂有效形态奖”，并在《郑州日报》上进行报道。全市基本实现宽带网络校校通、优质资源班班通、网络学习空间人人通。组编《阅读之旅》丛书，评选出10个书香校园、13个推动读书人物、200名阅读之星、112个书香班级和78个书香家庭。推进新郑市中小学知识体系建构。成立课堂形态达标验收小组，对展示过的初中课堂形态进行达标验收。新郑市跨城乡的课前研究区域教研模式被评为第三届中国教育创新成果奖，在北京展览会上引起关注，并受到省教研室主任杨伟东等领导的赞扬。实现创新专业指导模式，让教研向多样化、个性化发展，实现服务教学与促进教研的双赢。

【信息网络工作】努力改善教育条件。投资3100万元，新建计算机教室107个；投资800余万元，为城区中小学更新换代了423套班班通设备；投资2800余万元为全市农村中小学更新换代1300套班班通设备；投资2062万元为全市中小学一线教师配备4740台笔记本电脑；投资25万元搭建新郑市教育资源服务平台和网络办公平台；投资100万元搭建全市网络阅卷平台。先后组织“智慧教育——行走在路上”专题讲座、全市中小学数字化教学及数字资源应用推进会、全市中小学教育新闻写作与编辑、初中网络阅卷使用、试点学校的乐教乐学资源平台应用等多场次的培训。利用郑州教育资源服务平台、畅言教师助手、乐教乐学平台等，在全市深入推进网络学习空间人人通的应用，不断提升全市教师信息化素养和应用水平。参加“郑州教育编程一小时”活动。实验中学徐亚莉老师等10人被评为郑州市先进个人，市教育体育局被评为“编程一小时活动先进单位”；新郑市获得郑州市第一届创意编程大赛一等奖5个、二等奖15个、三等奖3个，市教育体育局、市直中学、市实验中学、新华路小学四个单位被郑州市教育局授予“优秀组织奖”。参加郑州市各类信息技术教研活动和技能比赛。1名教师获得省优质课三等奖，有3名教师获得全省教育系统教学技能竞赛一等奖称号，并被授予“河南省教学标兵”称号，一篇课例获省第二十一届教育教学信息化大奖赛暨第三届信息技术与课程融合优质课大赛活动一等奖。新郑市教体局基础教育教研室被评为组织工作先进单位。市第二实验小学、梨河中学获得“郑州市创客教育示范校”的称号，外国语小学被授予“郑州市创客教育试点学校”称号。在电脑制作活动中，获得省级三等奖1件，获得郑州市级一等奖2件、二等奖7件，新郑市教体局被评为先进单位。全市一师一优课获部级获奖共7节；获省级一等奖5节、二等奖6节、三等奖3节，共计14节；获郑州市级一等奖14节、二等奖36节、三等奖2节。其中部级获奖比率5.6‰、省级获奖比率11.2‰、郑州市级获奖比率62.4‰。市教体局被评为郑州市“一师一优课、一课一名师”活动先进单位。

【教育科研】教科研工作紧紧围绕“遵循教育规律，促内涵式发展”的工作思路，以教科研活动为载体，以“校本研究”“实践研究”为中心，积极开展“科研兴教”“科研兴校”活动，认真履行教育科研管理职能、培训指导服务职能；围绕新郑市教体局中心工作和教育热点难点问题，为学校发展服务，为师生成长服务，为新郑市教育的快速发展提供教育科研支持。做到把好课题立项关、研究过程关、评审关。为使教育科研扎实有效地进行，每月进行一次课题研究调研、督促、指导和总结，每月下发一期课题动态研究简报，及时发现问题，解决问题。为使教育科研服务课堂教学，开展课题研究实验优质课评选工作，促进了课题研究与课堂教学的紧密结合。积极推广优秀教科研成果，将新郑市优秀的教科研成果推荐到《郑州教育科研》杂志上发表、推荐到郑州市教育电台进行展示、发布在新郑教育科研网宣传、推广。2017年度，新郑市共审核审批新郑市高中段课题31项、初中段课题72项、小学段课题219项、幼儿园段课题52项、中专段课题3项；以及郑州市级重点课题20项、一般课题221项、郑州市专项课题8项、省级课题5项，共评出新郑市级课题成果500多项、郑州市科研成果135项、河南省科研成果3项；有100多篇优秀论文在郑州市获奖；另有多项成果在《郑州教育科研》杂志上发表，其中新郑市区域教育“乐学新郑”在《郑州教育科研》杂志上发表，新郑市教育体育局局长两篇署名文章及新郑实验高中、新郑高中、实验小学、二实小、黄水路小学、辛店小学、市直幼儿园、人民路幼儿园等单位文章在《郑州教育科研》杂志上发表。

2017年度，教体局教科室被评为“郑州市教育科研先进单位”，新郑市实验小学等4个学校被评为“郑州市教育科研先进单位”，有9位同志获“郑州市教育科研先进个人”荣誉称号。新郑市辛店一初中被郑州市教科所确定为教育科研实验基地。

【教育督导】扎实推进责任督学挂牌督导工作，全市中小学、公民办幼儿园全部实行责任督学挂牌督导，实现了责任督学的全覆盖、全过程和全方位，为新郑市教育事业均衡发展、内涵发展、规范发展、持续发展保驾护航。2017年等级幼儿园评估工作稳步推进，共有弘远路幼儿园等五所幼儿园通过郑州市等级园评定，市直幼儿园、实验幼儿园分别通过了省示范园复评。新郑市幼儿园办园条件明显改善，办园行为进一步规范，师资素质不断提高，保教质量进一步提升，办园特色初步凸显。2017年特色学校评估取得突破，全市共有29所学校申报验收，和庄镇初中等五所学校荣获特色学校荣誉称号。特色创建促进了学生的个性发展、教师的专业成长和学校的内涵发展。2017年继续开展三年发展规划和章程建设督导评估，共43所乡镇中小学接收了督导评估，有力地推进了新郑市现代学校制度的建设。

【德育建设】开展多种主题教育活动，将德育教育融入丰富多彩的活动之中，提高学生素质，促进青少年学生全面健康成长。开展“郑州市美德少年和认星争优活动优秀学校评选”活动，6名学生被命名为郑州市美德少年，3所学校被评为郑州市认星争优学校；开展“弘扬核心价值观、践行文明行为规范主题实践活动”；组织开展“庆祝六一儿童节系列活动”“追梦十三五优秀红领巾小社团交流展示活动”等多项活动，12个社团被评为优秀社团奖，4个被评为社团案例奖。加强班主任队伍建设，选拔推荐优秀班主任参加河南省优秀班主任评选活动，外国语小学的王俊娥被评为河南省优秀班主任。开展2017年度名班主任评选工作，在全市班主任队伍中共评选出名班主任40名。组织开展“名班主任论坛活动”，分别在新华路小学和市直中学举行小学段和中学段名班主任论坛活动，发挥名班主任的引领示范和带动作用，进一步提升了全市班主任的专业素养。坚持开展校长演讲比赛。2017年举行新郑市第六届“我的办学理念和我的专业发展之我的行动”普通中小学校长展示交流活动。活动中，各校长结合学校实际，阐述办学理念，交流思考与困惑，分享了成功的经验和做法，促进了共同提升。

【心理健康教育与普法工作】以省定教材为基础，以课堂教学为主阵地，全市各中小学校每班每月一节法治及心理健康教育课程，全年共计落实20000余课时；将法治文化建设纳入学校文化建设规划，郭店镇一中、观音寺中学、新郑一中等三所学校被纳入市司法局法治文化援建试点项目学校。拓宽宣传渠道，丰富教育活动载体，利用新郑市青少年及大学生服务中心网站（www.xzqsnfw.net），向广大师生宣传传播法治和心理健康知识，全年上传信息60条，年点击访问量均达11000次以上。通过电话、QQ、微信、“六员”进校园等媒介，对师生开展法治和心理个体咨询1200余人次。坚持强化与公检法司等政法部门及共青团、妇联、关工委等各部门团体的合作，一年来，共参加陪审、检务开放日、共推共建、开学第一课等校园普法宣传及心理健康教育专项活动110余场（次），对涉嫌违法提起诉讼的青少年开展专项个体心理辅导8人次。向全市中小学生和家长发送公开信共计12万份，呼吁广大中小学生争做守法遵纪好少年，对家长的假期家庭教育活动提供科学参考和建议，家长意见反馈表回收率达80%。针对社会关注热点及学校需求，开展个性化专题报告（讲座）22场（次）。为迎接党的十九大召开，在全市中小学校开展了“牵手十九大，送法进校园”活动，活动共分《法治中国》观影、依法治国宣讲进校园、“12.4”宪法宣传等三个阶段，师生参与面达98%以上，共评选出心得体会等优秀作品128篇（件）。期间，举办宪法宣传等大型专题法治报告（讲座）6场（次）。2017年，市教体局被国家关工委、中央综治办、司法部评定为 “关爱明天，普法先行”青少年普法宣传教育工作全国先进单位。参加郑州市中小学生“学宪法，讲宪法”演讲比赛，获得两项个人一等奖，市教体局获得优秀组织单位。 把少年宫作为校园普法和心理健康教育的辅助载体。围绕市委市政府创建国家和省级文明城市的目标，初步完成乡村学校少年宫管理提升工程的阶段性工作，完成《新郑市教育体育局关于乡村学校少年宫建设管理实施方案（草案）》文件的起草、征求意见、修订完善等工作程序。新增入库学校少年宫4所，积极争取并拨付各级扶持、奖励资金40万元。郑州市乡村学校少年宫座谈会在新郑市郭店镇鄢陵府小学召开。完成了上级对新郑市14所入库扶持乡村学校少年宫资金使用情况的评估与自查。在省级优秀学校少年宫活动案例征集活动中，新郑市共征集优秀活动案例20余件，龙湖实验小学获得优秀案例征集奖励资金1万元。采取以会代训方式，对全市学校法治和心理健康及少年宫业务专干进行培训，共开展集体业务培训10次，计800余人次，参加上级部门组织的专项业务培训580余人次，通过自媒体进行市（新郑）本级业务培训980余人次，有效提升了工作人员的业务能力。

【安全工作】组织学校、幼儿园开展安全教育和应急疏散演练。各学校利用郑州市学校安全教育平台丰富的课程资源，组织开展安全教育工作，全市287所学校幼儿园全部导入系统信息，开通班级3716个，开通学生账号179144人次。各学校、幼儿园利用学校版进行安全知识讲解，家长和学生利用家庭版观看相关视频，共同学习安全知识，提升安全意识和防范能力。全市各学校幼儿园共开展各类应急疏散演练854余次，参与学生达到170000多人。不断加强“三防”建设。在人防方面，全市公办学校共有保安561名，由新郑市保安公司统一管理，集中培训，持证上岗。在物防方面，全市各学校都配备有警用安防器械（十件套），77所公办学校和116所民办学校、幼儿园建设有微型消防站。在技防方面，安装视频监控显示屏373个、视频监控探头4866个，186所公办学校幼儿园安装了一键式紧急报警装置，实现与110联网，113所公办学校视频监控有110联网。强化隐患排查、安全检查督查和专项治理，全面提升校园安全管理水平。全市各学校、幼儿园大范围的排查做到一月一次，小范围的排查做到一周一次，重点包括宿舍、教学楼、食堂、实验室、车棚、围墙、线路、消防疏散通道、安全出口等部位，对于排查出的隐患进行整改，并做好隐患排查整改台账。全年教体局组织开展了四次安全大检查工作，同时相继开展了校车、消防、食品卫生、午托部、预防未成年人溺亡、危险化学品、校园周边综合治理等专项治理活动，对于检查出的各类隐患，督促相关学校进行整改，保障了校园安全。

【卫生防疫与食品安全】新郑市2017年卫生防疫工作继续围绕学生健康状况监测、健康宣传教育、卫生习惯培养、学校卫生环境改善、加强对传染病、学生常见病的预防和治疗，以及饮食卫生管理、营养配餐宣传等重点工作，明确责任，强化督查，杜绝了传染病疫情及各类卫生事件的发生。强化学校卫生防疫工作责任，与各乡镇及局直各学校签订卫生防疫等目标责任书，严格落实晨检、消毒通风、因病追踪等工作，全面开展学校卫生防疫和传染病防治工作督查。积极开展健康教育宣传工作，组织各学校利用“爱国卫生月”“世界无烟日”“爱眼日活动”等主题日，开展卫生知识宣传、无烟宣传、眼睛保护、结核病防控，以及预防地方病、流行病、艾滋病等常见病健康教育宣传活动，提高广大师生的防病意识和防病技能，提高广大师生的健康水平和生活质量。积极配合新郑市国家慢病综合防控示范区创建工作，顺利完成各项考核任务。加大卫生防疫和食堂管理培训力度，组织开展新郑市学校卫生和儿童口腔疾病干预工作培训、学校食品安全培训、学校卫生人员专题培训等，参加培训学习人数达580人次。完成对新郑三中、薛店镇初级中学等21所学校锅炉、食堂实施煤（油）改气（电）改造，由市政府统一补助拨款，共投入资金1978000元，实现全市所有学校无燃煤现象。加大学生营养配餐工作宣传力度，组织召开学校食堂管理暨学生营养配餐工作经验交流会，开展了新郑市学校营养配餐大赛，历时8个月，学校食堂从业人员400余名参赛，经过校内赛、初赛、复赛、决赛等环节的角逐，和庄镇中学等4个单位获新郑市营业配餐比赛优秀组织奖，郭店镇初级中学的厨师冯小彦等42人分获新郑市营业配餐比赛一、二、三等奖，本次活动不仅加强了厨师之间的交流学习，更是新郑市教体系统历史上第一次厨师之间营养配餐水平的较量。积极推进中小学校食堂“互联网+明厨亮灶”工程建设，督促各学校加大资金投入，加强学校食堂视频监控设施建设，做好视频联网准备工作，逐步实现食品安全管理远程监控，新郑一中等42所学校的食堂明厨亮灶工程安装到位，共投入资金近300万元。

【经费投入】2017年，全市教育经费总投入195335万元，其中，国家财政性教育经费154075万元，包括公共财政预算安排的教育经费145222万元（公共财政教育经费128816万元和其他公共财政预算安排的教育经费16407万元）、政府性基金预算安排的教育经费8852万元；民办学校中举办者投入29万元；社会捐赠经费8万元；事业收入40705万元；其他教育经费518万元。2017年新郑市公共财政教育经费比2016年增长30.72%，2017年新郑市财政经常性收入比2016年增长4.62%，公共财政教育经费增长高于财政经常性收入增长26.10个百分点。全市国家财政性教育经费占GDP的比例2017年为2.37%，比2016年增长0.60个百分点。全市公共财政教育支出占公共财政预算支出的比例，2017年为14.12%，比2016年增长2.37个百分点。

【行政审批】2017年，新郑市教体系统行政审批工作稳步推进，基本实现审核受理、实地踏勘、办结发证等环节和“一窗式受理”。同时，持续推进“减证便民”工作，采取正向梳理、反向排查的方式，取消办证环节中的一项证明材料，全面提升办证效率和服务质量。2017年全年，新郑市教育行政审批窗口共接待咨询办理业务人员200余人次，受理办结各项业务80余件，办结率100%，真正做到依法依规审批、便民高效服务。

【资助工作】2017年共为新郑市优秀学生、家庭经济困难学生和教师34531人次发放资金2952.09万元。其中：发放学前教育助学金1162人次，发放资金58.1万元；发放学前教育中央奖补资助资金2633人次，发放资金131.65万元；发放义务教育阶段农村家庭经济困难寄宿生生活费补助8687人次，发放资金525.2375万元；发放建档立卡营养改善计划补助1285人，发放资金51.4万元；发放普通高中国家助学金5015人次，发放资金502.35万元；发放中央彩票公益金“滋蕙计划”340人，发放资金68万元；低保低收入家庭人员考取高校一次性救助68人，发放资金53.6万元；普通高校家庭经济困难新生入学资助121名大学生，发放资金7.8万元；郑州市慈善总会“牵手工程”成才圆梦助学活动资助8名家庭经济困难学生，发放资助金4万元；新郑市慈善总会“爱心成就梦想”助学活动资助39名家庭经济困难学生，发放资助金11.7万元；新郑市爱心企业家代卫峰资助新郑一中学生30人，发放资金5万元；新郑市仁爱助学协会资助家庭经济困难学生1221人次，发放爱心资助金130.783万元；发放中职国家助学金1924人次，发放资金192.4万元；发放中职国家免学费9030人次，发放资金800.495万元；中央彩票公益金“励耕计划”和“润雨计划”共资助家庭经济困难教师57人，发放资金57万元；办理生源地信用助学贷款285笔，发放资金202.112万元；发放教育扶贫资助资金为2626人次，发放资金150.4625万元。

（撰稿：时巧玲　审阅：冯　煜）

高等教育

【综述】新郑市区域内有中原工学院、河南工程学院、郑州大学西亚斯国际学院、郑州升达经贸管理学院、郑州工业应用技术学院、河南检察职业学院、河南医学高等专科学校、河南工业贸易职业学院等12所高等院校，在校学生17万余人。

中原工学院

【概况】中原工学院有龙湖校区、中原校区和西区三个教学区，占地107公顷。校舍建筑面积68.67万平方米，教学科研仪器设备总值4.17亿元，藏书439.88万册。2017年，学校在职教职工1827人，专任教师1234人，其中高级职称540人，有博士学位的418人；国家级优秀教师6人、全国模范教师1人、国家中青年有突出贡献专家及享受国务院政府特殊津贴专家20人；有河南省学术技术带头人7人、河南省教学名师8人、省级优秀教师8人、河南省特聘讲座教授6人，省级及以上教学和科研团队17个。截至2017年10月，有研究生、本科生、留学生等各类在校生3万余人。学校设纺织学院、服装学院、能源与环境学院、机电学院、电子信息学院、艺术设计学院等20个教学院（部），60个本科专业，11个一级学科硕士学位授权点，53个二级学科硕士学位授权点，7个硕士专业学位授权类别。拥有“纺织服装新材料及高端装备”河南省特色学科群A类项目，涵盖5个一级学科、8个省级重点一级学科、2个省级重点二级学科。有河南省首批工业训练中心和大学科技园。

【学校领导班子成员】党委书记崔世忠，院长、党委副书记俞海洛、王宗敏，党委副书记刘志刚，党委副书记赵水根，党委副书记、工会主席黄乾，纪委书记李俊杰，副院长董丞明、杜建慧、谷景立、黄乾、曹健、黄健、刘洲峰、孙斌，工会主席黄健。

【党的建设】学习党的十九大精神，以习近平新时代中国特色社会主义思想武装头脑、指导实践、推动工作。以“两学一做”学习教育常态化制度化工作为契机，教育引导广大党员学思践悟、知行合一。本年，学校平调70名、提拔55名处级干部；拨付200余万元党费，年度考核合格的党支部书记工作补贴提高到2000元。开展了基层党组织建设专项评估、党的建设三级量化考核、直属党组织书记抓党建述职测评工作。全年发展党员1142名，预备党员转正798名。11人获省高工委优秀共产党员、优秀党务工作者称号，4个直属党组织获省高工委先进基层党组织称号。在河南省普通高校基层党组织专项评估中，被河南省委高校工委评为“河南省高等学校基层党组织建设先进单位”。学校党委把2017年定为“规章制度建设年”。接受了省委第一督查组对学校的巡视整改情况集中督查。

2017年6月24日，河南省人民政府副省长徐济超，国务院大飞机专家咨询委员会主任、中国工程院院士张彦仲共同为中原工学院中原彼得堡航空学院揭牌

【意识形态工作】 制定实施校、院（部）两级中心组政治理论学习计划，开展教职工和大学生政治理论学习。定期召开大学生思想政治工作指导委员会会议，研究大学生思政工作中的突出问题。积极开展中国梦、社会主义核心价值观主题宣传教育活动。建成了河南省高校网络舆情监控工作平台，印发了《中原工学院网络安全管理条例（试行）》。

【中原工学院中原彼得堡航空学院】 2月7日，教育部向河南省人民政府下发《关于同意设立中原工学院中原彼得堡航空学院的函》，同意学校和俄罗斯联邦圣彼得堡国立宇航仪器制造大学合作，设立中原工学院中原彼得堡航空学院。6月24日，河南省人民政府副省长徐济超，国务院大飞机专家咨询委员会主任、中国工程院院士张彦仲共同为中原工学院中原彼得堡航空学院揭牌。9月，中原彼得堡航空学院2017级3个专业210名学生入校学习。

【中原彼得堡航空职能仪器与复合材料协同创新中心】 为适应航空类学科专业建设和科研需要，服务国家航空产业与临空经济，6月24日，学校和俄罗斯联邦圣彼得堡国立宇航仪器制造大学共同签署成立协议，联合创办中原彼得堡航空智能仪器与复合材料协同创新中心。

【教育教学】 获得“纺织之光”中国纺织工业联合会纺织高等教育教学成果一等奖1项、二等奖2项、三等奖7项；获批2017年省级教改项目13项，其中重点项目4项；教考分离考试模式改革初见成效，实现了学科必修课和专业必修课课程考核二级管理。获批省优秀基层教学组织3个、河南省高等学校实验教学示范中心1个、虚拟仿真实验教学中心1个、河南省高等学校专业综合改革试点专业3个；开展了7个工程教育专业认证试点专业、3个中外合作办学专科专业培养方案的修订工作。获批“全国第二批深化创新创业教育改革示范高校”；获批“中央支持地方高校改革发展资金”建设项目2项，2个实验教学平台共获605万元资助；建立了实习基地分类管理体制；建立了校、省、国家三级学科竞赛项目立项和管理机制，获国家级学科竞赛奖105项、省级奖224项。

【科学研究】 周光辉教授主持的“纯电动客车大温差高效能热泵型空调关键技术研发及产业化”项目获河南省科技进步一等奖，取得2018年度国家科技进步奖提名资格；王少博博士参与的“废旧聚酯纤维高效高值化再生及产业化”项目获2017年纺织工业联合会科技进步一等奖，被提名申报2018年国家科技进步二等奖；“河南省功能盐材料重点实验室”获批建设。

【学科建设】 纺织学科在全国第四轮学科评估中排名第九，河南省特色学科群中期检查验收获评优秀。在河南省博士授权立项建设单位评审中，学校被增列为博士授权立项建设单位。

【师资队伍建设】 加强对高层次人才的引进力度，2017年签约博士55人。公开招聘硕士研究生19人。获批教育厅学术技术带头人2名、河南省教学名师1名、“纺织之光”教师奖2名、省级青年骨干教师6名、全国教育系统优秀管理人才2人、河南省杰出专业技术人才1人。

【招生工作】 学校将电气工程及其自动化、金融学、计算机科学与技术、机械电子工程、土木工程等5个专业在河南省调整到本科一批招生，使一批招生专业达到9个。本年本、专科招生人数6560人，研究生招生人数243人，留学生16人。

【对外合作与交流】 本年学校与俄罗斯联邦圣彼得堡国立宇航仪器制造大学合作创办非独立法人中外合作办学机构—“中原工学院中原彼得堡航空学院”。教育厅向学校奖励了1000万元专项资金用于服务航空港区和中原彼得堡航空学院建设。

（撰稿：张　凯　韩红磊　樊岸青　审阅：王宗敏　邹海林）

河南工程学院

【概况】 河南工程学院是2007年3月经教育部批准设立，由原郑州经济管理干部学院和原河南纺织高等专科学校合并组建的省属普通本科院校。追本溯源，学院已有百余年的办学历史。经过多年融合发展，学校现已形成以工学为主，文理渗透，多学科专业协调发展的应用型本科院校。2016年，学校获批河南省重点建设的“示范性应用技术类型本科院校”。学校位于河南省会郑州市，由龙湖校区、桐柏路校区和南阳路校区组成，占地面积175.27余公顷，建筑面积106万平方米，馆藏纸质图书227万册，电子图书68万种。学校有全日制在校生26000余人，其中本科生16000余人；教职工1591人，其中正高级职称118人，副高级职称442人，博士学位294人，硕士学位749人；国家万人计划领军人才1人、百千万工程国家级人选1人、中原学者1人、享受国务院政府特殊津贴1人、国家级及省级优秀教师17人，省政府特殊津贴、省优秀专家和省学术技术带头人12人，省级教学名师、省科技创新杰出人才、省青年骨干教师100余人，并聘有包括中国工程院院士、长江学者在内的客座教授和特聘教授100余人。学校设有纺织学院、安全工程学院、土木工程学院等教学学院（部）21个，本科专业51个。拥有国家级、省级本科教学质量工程项目30个，教育部创新团队1个，河南省高校科技创新团队5个，省级科研平台9个，是河南省博士后研发基地。为建设高水平应用技术大学，开启新时期学校事业发展新征程，学校制定了“建好示范校、创办硕士点、努力建大学”的“三步走”发展战略。全校师生员工正以此为目标，全面推动学校内涵发展、特色发展，为高等教育事业及经济社会发展贡献力量。

【领导分工】党委书记刘湘玉，主持学校党委全面工作。校长、党委副书记高丹盈，主持学校行政全面工作。党委副书记李春英，负责学校思想政治、舆论宣传、校园文化、精神文明建设、校园稳定和综合治理工作。分管党委宣传部（校报）、学生工作部、校团委。党委副书记耿广智，负责学校机关党务、统战、对外联络、保密、信访和工会工作，分管党委办公室、党委统战部、机关党总支、校工会、对外联络处。党委副书记袁静波负责学校党的组织建设、党校、离退休工作，党委组织部、党校、离退休工作处。副校长董浩平，负责学校财务管理、国有资产管理、现代技术教育、教学评估督导、安全保卫和武装工作，分管财务处、国资处、现代技术教育中心、评估督导处、保卫处（武装部）。副校长许瑞超，负责学校发展规划、科研、对外合作交流及研究生工作，分管发展规划处、科研处、国际合作交流处、学报、分析测试中心。副校长卢奎，负责学校教学、招生就业、高教研究、图书和成人教育工作，分管教务处、招生就业处、高教所、图书馆、继续教育学院。副校长李晓春，负责学校后勤管理和后勤产业工作，分管后勤处、后勤产业发展总公司、南苑宾馆、豫阳公司。纪委书记憨振东，主持学校纪委全面工作，分管纪委（监察处）、审计处。工会主席李东风，主持校工会全面工作，分管校工会。校长助理贺金凤，协助校长负责校办、人事、学生和博士后工作，分管校长办公室、人事处、学生处、学生资助中心。

【转型发展】学校紧跟时代发展，强化顶层设计，科学谋划了“建好示范校”“办好硕士点”“努力建大学”的“三步走”发展战略，为开启新时期学校事业发展新征程描绘了宏伟蓝图。全年新增了10余项校地校企实质性合作项目。与省发改委合作开展政府决策咨询服务，本校参与的《河南省健康养老产业发展规划2017—2025》项目已经完成研究；与开封市、中牟县、太康县等地方政府实施全面战略合作；与河南省体育局合作挂牌成立河南省足球裁判员培训基地；与河南大学合作建立体育学研究生教育实习实践基地；与郑州鸿盛数码科技股份有限公司联合开办“鸿盛数码印染班”；与河南博晟环境检测技术有限公司共建“博晟环境分析测试实验室”；与温县和式太极拳学院共建“和式太极拳传习与发展研究中心”；与郑州红樱桃旅游有限公司合作建立体能与素质拓展研究实践基地。学校获批为教育部“高校数字媒体产教融合创新应用示范基地”试点院校，成为全国首批入选的13所试点院校之一；被评为“2017年度中国纺织行业人才建设示范院校”“全国煤炭行业教育工作先进单位”、2017年度河南综合实力20强领军高校。

【教育教学】修订2017版本科专业人才培养方案，进一步明确学校的应用型办学定位。修订了《本（专）科学生校内外学习课程认定及学分转换管理办法（试行）》《青年骨干教师培养计划实施办法(试行)》等10余个教学管理制度，制订了理论课课堂教学、试卷、实验、实习等教学各环节的质量标准，强化教学质量监控。获批省高校专业综合改革试点、省高校实验教学示范中心各1项，优秀基层教学组织2项。获全省教师教学技能竞赛一等奖8人、二等奖14人、三等奖10人。190名教师获得了学校2016—2017学年教学质量优秀奖。获全国大学生数学建模竞赛国家一等奖3项、二等奖5项、河南省一等奖35项、二等奖9项，获奖质量和高层次奖项数量在河南省高校中名列前茅。获全国大学生电子设计竞赛河南省赛区一等奖6项、二等奖5项、三等奖6项。获全国大学生工程训练综合能力竞赛河南赛区比赛二等奖4项。获“中国软件杯”大学生软件设计大赛二等奖1项。4317名本科生中，490名考上研究生，考研率达到11.4%。校外教学实习基地的数量和质量显著提高，目前与河南神火集团、郑州煤炭工业集团、香港锦艺集团、郑州航空港经济综合实验区等单位共建实习基地217个，其中国家级大学生校外实践教育基地2个，与河南雪阳集团共建的实训基地被授予“河南省电子商务职业教育实训基地”。纺织工程重点学科通过省级终期验收。建立专业动态调整机制，根据专业建设、学生报到率、就业率等综合情况，调整招生计划，暂停了资源勘查工程、采矿工程、印刷工程三个本科专业的招生。加强了特色优势专业的培育力度，城市地下空间工程、金融工程、遥感科学与技术等三个本科专业开始招生。建成省级精品课程4门、省级精品资源共享课3门、校级精品课程35门、校级重点课程57门、校级慕课课程8门，立项自编教材8项。

【科学研究】立项省部级以上科研、教研项目108项。获批国家自然科学基金项目的数量首次突破两位数，达到了11项，其中，国家自然科学基金重点项目1项；获批国家社会科学基金项目1项、教育部人文社科项目3项；荣获省部级以上科研成果奖

2 项，在Science Advances发表论文1篇。全年各级各类项目结项92项，其中国家自然科学基金结项9项，省部级项目结项30项。获各级各类科技奖励49项，其中省部级2项。申请专利677项，授权专利552项。本校专利申请量和授权量、发明专利申请量和授权量均稳定增长，以优异成绩入选了河南省高校知识产权综合能力“十快”高校第二名，自主创新能力快速提升。获批河南省高校科技创新团队支持计划项目1项。入选郑州市第二批“智汇郑州·1125聚才计划”创新领军团队1个。获批立项建设省工程实验室2个、省工程技术研究中心1个，学校省级科研平台总数达到9个。立项建设了纤维混凝土材料与结构、纳米纺织新材料、区域经济社会发展战略与管理研究、功能有机分子与稀土材料、功能陶瓷材料、煤矿瓦斯卸压抽采与微生物治理、国家治理现代化理论与实践研究、煤与煤系气抽采利用地质技术等八个首批“543”创新团队。

【人才培养】强化制度建设，修订《学生管理规定（试行）》《学生违纪处分规定（试行）》等文件。在全校开展“优良学风班级建设年”活动，评选出70个优良学风班级予以表彰。全年获评全国高校“活力团支部”2个、河南省文明班级1个、先进班集体27个、先进团支部2个，省级优秀毕业生228人、优秀学生干部27人、三好学生82人、文明学生3人、优秀团员1人、河南省教育系统学雷锋活动先进个人2人。录取新生7889人，其中本科4240人，专升本949人，专科2700人。录取研究生23人，联合培养研究生人数持续增高。成人继续教育录取学生5029人，与西安交通大学联办现代远程教育，目前在册人数478人。成立旗帜众创空间，获得省教育厅高校众创空间认定。大学生创业孵化园新入驻4个项目，在孵项目达到14个。获批国家级大学生创新创业训练计划项目4项，省级6项。在全国2017点靓计划大学生创新创业梦想支持计划公益项目中获一等奖1项。在第三届河南省“互联网+”大学生创新创业大赛总决赛中，获二等奖2项、三等奖6项。在河南省第十三届“挑战杯”大学生课外学术科技作品竞赛中，获得一等奖1项、二等奖4项。在河南省创青春“大学生创业”大赛中国获铜奖2项。在“一点公益杯”河南省大学生创业之星项目选拔活动中，获二等奖、优秀奖各1项。选拔了5名优秀毕业生奔赴新疆及省内贫困县进行志愿服务。据中国高等教育学会发布的《中国高校创新人才培养暨学科竞赛评估报告》，本校在本科高校前300名中排名第249名，位居国内同类高校前列。

【人才队伍建设】研究制订2017年度招聘工作方案，出台《柔性引进人才暂行办法》《引进人才类型与标准》等有竞争力和吸引力的人才政策，召开人才工作会议专门部署人才引进工作，大力推动人才强校工程。全年柔性引进了国家万人计划领军人才、长江学者特聘教授、新世纪百千万工程国家级人选等6位高层次人才，签约博士26人。新增教育厅学术技术带头人2人、教育厅优秀教育管理人才2人、新郑市拔尖人才1人。博士后研发基地新进站1人，目前基地共有4名研究人员。积极支持中青年教师在职提升学历和学位层次，全年共有12名教师在职取得了硕、博士学位，学校具有博士学位教师达到283人。选派81人赴国内外访学和培训、61人赴企业锻炼（含挂职锻炼），完成47名教师的教师资格认定工作。举办学校第四届辅导员职业能力大赛，推进辅导员职业化发展。全年入选教育部全国万名优秀创新创业导师人才库1人，获评全省高校思想政治工作者2人、优秀思想政治理论课教师2人、优秀心理健康教育工作者2人、河南省文明教师1人、优秀辅导员2人、全省高校辅导员职业能力大赛决赛一等奖1人。目前有4名专职心理咨询师、12名教师取得国家心理咨询师二级资格证书，106名教师取得国家心理咨询师三级资格证书。全年共评审推荐教授5人、副教授30人，评审推荐馆员1人，聘任高级经济师1人、高级会计师1人、中级经济师1人，评出讲师、实验师21人。教师中现有教授118人、副高级职称456人。

【对外交流】做好了中澳合作办学项目下视觉传达设计专业本科教育项目评估、延期的申报工作，顺利通过了教育部评估和延期申请。按计划出访合作院校，围绕增加合作项目、拓宽合作渠道、提高合作深度等方面进行磋商探讨，签署了相关合作备忘录或合作意向书。中澳、中荷合作办学项目的外方教学周活动和师资培训项目顺利开展，全年赴外方培训专业教师10人、出国留学学生12人。赴合作院校的游学项目及“伊拉姆斯+计划”顺利开展，2名学生完成在国外的学习。加强校友组织建设，开封、广东、上海等地校友会成立，全国地方校友组织达到25个。开展纪念学校组建10周年、“校友返校月”等活动，1000余名校友返校，100余家校友企业回校招聘。启动“大学生成长成才校友导师计划”和“爱心校友工作大使计划”，加强校友工作队伍建设。

【内部管理】立足学校发展实际和内涵建设大局，调整内设机构，成立了人才与综合改革办公室、科技处、社科处、创新创业学院等机构，对教务处与评估督导处、发展规划处与高教所、国际合作交流处与国际教育学院、实验管理中心与文科实训中心实行合署办公，进一步完善了与学校发展相适应的管理体制和运行机制。认真贯彻落实“党委领导下的校长负责制”，积极探索建立现代大学制度，以“法治思维和法治方式”推进“依法治校”工作。严格执行学校《章程》，充分发挥学术委员会、学位评定委员会以及教学指导委员会的作用，推进教授治学、科学决策和民主管理。制定《二级教代会实施细则》，各教学院部建立健全了二级教代会制度，以教代会建设为重点，积极推进校、院二级“民主管理”。制订《项目库建设与管理办法》《差旅费管理办法》《公用经费管理办法》等制度，成立学校经济责任审计联席会议领导小组，强化财经纪律。

（撰稿：陈自龙　审阅：张松顷）

郑州升达经贸管理学院

【概况】 学校位于郑州市南10公里处的新郑龙湖宜居教育园区，现有金融贸易、会计、管理、商学、信息工程、外国语、文法、艺术、建筑工程、体育10个学院和创新创业教育学院及思政、基础2个教学部，开办本科专业39个。全日制在校生2万多人。按照“有所为有所不为”的原则，立足校情，围绕“三区一群”战略，构建了金融服务类、国际商务类、智能信息技术类、文化旅游类和土木工程类5个专业集群。形成了以经济学、管理学为主，工学、文学、艺术学、教育学、法学多学科协调发展的基本格局，拥有河南省专业综合改革试点5个，河南省品牌专业建设点9个，省级重点学科3个，河南省特色专业3个，数量居全省同类高校第一。

【党建与思政教育工作】 2017年，全校师生认真学习宣传贯彻党的十八大、十九大精神，深入学习习近平总书记系列重要讲话和党中央治国理政新理念新思想新战略，认真落实全国全省高校思想政治工作会议精神，以立德树人为根本，以迎评促建为主线，大力实施五大工程，稳步推进各项工作，学校发展呈现良好态势。

“两学一做”学习教育扎实开展。按照省委、省委高校工委安排部署，紧密结合学校实际，精心部署，积极组织，深入推进“两学一做”学习教育常态化制度化，充分发挥基层党组织作用，坚持学思践悟、知行合一，坚持融入日常、抓在经常，组织开展“当先锋、做表率”主题活动，对党员领导干部、教师党员、管理人员党员和学生党员进行分类指导，引导广大党员立足岗位，开拓创新，充分发挥先锋模范作用，为学校改革发展和迎评促建贡献力量。在焦裕禄干部学院组织开展“两学一做”学习教育专题培训班，教育引导党员干部以焦裕禄同志为标杆，深学、细照、笃行焦裕禄精神，做服务群众的表率、艰苦奋斗的表率、求真务实的表率。高工委督察组莅校督查，对我校“两学一做”学习教育开展情况给予高度评价。组织召开党委会专题学习，组织校党委中心组和全校师生集中学习，成立校学习贯彻党的十九大精神宣讲团进行专题宣讲，邀请省委宣讲团成员及校内外专家作专题辅导报告，组织开展学习宣传党的十九大微课比赛、党团日活动、知识竞赛等系列活动，努力在学懂弄通做实上下功夫，切实用习近平新时代中国特色社会主义思想武装头脑、指导实践、推动工作。我校思政部滕云老师在全省高校社科战线学习宣传贯彻党的十九大精神征文比赛中荣获二等奖。选派人员参加校外不同层次、不同类别培训30余人次。组织开展困难党员慰问工作，对10名困难党员进行专项资助。

【五年发展蓝图精心描绘】 学校深入学习研究国家“十三五”规划，集中全校师生员工、校外专家、校友的智慧和力量，全力谋划学校发展顶层设计，在深入调研和充分论证的基础上，进一步完善了学校“十三五”发展规划以及4个专项规划，确定了学校“十三五”期间建设发展的指导思想、总体目标和主要任务，为今后五年学校的改革发展提供了行动指南。

【校园安全稳定】 校党委始终坚持“稳定压倒一切”的思想，始终把安全稳定工作摆在重要位置。认真做好重要节点和重大节假日的安全稳定工作。会同校行政圆满完成2017届毕业生的文明离校工作。认真做好了“两会”期间、“萨德”部署事件、“六四”等敏感期的安全稳定工作和

郑州升达大学

不稳定因素摸排调研工作，有力处理突发事件。积极组织申报河南省2017年度综合治理研究课题，全校13项课题获得结项，其中获得一等奖1项，三等奖1项，优秀奖5项。校党委办公室被授予全省高校维稳工作先进集体。《校园防渗、警钟长鸣》经验材料获得河南省高校安全稳定优秀案例二等奖。

【全面提升大学治理水平】学校不断健全管理体制机制，成立了党委组织部、宣传部和统战部，召开了第一届教职工暨工会会员代表大会。董事会高度重视干部队伍建设，党政班子研究竞聘方案，评委会组织面试，纪委全程监督，通过公开招聘、公平竞争，新增主管和科长，优化了中层干部队伍。成功组织首次主管述职交流会，促进了相互的了解与学习，提升了管理干部的领导力和执行力。组织学校规章制度专家审定会，完善了各项规章制度和民主监督体系。进一步加强了作风建设和反腐倡廉建设，依法做好了安全稳定工作。

【迎评促建工作】聘请专家成功组织了校内评估，评建办根据专家意见梳理下达了评建和整改任务。建立了评建办主任办公会制度，召开工作推进会，组织任务完成情况督查，有力地推进了评建任务的落实。各建设组、各单位精心组织，认真工作，较好地完成了支撑材料整理和阶段性评建任务。学校还组织了多次校外考察学习活动，邀请专家莅校指导49天（次），举办专题报告培训近30场。通过在校内宣传媒体开辟评建专栏、编发宣传手册、工作快报和督导工作简报、组织迎评知识考试等方式，宣传评建知识，营造迎评氛围，提高了认识，鼓舞了士气。

【人才培养】重视人才培养方案制订。按照转型发展和应用型人才培养的要求，教务处和各教学单位广泛深入调研，多次组织专家论证，精心编制了2016版本科专业人才培养方案，受到评估专家的充分肯定。开展了2014级、2015级人才培养方案修订工作，下发了各类课程教学大纲模板，基本完成了2016版通识平台课程教学大纲制定工作。

重视学科专业建设。制定了学科专业建设发展规划，省重点学科金融学、会计学顺利通过省教育厅验收。“英语”和“计算机科学与技术”专业获批2017年“河南省民办高校品牌专业”，获得省教育厅220万元的建设经费。启动了2017年度校级品牌专业点建设，完成了2018年河南省民办高校品牌专业申报工作。

重视教学研究和质量工程建设。教务处组织申报省市级教育教学改革项目19项，其中省级2项、教育厅教育综合改革项目3项。开展了校首届教学名师评选、市技术技能名师工作室申报等工作，会计教研室被评为“河南省高等学校优秀基层教学组织”。“信息工程实验中心”高票通过省级实验教学示范中心评审。

重视教学质量监控。教务处加强教学管理，坚持每日查课制度，规范教学运行；制定、修订教学管理制度105项，处理教学事故6人次；组织了“精彩一课”教学竞赛和“三期”教学检查，学生课堂教学质量评价实现网络化。完成了2017届毕业生论文答辩、学位授予、毕业论文和试卷的专项检查工作。教学质量监测中心组织督导听课3134人次，实现了督导听课的全覆盖，完成了课堂教学质量监测与评估、教育教学工作满意度调查等工作。

重视学生实践能力培养。教务处、各学院继续完善实验实习实训教学管理制度，规范实践教学，印制实验报告26530本、实习报告7330本，验收、建设示范性实践教学基地17个。

教学改革成效初显。《微积分》成为河南省高校精品在线开放课程；“跨境电商金融名师工作室”获批郑州市“技术技能名师工作室”；评选校级优秀教学团队7个、优秀基层教学组织5个；完成校级教改项目2016年度验收工作；加大校级教学改革立项支持力度，2017年度5项重大、20项重点、25项一般课题获得资助。

双创学院统筹协调全校双创教育教学工作，组织开展了双创文化月活动和创业课程培训。我校1个项目获批国家级创新训练项目立项，9个项目获省级创业训练项目立项，3个项目在河南省大学生创新创业大赛中获得三等奖。

【师资队伍建设】人事处、教师发展中心多策并举落实“教师素质提升工程”。新聘专职教师200余人、客座教授13人。联合教育部全国高校教师网络培训中心，邀请名师名家，精选专题，成功举办了为期一周的“干部管理素质提升研修班”和校内“教职员培训班”。组织开展了“淑芳师德奖”网络评选等活动。选派第一批教师赴企业（行业）挂职锻炼，选推2名教师成为我校首批“青年骨干教师国内访问学者”，2名教师获批国家留学基金委人才培养特别项目。教职工外出参加交流、培训283人次；校本培训5期，累计培训3200多人次，参与继续教育学习600余人次，培训费用80多万元。学校将师资队伍作为核心竞争力打造，全面实施“教师素质提升工程”，加强高职称、双师型和青年教师的引进、培养与培训，师资队伍结构进一步优化。成立教师发展工作指导委员会，选派教师参加“国培计划”和“省培计划”，组织教职工外出参加培训，校内进行培训8场，培训班3期，共培训3855人次；选派教师利用国家留学基金赴英国访学培训、进行国内访学和企业挂职锻炼；64位教师通过了高级职称评审。学校重视师德师风教风建设，1

位教师荣获“河南省教学标兵”称号，3位教师获“淑芳师德奖”（奖金各1万元），147位教师荣获教学名师、“精彩一课”教师、优秀主讲教师奖励。

【科研】2017年，学校科研项目立项、结项500多项，其中省级以上30多项；签订横向课题13项；获科研经费37.5万元；发表学术论文491篇，其中核心刊物论文135篇；出版专著18部；学校项目配套资助和奖励150多万元。科研处组织广亚大讲堂学术报告72场；完成《王广亚文集》初稿和《广亚智慧》教学大纲等编写工作。

【共青团工作】坚持以党建带团建，切实发挥好团组织在服务大学生成长成才过程中的重要作用。上半年校团委开展了“一学一做”主题教育实践活动、“不忘初心跟党走，喜迎党的十九大”主题教育活动、“清明祭英烈·共铸中华魂”线上纪念缅怀先烈活动、“百日益行”活动、“五四青年节”表彰活动、线上线下深入学习“两会”精神、“经典诵读”等活动。校团委积极加强团建理论研究工作，11项课题获得共青团河南省委专项研究课题立项，25项课题获得学校首届大学生创新科研项目立项。学校召开第一次团代会暨第一次学代会，进一步健全完善了群团机构设置，增强了群团工作力量。

【校园文化建设】学校推进“文化育人工程”，坚持养成教育不动摇，打造学校特色品牌。组织学生开展丰富多彩的校园文化活动、志愿服务活动、“孔子行脚”等社会实践服务活动近200场次。校团委积极组织70支学生社会实践小分队，奔赴全省18个地市进行扶贫支农、教育关爱等志愿服务。设立并成功举办师生“交流时间”，建立了学校与学生双向沟通机制，深受学生好评。举办了读书育人活动、高雅艺术进校园、大学生网络文化节、第二十届体育运动会等丰富多彩的校园文化活动。我校学子在全国大学生各类专业竞赛中屡获大奖。新闻中心充分发挥舆论导向作用，加强新闻通讯员队伍和宣传阵地建设，在中国网、人民网、光明网、中国教育报等数十家社会知名媒体录制节目、发表报道30余篇次，向省教育厅“教育动态”报送新闻，新媒体增设QQ企鹅号和QQ智慧校园号，我校官方微博、微信全国全省高校排名再创佳绩，为学校发展提供了良好的社会舆论支持。

【学生教育管理】学务处、各学院坚持特色教育，深入开展“养成教育”和“三爱”教育活动。在严抓课堂纪律、自习活动的同时，大力推行课堂手机入袋制度，有效地促进了学风建设。组织发放各类奖助学金980万元，圆满完成了2017届毕业生文明离校等工作。建工系王丽丹被评为“全国民办高校优秀辅导员”，彭丽入围第九届全国高校辅导员年度人物评选。心理健康教育中心积极发挥二级心理辅导站主阵地作用，举办了形式多样的心理健康教育活动。

【校企合作】校地合作处加强与相关行业企业和校友紧密联系，开展顶岗实习、教学见习等合作项目，与河南千稼集农业旅游观光有限公司、上海立信会计出版社等10余家公司签订战略合作协议。学校获选教育部学校建设发展规划中心“科学工作能力提升计划（百千万工程）”首批试点高校，学校的转型发展和产学研合作教育登上新的台阶。积极搭建校外实习实训平台，与省内外92家企业建立了稳定的合作关系。

【招生就业】招生办、各学院积极应对考试招生改革，创新工作思路，优化宣传方案，精心组织实施，在激烈的生源竞争中，招生工作成绩斐然。今年我校录取7753人，其中，本科生4900人、专升本1253人，专科生1700人。本科文、理科最低录取分数线分别高出省定分数线32分和46分，生源质量稳步提升。招生工作成绩斐然，新生报到注册7330人，招生计划数、计划完成率、报到注册率均创历史新高。就业处累计培训毕业生11600余人次，实现了就业指导全覆盖；组织到校招聘企业1200多家，提供就业岗位近42000个；新增就业实习基地37家。2017届毕业生年终就业率达95.29%，位居全省高校前列。校友工作办公室成功举办了校友大讲堂、校友沙龙等特色活动，做好了各地校友会年会工作。

【教学保障建设】根据民办财经类高校实习实训难的实际情况和文科应用型人才培养需要，学校大力实施“教学保障建设工程”，投入近2亿元改善实验实训条件，建设省内乃至国内规模最大、理念最先进、功能最齐全、智慧化程度最高的综合实训大楼；打造经管、会计、艺术教育和土木工程等16个实训中心，其中“信息工程实验中心”获批为河南省实验教学示范中心，丰富了实验实训资源；新建图书馆分馆和各学院资料室，丰富了馆藏资源；学校完成了校园道路、运动场地等基本设施改造，33号学生宿舍楼建造、7个实训中心的建设与装修、教室粉刷等80余项建设任务。总务处稳步推进了图书馆扩建、广亚大楼设计等工作，做好了安全保卫、饮食保障、资产保管等工作。设备处统筹规划实验室建设，规范设备管理，新建更新实验室75个，新增实验室面积2.27万平方米，实现实验用房和设备总值翻番，极大地改善了实验实训条件。

（撰稿：朱永恒　审阅：郭爱先）

郑州大学西亚斯国际学院

【概况】郑州大学西亚斯国际学院是由美国西亚斯集团公司投资，与郑州大学、美国堪萨斯州富特海斯州立大学（Fort Hays State University，英文缩写FHSU)合作的中外合作办学机构，是河南省首家被国务院学位委员会批准可以实施境外学士学位教育合作项目的全日制本科院校，也是首批被中国教育部中外合作办学评估合格的高校。

学校占地面积2400余亩，已建有90余万平方米的风格各异的教学馆舍。欧式现代园林与中国古典园林相结合的校园环境和教学楼群的建筑特色，完备的体育、音乐、美术教学场馆设施，既体现了西亚斯中西合璧的办学理念，也彰显了国际化育人环境的时空意识和德、智、体、音、美全面发展的育人思想。

2017年在校生27150人，专业教师1750人，其中外籍教师130余人，外教与学生数量之比居全国前列。学校贯彻执行中国共产党和国家的教育方针，秉持中西合璧办学理念，实施国际化全人教育，培养复合型实用人才。为达此目标，学校在积极构建优良学习环境的同时，在办好基础学科，夯实基础课程学习的基础上，提供多元文化的学习渠道。通过全英班教学、实践性教学、信息化教学、科研渗透式教学、案例式教学等教学模式的探索，引导学生用科学的方法学习和接受新知识。通过创新教育实践，提高学生的实践能力与创新意识。通过创建独特而又丰富多彩的校园文化，拓展学生视野，促进学生综合素质的提高，培养自主学习的良好学风。通过外籍教师全英语授课和英语原版教材的使用，强化对学生汉语、英语双语能力和资讯能力的培养。

【领导关怀】建校以来，学校得到了省市各级领导的亲切关怀和大力支持，保证了学校正确的办学方向和各项工作全面协调发展。2017年3月20日，中国教育学会会长、原北京师范大学校长、教育部高等教育司司长、英国卡迪夫大学名誉国际副校长钟秉林来本校参观指导。3月29日，河南省人大常委会副主任、党组副书记蒋笃运莅临本校参观指导。4月6日，第十届全国人大常委会副委员长许嘉璐会见本校理事长陈肖纯。4月20日，河南省教育厅副厅长尹洪斌会见美国堪萨斯州高等教育委员会委员主席代表爱德华·哈蒙德博士、本校理事长陈肖纯博士一行，并就国际合作办学进行座谈。6月21日，郑州市城考办及新郑市政府领导一行莅临本校参观考察。9月21日，河南省副省长徐济超莅临本校调研指导工作。11月22日，本校成立“习近平新时代中国特色社会主义思想研究宣传中心”并举行揭牌仪式。中共河南省委高校工委专职副书记、河南省教育厅党组副书记郑邦山出席。

【学科和专业建设】学校专业建设紧密结合中原经济区发展和服务于“一带一路”建设的需要，在区域经济建设中发挥着重要作用。学校现有15个二级学院、3个住宿书院、35个本科专业、14个专科专业、6个中外合作办学项目，形成了以管理、人文、社科类学科专业为主，共计八大学科门类，多学科协调发展的学科专业体系。2008年起，已在国民经济学、企业管理、英语语言文学、外国语言学及应用语言学英语笔译（专业硕士）和电子与通信工程（专业硕士）、体育训练学、体育教育（专业硕士）等8个专业，与郑州大学校本部实施联合培养硕士研究生教育项目。2017年，“通信工程”“产品设计”2个专业获批河南省专业综合改革试点建设项目，“工商管理”“会计学”“电子信息工程”“视觉传达设计”4个专业获批河南省民办高校品牌专业建设点项目，“电子与自动化实验教学中心”通过第十批河南省高等学校实验教学中心遴选，“检测技术与自动化装置”获批第九批河南省重点学科立项公示，《毛泽东思想与中国特色社会主义理论体系概论》获批2017年度河南省高等学校思想政治理论优秀课程，省级精品在线开放课程《会计信息系统》正式上线运行，大学英语第四教研室获批2017年度河南省高等学校优秀基层教学组织。

至此，学校现有河南专业建设和课程建设项目共22个、河南省特色专业建设点3个、河南省专业综合改革试点5个、河南省民办高校品牌专业建设项目7个、河南省实验教学示范中心2个、河南省双语教学示范课程和精品资源共享课程及在线开放精品课程4门、河南省优秀基层教学组织1个。

【对外交流与合作】学校充分发挥中外合作办学优势，坚持开放办学，提升国际化办学水平。本年度，新增美国阿克伦大学、美国俄亥俄州联合山大学、美国菲尔利迪金森大学、韩国岭南大学、台湾树德科技大学等12所国内外合作院校（机构）；接待海外重要代表团组来访42个，接待来访嘉宾共计158人；师生海外交流项目增加，从友好合作院校中争取到近200个交换名额，达成20个教职工访问学者项目。2017年7月，陈肖纯理事长受邀赴奥地利维也纳参加世界大学校长联合会高端峰会，并当选大中华区主席和下任财务长。9月美国西亚斯集团与郑东新区管委会正式签约合作创办郑东新区西亚斯外籍人员子女学校。11月举办西亚斯国际（境外）教育展，共邀请85所院校参展，美国大使馆特派专员到访西亚斯，推广留学项目。积极组织留学生参加各项特色活动，本校留学生舞龙队参加“中华人民共和国第十届大学生舞龙舞狮锦标赛”，荣获留学生组第一名，夺得

郑州大学西亚斯国际学院大学生活动中心

大赛首金；参加河南省“华光杯”系列体育竞赛，获得7项奖励。截至2017年底，学校已与40多个国家和地区的150多所高校与科研机构建立了合作关系。

【教改与科研】学校推动研究平台建设，坚持以教学带科研、以科研促教学，不断提升科研管理水平。本年度，本校43项教学改革研究项目申请结项，其中3项为河南省教育技术装备和实践教育研究课题。学校制定了《网络课程及混合式课程管理规定》，依托在线课程，推动新技术在教学上的应用。围绕《MOOC建设及混合式课程设计》，引用326门尔雅通识课程与418门尔雅微课程。截至2017年底，通过尔雅通识选修课程获得通识学分达到了16840人次，选择尔雅微课程获得专项学分14580人次；汇总的爱课程网（国家级优质资源共享课）涉及本校的12门类1701门课程。2017年7月，学校成立了西亚斯教育研究中心，加大了对教育和学校发展的研究力度。持续推进本科教育的基础研究和应用研究，在各专业学院申报、校学术委员会专家评审的基础上，学校确定设立“习近平新时代中国特色社会主义思想研究所”等26个校内研究机构，自2017年12月1日起试运行。2017年，科研立项249项，其中省级28项；结项155项，其中省级14项。教师发表学术论文707篇，核心期刊论文208篇；参与撰写学术著作和教材95部；科技成果114项，专利应用成果28项。

【招生与就业创业】2017年圆满完成招生工作，生源质量再创历史新高。普通本科文、理科最低录取分数分别高出省控线33分和52分；艺术类文、理科分别高出省控线48分和43分；专科文、理科分别高出省控线138分和110分，平均报到率为89%。

学校以提升毕业生就业创业质量为重点，共举办“智汇郑州”新郑高校行暨新郑市重点企业招聘会等5次大型校园招聘会和每周专场招聘会，共提供有效岗位17760余个。积极开辟海外就业渠道，已拓展至美国、澳大利亚、新西兰、阿联酋迪拜、澳门等12个国家和地区的就业市场，目前30余名毕业生已有出国（境）就业意向，同时与沿海发达地区40余家企业建立了人才输出合作关系，新建校企合作单位378家。办好创新创业教育学院，举办各种形式的辅导、咨询和大赛活动；扶植大学生创业项目，在孵项目由16个增加到51个，举办河南省创业精英校园行系列分享会；组织学生参加全国“互联网+”大学生创业大赛江南赛区选拔赛，6个项目获得三等奖，本校获优秀组织奖。截至2017年底，本校2017届毕业生就业率为97.31%。

2017年4月6日，本校与海南港澳资讯产业股份有限公司签订校企合作协议。4月27日，河南省2017首期大学生创业精英特训营活动在本校举办，河南省校企联合会会长曹赵灵、执行秘书长王景淼、中创智库（北京）投资管理有限公司董事长范斌及来自全省22所高校的70余名大学生创业者代表出席。5月9日，新郑市首届创新创业大赛在本校隆重开幕，郑州市科学技术局副书记乔英奎，新郑市政府副市长李猛，学校党委书记费鹤祥、副校长刘淑琴，新郑市科学技术局局长樊文超出席，新郑市宣传部、财政局、人社局等相关单位负责人和各高校、创新创业载体主要负责人参加了大赛启动仪式。11月4日，学校举办了河南省2017年电子信息类毕业生就业双选会暨郑州大学西亚斯国际学院秋季大型校园招聘会。

【校园文化与育人模式】学校中西合璧的建筑与布局，营造着中西不同文化交融的氛围，让学生真实地感受到身处在国际化大学。活动育人，是学校实施“全人教育”的重要措施。学校将“两个课堂”即常规教学（第一课堂）、课外文化活动（第二课堂）纳入学生培养计划，通过理想、信念和文化传承等活动，培养学生人格健全和道德完善。通过例行各种特色鲜明的主题活动，开阔中外师生国际视野，提高学生跨文化交际能力。2017年5月13—14日，本校成功举办第十一届女性成长论坛。6月3日，本校举办第十五届访校日活动。9月19日，本校举行2017级新生开学典礼暨迎新烛光晚会。10月30日—11月4日，本校举行第十九届国际文化节系列活动。

加强校园网络文化建设，构建阵地育人机制。利用新媒体平台，开辟“西亚斯人喜迎十九大”系列专题；围绕“汇聚网络正能量，唱响育人主旋律”，承办第五届河南省高校校园新媒体论坛。河南省第二届大学生新媒体原创作品大赛暨2017年度十佳高校新媒体平台评选活动中，本校“网络文化（思政）工作室”被评为“河南省高校十佳运营平台”，《西亚斯人的中国梦系列》《红旗飘飘》分别获新媒体原创作品一、三等奖。

完善住宿书院管理模式，构建社区育人机制。以学生生活园区为平台，建立党团组织，保证学生思想政治工作进社区。先后成立了建匠工作室、华匠工作室、模联社团等学生社团，逐步形成了“学校—专业学院—社区—宿舍”的教学体系、服务学生课外发展的“学校—住宿书院—社区—宿舍”的育人体系。在教育厅开展的“双达标”评选活动中，住宿书院的8栋宿舍楼全部被省教育厅评为“标准化示范性”学生公寓。

【社会服务与办学成果】先后承办了第十一届黄帝文化国际论坛、“智汇郑州”新郑高校行暨重点企业“双选”会、“八大仓”艺术名家进校园公益演出、河南省第十三届运动会羽毛球比赛、361°河南省青少年室内五人制足球冠军联赛、第十届大学生舞龙舞狮锦标赛等活动。

2017年度，学校组织参加校外学科竞赛56场次，获得省级以上的等级奖183项。其中全国性奖励36项。如：中国服务机器人大赛获国家一、二等奖3项；CCTV杯“希望之星”英语风采大赛获国家一、二等奖5项。9月9日，本校武秀之教授被授予“河南省师德教育专家”称号。11月23日，本校理事长陈肖纯博士荣获“2017年度社会影响力教育杰出人物”称号，被河南省受聘为“郑州人才特使”。12月14日，本校荣获“2017年度品牌影响力中外合作院校”和“2017年度知名创新创业示范高校”称号，陈思坤校长应邀出席 “中国教育+”央广教育盛典作主旨演讲，并接受专访。在腾讯·大豫网主办的“鼎立中原”第六届教育金鼎奖评选中，荣获“2017年度品牌实力民办高校”称号。

（撰稿：丁林林　审阅：丁功慈）

郑州工业应用技术学院

【概况】2017年，学校总占地面积1979亩，校舍总建筑面积69.86万m^2，其中教学行政用房面积38.28万m^2；现有教学仪器设备总值1.41亿元人民币，校内实验实训室187个，校内实训中心35个，校外实习基地118个；馆藏纸质图书209万册，电子图书181.342万册，报刊、杂志2490种。学校自有专任教师975人，享受国务院政府特殊津贴的教师2人，国家级优秀教师3人，省级优秀教师8人，省级教学名师1人，省级学术技术带头人、骨干教师10人。学校设置16个教学院（系部），开设41个本科专业，涵盖工学、管理学、医学、经济学、文学、艺术学、教育学、法学等8个学科门类，全日制本专科在校生23000余人。

【领导班子成员分工】学校实行理事会领导下的校长负责制。校长姚锡远全面负责学校教学科研、行政工作。校党委书记吴廷伟主持党委工作。常务副校长刘建协助校长做好全面工作和日常工作，分管单位：党政办公室、人事处（教师发展中心）、宣传部，协调联系纪委、监事会。副校长张清华负责学生管理、共青团、学生思想政治教育、后勤保障、招生就业、校园文化建设等方面工作，分管单位：学生处(大学生心理健康教育中心、学生资助管理中心)、团委、招生就业处（就业创业指导中心）、后勤处、保卫处、爱卫会，联系组织部。副校长徐春华负责实验室建设、实验设备管理、校地合作教育、实践教学平台建设、教学质量监测与评估、现代教育技术、智慧化校园建设等方面工作，主持工会工作，分管单位：实验设备处、校地合作教育处、现代教育技术中心、教学质量监测与评估处、校工会、继续教育学院、中专部。副校长杨新新负责教学、科研、外事、学科建设工作，分管单位：教务处、科研外事处、学报编辑部、图书馆。财务总监司美玲负责财务管理、资金协调、校产管理工作，分管单位：财务处、资产管理处。

【党团建设】学校下发了《关于做好党的十九大精神学习宣传贯彻工作的实施意见》，在全校范围内集中开展党的十九大精神宣讲活动；精心组织开展“党员示范岗”及党建工作进学生公寓工作，设立党员工作站，打造党建工作名片；建筑工程学院党总支被评为河南省高等学校先进基层党组织，樊慈、李莹莹、黄家福被评为“优秀共产党员”，崔玉宾被评为“优秀党务工作者”。2017年共发展学生党员498名，召开纪念建党96周年暨“七一”表彰大会，表彰了优秀共产党员103名（含学生党员50名）、优秀党务工作者26名，先进基层党组织8个。组织开展了第九期“青年马克思主义者培养工程”高级培训班；召开了“从严治团”暨“一学一做”教育实践专题会，引导学生认真学习贯彻习近平总书记系列重要讲话精神，切实加强青年学生骨干和团员青年的思想政治素质和综合能力提升。学生社团蓬勃发展，大学生志愿者协会荣获全国大中专学生最具影响力十佳社团奖；文学会、兰亭书法协会等17个社团荣获单项奖，6名老师荣获优秀指导教师奖，学校荣获优秀组织奖。

【建校20周年校庆】学校制定了20

周年校庆活动实施方案，成立了校庆筹备工作领导小组，设立了校庆专项工作小组，在学校网站和公开媒体上发布20周年校庆公告，编写了《校志》和《校友通讯录》。校庆期间，组织开展了校庆学术交流、校友论坛，举办了校庆书画、摄影展。10月28日举行了庆祝建校20周年大会暨发展改革研讨会。20周年校庆系列活动全面回顾了学校发展历程，展示了办学成就，总结了办学经验，对于凝聚人心、鼓舞士气，扩大学校社会影响、树立良好社会形象，推动学校持续健康发展起到了十分重要的作用。

【“三风”建设】 学校历来高度重视“三风”建设工作，2017年又印发了《关于进一步加强“三风”建设的实施意见》和教风、学风、工作作风建设三个配套子方案；召开了“三风”建设动员大会，建设专项组制定了具体工作措施，全面部署推进相关工作；印发《“三风”建设快讯》，全面跟踪督促“三风”建设活动的开展，学校校风持续向好，营造了风清气正、文明和谐的校园氛围。

【轩辕计划】学校于2017年下半年全面启动轩辕计划，成立了轩辕大讲堂，活跃了校园学术氛围；着力加强双平台建设，出台《社会服务平台建设与管理办法（暂行）》、《协同创新平台建设与管理办法（暂行）》等文件，通过宣传申报、召开论证会议、校长办公会研究，首批批准13个平台建设项目，制定了平台建设规划、实施步骤和管理细则；与郑州市高新技术创业中心签订了社会服务平台合同，发挥学校技术资源优势，校企共育培养合格应用型人才。

【师资队伍建设】 2017年学校制定了《弹性高层次科研人才引进办法》，全年引进高层次人才16人，其中博士6人；首次开展职称自主评审工作，评出教授1人，副教授15人；选派4名新进青年教师参加教育部组织实施的高等学校新入职教师国培示范性项目，选派20名新进青年教师参加河南省本科高校新入职教师省培示范性项目；从各院（部）重点专业选派38名优秀教师参加暑期“双语”教师培训；选派32名中青年骨干教师赴企业（行业）挂职锻炼；选派9名教师参加暑期双师培训；暑期各选派7名中青年骨干教师赴马来西亚南方大学和菲律宾中央大学进修学习；入选河南省学术技术带头人2人、河南省优秀教育管理人才1人；王飞博士入选第二批“智汇郑州·1125聚才计划”创业领军人才；王艳玲老师被评为“2017年全国民办高校优秀辅导员”。

郑州工业应用技术学院

【学科专业建设】 2017年，学校重点建设机械工程、土木工程等5个一级学科和机械设计制造及自动化、车辆工程、结构工程等9个二级学科，积极为学校将来申报设置专业硕士点打好基础；康复治疗学等特色专业建设取得阶段性成果；获批会计学等5个本科专业和大数据技术与应用1个专科专业，进一步优化了专业结构；财务管理和旅游管理2个本科专业获批河南省民办高校品牌专业建设点，获得资助奖励220万元；12名教师获任河南省教学指导委员会委员；结构工程学科获批省级重点学科培育学科；郑州市水环境与健康重点实验室获批2017年度市级工程技术研究中心（重点实验室）。

【科研工作】 2017年，全校教职工共获得专利授权118项（其中发明专利9项），发表论文696篇，其中普通CN520篇，各类核心176篇，出版著作教材25部；学校邀请知名专家学者开展高端学术报告23场，参与人员14400人次；获批2017年度河南省科技计划项目9项，河南省哲学社会科学规划项目3项，河南省高等学校重点科研项目5项，国家民族事务委员会十三五古籍出版规划重点项目1项，共获批科研项目593项，其中省部级以上项目20项。

【校企校地合作】 2017年，学校与省社科院签署了“一带一路协同创新研究院”共建协议；和省科学院签署了学研结合框架协议；与深圳瑞和建筑装饰股份有限公司联合开展建筑设计、建筑装修等方面的科学研究工作；与厦门市领视天讯科技有限公司签订了合作协议，联合开展无人机项目等技术攻关；与北京金戈大通信技术有限公司联合开办了考证培训；与郑州爱峰科技有限公司开办订单培训班；加快与新郑市人民医院“医教合一”工作，制定了“医教合一”工作实施方案，设置了临床学院；与河南大学、河南郑工科技产业发展公司联合签约了共建工业循环水处理项目；与河南森源鸿马电动汽车有限公司的新能源汽车电器设计及结构设计人才的委托或联合培养、车辆控制系统核心技术的联合开发及资源共享被确定为省级产学研试点项目。

【对外合作办学】 2017年学校取得了招收留学生资质，目前在校留学生已达38人；与马来西亚南方大学学院、菲律宾怡朗华商学院、菲律宾中央大学、美国弗罗里达国际大学、美国阿拉巴马协和学院签订了合作办学备忘录；与法国塞尔吉大学签订了合作框架协议；与加拿大荷兰学院签订了联合举办“中加高尔夫学院”协议；与美国库克学院在国际交流、合作办学方面取得重大进展。

【就业创业工作】 2017年，我校本专科毕业生共6476人，其中本科毕业生3314人，专科毕业生3162人，本科毕业生就业率为95.11%，专科毕业生就业率为81.88%，有45名毕业生顺利考取硕士研究生，专升本283人；组织召开了190场次专场招聘会，1次校内现场招聘宣传，1次校内大型现场招聘会，举办就业创业专题讲座5场；为104名有创业意向的学生办理了《就业创业证》，为9名毕业生办理了求职补贴13500元。

大学生创业孵化园进驻师生创业项目56项，新注册公司6家，获批新郑市首批众创空间，获得新郑市科技局10万元扶持基金；被评为郑州市众创空间，获批扶持资金50万元。学校荣获河南省“一点公益杯”创业大赛优秀组织奖，获得2万元创业扶持基金；“爱校APP”荣获新郑市首届创业大赛创意组三等奖，获得1万元现金扶持；荣获河南省教育厅第三届互联网+创业大赛优秀组织奖，两个创新创业项目荣获三等奖。

【思想政治工作和安全稳定工作】 2017年，学校积极开展思想政治理论课提升质量年活动，教学质量不断攀升；深入学习宣传贯彻党的十九大精神，牢固树立“四个意识”，扎实推进思想政治工作再上新台阶；网络思想教育工作水平显著提升，学校“郑州工业应用技术学院”、“郑工新青年”等微信公众平台影响力不断提升；深入开展社会主义核心价值观教育、中国特色社会主义和中国梦宣传教育，使主题教育在学生中入脑、入心，落实到实际行动中去。

2017年，学校不断加强安全稳定工作，着力巩固平安校园建设成果，保障学校及全体师生的生命财产安全。紧扣“围绕学校安全稳定，构建和谐平安校园”主题，按照“秩序好、无案件、校园稳定、师生满意”的总体目标和标准，高度重视水电、食品和消防安全，扎实推进隐患排查整治，维护校园安全稳定；完善学校反邪教工作机制，阻断邪教组织的渗透途径，确保政治安全；增强安全教育力度，有效遏制校园安全事故的发生，维护了学校教学秩序的正常运行和师生生命财产安全。因工作成绩突出，荣获河南省2017年度综治工作专项调研课题“优秀组织奖”等荣誉称号。

【所获主要荣誉】 2017年，学校的办学成绩得到了上级主管部门和社会的广泛认可，先后被河南省教育厅授予“优秀民办学校”荣誉称号（奖励30台电脑）；被河南日报社评为“河南十大领军民办高校”；被腾讯·大豫网评为“2017年度品牌实力民办高校”；被郑州市评为“消防工作先进单位”、“反邪教工作先进集体”、“教育系统平安建设先进单位”。学校的办学先进事迹还被光明日报、河南日报等新闻媒体公开报道，河南省副省长徐济超来校调研时，对学校鲜明的办学特色和良好的发展态势给予了充分肯定。

（撰稿：朱晶花　审阅：王洪海）

河南检察职业学院
（国家检察官学院河南分院）

【概况】 河南检察职业学院前身是1985年8月经省政府批准成立的河南检察干部学校，主要承担本省检察干警的培训任务。1991年5月，经最高人民检察院（高检院）批准，成立中国高级检察官培训中心河南分部。1994年4月更名为河南省检察学校，开展学历教育，面向社会招收检察专业中专生。2000年8月，经高检院批准，成立国家检察官学院河南分院，主要承担全省检察官在职培训。2003年4月，经省政府批准，并报教育部备案同意，设置河南检察职业学院，成为全国检察系统唯一面向全国招生的普通高等院校，主要承担法律专科学历教育。2011年9月，与河南财经政法大学联合开展本科教育。2015年4月，经省教育厅批准，成立河南财经政法大学检察学院，开展大学本科学历教育。

学院现有在编教职工185人，其中具有博士学位的8人，具有硕士学位的125人；教授、副教授共36人，讲师80人，5人被授予享受国务院特殊津贴专家、全国检察业务专家、全国优秀教师、全国检察系统十佳名师等荣誉称号，7人被评为全国检察理论研究人才和全省学术带头人。学院共设4个本科专业（方向）、11个大专专业（方向），在校学生7646人，其中本科生1080人，专科生6566人。

学院新校区于2006年9月投入使用，占地面积56.6公顷，现有建筑面积约15万平方米，建有教学楼、培训楼、办公楼、标准化运动场、篮球网球场和学生公寓、餐厅等教学和生活设施；有微机室、语音室，痕检、文检、侦查、教研实验室和模拟法庭、法律援助中心、鉴定中心等实训教学场地。

学院提出了“把学院建设成为全国有影响力的特色培训基地、应用型司法辅助人才培养基地和检察理论教学研究基地”的奋斗目标，以加强党的建设为引领，以提高人才培养质量为中心，以深化内涵建设为主线，以改革创新为动力，以推进“智慧检院”建设工程为平台，以强化管理为抓手，各项工作取得了可喜成绩。学院先后通过高检院和教育部组织的5个专项人才评估，分别获得优秀和良好。先后获得“省级文明单位”“行风建设先进单位”等荣誉称号。2014年，被省政府确定为“特色建设院校”，并于去年通过验收，是全省职业教育唯一文科类特色院校。2015年，被省教育厅、省委政法委确定为“全省卓越法律人才培养教育基地”。2016年，被高检院确定为“全国检察机关民事行政特色培训基地”。2018年年初，又被确定为“省级优质高等职业院校建设单位”。

【领导分工】党委书记万忠宪全面主持学院党委工作，院长田凯全面主持学院行政工作。党委副书记、工会主席耿全红负责党委日常事务工作，负责工会工作，分管培训处，联系政治部、纪委。副院长蔡云川分管办公室、学生处、团委，联系法律系、国际部。副院长殷宏分管教务处、图书馆、技术实验中心，联系检察系、基础部。副院长邵军锋分管招生就业办公室、保卫处、后勤服务中心，联系警体部、侦查系。纪委书记韩锦霞负责纪委工作，监管财务和科研中心工作，联系成教部。政治部主任史玉琴负责政治部工作，联系司法管理系、社科部。

【培训工作】学院坚持以服务检察事业为宗旨，不断提升教育培训质量。全年共举办培训班52期，培训学员7780人次。以民行检察业务特色培训基地挂牌为契机，研究制定《基地建设方案》，设立民事检察、行政检察、公益诉讼3个教研小组，开发6门公益诉讼课程，1门课程被评为全省检察机关十大精品课程，承办6期全国范围内的民行业务和公益诉讼培训班，民行检察业务培训特色更加凸显。

【干部选拔任用和职级晋升】聘请检察教官68人，首次面向社会招聘人事代理人员39人。为11人晋升正科、副科级，积极申报正高、副高、中级专业技术职务评定。

【学历教育】学院学历教育获得新突破。本科生的英语四六级通过率、考研上线率和司考通过率稳中有升，专科生专升本通过率达83.4%。在全国高职院校技能大赛上，学院获得速录赛三等奖。顺利通过教育厅特色项目院校建设验收暨职业教育质量提升计划实施情况检查验收。检察事务、法律文秘专业被评为省级骨干专业，检察实务教研室被认定为河南省优秀基层教学组织。

【科研学术活动】完成课题结项53项，申报课题35项，在国内外刊物发表论文52篇，编写著作、教材9部。先后承办全省诉讼法学研究会年会、检察理论研究会年会等科研会议。成立学术委员会，举办龙湖法治大讲坛20期。举办全国公益诉讼立法研讨会，受高检院委托的重大课题《人民检察院提起公益诉讼立法研究》被时任高检院检察长曹建明批示肯定，为全国人大常委会公益诉讼立法提供重要参考。

【招生就业工作】共录取本专科学生2955人，其中联办本科398人，专科生2557人。本科生招收分数接近文科一本线，大专生录取最低控制线在省内高职院校中稳居中上，实现了由降分录取向提分录取的转变。书记员培养方向适应司法改革需要，多名学生被省内外检察院、法院等单位录用。

（撰稿：王　雅　审阅：田　凯）

河南医学高等专科学校

【概况】河南医学高等专科学校是河南省人民政府批准设置的一所医学普通专科学校。学校始建于1952年，前身是河南职工医学院，2002年开始招收普通专科学生，承担普通专科医学教育任务。

学校是河南医学高等教育资源的重要组成部分。有南北两个校区，南校区位于郑州市南龙湖宜居教育园区；北校区位于郑州市金水区。学校占地面积1122.6亩，校舍总建筑面积39万多平方米，固定资产总值6亿多元。环境优美，交通便利，设施完善。

学校以普通专科教育为主，并开办成人专科教育。目前设医学系、护理系、药学系、检验系、医学技术系、基础医学部、思政教研部、公共基础部、体育部、继续教育部等教学单位，开设临床医学、护理、助产、医学检验技术、医学影像技术、眼视光技术、药学、药品生产技术、中药学、预防医学、康复治疗技术、医学营养、卫生信息管理等22多个专业（方向）。

学校建有基础医学实验中心、临床技能实训中心、科学研究中心，专业实验实训室135个。拥有一所直属附属医院（河南省第二人民医院），60个非直属附属医院等实习实训基地。附属医院2011年建成投入使用，规划建设为三级综合医院，设计床位1300张。

以科研实验中心为依托，建有低温医学、脑退行性疾病2个省级医学重点实验室和老年病研究所、肿瘤研究所、低温医学研究所，承担有多项省部级和地厅级科学研究项目。

学校是河南省卫生职业教育中心、河南卫生人员培训中心、河南省全科医学培训中心、河南省临床技能实训中心等，承担全省医疗卫生人员岗位培训任务。建有国家职业技能鉴定所和卫生部职业技能鉴定指导中心河南分中心，开展职业技能培训和鉴定工作。

60多年的办学历史，近30年的医学专科教育，把“德育为先、能力为重、全面发展、适应社会”作为人才培养的基本目标，探索形成了“立足河南，面向基层，依托行业，服务社会”的办学定位。教育教学水平和人才培养质量一直处于全省同类院校领先水平，为河南的医疗卫生事业，特别是基层医疗卫生队伍建设做出了突出贡献。

学校是国家绿化模范单位，河南省省级文明单位、河南省文明标兵学校、依法治校示范校。近年来，学校多次被省卫生和计划生育委员会、省教育厅授予职业教育先进单位、全省学校行风建设先进单位、省直机关“五好党委”、“平安校园”等荣誉称号。

【领导分工】 党委书记花明主持党委全面工作；党委副书记、校长孙韬作为学校行政主要负责人和法定代表人，对外代表学校，对内主持学校行政全面工作；党委副书记王传中主持关工委工作，主抓组织、统战、作风建设、精神文明建设、信息化建设、继续教育、离退休干部管理和资产管理；副书记、工会主席吴平才主持工会工作，主抓思想建设、制度建设、宣传及思想政治教育、招生就业、计划生育、教职员工管理服务、团委、学工部和信访稳定工作；纪委书记谢尚乐主持纪委工作，主抓纪检、监察、审计和党风廉政建设工作；副校长周斌协助校长分管后勤、财务、安全保卫工作；副校长王黎协助校长分管教学、医学教育研究工作；副校长张进忠协助校长分管科研外事、教学保障及人事工作。

【全面从严治党】 一是认真落实从严治党“两个责任”。完善全面从严治党责任清单，进一步落实党建工作责任制，开展党总支（直属支部）书记述责述廉述党建评议考核，修订落实“三重一大”决策制度实施办法。加强党员发展管理，培训入党积极分子926名，发展预备党员162人，预备党员转正118人。二是扎实推进“两学一做”学习教育常态化。以支部为单位，通过集中学习、交流研讨、专题党课、网络培训等多种形式进行专题学习；组织开展多种党建活动，参加省卫生计生委党建微故事比赛荣获第2名、精读好书比赛荣获二等奖。三是大力加强思想政治和意识形态工作。印发了《贯彻落实全国、全省高校思想政治工作会议精神任务清单》，全部落实到位。抓好课堂教学阵地、宣传阵地、文化阵地建设，出台《网上信息发布与管理暂行办法》《网络与信息安全事件应急预案》等，加强网络安全管理，完善舆情应对机制。四是不断加强党风廉政建设。落实“一岗双责”，签订党风廉政建设责任书，与业务工作同部署、同落实、同检查、同考核。加强干部监督管理，组织开展理想信念教育、党纪党规教育，推进以案促改。五是巩固精神文明建设成效。再次通过省级文明单位复审，成功创建河南省文明标兵学校。扎实开展相关活动，不断提升文明单位内涵。六是认真做好群团、统战和老干部工作。工会认真履行“四项职能”，为困难教职工解难事、办实事、做好事，维护职工合法权益。完善文体俱乐部建制，积极开展文化活动，丰富教职工业余生活。共青团扎实开展“一学一做”教育实践，社团活动丰富多彩，志愿者服务成效明显。落实高校统战工作政策，举办党外干部培训班，注重培养教育。认真落实离退休老干部“两个待遇”，召开座谈会、上门慰问、听取意见，关心和组织适宜的活动，促进老同志身心健康。校党委连续5年被省卫生计生委党组授予五好基层党组织，学校荣获全国无偿献血促进奖单位奖，老干部工作受到上级部门表彰。

河南医学高等专科学校

【教育教学工作】一是专业建设不断加强。学校通过验收被评为河南省职业教育特色院校，立项建设省级优质高等职业院校。护理特色专业建设，医学影像技术、医学检验技术、临床医学专业、药学专业综合改革试点项目进展顺利。新开设2个专业，新获批预防医学和中药学2个专业。二是教育教学改革不断深化。继续深化校企合作，与郑州颐和医院合作开展护理人才“订单式”培养；检验专业探索实施“四位一体”的递进式实践教学体系；临床医学专业积极构建“双证书”课程体系；药学专业与医药企业合作，创新理论和实践一体化教学模式。开展教学质量工程建设，新立项建设精品在线开放课程2门，生理学立体化教材通过验收，编写修订校本教材12部。三是教学督导不断完善。初步建立了督导评教、学生评教、同行评教的教学督导评价体系，基本实现督导听课教师全覆盖，促进了课堂质量提高。四是生源质量和人才培养质量不断提升。2017年我校普通专科生共录取3990人，报到率95.2%，录取分数线继续保持在省内同类院校前列。多举措促进就业工作，毕业生就业率达到96.2%。在全国全省各项技能竞赛中成绩突出，护理专业连续六届蝉联全省护理技能大赛团体一等奖，医学检验技术专业、临床医学专业分别获得2017年全国卫生职业院校技能竞赛团体一等奖，医学影像技术专业获得全国技能竞赛团体三等奖；获全省高职院校英语写作大赛特等奖1人、英语口语三等奖1人，并获全国高职院校英语写作大赛三等奖1人；获全省大学生创业之星项目选拔赛三等奖、优秀奖各1项。作为全军唯一定向培养护理士官生的院校，士官生在政治素养、学风、纪律、体能训练和宿舍管理等方面成效明显，成为学校一道靓丽的风景线。五是学生综合素质持续提高。德育培养深入深化，落实思想政治理论课教学质量年活动，推动习近平总书记系列重要讲话精神进教材、进课堂、进头脑。实施“987”计划，进一步加强学风建设。开展心理健康教育和咨询工作，及时做好学生心理健康服务。广泛开展班团主题教育日、科技文化艺术节、读书月等校园文化活动，深入开展暑期社会实践活动并受到省直工委肯定。学生体育素质不断加强，国家学生体质健康标准测试达标率3年来持续提高，积极参加省大学生乒乓球、篮球、跆拳道、定向越野等比赛，荣获佳绩。2017年我校学生获得省教育厅、团省委、省直工委等各类奖项共50余项。六是全面落实教育扶贫政策。发放各类奖贷助补资金1905万元，资助学生8000余人次，学生资助工作连续10次被评为全省学生资助工作和国家助学贷款管理工作优秀单位。

【师资队伍建设】学校强化实施人才兴校战略。公开招聘青年教师20人、引进高层次人才3人。支持27名教职工攻读硕士、博士研究生，首次获批国家留学基金委和国家外专局公派出国留学项目，6名教师入选省级人才计划和管理专家，确定双师型教师125名，学校青年骨干教师培养计划顺利启动，首批遴选25人。新聘请3名知名专家作为特聘教授，助推学科建设水平。加强学生工作队伍建设，举办辅导员培训班和第七届职业技能竞赛，提升辅导员能力和水平。

【教科研工作】科研业绩呈上升趋势。发表教科研论文184篇；出版教材和专著43部；获河南省高等教育教学改革研究与实践项目立项2项，省科技攻关项目4项，厅（市）级以上科研项目立项42项，获厅级科研成果奖励3项，数量、质量明显提升。制定了科研团队建设和经费管理暂行办法，进一步加强支持力度。成立第一届学报编委会，《学报》顺利通过省新闻出版局年度核检。

【制度建设】坚持党委领导下的校长负责制，完善党委会、校长办公会议事规则。以章程为纲领，修订完善党建、行政方面的规范性文件42个，教学、学生、科研等管理制度日益完善。

【依法治校】开展法治宣传教育，提升师生员工的法治意识。进一步健全校学术委员会，发挥学术权力在学校学科建设、学术评价和学术发展等事项上的重要作用。完善教职工代表大会制度，积极推进校内民主管理与民主监督，充分发挥教职工在学校改革发展中的主体作用，进一步提升学校管理的民主化、科学化水平。切实推进党务、校务公开，落实校领导接待日制度，校长信箱件件回应，接受师生监督。内控审计关口前移，严格审核各类经济合同，并对学生资助经费、餐厅等进行了专项审计。强化资产管理，规范招标采购，累计完成各类物品招标采购4800万元。

【服务社会】承担了全省乡镇卫生院全科医生转岗培训、全省卫生计生专业人员在职培训共6400余人次，录取专科成人教育学历学生307名，职业技能鉴定和培训1500余人次。组织举办全省卫生应急管理能力提升培训班，圆满完成2017年全国卫生应急技能竞赛全省集训工作。

【对外合作】积极推进与加拿大有关高校合作办学项目，与西班牙三所高校签署合作框架协议，专升硕项目顺利推进。

【校园民生】持续增强财务保障能力，2017年实际收入2.23亿元，其中财政补助收入1.49亿元，同比增长2.1%；2017年预算执行总体达到预期目标，“三公经费”等支出得到有效控制。基本建设进展顺利，完成智慧校园一期工程扩容项目，实现校园WIFI全覆盖；9号10号学生公寓5月底前投入使用，培训中心升级改造完成，风雨操场项目完成施工招标。新增图书2万余册，增添电子图书，提升数据资源的利用能力。校园保持和谐稳定，健全安全稳定工作责任体系，强化人防物防技防建设、信访维稳、综合治理和安全教育，加强日常巡查排查，确保了党的十九大和“两会”期间学校和谐稳定。2017年学校在财务、审计、安全稳定、档案管理、保密等方面受到上级表彰。

民生福祉持续改善。落实在编人员养老保险改革实施准备期工资与养老金、职业年金、全国文明城市奖，物业补贴等政策，2017年教职工福利待遇增加2160万元。招标引入新的餐饮公司经营职工餐厅，装修了学生和职工餐厅，改善师生的就餐环境。对一期周转房院区进行了绿化美化，教职工二期周转房完成主体工程建设。

（撰稿：赵建国　审阅：李　威）

河南工业贸易职业学院

【概况】河南工业贸易职业学院是一所省属公办高等职业学院，具有60多年的办学历史。前身是1950年创建于开封的河南省财政厅粮食干部培训班，1953年迁址于郑州。1965年成立了河南省粮食学校，1997年易名为河南省经济贸易学校，2004年经河南省人民政府批准，成立河南工业贸易职业学院。

学院占地总面积509.09亩，龙湖校区440.44亩，优胜校区68.65亩。校舍建筑总面积20.6万平方米。目前，龙湖校区拥有3幢教学楼，1幢实训楼，108个实训实验室，2个省级示范性实训基地（电工电子示范性实训基地、数控技术实训基地示范性），4个省级实训基地（现代物流模拟实训室、粮食加工综合实训室、粮油储藏与害虫防治实训室、谷物品质检测实训室），1个国家级实训基地（汽车综合性实训基地）。学院固定资产总值约3.38亿元，各种教学设备总价值达9009.72万元。馆藏图书103.59万册。图书信息中心正在建设当中。目前，学院设有9个教学单位，开设了粮食工程、机电一体化技术、移动互联应用技术、会计电算化、物流管理、室内设计技术、航空服务等33个招生专业（方向），初步形成了以粮食类专业为龙头，工、贸协调发展，具有粮食特色的专业群体。2017年学院招生4597人，目前在校学生达到13314人，形成了以大专学生为主体，中专和成人继续教育学生为补充的新格局。学院现有在职教职员工447人，其中在编365人，内聘82人。目前，全院拥有博士研究生2人，硕士研究生学历（学位）的教师166人，副高级以上职称85人（其中正高11人），中级职称143人。现有省级教学团队1个（粮食工程），“双师”型教师121人，河南省优秀专家1人，省级骨干教师6人，省级学术技术带头人2人。学院被国家粮食局授予“全国粮食行业技能人才培育突出贡献奖”，被国家人力资源和社会保障部授予“国家技能人才培育突出贡献奖”，被教育部命名为“全国职业技术学校职业指导工作先进学校”，被省教育厅命名为“河南省职业教育特色项目学校”，学院人才培养工作水平评估被评为优秀等级。被社会评为“河南省最具影响力的十佳职业院校”。被省委、省政府连续四届命名为省级文明单位。2017年被河南省教育厅批准建设河南省省级优质高等职业院校项目。

【领导班子成员名单】党委书记：孙柏梁。院长：潘新超。党委副书记：李显杰，副院长：于学军、李杰虎、刘炜、李振伟、刘卫红、王铭，纪委书记：王修法。

【领导班子建设】学院党委高度重视民主集中制建设，学院党委集体决定的事项，每个党委成员都能坚决服从、认真落实，形成了互相理解、互相支持、团结一致、共谋学院发展大业的良好局面，避免了重大决策的失误。党委始终重视制度建设，建立和完善了党委会议制度，注重决策的民主化、科学化，充分听取广大干部职工的意见。建立和完善了工作报告、党内情况通报、情况反映、重大决策征求意见等各项制度，进一步扩大党内民主。形成了按制度办事、靠制度管人的长效机制。

【党风廉政建设】学院积极学习宣传党的十九大精神，紧紧围绕当前学院改革与发展的重大理论和实际问题，将十九大精神贯彻到工作中，继续解放思想，开拓创新，努力开创学院工作新局面。在日常工作中始终坚持和完善党委领导下的院长负责制，充分发挥党委的领导核心作用。党委书记和院长是学院党风廉政建设的第一责任人，对学院的党风廉政建设负全面领导责任；党委其他组成人员根据学院党委工作分工，认真履行“一岗双责”，对职责范围内的党风廉政建设负主要领导责任；学院内设机构党政主要负责人是本机构党风廉政建设的第一责任人，对党风廉政建设负全面领导责任。2017年学院组织各单位自查中央八项规定精神的落实情况，并制定相关配套制度3项，建立统计台账，定期对各部门的日常工作纪律和作风进行检查，发现问题及时督促整改。紧盯元旦、春节、端午、中秋、开学前后等重要节点，提出明确要求，开展督导检查。坚持每季度进行1次重点检查，每半年进行1次集中督导检查。学院成立物品采购、工程和服务项目招投标监督领导小组，保证在项目招投标过程中进行全程监督，开展教学设备、大宗物资采购、工程建设等招标的现场采购监督

13次、公开招标监督47项。对年度优秀评选、各党支部支委评选及职称评审进行监督工作共6次，保障了教职工的切身利益，保证了各项工作的公开、公平、公正地进行。2017年发展党员277名，并建立了党员电子身份信息，录入全国党员管理信息系统。

【贯彻落实《规划纲要》】 认真贯彻落实国家及河南省教育《规划纲要》，在教学质量攻坚取得成果的基础上，实施教学质量提升计划，加强内涵建设，突出办学特色，努力提高办学质量。学院深入开展“1135”教学提升计划，根据规划目前第一批15个骨干专业和28门精品课程均已开始建设，相关精品课程配套教材大部分已经投入使用，配套习题库等正在建设；学院第一批派出的9名专业教师赴武汉大学、中国农业大学、北京邮电大学等知名高校深造已基本结束。学院鼓励青年教师攻读硕士或博士，积极提高自身学历，不断积累专业资本。通过推进“1135教学质量提升计划”，学院整体教学质量得到全面提升，建设成效初步显现。今年学院技能大赛硕果累累，学院组织学生参加各级各类技能大赛，市场营销技能大赛获省级一等奖、国家级二等奖；现代物流作业方案设计与实施、河南省高职高专物流职业能力、会计技能大赛、自动化生产线安装与调试项目获省级二等奖；数控机床装调与技术改造项目获得省级三等奖；英语口语比赛分别获得河南赛区专业组、公共英语组三等奖；电子商务技能、中餐主体宴会设计获得省团体优秀奖；西餐宴会服务项目获得个人优秀奖；河南省职业院校建筑设计技能大赛高职组一等奖。2017年学院专业体系进一步优化。为适应市场需求，服务中原经济区和航空港区发展，从传统产业向高端化、低碳化、智能化发展，围绕“互联网+”行动，2017年经过专业整合调整，学院的招生专业规模为33个。不贪多求大求全，追求少而精、少而专，力争办出特色、办出品牌，争取用5−10年时间，再建设一批院级或省级骨干专业、重点专业和品牌专业，通过专业建设，引领学院深度发展。专业设置始终坚持根植粮食行业，以市场为导向，以社会需求为依据，不断提高专业人才培养的质量。

【科研工作】 学院的科研创新能力和管理水平都处于稳步发展态势。学院加大了科研经费投入力度，提高了专业技术人员从事科研工作的积极性。2017年新增应发科研奖励509401元。学院教职工在公开刊物上发表学术论文210篇，公开出版专著19部，编著4部，公开出版教材17部，申请专利并授权1项，立项省级课题12项、厅级课题24项、院级课题48项。结项省级课题14项，厅级课题28项，院级课题40项。厅级以上获奖项目25个。同时学院加大校企合作力度，通过校企合作、产学研结合的方式实现优势互补，促进科研成果转化。学院被河南省教育厅评为河南省高校科技管理工作先进集体。

【招生就业】 2017年学院共招生4597人超额完成了省粮食局下达的3000人招生任务。学院积极引导毕业生通过各种渠道就业创业，并成功举办了“第三届大学生创业创新设计大赛”、“2017年校园双选会”。学院就业率达到97.15%，圆满完成了毕业生就业率95%以上的目标任务。

【学生服务管理】 2017年学院进一步规范了大学生日常服务管理工作。一是加强新时代高校大学生思政工作。学院运用多种形式，抓住各种契机，大力推进我校大学生思想政治教育工作，不断开创大学生思政工作新局面。二是进一步加强了学生日常管理工作，加大早操、宿舍、上课出勤等检查力度，促进学生习惯养成，身体素质大幅提高。今年学生在拳术比赛取得第一名和第二名；乒乓球比赛取得了单打第四名，双打第六名，团体第八名的好成绩。三是做好学生评优评先工作。学院共申报2017—2018学年国家奖学金共计4.8万元；国家励志奖学金共计187.5万元；国家助学金共计753万元；2017年发放2016—2017学年评选的国家助学金共计358.65万元。同时评选出院级90个先进班级、273名优秀班干、1159名优秀个人、111名工作标兵；另外还评选出省级优秀毕业生116名。四是认真落实国家资助政策。及时、圆满完成了国家助学贷款工作，确保了贫困生顺利就学和完成学业。五是落实勤工助学资助政策。2017年，全校累计为学生提供了校内固定勤工助学岗位329个，创造资助经费达74.36万元。

【服务社会】 2017年学院积极发挥自身专业优势，与相关粮食合作企业共同制订培训计划，为粮食企业提供员工培训的设施和场地，积极开展各项社会服务。一是成功组织了粮食行业特有工种技能鉴定，完成了粮油保管员、粮油食品检验员、制粉工三个工种，共计1044人的理论和实际操作鉴定。二是选派骨干教师，帮助企业开展各类人员的职业教育与培训，为企业发展提供人力资源保证。3月份学院为唐河县粮食仓储企业进行了为期五天的粮油仓储业务知识培训。5月份为周口市粮食局进行为期3天的培训。6月份为军供中心进行了为期8天的技术指导。9月份为河北省粮食局进行专业知识培训。暑假期间，学院还承办了为期两个月的河南省中等职业学校培训工作。

（撰稿：焦艳娜　审阅：刘　炜）

小资料

中原工学院
党委书记：崔世忠
党委副书记、校长：俞海洛
创办时间：1955年
校址：郑州市新郑双湖经济技术开发区淮河路1号
电话：0371—62506888
邮编：451191
传真：0371—62506095
网址：http://www.zzti.edu.cn

河南工程学院
党委书记：周太良
校长：高丹盈
创办时间：2007年3月
校址：郑州市新郑龙湖镇祥和路1号
电话：0371—62508001
邮编：451191
传真：0371—62509983
网址：http://www.haue.edu.cn

郑州升达经贸管理学院
创办人：王广亚
董事长：王淑芳
院长：郭爱先
创办时间：1993年3月6日
校址：新郑市龙湖宜居教育园区文昌路一号
电话：0371—62566808
邮编：451191
传真：0371—62577766
网址：http://www.shengda.edu.cn

郑州大学西亚斯国际学院
理事长：陈肖纯
党委书记：费鹤祥
校长：陈思坤
常务副校长：董企铭
副校长：刘淑琴
党委副书记：李华峰
学监：韩小爱
校长助理：孙汝建
校长助理：郭学德
监事：肖云龙

郑州工业应用技术学院
校长：姚锡远
校党委书记：吴廷伟
创办时间：1997年
校址：河南省郑州市新郑新区中华北路
邮编：451150
电话：0371—85015000
网址：http://www.zzgyxy.com

河南检察职业学院（国家检察官学院河南分院）
党委书记：万忠宪
院长：田凯
创办时间：2003年
校址：郑州市新郑龙湖双湖大道1号
电话：0371—69970058
邮编：451191
网址：http：//www1.hnjc.edu.cn

河南医学高等专科学校
党委书记：花　明
创办时间：1952年12月
电话：0371—62576630
传真：0371—62576649
党委副书记、校长：孙韬
校址：郑州市新郑龙湖镇双湖大道8号
邮编：451191
网址：http://www.hamc.edu.cn

河南工业贸易职业学院
党委书记：孙柏梁
院长：潘新超
创办时间:1950年
地址:郑州市新郑龙湖祥云路1号
电话:0371—60987888
邮编:451191
传真:0371—60987777
网址:http://www.hngm.cn

文化

CULTURE

文化
CULTURE

· 文 化 >>>

CULTURE

文化广电

【概况】2017年文广新系统有在职干部职工 456人，全局设办公室、编制人事科、宣传管理科、公共文化艺术科、政策法规科、行政审批科、产业发展科、广播影视管理科、电影管理中心、总编室、新闻部、栏目部、文艺部、制作部、技术部、播出部、广告部、图文信息部、广播电视信息网络中心、豫剧文化演艺中心（副科级）、文化市场综合执法大队（副科级）、文化馆、图书馆、炎黄文化中心等19个科室部门和5个二级事业单位。2017年，全局上下紧紧围绕市委、市政府中心工作，开拓进取，务实创新，扎实工作， 文化、广电、新闻出版工作有力地服务了全市经济社会发展大局。先后荣获“郑州市文化广电新闻出版工作先进集体”“郑州市第十四届绿城读书节先进集体”“新郑市2017年度绩效考核优秀单位”等30多项荣誉。

【现代公共文化服务体系】坚持重基层、强基础，加快推进公共文化服务体系建设，实现市乡村三级公共文化服务设施全覆盖。深化巩固示范区创建成果，积极创建省级公共文化服务体系示范（县）市。薛店镇被命名为郑州市第二批公共文化服务示范乡镇，新华路街道办阁老坟社区被命名为首批公共文化服务示范社区，孟庄镇群众文化艺术节被命名为郑州市第二批公共文化服务示范项目。配套完善基层文化活动场所设施，继续深入实施文化建设“三年计划”（2016年—2018年）第二年基层综合性文化中心建设工作，完成3个乡镇（街道、管委会）综合文化服务中心、120个村（社区）综合文化服务中心和14个村史馆建设。“两馆一站”坚持优质服务，做好免费开放。深入开展全民阅读工作，高标准完成列入市政府十件实事之一的6个街区图书馆和40台电子阅读机建设任务，在全社会营造“读书好、好读书、读好书”的浓厚氛围，全面提升市民文化素质。扎实推进“百千万”文化惠民工程，实现文艺队伍建设和文化活动

军旅歌曲快闪活动

全覆盖。共举办20多场群众性文化艺术活动，包括义写春联、迎新春书画展、象棋大赛、灯谜晚会、元宵节民间文艺调演等，以“百姓大舞台”为载体，组织策划承办“劳动光荣 创造伟大”“喜迎七一跟党走 美丽新区铸辉煌”等10余场文艺晚会。同时，组织开展“百场演出送农民”“共走创业路 同唱和谐曲”文化惠民演出活动300场，开展“戏曲进校园”戏曲讲座92期184课时，完成郑州市“舞台艺术进乡村、进社区”文化巡演118场、“舞台艺术送农民”12场、“2131工程”免费放映公益电影3026场，“公益电影送基层”活动深入社区、学校、市直单位放映528场，丰富群众精神文化生活，提升人民群众的文化获得感，较好地完成了服务群众文化“最后一公里”的问题。统筹推进文艺精品创作和非物质文化遗产保护，实现文化提升艺术普及全覆盖。组织文艺骨干和文化志愿者深入基层，开展艺术辅导工作，共开展市、乡、村三级培训20多期，举办新郑市第四届群众文化艺术节，举办各种文化赛事活动，丰富群众文化生活，以群众文艺骨干组建的文化志愿者在上级组织的各种文艺比赛中屡获大奖，辛店镇人和秧歌队、城关乡端庄秧歌队、具茨山蕙光武院大鼓队在郑州市2017年华夏优秀传统民间文艺和非物质文化遗产展演中获得两个一等奖和一个二等奖。本市参赛队在郑州市举办的喜迎十九大艺术广场舞大赛中荣获第一名，在“戴爱莲杯”群星璀璨人人跳全国展演中囊括“风采之星”“星级组织”“潜力编导”“潜力教师”等各类大奖。新创作的大型神话豫剧《鱼仙妩媚》荣获郑州市戏曲大赛一等奖和河南省戏曲大赛优秀剧目第一名。同时，积极弘扬传统文化，切实抓好非遗保护，举办“新郑市2017年非物质文化遗产保护成果展”和“新郑市非物质文化遗产剪纸展”。通过完善设施、组建队伍、开展活动、实现市、乡、村三级公共文化设施、文艺队伍建设、文化活动、文化提升艺术普及全覆盖，公共文化服务体系基本建成。

【新闻宣传】 紧紧围绕市委市政府的中心工作，把握舆论导向，充分发挥党和政府的喉舌作用。在新闻节目中开办《迎大典做贡献》《平安新郑》《创建文明城市》《打赢环境污染防治攻坚战》《聚焦精准扶贫》《学习贯彻十九大精神》等26个专题栏目，为全市经济社会发展提供了强有力的舆论支持。在精品栏目升级打造上，2017年新开办的《新声音“郑”在读》栏目，致力增强全市干部群自主学习能力，持续办好《轩辕大讲堂》，培育和践行社会主义核心价值观。在外宣、创优工作方面，外宣作品完成中央级6篇、省级15篇、郑州市级51篇。创优获得国家、省级优秀作品4件，其中选送的《颂歌献给党 出彩新郑人——2016年新郑市庆祝建党九十五周年文艺会演》分别获得第五届“全国市县电视台推优活动”中电视综艺晚会类一等奖和河南省电视文艺“牡丹奖”一等奖，《“幸福新郑”——2016年迎新春全民大联欢文艺总展演》荣获第五届全国市县电视台电视综艺节目二等奖，新闻评论《核心价值观 贵在知践行》获得河南省县级台优秀节目一等奖。在安全播出上，坚持每片必审、重播重审，严把自办节目、影视节目质量关，确保整体节目内容健康向上、画面清晰、音质良好。加大审查把关力度，凡播出广告必须符合相关法律规定，并提供广告播出的所有手续，净化电视荧屏，圆满完成了自办节目和中央、省市台节目的安全转播工作，安全播出实现零差错。

【广播电视发展】 加快有线数字电视发展工作，全年共办理有线数字电视机顶盒2510台，安装新建小区15个1760户，维修用户4100多户。按照“财政补贴、百元入户”的原则，继续实施无线数字电视进村入户的惠民政策，深入全市各乡镇安装无线机顶盒22780户，实现有线、无线数字电视信号全覆盖、全免费。

【文化市场管理和“扫黄打非”工作】 强化意识形态工作责任制，守牢文化安全底线，始终保持“扫黄打非”高压态势，加大对农村文化市场的排查力度。深入推进“扫黄打非”进基层工作，成立乡镇（街道、管委会）“扫黄打非”工作领导小组及村（社区）“扫黄打非”工作站，实现全覆盖。深入开展文化市场集中整治行动，全年共组织开展“净网”“清源”“秋风”“护苗”等专项行动18次，查获盗版图书3000余册、盗

2017年新郑市全民大联欢文艺总展演

版光盘1000余张，查处行政案件182件。办结2016年度“扫黄打非”案件4件，公安机关抓获犯罪嫌疑人8人，法院判决4人，有力地打击了各类违法违规行为，净化了全市文化市场环境。

（撰稿：任文举　审阅：王洪勋）

文学艺术

【概况】 新郑市文学艺术界联合会（简称文联）是市委市政府领导下的全市文艺界人民团体，是党和政府联系广大文艺工作者的桥梁和纽带，成立于1984年9月，属参照公务员管理的全供事业单位。办公地点设在市人民路市委市政府大楼四楼，共有9人，主席1人，副主席1人。下设有办公室、编辑室、编制人事科、创研室、秘书处，管理作家、书法家、美术家、摄影家、音乐家、戏曲曲艺家、舞蹈家、电影电视家、民间文艺家、收藏家、高校文学艺术、企业文学艺术12个协会。各协会设主席1人，现有会员581人。2017年，新郑市文联坚持“二为”“双百”方针，坚持文艺服务于社会、服务于新郑市的工作大局，团结全市文学艺术界，在各艺术领域取得了新的成绩。

【2017年迎新春书画展】 在春节、元宵节期间，由市委宣传部、文广新局、文联主办，文化馆承办的2017年新郑市迎新春书画展隆重开展。展出的主要来自新郑市书协、美协等协会的会员以及爱好者的书法、绘画、剪纸各种艺术作品200多件，活跃了群众文化活动，营造了浓厚的节日文化氛围。

【“七一”书画精品展】 为庆祝中国共产党建党九十六周年，6月30日，由市委宣传部主办，文联、旅游和文物局共同主办的以“从严治党、平安建设、我为党旗添光彩”为主题的“七一”书画展，在新郑市博物馆开展。

书画展从4月份开始筹备，经过近3个月的作品征集、专家评选、作品装裱等程序，展出作品130幅，内容积极向上，主题鲜明，为党的生日献上一曲文学艺术界的颂歌，各界书画爱好者和社会各界人士纷纷前往参观。

【《郑风》杂志】 为了给本土作者打造一个相互交流、共同提高的文化平台，文联编辑出版纯文学刊物《郑风》。《郑风》以本土、原创为特色，记录下生活中难忘的点点滴滴，深受广大读者的喜爱。该杂志设有郑韩览胜、红色记忆、百味人生、诗苑、人生感悟等，64页，共8万多字。杂志坚持“本土、原创”原则，侧重发表本市作者的作品，发现文学新人，为大批文学爱好者提供展示平台，为新郑市文学事业的发展提供了良好载体。杂志分发到各机关单位、团体及协会赠阅，得到广泛的社会好评。

【新郑市第三届精神文明建设“五个一工程”暨第三届文学艺术优秀成果评审】 积极参加组织新郑市第三届精神文明建设“五个一工程”暨第三届文学艺术优秀成果奖评奖委员会评审工作，召开轩辕文学艺术奖研讨会，商议扶持奖励优秀作品办法。

为鼓励扶持文艺精品创作，在市委宣传部组织的出版“文明生态—留住乡愁”黄帝故里新郑故事丛书中，本单位青年作家郭伟民的诗文集《南街》被列入出版项目，已印制出版发行，得到社会各界好评。

【中国作协组织全国知名小小说作家新郑采风】 7月13日，中宣部出版局副局长刘建生、《小小说选刊》《百花园》总编辑任晓燕带领广东省小小说学会会长申平、广西壮族自治区小小说学会会长沈祖连等全国知名小小说作家27人及评论家们来新郑采风。市宣传部新闻中心主任李明、文联主席孙宏志陪同作家们在黄帝故里及郑国车马坑采风。

【举办“平安新郑”征文大赛和摄影大赛】 为推进社会治安综合治理，构建和谐社会，建设“平安工程”，根据省市有关精神和本市创建实际情况，充分展示“平安新郑”建设的工作情况及取得的成就。文联与政法委、综治办等单位联合举办“平安新郑”征文大赛、摄影大赛，组织作家协会、摄影家协会积极参与组稿，评选奖项，并在《郑风》设置专栏刊登获奖作品，为平安新郑做出了文联独特的贡献。

2017年，新郑市勇夺公安领域的最高荣誉全国社会治安综合治理优秀地市奖“长安杯”，跨入全国最平安城市行列，本单位孙社展被评为该项工作先进个人。

【新郑市第二届摄影艺术展】 为了展示新郑市近两年以来的摄影艺术成果，文联与摄影家协会举办新郑市第二届摄影艺术展，共收到会员及摄影爱好者的摄影作品3000余幅，评委会按照公平、公开、公正原则，评出金奖9名、银奖18名、铜奖27名，优秀奖若干名，获奖作品共计117幅（组），并于4月出版《新郑市摄影家协会第二届摄影艺术展作品集》。

【首届新郑市民俗摄影大赛】 为持续深入开展“文明生态·留住乡愁”——新郑市非物质文化遗产资源征集活动，充分展示黄帝故里新郑丰富的民俗文化风采，弘扬光大民族民间优秀传统文化，繁荣新郑市摄影艺术创作，活跃人民群众精神文化生活，决定举办首届新郑民俗摄影大赛，从2016年12月到2017年4月底截稿，征稿700余幅。

（撰稿：郭伟民　审阅：孙宏志）

文　物

【文保单位及景区景点】全市拥有不可移动文物点700余处，其中国家级重点文物保护单位11处，省级重点文物保护单位14处，郑州市级文物保护单位25处，县（市）级文物保护单位58处，馆藏各类珍贵文物达6万余件。新郑市充分发挥历史文化优势，积极开发旅游资源，建成了国家重点文物保护单位和国家4A级景区轩辕黄帝故里、中国侨联首批命名的爱国主义教育基地具茨山游览区、中国唯一将《诗经》摆到地面上的主题公园郑风苑景区、中国藏车最多的车马坑和国家3A级景区郑国车马坑景区。

【项目建设】做好各级文物保护单位保护规划及保护维修、展示方案的制定、上报等工作。完成《唐户遗址保护规划》《华阳故城遗址保护规划》等一批保护规划和方案的编制工作。推进郑韩故城遗址保护规划修编工作，已完成了地形图测绘、原保护规划运行情况评估、城市发展状况分析和遗址保存现状评估等工作，规划修编初稿计划2018年1月底完成。做好生态保遗工程。2017年，新郑市将遗址文化公园建设列为本年度生态建设工作的重点，成立了生态建设办公室（统筹全市所有生态建设项目），安排3500万元财政资金作为生态保遗项目经费，用于启动生态保遗项目附属物补偿清理和方案设计工作，并将生态保遗工程的各项任务分解到各相关乡镇、办事处和市直单位，纳入全市责任目标考核体系，对责任单位实行季度一小评，半年一中评，全年一大评。启动了郑韩故城遗址内有代表性的后端湾、大吴楼和北城墙中段三处生态文化公园建设项目。扎实推进百城提质工程。成立提质工作领导小组，并建立每周一例会汇报制度和局纪检监察室巡查督导制度，确保项目建设工作的顺利开展。已完成了郑国三号坑陈展工程、县衙大堂维修加固工程、裴度墓园文化展示工程、郑韩故城东北角城墙展示工程、卧佛寺塔本体维修、考院现存古建筑的保护维修工程、县衙大堂维修工程等。

【文物保护】积极做好郑韩故城大遗址保护利用工作。1月18日，召开了“郑韩故城北城门遗址考古发掘座谈会”，积极推进郑韩故城保护规划修编和郑韩故城遗址公园挂牌工作。在12月2日国家文物局召开的国家考古遗址公园现场工作会上，郑韩故城顺利获得国家考古遗址公园称号，被列入第三批国家考古遗址公园名单。12月22日，邀请来自省内外文物专家参加郑韩故城考古新发现座谈会，广泛收集领导、专家对新郑郑韩故城大遗址保护工作的意见和建议，为郑韩故城的文物保护工作、考古发掘工作、学术研究工作、文物利用工作打下了坚实的基础。做好文物保护“四有”“五纳入”工作。完成了七批国保、五批省保和七批省保文物保护标志牌。以及郑州市级以上文物保护单位保护界桩的树立。将文物保护工作纳入各乡镇及相关部门的年度责任目标考核任务之中。做好文物保护绩效考核工作。配合督考办做好文物保护工作考核，结合工作实际按时上报考核评分表。做好文物修复、文物接收工作。对馆藏8件青铜器进行修复，与河南省考古研究院马新民签订文物修复合同，办理文物移交等手续。自2017年1月至今，本市博物馆共接收考古、征集文物129件套。探索公众考古新模式。于2017年正月初十启动了新郑郑国车马坑公众考古发掘，设置了四面屏显示器、360度录像机、正影像摄影装置、延时照相机等高科技设备，让游客“零距离”观赏考古过程。启动发掘至今，新华网、人民日报、中央电视台、河南电视台、河南商报、郑州日报、郑州晚报、大河报、河南考古、东方今报、腾讯网、猛犸新闻等多家知名媒体前来采访报道，引起社会各界的广泛关注。做好可移动文物普查工作。严格按照上级文物主管部门的指示和工作要求，继续进行新郑市第一次全国可移动文物普查后续工作，包括总账、各类分类账副本抄写工作，其中对馆藏文物建立纸质档案工作，共计建立千余份，

新郑郑韩故城喜获国家考古遗址公园称号

抄写总账副本600余件。做好文物勘探。完成勘探面积约280公顷，发现古文化层约21827平方米，各类古墓葬共计765座。规范整理文物勘探资料，并编印成册，完成钻探档案电子文本。

【文物安全工作】 加强组织领导，强化安全管理。始终把安全管理作为旅游和文物工作的生命线来抓，坚持领导带班制度，并对夜间值班进行不定时、不定期抽查，全年无一起旅游和文物安全事故发生。抓好旅游行业安全监管。与各旅游企业、景区签订了旅游安全目标责任书、消防安全目标责任书、旅行社组团用车安全目标责任书。全年对旅游经营单位共进行拉网式安全检查23次。做好文物安全大排查工作。召开了文物安全工作推进会，将新郑市文物安全状况大排查行动实施方案下发至各个乡镇、街道及管委会，与各个乡镇、街道及管委会签订文物安全目标责任书，落实文物安全责任制。完成了全国重点文物保护单位文物安全状况网上信息填报工作，编制文物安全突发事件应急预案。做好馆藏文物展陈安全工作。在五一、十一等重大节日期间对文物藏品库房进行安全检查，做到账、物、卡三对照，确保每件文物资料完整、保存状况完备，并对库房安全设施及保存环境进行排查。重视田野文物安全巡护。对全市各级文物保护单位、田野文物采取网格化管理，建立日常巡查制度。对全国重点文物保护单位——郑韩故城，每日安排专人进行城内重点检查，发现问题及时制止、积极解决。做好文物执法。全年共查处各类案件6起，其中刑事案件1起、行政处罚案件3起、行政诉讼案件1起，行政复议案件1起。与新郑市公安局配合，破获的一起刑事案件系贩卖文物案，抓获犯罪嫌疑人2人，缴获青铜鼎2件。

（撰稿：闫　博　审阅：樊战东）

地方史志

【概况】 新郑市地方史志办公室成立于1982年，成立时名称为新郑县地方史志编纂委员会总编室，全供事业单位。2012年更名为新郑市地方史志办公室，内设综合科、编辑室、年鉴科、历史文化研究科、资料室、编制人事科6个科室，23人，其中财政聘用5人。办公地点设在新郑市政府办公楼四楼。2017年，以历史文化研究、开发、利用为突破口，积极主动挖掘本市丰厚的历史文化资源，服务于本地的社会和经济建设，荣获2016年度郑州市地方史志工作综合先进单位、丙申年黄帝故里拜祖大典工作先进集体，《新郑年鉴》（2015）获2015—2016年度年鉴编校质量检查评比二等奖。

【志书编纂】 乡镇街道志编纂。多次深入乡镇调研，解决实际困难和问题，督导乡镇志编纂工作。《八千乡志》于2017年5月初完成乡级评审，2017年10月25日，完成新郑级、郑州市级评审。《新烟街道志》完成初稿，2017年底或2018年初可参加县级和市级评审。新华路街道完成初稿，和庄镇、新建路街道收集资料阶段基本结束，城关乡、薛店镇等其他乡镇也在扎实推进乡镇志书的编纂工作。

乡镇图志编纂。新郑市乡镇图志整理工作进展比较顺利，2017年年底已完成全部初稿。该志书共约40万字，图片400幅。

部门志、村志编纂。指导卫计委、农商银行、教育体育局、档案局开展部门志书编纂，《新郑市卫生志》于2017年10月28日出版发行，《档案志》《农村商业银行志》完成初稿编写，《人和村志》《泰山村志》的资料收集工作正在进行。

【《新郑年鉴》（2017）编纂】 制定争创《中国年鉴精品工程》工作实施方案，积极申报《中国年鉴精品工程》。在年鉴编纂过程中认真总结经验，在版面设计、内容上进行改革创新，整体风格努力体现鲜明的时代特色、浓郁的地方特色和较强的实用性，对全面反映践行“创新、协调、绿色、开放、共享”五大发展理念，全力打造“实力新郑、宜居新郑、活力新郑、幸福新郑、美丽新郑、文化新郑、平安新郑”，实现十三五良好开局，具有较强的宣传功能和实用价值。《新郑年鉴》（2017）首次采用全书彩版印刷，共设35卷，143个分目、副分目，共87万字，随文照片210多幅，彩页39个版面。

【历史文化研究与宣传】 完成《郑州名山》（新郑部分）编辑和校对工作，《郑州名山》是《郑州名典》的重要组成部分，是宣传郑州不可多得的地情丛书，具有宣传、推介、收藏和传承价值，为打造国家中心城市提供有力支撑。

编纂《新郑家训家规》，收集清朝兵部张光祖、肖氏、溟水寨刘氏、韩氏、海氏、靳氏、张氏和薛氏等50篇家训家规，并对《新郑家训家规》的内文和图片进行多次修改、完善、整理、编辑、校对。还对志书上有关新郑名人的清正廉洁、刚正不阿、大公无私、艰苦奋斗等20多个好家风小故事，进行注释、翻译、剖析和整理。

在《郑州晚报》“语出新郑”专栏上发表《度德量力》《各自为政》《跋山涉水》《取精用弘》《多行不义必自毙》《畏首畏尾》《以儆效尤》等62篇发生在新郑这片土地上的成语故事。在《郑州日报》上发表《新郑县城的变迁》《匡铎》《陈大忠》等历史文化文稿36篇。

【黄帝故里·大事月报】 《大事月

报》是记述全市重要工作和重大事件的政务类信息刊物，以资政存史、鉴往知今为宗旨。2017年编辑12期，已出版60期。2017年年初，对栏目进行了调整，栏目设置有“卷首寄语、特别关注、调研指导、谋划创新、工作动态、基层简讯、媒体撷英、友好往来、荣誉新郑、社会大观”等。《新郑市32个项目集中开工》《第十一届黄帝文化国际论坛开幕》《丁酉年黄帝故里拜祖大典举行》《新郑市第二批27个项目集中开工》等稿件被省、郑州市地方史志办公室采用。

【信息化建设与方志馆规划建设】 在丰富地情网站内容的基础上，顺应自媒体时代的趋势，开设了“文史新郑”公众号，定期发布史志动态、历史典籍等，为传播史志文化、社会读志用志提供方便、快捷的服务渠道。结合新郑市公共文化服务体系建设，在外出参观考察的基础上，向新郑市政府提出了加快新郑方志馆规划建设的请示，并得到批准。将计划建设5000平方米方志馆纳入新郑市公共文化服务中心建设项目中，2017年底启动规划建设。同时，提前着手做好方志馆的功能和空间布局方案以及志书、年鉴等文献资料的收集工作，为丰富馆藏打好基础。

【中国影像方志河南卷新郑篇】 2017年8月2日召开新郑市相关单位协调会，市政府办公室、文广新局、旅游和文物局等15个单位参加。会后，各相关单位针对新郑历史文化特色、新郑特产、各自领域的全国性荣誉，提供相关材料50份、高清视频30多个，其中有央视拍摄的《千年古县》《郑韩古城》《黄帝故里拜祖大典》等视频。新郑市地方史志办公室加强与央视联系，按照中国影像方志拍摄要求完成供稿。新郑市报送的中国影像方志河南卷新郑篇选题正式通过央视审批，目前已进入拍摄阶段。

【北京市地方志办公室考察调研新郑市地方史志工作】 2017年7月26日，北京市地方志办公室、河南省地方志办公室、郑州市地方志办公室联合组成的调研组一行18人到新郑市考察调研二轮志书编修、乡镇（街道）志村志编纂、年鉴工程、地情文化研究等史志工作。考察团一行先后来到黄帝故里景区、新郑市博物馆、郑王陵博物馆、梨河镇七里堂村史馆等地，实地了解黄帝故里——新郑的风土人情、厚重文化、村史馆建设等情况。在座谈会上，新郑市地方史志办公室对史志工作进行了详细汇报。座谈会后，向北京市地方史志办公室赠送了《新郑县志》《新郑市志》《新郑年鉴》《中华太庙宗谱》等书籍。

【年鉴暨乡镇（街道）志编纂业务培训会】 12月7日，在郑州工业应用技术学院国际学术交流中心召开新郑市年鉴暨乡镇（街道）志编纂业务培训会，来自全市乡镇、街道、市直有关单位100多名编修骨干参加了培训班。中州古籍出版社社长助理、河南地方文献编辑部门主任王小方，平顶山市史志专家郑海军，郑州市史志办年鉴处处长范鹏飞分别以《从编辑的角度看年鉴稿件中存在的问题》《浅谈街道志编修方法及经验》《年鉴条目的撰写》为题做年鉴暨乡镇（街道）志编纂专题授课。通过培训，普及了年鉴编纂暨修志的基本知识，使学员们拓宽了思路，初步掌握了年鉴暨乡镇志编纂的基础知识，了解了资料收集、篇目设计等方面的编纂方法。

【《新郑年鉴》】 2017年5月，在中国出版协会年鉴工作委员会主办的2015—2016年度年鉴编校质量检查评比活动中，《新郑年鉴》（2015）获二等奖。《新郑年鉴》（2015）由中州古籍出版社出版，共设35卷，97万字，随文照片160多幅，彩页65个版面。在编写过程中，对版面设计、栏目内容进行改革创新，增设“辉煌十二五、年度关注、重大活动”等栏目，图文并茂，形式新颖，突出地方特色。《新郑年鉴》自2004年创刊以来，已经连续出版13卷，是郑州市最早启动年鉴编纂工作的县市。在资料收集和编纂工作中，坚持“常编常新”，从版式设计到内容编排，从编辑到出版印刷进行创新，突出地方特色和年度特征，使其真正成为了解新郑、宣传新郑、研究新郑的重要窗口。

【参与举办第十一届黄帝文化国际论坛】 2017年3月28日—29日，第十一届黄帝文化国际论坛在郑州大学西亚斯国际学院成功举办。活动期间新郑市地方史志办公室主要承担着论坛文字材料撰写、前期各种证件、门票的设计，以及论坛内外包装、会场布置，新郑市地方史志办公室全体同志克服时间紧、任务重、压力大等困难，圆满完成了工作任务确保了论坛的成功举办。

（撰稿：马艳辉　审阅：李　磊）

河南新郑黄帝故里文化研究会

【概况】 河南新郑黄帝故里文化研究会秘书处位于新郑市人民路186号，成立于2008年，事业全供单位，在职职工16人，内设综合科、学术研究科、宣传科、基金外联科和编制人事科5个科室。2017年黄帝故里文化研究会秘书处紧紧围绕新郑国家中心城市次中心建设，高举黄帝文化和新郑历史文化大旗，脚踏实地干事业，一心一意谋发展，以传承和弘扬中华优秀传统文化为己任，努力推进新郑市文化事业的发展。

【河南省黄帝故里文化研究会挂牌仪

式】5月3日，为进一步加强黄帝文化弘扬和研究，河南省黄帝故里文化研究会在郑州市政协举行挂牌仪式。郑州市政协主席王璋，秘书长陈松林、港澳台侨和外事委员会副主任、拜祖大典组委会办公室主任、新郑市黄帝故里景区管委会书记董建山、郑州市考古研究院院长顾万法、河南省黄帝故里文化研究会常务副会长马国亮等出席揭牌仪式。郑州市供销社主任、河南省黄帝故里文化研究会副会长刘五一主持挂牌仪式。马国亮代表河南省黄帝故里文化研究会向王璋主席颁发了名誉会长聘任证书，王璋、陈松林、马国亮、顾万法共同为河南省黄帝故里文化研究会揭牌。

【丁酉年恭拜嫘祖仪式】2017年6月29日，为深切缅怀人文女祖嫘祖功德，在具茨山风后顶嫘祖宫举行丁酉年恭拜嫘祖仪式。新郑市人民政府党组成员、嫘祖文化研究会执行会长陈春环主持仪式，新郑市人民政府副市长乔琳恭读拜嫘祖文。河南省黄帝故里文化研究会会长高林华、新郑市政协副主席王艳红等领导，以及新郑市女科级领导干部代表、主办单位人员、新闻媒体记者等参加恭拜仪式。下一步，在中华炎黄文化研究会指导下，河南省黄帝故里文化研究会将积极联合相关单位推动将黄帝与嫘祖结婚纪念日设立为中华父母节。

【黄帝故里重阳节拜祖活动】10月28日，“九九重阳节·浓浓敬老情”丁酉年重阳黄帝故里拜祖仪式在黄帝故里隆重举行。新郑市委副书记曹东锋、市人大常委会主任王俊杰、市政协主席李志强等四大班子领导及四大班子老领导、五老模范代表、敬老爱亲代表、关心支持新郑发展的老同志代表、十佳老龄工作先进单位代表等1000余人齐聚黄帝故里景区，共同拜谒中华人文始祖轩辕黄帝，感怀始祖的丰功伟绩，弘扬中华民族尊老敬老的传统美德。

【宋城集团采风创作暨黄帝千古情项目专家座谈会】11月9日，宋城演艺集团采风创作暨“宋城·千古情”项目专家座谈会在新郑市好想你产业园举行，旨在为宋城集团采风创作提供丰富的黄帝文化、历史文化素材，并围绕黄帝千古情项目献言献计，共谋发展。座谈会由新郑市委常委、组织部长黄卫东主持。座谈会上，各位专家强调，黄帝千古情项目要注重黄帝文化的历史元素、文化元素、地域元素、时尚元素四个元素，要与黄帝故里拜祖大典、黄帝文化国际论坛相呼应，提高到民族文化、民族精神的高度。

【出版刊物《华夏源》】《华夏源》是经河南省新闻广电出版局审核批准出版的学术性双月刊，是新郑市黄帝文化和丰富历史文化宣传的重要窗口和主阵地。2017年，坚持扎扎实实做好本期刊文稿的征集、编辑、校正、印刷、出版、发行等工作，如期出版发行了52—57期共6期刊物，发表了一些具有影响力的文章，受到专家学者的好评，满足了广大人民群众的文化需求。

【“走遍新郑”历史文化调查资料整理汇编】为在城镇化中保护和发展传统文化、保护传承好家园中的记忆场所、避免社区文化与地方记忆的消失或者断层，以及传承村庄历史、唤起美好回忆、记住美丽乡愁，2017对“走遍新郑”中调查的辛店镇、龙湖镇、郭店镇、和庄镇、城关乡、新烟街道、新华路街道、具茨山管委会、中心城区新区等近10个乡镇（街道、管委会）、共60多个行政村的历史文化资料，进行了整理汇总，补录随笔20余篇、图片300多张，结集汇编成《走遍新郑——永不消逝的记忆Ⅱ》。本书注重挖掘新郑乡村的自然与人文地理遗产，注重发掘重要的地理考察与考古发现，讲述自然差异的人文过程，揭示地理文化背景，展示自然与人文地理中的乡村特色，传承历史文化，留住美好乡愁。

【传统文化学习培训】2017年，坚持做好传统文化的学习和培训工作，对新华办、新建办、新烟办、中心城区新区管委会、城关乡等5个乡镇、街道管委会，以及住建局、林业局、市委市政府督查考核办公室、市直党工委等局委，进行了12期传统文化专题培训，对新烟街中学德育教育进行了指导，受益党政领导干部、群众上千人次，取得了良好的社会效果。

【对外文化交流】积极开展对外交流活动，大力加强同河南西平、湖北远安、河北迁安、湖北随州、山西高平、浙江缙云等全国各地炎黄文化圣地的联系和沟通，持续巩固新郑黄帝故里地位，增强黄帝文化影响力。同时积极参加2017国际凹穴岩画峰会暨丝绸之路岩画研讨会、中国岩画学会2017年理事会等岩画研讨会，不断加强同国内外岩画同仁的交流合作，不断开创具茨山岩画研究保护新局面。

（撰稿：陈君梅　审阅：胡瑞芳）

旅游

TOURISM

·旅　游 >>>

TOURISM

旅游景区与风景名胜

【黄帝故里景区】黄帝故里是中华人文始祖轩辕黄帝的出生、创业、建都之地，战国《竹书纪年》和汉代《史记》等史书均有记载。汉代建轩辕故里祠，历代迭修。明隆庆四年于祠前建轩辕桥，清康熙五十四年，新郑县令许朝柱于祠前立"轩辕故里"碑。20世纪90年代以来黄帝故里多次进行扩建，景区面积已达7万平方米，整体布局突出"中华之根"主题，从北到南依次为轩辕丘拜祖区、故里祠区、中华姓氏广场区，构成了"天、地、人"三大板块，气势恢宏，灿然有肃。

三月三朝拜轩辕黄帝古来有之。据战国《竹书纪年》记载"黄帝崩、其臣左彻者，削木为黄帝像，帅诸侯朝奉之"，唐代以后渐成"盛世官拜，乱世民拜"的规制。自1992年起，新郑市人民政府开始主办炎黄文化节；2005年，省委、省政府决定黄帝故里拜祖大典由县级举办升格为郑州市主办。从2006年起，黄帝故里拜祖大典上升为省级层面主办，并逐步形成了由省政府、省政协、国务院台办、中国侨联、全国台联、中华炎黄文化研究会共同主办，郑州市政府、郑州市政协、新郑市政府共同承办的格局。2007年，中央电视台三个频道同时对黄帝故里拜祖大典实施直播，大典海内外影响力迅速扩大；2008年，黄帝故里拜祖大典被国务院列入第二批国家级非物质文化遗产名录，其庄严性、权威性进一步提升；2014年，经党中央、国务院审批，全国清理和规范庆典研讨会论坛活动工作领导小组致函（国清组函〔2014〕47号）省委、省政府，黄帝故里拜祖大典作为国家"保留举办"的节庆活动项目，可以每年举办，不需逐年报批，体现了党中央、国务院对举办黄帝故里拜祖大典的充分肯定；继台湾2014年开始连续两年在三月三与新郑黄帝故里联动举办"同拜黄帝活动"后，2016年，香港、澳门和美国分别于三月三拜祖大典期间自发在当地举行了隆重的"同时同像同主题同拜黄帝"活动，为振奋民族精神，凝聚民族力量，推动中华文化走向世界发挥了积极作用。2016年，中共中央办公厅、国务院办公厅印发的《关于实施中华优秀传统文化传承发展工程的意见》指出，要大力弘扬讲仁爱、重民本、守诚信、崇正义、尚和合、求大同等核心思想理念。黄帝故里拜祖大典正是推动中华优秀传统文化传承与发展，实现优秀传统文化创造性转化和创新性发展，并积极参与世界文化对话交流互鉴的最佳实践。连续11年的成功举办，黄帝故里拜祖大典已经成为海内外众多人士公认的华人世界第一圣典，黄帝故里被越来越多的华人奉为"世界华人拜祖圣地，中华民族精神家园"。黄帝故里拜祖大典的"广泛性、民本性、互动性、层次性、惠利性、敬畏性"的特点，促进了对台对侨对外工作，促进了经济发展、文化繁荣，增进了全球华人的交流合作，促进了不同文明在互鉴中的发展，在经济、政治、文化和社会等各个方面取得了丰硕成果，为推动祖国和平统一、中华民族伟大复兴发挥了积极而深远的作用。

黄帝故里景区于2004年被评选为国家4A级旅游景区，2006年被确定为全国重点文物保护单位，2010年被命名为中国侨联爱国主义教育基地、河南省爱国主义教育基地，2012年12月黄帝故里景区被国家标准委推选为国家级服务业标准化试点；黄帝故里拜祖大典荣获2012郑州市十大城市品牌，2012年12月壬辰年黄帝故里拜祖大典被第三届中国节庆创新论坛评为最佳传承传统文化节庆活动，2012年12月黄帝故里拜祖大典被河南日报报业集团评选为首届中原经济区（河南）100张名片之"文化河南"，2008年游客接待中心被命名为全国巾帼文明示范岗，2012年12月景区网站被国家智慧旅游服务中心评为河南省唯一一家全国2012优秀旅游景区网站，2014年12月，被批准为国家级服务业标准化试点。2015年6月被国台办授予海峡两岸交流基地称号。

【具茨山景区】 国家3A级旅游景区，位于新郑市西南具茨山管委会境内，距新郑市区15千米，总面积12平方千米，是轩辕黄帝访贤问道、结公拜将、屯兵驯兽之地。主要有中国最古老的浑石结构石庙——轩辕庙、天下一绝——琴声回音、连心锁、天心坑、炎黄二帝山体自然巨像、嫘祖洞、中天轩辕阁、黄帝乾坤鼓、黄帝屯兵洞、有熊氏部落村等景观。

【郑风苑景区】 郑风苑景区位于新郑市区东部风光旖旎的郑韩故城和黄水河畔，始建于2001年，长2千米，占地面积66.67公顷（水域面积13.33公顷），总投资约7000万元，2002年7月建成开放。是一座以《诗经·郑风》为主题的旅游景区，它将郑韩文化遗址与自然风景完美融合，巧妙展现了2700多年前春秋时期的郑国风情。苑内有镌刻《诗经·郑风》诗歌的21块奇石，形态各异，意趣盎然；苑内杨柳依依，碧波荡漾，汇聚了中国南北方名品荷花百余种，千姿百态，荷香四溢。郑风苑是一座集休闲、文娱、旅游、观光于一体的多功能文化休憩公园。

2010年园林管理服务中心对郑风苑进行了景观整治提升。在西岸中段修建了郑国东门，对苑内灯光设施进行了改造提升，安装了灯光监控设施，同时依照3A景区标准对苑内的公厕、浮桥等基础设施进行了改造，对郑风阁和文化长廊进行了彩绘刷新。

【郑国车马坑景区】 位于市区西南，是郑国国君的陪葬墓群。2001年4月发掘东周时期郑国一号车马坑，内葬多种豪华实用车22辆和40余匹马，是我国发现东周时期葬车最多的车马坑，其历史文物价值可与秦始皇兵马俑相媲美。该景区东、西、南三面发掘了5座大中型同期墓葬及大量贵族墓葬，其西北、南面还有两座特大型车马坑正在发掘。2010年至2014年，景区进行了全面提升改造，建成了郑公大墓保护房、3号车马坑保护房、游客中心、郑氏三公广场、子产园、弦高救郑浮雕、售票房，对景区道路进行了大理石铺设。

【新郑博物馆】 位于新郑市区黄帝故里西侧，是河南省县级规模最大、馆藏文物最多的博物馆。现存馆藏文物6万余件，主要陈列有裴李岗文化时期的石磨盘、石磨棒，全国最长的象牙化石（长2.65米）以及春秋战国时期的编钟、礼器等。

【欧阳修陵园】 欧阳修是北宋杰出的政治家、文学家和史学家。欧阳修陵园位于新郑市城西12千米的欧阳寺村，欧阳修家族墓群和欧阳祠堂所在地。园内殿堂屹立，碑石林立、古柏参天，一片郁郁葱葱，古有"欧坟烟雨"之美誉。

（撰稿：闵 博 审阅：樊战东）

黄帝故里景区管理

【景区管委会概况】 管委会成立于2007年4月，是郑州市编委批准成立的副县级事业单位，2008年1月17日正式挂牌运转。2016年3月28日，经市机构编制委员会研究，设立中共新郑市黄帝故里景区工作委员会，机构规格相当于正处级，为市政府直属事业单位，领导2正3副。主要职责是：贯彻执行国家、省、市有关方针、政策和法律、法规；根据城市总体规划和经济社会发展规划，编制并组织实施景区发展规划，落实景区的建设、管理和总体规划的实施。贯彻执行国家、省、市风景名胜、旅游行业等管理方面的法律法规、规章和政策，合理开发景区资源。负责黄帝故里景区内的规划建设、文物保护、安全保卫、环境保护、经营管理、接待服务、市场营销等工作。负责黄帝故里景区的宣传教育、对外交流等工作，发挥黄帝故里爱国主义教育示范基地作用。负责黄帝故里景区招商引资和对外经济技术合作事项，按照规定权限审批和审核报批投资项目。负责督促落实黄帝故里拜祖大典中的各项筹备服务工作，承办各类拜祖活动。负责黄帝文化研究、宣传、展示及黄帝故里文化的传承、发展和知识产权保护工作。行使市政府授予的其他职权，承办市委、市政府和上级交办的其他事项。根据上述职责，黄帝故里景区管理委员会设5个内设机构，均相当于正科级规格。分别是办公室、宣传接待局、规划建设局、经营管理局、拜祖大典办公室。下属单位有新郑市黄帝故里景区游客接待中心、新郑市黄帝文化传承发展中心。景区现有干部职工124人，其中事业全供18人、事业差补19人、事业自筹34人、企业自筹41、临时工12人。2016年度被命名为"河南省省级文明单位"。

【黄帝故里品牌影响】 强化传统媒体宣传。依托乙未年黄帝故里拜祖大典成功举办的机遇，深化与河南日报、河南电视台等媒体的合作，集中力量宣传黄帝故里，形成聚焦大典、热议大典的舆论氛围。同时，在《大河报》《郑州日报》《郑州晚报》等上三级报刊发表宣传版面、稿件50余篇。网络宣传成绩突出。对网站版面进行优化组合，加强与腾讯、新浪、新华等知名网站、微博的合作力度，吸引了众多网民点击景区网站，进一步提升了黄帝故里景区的知名度和影响力。截至2017年年底，景区网站访问量突破96万人次。拜祖活动品牌影响广泛。依托已形成行业协会拜祖、青少年团体拜祖、企业拜祖等专题拜祖产品，加强与企业团体、各类院校的合作，努力将拜祖活动推向市场。一年来，共举办各类拜祖仪式340场次。同时，加大春节系列活动组织力度，成功举办了敬香祈福年会、新年首场拜祖仪式等活动，吸引了多家新闻媒体及网站报道，持续增强春节活动品牌影响。扎实推进市场合作举办重阳拜祖活动。主动适应新形势，依托往年经验，积极与雏鹰农牧股份有限公司联合举办乙未年重阳节系列文化活动，营造了敬老、孝老、爱老、助老、为老的社会风尚，得到社会各界一致好评。

【接待服务水平】2017年，景区管委会依托国家级服务业标准化试点创建，强化标准执行，带动管理和接待服务水平有新提升。抓培训提升服务能力。组织开展标准实践演练，实行单兵考核，逐个测试，确保标准执行动作不走样。同时，建立运行试点创建标准反馈机制，及时补充修订标准体系，对24个岗位的81项标准进行了修订，使景区标准体系更科学适用。抓评比提升讲解服务水平。进一步补充完善景区导游词，组织开展导游技能评比活动，引入黄帝故里传奇故事，进一步提升导游讲解技巧，增强导游讲解吸引力、趣味性。一年来，共为游客进行讲解服务1300场次。抓细节打造精品景区。立足建设小品、打造精品，推行景区精细化管理，更新提升景区内标识标牌的质量、品质，对景区内部分园林绿化进行补栽、维修，为广大游客提供了优质的良好的旅游环境。抓创建提升景区形象。创建国家卫生城期间，积极协调城管、公安、建管及新建办，定期开展综合执法、联合整治，清理规范流动摊贩，加大环境整治力度，促进景区卫生有新提升，为游客提供了干净舒适的旅游环境，维护了黄帝故里民族圣地形象。

【旅游安全】严格推行岗位标准。制订岗位安全生产标准，认真落实安全生产责任制，做到安全生产任务到人、责任到人。强化队伍建设。强化对安保人员的管理，实行点对点打卡制度、晨课制度等，提升安保队伍作风纪律。完善安保设施，统一配备安保服装，解决了管理区域增大带来的安保难题。实施领导带班巡查制度，对景区重点部位、重要设施进行24小时不间断巡逻。完善安全设施。投资完善景区监控系统、控制中心等安全设施，实现景区全天候、无间隙监控；新购置防爆叉、防爆棍等安全应急设备，为突发应急事件和安全事件处理提供保障。定期组织安全培训。先后多次组织安保队伍技能培训、消防技能培训、应急突发事件演练等活动，持续提升安保人员的安全消防防范意识和解决应急事件的能力，确保景区全年无安全生产事故发生。

（撰稿：李春甫　审阅：王　超）

具茨山国家级森林公园管理

【概况】具茨山国家级森林公园位于新郑市区西南20千米处，属于山地丘陵地貌，占地面积4667公顷，系国家级AAA级旅游景区，管委会代管12个行政村，人口1.2万人，是一处多功能综合性国家级森林公园。

2017年，具茨山管委会紧紧围绕新郑市建设“郑州国家中心城市次中心”的指导思想，以突出黄帝文化传承、加强生态文明建设为中心，以精准脱贫为目标，以易地扶贫搬迁工作为抓手，统筹景区、社区、老区建设，重点推进扶贫移民搬迁工作，完成了全年各项工作任务。

【社区建设】具茨山社区是新郑市扶贫搬迁工作的重点项目，占地面积33.4公顷，总投资10亿元，项目分两期进行，规划建设安置房41栋，总建筑面积56万平方米。社区一期工程已完成，大槐树、柿树行、郭老庄、山陈、驮窑等五个行政村已实现分批分房入住。社区二期工程已封顶完成，门窗、电力设施的安装正在进行中。

充分发挥项目建设的支撑带动作用。投资1500万元的杏福时光项目顺利在今年春天启动，该项目以杏、核桃为主，每亩每年可为农民带来收入5000元，并带动服务业就业人员300人。10月15日，占地32000平方米，计划总投资1000万元，由精品民宿、特色小吃、文化旅游三部分组成的青岗庙村白龙沟观光旅游项目开工建设，预计2018年五一期间正式营业。

【扶贫、脱贫工作】2017年具茨山会同驻村工作队经过村委推荐、群众评议、入户核实，建档立卡贫困户为1056户3678人（其中未脱贫的17户62人）。针对贫困户的致贫原因，实行结对帮扶，精准施策，发放脱贫明白卡，做到户有项目、人有技术，适时回访评估，保证经济有增长、家庭有收入、如期脱贫。

【具茨山国家森林公园开发】围绕提升景区道路交通、景点打造、绿化覆盖、安全标识等基础配套设施保障能力，进一步加大物力财力投入力度，景区基础设施建设和环境面貌得到极大改善，游客满意度显著增强，顺利通过郑州市旅游局年度复审。投资两万元对山顶厕所实施升级改造，安装五吨水罐一个，彻底解决山顶厕所清扫难问题；在环山路加装减速带4条、道路安全通行提示标牌10块；在景区重点部位、危险路段安装文明旅游、人身安全温馨提示标志牌50个；新增环保垃圾箱70个，垃圾处理实现日产日清；投资15万元对山顶天中门以内设施进行全面整修，及时启动迎日峰附近区域地面塌陷、护栏倾斜修复工作，消除安全隐患；投资10万元新建2A级厕所一个，功能齐全、配套一流的新景区游客服务建设目前已完成总工程量的60%以上。

（撰稿：王胜利　审阅：郭伟酬）

旅游管理

【概况】市旅游和文物局位于文化路1号，为市政府正科级事业单位，现有职工191人。2015年10月，新郑市旅游局和新郑市文物管理局合并为新郑市旅游和文物局，主管全市旅游行业管理、文物保护和博物馆事业的发展，内设办公室、编制人事科、文物管理科、执法督察科、行政审批科、旅游规划监督管理科、旅游促进科、安全科等8个职能科室和导游服务中心、旅游质量监督管理所、新郑市博物馆、郑国车马坑景区管理处、欧阳修陵园管理所、新郑市郑韩故城保护管理处6个二级机构。

2017年，全市各景区接待游客约453.87万人次，同比增长4.77%，旅游总收入12.25亿元，同比增长5.24%。全年共受理旅游投诉5起，处结率100%，游客满意率100%。顺利完成了郑国三号坑陈展工程、县衙大堂维修加固工程、欧阳修陵园中殿维修工程、裴度墓园文化展示工程、郑韩故城东北角城墙展示等工程，郑韩故城考古遗址公园被国家文物局命名为第三批国家考古遗址公园。完成文物勘探约280公顷，为67家企业、单位和个人办理了文物勘探审批、土地预审证明、选址意见、规划许可审批意见等相关审批手续及相关的文物证明280件，办结率达到100%。全年无一起重大旅游、文物安全责任事故。

【旅游管理】做好旅游厕所的建设管理。按照上级文件要求，新建20座旅游厕所。做好农家乐申报工作。修订完善了《新郑市农家乐管理暂行办法》，对乡镇推荐申报的24家农家乐进行审核，确定12家初评单位，并将符合3星级以上的农家乐上报郑州市旅游局。启动新郑市旅游标识牌的建设工作。共设计旅游交通标识牌27块（其中全域旅游导览图2块）。做好旅游投诉工作。全年共受理旅游投诉、纠纷5起，处结率达到100%。通过完善旅游投诉处理工作机制和在全市实施“诚信体系”建设，游客满意度较去年有了进一步提高，问卷调查、评论和旅游质监调查评分，新郑市均高于郑州市平均水平。做好讲解员管理与培训。培养4名全域讲解员，组织讲解员学习全市导游讲解词，深入景区、文物点4次，熟悉本市基本情况。招商融资，使一批具有战略品牌的旅游企业落户新郑。如《宋城·千古情》大型演艺项目，已于2017年11月签约，占地17.33公顷，投资2.6亿元，计划2020年实现公演。做好旅游统计。对旅游企业的月报、季报、年报工作进行规范，进一步完善网上申报管理；及时对新郑及郑州市重点在建项目进行申报、管理、统计。至2017年年底新郑市旅游在建和统计上报的项目有6家，分别是郑韩故城东北角城墙遗址公园、白居易故里文化园、黄帝故里景区扩建工程、龙泉湿地公园、中国国际红枣城工业园、中国航空港农业公园。做好假日期间的旅游统计工作，准确、及时地将每天的旅游信息上报给上级主管部门。规范新郑市旅游市场，积极组织人员定期或不定期到旅行社、旅游饭店、各景区点、农家乐进行检查，及时发现问题，限期整改。全年共出动车辆近50次，检查人员180人次。对于不符合要求的旅游景区（点）、星级饭店、星级农家乐和旅行社坚决予以取缔。全年共查处并取消了星级酒店2家，旅行社门市部2家、星级农家乐6家。

【宣传普及】举行“醉美新郑”摄影大赛和征文大赛。历时一年的“醉美新郑”摄影大赛，共征集到139位摄

“醉美新郑”摄影大赛年度颁奖仪式暨摄影作品展开幕式

重阳节拜祖

影家投稿3005幅（组）作品，对入选影展的88幅（组）作品分年度大奖、评委作品、文物遗迹、醉美风光、人文纪事、老城记忆6个部分，进行全方位展出。摄影作品展受到了广大群众的一致好评，摄影作品展也在新郑考院免费向公众开放。与河南日报社合作举办“醉美新郑”征文大赛，面向全国征集一批反映新郑历史文化、民俗风情、自然山水、美丽乡村、城市风貌等方面的优秀作品。积极参加宣传营销活动。组织新郑市旅游企业参加由省、市旅游局组织的宣传推介、旅游交易会、深圳文博会等活动，多措并举扩大宣传力度，全面展现新郑市旅游新形象，增强影响力和知名度。举办文明旅游宣传活动。为全面提高公民的文明旅游意识，促进游客文明素质的提升，举办了“国际博物馆日”暨“中国旅游日”系列宣传活动。扩大宣传平台。在客流量密集的郑州东站设立了墙体灯箱广告，充分展示了新郑市厚重的历史文化，有效地提升了新郑市的知名度。同时，积极发挥微信、短信等平台的宣传作用。充分发挥博物馆的宣传教育功能。升级改造《郑韩文物展》，举办鸡文化图片展、丁酉迎春书画展、拜祖寻根——王寿石、张红燕、王业东中国画三人展、中国古代货币展等临时展览，推出了亲子陶艺制作、拓片、剪纸、免费鉴定文物、木版画制作等公众互动活动和免费讲解服务。认真做好文物藏品科研和文物保护工作。完成了《黄帝故里——新郑青铜器》《溱洧遗珍》两书的编辑、出版、发行工作，发表《新郑出土带钩鉴赏》《新郑出土青铜兵器鉴赏》等文章，积极编辑、整理、拓印《开元图谱》《黄帝故里——新郑陶瓷器》相关文字、拓片和影像资料。开展文物保护基层行活动。在龙湖镇、实验中学、西亚斯大学等地，开展了多场文物保护专项宣传活动，使群众对新郑市的文化遗产知识有了进一步的认识和了解。积极组织文物知识培训活动。11月27日，举办旅游文物培训班对干部职工和旅发委成员单位进行旅游文物专业知识和十九大精神培训；在市直中学举行“学习践行党的十九大精神‘文物·文脉·文化自信’进校园”活动，为学校师生讲述厚重的历史文化和相关的文物保护法律知识。积极开发宣传品。高标准设计印制《悦读新郑》精华本、《游哉新郑》、扑克牌、手绘地图、醉美新郑画册等宣传品。

（撰稿：闵　博　审阅：樊战东）

卫生 体育

SANITATION AND SPORTS

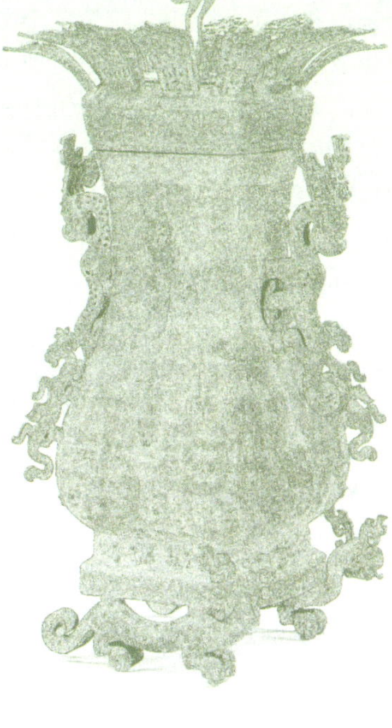

卫生 体育

SANITATION AND SPORTS

·卫生 体育>>>

SANITATION AND SPORTS

卫生 计生

【概况】新郑市卫生和计划生育委员会承担市域内卫生和计划生育服务资源配置、疾病预防控制、卫生和计划生育应急处置、医疗机构和医疗服务准入管理、卫生计生监督执法、深化医药卫生体制改革、基本公共卫生服务项目落实、中医药行业指导管理、卫生和计划生育服务信息化建设、依法管理计划生育技术服务、组织指导流动人口计划生育服务、开展卫生和计划生育科技教育宣传培训、开展卫生和计划生育健康教育和健康促进等职责。内设办公室、党办、纪检监察室、宣教科、财审科、编制人事科、行政审批科、信访安全科、医政科、疾控监督科、基层卫生科、妇幼健康科、中医科、药政科、政策法规科、规划信息科、计划生育基层指导科、家庭发展科、市直计划生育管理办公室、市流动人口计划生育服务管理办公室、健康教育所等科室。截至2017年底，全市共有卫生机构（含村卫生室）658个、床位4982张、卫生技术人员5193人，其中执业医师、执业助理医师2089人，注册护士2235人，乡村医生708人。

2017年是贯彻落实全国、全省卫生与健康大会精神开局之年，是全面深化医改攻坚之年。新郑市卫生计生工作紧紧围绕郑州国家中心城市次中心建设大局，以人民健康为中心，以健康新郑建设为统揽，以抓落实为主旋律，立足保障和改善民生，把握改革主线，突出基层重点，稳步推进卫生计生各项工作，取得了显著成效，获得国家级集体荣誉6项：新郑市被命名为国家慢性病综合防控示范区；新郑市和庄镇示范卫生院荣获全国百佳乡镇卫生院；新郑市新村镇卫生院、观音寺中心卫生院荣获2016—2017年度全国群众满意乡镇卫生院；新郑市新建路社区卫生服务中心荣获2017年度全国优质服务示范社区卫生服务中心；新郑市新烟街道办事处荣获全国生育状况抽样调查省级优秀单位称号；新郑市人口和计划生育药具管理站荣获全省计划生育药具服务规范示范站称号。省级荣誉11项：市卫计委荣获2017年全省卫生计生监督工作先进集体；市卫计委荣获2017年度河南省疾病预防控制工作先进集体；市卫计委荣获2017年度基本公共卫生服务项目管理先进单位；市卫生计生监督所在河南省2017年卫生计生监督工作“4+4+1”综合考评中荣获全省第一名；河南省第二届万步有约职业人群健走激励大奖赛优秀参赛县（市）；辛店镇中心卫生院荣获健康中原 2017河南（首届）基层好医生评选“十佳组织单位”；市卫计委主任李长法荣获全省卫生计生监督工作特殊贡献奖；市卫计委副主任李二峰荣获2017年度全省卫生计生行政审批先进工作者；市卫计委吴军旗、李俊梅、邵运峰被评为全国生育状况抽样调查省级优秀个人；市疾控中心赵秀梅被评为河南省2017年度严重精神障碍管理治疗工作先进个人；辛店中心卫生院刘现民荣获2015—2017河南省卫计委药政工作先进个人。市卫计委再次荣获郑州市卫生计生系统先进集体。

【卫生计生改革】积极推进卫生计生人员和资源整合。对委机关科室和人员进行调整整合，组织开展对全市各基层卫生计生单位现场观摩活动；成立新郑市妇幼保健服务中心（挂新郑市妇幼保健院牌子），各乡镇卫生院加挂“妇幼保健计划生育服务站”

牌子，接受市卫计委和乡镇政府双重管理，乡级计划生育工作仍由乡镇政府负责，已全部整合到位。积极推进公立医院建设。市公立人民医院建设顺利，已完成人员招聘，并在新郑市预备役营对新录用人员进行了军训，已投入试运营；市公立中医院建设于2017年9月29日奠基开工，各项建设工作稳步推进。持续深化县级公立医院综合改革。市妇幼保健院患者就诊费用得到有效控制，实现了基本药物、精麻药物网上统一集中招标采购，药品、耗材占比进一步降低，完善优化了“先住院，后付费”制度。家庭医生签约服务初见成效。居民签约115386户、475097人，签约率74.8%，其中重点人群156606人，签约率91%。签约居民2367人次已享受到签约减免优惠政策，减少承担165267.26元医疗费用支出。制定印发《新郑市医共体建设实施方案》，拟定新郑市公立人民医院医共体章程，构建医共体组织体系，完善相关制度，促进医共体办公会议顺利召开和签约、运行。基本药物制度进一步完善。全年审核发票1912张，审核金额6857.6万元，点评处方2700张，销售金额7057.6万元，直接让利患者1976.1万元。深化行政审批制度改革。全面推行“一口受理”综合受理服务，共办理行政审批业务和便民服务事项8307件。全力推进医师、护士、医疗机构电子化注册工作，完成医师电子化注册1252人，完成率96%。完成护士电子化注册996人，完成率96%。

【公共卫生服务】 全面落实省市民生实事。包括：免费开展城乡妇女“两癌”筛查，宫颈癌筛查10222人，乳腺癌筛查10228人，HPV筛查5164人；彩超NT筛查1751人次，血清学筛查2287人次；苯丙酮尿症和先天性甲状腺功能低下症筛查11638人，听力筛查数13569人；免费耳聋基因筛查11203人次；35种遗传代谢病筛查5173人；农村孕产妇住院分娩补助3132人，补助资金93.96万元；新增补服“叶酸”人数4064人；结直肠癌筛查评估干预2000例；筛查白内障患者2700例，完成手术1378例；规范出生医学证明管理工作，2017年首次签发14929份，各接产单位分娩活产数14827人，各助产机构新生儿活产数15635人；为全市乡镇卫生院各配备1辆体检车和1套便携式体检设备。2017年投入1149.58万余元，免费为全市60岁以上老人健康体检82113人次；共建立居民健康档案612020份，纸质档案合格率达到96.8%、规范化电子档案合格率达到82.5%。扎实推进流动人口基本公共服务均等化工作，为全市137名留守儿童流动人口家庭及流入家庭发放宣传生活物品；开展“人口流动健康同行，计划生育倡导文明”为主题的“7·11”世界人口日宣传服务活动；为在新郑居住6个月以上的流动人口建立健康档案623人；为非新郑市户籍的60岁以上流动人口健康体检395人；免费为630名流动人口家庭的0—3岁儿童进行了体检，免费提供健康检查服务917人次，免费开展妇科病普查服务413人，为11名非新郑户籍流动人口进行免费产前筛查。卫生应急工作有序开展，全年受理120电话30684次，派出急救车辆17862台，派诊16036次，共接诊病人11710人；圆满完成丁酉年黄帝故里拜祖大典、黄帝文化国际论坛、百姓大舞台文艺演出、第四届运动会全民健身大会、园博园开幕等重大活动医疗救护保障工作；完成重大交通事故、塌方、溺水、食物中毒、电击伤、煤气中毒、瓦斯爆炸、打架斗殴等17起重大突发事件救援工作；举行实战演练5次，参加演练急救人员216人次，提高了应对突发事件的处置能力。

【医疗服务管理】 开展“提升医疗质量改善医疗服务活动年”活动，以提升基层服务能力为契机，以提高患者就医获得感为目的，进一步加强提升医疗质量改善医疗服务工作相关指标数据监测。积极在辖区二级以上医院开展预约诊疗服务工作，促进辖区医疗卫生机构服务水平提升。稳步推进医养结合工作，落实分级诊疗、双向转诊制度，在辖区各医疗卫生机构中选取基础条件好的为试点，率先实施居家医疗养老、社区医疗养老、机构医疗养老、协议医疗养老等措施。以家庭医生签约服务为主的居家养老模式进展顺利，辖区已签约服务 27202名老人。以孟庄镇潮河新城社区为试点的社区养老模式和以和庄镇示范卫生院为试点的协议养老模式目前各项工作有序开展。以新郑市人民医院、新郑市中医院、新建路社区卫生服务中心为试点的医疗机构养老模式情况较好，并得到推广。新郑市公立人民医院老年医养康复中心项目就是机构养老推广的典型，该项目已列入新郑市十三五规划项目库。印发《新郑市县乡医疗机构分级诊疗病种目录》文件，明确县乡医疗机构应诊应治病种，为推进分级诊疗、双向转诊，按病种付费工作奠定坚实基础。2017年上转病人2891例，下转2例。扎实开展对口支农工作，全市4家二级医疗机构具有中高级职称的127人到乡镇卫生院和社区服务中心开展支农工作。组织开展“服务百姓健康行动”大型义诊活动周活动。组织第四周期医师定期考核工作，全市235家医疗机构1792名执业（助理）医师参加定期考核；为乡镇卫生院及社区卫生服务中心招录了16名专技人员。加大科教工作，选派7名执业医师参加全科医师转岗培训。推进住院医师规范化培训工作，组织115人参加临床住院医师规范化培训。对2369名继续医学教育人员进行了学分初审，1901人审核合格，组织全市30家医疗卫生单位继续医学教育学分审核全部实行网络电子化审核培训。举办20项郑州市继

2017年2月24日上午，我市召开市公立人民医院管理理事会和监事会成立大会暨首届理事会第一次会议

续教育项目，共组织3000余人次参加了培训；完成20家医疗机构生物安全实验室备案工作。积极推进云计算项目，加快推进信息化建设，全面推行基层医疗卫生机构管理“云计算”项目，全部完成村卫生所云计算项目推广。

【计生服务管理】全面落实二孩政策，规范办理二孩生育登记服务，优化办事流程，简化办理手续，科学释放生育堆积，生育登记服务8704例，其中二孩登记服务5079例，全市生育登记服务目标人群覆盖率达97.28%。扎实开展计划生育优质服务，认真抓好康检、避孕节育、优生监测、妇女病普查普治、证件办理、药具和宣传品发放等免费项目的落实，不断提高育龄群众知识普及率、已婚育龄妇女管理率和已婚育龄群众满意度。持续深化国家免费孕前优生健康检查项目，全市为群众发放优生宣传品1.1万余份，提供优生咨询7200人次，孕前培训8434人次，为5236对计划怀孕夫妇提供了免费孕前优生健康检查服务，为3034名参加优生检测的服务对象提供早孕及妊娠结局随访服务，免费孕前健康检查覆盖率达到了110.58%，超额完成全年工作目标。新婚登记人员6372对，婚检人数1205对，婚检率19%。创新计划生育药具服务，在市、乡、村三级医疗卫生机构设立药具免费发放服务网点272个，新增13台二代药具发放自助机。扎实推进计生宣传工作，举办了以“优质服务，健康万家”为主题的广场宣传咨询服务活动，联合市委宣传部、文明办、教体局等10部门制定下发了《关于“十三五”期间深入推进婚育新风进万家活动的意见》，督促落实计划生育宣传工作考核标准，推进各乡镇、街道、管委会计生宣传工作扎实开展。新家庭计划—家庭发展能力建设项目试点活动顺利进行，针对群众需求开展了“关爱儿童成长守护青苹果”“消防知识培训及灾害逃生演练”等培训活动26次，培训群众1万余人次。全面落实奖励扶助政策包括：确认农村奖励扶助对象2505人，发放资金280.56万元；特别扶助对象65人，发放资金49.512万元；60周岁以上对象35人，发放资金20.46万元；独生子女父母奖励费发放8485人，发放资金203.64万元；节育奖对象2883人，发放资金34.596万元；50—59周岁计生家庭生活补贴对象7949人，发放资金381.552万元；独女领证家庭补贴对象245人，发放资金8.82万元；参合费补贴对象25106人，发放资金376.59万元；计划生育特殊困难家庭一次性救助对象3人，发放资金15000元；确认城镇奖励扶助对象1052人，发放资金117.824万元；确认城乡居民基本养老保险计划生育补贴对象12130人，其中缴费补贴对象为10812人，养老补贴对象1318人，共发放资金171.384万元；确认516名学生享受中招照顾10分录取政策。组织开展了计划生育家庭“五关爱”活动、“亲情牵手”结对帮扶等活动，共走访返乡流动人口家庭1280户，摸排出留守儿童家庭217户，流动人口困难家庭56户，慰问帮扶流动人口家庭147户。免费提供就业信息230条，帮助37人在家门口就业。为全市137名留守儿童流动人口家庭及流入家庭发放洗衣粉 100袋、书包20套、脸盆100个、文具盒 100个、杯子150个。拨付11项利益导向专项资金1561.014万元。着力加强计划生育干部队伍建设，全市295个行政村均配备了卫生计生专干，其中117人进入村两委班子。加强出生人口信息统计，准确掌握人口数据，与相关部门交流婚姻信息9481条，出生信息14904条，人口死亡信息3806条。全市MIS系统统计出生9935人，其中政策内出生9649人，出生政策符合率达到了97.12%。

【行政监督执法】以创建河南省示范卫生计生监督机构为契机，着力提升卫生计生监督队伍内涵建设和卫生计生监督执法水平。稳步推进日常监管工作，对全市526家医疗机构、180家美容机构、33家公共场所、49家洗浴场所、5家现有餐具消毒单位、10家集中供水单位、3家涉水产品企业等进行了专项监督检查。政府办基层医疗卫生机构开展卫生监督协管服务比例100%。查处公共场所、医疗、消毒产品、生活饮用水等案件286起，结案284起，申请法院强制执行1起，移送公安机关1起，捍卫了法律的尊严，保障了人民的健康权益。组织开展“市民体验日活动”18次，树立良好的监督执法新形象。强化行政执法人员法制教育培训，招录4名卫生计生监督所工作人员，提升监督执法队伍素质，在第五届郑州市卫生计生监督知识竞赛和技能比武活动及河南省“千案评比”推精品活动中均取得优异成绩；先后邀请并接待全国16个省份和省内兄弟卫生计生监督机构前来参观交流48次，接待1300人次。积极做好服务型行政执法工作，圆满承接了郑州市卫生计生服务型行政执法示范点经验推广培训会在新郑市顺利召开。开展打击“两非”联合执法活动，组织公安、食品药品监管、宣传、工商质监等部门开展联合执法活动6次，查处两非案件4例。加强对违法生育行为查处和社会抚养费征收管理，查处社会抚养费征收案件214起，征收社会抚养费243余万元。

【中医药服务】狠抓中医医疗机构医疗质量和医疗安全管理，规范中医医疗机构年度校验工作，引导开展中医特色诊疗技术，发挥中医药简便廉验的特色优势，提高中医药治疗率。举办新郑市基层中医适宜技术培训班，分别在郑州市骨伤病医院、河南省卫生厅培训中心成功举办新郑市中医适宜技术培训。组织全市10家乡镇卫生院、4家社区卫生服务中心中医师及各辖区卫生所村医及全市中医诊所人员进行培训，培训600余人次。组织中医师承和确有专长报名工作和中医医师定期考核工作。举行了新郑市中医药科普文化进基层活动，开展学习宣传贯彻《中医药法》活动。组织109名中医医师参加郑州市中医住院医师规范化培训报名及考试工作，组织新郑市第四届中医药技能竞赛、新郑市中医基础竞赛、新郑市中医技能比武活动，选拔出15名优秀选手参加郑州市比赛，其中有1名选手代表郑州市参加河南省级竞赛。

【疾病预防控制】加强手足口病、结核病等传染性疾病监测防控工作，及时处理预警信息，法定报告传染病发病率连年下降，未发生聚集性疫情。积极做好慢病防控工作，圆满完成学校学生常见病、传染病督导和教学环境监测、口腔疾病干预年度工作任务。精神病人发现率、管理率、死亡登记率连续5年郑州市第一，县市区唯一达标。荣获第二届“万步有约”活动河南省第三名和全国万步有约优秀组织奖，被确定为全国职业人群健走示范区；顺利通过了国家级慢性病综合防控示范区验收。开展了以“每天一点碘，健康多一点”为主题的碘缺乏病宣传活动，完成300份的碘盐监测，合格率98.97%。报告布病病例13例，开展鼠疫监测6次，对企业和乡镇食品、公共场所从业人员免费健康检查53759人，对辖区内的公共浴池、美容美发、旅店业、文化娱乐场所进行检测2030份，免费检测生活饮用水1207份，对全市企业接触职业危害因素的1570名人员进行职业卫生健康检查。适龄儿童国家免疫规划疫苗接种率95%，0—6岁儿童管理56388人次，孕产妇管理6898人次，高血压患者管理45370人，Ⅱ型糖尿病患者管理18483人，65岁以上老年人健康管理64819人，重性精神疾病患者管理1725人，结核病健康管理267人。中医药健康管理服务目标人群覆盖率98%。深入实施健康促进行动，创建健康单位25个、健康酒店11个、健康食堂10个、健康学校13个、健康社区85个、健康小屋23个、健康主题公园3个、健康步道8条。2个学校开展“快乐10分钟”活动。开展健康巡讲活动5场、健康大讲堂活动300场次，听众人数总计达到30914人次。开展各种卫生日宣传义诊活动14次，义诊咨询群众26543人次，免费体检5207人次，发放宣传资料90116份。编写播发手机健康知识信息50期，信息量达30万余条，受益人数达170571万人次。举行全市创建全国健康促进县启动仪式，召开全市健康促进工作加压促阵会和领导干部培训会，开展居民素养监测基线调查工作，积极做好健康促进医院的创建工作，制作各类宣传材料，推动新郑市的创建工作形成高潮。

3月5日，新郑市医疗志愿者服务队为群众义诊。当天，是全国第49个学习“雷锋日”，新郑市二十多家企事业单位千余名群众走上街头，为群众义诊、清扫街道、劝阻不文明行为，以实际行动践行雷锋精神

【精准健康扶贫】 通过全年三次入户调查，新郑市未脱贫人口中因病致贫250人、慢性病人数351人，罹患儿童先心病等9种重大疾病13人，真正做到健康扶贫工作底数清、思路明。对口扶贫活动开展以来，全市各级医疗机构共开展义诊210次，惠及群众1万余人次，发放大礼包9000个。对持有贫困人口健康保障证的农村建档立卡贫困人口在市、县、乡三级医疗机构就诊实施“七免一减”惠民政策，共为286名贫困人口减免费用47721.9元。按照“先基本医保、大病保险、再大病补充保险、最后商业保险”的原则，充分发挥各项制度的衔接保障作用，2016年底由新郑市财政出资为560户、1743人贫困人口购买了补充医疗保险，2017年，共为321名贫困人口报销了969171.64元费用。结合卫生计生工作实际和脱贫攻坚工作，组织广大党员干部到具茨山郭老庄村开展了多次专家义诊、免费体检、健康知识讲座、蚊蝇消杀、电影播放、党员入户清洁家园、村容村貌整治等多项活动，融洽了干群关系，深受群众好评。

（撰稿：田胜利　审阅：宋雪梅）

爱国卫生

【概况】 2017年，新郑市爱卫办坚持“创建为民、为民创建、持续创建”，紧紧围绕“两个城市”（国家卫生城市、国家健康城市）建设工作，深入推进“文明新郑、整洁新郑、畅通新郑、健康新郑、生态新郑”五大行动，城市基础设施进一步完善，精细化管理进一步提升，一些薄弱环节得到有效治理，城市面貌井然有序，不断巩固国家卫生城市创建成果，被郑州市人民办公厅评为爱国卫生杯铜杯，顺利创成郑州市级文明单位，被郑州市爱卫办确定为省级健康城市试点，获得黄帝故里拜祖大典、新型城镇化、中心组学习、三农、档案等工作先进集体。

【国家卫生城市管理】 扎实开展城乡清洁行动。持续开展全城清洁行动，对全市深入开展四清行动：一是全面彻底清洗住宅小区、企事业单位公共区域、绿化带、行道树积尘；二是全面清理整治各类卫生死角，清理积存垃圾，杜绝垃圾乱堆乱放；三是对重点区域内楼宇进行立面清洗和楼顶保洁；四是对城中村、城乡接合部的环境卫生进行整治，清理垃圾、杂物，减少黄土裸露。自2017年6月1日起，全市各乡镇(街道、管委会)、市直各单位每周利用周三、周五集中开展不少于两次清洁清洗行动。2017年共开展城乡环境清洁行动46周次，组织卫生观摩活动14次，对全市15个乡镇街道辖区城乡主次干道等问题进行督查整改，累计限期整改1260项，均得到有效整改。

健康城市建设稳步推进。健康城市建设是全面建成小康社会、建设健康中国的重要内容，是推进新型城镇化、解决当前“城市病”问题的重要抓手，是“将健康融入所有政策”理念的有效实现形式，是国家卫生城市升级版。2017年被列为省健康城市试点，梨河镇、薛店镇列入健康村镇试点。借鉴郑州市经验，按照招标程序，聘请上海复旦大学专家制定“健康城市健康村镇建设工作规划”，2017年已完成前期调查问卷，下一步，将根据本市实际，制定新郑市健康城市总体规划。

国家卫生城市复审工作提前动员。于12月召开了新郑市国家卫生城市复审暨省级文明城市创建“双迎攻坚”动员会，全市副处级以上领导、各级各部门主要负责人和主管副职以及企业、商户代表1100余人参加会议。成立以市委书记刘建武，市委副书记、市长马志峰任组长，市委副书记任常务副组长，相关四大班子领导任副组长，各级各部门主要负责人为成员的“双迎攻坚”工作领导小组，对工作任务进行了详细分工。

【农村卫生工作】 深入开展城乡环境卫生整洁行动。按照全国、省和郑州市爱卫办工作部署，根据郑州市新型城镇化、“美丽乡村”建设及改善农村人居环境的要求，开展了迎新春卫生大扫除、丁酉年黄帝故里拜祖大典和重点区域综合整治、夏收秋收农村环境治理、园博园环境整治等活动，加强了基础设施建设，改善了农村人居环境。开展了城乡环境卫生综合整治活动、全城清洁行动及改善农村人居环境整治活动，共投入资金1.8亿元，出动车辆9830台次，清运垃圾148361立方米，清理卫生死角1500余处、蚊蝇滋生地450余处，清理无主垃圾120余吨，道路绿化276250米，硬化背街小巷道路28080米，修排水沟30000多米。

狠抓城中村及城乡接合部整改。重点对社区、铁路、道路、沟渠、河道等重点区域，深入开展“六清”活动，累计清理处置各类垃圾近千万立方米，清除“四害”滋生地1.7万处，清除旱厕、废品收购点等830处，垃圾围城现象基本消除。建立健全城乡环境卫生长效管理机制，有力促进环境卫生管理规范化、制度化、科学化。

各级创建工作有序推进。坚持“创建为民、为民创建”理念，按照省、市级创建时间节点做好卫生镇、卫生村、卫生先进单位等创建验收工作。全市成功创建国家卫生镇2个（薛店镇、梨河镇）、省级卫生镇4个（龙湖镇、新村镇、和庄镇、孟庄镇）、郑州市卫生乡（镇）4个（辛店镇、观音寺镇、郭店镇、城关乡）、省级卫生先进单位67个和卫生村（社区）49个、郑州市级卫生先进单位56个和卫生村（社区）44个、郑州市无烟单位242个。

【健康促进工作】采取多种形式，扎实推进健康教育和健康促进，提高广大人民群众的健康知识知晓率和卫生行为形成率，树新风，除陋习，倡导文明生活方式，营造良好社会风尚。

结合世界卫生日、爱国卫生月、世界厕所日等卫生宣传日，大力开展健康知识宣传活动，制作爱国卫生宣传版面200余块，印发预防寨卡病毒、登革热、季节性防病知识等20余种折页35万余份，印制健康素养66条、爱国卫生知识等手册2万余本，制作创卫喷绘标语2万余平方米等，提高了职工和市民的健康知识普及率。

完善三级禁烟控烟工作组织网络，规范禁烟标志、吸烟劝阻员队伍；加强公共场所禁烟控烟检查，提高公众对烟草危害的正确认识，促进形成不吸烟、不敬烟、不劝烟的社会风气。

【病媒生物防制工作】坚持"预防为主，消杀为辅，群专结合"的原则，大力清除病媒生物滋生地、完善防护设施，将全面推进病媒生物防治工作常态化、科学化、制度化、规范化、市场化建设作为重要手段，以加强农贸市场、重点场所、公共卫生、公共环境等专项治理为主要内容，夯实筑牢公共卫生基层基础。对14个专业市场全面升级改造，督促"五小门店"严格落实卫生管理制度，切实做到店内整洁、证照齐全、消毒和"三防"设施完善。全市各级病媒生物防制经费投入约760万元，确保了本市病媒生物防制工作顺利开展，有效控制四害密度。

【争创郑州市级文明单位】以创建郑州市级文明单位为契机，投资近10万余元开展机关文化的硬件建设，对楼道、走廊的文化墙进行更新完善，悬挂文明用语和名言警句，购置乒乓球桌、围棋、象棋、跳棋、篮球，健身器材等文化娱乐设施和用品，文化体育基础设施有了极大改善，并定期组织娱乐活动，丰富了干部职工的业余文化生活；美化、绿化办公环境，完善了图书室、荣誉室、党员活动室等场所，为机关文化建设创造了良好的条件。通过开展道德大讲堂、文明礼仪学习实践等活动极大地丰富了干部职工的业余生活，传递了社会主义核心价值观，激发了爱国主义热情，通过学雷锋志愿者进乡镇、进社区、进村庄、进单位等活动，开展爱国卫生宣传，指导其卫生生单位创建，形成了良好的社会氛围。

（撰稿：王兴涛　审阅：赵建军）

体　育

【学校体育】新郑市学校体育工作紧扣推动学校体育课程有序开设，严格落实"每天锻炼1小时"规定，组织开展丰富多彩的体育活动，努力打造校园文化品牌。积极开展体育"一校一品"特色建设，通过创建及展评活动的示范引导作用，逐渐形成了"校校均有体艺特色项目，周周均有学生社团活动，生生均有体育艺术技能"的良好局面，目前外国语小学的足球、市直小学的轮滑、和庄镇中心校的跳绳等均形成了自己的特色品牌。加快"足球进校园"工作步伐，2017年新郑市市直中学等12所学校被评为第三批"全国青少年校园足球特色试点学校"，截至2017年年底，全市共有全国足球试点学校14所。同时打造新郑市校园足球"班级、校级、乡镇级、市级"四级竞赛体系，在做好校园足球普及工作的同时，丰富了新郑市校园足球工作的发展内涵，进一步保证新郑市校园足球质量的提升。新郑市第一中学等4所学校通过教育部验收并被命名为"第一批全国青少年校园篮球特色学校"。组织新郑市2017年中小学生春季田径运动会暨苗子选拔赛，共有10个乡镇、街道中心学校和15所局直学校的400名运动员参赛，经过参赛运动员的激烈角逐，一中分校、实验中学、实验小学分别获得了局直学校各组团体总分第一名；龙湖镇中心学校包揽了乡镇小学组、初中组团体总分第一名。组织新郑市中小学生乒乓球比赛束，共有11个乡镇、办事处中心学校、12所局直学校的256名运动员参加了6个组别的比赛，经过激烈角逐，新华路小学、实验中学分别夺取了局直小学、初中组团体总分第一名，新郑三中、新郑二中并列高中组团体总分第一名，辛店镇中心学校夺取了乡镇小学组团体总分第一名、郭店镇中心学校夺取了初中组团体总分第一名。

【社会体育】以全民健身月、全民健身日为活动载体，充分利用媒体、宣传标语、网络平台等形式，大力宣传《全民健身纲要》《全民健身条例》和《河南省体育发展条例》，发放《全民健身指导系列之健康指南》等科学健身资料10000余份，调动了广大群众参加体育健身的积极性。全年组织了两期200人的新郑市社会体育指导员培训班，分批分期参加了郑州市体育局组织的社会体育指导员培训学习，有28人取得二级社会体育指导员任职资格。新郑市亲民、便民、惠民的全民健身工程体系基本形成。2017年建设农体工程30套、健身路径36条，从阵地建设到人才培养，齐抓共管，倾力打造全民健身乐园。为更好地指导全民健身，2017年，新郑市教体局国民体质监测站制定了"轻松测体质 全民奔健康"系列活动计划，组织全体人员带着设备下乡镇、进校园、进社区、进机关单位、进高校等为市民进行体质监测，开出运动处方，指导科学健身。先后走进郭店

全民运动会开幕式

镇、龙湖镇、领秀城社区、市直小学、实验小学、黄水路小学、市直中学、升达大学等乡镇、社区、学校，为广大市民提供科学体质监测服务。针对当前人口老龄化问题，广泛开展了新郑市老年人门球比赛、太极拳比赛、放风筝比赛、健身气功比赛以及新郑市第十九届老年人运动会等老年人体育活动，参赛人数达到了5000余人。响应郑州市委、市政府号召，积极组队参加了郑州市老年人运动会、郑州市老年人健步走比赛等活动，丰富了老年人的体育生活，取得了优异成绩，受到了郑州市体育局的表彰和好评。2017年，新郑市教体局组织开展了各类群众喜闻乐见、健康向上的群众性体育活动；如新郑市第四届运动会暨全民健身大会盛大开幕式和10项比赛、新郑市农民篮球赛等，让城市充满活力、勃发生机。

（撰稿：时巧玲　审阅：冯　煜）

社会生活

SOCIAL LIFE

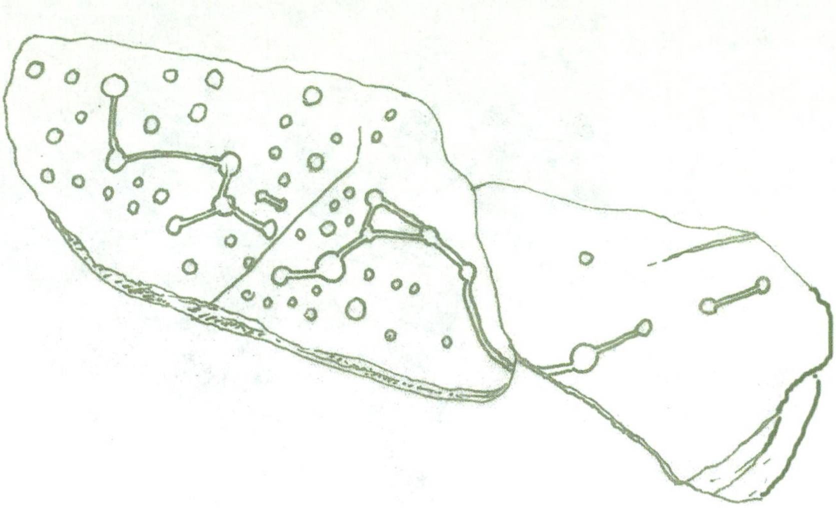

·社会生活 >>>

SOCIAL LIFE

民政工作

【概况】新郑市民政局位于中华路中段，内设10个行政科室，下属10个事业二级机构，分别是社区建设服务局、民间组织管理局、殡仪馆、人民政府地名办公室、殡葬管理所、军队离退休干部休养所、光荣院、烈士陵园、殡葬改革执法队、社会福利服务中心。2017年，新郑市民政局牢固树立和积极践行“民政为民、民政爱民”理念，以“走前列、争一流、创品牌”为目标，开拓创新、锐意进取，全面完成了今年各项目标任务，获得了“河南省双拥模范单位”“河南省专项信访工作先进单位”“2016年度郑州市民政工作先进集体”“2016年度新郑市绩效考核优秀单位”等荣誉称号。

【城乡居民最低生活保障】提高城乡低保和农村五保户标准。2017年7月，将城市低保标准由550元提高到600元，农村低保标准由320元提高到380元。规范完善居民家庭经济状况核对工作。目前，新郑市城市居民最低生活保障工作已基本实现申请与审批程序化、资金筹措制度化、档案管理规范化、资金发放社会化和信息传输网络化的管理模式。实现了动态管理下的“应保尽保”和“分类施保”，2016年，累计核增964人次、核减1882人次，为全市城乡低保对象5770户10313人发放保障金3059.65万元。

【城乡医疗救助】累计为3856人次城乡低保、特困人员供养对象等困难群众解决医疗救助款399.28万元，其中通过医疗救助定点医院同步结算3659人次，发放医疗救助款359.26万元。按照个人申请、民政局审批的程序，累计为79人次住院的城乡低保、特困人员供养对象等困难群众，发放医疗救助款29.44万元。累计为118人次门诊治疗的城乡低保、特困人员供

新郑市民政局召开端午节廉政谈话会

养对象发放医疗救助款10.58万元。很大程度上缓解了城乡低保、特困人员供养对象等困难群众看病难问题。

【特困人员救助供养】 将特困人员供养资金全额列入财政预算，实行社会化发放。特困人员救助供养标准包括基本生活标准和照料护理标准，2017年7月，将城市特困人员基本生活标准调整为每人每月900元，农村特困人员基本生活标准调整为每人每月570元。特困人员自理能力分为具有生活自理能力、部分和完全丧失生活自理能力三挡，照料护理标准分别达到172元、430元、1032元。今年全市共有特困供养人员1207人，发放特困人员救助供养资金936.39万元。

【救灾救济】 积极开展扶贫济困送温暖活动，春节期间共下拨棉衣3200套、棉被200条、面粉6吨，为2066人次困难家庭发放临时救助款122.91万元，保障了困难群众的基本生活。

【优抚安置】 为各类优抚对象发放抚恤补助资金1939.57万元，为46名立功受奖现役士兵发放奖金1.72万元，为758人次发放义务兵家庭优待金2558.81万元。出资49.31万元全额资助优抚对象参保参合，为296名优抚对象每人每年发放500元的慢性病门诊补助14.8万元，为200名优抚对象发放医疗补助款18万元，为122名生活困难的优抚对象发放救助资金5万余元，春节、八一期间为部队送去慰问物资价值90万元。

【社会福利】 全年共为全市38名孤儿发放养育金43万元，为全市2人次艾滋病致单亲家庭未成年子女，发放救助金6000元。为全市2名艾滋病致单亲家庭未成年子女，发放救助金5250元，为266名艾滋病患者发放补

新郑市民政局以“慈善·奉献·感恩”为主题的道德讲堂活动走进薛店镇第一初中

助55.64万元。累计救助城市流浪乞讨人员179人次，救助城市流浪乞讨人员中危重病人27人次、护送返乡19人、弃婴5名。为全市1110名特殊困难老人发放生活补贴107.76万元。开展农村留守儿童关爱保护工作，与公安、教育等部门联合开展农村留守儿童关爱保护专项行动，制定了《加强农村留守儿童关爱保护工作的实施意见》。登记建档的留守儿童199人，全部与经过评估合格的监护人签订监护责任书，明确监护责任。为符合条件的困难残疾人和重度残疾人，发放两项补贴624.68万元。

【老龄工作】 对机关、企事业80周岁以上老年人进行统计核查，查出符合发放高龄津贴老人1609人。目前，全市已建成社区托老站43家，已有13所社区托老站投入使用，补贴26名服务人员的工资35万元。制定《新郑市加快养老服务业发展实施方案》，从强力推进养老机构建设、推动社区养老全覆盖、切实保障养老土地供应、有序开放养老服务市场、加大政府购买服务力度、提升养老机构服务质量等方面，提供养老服务业政策支持。

【社会事务】 提高了殡葬管理与服务水平，全年共火化遗体3810具，其中新郑籍2670具、郑州市辖区及航空港区890具、外地市145具、无名尸105具。2017年4月1日起，对新郑籍亡故人员全部免除基本殡葬服务费，成功承办了郑州市第十届集体树葬活动。全年共完成结婚登记6371对，离婚登记3110对，补领结婚证2260对，补领离婚证158对。办理收养登记6人。对地名标志进行了清理整治，补设路牌17个。对龙湖镇、郭店镇、薛店镇上报的70多条道路进行了实地调查、审核，对34家新开发建设的项目名称进了审核备案。积极开展平安边界创建活动，完成了新郑市与新密市界线联合检查工作及新郑新密线新型界桩更换工作。认真完成界桩月巡查任务，及时上报管护情况报表。完成了地名普查省、市级审验工作及《地名大词典》新郑部分撰稿上报。

【社区服务】 切实强化城市社区服务专项经费管理，充分发挥城市社区服务专项经费的最大社会效益，根据对各街道、管委会、乡镇社区建设考核情况下拨了2016年社区专项服务奖

励经费340万元。联合组织部下拨社区专项服务基本经费230万元。做好省属国有企业社会化管理工作，目前，已全部完成省属国有企业退休人员移交工作。

【民间组织管理】 新成立登记社会组织30家，变更登记11家，注销登记1家。本年度社会组织总数263家，其中，社会团体67家，民办非企业单位196家。备案社区社会组织5家。对233家社会组织进行了年度检查，完成了社会团体脱钩工作。配合教育部门对民办教育培训机构进行了清理整顿，对90多家社会组织进行了现场检查。对符合条件并自愿参加评估的社会组织，及时开展了评估工作。

【慈善事业】开展了“慈善SOS”“牵手工程”“爱心成就梦想”等活动，资助困难群众、应届贫困大学生、困难大学新生等99人，共35.05万元。

（撰稿：杨明辉　审阅：高新晓）

社会保险

【概况】 郑州市社会保险局新郑分局位于新郑市中兴路与文化北路交叉口新郑市政务服务中心，是本市社会保险业务经办管理单位，主要负责全市社会保险的筹集、支付、管理、运营事务，组织实施社会保险的基础性、技术性、事务性和服务性工作。郑州市社会保险局新郑分局前身为新郑市社会保险局，2016年10月改现名，且编制内人员全部移交至郑州市人力资源和社会保障局垂直管理，内设办公室、基金财务科、社保综合科等17个科室，在政务服务中心一楼设有服务大厅一个，共有12个对外服务窗口，业务经办涵盖养老、医疗、工伤、失业、生育等5项保险9大类业务，实现了各项社会保险的一站式办理。2017年以来，郑州市社会保险局新郑分局围绕全市中心工作，紧贴民生服务诉求，创新经办模式，完善管理制度，不断提升社会保险经办管理水平和服务质量，较好地完成了各项工作，先后获得“郑州市人力资源和社会保障工作先进单位”“新郑市支持新型城镇化建设先进单位”“新郑市综合目标考核先进单位”等多项荣誉称号，为保障人民生活、促进经济发展、维护社会稳定做出了积极贡献。

【社保扩面】 深入实施全民参保登记计划，以实地督导和微信日通报相结合的方式，强力推进全民参保登记计划工作，在郑州市各县市区中率先完成辖区内全部32511人的信息数据入库工作。同时注重全民参保登记计划成果的运用，以未参保人员、产业集聚区外来务工人员为重点，积极做好社会保险扩面征缴工作。2017年，全市新增参保企业151家，新增参保职工5778人，企业职工基本养老保险累计参保人数达到6.95万人，完成郑州市目标任务的106.3%，其中在职职工6.18万人，完成郑州市目标任务的106%。基本医疗保险参保人数达到66.14万人（其中职工医疗保险参保5.43万人，居民医疗保险60.71万人），完成郑州市目标任务的103%。工伤保险参保人数达到6.67万人，完成郑州市目标的100.3%；失业保险参保人数达到5.04万人，完成郑州市目标任务的117.2%；生育保险参保人数达到5万人，完成郑州市目标任务的138.9%.

【基金征缴】 2017年，企业职工基本养老保险累计征缴基金47776.73万元，完成郑州市目标任务的155.6%；机关事业养老保险累计征缴基金31092.68万元。职工医疗保险累计征缴基金29430.07万元，完成郑州市目标任务的173.1%；职工工伤保险累计征缴基金5653.44 万元，完成郑州市目标任务的342.6%；职工失业保险累计征缴基金3482.66万元，完成郑州市目标任务的290.2%；职工生育保险累计征缴基金2459.72万元，完成郑州市目标任务的196.8%.基金征缴数额与去年同期相比增幅较大，原因是2016年10月份系统升级造成2016年11—12月社保费没有按时征收，清欠后计入了2017年征缴数额。

【待遇发放】 认真落实政策，各项社保待遇及时足额发放到位。截至12月底，为7628名企业离退休人员及遗属发放养老金（遗属补助）21912万元，为6918名机关事业单位离退休人员发放养老金3.55亿元，为8.9万名60周岁以上城乡居民发放养老待遇19545万元，为2984名原民办教师发放养老补贴351万元，为899名农村社会养老保险参保居民发放养老待遇7.5万元，为参保职工和居民发放医疗保险待遇50777万元，为248名享受工伤保险待遇人员发放工伤保险待遇1248万元，为132名享受失业待遇人员发放失业保险金234万元，为1571名享受生育保险待遇人员发放生育保险待遇1875万元。社会保险待遇按时足额发放率和社会化发放率持续保持100%。

【调待政策落实】 按照省市文件精神，自2017年7月1日起，将城乡居民基础养老金最低标准提高到每人每月160元。自2017年10月1日起，将失业保险待遇由1280元/月调整至1376元/月。为14069名退休人员调整养老金，其中企业退休职工7274人，人均月增资139元。机关事业单位退休职工6795人，人均月增资270元，共补发养老金2400万元。按时完成全市81名工伤人员及因工死亡职工供养亲属定期待遇调整和补发工作，每月增加金额11724元。

【援企稳岗工作】 积极做好失业保险参保职工职业技能补贴申报的宣传工作，加大失业保险稳岗补贴政策的落实力度，使用稳岗补贴实名制信息系统，精简工作流程，提高办事效率，实现稳岗补贴申请、审批、公示、发放业务流程的全程信息化。截至2017年12月底，发放一次性创业补助金5000元，为3人发放技能补贴1200元，已有15家申请稳岗补贴的用人单位通过郑州市审批，稳岗人数达1862人，补贴金额达到465.5万元。

【退役军人安置】 认真落实省市关于退役军人社会保障工作会议精神，积极配合新郑市民政部门对全市退役军人参加社会保险情况进行核对分析，结合省市要求和新郑市实际，积极提出合理化建议，完成了第一批退役军人的参保信息录入工作，确保本市退役军人安置工作的顺利进行。

【困难群众大病补充医疗保险】 2017年，由新郑市财政出资75.28万元，为5019名未参加城乡居民医疗保险的困难群众办理了参保缴费手续。全市范围内县、乡两级城乡居民医疗保险定点医疗机构已实现城乡居民医疗保险、大病保险、困难群众大病补充医疗补充保险的“一站式”结算。协调人保健公司在大厅开设专门窗口，实现困难群众医保参保、报销和大病补充医疗保险的一站式办理。截至12月底，累计为1226名困难群众报销医疗费用1921人次共320.16万元。

【社保基金日常运行监管】 对全市8.7万名城乡居民养老保险享受待遇人员进行资格认证，对未进行养老金资格认证的713名人员停发待遇。加强与人社、民政、公安等行政部门的信息比对，同时与省、市、县三级职工养老保险信息进行比对，实现常态化信息提取和数据比对，防止死亡冒领和重复领取养老保险待遇情况的发生。截至2017年12月底，共核对民政死亡人员信息15681条，并及时对900名死亡人员做待遇停发处理。完成死亡冒领追缴人员102人，追回冒领金额5.8万元。完成重复领取待遇追缴人员80人，追回重复领取待遇金额27万元。积极探索开展社会保险资产追偿工作，认真梳理长期欠费单位具体情况，对23家营业执照已注销或被吊销的用人单位，暂停了征缴计划。对营业执照正常的欠费单位，发放催缴通知书254家，督促其按时补缴。

（撰稿：尹高林　审阅：郭玉玲）

残疾人事业

【概况】 新郑市残疾人联合会成立于1989年8月，副科级规格，民政局代管，1997年12月升为正科级规格。2000年9月独立成为正科级单位。内设办公室、理事办、维权部、康复部、组联部、教育就业部、编制人事科残疾人就业服务中心。办公地点位于中华路北段。

【两项补贴】 配合民政部门实施“两项补贴”工作。重度残疾人护理补贴和困难残疾人生活补贴项目，主要是由民政部门牵头实施，残疾人联合会的职责是配合民政部门做好配合审批工作。今年以来，本会积极做好“两项补贴”宣传工作，将符合“两项补贴”的名册分发至各乡镇，组织专门人员，每月月初做好审批和安排工作，落实残疾人两项补贴工作。截至12月底，全市共有3340人享受重度残疾人护理补贴，每人每月发放100元，1731人享受困难残疾人生活补贴，每人每月发放120元，让受助残疾人减轻家庭负担。

【资助残疾人学生】 为保障家庭困难的残疾学生及残疾人子女接受教育的权力，切实提高残疾人受教育水平，帮助残疾人中小学、大中专新生顺利完成学业。5月份以来，残疾人联合会主动与市教育部门联系，广泛宣传残疾人新生入学的资助政策，积极安排专人进行调查摸底，摸清即将升入大中专院校就读的残疾人信息，做到应报尽报，确保不漏一人，按照要求最大限度让符合条件的贫困残疾新生和贫困残疾人家庭子女享受到优惠政策，真正把党和政府对残疾学生的关爱落到实处。目前已资助31名残疾中小学生、6名残疾大学生。

【残疾人就业、培训】 多渠道、多形式开展残疾人职业技能培训，2017年共培训残疾人840名，推荐320名残疾人就业。依法实施按比例安排残疾人就业年审工作，引导广大用人单位实施网上申报，2017年共审核1500余家企业单位、95家行政事业单位，征收1560万元残疾人就业保障金。

【残疾人“二代”证的核发】 2017年，为了防止腐败问题或滋生不稳定因素，残疾人联合会加强了办证程序的规范化管理，要求办证人员严格把好二代残疾人证的办证关，严格按照残疾人证评定流程、评定原则和等级评定标准来评定核发残疾人证。对于不符合办证或等级评定不一致的人员，一律不予办理，并做好解释说服工作。对于对残疾等级、类别有争议者，按要求到指定医院进行残疾鉴定复核。坚决杜绝办理不符合残疾标准的“人情证”“关系证”“照顾证”，严防假冒、伪造残疾人证，真正做到零差错、零积压、零投诉。截至目前，共为2900名残疾人办理了第二代残疾人证，其中一级残疾173人、二级残疾1130人，重度残疾人证占办证比例43%。

【残疾人康复】 6月，出台下发《关于印发〈新郑市残疾人精准康复服务行动实施方案（2017—2020年）〉的通知》（新残工委〔2017〕4号），指导做好残疾人精准康复工作。成立精准康复服务行动评估和康复服务专家技术指导组，先后召开三次工作培训会议，加强对精准康复工作的技术指导。残疾人联合会组织协调卫计、教育等有关部门，联合市人民医院、市中医院等定点康复机构，组织有关视力、听力、言语、肢体和康复服务等方面的专家，组织全市10个乡镇、3个街道办、2个管委会举办了残疾人精准康复服务培训班，为全市残疾人精准康复服务工作提供专业的技术指导，同时指导残疾人康复评估机构、康复服务机构开展评估和康复服务工作。对实施过程中遇到的困难和问题，提出有针对性的意见和建议，研究解决办法，为全市残疾人精准康复服务工作的顺利推进保驾护航。同时本会筹措资金，精心印制《精准康复服务手册》20000份、《残疾人精准康复服务卡》20000张，下发到各镇（街道办），按要求发放和填写有关手册和卡片。目前筛查残疾人12000余人，已完成初步评估1320人，其中，基本康复服务760人，辅具需求560人，各镇（街道办）已汇总和上报已完成需求评估人数及有关表格。下一步，将充分借助新闻媒体、政府门户网站、张贴标语和召开培训会议，采取多种方式，大力宣传残疾人精准康复服务工作，不断挖掘先进典型和进行实地指导，提高了残疾人对精准康复的知晓率，带动广大群众积极参与到残疾人精准康复服务工作中来。

【残疾人社会保障】 2017年，按照市委市政府工作要点、政府工作报告和市残联年初下达的指标任务，重点抓好残疾人扶贫工作，助力残疾人脱贫攻坚。大力实施“阳光家园计划”残疾人托养服务。2017年，对50名符合条件的残疾人进行了集中托养服务，每人补助3000元。对121名重度残疾人进行居家托养。按照省、市有关精神，为做好“阳光家园计划”居家托养工作，两次公告流标后由市残联党组研究，依据《残疾人托养服务基本规范（试行）》和各项文件规定，经洽谈后向新郑市中医院购买108名残疾人居家托养服务，现已定期进行上门服务。在2017年申请重度残疾人特殊生活补贴工作中，为方便残疾人，新郑市残联维权部会同组联部，对全市辖区内的重度残疾人进行了人员现场认证、审核，共核查人数2500余人，核查出享受重度残疾人特殊生活补贴人员因死亡、低保、等级不符、就业人员共计200余人（包括已享受和2017年上半年新增人员）。最终确定全市15个乡镇（办事处、管委会）应享受人员2448人，需发放资金1028.151万元。

对贫困残疾人家庭实施“无障碍设施改造”项目，改善残疾人居家环境。2017年，实施残疾人家庭无障碍改造任务25户，按照每户3500元的标准进行改造。3月，理事办工作人员对筛查对象进行入户调查，通过认真调查核实，按照“最迫切、最需要”的原则，对初步确定的改造家庭进行公示，确保公开透明，同时，积极与残疾人家庭沟通，力求做到改造工程符合残疾人的需求。

【补贴救助资金监管】 加大对残疾人信息的摸排核查力度，掌握好残疾人的信息动态更新，实现资源共享，避免信息滞后造成工作失误。加强对重度残疾人救助补贴资金的使用监管，完善工作程序和各项手续资料，杜绝廉政风险。每一季度，由组联部将各乡镇、办事处办理残疾人证的人员分类汇总后及时反馈给各乡镇、办事处残联，由乡镇残联会同各村委会（居委会）进行审核，对已死亡人员信息进行汇总后上报给市残联组联部。组联部对死亡人员或者迁出的残疾人证注销后将相关信息反馈给其他业务部室。截至到2017年10月份，已注销残疾人证886份。同时，每半年，由协会办、组联部联合牵头，基层残联配合，深入基层对每一名享受补贴救助资金的人员进行现场审核，9月下旬前，已对享受2017年度救助补贴的所有残疾人进行了当面审核，对已享受各项补贴救助资金的死亡人员或者不符合条件人员及时停发相关救助。

（撰稿：郑晓芳　审阅：马慧智）

民族宗教

【概况】 新郑市共有30个少数民族成分（回族、蒙古族、藏族、维吾尔族、苗族、彝族、壮族、布依族、朝鲜族、高山族、仡佬族、满族、么佬族、柯尔克孜族、德昂族、白族、布朗族、哈尼族、纳西族、黎族、傈僳族、拉祜族、土家族、瑶族、畲族、羌族、佤族、侗族、傣族、土族等），总人口4800余人，其中常住人口3800余人，流动人口1000余人。少数民族人口在500人以上的行政村有3个，即郭店镇华阳寨村、龙湖镇山西乔村、新建路办事处东关街居委会，其中郭店镇华阳寨为2000人以上少数民族聚居村。

全市现有佛教、道教、伊斯兰教、天主教和基督教等五种宗教，共有信教群众43270余人（其中佛教约15200人，道教约5106人，伊斯兰教约533人，基督教22356余人，天主教约75人）；宗教活动场所38处（基督教24处，佛教7处，道教1处，天主教1处，伊斯兰教5处）；宗教团体4个，即基督教“两会”（基督教三自爱国运动会，基督教协会）、伊斯兰教协会和佛教协会。

【民族宗教政策法规宣传】 以民族宗教三级网格为载体，依托“政策法规宣传月”“民族团结进步创建”“和谐寺观教堂创建”“平安宗教活动场所创建”等活动，组织动员全市宗教界人士和信教群众，开展形式多样、富有成效的活动。今年以来，共举办市级民族宗教政策法规、宗教活动场所管理、应用技术培训等培训班3期，培训全市宗教团体、场所负责人、财务人员540余人次；组织全市各场所开展政策法规学习，全市各教派各场所共培训信教群众30000余名；制作了宣传横幅103条，印发了宣传彩页三大类30000份，分别与全市38个宗教活动场所和15个乡镇（街道、管委会）签订了三级网络两级责任制目标责任书，明确责任人和工作任务，规范场所管理，确保场所活动有序、管理规范。同时，打造渔夫子路基督教堂、东关清真寺、新郑市古禅寺、正觉寺等一批先进示范点，通过交流观摩，促进各场所相互学习，共同进步。切实提高了宗教界人士和信教群众的法律意识、公民意识和大局意识，提升了依法管理宗教事务的能力水平。

【民族宗教事务综合服务管理平台建设】 按照行政审批“两集中、两到位”要求，推进行政审批标准化建设工作。健全完善了网上审批流程、限时办结、便民服务等服务型执法建设相关制度。同时，结合“五单一网”运行情况和民族宗教法律规章的立改废情况，适时修改了权责清单、审批清单、执法依据、运行流程等内容，对行政许可项目进行了标准化整理，进一步明确岗位责任，制定事中事后监管措施，强化权责事项网上公开透明运行，推动全市民族宗教领域权力运行和行政执法精细化、标准化管理。

【妥善处理矛盾纠纷和突发事件】 深化民族宗教网格化管理体系建设，对民族宗教工作重点区域实现“全覆盖”。健全矛盾纠纷排查机制，做好民族宗教关系的监测与协调，及时掌握涉及民族宗教的隐患苗头，依法妥善化解。完善突发事件预警、应急机制，增强应急处理能力，积极防范和妥善处理涉及民族宗教的突发事件，确保民族宗教领域团结稳定。十九大期间，全体工作人员开启“5+2”“白+黑”模式，全天24小时在岗在线，确保了十九大期间民族宗教领域的安全稳定。

【民族工作】 围绕“共同团结奋斗、共同繁荣发展”的民族工作主题，及时成立了新郑市民族团结进步创建工作领导小组，建立了村级民族团结进步促进会，推进了少数民族流动人口服务站、少数民族法律援助中心等少数民族服务体系的建设，进一步夯实了权市民族团结进步创建工作基础。同时，以“中华民族一家亲，同心共筑中国梦”主题宣传活动为引领，以民族团结进步创建活动进机关、企业、社区、乡镇、学校、寺庙（简称六进）为载体，夯实了基层民族团结进步基础，推进了民族团结进步创建活动继续深入开展。

持续做好清真食品义务监督员的管理培训工作，提升清真食品义务监督员综合素质。继续做好优秀监督员和“监督之星”评选工作，不断激励监督员充分发挥其市场监督员、政策宣传员、情报信息员和矛盾调解员的积极作用。不断深入开展清真食品牌证专项整治活动，坚决依法打击“清真不清”等问题。今年以来，开展清真食品专项检查3次，检查清真食品生产经营单位162家，收缴非清真调味品4罐，责令8家生产经营单位完善进货台账，进一步规范了清真食品生产和市场秩序，确保全市群众吃上放心的清真食品。七月中旬，又结合新郑市开展的食品安全宣传周活动，制作宣传展板4个、横幅4条、宣传彩页1000余份，分别在新郑市炎黄广场、新郑市东关清真寺开展清真食品安全宣传。

深入少数民族聚居村（社区）进行调查研究，积极向省、郑州市民委申报、争取少数民族扶持项目和扶持资金，加强少数民族聚居地区基础设施和民生项目建设，努力改善群众生产生活条件。开斋节期间为少数民族群众送去帮扶资金及物资10万余元，确保少数民族群众过上祥和快乐的开斋节。

【宗教工作】 开展和谐寺观教堂创建活动，并通过形式多样的宣传，为全市和谐寺观教堂创建活动创造了良好的舆论氛围。通过创建活动的开展，提高了全市各宗教活动场所的安全防范水平，提升了全市宗教人士和信教群众的安全防范意识，培养了一批“政治上靠得住、学识上有造旨、品德上能服众”的宗教教职人员队伍，规范了全市各宗教活动场所内部管理、财务管理、消防管理、治安管理、卫生防疫、抵御渗透、文物保护等各项制度，打造渔夫子路基督教堂、华阳寨清真寺等省级和谐寺观教堂先进示范点，进一步提升了辖区宗教活动场所管理水平。

按照“及时排查、工作在前、预防为主”的原则，会同消防大队多次对全市宗教活动场所的消防设备、电力线路、安全通道、火源管理及值班记录等方面存在的安全隐患进行排查。多次邀请市消防大队防火参谋对全市宗教团体、场所负责人进行消防安全现场演练。与各宗教活动场所签订安全目标责任书，督促各宗教活动场所成立消防安全领导小组，建立微型应急消防队伍，及时规范完善工作机制，确保人员到位、职责清晰、响应及时、场所安全。

按照“保护合法、制止非法、遏制极端、抵制渗透、打击犯罪”的原则，取缔非法宗教活动场所两处，依法处理非法宗教活动1起，维护了宗教界和信教群众的合法权益；对群众关心的乱设功德箱等问题进行专项整治，对全市合法佛道教活动场所功德箱进行了登记备案和编码；规范朝觐管理，按要求输送了符合要求的10名穆斯林群众参加朝觐；开展了基督教私设聚会点的专项排查整治活动，取缔14处，确保本市范围内无基督教私设聚会点；积极做好非法传教和防渗透工作，引导信教群众共同抵御“三股势力”。

（撰稿：肖子豪　审阅：白新红）

乡（镇）街道

TOWNSHIP, TOWN AND SUBDISTRICT

·乡（镇）街道 >>>

TOWNSHIP, TOWN AND SUBDISTRICT

城关乡

【概况】2017年，城关乡深入学习贯彻党的十九大精神和习近平治国理政新理念，以群众安置为重点、以项目建设为抓手、以加强党建为保障，凝心聚力、砥砺奋进，全乡经济持续健康快速发展。先后荣获郑州市基本农田保护先进集体、创建省级文明城市提名城市工作先进单位、新郑市争创全国综治“长安杯”集体三等功、新郑市信访工作红旗单位、新郑市依法行政工作先进单位、丙申年黄帝故里拜祖大典先进单位、新郑市新型城镇化建设工作先进单位等荣誉。

【经济社会发展】综合实力显著增强。2017年完成地区生产总值332621万元，财政收入完成3171万元，主要工业增加值完成91158万元，全社会固定资产投资完成155358万元，社会消费品零售总额完成89012万元，农村居民人均可支配收入达到19659元。

现代生态农业发展势头良好。农业和农村工作围绕“农业强、农村美、农民富”的总基调，大力发展生态农业、休闲观光农业，以土地流转为抓手，不断提升农业产业化水平。全乡已流转土地838.31公顷。引进培育了河南永乐祥春农业开发有限公司及新郑市庄稼人花生种植专业合作社、新郑市憨农种植专业合作社及新郑市郑丰农业种植专业合作社等农业企业、合作社和家庭农场30家。以发展种植花卉苗木、蔬菜、果树、生态养殖为主，其中河南永乐祥春农业开发有限公司2017年4月在中原股权交易中心展示板挂牌。以南水北调生态廊道为切入点，结合生态林建设，发展白鹅、柴鸡等畜禽养殖业等林下经济。东郭寺村成功申报郑州市美丽乡村试点村。

【新型城镇化建设】完成首套房安置。回购泰成溪水湾安置房12栋1304套16.1万平方米，先后安置小占庄及岳庄村群众989户，西城花园三期回迁安置胡庄、王刘庄及镇区商户92户。近三年来共拆迁2982户，已安置2893户，安置率97%。完成土地增减挂指标置换。对小占庄、薛庄、岳庄、胡庄等拆迁区域进行了土地复耕，复耕面积104.96公顷，新增耕地面积99.07公顷，已顺利通过郑州市国土局、省厅的验收，在全市率先完成了土地增减挂钩指标置换，也解决了镇区发展土地指标匮乏的问题。社区建设持续推进。居易新城三期、西城花园北苑社区三期、西城花园南苑社区、棚户区改造项目香江龙湾等四个安置社区共计33栋2016套安置房已全部封顶。西关老工业区改造攻坚清零持续推进。先后完成镇区服装城商户171户、行政路和天欣路门面房293间、企业39家的征迁工作，拆迁面积达6.25万平方米。完成了对原胡庄中学、家具厂等拆迁复耕。镇区拆迁攻坚清零工作正在持续推进。

乡村管理规范有序。积极开展全城清洁行动、全民创建日、社区环境卫生整治、“我为党旗添光彩”之S323道路清洁千人行动大会战等活动，拆除违章乱搭乱建106处，清理垃圾、渣土8万立方米，防尘网覆盖面积达32万平方米。与龙澄公司合作，实施城乡环卫一体化。为镇区9条道路56000平方米清扫面积、配备保洁员20名，14个行政村配备保洁员54名。逐步实现户打扫、村收集，公司运、市处理的模式，解决了农村垃圾无人清理、乱堆乱倒的现象，乡村村容村貌得到了很大改善。社区治理体系日益完善。加强社区管理方便群众生活，在西城花园、泰城溪水湾群众安置社区先后成立了村级物业公司，建成红白理事礼堂、党群服务中心，托老站、党建文化广场、党建游园等。对社区私搭乱建、乱停乱放进行了集中整治，社区面貌焕然一新。

【基础设施建设】 全力配合服务保障市重点项目建设，基础设施逐步完善。截污干管工程城关段涉及四个村，占地24.27公顷，全长8600米，基坑164个，现已基本竣工。供水管网辛店水厂至居易社区段与市区连接已铺设完毕，2018年上半年可实施集中供。新二中已开工建设，预计2018年秋季开始招生。双洎河整治工程涉及周庄、乔庄两个行政村，占地31.13公顷，经过前期附属物丈量、清查、核算，发放补偿款等工作，目前，附属物清理已全部到位。梦泽线高压输电线路工程全长 7000米，涉及6个行政村，目前正在进行基础工程。农村污水治理工程全长48600米，已埋设污水管网11700米，已挖污水处理池3个。在西城花园社区投入380万元建成综合性垃圾中转站一座，日处理垃圾30吨，实现了四个安置社区垃圾集中清运。

【平安建设】 以“长安杯”创建为契机，加大基础投入，健全防控体系。以乡综治中心为平台，投入190余万元对城关乡综治中心和14个村级综治中心进行了规范化建设，成立了近200人的乡村两级巡防联防队伍及司法调解队伍，确保村两委有地方议事，群众有地方说事，达到了村级综治中心夜晚最明亮、环境最干净、群众最愿意去、最能解决问题“四个最”的目标。在新郑市乡镇办中率先实施“雪亮”工程，建成乡、村两级16个监控平台，安装了375个监控摄像头及设备，实现全部联网，真正做到“全覆盖，无死角”，群众安全感得到明显提升，市委政法委高度评价，并在全市推广。开展专项整治，确保长治久安。坚持打防结合，有针对性地开展专项整治，先后开展了平安城关建设、“平安家庭”评选、“我是志愿者”授旗、“千人大巡防、合力保平安”等主题活动，通过大巡防、大宣传、大排查、大整治等一系列工作，治安防控成效明显，群众满意度明显提高。2017年平安建设工作获得新郑市争创全国综治“长安杯”集体三等功。

信访工作长效机制运转高效。信访工作长效机制运转高效，全年无重大信访事件发生。矛盾纠纷排查化解及时，全年共排查各类矛盾纠纷86起，按照信访程序性化解办结82起，有4件案件正在办理当中，化解率为95.3%。有效杜绝了重大群体性事件的发生。建立健全信访工作长效运行机制。坚持周二、周五书记乡长信访接待日、信访工作联席会议、信访案件督查督办、重要会议和重大活动期间信访值班、信访目标责任制等制度，切实把矛盾化解在基层。坚持依法按政策处理信访问题，建立了良好的信访工作秩序。

【民生社会事业】 惠民生促社会和谐。全年新增城镇就业再就业350人，转移农村劳动力900人，办理小额担保贷款160万元。城乡居民养老保险及居民医保参保率分别为98.8%、99%。累计发放低保金164.35万元、分散特困供养金18.3万元及临时救助款7.6万元，发放精简职工和困难老人补助9.3万元，发放优抚款36.25万元、参战参试军人生活补助3.3万元、“八一”慰问金3.8万元。利用世界“助残日”活动为6名残疾人发放轮椅，完成全乡471名残疾人普查工作，对162名重度残疾人发放特殊生活补贴75.18万元、护理补贴27.3万元，对95名困难残疾人发放生活补助12.16万元。土地确权到户面积为1986.67公顷，确权到户率97%，已签订完善合同数为6823户，完善合同率为100%。按照精准扶贫“四必到”工作法，认定省级贫困户5户、市级贫困户4户，建立领导班子、包村干部、村支部书记三级帮扶体系，明确脱贫目标和责任，按照“N+2”脱贫计划要求，制定了相应的帮扶计划和帮扶措施。

百千万工程暖民心。乡党委政府本着老百姓需要什么，我们便干什么的理念，实施“修百里路、亮千盏灯、暖万民心”惠民工程，解决百姓村内交通不便，道路难行的问题。一期工程投入550万元对沟张、端庄、

听见 · 居易故里音乐诗会

贾庄、敬楼等6行政村的乡村街道道路硬化整修，配套安装路灯1690盏，有效改善了群众的出行条件和居住环境。

大气污染治理工作强措施。强化领导，高度重视，多策并举。投入266万元购买洗扫车、雾炮车、冲洗车、道路养护车等4台环保车辆；实施“三员”现场管理，落实“7个100%”标准整治。针对扬尘污染，领导班子带队持续开展夜查行动。经过全乡干部群众的努力，顺利通过了国家环保部19轮督查、巡查，省环保部督查、市环保部督查检查，共迎检65次。共计整改国家环保部、省、郑州市和新郑市交办问题 65件，整改取缔散乱污企业 8 家，取缔非法散煤销售点2处，完成燃煤锅炉拆改2家，完成“双替代”380户，引导 42 家企业完成环境评价检测报告，制订并完善重污染天气应急预案。

安全生产工作狠落实。坚持“以人为本、预防为主、安全第一”的工作方针，通过召开各类专题会议、宣传活动、督促检查等形式，层层落实责任，建立健全安全生产管理网络。加大安全生产宣传、监督检查和排查力度，共排查安全隐患40多处，并对有问题企业和工地下达整改意见，督促其整改，确保了全年无重大安全生产事故发生。

生态建设工作抓长效。完成新辛生态廊道、郑韩路绿化6.1千米。实施碧水工程，全面落实“河长制”，拆除沿河企业、住户及商户26家、违法建筑物28处、畜禽养殖场39家，封堵排污口8处。对双洎河两侧1千米范围内禁养区的47家养殖场全部拆除。双洎河整治涉及城关2个行政村，占地31.13公顷，经过前期丈量、清查、核算等工作，圆满完成了清表和附属物清理工作。

文化教育卫生计生工作惠民生。改造完成西贾庄村、王刘庄村、小占庄社区基层文化服务中心。民间文化蓬勃发展，端庄村的秧歌、竹马旱船代表新郑市参加郑州市华夏传统民间文化集中展演，荣获二等奖。成功举办第二届白居易故里文化节。全民诵读经典活动，获得新郑市“全民阅读”活动二等奖；百千万文化惠民工程开展如火如荼，十九大文艺巡演深入人心。持续优化教育资源。新二中开工建设，西城花园社区幼儿园秋季开始招生，中小学及幼儿园教育均衡发展，城关乡中心校荣获新郑市教育教学先进单位，成人教育扎实开展，屡获大奖，2017年荣获全国社区教育示范乡镇。认真落实各项计生服务政策，办理一孩生育登记86对、二孩生育登记141对，为独生子女父母办理换、发光荣证1030份和流动人口证129份，发放独生子女奖励费10.3万元。代表新郑迎接省计生委和郑州市卫计委到新郑检查调研计生工作，代表新郑到郑州市卫计委组织召开的计生基层重点工作推进会上做典型发言，2017年度被郑州市卫计委评为计划生育优质服务先进单位，2017年度被郑州市卫计委确定为计划生育专项督查考核免检单位。

文物保护、乡志编修、便民服务统筹发展。城关乡历史文化资源丰厚，文物遗迹遍布，党委政府高度重视，配合市旅游和文物局，做好境内文物保护工作，全年无损坏损毁文物遗址遗迹现象。乡志编修工作进展顺利。乡志资料收集已经完成，70多万字已汇编成册，完成乡级审校和评审。便民服务持续优化，简化办事程序，推行一站式办理，最大程度方便群众。

（撰稿：代树勋　审阅：李晓东）

辛店镇

【概况】辛店镇位于新郑市西部，辖36个行政村、166个自然村、301个村民组、18337户、7.6万余人，有4246公顷耕地，镇域面积86平方千米，镇区面积8平方千米，是新郑市工业重镇、农业大镇，是全国重点镇、全国文明镇。

2017年，辛店镇牢牢把握“创新、协调、绿色、开放、共享”发展理念，以新（市）镇建设为目标，深入实施“双融入、双承接”发展战略，突出产业结构优化，切实改善民生，着力构建和谐辛店，全镇经济和社会各项事业保持了平稳发度态势。

2017年获得的荣誉有全国文明镇、河南省重点镇、河南省农机工作先进单位。

【经济社会发展】2017年完成地区生产总值98.6亿元，同比增2.3%；完成主要工业增加值40.4亿元；固定资产投资完成22.1亿元；完成财政一般预算收入30400万元，同比增长110%；社会消费品零售额完成16.4亿元，同比增长10.47%；万元GDP能耗降低1.33%。

“三农”工作稳步推进。认真落实各项惠农政策，加大对农业的扶持力度，加快农业科技推广，兑现良种补贴，提高良种覆盖率和粮食单产率，充分调动农民从事农业生产的积极性，有效促进了农业增效、农民增收、农村发展。粮食产量完成45290吨，农民人均纯收入达到19682元，同比增长8.8%。继续保持河南省百强乡镇名列。

工业经济加快转型。赵家寨、王行庄两大煤矿经营形势日趋好转，出现产销两旺势头。中原装配式建筑产业园发展规划、空间规划初步方案已完成，正在等待专家评审，并已完成了66.67余公顷土地指标调整。省一建、省五建、郑州城建集团的装配式产业项目已完成签约，省五建项目动工在即，郑州一建二期项目正在加紧建设。新能源科技产业园内的光大集团垃圾焚烧电厂已投产运行，鸿泰炉渣综合利用项目已签约落地。全镇产业结构进一步优化，主导产业更加明晰。

【产业发展规划】 启动了全镇总体规划修编工程，目前，规划正在准备专家评审。明确“一区三园六中心”的发展目标。一区，就是以6平方千米的镇区为中心，打造集居住、教育、医疗、商贸等功能完备的新镇区，促进三产服务业全面发。三园，就是以煤炭循环经济产业园、中原装配式建筑产业园、新能源科技产业园为依托，构建新型工业体系，通过加快三个产业园建设，提升工业质量和品质，实现传统能源产业向新型装配式产业和生态科技型产业转型的目标，为实现传统工业乡镇向现代工业强镇转变打下坚实基础。六中心，就是以六个中心区域为重点，深挖历史文化资源，培育各类新型农业经营主体，做强文化旅游产业，做优生态农业，大力发展集体经济，辐射带动周边农村集体经济发展壮大、农民致富增收。

【新型城镇化建设】 围绕重点项目建设和压煤村庄搬迁安置，完成了贾嘴、宁沟、滹沱沟、滹沱庄、梁沟等10个自然村的拆迁，共拆迁489户。加快翰林居、和谐佳苑、靳沟社区新型社区建设，翰林居社区安置楼已全部封顶，正在进行外墙保温和电梯安装。和谐佳苑社区安置楼已建成，南李庄村群众已搬迁入住，三期正在办理动工手续，靳沟安置社区已动工建设。具茨山路西延、姬水路东西延伸工程已建成通车。加快白居易故里文化公园建设，二期建设已基本完工，白居易家风家训馆正在布展，并与郑州白居易故里管理有限公司签订了白居易故里文化园区项目投资开发协议，引进社会资金参与白居易故里文化园区的开发经营。美丽乡村建设快速推进，人和寨村历史文化美丽乡村二期工程已经动工建设，三期规划已通过专家评审，北靳楼村自然风貌美丽乡村建设规划已通过专家评审。

【脱贫攻坚】 始终把脱贫攻坚作为最大的民生工程、全镇的头等大事来抓。严格落实精准扶贫、产业扶贫、教育扶贫、健康扶贫等脱贫政策和措施，累计争取项目财政扶贫资金2170万元。新建机井34眼，平整农田666.66余公顷，新修硬化生产道路12603米，新修乡道8.27千米，农村道路好路率达98%。积极实施乡村振兴战略，完成34个行政村4666.67余公顷土地确权登记颁证工作，为全镇开展集体产权制度改革打下基础；严格落实各项惠农资金，发放耕地地力补贴、退耕还林补贴等各项惠农资金860万元；申请农机补贴130余台，并荣获郑州市平安农机乡镇称号。积极谋划产业发展工程，培育壮大农业新型经营主体，全镇共流转土地991.87公顷，积极开展“企业联村助脱贫”活动，新注册农业合作社13家、农业公司3家；募集社会各项捐助帮扶资金226万元，开展贫困户危房改造12户，解决56户贫困群众实际困难；申报扶贫项目33个，发放金种子贷款1321万元。9个贫困村现已全部退出贫困村行列，建档立卡贫困户986户3586人实现了脱贫。医疗卫生服务不断健全，60岁以上老人免费体检1.36万人，家庭医生签约服务人数达5.8万人，全年共发放计划生育各类奖励扶助资金237余万元。积极开展就业培训，转移农村富余劳动力1500余人，新增就业人员330人，协助办理小额担保贷款62人次。社会保障覆盖面不断扩大，全年养老保险续费21714人，居民医保缴费65120人，圆满完成了全年的目标任务。民政事业不断进步，完成了4个敬老院的厨房改造，建成蓝天新城托老院，低保、五保、优扶、残疾救助等政策全面落实，民政基础工作取得了质的提升，多次迎接国家、省民政部门调研。

【生态环境和文明建设】 落实“党政同责、一岗双责、失职追责”的大气污染防治工作机制，取缔4家不符合环评标准PVC管材生产企业，清改整治企业65家；取缔13个煤矸石加工点、4个塑料加工点、1家砂石厂、1家塑料制粒厂；取缔10吨以下锅炉23台，煤改气锅炉8台；对建筑工地严格落实7个100%要求，加强日常排查监控，落实夜查机制，杜绝建筑工地扬尘污染；完成“双替代”改造877户。投资347万元，购置道路清扫、道路抑尘车辆，提高道路机械清扫率，顺利完成城乡卫生一体化改革，坚持落实周六“全民创建日”活动，累计开展集中卫生清扫活动52次，参加人员4000余人次；完成齐河、马沟、史庄、湛张农村小型污水处理厂建设，完成了双洎河辛店段治理工程的清表赔付工作，全镇共有省级卫生村5个、省级卫生先进单位2个、郑州市级卫生村11个、郑州市级卫生先进单位6个，并荣获省级生态乡镇荣誉。积极迎接全国文明镇复审验收，投资20余万元制作安装灯杆道旗280余个、制作宣传喷绘1000余平方米；持续开展“十星级文明户”“善行义举”“好媳妇”“好婆婆”等先进典型选树活动，倡导文明新风；注重农村文艺队伍建设，定期组织文艺骨干培训，积极参加各类文艺比赛，并多次取得优异成绩；完成22个村文化场所建设，蓝天新城社区成为省级社区文化中心，在全镇营造了人人讲文明的浓厚氛围，并顺利通过全国文明镇复审验收，北靳楼村被评选为“全国文明村”。

【平安建设和信访稳定】 持续开展信访矛盾大排查和“领导干部接访、下访”等活动，积极化解社会矛盾和信访积案，全年镇领导班子共接访270余次，荣获郑州市十九大期间信访保障先进单位称号。完善村级民调、治保、交通劝导组织，搞好美好家园平安社区、平安村、平安家庭、平安网格等平安建设细胞工程创建活动，组织村级综治中心观摩活动5次，全镇31个行政村14000多个家庭达到了平安村、平安家庭创建标准，群众安全感指数大幅提高。严厉打击各类违法犯罪行为，全年刑事治安案件发案率下降28%。大力开展安全隐患排查和专项整治，累计检查生产经营单位196家，下发整改通知书156多份，查出隐患268处，整改263处，隐患整改率到98%以上，全镇安全生产形势持续好转。

（撰稿：冯晓龙　审阅：王　燕）

观音寺镇

【概况】 观音寺镇位于新郑市区南5千米，地处新郑、禹州、长葛三市交界，辖21个行政村、75个自然村、174个村民组、5.3万人，耕地3000公顷，总面积63平方千米。观音寺镇党委下设1个党总支、48个党支部，党员1851名。境内南水北调主干渠、西气东输主管线、S103省道和溱关路贯穿全境。2017年，观音寺镇围绕建设国家中心城市次中心，按照“四重点一稳定一保证”工作总格局，抢抓新郑市加大西南乡镇投入及大学路南延、南水北调调蓄水库等重点项目建设机遇，借土地资源，推进现代农业发展；借“一山一水一文化”资源，推进文化旅游产业发展；借产业转型升级，推进观唐创业园建设，主动作为，借势发展，经济社会各项事业稳步推进。2017年，全镇地区生产总值完成249206万元，同比增长2.5%。主要工业增加值完成106304万元，同比增长—2.4%。财政收入完成2580万元，同比增长20%。固定资产投资完成40075万元。社会消费品零售总额完成93425万元，同比增长12.49%。农民人均可支配收入完成19726元，同比增长9%。GDP能耗降低率按要求完成目标，新增四上企业2家，粮食产量稳步增长。

【“三农”工作】 大力实施农业产业项目。新郑沣都现代都市生态农业园项目二期建设全面开工，项目完成年度投资2753万元，平整土地及打坑106.67公顷，种植银杏等各类名贵树种90.33公顷，种植花椒、果树11公顷，种植红叶石楠小苗47万株，并配套建设各类基础设施，累计完成总投资9053万元。投资2993万元完成北环路4千米、环山路9.3千米城乡道路绿化任务。高标准完成林业生态绿化建设任务，种植各类苗木195.33公顷，完成全年目标任务的230%。石固堆旧村30.82公顷土地复垦项目顺利竣工验收。岳口村成立村级企业岳艾康科技有限公司，流转土地53.33公顷进行艾草种植。

开展土地及农用机井确权登记工作。完成全镇21个村，共计4064.4公顷土地确权工作的三榜公示，签订合同12187户，合同签订率达100%，证书打印12187本。完成辖区内753眼农用机井的权证制作工作。切实做好流转土地的日常监管和土地租金支付等工作，保障群众权益，规范农业责任用地。

积极落实惠农政策。严格落实地力补贴等惠农政策，减轻农民负担，发放地力补贴721.4万元，发放防火廊道补贴资金24.1万元，帮助103家农户申领农机补贴资金222.9万元，推动农业机械更新换代。争取上级资金60万元，新建机井4眼，缓解了唐庄村、田庄村、贾庄村等耕种灌溉难的问题。实施农业信息进村入户工程，筹建“益农信息社”21个，其中专业站15个、简易站6个，加快全镇农业信息化发展。落实防汛抗旱责任制，印发《观音寺镇2017年防汛抗旱工作方案》，争取地埋电缆3800米、水泵11台套，并及时发布自然灾害预警及天气预报，提醒全镇农户做好防汛抗旱工作。

积极开展农业技术培训。选聘村级农民技术员21人，组织农民技术员培训5次，切实做好各村农业、林业、畜牧业等方面常规技术的指导工作，积极协助农业科技推广部门做好农业新品种、新技术的推广工作。多批次开展动物防疫培训，对辖区内规模养殖场、散养家禽开展补防工作。

做好全年禁烧常态化管理。新增“蓝天卫士”监控系统摄像头9个，安装实时监控大屏一个、视频电话一部，购入灭火器240个、二号工具100把、铁锨100把、配备宣传扩音设备26套，出动宣传车26辆，悬挂横幅300条，每个行政村张贴标语不少于200条。制作禁烧警示旗2000多面，发放禁烧告知书13000册。在保障防火器具基础上，镇村组干部全天候进行地毯式巡查，确保了本镇全面禁烧工作圆满完成，没有发生一起秸秆焚烧现象。

【工业经济】 狠抓招商引资工作。投入资金3000万元，对观唐创业园北环路以及水、电等基础配套工程进行建设，为招商引资工作打下良好的基础。启动创业园一期18.67公顷项目招商引资工作，先后与郑州兴盛等多家企业进行洽谈，引进符合本镇经济社会发展需要的新项目。全镇新招项目1个，全年招商引资预计到位资金2.1亿元，占全年责任目标的105%，实际利用外资和外贸进出口均完成年度目标任务。争取上三级资金1871.13万元，占全年目标任务的935.56%。

优化企业发展环境。积极开展安全生产综合整治行动，重点对全镇建筑工地、危化、非煤矿山等行业进行专项检查，全年累计开展检查活动96次，检查生产经营单位330家，发现并整改安全隐患392处，下达整改通知书275份。严格执行省市大气污染防治工作要求，分包到人，责任到人，重拳出击，加大打击力度，清除洗砂、碎石场32个，搬迁养殖户16户，清除散煤经营点3个，拆除不符合环保要求锅炉8个，镇域内个体户实现气代煤、电代煤，为本镇企业经济发展营造了良好的发展环境。

【基础设施】 加大基础设施建设力

度。S103省道两侧拆迁工作涉及7个村1300余户，目前已完成房屋丈量和赔偿测算工作。北环路已完成规划设计，环山路、商场街及中兴路中标企业已进场放线施工，渠西路建设完工，镇区污水处理厂及镇区临时自来水厂已建成投入使用，镇区天然气管网已铺设至镇区北部社区。不断完善环卫设施，投资46.5万元配备电动环卫车80台，提升全镇环卫工作水平，完成贾庄、英李等7个村污水处理站及管网配套建设。

加快村民入住社区进度。永康新城社区工程建设完毕，王行庄村煤矿塌陷区拆迁安置工作稳步推进，已分配安置房屋434套，安置王行庄村434户1652人。石固堆易地扶贫搬迁安置社区已建成，与石固堆村201户836名村民签订了异地扶贫搬迁安置协议，年底前即可实现搬迁入住。

【社会民生】 大力发展文化旅游产业。加强陉山治理保护，打造陉山——具茨山旅游观光带。市政府就陉山治理保护下发会议纪要，要求土地、林业、武装等部门联合实施保护工程。做好唐户生态遗址公园建设。专题向市政府汇报唐户遗址建设工作，唐户村被确立为2018年美丽乡村建设试点村。溱水寨村美丽乡村项目，投资2100万元完成综合服务中心、东西寨门、临街仿古改造、农村污水处理、龙船岛建设以及绿化工程。

夯实脱贫攻坚工作责任。严格按照市委市政府的工作要求，认真落实“市级党委政府负主体责任，乡镇负直接责任”的工作机制，积极开展“双联双助”活动，坚持党建“主业”与扶贫“主责”相统一，促使基层党建与脱贫攻坚“双推进”，建立起一级抓一级、层层抓落实的责任体系，切实强化扶贫工作队、贫困村第一书记和脱贫攻坚责任组的帮扶责任，充分发挥基层扶贫干部在脱贫攻坚中的作用。以“转扶搬保救”为基本路径，一手抓脱贫攻坚扫尾，一手抓脱贫成效巩固，做到“村不漏户、户不漏人”。深入查摆问题，将各级督查巡查、领导暗访、检查验收中发现的问题逐一分解到位，建立“六个一”问题台账，明确整改时限，落实整改责任，先后整改落实问题台账6大类130条，问题整改率100%。目前，岳口村、石固堆村、林庄村均已正式退出贫困村行列，各村均发展了3个以上脱贫产业项目，待项目正常运行后，预计各村可年获集体收益200万元左右。全镇建档立卡贫困户339户1397人仅剩17户33人未脱贫，为89户贫困户发放“金种子”金融扶贫资金441万元。

深入落实惠民政策。对全镇农村低保家庭731户1248人实施低保动态管理，发放救灾救济款19万元。积极开展拥军优属工作，按照不同类型的优抚人群给予重点照顾。新增参保居民119人，城镇居民医疗保险实现全覆盖，医保参保率和养老参保率均达到100%。落实二孩生育政策，发放二孩生育证515张，落实计生奖励、奖扶政策，发放各类奖扶资金179.9万元，开展国家免费孕前优生监测和健康检查工作。落实农村劳动力转移、小额担保贷款、创业促就业等政策，城镇新增就业434人，农村劳动力转移就业1728人，技能培训800人，协助办理小额担保贷款29组件。深入实施《观音寺镇公共文明素养提升行动专项工作实施方案》，在春节等传统节日期间，组织28支文艺演出队伍在市、镇、村三级进行演出。成功举办新郑市“百千万”文化惠民工程观音寺镇“红心向党 舞动中原”艺术广场舞大赛，丰富群众精神文明生活。充分发挥“工、青、妇”等人民团体组织作用，成立专门的志愿者队伍，开展针对留守老人、留守妇女、留守儿童的关爱活动。

社会管理取得实效。以强化政府职责在基层有效落实为着力点，建立“责任、有序、高效”的工作机制，完善“横到边、纵到底”的管理架构，逐级明确责任，量化到人，实现网格化管理无缝隙、全覆盖。认真落实信访工作八项制度，建立以“管区为主、分级负责”的矛盾监测和化解机制。注重日常矛盾监测和化解，把群众反映的大小问题解决在村级、各类矛盾化解在萌芽状态。完善镇村综治中心硬件设施，在各村设置交通疏导站，配备交通疏导员。全年共交办信访案件32起，结案28起，安排接访330次，接待来访46起128人次，矛盾

9月23日，举办新郑市“百千万”文化惠民工程观音寺镇“红心向党 舞动中原”艺术广场舞大赛，丰富群众精神文明生活

排查58次，化解矛盾32起，网上满意度评价率为90%，矛盾化解率为95%。公众安全感指数和群众对社会治安满意度均达到95%。

【年度工作荣誉榜】2017年，观音寺镇先后荣获郑州市卫生镇、郑州市先进基层武装部、郑州市基本农田保护先进集体、新郑市绩效考核先进单位、新郑市城市精细化管理工作先进单位、新郑市扶贫工作先进乡镇、新郑市“六五”普法依法治理工作先进集体、新郑市社会保障工作综合目标考核先进集体、新郑市档案工作先进集体、新郑市土地确权登记颁证工作先进乡镇、新郑市秸秆禁烧及综合利用工作先进乡镇等荣誉称号。

（撰稿：王　冲　审阅：赵金聚）

梨 河 镇

【概况】梨河镇位于新郑市南部，镇域面积42平方千米。现辖24个行政村、66个自然村，有2266.67公顷耕地、3.8万口人。梨河镇区位优越、交通便利，北与新郑市区隔河相望，南与许昌、长葛交界。境内京广铁路、107国道、S103省道南北纵贯，炎黄大道东西横穿，东至京珠高速4千米，北至郑州新郑国际机场20千米。

2017年梨河镇牢固树立“创新、协调、绿色、开放、共享”的发展理念，充分发挥党建引领作用，加强基层组织建设，重点抓好民生建设，积极承接产业转移，主动融入中心城区，各项工作进展良好。2017年2月，梨河镇被确定为郑州市首批18个中心镇之一。

【经济社会发展】2017年全年完成地区生产总值34.2亿元，同比增长10.6%。完成财政收入4255万元，占全年工作目标的103%，实现同比增长18.9%。主要工业增加值完成20.1亿元，同比增长10.6%。社会消费品零售总额完成17.8亿元，同比增长15.9%。全镇规模以上工业综合能源消费量同比增长3.34%，单位工业增加值能耗同比降低5.11%。

【基础设施建设】按照百城提质工作要求，加快全镇道路、供水、排水、路灯、天然气、供电等基础设施的升级、改造。完成G107（绰刘村至长江路段）污水管网、大寨路、韩城路西延建设工程。圆满完成水厂扩容项目，进一步扩大梨河水厂供水范围，让更多群众用上了南水北调优质水。城关污水处理厂及双洎河截污干管项目投入运行，双龙坝工程已于11月注水。新郑市公立医院项目（郑州市中心医院新郑分院）准备正式投入运营。积极协调交通部门，解放路南延和G343南移工程完成前期附属物普查，茨山路拓宽改造工程附属物清理全部结束，准备移交交通部门建设，S103改造工程基本完成。顺利完成老观李等3条乡村道路施工，群众出行更加方便。提前谋划工程项目，编制基础设施专项工程规划，计划对韩城路、黄河路、故城路实施亮化升级。借助城关污水处理厂建设的有利条件，对镇区主要道路实行雨污分流改造，实现生产、生活污水全部进入污水处理厂的目标。研究断头路打通工作，力争实现东西方向道路全部连通G107、南北方向道路全部连通茨山路的目标。

【产业发展】注重科技创新，不断提升项目科技含量。积极协调，贴身服务，全方位开展招商引资工作，积极引进龙头企业、高成长企业。河南显华管业有限公司年产5000吨塑料制品项目和郑州宏亮包装材料有限公司年产260万只纸箱项目建成投产，郑州市好友食品有限公司年生产4000吨膨化食品建设项目、河南省刘华农业科技有限公司年产6000吨中高档蔬菜、1000吨调味酱建设项目按节点推进，新签落户郑州新起点水泥制品有限公司年生产10万根混凝土电杆建设项目和河南长润开阔生物科技有限公司年产6万吨饲用饼干粉生产线建设项目。加快企业品牌升级，提高市场竞争力，鼓励南方酱业、人人利、天利、顶真食品等企业内部品牌质量的升级改造，加加集团植物油、酱汁两条生产线落地梨河，有效提升企业盈利水平和经营服务附加值。进一步加速产业结构的调整，抓住公立医院落地机遇，寻找新的经济发展支撑点，实行产业转型升级，大力推动高端养老、商贸项目建设。万佳商业总部项目已经启动，以钢材市场、福美达商贸城为载体，工业建材、家具装饰、商贸物流等产业快速发展，初步形成集聚效应。

【农业生产】开展土地确权工作，保护农民利益，已确权到户面积2154.6公顷，确权到户率110.4%。积极稳妥地推动耕地向实力雄厚、目标清晰的农业企业流转，在巩固农业基础的同时，梨河镇一方面加强第一产业综合开发，推广畜禽养殖场标准化建设，油牡丹种植初具规模，供港蔬菜、有机蔬菜种植、加工、销售进一步深化，新郑市南部蔬菜销售集散基地初具规模。另一方面，加快农业观光休闲项目建设，新蛮子营村有机蔬果综合观光项目初步成型，形成“农业+休闲+观光”的发展模式，带动群众致富和收入增长。

【环境保护】按照“守好生态红线、维护碧水蓝天、保护耕地绿林”的工作思路，全面贯彻落实双洎河综合整治和大气污染治理的工作要求，狠抓责任落实，开展了双洎河排污集中整治，沿线所有污水进入污水处理厂。实施禁养区、禁渔区工程，双洎河河道及沿河一千米范围内11处网箱养鱼、牲畜养殖场全部清理到位。开展锅炉升级专项整治，全镇燃煤锅炉改气工作基本完成，取缔散煤经销点，关闭、整顿小散乱污企业、无证作坊50余家。从严整治散煤使用，落实“双替代”政策，为全镇贫困户安装空调569台。加大环保建设投入。实施农村生活污水处理工程，高新庄村、学田村等7个行政村工程顺利推进，年底前可投入使用。市生活垃圾分类处理项目正在进行选址。加大环卫力度，扩大保洁范围。进一步强化村级规划，维护规划权威，积极开展土地卫片执法和村镇建设执法活动，积极引导群众规范、有序进行房屋建设。落实每日巡查制度，建立巡查台账，定人定岗，明确职责，加强建筑施工现场监督管理，组织专项打违行动，坚决制止违章建设、私搭乱建、未批先建等行为。

【社会保障】广泛开展困难群众大病补助医疗保险宣传工作，以行政村为单位推进费用收缴工作。提高基层计生服务水平，动员育龄妇女参加产前筛查。积极帮扶群众就业创业，新增城镇就业再就业330人，转移农村劳动力1350人，占全年目标的116%。加大金融助农力度，发放小额担保贷款7笔110万余元，直接扶持创业20人，吸纳带动就业70人。调解劳资纠纷31宗，涉及劳务工206人，涉及金额180多万元。保障体系日益健全，对全镇低保对象进行全面核实，573户低保户做到应保尽保、应退尽退。构建养老保障体系，积极宣传养老保险金政策，全镇已参保22003人，参保率70.5%，其中60岁以上享受待遇6108人，参保享受率100%。关心老年人生活，建成吴庄、双楼、岗李、三刘、高新庄、前吕村6个村级幸福院和七里堂社区托老站，探索更好地解决空巢老人和失能、半失能老人的社会化养老难题。深化双拥、优抚工作，完善“1211”优抚对象三级服务网络机制，通过12名义务联络员共同做好全镇288名优抚对象的日常管理。

【精神文明建设】以社会主义核心价值观宣传为重点，以多种形式在全镇开展文明教育。利用镇文化站阵地，重点抓文艺骨干和志愿者队伍建设，组织开展群众喜闻乐见的节目活动和培训，累计组织戏曲、广场舞、盘鼓、大鼓等各类培训5期，培训文艺骨干500余名。组建戏迷剧社、40人的健身秧歌队、100人的盘鼓队在全镇各村巡演。坚持全镇无“文化空白村”的原则，成立24支广场舞队伍，组织举办了梨河镇第五届广场舞比赛，获得了社会各界的好评。举办传统舞狮舞龙展演、“双节”民间文艺会演3场。实施村文化大院的升级建设工作，全年完成刘吉安楼、学田等14个村的升级改造，荣获新郑市“百千万”文化惠民工程一等奖。

【民生建设】强化教育投入，中心小学教学楼扩建工程正在装修，梨河初中体育场改造后已投入使用。全面开展老年人健康体检活动，提高居民健康意识。大力发展广电事业，基本实现无线数字电视全覆盖、电视信号更加清晰。围绕稳定低生育水平，由管理型向服务型转变，通过开展农民趣味运动会、广场舞等活动宣传政策法规、生殖健康、优生优育等相关知识。开展基础数据质量检测，落实对计划生育的家庭奖励优待措施，出生水平、性别比例等保持稳定。在七里堂社区开展“绿城妈妈”活动，提高妇女环保参与意识，刘吉安楼村、学田村2个儿童之家已建成使用。

【平安建设】投入60万元对镇综治中心和24个村综治中心进行了规范化建设，各村治安防控网格管理中心、禁毒康复办公室、法律服务站制度健全、运行规范，建立村级巡防队每晚进行夜间巡逻。深入开展矛盾纠纷联调、社会治安联防、重点工作联勤联动，突出问题联治、基层平安联创、社会治理联抓等工作，广泛开展矛盾排查，共排查出矛盾纠纷67起，立案42起，处理治安案件36起，避免重大治安事件1起。全镇刑事案件同比下降15%，治安案件下降20%，群众安全感和执法满意度有较大提高。

【社会治理】继续深化社会公共管理信息平台系统指挥、协调、监督的功能，及时受理、处置、分发、交办，实现动态监管。信息平台共采集、办理业务件4441件，上报市级平台61起，自行办结4380件，问题处置

2月27日，新郑市梨河镇群众载歌载舞，歌颂幸福新生活。农历新年期间，新郑市举办60多场暖暖新年“红色文艺轻骑兵”新春进基层群众文化展演活动，坚定了人们对美好幸福生活的信心

率为98%。开展联合执法14余次，解决占道经营、土小企业污染、非法建设等问题30余个。持续完善阳光村务网平台信息，规范完善了村务公开的内容、程序、形式和监督保障。今年以来“阳光村务网”公开三资管理信息、低保信息等信息1296条，访问量达到7550人次，切实保障群众知情权，确保权力在阳光下运行。拓展网格作用，将网格纳入大气污染防治大体系，公布“一长三员”（大气污染防治网格长、网格员、巡查员、监督员）联系方式，建立三员巡查走访台账，实现大气污染源头第一时间发现、第一时间反馈、第一时间处理。

【安全生产】全面加强企业安全生产监管，开展安全生产大排查，对全镇企业、建筑工地、人员密集场所进行安全隐患大排查，对全镇冶金、石油液化气、危化、涉氨等行业进行专项检查10次，累计检查企业单位189家次，累计复查隐患215处，到期整改率达100%。开展各类安全生产应急演练10次。广泛开展“安全生产月”系列活动对企业经理和重点岗位工作人员进行专项培训，使安全发展理念深入人心。

【信访稳定】进一步完善信访制度，严格落实镇领导接访制，建立电话接访制度，方便群众反映问题。充分发挥镇、村、组三级信访工作机构和信息工作网络作用，充实信访工作联络员或民调员队伍，形成发现问题、反映问题、解决问题、跟踪回访一条龙。开展信访矛盾下沉化解，深入上访人家中进行座谈、了解信访人的诉求，寻找矛盾根源，力争把矛盾解决在村里，防止矛盾的进一步激化。全镇共受理群众信访事项158起，立案68起，办结68起，办结率达到100%。

（撰稿：毛　橘　审阅：高智军）

和庄镇

【概况】和庄镇位于新郑市东部，文化底蕴深厚，是明朝隆庆年间内阁大学士、内阁首辅高拱故里，地理位置优越，交通便利，京珠高速公路、京广高铁纵贯南北，距港区、机场半小时车程。区域面积34.4平方公里，辖16个行政村、32个自然村，总人口3.1万人，耕地面积1800公顷，是河南省首批重点产业集聚区——新郑市新港产业集聚区核心区乡镇。辖区道路四通八达，区位优势明显，幼儿园、小学、中学一应俱全，实现教育资源共享。农民运动会、文化艺术节连续多年举办，群众精神文化生活丰富多彩。

2017年，和庄镇配合新港产业集聚区通过二星级产业集聚区验收、郑州市“两强”产业集聚区先进单位验收，再次荣获“河南省文明村镇”称号，先后获得“河南省卫生镇”“郑州市先进征兵工作单位”“郑州市计划生育基层基础先进集体”等荣誉称号。镇敬老院被评为“郑州市特困人员供养服务机构专项整改先进单位”，卫生院被评为“全国百佳乡镇卫生院”。

【经济指标完成情况】2017年，和庄镇围绕“建设临空工业经济强镇”总目标，坚持以经济建设为中心，牢牢把握新郑市“双融入、双承接”发展战略，主动作为，克难攻坚，全镇经济社会保持又好又快的发展态势。全年完成财政收入2.0056亿元，同比增长9.6%；完成地区生产总值70亿元，同比增长21.5%。完成主要工业增加值43亿元，同比增长20.1%。完成社会消费品零售额14.99亿元，同比增长10%；农民人均纯收入21513元，同比增长8.9%；粮食总产量15216吨，同比增长2%，各项目标任务按要求完成或超额完成，主要经济指标增速均高于同期水平。其中，“食品加工、生物医药”两大主导产业总产值达百亿元，工业主导地位日益突出。新增规模以上企业6家，规模以上工业企业达41家，工业从业人员达11625人。

【工业经济】和庄镇围绕中储粮、中烟、恒喜龙等企业，坚持以《和庄动态》为抓手，督促项目开工建设，力促企业投产达效，落实日碰头、周例会、月研判、季奖评的工作机制，定期商讨解决项目建设推进中的问题，及时跟进工作进度，形成项目分管领导、部门负责人、具体联系人三级责任体系。在服务企业落地、激发企业活力上做文章，着力打造“上门问诊”模式，明确企业所需所求，对症下药，对口服务，让企业愿意来、留得住、发展好。光明乳业、恒喜龙、遂成药业、联合聚邦、鑫龙物流园已建成投产，润弘制药、佳龙食品、有客食品、冠超食品工业园等项目进展顺利，遂成药业二期续建项目主体已封顶，现代产业体系进一步完善，税收结构进一步优化，区域经济发展质量进一步提升。同时，充分利用产业集聚效应，重点围绕食品加工、生物医药等行业，促进产业抱团发展。强化科技支撑作用培育新的经济增长点，新增高新技术企业1家、后备上市企业1家，新增科技型专利82个，省级和郑州市级以上技术研发中心新增1家、达到4家，产业集聚效应更强，发展后劲更足。

【百城提质建设】修订完善《新港产业集聚区总体发展规划》《土地利用规划》《产业发展规划》等专项规划，新增中兴路至南水北调干渠3.6平方千米城市规划区范围。围绕“高拱文化精髓”和交通区位优势积极谋划产业集聚区南组团及北部片区，打造独具魅力的特色文化旅游小镇项目，城乡规划体系更加完善。强力推进双洎河治理（任庄和付庄拆迁整治），完成拆迁面积25.1万平方米，首套安置房—华悦城2栋422套4.3万平方米安置房已建成封顶，预计2018年7月底可回迁。河赵棚户区改造项目一个月内实现已拆迁村民全部回迁，分配17栋、967套安置房，回迁群众740户、3100人。河赵社区三期3栋楼房6.5万平方米开工建设。投资649万元的永康路二期、投资 1000万元的红专路建成通车，投资47万元的穆庄村道建成通车，城乡路网日趋完善。

【生态环境】 投资3000多万元的神州路、中兴路、南环乡道、红专路、宏达路、政和路的镇域交通廊道工程全部绿化提升到位，验收评审历年廊道建设面积124.95公顷，验收退耕还林102.374公顷，全镇绿化档次进一步提升。投资500余万元开展城乡环境卫生专项整治工作，购置雾炮车1台、洗扫车2台、洒水车2台、道路养护车等机械化作业车辆，建成3座移动公厕，维修6座垃圾池，新建5座垃圾池，城乡环卫一体化设施不断完善。坚持部门联动、深挖细查，分类建立整改台账，明确整改时限，取缔43家“散乱污”企业、拆改台账锅炉企业14家，取缔不合格的散煤销售点4个，建成郑庄洁净型煤销售点1个，大气污染防治攻坚成效显著。

【“三农”工作】 围绕“林、田、水、路、电”综合整治积极争取上级农业专项资金，投资960万元的节水灌溉工程和投资50万元的小农水滴灌工程已经完成。全年发放耕地地力补贴300.96万元，发放农机补贴21.69万元。畜禽养殖总量超过26万头（只），累计完成土地流转200公顷。精准扶贫扎实推进，14户贫困户，全部建档立卡，安排就业岗位8个，办理低保并提高标准14户，发放各类救助款3.5万余元，8名贫困户学生全部享受教育救助等，做到真扶贫、扶真贫，群众满意度、认同度和扶贫精准度明显提高。按照“依法规范操作、以农民群众为主体、因地制宜整乡推进”要求，土地确权颁证工作圆满完成。全镇16个行政村5377户农户全部签订合同，完成土地确权面积1430.53公顷，打印证书5377本。全镇16个行政村都理清了发展集体经济思路，形成以茨山路为界，“南部田园化，北部城镇化”的发展格局。全面落实河长制，加强莲河、双洎河综合治理，黄水河清淤工程有序推进，双洎河双龙坝工程控制性建筑物主体完工，沿河区域生态环境明显改观。

【社会事业】 全镇发放各类救济补贴53万元，发放面粉8吨，发放棉衣棉被400条（件），共救济全镇困难群众800余人次。发放三属、老复员军人等优抚对象定补30.91万元。投资40余万元对敬老院锅炉进行改造，并投入使用。投资20余万元，建成西高村、陆庄村托老站。先后投资200多万元，用于文化教育设施改造提升、重大节日表彰慰问、幼儿园天然气改造及绿化等内容，提升改造10个村级文化大院，建设尹庄村、河赵村史馆。坚持计划生育基本国策，发放奖励扶助金70余万元，巩固协会和群众自治示范村10个、合格村16个，巩固计划生育小康基地2个。大力推进创业就业，全镇新增城镇就业再就业585人，完成农村劳动力转移就业1701人，完成就业前培训1500人，办理就失业登记证52人，返乡农民工创业222户，带动就业人员就业630人。发放小额担保贷款1.06亿元，城乡居民社会养老保险和新型农村合作医疗参合率达100%。

【社会治安综合治理】 按照“一排二查三稳四化”的工作思想，建立“平时掌控，重点监控，依法处置，妥善化解”的长效管理机制，主动出击，变上访为下访，全年未发生一起重特大信访案件，处置各类信访问题65起，全年案件结案率100%，其中郑庄、陆庄、香坊吴3个村为零上访村。深入开展安全隐患排查和专项整治活动，全年共检查企业76家，下发整改通知书112份，发现隐患279处，全部整改到位，未发生重特大安全生产事故。按照省综治中心规划建设要求，先后投资200余万元，高标准升级改造16个行政村综治服务中心。

（撰稿：马旭超　审阅：王利衡）

位于和庄镇的欧纳尔公司员工正在生产60P超低温机组

薛店镇

【概况】 薛店镇紧邻郑州新郑国际机场，北距郑州市区25公里，南距新郑城区10千米，全镇面积56平方公里，镇区规划面积42平方千米，建成区面积16.65平方千米，辖20个行政村、48个自然村，总人口约10万人。境内京广铁路、石武高铁、京港澳高速纵贯南北，商登高速、S102省道横穿东西，南水北调、西气东输、规划地铁16号线等国家、省市的重点工程穿境而过，具备了空港、铁路港、公路港、信息港“四港联动”的综合立体交通优势。薛店镇是全国发展改革试点镇、全国重点镇、国家卫生镇、国家生态镇、河南省精神文明乡镇。

2017年，薛店镇围绕临空经济强市桥头堡的战略定位，突出全域城镇化“一个中心”，借力华夏幸福集团和中原创客小镇“两个载体”，全力推进新型城镇化、产业项目和基础设施“三大建设”，持续深化“四重点一稳定一保证”工作总格局，圆满完成了市委、市政府下达的各项目标任务。2017年，全镇完成财政收入3.5亿元，占全年目标127.3%；全口径税收入库6.76亿元，同比增长78%；主要工业增加值完成43.83亿元，增长19.7%，产业税收对地方财政贡献率达到60%。

【产业发展】 坚持发展为第一要务，全力以赴抓项目、强投资、促改革，基本形成以食品加工为主导、医疗科技和仓储物流为支撑的现代产业体系。龙头带动效应显著。雏鹰农牧集团引进郑粮食品智慧化园区项目，一期基本建成，并通过国家质检总局验收。好想你公司引进普洛斯物流项目，基本形成集原料种植、加工、销售、物流、检测为一体的全产业链。雪花啤酒二期12万听/小时易拉罐生产线投入运营。君源有机农场被批准为国家级农业标准化示范区。产业集群优势突出。众合石材城进驻企业、商户200多家，中德产业园签约企业260家，装修入驻78家，航美国际智慧城签约IBM、聚思鸿、联想集团、甲骨文等企业26家，已进驻员工300人。新招商项目相继落地。中原智谷、永辉天然气等亿元以上项目开工建设，航美二期、乾德电子、百利祥罐业、浩正医药等一批省市重点项目陆续开工。

【新型城镇化】 坚持以产业发展带动城镇建设，深入推进百城建设提质工程。城乡路网不断完善。投资1800万元，完成世纪大道升级改造及绿化；投资1.01亿元，开建市政道路5条7.3千米，其中雪花啤酒物流道路建成通车，园林大道拆除占地房屋140户，莲花路东延下穿高速、高铁及胖哥路下穿京广立交桥道路已立项，草花路、樱花路已设计规划。城镇化功能不断提升。投资4100万元，新建吴庄110千伏变电站投入使用，在建解放路社区小学、花庄小学、大吴庄幼儿园明年开始招生。积极探索政府购买服务模式，大力推进解放北路社区和大吴庄社区棚改项目，解放路社区一期新开工9栋905套，二期莲花社区开建14栋1070套约17万平方米，预计明年3月份全部封顶。大吴庄社区和岳庄社区已建成，分房方案已确定。

【开放创新】 突出企业创新主体地位，紧盯国内外500强和行业50强企业，新签约投资7亿元的乾德电子信息科技园、投资5亿元的莱茵奔驰车等项目6个，协议投资额22.1亿元。引进域外境内资金23.1亿元，实际利用外资3900万美元，外贸进出口1200万元。中原创客小镇、红枣小镇成为郑州市级特色小镇，好想你公司成为全省唯一荣获中国商标金奖企业。全年争取土地规模指标156.55公顷，组卷报批35.9515公顷，拆除土地卫片9宗7650平方米。全力做好农村土地承包经营权确权登记，完成土地确权6671户、2808.90公顷。

【生态治理】 坚决打赢大气污染防治攻坚战，完成S102、中华路等8条道路86处土路口硬化，硬化面积约2.1万平方米，覆盖裸露黄土面积180万平方米，完成辖区19个建筑工地和22个散乱污整顿查改，关闭露天烧烤夜市摊点21处，取缔散煤销售点1处，建立洁净型煤销售网点，完成双替代307户，按期完成上级部门各类交办案件62件，空气质量各项指标位居全市前列。广泛开展城市园林绿化，扎实推进园博园沿线线路改造提升，完成绿化建设各类工程47.59公顷。全面推行河长制，投资1.5亿元的暖泉河河道治理工程正在立项、招标。加快城乡环卫一体化建设，新增环卫车辆9台，全年清运各类垃圾1400余吨。坚持镇区主干道每天洒水降尘，机械化

2017枣乡风情游开幕

清扫冲洗率达到95%以上，成功入选郑州市级健康村镇试点。

【社会事业】坚持依靠群众，推进工作落实长效机制，认真办好为民办实事工程。拓宽创业就业渠道，完成小额担保贷款组件40件，新增城镇就业384人，转移农村劳动力800人，落实“4050”人员就业困难对象再就业30人，参加技能培训人数1000余人。健全社会保障体系，出资645万元，在全市率先实行由镇政府全额承担城乡居民基本医疗保险参合费；出资58.8万元，为镇区60周岁以上失地老人发放生活补贴；签约家庭医生4744户，免费为5216名60周岁以上老人健康体检，免费为285名60周岁以上听力障碍老人发放助听器。扎实推进脱贫攻坚行动，虽然全镇没有“建档立卡”贫困户，但对排查出的30名相对贫困对象，实行“七包一”精准帮扶，通过改善环境、提供就业等形式增加收入。深入开展安全生产大检查，完善食品药品监管网络，全年无重大安全事故发生。坚持领导接访制度，完善人民调解、行政调解和司法调解联动体系，妥善化解矛盾，全镇大局持续稳定。深化平安创建活动，荣获郑州市平安建设工作优秀等次乡镇，被评为新郑市争创全国综治“长安杯”工作集体三等功。积极开展文化惠民工程，举办特色文化活动，改扩建7个村级、2个社区级综合文化服务中心和1个村级村史馆，荣获河南省文明镇、郑州市公共文化服务示范乡镇、郑州市“两馆一站”建设工作先进集体等荣誉称号。

（撰稿：李　阳　审阅：刘少玺）

孟庄镇

【概况】孟庄镇位于新郑市东北部，东临郑州航空港经济综合实验区、西接郑州新郑教育园区北靠郑州都市区南部组团、南与新郑新港产业园区相连，区位优势显著。总面积66平方公里，辖1个居民委员会、22个行政村、35个自然村、总人口4万人，现有耕地4133.33公顷。辖区毗邻郑州新郑国际机场，南水北调干渠穿越境内，京港澳高速、机场高速、石武快客纵贯南北，郑州地铁2号线、双湖大道、新老107连接线横穿东西，交通便利。新郑是中国著名的红枣之乡，孟庄是新郑红枣的主产区，每年金秋时节举办“枣乡风情游”，吸引众多游客前来观光游玩。辖区内还拥有全国最大的红枣集散中心，培育有“好想你”等全国知名品牌，带动全国大枣产业的发展。

2017年，孟庄镇紧紧围绕建设空港旅游休闲小镇的发展定位，牢牢把握“三园三区”发展思路，深入实施“双融入、双承接”发展战略，持续推进“新型城镇化、产业发展、开放创新、生态建设”四项中心工作，大力实施新型社区、重点项目、基础设施和社会民生各项事业等“四大工程”。全年完成地区生产总值24.02亿元，占全年目标的120%，同比增速32%；财政收入2.31亿元，占全年目标的108.42%；规模以上工业增加值实现8.44亿元，占全年目标的111.4%，累计增速11.07%；社会消费品零售额完成12.18亿元，占全年目标的103.6%，同比增速17.07%；固定资产投资完成49.47亿元，占全年目标的136.4%，同比增速56.6%；人均纯收入完成21726元，占全年目标的109%，同比增速9.3%。

【社区建设】完成了小石庄社区23.5万平方米、城后马社区16万平方米安置房建设工作。做好群众回迁安置，完成了中心社区A区、小石庄社区、双唐社区等1200户安置房分房工作。正在筹备城后马社区安置房分配工作，确保2017年以前拆迁的唐寨、唐河、寺西王、口张、小石庄、城后马、小郭庄等村1650户群众全部实现回迁。完成小石庄村、肖庄村、地铁2号线涉及村庄的拆迁工作。

【项目建设】以河南省重点项目腾达畅正物流创业园为代表的各类项目全面建设，累计完成投资20亿元。新签约的河南金鹭鸵鸟园项目成为孟庄首个综合旅游开发项目，实现了经济社会全面发展。

【基础设施建设】完善“四纵五横”主干交通路网，新老107连接线镇区以西段已建设通车，正在全力加快孟祥路以东至港区建设，完成了云港路改建工程，进一步密切了与港区的联系。紧跟郑州建设步伐，完成了中华路北延至绕城高速建设。龙港路、孟港路、潮河路、黄河路、绿茵路已完成立项、设计招标。建设群众文化活动平台，完成了古枣公园、民俗展览馆建设工作，完成了民俗展览馆布展工作。科学规划建设镇区配套设施，启动镇区水、电、气、雨污水管道等基础设施建设， 铺设排污管网、供水管网10千米，完善交通信号设施3处。完成体育健康公园项目规划设计工作，加强污水和生活垃圾处理，彻底改善城乡环境面貌。

【社会综合治理】社会综合治理显著提升。坚持落实长效机制管理。开展违法建设、非法生产、食品安全、非法经营、安全生产、消防安全等重点领域排查集中整治活动，消除各种隐患。持续推进平安建设。全力做好信访稳定工作，落实领导接访制度，不断增强综治工作的预见性和科学性，在全镇营造了和谐稳定的良好局面，平安建设群众满意度调查，持续位于全市前列，被评为“新郑市平安建设金杯乡镇、普法依法治理工作先进集体”。持续推进“五单一网”制度改革。依托镇社区服务中心，强化政务服务网建设，全面改进政府服务职能，高标准打造了双唐社区党群服务中心、曹庄党群服务中心，提供一站式全方位服务。

完成卫片图斑范围的97宗违法占地、清理及违法建筑拆除工作。全面实施蓝天工程，深入开展燃煤锅炉、扬尘治理、黄标车、料场搅拌站、露天烧烤、秸秆禁烧等专项整治。做好大气污染防治各项工作，进一步优化了全镇生态环境。开展平安建设工作，围绕“打造两级中心、健全两支队伍、完善三种机制”的工作思路，开展平安夜巡、平安进校园、平安进社区活动，综治工作取得显著成效。先后荣获郑州市平安建设先进集体、郑州市信访工作“四无”乡镇等荣誉称号。

【社会民生事业】 大力实施惠民富民工程。实施文化惠民“百千万”工程。培训文艺骨干200名，组织80支共2000人的文艺队伍，参加了元宵节文化会演活动；成功举办了孟庄镇第八届群众文化艺术节，孟庄镇广场舞队获得新郑市广场舞比赛一等奖，并代表新郑参加了郑州市广场舞大赛，荣获一等奖。全镇23个行政村文化服务中心已全部建成。实施农村劳动力转移工程。依托华南城、好想你、六盛钢材等企业，组织130个企业发布招聘信息，提供20多个工种、380余个工作岗位，共300余人达成初步就业意向。先后举办七期农村劳动力转移就业培训班，培训311人。实施现代农业示范工程。大力发展现代观光农业，成功举办了十四届枣乡风情游活动，为全镇带来直接经济效益2000万元；持续加大农业开发力度，配合上级部门完成了42平方公里国家古枣树公园规划设计；完成全镇7000户3333.33公顷土地确权工作；强化农民创业园服务管理，农民创业园被评为省级农民工返乡创业示范（孵化）基地。实施城乡居民社会保障工程。完成了城乡居民养老保险和城乡居民医保参保缴费及社保卡信息采集工作，完成全民参保登记工作目标任务。

稳步推进精准扶贫。完成了对全镇年收入在4000元以下贫困人口的摸底排查及建档立卡工作，完善整理档案资料64盒284档。完成了各行政村精准扶贫入户普查、建档立卡、产业规划等各项工作。严格按照省市关于脱贫攻坚工作要求，选齐配强工作人员，加强对贫困村驻村第一书记的管理，配合好驻村工作队切实做好各项脱贫攻坚工作。全面开展“双联双助”活动，完成了4个贫困村的脱贫任务。

统筹推进其他民生工作。加强农村基层计划生育技术服务体系建设，全面落实二孩生育政策；加强法律知识培训，组织法律宣讲20场次；推进社会福利和慈善事业发展；做好拥军优属、征兵、优抚安置和军民共建工作；成功举办首届全民运动会，提高人民群众健康素质；全面推进人大、政协、统战、工会、共青团、妇联、老干部、保密、公共机构节能等各项工作。

孟庄镇唐寨社区

【年度工作荣誉榜】 2017年，先后获得“省绿化模范乡（镇）”“省级卫生乡镇”“郑州市先进基层党校”“郑州市级文明村镇”“郑州市新型城镇化工作先进乡（镇）街道”“郑州市达标创优活动示范工会”等荣誉。

（撰稿：李自阳　审阅：刘志刚）

龙湖镇

【概况】 龙湖镇位于新郑市最北部，西接新密市，北临郑州市二七区、管城区。镇域面积96平方公里，辖17个行政村、11个社区，常住和从业人口65万余人。镇区规划面积70平方千米，建成区面积38平方公里。境内交通便利，与郑州市区接壤，与航空港毗邻，大学南路、国道107、紫荆山南路、郑新快速路穿境而过，地铁2号线贯通镇区东延至机场，实现与郑州市区、航空港区的无缝对接，是新郑市实施“双融入、双承接”战略的桥头堡，具有得天独厚的区位优势和交通优势。

龙湖镇抢抓中原经济区、郑州都市区和航空港经济综合实验区建设“三区”叠加的历史机遇，加快推进经济社会发展，实现了“五大转变”。发展格局大转变，从乡镇跃升为城市组团新区，建成区由14平方公里扩展至38平方公里，城镇化率达80%。城乡面貌大转变，持续加大城市管理提升工作力度，高标准建设管理新城，一座美丽宜居城市新颜初步显现。群众生产生活方式大转变，“在社区居住、在园区上班”已成为龙湖群众的生活新常态。产业业态大转变，从宜居教育城一枝独秀，到“一城四区”协同发展，龙湖的发展迎来了新的历史机遇。特别是随着华南城的入驻运营，电子商务、商品交易、物流配送“三个超千亿”的龙湖商圈已初具规模。综合实力大转变，财政收入连续二年突破20亿元，镇域综合发展竞争力位居全省第一，在全国处于领先地位。

2017年，地区生产总值108.6亿元；地方财政收入19.4亿元；固定资产投资137亿元；规模以上工业增加值34.7亿元；社会消费品零售总额45.4亿元。镇域发展实力领跑全省，全国综合实力百强镇排名由2016年的86位跃升至82位。先后获得“中国最具特色名镇”“中国投资环境百佳城镇”“中国最具投资潜力的城镇”“河南省百强乡镇”“河南省省级卫生乡镇”“河南省国土绿化模范乡镇”“河南省群众服务满意窗口”“河南省住房和城乡建设十佳名镇”“郑州市生态示范创建工作先进集体”等荣誉。

【项目建设】 项目建设 全镇新建、续建项目59个，全年计划总投资126.13亿元，实际完成投资152.9亿元。其中，郑州华南城项目本年度完成投资185亿元，开工建设面积500万平方米，建成300万平方米，投入营业180余万平方米，入驻商户达1.7万余家，与3.2万余家商户、100多家商会及行业协会签订了入驻协议。华南城电商产业园被评为首批省跨境电商示范园，已入驻小微网商100余家，大学生电商项目创业团队16支。铁道警察学院、龙湖城市湿地公园及各房地产项目均顺利推进。

招商引资 大力实施以商招商、精准选商，不断优化产业结构。全年新招重大项目3个，计划总投资64亿元。分别是宋城·黄帝千古情项目（总投资50亿元）、中国龙湖同赢服装企业总部港产业基地（总投资10亿元）、易信科技大数据物联网产业园（总投资4亿元）。太能互联网产业园配套项目等正在进一步磋商。

【新型城镇化建设】 基础设施更加完善。交通道路方面，祥安路西延一期已经完工；鸿鹄路南延工程正在施工；泰山路修复工程、双湖大道西延、清风路正在施工；新老107连接线西延、经一路、纬二街进入招标阶段。市政管网方面，新铺设、改造天然气管网42公里。祥和东路等三条道路污水管网正在建设，镇区雨污水管网升级改造工程全面启动，督促新郑市第三污水处理厂提标改造，启动西部污水处理厂规划建设前期工作。广场游园方面，龙湖湿地公园正在加紧收尾，占地66.67公顷的泰山森林公园建成开园，全年新增廊道绿化41万余平方米。

城镇建设强力推进。以“全域城镇化”为目标，加快旧村拆迁、安置房建设和群众回迁。完成后胡拆迁173户、21万平方米，李垌、荆王、小乔沟、王口、刘口、张沟六村拆迁有序进行。全年新建、续建沙窝李（二期）等10个安置区安置房93.28万平方米，罗垌等7个安置区68.32万平方米安置房达到入住条件，郑堡等4个安置区2436套安置房顺利回迁，完成小乔新嘉苑（一期）等6个社区2247套安置房网签，网签数量位居全市第一。

人居环境明显改善。以大气污染、水污染防治为重点，深入开展环境污染防治攻坚战。投入1295万元，新购吸尘车等车辆设备19台，防污治污保障能力大幅提升。狠抓大气污染防治，对全镇86个工地实行干部分包，动态监控、跟踪整改。对辖区“散乱污”企业开展地毯式排查，427家“散乱污”企业全部整改、取缔到位。实行全年全面禁烧，统筹推进餐饮油烟控制、锅炉拆改、散煤监管、渣土车非法运营监管等大气污染防治各项工作，取得明显实效。狠抓水污染防治，对辖区十七里河、十八里河沿线排污口进行排查登记、综合治理，取得阶段性成果。投资2300余万元，购置各类机械化环卫车辆26台、移动压缩式垃圾中转站30座，不断提高城乡环卫机械化水平。深入开展城市清洁“三大行动”，实行六步联合、深度清洁作业模式，镇区环卫保洁覆盖率、生活垃圾集中处理率均达到100%。坚持开展“全城清洁”行动，全民动员、齐抓共管共同改善人居环境的常态化机制日趋完善。

【社会管理】 社会治安势头良好。深入开展“一管三打”综合整治，提升城市管理水平。以“治堵、治乱、治脏”为突破口，对城市“九乱”等问题开展集中整治，长效保持。全年新增交协警50名、城市协管员120名，处理交通违法行为3200余起，清理整改城市“九乱”问题12万余个，镇区交通秩序明显改善，城市面貌显著改观。严厉打击违法占地、违法建设、违法开采，查处各类土地违法案件130余起，拆除违法建筑11万余平方米、沿街私搭乱建3000余间，城乡规划建设管理秩序逐步规范。“坚持依靠群众推进工作落实”长效机制持续深化、规范提升。全年排查调处各类矛盾纠纷1200余件，办理信访案件162起。泰山村被评为全国创建无邪教示范村。深入推进“平安龙湖”建设，加强人防、技防相结合，实行特警24小时街面巡逻，逐步实现治安防控“全覆盖、无死角”。加大对重大案件的侦破和查处力度，全年立案3436起，破案1562起，刑事处理256人，逮捕48人，抓捕逃犯38人，行政拘留320人，全镇治安形势持续稳定，人民群众安全感和幸福感明显提升。

安全生产形势平稳。召开辖区“三合一”场所、建筑工地安全生产常识及消防常识培训会议，参加培训人员超过2000余人次。对辖区内公共聚集场所、建筑工地、物业小区、物流仓储、危险化学品生产经营单位、烟花爆竹经营储藏单位、各类加工厂等重点行业要求层层签订安全生产责任书。加强日常巡查排查和专项整治，发现并整改安全隐患1.6万余处，本镇被评为新郑市安全生产工作先进集体。以物业小区为单位建立微型消防站49个。针对西部“三合一”场所密集村配备小型消防车6辆，有效地抑制了各类安全生产事故的发生。深入推进条块融合，组织全镇网格管理人员的各类业务培训12次，排查并录入郑州市网格化管理平台各类问题4165个，截至目前已经解决到位3944个，按期办结率达到94.7%。持续提高村级事务透明度，“三资”管理、农村低保、救灾救济等九大领域共录入信息1018条，各类信息公开及时。

【社会各项事业】社会保障得到强化。不断加大群众创业就业帮扶力度，不断加大群众创业就业帮扶力度，先后举办职业技能培训班、创业培训班及各类人才交流招聘会，完成劳动力转移1546余人；发放创业贷款52笔，总金额520余万元。贯彻落实低保政策，按照“应保尽保、应退尽退”原则，今年以来，对全镇418户730人低保家庭进行补贴，复审核减低保40户80余人。扎实推进脱贫攻坚，荆王、梅山、东徐三个贫困村脱贫工作顺利通过了河南省、郑州市验收组验收。持续加强弱势群体帮扶工作，全年累计发放各类救灾款项11.7万元，救助贫困家庭50余户、110余人，救助优秀贫困大学生30名，救助其他弱势人群53人。继续为80岁以上龙湖籍老年人每月发放生活补助。不断加大农民工劳动维权和保障力度，解决劳资纠纷210余起，涉及农民工3711人、工资3781余万元。

教科文卫齐头并进。教育方面，加大教育投入，建成投用国瑞城小学，完成镇直小学改扩建，新开建紫荆山南路小学、富田兴和湾小学，加快推进智慧城中、小学等学校建设。积极组织开展科技下乡和各类技能培训，提升群众素质，全年，共组织群众收看远程教育直播、点播4.4万余人次，为农民群众提供各类信息700多条。文化方面，深入实施“百千万文化惠民工程”，不断丰富群众精神文化生活，组织电影下乡260余场，组织7000余名群众参加戏曲进校园、书法交流等各类文艺会演、比赛、活动30余场。卫生方面，加强医疗保障体系建设，继续为60岁以上龙湖籍老年人和中小学生进行免费体检，为70岁以上龙湖籍老年人缴纳新型农村合作医疗费。城乡居民养老保险共计完成续费参保30100余人，医疗保险完成参保64800余人，均位居全市前列。坚持计划生育基本国策，全面落实二孩生育政策，各项措施进一步加强，2017年人口出生率为12.9‰，人口自然增长率10.7‰。

（撰稿：付晓平　审阅：王俊艳）

郭店镇

【概况】郭店镇位于新郑城区北12千米、郑州市区南20千米处。东依新郑机场，南接新郑中心城区，北临龙湖教育城，西临新密新城。境内郑新快速通道、国道107、中华北路、大学南路、希望路与省道102、国道107连接线、黄金大道和莲花路构筑成“五纵四横”独具优势的交通网，四通八达，方便快捷。境内历史文化遗产丰富，有后周皇陵、华阳故城两个国保单位，北宋名相吕夷简父子墓、北宋时期一门三宰相墓——崇孝寺两个省保单位。

全镇辖32个行政村，89个自然村，219个村民组，总人口6.1万人，镇区人口9000人，镇域面积77平方千米，其中镇区面积4平方千米。现有耕地5360公顷，人均0.1公顷。辖区内以汉族为主，回民1900余人，主要集中居住在华阳寨。

2017年，郭店镇实现了经济稳步增长、社会和谐稳定、民生持续改善。全年地区生产总值完成763717万元，同比增长34.9%；主要工业增加值完成294030万元，比去年同期增长15.8%；固定资产投资完成70.6亿元，同比增长19.2%；财政收入完成16080万元，同比增长22.8%；农民人均纯收入完成 21872元，同比增长12.7%，其他经济社会指标均有新的增长。先后获得“河南省先进综合性文化服务中心”、新郑市“服务和发展工业先进单位”“对外开放招商引资工作先进单位”“依法治理先进集体”“林业生态建设先进单位 ”“安全生产红旗单位”“争创全国综治长安杯集体三等功”等荣誉。

【工业经济】2017年，按照“工业稳增长调结构促转型”的总要求，积极调整产业结构，加快工业经济转型，二、三产业得到较快发展。项目建设快速推进。吉祥二期、明佳电子、星灏电子、泰德能源、宏美包装、金万家居、天汇国际等项目按计划有序建设。其中金万家居建成投产；吉祥二期铝板带箔项目厂房车间已建成，正在安装调试设备；天汇国际项目部已建成并投入使用，入住商户100多家；华夏幸福产业新城企业总部、中央公园及4条道路开工建设。现代物流业快速推进。华商汇已建成面积77万平方米，开馆营业面积70万平方米，进驻经营商户4000户；乾龙物流项目货代仓库、信息大厅、仓库建成并投入运营，美食街、停车场、道路硬化等配套工程全部完成；黑豹物流建成并投入运营面积11万平方米；传化物流小镇全面启动，入选首批省级现代服务业专业园区；红星美凯龙一期16万平方米的红星：星亿佳广场已进入装修阶段。房地产业初见成效，浩创.梧桐春晓项目在建商住房24万平方米，目前已完成交易面积12万平方，交易额达936万元。招商引资取得新成效。坚持“释放新优势、抓住新机遇、创造新业态”的招商理念，大力实施以商招商、产业招商、园区招商，全年新招项目3个，分别是投资73亿元占地133.33公顷的传化华商汇中原物流小镇、投资150亿元占地66.67公顷的红星美凯龙家具城和占地12公顷的民生电商项目，完成了与市政府签约。

【新型城镇化】按照全域城镇化、农民市民化的目标，不断明确责任，强化措施，强力推进社区建设和拆迁安置工作。海寨、铜佛赵、华阳寨、南北街和中心社区按计划快速推进，新启动的洪沟社区和常家庄社区顺利建设。全年7个社区新建安置房58栋4842套44.5万平方米。水、电、路、气等社区配套公共设施进一步完善，华阳寨社区清真寺建成，幼儿园正在建设。投资700多万元的中心社区广场升级改造工程全面完成，栽植景观花卉树木20多万棵（株），建文明墙和文化宣传画廊1200米。同时，按照拆迁安置同步推进的要求。海寨村和五里堡村整村搬迁入驻新社区，107拓宽改造时的铜佛赵、武岗、冯寺、高孟等村拆迁户全部安置入驻新社区，累计安置群众1684户7245人。

【农业经济】都市型现代农业稳健发展。以土地流转为载体，以农业招商为抓手，强力推进都市型现代都市农业发展。翠谷农业生态旅游项目建成，年接待游客20多万人次；卡乐童话小镇的儿童游乐园项目建成并开园迎宾；投资186亿元占地133.33公顷的金城国际二期百力汇生态健康城项目已完成规划设计和土地报批。黄帝农耕文化园和崇孝寺历史文化园完成规划设计。农业基础设施得到加强。争取上级资金550万元，对107以西冯寺、小司等6个村进行了农田水利设施提升改造建设，新打机井38眼，铺设管网10公里，建变压器台区11个，新增有效灌溉面积333.33公顷。全长2.5千米的惠科路拓宽改造工程建成通车。生态农业建设取得新发展。占地353.33公顷的花卉苗木园、生态果园和蔬菜标准园三个农业生态园顺利建设。新栽植经济林213.33公顷，扶育林育苗186.67公顷。建立健全了河长制管理机制和管理台账。持续开展农作物秸秆综合利用和秸秆禁烧工作，投资19万元建立了蓝天卫视监控平台。积极推进郑州市环城都市生态农业建设项目申报工作，完成了翠谷生态农业、冠军农业等23家农业企业申报工作。

【公共基础设施】城镇承载功能提升。黄金大道拓宽改造工程顺利建成通车，汇通路、卓商路、求实路、轻工路有序建设，老郑新路雨污水管网工程全面完成。S102互通立交桥工程，拆迁安置工作顺利结束，工程队已进场施工。污水处理厂二期工程建成并投入使用，日污水处理能力提升到10万吨，基本实现了区域内生活污水和工业污水全收集全处理。城镇综合管理日益规范。成立了镇区市场管理机构，明确了管理服务职责，各类商贩统一管理，归行划市，有序经营，彻底杜绝了镇区私搭乱建、占道经营现象。环卫设施进一步完善，投资200多万元，新购置了抑尘车、扫地车、洒水车、保洁三轮车、垃圾箱等市政环卫设施，保证了环卫工作有效运转。健全完善了环卫管理机制，建立了环卫工分片分路段包干责任制，镇区各个卫生责任区、各个路段全天候保洁，生活垃圾及时清运，集中处理，有效地改善了镇区对外形象。

【社会综合治理】卫片执法成效显著。按照“处罚到位、拆除到位、追责到位、复耕到位”的要求，对辖区23宗卫片案件进行了强制拆除，拆除面积50000多平方米，对15宗进行了全面彻底拆除复耕。同时，对巡查发现的5宗违法建设案件，采取“动员自拆与集中强拆相结合”的办法，依法依规进行了拆除，拆除面积5000平方米。大气污染防治强力推进。严格落实日巡查制度，对排查发现的207家“散乱污”企业，强制取缔176家，整改到位31家。按照“三员”“六个到位”“七个百分之百”的要求，加强在建工地监管，严格实行封闭式清运垃圾并及时洒水降尘，裸露区域覆盖防尘网，按时开启喷淋设施，车辆出工地时冲洗车轮泥土。加强燃煤销售使用管控，取缔散煤销售点6个，拆改燃煤锅炉7台。清理取缔主干道路边广告牌、加水点、修车点43处。环卫设施进一步完善，购置了雾炮车、清扫车、洒水车，定期对辖区道路进行洒水降尘，保证了辖区道路干净整洁。社会环境得到优化。认真落实“一单式”信访走访调处机制和镇村两级领导接访制度，以开展争创“零访村”活动为载体，加大矛盾排查调处力度，及时化解处理各类不稳定因素，基本实现了无积案、无集访、零非访的目标。定期开展经济发展环境专项整治活动，对项目落地、企业生产经营中强装强卸、强行交易、堵门断路等影响经济发展的违法行为进行了严肃打击处理。定期开展安全生产和医药食品安全检查，及时消除各类安全隐患，社会发展环境得到优化。

【精准扶贫】严格按照“精准识贫、精准扶贫、精准脱贫”的工作要求，扎实推进精准扶贫工作。一是严格程序，精准识别。按照“四必到”、“六步”工作法、“三个零差错”要求，对建档立卡贫困户进行了重新入户排查识别，共普查1024户2837人，新识别5户12人纳入贫困人口，返贫1户4人、错退1户2人，回退贫困户14户20人。二是强化措施，重点帮扶。重点对21户建档立卡贫困户明确了帮扶责任人、帮扶措施。帮扶责任人逐户分析研判致贫原因，因人施策，量身制定“N+2”帮扶措施。通过“动真情、真扶贫”和“献爱心、送温暖”活动，共为群众办生活所需急事、好事671件，捐赠救助帮扶款近20万元，捐赠电视机、电磁炉、被褥、衣服、文具盒等物品1168件（套）。市直部门为贫困群众落实脱贫帮扶政策95户380人。依托产业优势，为贫困群众提供就业岗位100多个、安排公益岗位12个、发放小额信贷款12万元。三是建好载体，抓好落实。采取一村一策的办法，因村施策，为贫困村制定了产业脱贫计划。积极推进产业扶贫工作，强力实施“雨露计划”，定期开展技能培训，先后在岗时、小司两个贫困村举办电工电焊、家政服务、厨师烹饪等技术培训班8期12班，参加培训556人次，有效提高了贫困群众就业能力。

【社会民生事业】 文化事业繁荣发展。积极开展村级综合性文化服务中心创建活动，冯寺、司洼、双岭、山根、新李营五个综合性文化服务中心顺利通过验收。不断深化文化惠民工程，全镇32个行政村成立盘鼓队、舞龙舞狮队、秧歌队、广场舞等民间文艺队伍54支，培养发展文艺骨干600余人。成功地举办了“元宵节民间文艺会演”等群众性文娱活动。9月28日，在炎黄广场成功举办了“最美郭店人”颁奖晚会。农历九月初九举办了“喜迎十九大，关爱老年人”敬老助老文艺演出。参加市组织的戏曲、广场舞比赛，儿童组和成人组均获得二等奖。社会救助持续加强。认真做好低保户申报工作，为6户15人申办了低保手续，定期足额为全镇671户1204人低保对象发放定补资金。积极开展救灾救济工作，共发放面粉300袋、棉被280条、棉衣200件、临时救助款9万余元。办理重度残疾人补贴48人，全镇270人享受重度残疾人特殊生活补贴，241人享受困难残疾人生活补贴，348人享受重度残疾人护理补贴。双拥优抚工作扎实开展，为14名年龄59—60岁农村籍退伍军人办理了优抚待遇手续。劳动保障持续加强。全年开展各类就业培训4000多人，提供岗位200多个，发布就业信息900多条，收集发布用工信息300余条，完成再就业346人，审核办理就业失业证60人，超额完成了小额担保贷款目标任务。城乡居民养老保险完成18364人，城乡居民医疗保险完成50181人。新农合工作顺利推进，参保率达到100%。为全镇60岁以上老人进行了免费体检，体检率达91%。积极开展劳动维权工作，巡查企业178家，劳动者维权和咨询2000多人，追讨工资2000多万元，调解劳动纠纷200多起。

【土地确权工作】 土地确权工作全面完成，确权土地4200公顷，发放土地确权证书11149本。

（撰稿：冯玉钦　审阅：李文红）

新村镇

【概况】 新村镇坐拥新郑市区北大门，与新郑新区紧密相连，是河南省首批、新郑唯一的“河南省小城镇建设重点镇”。全镇总面积64平方千米，耕地面积2866.67公顷，辖23个行政村、95个自然村、4.1万人。交通便利，环境优越，107国道、郑新快速通道纵贯南北，万邓公路横穿东西，新密铁路穿境而过，新村大道、中兴大道连通新区。南水北调中线工程环拱镇区，双洎河、黄水河东西环绕。老观寨水库、望京楼水库、桐树岗水库等共同构成了独具特色的水系环境。文化灿烂，底蕴深厚，裴李岗村是8000年裴李岗文化首发地，望京楼、公主湖是2300年的春秋文化遗迹，望京楼夏商古城遗址位列“2010年度中国十大考古新发现”之首。域内高中以上学校6所：郑州华信学院、郑州理工职业学院、郑州城轨交通中等专业学校、新郑电大、新郑三中、新郑一中分校，在校学生近4.5万人，形成了从幼儿教育到大学教育一应俱全的教育体系。

【经济社会发展】 2017年，新村镇深入贯彻落实创新、协调、绿色、开放、共享发展理念，拆旧与建新并重，对外招商与存量挖潜统筹，原有土地厂房腾笼换鸟与农村建设用地集约利用并举。在规划区内腾退空间促产业转型，在规划区外创优环境抓乡村振兴。新村棚户区改造项目顺利启动，望京新城项目区开发建设如火如荼，农民创新创业园加快推进，村集体经济崭露头角。2017年，财政收入突破2亿元大关，全市综合排名第三。地区生产总值完成74.2亿元。全市综合排名第二，社会消费品零售总额完成23.7亿元，全市综合排名第二。主要工业增加值完成26.6亿元，固定资产投资完成48.3亿元，居民可支配收入达2.07万元。

【新型城镇化建设】 2017年，新村镇以强基础、增后劲为战略支撑，统筹推进新型城镇化建设。围绕及早安置，社区建设快速推进。暖泉湖社区25栋1432套安置房已建成，152户群众已经入住，440户群众喜获新房。吴庄社区二期新开工9栋388套6.1万平方米安置房主体已完工。为力求群众早日安置，抓住机遇购买合适房源安置群众，于2017年1月启动畅馨园471套商品房分房工作，共让1000多名群众提前住上了新房。围绕提升品质，基础设施升级快速跟进。先后完成垃圾中转站及配套设施、镇级文化站和便民服务中心提升、万邓路西延拓宽、刘庄至屯孙、107国道至郑新路连接线、水泉至岗坡、邓湾至寺岗等基础设施建设任务。启动涉及文士湾、梨园、孙庄等五个行政村的农村污水治理工程，加快推进敬老院和美丽乡村项目。完成公主湖滨湖公园、望京新城项目区“七通一平”前期准备工作。这些基础设施的建成投入使用，优化了群众居住环境，改善了群众出行条件，方便了群众生产生活。围绕腾退空间，克难攻坚推进工业园区拆迁。为进一步优化产业布局、拓展发展空间。积极推进新村片区宜居改造项目和农民创新创业园区建设工作。新村片区宜居改造项目，已启动郑新路西侧35家企业、商户拆迁工作，目前企业评估工作已完成8家。农民创新创业园区已经完成土地征收工作。

【产业发展】以调结构、促转型作为主攻方向，加快培育现代产业体系。产业转型提质增效。总投资15亿元的正商环湖春天项目进展顺利，销售良好。郑州城轨交通学校办学规模持续扩大，在校生人数连年增长，已达2.5万人，极大带动了第三产业的发展。润弘制药19个新药进入临床试验，1个新药获批生产。灵佑药业2个新药获批，上述药企产品竞争力不断增强，市场占有率明显提高。现代农业特色明显。全镇流转土地1293.33公顷，引入农业企业42家，实现投资4.98亿元，提供就业岗位1800个。中原地展的工厂化育苗初具规模，品种展示基地初步形成，吸引大量育种单位加盟，佳源、卓卓、庞农等公司的优质葡萄品种开始量产，童乡亲子农场特色鲜明，成为本市周边亲子游最佳去处之一，游客反响强烈。集体经济发展崭露头角。围绕产业兴旺，大力实施“党建引领、六子联珠”，引导和带动各村支部，解放思想换脑子、因村制宜寻路子、双联双助结对子、只争朝夕搭架子、上下联动找银子、示范带动结果子。制作发放招商手册500份，培育新郑市鑫兴旺秸秆回收再利用农民合作社、新郑市华福农业合作社、新郑市洁润物业服务有限公司、新郑市发友农业种植合作社等集体经济平台15家，签订协议31份，落地项目7个。梨园村、二十里铺、史垌新村3个村，集体收入均超过10万元。

【大气污染防治】2017年，新村镇以明责任、勇担当为关键，持续推进生态环境改善。加快群众回迁安置。暖泉湖社区1432套安置房已全部交工，592户群众喜获新房。吴庄社区二期9栋388套安置房主体已完工，同时团购畅馨苑商品房471套，安置群众1000多名。不断完善基础设施建设。先后完成垃圾中转站及配套设施、镇级文化站和便民服务中心提升、万邓路西延拓宽、刘庄至屯孙连接线、107国道至郑新路连接线、水泉至岗坡连接线、邓湾至寺岗连接线等基础设施建设任务。启动涉及文士湾、梨园、孙庄等五个行政村的农村污水治理工程，加快推进敬老院和美丽乡村项目。完成公主湖滨湖公园、望京新城项目区“七通一平”前期准备工作。这些基础设施的建成投入使用，优化了群众居住环境，改善了群众出行条件，方便了群众生产生活。标本兼治推进生态建设工作。重点做好施工工地监管、村容村貌整治、燃煤锅炉拆改、“双替代”“散乱污”企业整治取缔、生态廊道建设、“零点夜查”等工作，顺利通过环保部19轮督查、巡查、验收。整改上级交办问题 110件，取缔“散乱污”企业17家，取缔燃煤锅炉58个。为全镇五保户、低保户发放电磁炉542台、空调538台。全面完成南水北调干渠左岸郑新路东马垌段28.67余公顷生态廊道建设，完成吴庄至裴李岗、前洼王至水泉、水泉至G107段乡道两侧生态廊道绿化工作，发展新造林133.33余公顷，并通过新郑市林业验收。

【民生事业】2017年，新村镇以惠民生、增福祉为根本目的，努力维护社会大局和谐稳定。深入实施“素质升位”工程，努力打造文明乡村。积极开展以社会主义核心价值观、产业发展、自立自强、法制宣传，职业技能培训为主题的各类培训20余次，不断增强村民致富本领，扭转群众“等靠要”思想。积极开展戏曲擂台、群众大舞台、全民阅读等文化惠民活动40余次，丰富了群众的文化生活。持续开展“好媳妇”“好公婆”“新村先锋”、文明户等评选活动，大力倡导“爱国守法、明礼诚信、团结友善、勤俭自强、敬业奉献”等基本道德规范，营造“讲道德、做好人、树新风”的浓厚氛围。深入实施“平安建设”工程，不断提升群众安全感。不断推进综治中心建设，全年累计投入160多万元，高标准升级改造23个行政村综治服务中心。投资60余万元开展“雪亮工程”，实现23个行政村视频监控全方位覆盖，重点区域、重点部位24小时不间断监控，提升基层治安防范能力。充分发挥公安干警、巡防队和“新郑正义哥”作用，坚持开展夜间巡逻，采取步巡、车巡、定点巡逻等相结合的方式，对辖区主要道路、村庄、安置区进行巡查，提升群众安全感。同时依托上述力量积极开展防火、防盗、反邪教、扫黄打非宣传活动，全面提升群众满意度。积极开展安全生产隐患大排查、大整治行动，妥善处理各类信访案件，进一步完善安全监管网络，全年未发生一起重特大信访案件和重特大安全生产事故，荣获创建“长安杯”集体二等功。深入实施“帮扶救困”工程，不断提升群众幸福感。一方面，全面提升民生保障能力。依规依政策发放低保金、救济款316.11万元。落实各项就业再就业扶持政策，累计培训1200余人，新增城镇就业356人。广泛动员开展农村土地确权工作，确权到户6842户共3506.67公顷。另一方面积极打好脱贫攻坚战。镇、村两级干部紧紧围绕“两不愁、三保障”目标，以脱贫攻坚问题为导向，充分发挥社会各界人士力量，圆满完成进村入户、精准识别、建档立卡、帮扶措施制定、扶贫解困等工作。

【新郑医药产业园】新郑市城北医药园位于新郑市新村镇，是新郑市的工业组团和加快向房地产、生态观光休闲农业等第三产业转型的新市区。园区规划面积10平方千米，建成区面积7.8平方千米。区内人口38562人。园区北距省会郑州32千米，东距郑州国际机场8千米，距京广铁路、京珠高速公路4千米。107国道、万邓公路、郑新快速通道、新密铁路和南水北调中线干渠穿区而过，具有较好的交通区位优势。

园内地势平坦，基础设施完备。四纵六横的园区干道与107国道、郑许公路构成了便利的交通网络。现有35千伏、220千伏变电站各一座，电话装机总量2万门，各种通信网络齐全。自建水厂日供水能力1万立方米，新郑市第二水厂于2016年建成供水，日供水能力1万立方米。园内现有中心幼儿园、中心小学、新郑三中、新郑一中、郑州华信剑桥附中、新郑电大、郑州城轨交通中等专业学校、郑州理工职业学院等各类学校10余所，涵盖了幼儿教育到大学教育；8000年的裴李岗古文化遗址，历史悠久的玉皇庙、望京楼遗址，黄水河湿地公园和万亩生态休闲农业片区形成一个集历史文化与自然风光为一体的生态园区。

（撰稿：李培源　审阅：毛丽芳）

新建路街道

【概况】 新建路街道办事处原为新郑市城关镇，地处老城区，是黄帝故里景区所在地。总面积4平方千米。下辖6个社区居委会，常住人口4万人。2017年，新建路街道办事处围绕“旧城改造暨黄帝故里景区扩建”这一中心，突出网格化管理这一主线，加速经济发展，致力民生改善，进一步振奋精神、凝聚合力，推动了各项工作实现新突破。

【经济社会发展】 地区生产总值全年目标任务238306万元，完成240689万元，占目标的101%；固定资产全年目标任务182000万元，完成188984万元，占目标的104%；社会消费品零售额全年目标任务298900万元，完成301889万元，占目标的101%；城镇居民可支配收入全年目标任务31176元，完成31799元，占目标的102%；规模以上工业增加值全年目标任务增速8%，完成35160万元，同比增长10%；财政收入全年目标任务8519万元，完成9650万元，占目标的113%。

【百城提质项目建设】 完成了第七期旧城改造征迁安置工作。新郑市第七期旧城棚户区改造征迁主要围绕“一路一丘（故里西路、轩辕丘）”建设，共涉及1070户，房屋20万平方米，自10月1日启动，目前征迁、拆除任务已全部完成，轩辕丘二期建设全面启动。完成了三个游园建设。办事处自筹资金500万元，建成了东关口游园、北大街游园、西大街游园，已全部建成开放使用。城市道路建设。建成开通了轩辕西路、宫城路、学院路西延（郑新路至华瑞路段）。恢复南部古城墙及城楼。通过公开招标，已恢复建成了东段古城墙及南门城楼惠济门。商业安置房建设有序推进。接旨胡同历史文化商业街南区已进入外部装修阶段，嫘祖城商业综合体主体工程已完成。旧城改造的营业房安置任务全部完成。轩辕幼儿园和轩辕小学两个学校已全部建成，幼儿园于2017年10月投入使用，小学内装完成，已具备入驻条件。结束了老城没有公办幼儿园的历史，也结束了城区唯一危房小学。完成第二社区安置房分房工作。建筑面积35万平方米，共有2500套房的第二社区已分房完毕。

【信访工作】 贯彻落实“一单式”信访工作法。办事处辖区共发生信访案件37起，其中自立案件11起、信访局网上转送信访案件19起、信访局交办案件7起，查处率100%，结案率100%，网上录入率100%。

【社会管理平安建设】 加强社会治安综合治理。坚持以网格为载体，加大矛盾纠纷排查、调处、化解工作力度，严格落实“领导包案制”，实行了“1+3+1”模式，即：聘请1名律师，配备3名民调员，以10户为单位推选并培训1名法律明白人，实现了矛盾纠纷预防、排查、化解的常态化和制度化。今年以来，共排查出矛盾纠纷55起，均成功调处。

提高公众安全感指数和执法满意度。围绕“打防控”一体化建设，创建“全国平安建设先进县（市、区、旗）”，争创“长安杯”，制作宣传条幅70余条，发放了宣传材料15000余份。扎实开展治安防范工作，狠抓平安建设、反邪教、防范非法集资等宣传工作。加强青少年教育管理，重视重点场所管理，在炎黄广场举办了“深入创建无毒社区，促进精神文明建设”为主题的宣传教育活动。广泛提高了辖区群众的知晓率和安全感。获得了新郑市2016年度“平安机关”、2016年度平安建设银杯乡镇、2016年度信访工作先进单位、2016年度普法依法治理工作先进集体、新郑市争创全国社会治安综合治理“长安杯”工作先进集体等荣誉，东街社区被评为平安建设先进社区、“六五”普法基层法治创建工作先进集体。

【安全生产】 完成安全生产年度责任目标。建立健全安全生产责任制，与辖区居委会、各类生产经营单位层层签订了消防、安全生产责任书82份。先后开展了4期生产经营单位从业人员“岗前复工培训”“安全生产月”培训、“消防安全”培训等，培训各类生产经营单位从业人员360余人。开展各项安全生产大检查，使安全生产检查率达到100%。共下发整改指令51份，查出隐患263处，立即整改

156处，限期整改107处，整改率达到100%。

【社会救济和劳动保障】 社会救济工作落到实处。对低保户实行“三榜公布”，新申请25户35人，现享受低保397户705人，月发保障金267432元。新增廉租住房8户。发放救灾款3万元，救济粮14.75吨，棉被132条，棉衣195套。双拥方面，上半年优抚款全部发放到位，军属优待金增加到400元，在乡老复员军人、伤残军人、烈属、带病退伍军人优待面均达到100%。重点对象节日慰问达到100%。

社会保障各项工作全面展开。全年新增城镇就业1160人，占全年总任务1160人的100%，其中下岗失业人员再就业266人，占全年总任务240人的111%，就业困难75人，占全年总任务75人的100%。协助办理《就失业登记证》113人次，协助申请办理小额担保贷款45人次。组织召开全民创业大会3场，实施援助就业，援助特殊困难人员和下岗失业人员380人，援助零就业家庭13户共18人就业。6个社区共安置867人就业，带动1860人就业。对省属国有企业退休人员信息进行调查、核对、移交，其中郑煤集团78人移交71人，粮油外贸集团移交2人，河南能源化工集团移交2人，共计75人。

【计划生育】 计划生育工作任务完成情况。围绕计划生育的各项责任目标，统计准确率达到100%；符合政策生育率达到100%；避孕节育落实率达到98%；流动人口管理率达到98%；出生人口性别比趋于正常。办事处总人口28555人，已婚育龄妇女6140人，其中零孩对象213人、一孩对象4231人、二孩及以上1696人，办理一孩生育服务证107人、二孩生育服务证142人，为符合计划生育各项奖励政策的家庭共兑现 541840元，上报符合特别扶助家庭 2户。

【环境保护】 环境治理工作成效显著。落实“党政同责，一岗双责、失职追责”的责任体系，按照 “工作常态化，责任网格化，手段法制化，标准精细化”的工作要求，有效推进环境污染防治工作开展。集中对“建筑工地、散煤、烧烤、小散乱污企业、水域、黄标车”等重点污染源开展了专项整治，新增大型雾炮车一台、洒水车两台及保洁车，提升对辖区主次干道进行高频次清洗除尘降温作业，机扫率达到85%以上，机械化作业能力明显提升，确保扬尘污染管控到位。封堵截污管道19个，清运垃圾13处，出动机械230余台次，清除总量为4300立方米。取缔污染企业2家。全年完成黄标车治理任务21辆。

【网格化管理】 建立网格联动机制，发动引导各级网格人员参与社会服务管理，加强稽查考核，确保网格创建工作落到实处。全面整合网格力量，充分发挥“三级网格、三级平台、四级联动”的网格体系作用，全年组织力量共拆除违法建筑30余处，有效遏制了违法建设发生。积极参与大气污染治理工作，实行网格人员干部包片、社区干部导包专项，参加集中清查活动516人次，累计对施工场所下达整改通知26份，确保了大气扬尘治理工作有效开展。参与非法集资公益宣传2次，发放宣传页1300份，有效防范非法集资风险情况发生。开展了“人人都是志愿者，共同服务为人人”志愿者管理和精细化管理工作。坚持以社会面“网格化”防控开展巡逻。通过警民联合巡逻、办事处巡防队协同巡 逻、看楼护院等形式，建立了社区“联防、互防、自防”三防一体的防 控网络体系。做到巡逻防范区域、人员、地段、时间、路线、职责任务六明确。提升了社区居民的安全感。

（撰稿：时萌萌　审阅：苏永民）

新华路街道

【概况】 新华路街道办事处于2001年11月由城关乡分设成立，所辖范围为文化路及新建路北段以东，郑韩路以北，阁老坟以南、黄水河以西，城南双洎河以北，总面积12.6平方千米，地处新郑市城市中心，办公地点设在新华路291号，辖12个社区（小高庄、张玉庄、张龙庄、后屯、毛园、仓城、五宅庄、阁老坟、双龙寨、裴大户寨、白庙范、领秀城），共有36个居民小组，居民18187户67613口人，常住人口18万人，耕地173.33公顷。

2017年，新华路街道以党建为统领，以“活力新华、宜居新华、文明新华和平安新华”为奋斗目标，坚持目标导向、问题导向和结果导向，搭建和发挥“四大管区”“八大领导小组”“督查考核”推进机制作用，紧盯“四线目标”，抓牢“四项措施”，实现了辖区经济实力大幅增强、生态环境显著改善、城市文明不断提升、居民生活更加富裕、社会秩序更加稳定。2017年，新华路街道连续获得前三季度新郑市绩效考核第一名，获得郑州市2016年计划生育基层基础工作先进集体、郑州市2017年计划生育优质服务先进单位、郑州市平安建设工作优秀单位、郑州市2017年儿童工作先进集体、新郑市争创全国社会治安综合治理“长安杯”工作集体“三等功”、新郑市2016年度绩效考核优秀单位等荣誉称号。

【经济发展】 2017年，新华路街道地区生产总值完成39.8986亿元，完成目标任务的112.0%，同比增长12%；财政收入完成2.7116亿元，完成目标任务的102.9 %；规模以上工业增加值完成9.3862亿元，完成目标任务的108.0 %，同比增长8%；固定资产投资完成4.116亿元，完成目标任务的115.3%，同比增长15.3%；社会消费品零售额完成50.05亿元，完成目标任务的120.0%，同比增长20%；招商引资到位资金完成1.5亿元，完成目标任务的150.0%；城镇居民人均可支配收入达到34768元，完成目标任务的110.5%，同比增长9.6%。四上企业入库13家。

【项目建设】以城市建设提质工程为抓手，扎实推进6大类25项工程。全年建设安置房约880套10万平方米，实现675户2732人顺利回迁安置，分配边家（缔景天城）等安置房1255套，分配张龙庄（盛世龙城）项目安置商业房45户5870平方米，完成安置房网签1028套。完成城中村改造清零扫尾68户拆迁及端湾65户城中村改造协议签订。于9月16日启动的白庙范沈庄棚户区改造项目，组织居民自我拆迁、自我安置、自我管理、自我服务，利用一个月时间，完成85%居民协议签订任务。

完成热源厂项目涉及附属物清理和2处厂院拆迁。市直小学已建成并实现招生。完成故城遗址公园700余座现代坟迁移。公共墓地建设落实到位。稳步推进大吴楼手工遗址公园土地征收。社区托老站、综合文化服务中心建设等一批民生实事服务项目均得到很好落实。

【第三产业】依托辖区内三产发展布局，按照“政府引导、突出特色、完善服务”的原则，促进三产繁荣发展。继续促进零售、餐饮、休闲、宾馆等传统服务业发展，不断壮大三产规模，共协助1096家商户办理营业手续。人民路黄帝像商圈、郑韩路汽车销售服务等产业深度聚集，质量和效益得到明显提升，三产产值比2016年提高35.34%。创新安置房建设服务模式，依法成立企业，确保安置房设计合理、质量可靠、进度可控。

【宜居新华】围绕“干净整洁、天蓝地绿、宜居宜业”的目标，新华路街道建立“部门联合、管区联动、条块结合”的管理机制，依托数字化城市管理平台，城市管理工作在本市连续获得第一名。启动“双迎攻坚”，按照“国家卫生城市”复审标准，组织“全城清洁行动”80余次。创建省级卫生先进社区4个、郑州市卫生先进社区3个。建立查违工作常态巡查、拆除机制，不间断开展巡查巡视，及时发现，及时制止。共下达停工通知68份，查处违法建筑46处，配合拆除7处。完成年度卫片执法任务。以“双同双创”活动为载体，实施“一停二洗三查四治五督六降”工作机制，把纪检干部和“两代表一委员”的监督贯穿环境污染防治全过程。建立大气污染防治监管网格“一长三员”制度，严格“工地主体责任、社区第一责任、分包直接责任和组织纪检问责责任”四个责任，落实“排查处理、应急管控、监督问责”三个机制，做到“问题排查、问题整改、监督问责”三个零容忍和“最严细的管控、最严格的监督、最严肃的问责、最严厉的处罚”四个最严，持续加大环境执法力度，保持打击环境违法高压态势。投入200余万元，购置6台环保专用车辆，率先购置本市第一台雾炮车。投入100余万元，清理黄水河、双洎河沿岸垃圾7600余吨，封堵排污口13处，清理鱼塘12个。投入900余万元，清理畜禽养殖户65家。投入40余万元，打造庆都首府雾森家园。严格落实河长制，守护溱洧长河。按照“6个100%，两个禁止”标准，辖区8个在建工地扬尘得到有效治理。先后组织8次“小散乱污”企业排查，取缔8家。狠抓散煤治理，取缔散煤场7家，督促辖区125家餐饮店及商户实现“双替代”，完成372户居民“双替代”任务，为低保五保对象发放280台空调。对辖区30余家餐饮企业油烟排放问题进行督促整改，全面取缔露天烧烤，杜绝垃圾焚烧。环境污染防治克难攻坚30天，严格落实封土令，做好白天巡查晚上夜查，对存在问题全部限期整改。做好全时段全方位禁炮禁烧禁煤禁养。办事处环境污染防治工作为新郑市“完成优良天数234天，超额完成15天；PM2.5完成61微克每立方米；PM10比去年下降7.6%”的优异成绩做出了积极贡献。完成文化路北延、学院路西延涉及5户拆迁工作，顺利推进华瑞路拓宽、茨山路拓宽等项目涉及附属物清理，为市政道路建设保驾护航。逐步强化对物业公司的监督制约，建立物业管理标准和规范，切实提升小区物业服务管理水平。积极引导成立3个小区业主委员会。为老旧小区配备健身器材13套、垃圾桶200余个、路灯50余盏，粉刷墙体2000余平方米，确保各类垃圾及时清运。

【文明新华】新华路街道广泛学习宣传党的十九大精神，举办十九大精神文艺巡演8场次。启动省级文明城市创建，利用微信、LED、条幅、宣传栏、道德讲堂、四点半课堂等多种载体营造氛围，打造文明长廊，设置文化专栏，创作文艺精品，不断提升居民道德素养。强力扫黄打非，净化文化空间。开展第一届（2017）“新华楷模”评选活动，树新华楷模，建文明新华，讲新华好故事，传新华正能量。办事处于7月28日在炎黄广场举办“新华楷模”表彰大会，在新郑电视台专题播报10期，印发《新华楷模》《文明礼仪》书籍7000余册，设置宣传专栏12个。全年在政府网站等新郑市级发稿265篇，在河南日报、郑州日报和郑州晚报等市级以上发表稿件近30篇。建成文化服务中心10个、文化广场5个、村史馆1个，为基层文化繁荣发展打造坚实平台。成立舞龙、舞狮、秧歌、广场舞、盘鼓等各类表演队伍37支，配备专业演出设备，邀请专家辅导培训。积极参加新郑市群众文化艺术节和“百千万”文化惠民工程系列比赛，积极举办办事处“第二届群众文化艺术节”，免费送电影进基层。在本市“百千万”文化惠民工程系列比赛中，新华路街道广场舞队荣获“冠军”称号；在郑州市广场舞大赛中，新华路街道代表队荣获一等奖。对办事处便民服务大厅升级改造，推行“五单一网”制度改革，实现行政审批和公共服务“一站式”办理。按照“依法管理，靠前服务”的原则，办事处便民服务大厅、综治工作中心全年接待群众12万人次，办理民生实事13万件。全面落实二孩政策，开展孕前优生培训1460余人次，为425对已婚待孕对象提供免费优生检测，健康访视服务率达99.8%。加强流动人口计生服务管理，扎实开展全员人口信息采集。认真贯彻新时期武装工作方针，为志愿入伍的10名青年提供全程服务，顺利送入部队。

【平安新华】 新华路街道落实领导干部接访制度，畅通信访渠道。全年共接待来信来访165起230次1320人，化解3年以上信访积案11起。对拖欠农民工工资问题进行专项整治，帮助600余名农民工按时足额拿到工资，共计1778万余元。平安建设成绩显著。扩大平安建设知识宣传，组织活动20余场，发放宣传页12万余份、正义哥马甲500件、扑克牌5000余副。社区平安志愿者队伍联合巡防队全力做好社会面防控。加强对63名社区矫正人员和精神异常人员、服刑人员家属教育关怀。安全网络更密更严。组织安监、消防、巡防等力量对工地、企业、商场、超市、休闲娱乐场所、午托部、养老院、宾馆等人员密集场所开展不间断排查，排查出的239处隐患全部及时整改。对相关负责人开展消防安全集中培训8次，组织集中消防演练5次，配备灭火器500余个。全年共排查生产经营单位240余家，排查出隐患360余处，全部及时整改到位。杜绝城区销售燃放烟花爆竹行为。落实基层食品药品安全监督。打击非法集资，维护金融稳定。

以社会救助为抓手，全面提升保障能力，投入400余万元，对困难户、低保户、残疾人、优抚对象等进行帮扶优抚。按照程序新增低保户13户20人，临时救助139户，救助流浪乞讨人员133人。关心关爱残疾人，排查救助38名困境儿童。社会保障更加有效。按照“以培训促就业，以培训促发展”的工作要求，开展月嫂、电工、焊工等培训班28期。新增城镇就业人员1336人，完成任务115%。失业人员再就业370人，完成任务151%。困难人员再就业76人，完成任务100%。城乡居民医保参保8681人，居民养老保险续费3356人，均超额完成任务。加大劳动监察力度，巡查用人单位143家，追回拖欠工资2.8万元。社会服务更加完善。规范巡防队伍管理，在黄水路小学、外国语小学、市直幼儿园设立爱心护送岗，确保师生安全出行。开展未成年人安全教育，消除安全隐患。

（撰稿：孙航威　审阅：冯举涛）

新烟街道

【概况】 新烟街道办事处位于新郑市中心城区东部，是新郑的东大门，总面积2.3平方千米，辖区现有8个社区，总人口4.6万人。新烟街道办事处拥有三大独特优势：一是区位优越、交通便利。东靠京珠高速公路，临近新郑国际机场，京广铁路穿境而过，人民路、解放路、烟厂大街、炎黄大道等主干道路密集分布，构成了方便快捷的立体交通网络；二是高校聚集，人气兴旺。西亚斯、郑煤技校等高校近三万师生形成了巨大的消费市场，吸引了大量的商户入驻，为三产服务业发展提供了得天独厚的条件；三是上三级单位众多。辖区内有新郑卷烟厂家属区、火车站、二处、五处、地质队、中盐206库、糖库等11家上三级单位，在招商引资、资源共享方面具有极大优势，有力带动了辖区劳务、运输、仓储等相关行业的发展。2017年以来，新烟办紧紧围绕“四重点一稳定一保证”工作总格局，抢抓机遇，勇于担当，奋力拼搏，积极作为，经济形势稳中向好，各项社会事业协调发展，辖区居民得到更多实惠。获得郑州市消防工作先进单位、新郑市信访工作红旗单位等荣誉称号。

【经济发展】 新烟办始终把项目建设作为促进经济持续发展的主抓手，和庄社区首套安置房已建至地上9层，解放路社区二期安置房已于10月29日顺利分房，91户居民喜迁新居，至此解放路社区拆迁居民已全部安置完毕。安置房网签工作顺利推进，完成牛马庄居民166套安置房的网签工作，宁庄社区168套安置房网签工作正在进行数据审核。东入市口景观改造工程北侧部分已经改造到位，南侧部分安置房已建至地上四层。项目顺利推进为经济稳步发展奠定了坚实基础，2017年财政收入8228万元。地区生产总值18.6亿元，固定资产投资10.65亿元，工业增加值完成1.95亿元，社会消费品零售额22.79亿元，城镇居民可支配收入人均31446元，招商引资2.5亿元，主要经济指标均圆满完成。

第三产业不断壮大。以市区东入市口景观改造工程和解放路社区城中村改造项目为契机，充分发挥辖区西亚斯学院资源优势，努力建设大型商业体与点状商业相结合的综合商业产业形态，引导发展餐饮、娱乐、购物、家政等第三产业，辖区人民路、解放路、泰和路、渔夫子路三产服务业蓬勃发展，高校经济圈初步形成。

【城市建设】 城市品位不断提升。紧紧围绕提升城市环境、提升发展质量、提升群众生活三个重点，突出民生主题，谋划建设项目，最终共梳理城市提质工程8个，总投资16.3亿元，年度投资4.81亿元。搭建文化舞台。

针对辖区群众文化场所缺乏的现状，积极和火车站沟通协调，按照共建共享的原则，投资60多万元对新郑火车站站前广场进行修建改造，增加文体设施，实施绿化靓化，设置宣传版面，提升品质品味，搭建居民休闲娱乐、文艺会演、作品展出的大舞台。建好社区阵地。先后投入40多万元，建成永宁街社区和渔夫子路社区综合文化服务中心，不断完善基础设施，进行精品打造，将其建设成为功能齐全、设施完善、服务高效、便民利民的综合性党建阵地。实施安全饮水工程。针对车站、道西两个社区集体水井老化、水质下降的情况，实施解放南路自来水入户工程，探索出协调部门优惠一点、群众出一点、集体贴一点、政府补一点的集资方式，解决群众吃水难题。道西社区自来水入户工作年初已完成，车站社区工程正在招标，将于近期开工建设。

继续强化扬尘治理，严格落实7个百分之百的要求，每天不间断巡查，发现不达标工地立即实行整改，整改不到位的坚决停工。先后投入资金130多万元，购买清扫车、洒水车、喷雾车各一辆，提高机械化清扫率。联合市直部门对辖区夜市摊点进行综合整治，彻底杜绝露天烧烤；积极推动电代煤、气代煤工作，督促辖区所有燃煤单位及商户改用清洁能源，对符合标准的33户低保户免费安装空调，17户进行燃气设备补助。严格落实河长制，集中清理河道垃圾，对辖区36个排污口全部建立台账，逐个制定治理方案，切实做到“河道清洁、河水清澈、河岸美丽”。在日常巡查基础上，坚持夜查制度，每晚由带班领导带队对辖区进行巡查，风雨无阻，形成全天候、全覆盖、无死角的巡查模式，确保问题及时发现，及时处理。

【平安建设】社会大局和谐稳定。平安建设扎实开展。先后投入60余万元对街道综治中心和社区综治中心进行了规范化升级改造。新购置2辆巡防车，有效震慑违法犯罪活动，辖区刑事案件同比下降56.1%。发放平安建设宣传材料38000余份，悬挂各类平安建设条幅150余条，各类宣传礼品3500余件，提高了群众对平安建设的知晓率和满意度。深入开展安全生产专项整治活动，预防、减少和杜绝安全生产事故发生，组织专项治理行动6次，集中排查8次，开展联合执法检查10次，共排查出安全隐患315处，目前已全部整改到位。信访稳定常抓不懈。坚持“有访必接、接访必办、办访必果”，全年共接待群众来访51起，处理解决51起，稳定51起。全年没有发生一起到市级以上群体性上访事件，维护了辖区社会大局和谐稳定。

【民生实事】民生保障应保尽保。新增城镇就业804人，实现下岗失业人员再就业320人。坚持劳动监察向预防延伸，劳动维权向人性化迈进，共调解劳资纠纷12宗，为劳务工追讨工资40多万元。严格把关低保审查，核查符合条件低保户45户，退出低保14户，做到应保尽保、应退则退。积极做好困难群众救助工作，救助生活困难居民360户，发放救助金5.5万元及面粉、棉衣、棉被393件（袋），切实解决困难家庭生活问题。

文化活动丰富多彩。坚持立足实际，积极整合文化资源，广泛开展群众文化活动，让群众从台下走到台上，从观众变成演员，由业余爱好逐渐转变为专业团体，实现全民参与、万家欢乐。目前辖区已组建文艺队伍15支。节日文化活动精彩纷呈，充分利用传统节日搭建群众舞台，精心举办大型各类文化活动5场、十九大精神进万家巡演活动3场，在炎黄广场举办了“颂歌献给党 喜迎十九大”管弦乐文艺晚会，为广大群众献上丰盛的“文化大餐”。社区文化活动蔚然成风，车站、永宁街社区文艺队伍坚持定期训练、汇报演出，为群众献上台台好戏；12月23日晚，车站社区联合驻区部队举办了“高举旗帜跟党走、同心共筑中国梦”军民联欢晚会，节目全部自编自演，形式多样，内容丰富，广受好评。

（撰稿：张金凤　审阅：高留伟）

人物

PERSONAGE

人物
PERSONAGE

·人 物>>>

PERSONAGE

新郑市第九批专业技术拔尖人才

姓名	性别	单位及职务	从事专业
高　詹	女	河南工程学院科研处人文社科科长	教育教学
陈　平	男	郑州工业技师学院教务处长	教育教学
谢　添	男	郑州工业技师学院院长	教育教学
张黎燕	女	河南机电职业学院智能工程学院院长	教育教学
王　铮	男	郑州升达双创教育学院院长	教育教学
王晓航	女	河南工业贸易学院教研室主任	教育教学
马志馨	女	郑州升达学院基础部教师	教育教学
王　菲	男	郑大西亚斯国际学院院长助理	教育教学
王慧辉	女	新郑市第一中学语文教师	语文
樊淑娟	女	新郑市第二中学语文备课组长	语文
杨利红	女	新郑市第二中学生物教师	生物
王继红	男	新郑市第三中学生物教师	生物
李　彬	男	新郑市实验高级中学物理教师	物理
张中科	男	新郑市高级中学数学教师	数学

马国锋	男	新郑市实验中学校长	教育教学
王　艳	女	新郑市第二实验小学校长	教育教学
王爱玲	女	新郑市梨河镇第一幼儿园园长	幼儿教育
李聪慧	男	新郑教体局基础教研室副主任	教育教学
王永强	男	新郑市人民医院肾内科主任	肾内科
王广军	男	新郑市人民医院副院长	心内科
李长青	男	新郑市人民医院儿童中院院长	儿科
史国强	男	新郑市人民医院麻醉科主任	临床麻醉
赵广涛	男	新郑市中医院院长助理兼脑外科主任	脑外科
刘　磊	男	新郑市新材料专业孵化器服务中心技术研发主任	新材料
仵应文	男	河南省应汶玉文化研究院院长	玉雕
李俊霞	女	遂成药业股份有限公司副总经理	生物医药
石　勇	男	好想你枣业技术中心总监	食品加工
田跃军	男	河南航天液压气动技术有限公司副总经理	工程设计
孙晓瑞	女	好想你枣业项目部经理	食品加工
陈金永	男	雏鹰农牧集团技术总监	农林牧水
崔海龙	男	河南润宏制药股份有限公司技术中心主任	生物医药
张军峰	男	河南恒天特种电缆有限公司董事长	经营管理
白亚楠	男	郑州锐普电商有限公司总经理	电子商务
刘如江	男	新郑市政协文史委主任	文化研究
王留超	男	新郑市林业产业发展中心干部	农林牧水
贺明娟	女	新郑市农科所办公室副主任	农林牧水
杨　丽	女	新郑市枣科院人事编制科主任	农林牧水
耿东宾	男	新郑市规划发展服务中心干部	城建环保
王济宇	男	新郑广播电视信息网络中心主任	广播电视
刘伟鹏	男	新郑市黄帝文化研究会基金外联科科长	文化研究
荆勇杰	男	新郑市委老干部局正科级干部	文化研究
贾新彩	女	新郑市财政局行政政法科科长	财务会计

2017年度晋升中级职称人员

郑州市中小学一级教师：

李志敏 李春丽 李东方 张 扬
刘涛甫 梁会英 高改平 乔小静
樊跃宏 李艳民 陈伟莉 贾水平
张艳丽 闫文娜 侯 洁 刘治伟
牛永丽 张 蕾 付丽红 时晓凯
刘 昊 陈文渊 刘丽霞 魏志强
高丽娜 郭耀光 张彦彬 乔书彩
李媛媛 张红梅 司留敏 白青霞
刘永霞 吴倩倩 高玉杰 任晓昀
李红霞 刘华东 乔琳涛 史晓慧
赖诚芳 苗亚丽 王晓慧 乔建华
唐晓英 贾玉苹 郭小青 郭留旭
高淼霞 高 菊 王永闯 郭会博
安培灵 王亚莉 王武炯 刘玉霞
田香丽 李效伟 靳晓涛 赵 丹
刘金菊 刘惠平 李亚苹 李 冰
樊会珠 高晓敏 沈 然 毛 洁
张晓丽 史银玲 高根田 王 营
李亚琼 闫利彬 李广军 陈春霞
周慧贤 郑 旭 赵永丽 赵晓玉
赵小革 赵 娜 赵冰冰 张云平
岳珊珊 赵鹏飞 刘 梅 王婷婷
刘凌云 王丽佳 王惠平 王洪超
范忠义 唐会珍 司晓东 任欣欣
范瑞丽 吕亚红 于鹏飞 刘瑞霞
孙彩红 张秋芃 刘红午 王亚南
李 杰 周金瑞 赵 莉 高 静
刘焕梅 路首行 王 帅 王海涛
乔惠强 王晓娟 赵子会 吴莹莹
刘明霞 赵艳沛 郭辛莉 高军选
陈晓芳 雷秋莉 刘晓杰 王信霞
高玉存 周英丽 代艳萍 陈 静
白晓莉 周会平 赵小航 梁世钢
黄 威 赵喜平 谷雪玲 赵艳丽

卫生技术：

张 静 刘东辉 刘治辉 苏宝珠
李 创 王旭东 薛赟锋 李红玲
王佳男 秦艳霞 高亚娟 王军强
冯书青 高 杰 孟 杰 赵晓凯
刘春雨 樊媛媛 史宝彬 孙晓慧
赵莉娟 沈 静 史晓迎 崔继录
张晓燕 贾凯红 靳培军 师兵兵
沈 杰 乔小霞 刘本胜 郭冠玲
袁亚萍 刘慧敏 郑小丹 尚学彬
李 静 张晓晶 陈金永 贾丽红
王君阳 周 扬 丁瑞丛 安建锋
魏 广 董小齐 范朝辉 王 明
高 成 杨 光 赵留杰 宋幸超
李鸿阁 史予静 赵新会 孟志萍
张芙蓉 周红英 刘志平 刘 烨
乔文婷 郑丽君 刘会玲 刘文慧
郭照涛 赵莉莉 高慧丽 赵 闯
崔 平 张 超 罗晓东 乔景绍
赵 静 贾松朝 刘凤丽 张 娜
冯世佳 董晓雪 韩铁荣 郑丽莉
刘洋洋 张亚丽 张 松 王志远
张红震 王学利 高宝玲 陈宏彦
李阳阳 贾晓烨 王欣怡 赵 宁
何会丽 陈长涛 靳瑶瑶 王彦霞
李晓婷 贺俊玲 孙雪莲 乔 楠
陈丽娟 张兰梅 胡向阳 董秋惠
寇玉婷 左慧芳 关 丹 任振伟
李凤娟 马 珠

中级护理：

冯景彦 武飞雪 王瑞娟 梁孟华
张培培 张 静 王改红 刘俊兰
岳亚敏 张 燕 刘俊霞 刘利娟
唐景霞 翟 颖 朱晓娜 赵 玉
郭留娟 陈彦萍 许巧利 杨晓俊
高巧丽 王蒙蒙 刘永萍 王海霞
王恒丽 吕 洁 沈丽娟 王 莹
张玉炜 王小莉 贺金萍 杨亚莉
马瑞景 代世星 司书巧 唐利霞
白 洁 王琼琼 刘 媛 高春丽
赵 菲 张玲玲 代秋芳 刘琳琳
骞绍璨 杜巧慧 陈晓莉 朱焕阁
张 辉 王德芹 吕玲玲 赵亚萍
吴小平 马 涛

工程师：

徐 娟 闵 胜 马莉艳 靳 勇
石勇志 刘继荣 崔长树 邢世祥
赵建民 胡 展 马超磊 王浩然
秦永亮 郑东升 王建伟 马改焕
冯丽建 马永亮 王鹏飞 蔡永建
孙 倩 邢亚璞 侯建玲 李俊芳
冯俊科 张利军 刘 威 史宏杰
张启伟

讲师

韦丽林 平俊英 乔超杰 陈 娟
董 琳 杨 丽

编辑

乔 静 马瑞萍

畜牧师

赵 静

农艺师

赵永超 杨 阳 刘 明

三级演奏员

苏晓宇

放射医学

王 冬

临床医学检验技术

刘艳阁 刘 静

输血技术

高文珍

2017年度晋升副高级职称人员

单位名称	姓名	性别	申报系列	申报专业
新郑市人民医院	黄晓惠	女	卫生	西医妇产科
新郑市人民医院	周维坚	男	卫生	神经外科
新郑市人民医院	赵威华	男	卫生	重症医学
新郑市人民医院	柴俊德	男	卫生	心血管内科
新郑市人民医院	申瑞田	男	卫生	超声诊断
新郑市人民医院	李丽娟	女	卫生	西医妇产科
新郑市人民医院	高　杰	女	卫生	超声诊断
新郑市中医院	张文华	女	卫生	中医内科
新郑市中医院	沈红梁	男	卫生	中医内科
新郑市中医院	彭秀山	男	卫生	中医外科
新郑市中医院	郭耀宗	男	卫生	西医骨科
新郑市第二人民医院	冯玉花	女	卫生	西医神经内科
新郑市龙湖镇中心学校	王彩红	女	中小学教师	幼儿教育
新郑市龙湖镇中心学校	孙雅莉	女	中小学教师	小学语文
新郑市电子工业学校	杨建山	男	中小学教师	职业技术
新郑市龙湖镇中心学校	曹宝红	女	中小学教师	小学数学
新郑市新烟办事处完全小学	王瑞霞	女	中小学教师	小学数学
新郑市薛店镇中心学校	苏留旺	男	中小学教师	语文
新郑市薛店镇中心学校	马少甫	男	中小学教师	语文
新郑市薛店镇中心学校	高艳丽	女	中小学教师	小学语文
新郑市城关乡中心学校	寇巧红	女	中小学教师	体育
新郑市新郑高级中学	康　宁	男	中小学教师	数学
新郑市特殊教育学校	高增玉	男	中小学教师	小学语文
新郑市市直小学	侯艳丽	女	中小学教师	科学
新郑市实验小学	刘万善	男	中小学教师	教育管理
新郑市第一中学	周振涛	男	中小学教师	化学
新郑市第一中学	温秋利	女	中小学教师	化学
新郑市第三中学	郝松杰	男	中小学教师	历史
新郑市辛店镇中心学校	贾长海	男	中小学教师	历史
新郑市辛店镇中心学校	苗有田	男	中小学教师	物理

续表1

新郑市辛店镇中心学校	张新芳	女	中小学教师	小学语文
新郑市辛店镇中心学校	郭巧红	女	中小学教师	小学语文
新郑市辛店镇中心学校	李晓娟	女	中小学教师	语文
新郑市市直幼儿园	史伟群	女	中小学教师	幼儿教育
新郑市苑陵中学	王莉君	女	中小学教师	语文
新郑市薛店镇中心学校	高　腾	女	中小学教师	教育管理
新郑市和庄镇中心学校	郭海英	女	中小学教师	小学数学
新郑市苑陵中学	高春莉	女	中小学教师	语文
新郑市龙湖镇中心学校	傅留锋	男	中小学教师	语文
新郑市龙湖镇中心学校	王秀敏	女	中小学教师	英语
新郑市新华路小学	刘桂玲	女	中小学教师	思想品德
新郑市新华路小学	李锦凤	女	中小学教师	美术
新郑市苑陵中学	张洪军	男	中小学教师	数学
新郑市观音寺中心学校	闫旭红	女	中小学教师	数学
新郑市轩辕中学	王彩荣	女	中小学教师	体育
新郑市实验高级中学	王记伟	男	中小学教师	语文
新郑市梨河镇中心学校	许瑞伟	男	中小学教师	语文
新郑市和庄镇中心学校	师　丽	女	中小学教师	语文
新郑市新村镇中心学校	毛林英	女	中小学教师	小学语文
新郑市实验高级中学	周云海	男	中小学教师	化学
新郑市第一中学	徐均洁	女	中小学教师	物理
新郑市第二实验小学	王冬霞	女	中小学教师	小学语文
新郑市新郑高级中学	张中科	男	中小学教师	数学
新郑市黄水路小学	刘焕枝	女	中小学教师	小学语文
新郑市新村镇中心学校	李政伟	男	中小学教师	体育
新郑市新郑高级中学	扶德成	男	中小学教师	物理
新郑市新郑高级中学	张　磊	男	中小学教师	信息技术
新郑市和庄镇中心学校	岳朝峰	男	中小学教师	物理
新郑市梨河镇中心学校	王治平	男	中小学教师	小学语文
新郑市第二中学	郭四红	女	中小学教师	语文
新郑市第二中学	代　巍	男	中小学教师	生物
新郑市第二中学	让光辉	男	中小学教师	英语
新郑市实验高级中学	张慧娜	女	中小学教师	数学

续表2

新郑市龙湖镇中心学校	张淑慧	女	中小学教师	政治
新郑市龙湖镇中心学校	郑银刚	男	中小学教师	历史
新郑市孟庄镇中心学校	高超哲	男	中小学教师	体育
新郑市孟庄镇中心学校	马双美	女	中小学教师	小学语文
新郑市孟庄镇中心学校	高　伟	男	中小学教师	地理
新郑市梨河镇中心学校	孟慧琴	女	中小学教师	音乐
新郑市观音寺中心学校	唐发强	男	中小学教师	语文
新郑市新郑高级中学	吴爱军	女	中小学教师	英语
新郑市实验中学	乔彩霞	女	中小学教师	语文
新郑市实验中学	王惠芹	女	中小学教师	物理
新郑市实验中学	陈喜芳	女	中小学教师	语文
新郑市第三中学	连淑云	女	中小学教师	英语
新郑市第三中学	黄红伟	男	中小学教师	物理
新郑市第三中学	王　凯	男	中小学教师	语文
新郑市外国语小学	王春霞	女	中小学教师	科学
新郑市新村镇中心学校	李晓瑞	女	中小学教师	教育管理
新郑市和庄镇中心学校	高国昌	男	中小学教师	小学数学
新郑市第一中学	薄建娜	女	中小学教师	历史
新郑市第一中学	邓建国	男	中小学教师	历史
新郑市第一中学	刘宏伟	男	中小学教师	物理
新郑市第一中学	王金五	男	中小学教师	政治
新郑市和庄镇中心学校	高凤才	男	中小学教师	数学
新郑市市直初级中学	高　凯	男	中小学教师	物理
新郑市市直初级中学	张彩霞	女	中小学教师	语文
新郑市市直初级中学	赵书晓	男	中小学教师	数学
新郑市实验小学	王红霞	女	中小学教师	小学语文
新郑市观音寺中心学校	闫永霞	女	中小学教师	小学语文
新郑市人民医院	李金星	男	卫生	西医肿瘤内科
新郑市中医院	刘红莉	女	卫生	护理学
新郑市疾病预防控制中心	王书冉	女	卫生	微生物检验
新郑市计划生育服务站	吴书芳	女	卫生	西医妇产科
新郑市妇幼保健院	高文举	男	卫生	西医妇产科
河南省新郑市孟庄镇卫生院	刘彩红	女	卫生	中医内科

续表1

新郑市辛店中心卫生院	张利娜	女	卫生	西医妇产科
新郑市梨河镇卫生院	唐军强	男	卫生	西医普内
新郑市城关乡卫生院	张丽萍	女	卫生	西医药剂
新郑市和庄镇示范卫生院	杜战伟	男	卫生	西医普外
新郑市人民医院	张　三	男	卫生	临床检验
新郑市人民医院	吴喜见	男	卫生	中医内科
新郑市人民医院	鲁艳红	女	卫生	西医消化内科
新郑市人民医院	李建革	女	卫生	心电图诊断
新郑市第二人民医院	李军英	女	卫生	儿科护理
新郑市人民医院	史国强	男	卫生	西医麻醉
新郑市第二人民医院	安新伟	男	卫生	西医普外
新郑市广电新闻中心	薛　冬	女	新闻	编辑
新郑市农业技术服务中心	马东波	男	农业	农学
新郑市农业技术服务中心	陈承红	女	农业	农学
新郑市农业科学研究所	乔义卿	男	农业	农学
新郑市畜牧技术服务中心	郑永军	男	农业	兽医
新郑市规划编制服务中心	邓子荣	女	会计	行政事业会计
新郑市东升炭素有限公司	朱志强	男	会计	企业会计
新郑市公路管理局	谷艳霞	女	会计	行政事业会计
新郑市建设工程监理公司	李智超	男	经济	建筑
新郑市建设工程监理公司	张丰钊	男	工程	建设监理
新郑市建设工程监理公司	崔东永	男	工程	建设监理
新郑市工程质量监督站	石保平	女	工程	建设管理
新郑市工程质量监督站	时胜利	男	工程	建设管理
新郑市规划编制服务中心	冯成志	男	工程	建设设计
新郑市工程质量监督站	冯　涛	男	工程	建设管理
河南龙翔电气股份有限公司	杨红卫	男	工程	电机与电器
新郑市红枣科学研究院	刘晓红	女	工程	生态环境与建设
新郑市技工学校	郭桂英	女	技校教师	文科
新郑市体育运动学校	陈文军	男	体育教练	举重
新郑市中等专业学校	王田中	男	中专教师	机械、电子
新郑市中等专业学校	呼雪丽	女	中专教师	物理
新郑市中等专业学校	王艺霞	女	中专教师	中文

2017年度晋升正高级职称人员

单位名称	姓名	性别	申报系列	申报专业
新郑市第二人民医院	冯玉花	女	卫生	西医神经内科

2017年老寿星（100岁以上）

姓 名	性别	生日	家 庭 住 址
王秀芝	女	1913. 07. 16	辛店镇辛店293号
张三妮	女	1910. 03. 26	薛店镇山后马四组
张连妮	女	1913. 11. 15.	新村镇郝家岗岗李六组
陈郭氏	女	1908. 12. 28	新建办西拐29号院
朱仙妮	女	1909. 05. 24	龙湖镇泰山村（于寨）
樊金兰	女	1913. 11. 07	辛店镇阳光社区43号楼1门洞
闫欣礼	男	1913. 10. 01	孟庄镇肖庄村四组
刘花妮	女	1911. 11. 20	薛店镇常刘村
李丑妮	女	1910. 12. 26	辛店刘岗八组
李翠花	女	1911. 10. 01	新村赫家岗
郭合妮	男	1912. 02. 09	郭店镇郭庄村
刘二妞	女	1912. 11. 15.	孟庄镇唐寨312号
时玉梅	女	1912. 10. 20.	城关乡沟张
闫金花	女	1908. 10. 15.	龙湖镇魏庄278号
乔黑妮	女	1914. 09. 05	龙湖镇山东乔216号
马培兰	女	1914. 06. 21	新建办新建南路康西巷31号
樊秀英	女	1914. 12. 09	辛店镇人和244号
李仙妮	女	1917. 06. 29	城关乡秦楼一队70号
李　留	女	1914. 12. 20	城关乡官刘庄七对454号
雷保珍	女	1914. 11. 20	具茨山管委会李庄二组
苏仁秀	男	1915. 04. 02	郭店镇华阳寨228号
张梅花	女	1914. 09. 25	郭店镇陵后村20号

续表

司五妮	女	1915.09.13	龙湖镇崔垌75号
周多妮	女	1914.07.22	新村镇王善垌038号
郭兰英	女	1915.08.03	新区张家054号
孙金英	女	1914.12.17	龙湖镇王许425号
时高氏	女	1915.08.13	新村镇小时庄046号
陈秀连	女	1915.08.26	龙湖镇于寨168号
张凤英	女	1915.08.21	龙湖镇古城610号
陈新来	男	1915.12.06	新村镇北沟028号
时玉芹	女	1915.12.14	观音寺姚张357号
欧阳英妮	女	1915.12.24	城关乡刘庄五队452号
荆停妞	女	1916.02.05	郭店镇小李庄67号
刘美荣	女	1916.04.09	孟庄镇洪府475号
邢玉针	女	1916.07.06	和庄镇老庄刘349号
张毛林	男	1916.12.26	辛店界牌269号
高好妞	女	1916.11.23	郭店司洼93号
王丰英	女	1917.02.09	观音寺林庄271号
杜要新	女	1917.04.05	新村镇杨湾89号
马玉先	女	1911.12.13	和庄镇老庄刘229号
赵兰英	女	1917.03.08	新郑市观音寺太清368号
吴爱勤	女	1917.05.08	新郑市观音寺太清368号
周水莲	女	1917.02.21	辛店镇山陈村西棒椿窑21号
牛玉英	女	1917.07.25	薛店镇大吴庄30号
周四序	男	1917.08.12	薛店镇岗周村
李爱芹	女	1915.06.11	观音寺镇唐庄村寺后张62号
李秀珍	女	1917.12.10	新村七里井村第三组

附录
APPENDIX

附录
APPENDIX

·附 录>>>

APPENDIX

新郑市2017年国民经济和社会发展统计公报

2017年是全面落实“十三五”规划的关键一年，也是供给侧结构性改革的深化之年。全市上下在市委、市政府的正确领导下，深入贯彻党的十九大及习近平总书记系列重要讲话精神，牢牢把握机遇、积极应对挑战，务实拼搏进取、全力攻坚克难，全市经济发展稳中有好、稳中趋优。

一、综 合

初步核算，全市完成地区生产总值737.5亿元，比上年增长7.9%。其中：第一产业增加值20.3亿元，增长4.8%；第二产业增加值377.3亿元，增长6.3%；第三产业增加值339.9亿元，增长10.1%。一、二、三产业增加值占地区生产总值的比重分别为2.8%、51.1%和46.1%。

2017年，居民消费价格上涨1.7%。其中，八大类居民消费价格呈“七升一降”态势，衣着、居住、生活用品及服务、交通通信、教育文化和娱乐、医疗保健、其他用品服务分别增长4.7%、5.0%、0.7%、0.8%、2.0%、1.8%、5.1%；食品烟酒下降1.2%（详见附表1）。

二、农 业

全年粮食总产量25.3万吨，比上年下降5.5%，其中：夏粮总产量13.4万吨，下降2.4%；秋粮总产量11.9万吨，下降8.7%。蔬菜产量211546吨，下降2.0%；花生产量20880吨，下降0.7%；瓜果产量10172吨，增长0.8%。

年末全市农业机械总动力59.77万千瓦，比上年增长1.5%。拖拉机和联合收获机分别为10377台、1836台。全市机耕面积、机播面积、机收面积分别达到30.09千公顷、47.55千公顷和55.47千公顷。全年农村用电量42312万千瓦时，比上年下降0.6%。化肥使用量（折纯）32154吨，比上年下降4.9%。

三、工业和建筑业

全部工业增加值349.9亿元，增长6.7%。其中：规模以上工业企业增加值260.35亿元，增长7.7%。产销衔接

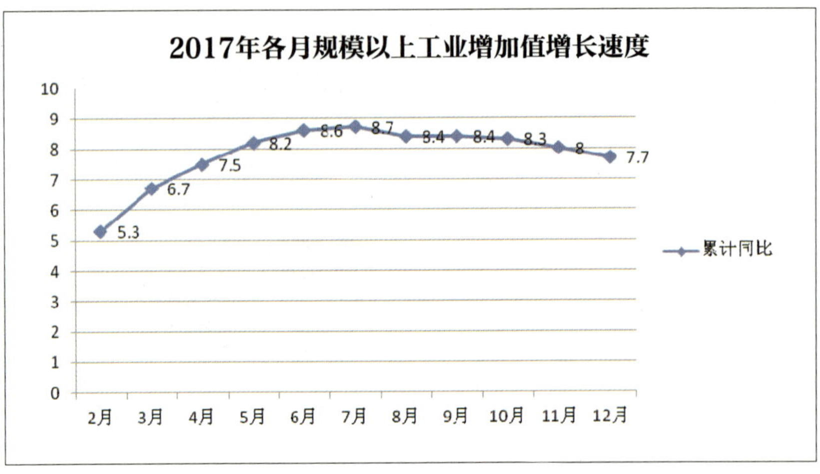

状况较好，产销率达到88.9%。

从主要行业增加值完成情况看，食品加工业55.9亿元，增长15.4%；生物医药业14.1亿元，增长27.0%；非金属矿物制品业55.5亿元，增长9.8%；钢铁及金属制品业21.2亿元，下降8.5%；设备制造业22.6亿元，增长10.5%；纺织服装业6亿元，增长5.0%；煤炭开采和洗选业5.6亿元，增长10.3%。

全年规模以上工业企业主营业务收入1163亿元，增长6.2%；实现利润141亿元，下降3.6%。

全年建筑业实现增加值27.6亿元，比上年增长0.8%。全市具有资质等级的建筑企业利润总额1.69亿元，增长14.6%；税金总额1.76亿元，下降5.5%。

四、固定资产投资

固定资产投资591.6亿元，增长4.5%。在固定资产投资中，第一产业投资14.4亿元，增长52.2%；第二产业投资77.6亿元，下降23.7%；第三产业投资499.6亿元，增长9.8%。

房地产开发投资完成242.1亿元，增长39.4%。全市房屋施工面积1386.4万平方米，增长19.7%；房屋竣工面积99.9万平方米，下降28.6%；商品房销售面积395.1万平方米，下降1.8%。

五、国内贸易和对外经济

全年全市批发和零售业增加值46.5亿元，比上年增长9.7%；住宿和餐饮业增加值21亿元，增长9.3%。

全市完成社会消费品零售总额265.5亿元，比上年增长16.4%。完成销售（营业）总额750亿元，比上年增长17.3%，其中：批发业433.3亿元，增长12.5%；零售业269.3亿元，增长25.3%；住宿业2.8亿元，增长28.3%；餐饮业44.6亿元，增长19.5%。

全市共签订协议项目21个，签约金额526亿元，招商引资到位资金215亿元，比上年增长26.4%。引进域外境内资金122亿元；其中引进省外资金完成113亿元。实际利用外资完成19930万美元，比上年增长0.4%。进出口总值5999万美元，比上年下降23.7%。

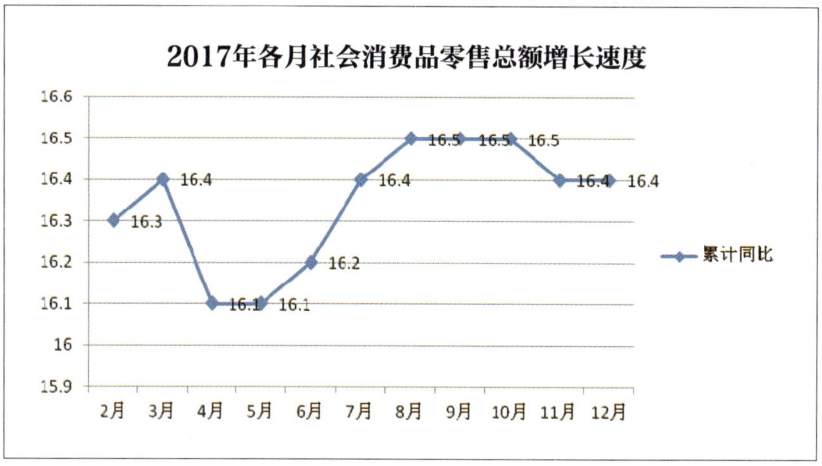

六、邮电、文化旅游

全年完成邮电业务总量421033万元，比上年增长103.7%。其中：邮政业务量完成25118万元，增长76.5%；电信业务量完成395915万元，增长105.7%。

高标准成功举办丁酉年黄帝故里拜祖大典、第十一届黄帝文化国际论坛及2017年中华枣乡风情游，新郑历史文化的感召力和黄帝品牌的影响力进一步提升。2017年，全市各景区接待游客约453.87万人次，同比增长4.77%；旅游总收入12.25亿元，同比增长5.24%。全年共受理旅游投诉5起，处结率100%，游客满意率100%。无一起重大旅游、文物安全责任事故。全市旅游企业规章制度完善达标率100%。

七、财政和金融

全市地方公共财政预算收入68.4亿元，比上年增长10.7%，其中税收收入46.1亿元，比上年增长13.6%；政府性基金收入51.7亿元，比上年增长0.45%。

全市地方公共财政预算支出91.2亿元，增长8.8%；政府性基金支出63.7亿元，增长12.8%。

全市年末金融机构存款余额655.7亿元，比年初增长6.0%；金融机构贷款余额512.9亿元，比年初增长11.9%。

八、科技、教育和卫生

全年新增郑州市级以上工程技术中心、研发中心3家，公共服务平台2家，转化科技成果12项；专利申请达到2516件；实现技术市场交易额8.5亿元，同比增长13.3%；高新技术产业增加值为75.4亿元，增长14%。

全市共有职业中专5所，普通高中6所，普通初中26所，小学104所，幼儿园150所，特殊教育1所，职业中专在校生28640人，普通高中在校生16214人，普通初中在校生27719人，小学在校生86959人，幼儿教育37998人，特殊教育129人。中小学素质教育全面推进，荣获“全国群众体育先进单位”“全省教育系统学雷锋活动先进集体”“郑州市未成年人思想道德建设先进单位”“郑州市2016—2017学年度普通高中教学创新先进单位”“郑州市普通中小学德育创新先进集体”等荣誉。教育教学质量稳步提高，2017年高考成绩再创新高，连续26年位居郑州六县（市）第一。2017年我市共有3539名考生参加普通高考，进入本科一批录取控制线1057人，上线率31.17%；进入本科录取控制线2722人，上线率80.27%；专科以上上线人数3342人，上线率98.55%。全年先后举办新郑市2017年“跑进新时代 踏上新征程”登山比赛、新郑市第四届全民运动会、承办第28届“黄河杯”全国老年人门球邀请赛、新郑市“全民健身幸福新郑”健身日主题活动、新郑市老年人太极拳比赛等体育赛事。

截至2017年底，全市共有卫生机构（含村卫生室）658个，比上年增长16.05%；床位4982张。卫生技术人员5193人，增长17.04%；其中执业医师、执业助理医师2089人，注册护士2235人。全市共有44.7万人参加新型农村合作医疗，参合率达99.9%，办理合作医疗补助66.6万人次，补助金额3.1亿元；免费婚检率达到19%，较上年降低29.13个百分点；基本药物制度持续完善，全年共销售基药6857.6万元，直接让利患者1976.1万元。

九、人口和人民生活

年末全市总户数170746户，总人口642004人，其中女性326138人。全年人口出生率为12.57‰，死亡率为6.02‰，人口自然增长率为6.55‰。总人口中，城镇人口373132人。全市城镇化率为58.12%。

全年农村居民人均可支配收入19873元，比上年增长8.2%，人均生活消费支出19091元，增长10%。城镇居民人均可支配收入30886元，比上年增长8.8%，人均生活消费支出30164元，增长9.7%。

十、劳动和社会保障

全年新增城镇就业再就业岗位6870个，其中下岗失业人员再就业2994人，就业困难人员再就业482户，公益性岗位就业125人，累计发放小额担保贷款7045万元。

农村劳动力转移就业13163人，职业技能培训10381人，失业人员再就业培训1690人，高技能人才培养1829人，创业培训978人，返乡创业辅导512人。

全市企业养老保险参保总数达到846家，累计参保职工6.95万人，征缴企业职工基本养老保险费47776.73万元；机关事业养老保险参保单位411家，累计参保职工3.35万人，征缴机关事业单位养老保险费31092.68万元；城乡居民社会养老保险参保缴费居民累计达到32.38万人，征缴城乡居民社会养老保险费2594万元，参保率达到99%以上，60周岁及以上参保居民达到8.9万人，参保率继续保持100%；工伤保险累计参保人数达6.67万人，征缴工伤保险费5653.44万元；失业保险累计参保职工达到5.04万人，征缴失业保险费3482.66万元。城镇职工基本医疗保险参保职工5.43万人，征缴城镇职工基本医疗保险金29430.07万元；城镇居民基本医疗保险参保居民16.2万人（不含新农合），征缴城乡居民基本医疗保险金15298.6万元；生育保险参保职工5万人，征缴生育保险费2459.72万元。

按照科学管理、应保尽保、分类施保、特困重保、超标退保的原则，累计将5767户10313人城乡困难家庭纳入低保范围，全年以社会化形式累计发放保障金3059.65万元，共为1207名特困人员落实五保资金936.39万元。

十一、环境保护

城区空气质量达到或优于国家二级标准的天数为233天;城市集中饮用水源地水质达标率100%；城区可吸入颗粒物PM10年平均浓度为121微克每立方米，细颗粒物PM2.5年平均浓度为61微克每立方米；主要污染物削减量为：化学需氧量775吨、氨氮74吨、二氧化硫274吨、氮氧化物108吨，均完成了年度削减任务。

全年造林绿化面积1053.33公顷，生态廊道建设面积122.33公顷（新建生态廊道6条，25.69千米），退耕还林自查验收1604.42公顷。

注：1、本公报数据为初步统计数，部分数据因四舍五入的原因，存在着与分项合计不等的情况。

2、公报中生产总值及各产业增加值绝对数按现行价格计算，增长速度按可比价格计算。

3、公报中部门数据来自于相关部门。

附表一：

居民消费价格指数

（上年同期价格为100）

类 别	指数
居民消费价格总指数	101.7
一、食品烟酒	98.8
粮食	101.3
鲜菜	86.8
畜肉	101.6
水产品	106.9
蛋	89.0
鲜果	112.6
二、衣着	104.7
三、居住	105.0
四、生活用品及服务	100.7
五、交通和通信	100.8
六、教育文化和娱乐	102.0
七、医疗保健	101.8
八、其他用品和服务	105.1

附表二：

农业主要产业情况

项 目	种植面积（公顷）	单产（公斤/亩）	总产量（吨）
粮食	47599	354.70	253251
其中：夏粮	24352	367.00	134059
秋粮	23247	341.81	119192
油料	6877	226.07	23320
其中：花生	5447	255.55	20880
蔬菜	5250	2686.30	211546
瓜果	270	2511.60	10172

附表三：

主要工业产品产量

名 称	单位	累计完成	比上年±%
原煤	万吨	91.3	—4.3
速冻米面食品	万吨	11.5	5.0
饮料酒	万千升	82.1	40.4
啤酒	万千升	82.1	40.4
软饮料	万吨	69.0	4.1
纱	万吨	2.1	—10.2
塑料制品	万吨	39.2	20.5
水泥	万吨	257.4	3.4
钢材	万吨	76.9	—33.0
饲料	万吨	2145	28.9

年度文学作品选

雪中送别

郭伟民

昏黄的路灯下
我看着你
在焦急地等待着别人
我看不见你急切的双眸
只看得见我送给你的红围巾
在烦躁地飘荡
往事如同凛冽的风
将我一点一点地吹冷

仿佛是在很久很久以前
你那乌黑的长发
不经意地拂到我的脸上
我悄悄地扯住了你温热的小手
看那周围盛开的月季
在一朵一朵地醉

你迅速地登上了别人的车
只留下寂寞的路灯
我默默地跟在你身后
看着别人拉走了我的心肝宝贝
那慢慢飘落的雪花啊
是我的心
在一瓣一瓣地碎

满城桐花

郭老庄

我认为，男人们的爱情表达
就如同这满城盛开的桐花。

牡丹，纵然雍容华贵，
终究匍匐在众人的脚下；
菊花，纵然凌风傲霜，
不过是秋风落叶中的几瓣残黄；
梅花，在皑皑白雪中倔强地绽放出缕缕幽香，
也只是房前屋后几枝零星的点缀，
在高大的梧桐树面前，
瘦弱的躯干自惭形秽地弯腰低眉。

满城盛开的桐花啊，
你就是满城男子汉们无言的爱情表达——
你根本不需要浇水施肥，
就站得顶天立地，
长得伟岸挺拔，
活得潇潇洒洒，
不用仰望别人的高大，
毫不羡慕花儿们琐碎的繁华。

爱她，就是要给她以最坚强的依靠，
爱她，就是要给她盛开一树的鲜花，
爱她，就是要给她铺展一地的荫凉，
在她走过的路上洒满层层的花瓣，
在大街小巷播撒你的爱意芬芳……

我一直认为，男人们的爱情表达
就如同这满城盛开的桐花……

漫天杨花的时候

郭光坡

漫天杨花的时候
那座明代总兵的牌坊下
白皙略峭瘦的脸
一束乌黑的长发束在脑后
碎碎的绢花喧闹着
挤痛了瘦瘦的脚踝
微微的风中
她在微微地笑
正是在水一方的情人
早已寻她千百度了

浩浩荡荡的春风
又卷起漫天杨花的时候
天高远　天碧蓝
翻起人面桃花的往事
夜夜想起崔护

郑 风

洧人

《诗经》是我国第一部诗歌总集，共305篇，包括风、雅、颂三大类，其中十五国风160篇，《郑风》有21篇，其中19篇都是爱情诗歌，占《国风》中爱情诗的1/3。

《论语》记载孔子说："放郑声，远佞人，郑声淫，佞人殆。""恶紫之夺朱也，恶郑声之乱雅乐也，恶利口之覆邦家者。"《礼记》记载魏文侯对子夏说："吾端冕而听古乐，则惟恐卧听郑卫之音，则不知倦。"南宋朱熹说："郑卫之音，皆为淫奔。"

多少痴痴的等待，
多少热切的期盼，
多少欢笑，
多少悲伤，
多多少少的情仇爱恨，
已随风而去，
化作烟云……

多少火辣辣的吻，
多少缠绵绵的亲，
化作一首首冰冷的文字，
散作一卷卷发黄的书本，
任凭千年风雨的消磨，
任凭千年沧桑的蹂躏，
字迹书页间
散落的一段情丝，
依然撩拨着——
我的爱，
你的恨。

郑风苑里

郭伟民

郑风苑景区位于新郑市郑韩故城溱水（黄水河）岸边，长1.2公里，1000余亩，有乐水亭、郑风阁、郑国东门、荷花仙子、郑声苑、琴瑟宫、九曲流英、历史名人苑等景点，以她美丽的自然风光、脍炙人口的郑风诗歌和缠绵悱恻的爱情传说故事，成为人们心目中的爱情圣地，被誉为"东方伊甸园"。

掀起每一片荷叶，
都仿佛是一首美妙的爱情诗篇；
每一朵盛开的荷花，
都仿佛是一位郑国少女美丽的容颜；
每一片粼粼的微波，
都埋藏着一段缠绵的离合悲欢；
每一棵茂盛的野草，
都好像一位新郑少男的青春华年……

哗哗啦啦的河水，
流过了三千年，
溱水都已经流成了黄水河，
流走了多少难言的往事，
流走了多少历史的云烟，
流不走的是一段段灼热的爱情故事，
流不走的是一篇篇隽永的郑风诗篇……

站在高大的郑韩故城上，
就如同站上历史老人的巨肩。
野酸枣痴情地拉扯着我，
就如同《遵大路》中痛哭失声的少妇，
淋漓的鲜血诉说着她心碎的爱恋……
紫荆花沁出淡淡的幽香，
就如同《野有蔓草》中偶遇的少女，
静静地微笑着，
手挽着手，
脚并着脚，
羞涩地望着我，
脸色微红，
惹起我万般柔情万般爱怜……

索引

INDEXES

·索 引>>>

INDEXES

说明：

一、本索引采用主题分析的方法，把年鉴所刊登的条目，按汉语拼语顺序排列，同音字按声调排列，声调相同的按下一个字的音序排列。

二、标目后数字为页码，字母a为左栏，b为中栏，c为右栏。

三、内容有交叉或完全不同而标题相同的条目，为便于读者检索，在索引中重复出现。

D

E

F

G

H

J

S

T

W

X

Y

Z

图书在版编目(CIP)数据

新郑年鉴. 2018/新郑市地方史志办公室编. 一郑州：中州古籍出版社，2019. 1

ISBN 978-7-5348-8310-1

Ⅰ. ①新… Ⅱ. ①新… Ⅲ. ①新郑－2018－年鉴 Ⅳ. ①Z526.14

中国版本图书馆CIP数据核字(2019)第014889号

责任编辑：郭海鸥　宗增芳

出 版 社：中州古籍出版社

（地址：郑州市金水东路39号　邮政编码：450016）

发行单位：新华书店

承印单位：河南瑞之光印刷股份有限公司

开　　本：889 mm × 1194mm　1/16　　印　　张：24.75

字　　数：1130千字　　印　　数：1—1200册

版　　次：2019年1月第1版　　印　　次：2019年1月第1次印刷

定价：180.00元

本书如有印装质量问题，由承印厂负责调换。